Frohberg · Kimminich · Weimar (Hrsg.)

Recht – Umwelt – Gesellschaft

Festschrift für Alfred Pikalo
zum 70. Geburtstag

Recht – Umwelt – Gesellschaft

Festschrift für Alfred Pikalo zum 70. Geburtstag

Herausgegeben von

Professor Dr. jur. Günther Frohberg, Düsseldorf
Professor Dr. jur. Otto Kimminich, Regensburg
Professor Dr. jur. Dr. phil. Robert Weimar, Siegen

1979

J. Schweitzer Verlag · Berlin

CIP-Kurztitelaufnahme der Deutschen Bibliothek

Recht, Umwelt, Gesellschaft : Festschr. für Alfred Pikalo zum 70. Geburtstag / hrsg. von Günter Frohberg . . . Berlin : Schweitzer, 1979.
ISBN 3-8059-0517-3
NE: Frohberg, Günther [Hrsg.]; Pikalo, Alfred: Festschrift

Satz und Druck: Georg Wagner, Nördlingen
Bindearbeiten: Dieter Mikolai, Berlin

Inhalt

Autorenverzeichnis

Hans Bach
Dr. rer. pol., Professor an der Universität Linz
A-4045 Linz (Auhof)

Claus-Ekkehard Bärsch
Dr. phil., Privatdozent an der Gesamthochschule – Universität Duisburg
D-4100 Duisburg

Antonio Carrozza
Professeur de l'Université de Pise, Président de l'A.J.C.D.A.
Via Antonio Pisano 19
I-56100 Pisa

Harry Ebersbach
Dr. jur., Professor an der Universität Göttingen
Nikolausbergerweg
D-3400 Göttingen

Günther Frohberg
Dr. jur., Honorarprofessor an der Technischen Hochschule Aachen,
Rechtsanwalt in Düsseldorf
Wildenbruchstraße 103
D-4000 Düsseldorf-Oberkassel

Ruth-Elvira Groiss
Dr. jur., Honorarprofessor an der Technischen Hochschule Aachen;
Peter-Jordan-Straße 82
A-1190 Wien

Peter Kalbe
Dr. jur., M.C.L., Rechtsberater der Kommission der Europäischen Gemeinschaften, Brüssel
Rue de la Loi
B-1000 Brüssel

Otto Kimminich
Dr. jur., Professor an der Universität Regensburg
Killermannstraße 6
D-8400 Regensburg

Franz Klose
Ministerialdirigent a. D. im Bundesministerium für Ernährung, Landwirtschaft und Forsten, Bonn
Haus Dürffenthal
D-5352 Zülpich

Manfred Köhne
Dr. sc. agr., Professor an der Universität Göttingen
Nikolausbergerweg
D-3400 Göttingen

Aimé De Leeuw
Dr. sc. adm., Professeur extraordinaire à l'Institut des Hautes Etudes de Droit Rural et d'Economie Agricole, Paris; Vice-Président de la Commission »Cadastre et Aménagement rural« de la Fédération Internationale des Géomètres; Conseiller de la Société nationale terrienne, Bruxelles
Grote Markt 73
B-9060 Zelzate

Alfredo Massart
Incaricato nell'Università di Pisa
Piazza d'Ancona 5
I-56100 Pisa

Jean Megret
Avocat à la Cour d'Appel de Paris; Directeur de l'Institut des Hautes Etudes de Droit Rural et d'Economie Agricole, Paris; Président de l'Association Française de Droit Rural; Délégué Général du Comité Européen de Droit Rural
17 Rue Duroc
F-75007 Paris

José Luis de los Mozos
Catedrático de Derecho civil de la Universidad de
E-Valladolid

John Murray
Advocat in Edinburgh
4 Moray Place
GB-Edinburgh EH 3 6 DS

Jacques Prévault
Maître de Conférences à l'Université de Besançon
3 Impasse Richelieu
F-63100 Clermont Ferrand

Juan José Sanz Jarque
Catedrático de Derecho Agrario y Sociología de la Universidad Politécnica de Madrid; Director de la Asociación Española de Derecho Agrario; Delegado Adjunto del Comité Europeo de Derecho Rural
Alberto Aquilera, Dup. 15, 7, B
E-Madrid 15

Franz Schad
Professor (em.) an der Universität Hohenheim; Ministerialdirigent a. D. im Kultusministerium Baden-Württemberg
Kornbergweg 1
D-7321 Hattenhofen

Robert Scheyhing
Dr. jur., Professor an der Universität Tübingen
Landhausstraße 13
D-7406 Mössingen

Eberhard Schmidt-Aßmann
Dr. jur., Professor an der Universität Bochum
Königsallee 63
D-4630 Bochum

Flemming Tolstrup
Dr. jur., Professor an der Universität Hellerup
Stranvey 132
DK-2900 Hellerup

Edgar Tomson
Dr. jur., Dozent an der Universität Münster
Schallstraße 6–8
D-5000 Köln 41

Robert Weimar
Dr. jur., Dr. phil., Professor an der Gesamthochschule – Universität Siegen
Hölderlinstraße 3
D-5900 Siegen 21

Manfried Welan
Dr. jur., Professor an der Universität für Bodenkultur Wien
Gregor-Mendel-Straße
A-1190 Wien

Wolfgang Winkler
Dr. jur., Akademischer Oberrat an der Universität Göttingen
Nikolausbergerweg
D-3400 Göttingen

Nicolaas Maarten Zijp
Dr., Sekretär des Landbouwschap, Den Haag
Ardennen 28
NL-3831 Leusden

Alfred Pikalo zum 70. Geburtstag

Alfred Pikalo, Notar und Honorarprofessor an der Faculté Internationale de Droit Rural et des Sciences Sociales Agraires de Montpellier, vollendete am 18. November 1977 sein 70. Lebensjahr. In Marchegg bei Wien geboren, verbrachte er bereits seine Jugend und überwiegend auch die späteren Jahre in Köln und im Rheinland. Auch außerhalb seiner speziellen Fachgebiete – dem Boden- und Umweltrecht und insbesondere dem Agrarrecht – ist er national und international als in der Praxis erfahrener Jurist und als Wissenschaftler bekannt und geschätzt. Auch diejenigen, die ihn näher kennen, sind sich gelegentlich nicht ganz einig, ob die Verknüpfung von juristischer Praxis und Wissenschaft Ausdruck seiner Person ist, die nach Gestaltung und Einflußnahme gleichermaßen wie nach wissenschaftlicher Durchdringung und vorwärts blickender Forschung gerichtet ist, oder ob gerade die Kombination von praktischer Tätigkeit und wissenschaftlicher Arbeit ihrerseits es ist, die die Persönlichkeit von Pikalo geformt hat. Jedenfalls ist gerade die in diesem Maß ebenso seltene wie insbesondere heute erforderliche – ja in seinen Rechtsgebieten unerläßliche – Verbindung von Praxis und Wissenschaft für ihn kennzeichnend.

Das Sammeln der praktischen Erfahrung begann Pikalo mit der nach dem Assessorexamen aufgenommenen Tätigkeit als Richter in Köln (1934–1937), danach als Notarvertreter im Rheinland, vor allem in Köln, und ab 1939 mit seiner Tätigkeit bei der Reichsnotarkammer in Berlin. 1942 wurde er Notar in Zülpich. Von 1943 bis 1945 war er zum Wehrdienst eingezogen. Nach Kriegsende setzte Pikalo seine Tätigkeit als Notar fort, seit 1952 bis heute amtiert er als Notar in Düren.

Die wissenschaftliche Betätigung begann Pikalo nach dem Studium der Rechts- und Staatswissenschaften an den Universitäten Köln und Berlin mit seiner Promotion 1930 an der Rechtswissenschaftlichen Fakultät in Köln. Nachdem er bereits zahlreiche juristische Arbeiten im In- und Ausland, insbesondere in Italien, Frankreich, Iberoamerika, veröffentlicht hatte, erhielt er 1960 einen Lehrauftrag an der Rechtswissenschaftlichen Fakultät der Universität zu Köln, den er bis 1968 wahrgenommen hat. In dieser Zeit betreute er mit besonderen Erfolgen mehr als 30 Doktoranden. Außerdem hielt er auf dem Gebiet des Bodenrechts Vorlesungen am Institut Universitaire International Luxembourgeois, Luxembourg. In Würdigung seiner wissenschaftlichen Verdienste wurde er 1971 zum Honorarprofessor an der Faculté Internationale de Droit Rural et des Sciences Sociales Agraires (Montpellier) ernannt. Von den vorangegangenen und nachfolgenden Arbeiten sind insbesondere hervorzuheben Werke wie „Land- und forstwirtschaftliches Grundstücksverkehrs- und Erbrecht im westlichen Europa (1961), der – mit Bendel verfaßte – Kommentar „Grundstücksverkehrsgesetz" (1963) sowie der – mit Faßbender und Hötzel herausgegebene – „Kommentar zur Höfeordnung" (1978). Scharfe Strukturanalysen und klare Funktionsbestimmun-

gen waren in anderen Arbeiten vornehmlich der Eigentums- und Unternehmensverfassung und ihren Problemen gewidmet. Gespannt erwartet man seine jüngst noch übernommene Bearbeitung im „Staudinger" zum neuen Landpachtrecht.
Manches von dem, was hier im Zusammenhang mit seiner praktischen und wissenschaftlichen Arbeit gesagt ist, kann nicht eigentlich dem einen oder dem anderen Wirkungsbereich allein zugeordnet werden, sondern dürfte eher als Ausdruck der eingangs angesprochenen „Verbindung" zu werten sein. Durch diese Kombination und ihre integrativen Bezüge sind gekennzeichnet beispielsweise seine Vorträge auf verschiedenen Europäischen Agrarrechtskongressen, auf Goslarer Agrarrechtsseminaren und am Institut des Hautes Etudes de Droit Rural et d'Economie Agricole, Paris. Nicht weniger gilt dies für seine Vortragstätigkeit an der Richterakademie in Schleswig-Holstein und bei der Rechts- und Staatswissenschaftlichen Gesellschaft zu Siegen. Am stärksten aber trifft dies zu für die seit der Gründung ausgeübte Tätigkeit als Präsident der Vereinigung für Deutsches und Europäisches Agrar- und Umweltrecht (V. A. U. R.) sowie für sein Wirken auf internationaler Ebene als Präsident des Comité Européen de Droit Rural (C. E. D. R.), Paris.
Unter der Präsidentschaft von Pikalo findet der X. Europäische Agrarrechtskongreß des C. E. D. R. in Berlin (1979) statt. Weiter ist hervorzuheben, daß Pikalo dem Vorstand des Düsseldorfer Josef-Humar-Instituts – Institut für Boden-, Bau-, Agrar- und Umweltrecht – angehört und zugleich die Funktion eines dortigen Institutsdirektors inne hat. In Anerkennung seiner Verdienste wurden ihm höchste Ehrungen und Ordensverleihungen, vorwiegend aus dem französischen, belgischen und spanischen Bereich, zuteil; in der Bundesrepublik Deutschland wurde ihm anläßlich seines 70. Geburtstages die Franz-Böhm-Medaille verliehen. Alle diese Auszeichnungen bekunden die Resonanz eines sich immer reicher entfaltenden Werkes. Gleichermaßen bezeugen sie die Wirkung seiner wissenschaftlichen Forschungstätigkeit wie die als akademischer Lehrer, dem die Gabe des öffentlichen Wortes geschenkt und dessen Faszination die völlige Hingabe an den Vortrag ist; sie bekunden aber ebenso und vielleicht noch mehr die Zuneigung, die ihm seine persönlichen Eigenschaften in seinem weiten Wirken erworben haben. So steht vor uns ein imponierendes Lebenswerk. Es war nur möglich dank der lebendigen und fesselnden Persönlichkeit, die Schüler, Kollegen und Freunde immer wieder in ihren Bann gezogen hat. Nicht Sichten, Summieren und Abschließen ist Pikalos Wirken; sein Eidos ist Aufbruch und Erkundung. So ist zu hoffen, daß Alfred Pikalo, der sich unveränderter Schaffenskraft und Frische erfreut, weiterhin die Kraft behält, mit seiner Erfahrung und mit wissenschaftlichem Einsatz an der Ausformung der mit der Boden- und Umweltgestaltung in Beziehung stehenden Rechtsprobleme teilzunehmen und die Weiterentwicklung der der Gestaltung von Recht, Umwelt und Gesellschaft dienenden rechtsstaatlichen Prinzipien auf nationaler wie internationaler Ebene zu fördern.

Für die Kollegen, Freunde und Schüler:
Günther Frohberg, Otto Kimminich, Robert Weimar

Die Agrarproduktion in der Umweltkrise

Hans Bach, Linz

1. Die Umweltkrise erfordert eine agrarpolitische Entscheidung darüber, ob die Agrarwirtschaft auf bäuerlicher Grundlage weiterhin im wesentlichen umweltfreundlich und naturnahe produzieren kann oder ob die Agrarproduktion sich in Tierfabriken und großflächigen Monokulturen und damit naturwidrig und umweltschädigend vollziehen soll.
Die Frage, wie die Agrarwirtschaft künftighin gestaltet wird – naturgemäß und umweltfreundlich oder naturwidrig und damit umweltfeindlich – ist darum so wichtig, weil die Land- und Forstwirtschaft auch im entwickelten modernen Industriestaat etwa 80 Prozent des gesamten Grund und Bodens bewirtschaftet, jenes Bodens, der nicht nur ein Produktionsfaktor, sondern schlechthin die räumliche Grundlage der menschlichen Existenz ist. Wird dieser Boden nicht wie bisher bäuerlich gepflegt, in seiner Fruchtbarkeit und Eigenschaft als Kulturlandschaft erhalten, wird er vielmehr durch eine einseitige, die notwendige Fruchtfolge mißachtende und in Großbetrieben konzentrierte Agrarproduktion belastet, dann kann es, wie es bereits in großen Teilen der Welt geschehen ist und geschieht, zu verheerenden Erosionen und bedrohlichen Umweltschädigungen kommen. Die Auswirkungen sind ökologisch um so katastrophaler, je stärker sich die Industrialisierung in der Agrarproduktion ausbreitet.

2. Die Industrialisierung beruht auf den Prinzipien der Arbeitsteilung, der naturwissenschaftlich bestimmten Technik und des ökonomischen Rationalismus. Die konsequente Anwendung dieser Prinzipien hat den Industrialismus erfolgreich gemacht. Zweifellos verdanken ihm die Industriestaaten ihren hohen materiellen Lebensstandard.
Der Agrarbereich, der in der langen Zeit der Agrargesellschaft die tragende Wirtschaftsgrundlage gewesen ist, wurde im Industrialismus von vornherein benachteiligt. Keines der Prinzipien, die den Industrialismus groß gemacht haben, ist im Landbau voll anwendbar. Spezialisierung, Technisierung und ökonomische Rationalisierung sind in der Land- und Forstwirtschaft nur beschränkt einzusetzen. Das Maß, in dem die industriellen Prinzipien im Agrarbereich anwendbar sind, wird von der Natur und deren Wachstumsgesetzen bestimmt. Im Rahmen dieser Einschränkungen hat sich die Agrarwirtschaft in der ersten Phase der industriellen Entwicklung ebenfalls spezialisiert, mechanisiert und rationalisiert. Vor und mit der sogenannten industriellen Revolution hat sich eine Revolution auch im Agrarbereich vollzogen; anders wäre die Ernährung der schnellwachsenden Industriebevölkerung auch nicht möglich gewesen. Es sei erinnert an die

Einführung der verbesserten Dreifelderwirtschaft, der geregelten Fruchtwechselwirtschaft, an die Verbesserung der Düngewirtschaft, an die Einführung neuer Kulturpflanzen wie Klee, Kartoffel und Zuckerrübe und an die Erfolge der Pflanzen- und Tierzucht.
Daß die eigentliche Mechanisierung der Landwirtschaft durch den Traktor relativ spät, nämlich erst nach dem Ersten Weltkrieg, in Schwung kam, lag nicht an der – wie man oft behauptete – Rückständigkeit der Landwirtschaft, als vielmehr an der Tatsache, daß der für den bäuerlichen Betrieb brauchbare Schlepper erst nach dem Ersten Weltkrieg überhaupt zur Verfügung stand.
In dieser Zeit der Entwicklung von der traditionellen zur rationellen Landwirtschaft haben sich die Erträge im Pflanzenbau und in der Tierhaltung vervielfacht, wobei aber die bäuerliche Familienstruktur im wesentlichen erhalten geblieben ist.
Nach dem Zweiten Weltkrieg beginnt eine neue Phase sowohl in der allgemeinen industriellen Entwicklung mit dem Trend zur Automation und der Einführung des Computers als im besonderen auch im Agrarbereich mit dem Bestreben, nun auch die Agrarproduktion zu industrialisieren. Die rationelle Landwirtschaft auf bäuerlicher Grundlage, wie sie sich bisher entwickelt hatte, soll abgelöst werden durch eine industrialisierte Agrarproduktion in Tierfabriken und großflächigen Monokulturen. Dabei ist die berechtigte Forderung, die Agrarwirtschaft im Rahmen ihrer biologischen und ökologischen Gegebenheiten zu rationalisieren, etwas ganz anderes als der Trend zur Industrialisierung, der darauf aus ist, die Agrarwirtschaft vollends nach den Regeln und Erfordernissen einer Fabrik auszurichten. Ein erster Ansatz in dieser Richtung war der sogenannte Mansholt-Plan gewesen. Vieles von dem, was darin angepeilt wurde, ist heute bereits weit überboten. Mansholt selbst jedoch hat sich inzwischen vom Saulus zum Paulus gewandelt; er befürwortet jetzt eine biologisch und ökologisch orientierte Agrarproduktion.

3. Vor zwei Jahren ist im Econ-Verlag ein Buch mit dem Titel „Europas Grüne Zukunft" von einem Beamten des Bundesdeutschen Landwirtschaftsministeriums, namens *Thiede,* erschienen. In diesem Buch ist alles an Daten und Argumenten, die für die Industrialisierung der Landwirtschaft sprechen könnten, gesammelt.
Bei der Industrialisierung der Agrarproduktion wird von der Annahme ausgegangen, daß die Natur zu langsam und unrationell arbeite. Das eigentliche Ziel müsse es sein, die Nahrung synthetisch in chemischen Fabriken herzustellen. Solange das aber noch nicht gehe, sei die Pflanze als eine Art kleiner chemischer Fabrik anzusehen und so zu nützen, und zwar in Monokulturen und auf möglichst großen Flächen, die mit möglichst großen Maschinen zu bearbeiten seien. Die einzelne Teilfläche solle mindestens 10–20 ha groß sein.
Es sei ernährungsphysiologisch unerheblich, meint *Thiede,* „ob unsere Nahrung auf dem Felde gewachsen, vom Tier erzeugt oder durch eine technische Fabrik synthetisch gewonnen wird".
Ebenso sei in der Tierhaltung die Massenproduktion anzustreben, wobei die

Produktionsvorgänge soweit als möglich zu automatisieren sind. Wörtlich sagt *Thiede:* „Die Tiere werden der Technik untergeordnet."
Das sieht dann in der Schweinehaltung etwa so aus: Die nach 3 Wochen von der Muttersau abgesetzten Ferkel werden in Aufzuchtbatterien aus Flachkäfigen aufgezogen. Diese Flachkäfige sind 1,5 mal 1,2 Meter groß und fassen jeweils 8 Ferkel, die bis zu einem Verkaufsgewicht von 30 kg in diesen Käfigen bleiben. Die Käfige könnten in 2 bis 3 Etagen aufgestellt werden. In der automatisierten Schweinehaltung genüge 1 Mann, um zweitausend bis dreitausend Schweine zu versorgen.
Auch die Milcherzeugung lasse sich voll mechanisieren, wobei dann eine Melkperson etwa 120 Kühe je Stunde (eine halbe Minute je Kuh) oder in einer dreistündigen Melkschicht 360 Milchkühe bedienen könne.
Diese technischen Systeme der Tierhaltung verursachen selbstverständlich hohe Kosten. Nach *Thiede* beträgt der Investitionsbedarf in einem Großbetrieb der Geflügelhaltung je Arbeitsplatz derzeit zwischen einer halben und sieben Millionen D-Mark, in der Schweinehaltung etwa eine Million D-Mark. Zur Finanzierung dieser „industrieähnlich organisierten Großbetriebe" in der Schweine-, Kälber- und Geflügelmast sowie in der Eierproduktion müsse selbstverständlicherweise außerlandwirtschaftliches Kapital eingesetzt werden. Und ebenso sei es selbstverständlich, daß in der Landwirtschaft die Zahl der Arbeitskräfte und der Betriebe sowie auch der Flächenumfang stark reduziert werden müsse. Zwar sei die Landwirtschaft bei dieser Entwicklung der Agrartechnologie zu gigantischen Lösungen der Verlierer, doch sei das – meint *Thiede* – unvermeidlich, man könne eben nicht gegen den Trend operieren.
Während im sowjet-kommunistischen Bereich die Industrialisierung der gesamten Landwirtschaft dogmatisch fixiert ist, beschränkt sich die industrielle Agrarproduktion im Westen vorerst noch auf einzelne Zweige der Tierproduktion wie die Schweine-, Rinder- und Kälbermast und die Geflügelhaltung und auf monokulturelle Tendenzen im Pflanzenbau der entwickelten Industriestaaten. Dennoch müßte diesem Trend zur weiteren Ausbreitung der industriellen Agrarproduktion aus ökologischen und gesellschaftlichen Gründen entgegengewirkt werden.
Die Industrialisierung der Agrarproduktion ist nicht nur aus agrarpolitischer Einsicht abzulehnen, sondern auch darum, weil sie die Umwelt zunehmend belastet.
Wenn in den Kreisen des Umwelt- und Naturschutzes davon gesprochen wird, daß auch die Landwirtschaft beginne, die Umwelt zu schädigen, so ist das eben nicht die Landwirtschaft schlechthin, sondern vielmehr die industrialisierte Agrarproduktion mit ihren umweltbelastenden Auswirkungen. Diese Weise der Agrarproduktion, die nur technologische und ökonomische Gesichtspunkte berücksichtigt, die ökologische Erfordernisse aber ausklammert, sei angesichts der Umweltkrise, die durch die Belastung der Natur-Umwelt verursacht werde, ein „schwachsinniger Gedanke", wie der bekannte amerikanische Ökologe Commoner es drastisch formulierte. Die Unsinnigkeit einer industrialisierten, energiezehrenden Agrarproduktion wird spürbar werden, besonders dann, wenn das Erdöl knapp und teuer werden wird, was in absehbarer Zeit zu befürchten ist.

In der industriellen Agrarproduktion werden wertvolle organische Stoffe (Mist, Jauche, Stroh) zu Abfall, dessen Beseitigung wieder Energie kostet. Der Agrarabfall ist heute zu einem Faktor der Umweltverschmutzung geworden.
Die einseitigen großflächigen Monokulturen sowie die Massentierhaltung erzwingen den Einsatz eines Übermaßes an Agrochemikalien zur Schädlingsbekämpfung, zur Vorbeugung vor Krankheiten usw; dadurch werden Wasser und Boden verseucht und pflanzliche und tierische Nahrungsmittel in ihrer Qualität beeinträchtigt.
Die industrielle Agrarproduktion stört den Naturhaushalt und zerstört die Kulturlandschaft. In der gegenwärtigen schwierigen Umweltsituation ist darum eine grundsätzliche Besinnung auf die Naturgrundlagen des menschlichen Daseins notwendig, und damit verbunden, die Forderung nach einer möglichst naturgemäßen, die Naturgrundlagen pflegenden Agrarproduktion.

4. Der Mensch kann sich von der Natur nicht lösen, ohne sich selbst seiner Lebensgrundlage zu berauben. Das Industriesystem war von Anfang an darauf gerichtet, die Natur zu beherrschen, sie zu nutzen, sie auszubeuten, ohne sich für die Natur als Schöpfung und auch ohne sich für die späteren Generationen, die auf diese Natur als ihrer Existenzbasis angewiesen sind, verantwortlich zu fühlen.
Die Tatsache, daß es dem Menschen im Industriesytem gelungen ist, die Naturgegebenheiten weitgehend seinen Zwecken dienstbar zu machen, hat ihn vergessen lassen, daß er trotz aller Technik auf die Natur angewiesen bleibt und daß die ökologischen Gesetzlichkeiten nach wie vor auch für ihn gelten.
Wo der Mensch naturwidrig handelt, kommt es zu ökologischen Krisen, zu Verwüstungen, Verkarstungen, zur Erosierung ganzer Landgebiete, zur Versalzung und Versteppung der Böden und zur Verjauchung der Gewässer; die Kulturlandschaft als die vom Menschen gestaltete und gepflegte Naturlandschaft wird zerstört. Das gilt insbesondere für die Industrialisierung des Landbaus.

5. Die Ökologie als Lehre vom Naturhaushalt beansprucht grundlegende Geltung in allen Sozial- und Wirtschaftswissenschaften, sie muß aber besonders geltend gemacht werden in der Agrarwissenschaft und in der Agrarpolitik, deren unmittelbarer Gegenstand die Natur ist. Agrarwirtschaft beruht auf natürlichen Wachstumsvorgängen und im Landbau wird als einzigem Wirtschaftszweig die Sonnenenergie über die Photosynthese der Pflanzen umfassend genutzt.
Nach *Konrad Lorenz* („Die acht Todsünden der Menschheit", München 1973) sei es dem Menschen sehr wohl möglich, die Natur zu nutzen und doch mit ihr im harmonischen Einklang zu bleiben, wenn er wie die Ackerbauer und Viehzüchter der früheren Zeit den natürlichen Lebensraum zwar verändere, aber dabei den Naturhaushalt nicht störe. Wörtlich sagt *Lorenz:* „Das gilt für manche Bauernkultur, in denen Menschen durch viele Generationen auf demselben Land sitzen, es lieben und aufgrund ihrer guten, in der Praxis erworbenen ökologischen Erkenntnisse der Scholle zurückgeben, was sie von ihr empfingen." Heute aber herrsche in dieser Hinsicht eine schier unglaubliche „Bodenlosigkeit".
Jede Agrarproduktion verändert die natürlichen Ökosysteme; worauf es aber

ankommt, ist die Frage, ob dieser Eingriff durch die Agrarproduktion in die natürlichen Prozesse pfleglich und naturgemäß, oder aber naturwidrig erfolgt. Darum müssen die agrarökonomischen Ziele notwendig durch agrarökologische Erwägungen ergänzt werden. Grundsätzlich können in der Agrarwirtschaft fortlaufend Rohstoffe und Energien neu produziert werden, während die Industrieproduktion nicht erneuerbare Rohstoffe und Energien verbraucht.

Aus ökologischer Sicht ist für die Agrarwirtschaft zu fordern, daß sie nicht selbst auch zu einer rohstoff- und energiezehrenden Industrie wird. Aus der ökologischen Betrachtung der Agrarwirtschaft ergeben sich eine Reihe von zwingenden Folgerungen. Der Boden als die wichtigste Produktionsgrundlage des Landbaues soll auf Dauer, also nachhaltig fruchtbar, erhalten bleiben; der natürliche Stoffkreislauf über Boden, Pflanze und Tier darf nicht unterbrochen werden. Die vorrangige Bedeutung der Bodenfruchtbarkeit in der Agrarwirtschaft hatte schon Liebig, der die Mineraldüngung begründete, erkannt. Er mahnte in seinen „Chemischen Briefen" die Landwirte, stets im Auge zu behalten, daß das Ziel der landwirtschaftlichen Praxis nicht allein auf die höchsten Erträge, sondern auf die ewige Dauer und Wiederkehr dieser Erträge gerichtet sein müsse.

Der Boden ist ein lebendiges System. Ökologisch kommt es darauf an, das Bodenleben und damit die Selbsttätigkeit des Bodens zu fördern, es nicht zu stören oder zu beeinträchtigen. Der für die Bodengare so wichtige Dauerhumus wird im Darm der Bodentiere, insbesondere des Regenwurms, gebildet. Es wurde ermittelt, daß im gesunden Boden die Regenwürmer jährlich je Quadratmeter durchschnittlich 4 kg, je Hektar also 40 000 kg Edelhumus produzieren.

Die Jahrtausende währende Besiedlung unseres Raumes und der meisten europäischen Gebiete hat gezeigt, daß der Landbau auch bei größerer Bevölkerungsdichte die Bodenfruchtbarkeit nicht beeinträchtigen und den natürlichen Stoffkreislauf nicht zerstören muß, solange er bäuerlich behutsam betrieben wird. Heute ist insgesamt die Selbsttätigkeit und die Selbstheilungskraft der Ökosysteme, des Bodens und der Gewässer geschwächt und gefährdet.

Agrarökologisch ist zu fordern, daß die natürlichen Regulations- und Wachstumsvorgänge im Boden, in der Pflanze und beim Tier durch die Agrartechnik unterstützt, aber nicht ersetzt werden sollen; z. B. sind nicht soviel Agrochemikalien als möglich einzusetzen, sondern nur soviel als notwendig. Weiter darf im Agrarbereich die Steigerung der Quantität grundsätzlich nicht zu Lasten der Qualität gehen, weil es sich in der Agrarproduktion eben um Lebensmittel handelt. Gesunde Nahrung setzt aber gesunden Boden, gesunde Pflanzen und gesunde Tiere voraus. Die Landwirtschaft ist eine vielfältige und organische Einheit von Pflanzenbau und Tierhaltung, die durch eine vom Boden abgelöste Massentierhaltung ebenso in Frage gestellt wird wie durch großflächige Monokulturen.

6. Heute wogt die Auseinandersetzung um den „Biologischen Landbau". Dieser wird vorerst nur von kleinen Gruppen praktischer Landwirte getragen, aber von Human- und Veterinärärzten, von Umwelt- und Naturschützern u. a. unterstützt. Die mit der Ernährung und dem Landbau zusammenhängenden Fragen finden

insgesamt in der umweltbewußter gewordenen Bevölkerung einen immer breiteren Widerhall. Das kann nun nicht als „Umwelthysterie" oder mit der Behauptung abgetan werden, daß hier mit der Angst Geschäft gemacht würde.
Die Skepsis und Abwehr der „konventionellen Landwirtschaft" und ihrer Vertretung gegenüber dieser Entwicklung hat einen guten Grund. Es wird befürchtet, daß die Landwirtschaft, die agrarpolitisch und insbesondere preispolitisch dazu gedrängt wurde, sich immer stärker zu mechanisieren und zu chemisieren, nunmehr in der Öffentlichkeit allgemein als der Sündenbock hingestellt wird, der die Umwelt verschmutzt und seine Erträge auf Kosten der Qualität der Produkte hochtreibt. Es wird zu Recht befürchtet, daß die umweltbelastenden Auswirkungen einer extrem industrialisierten Landwirtschaft verallgemeinert werden könnten. Es liegt an der Agrarpolitik, die wirtschaftspolitischen Weichen so zu stellen, daß die Agrarproduktion die biologischen und ökologischen Erfordernisse berücksichtigt und dabei wirtschaftlich doch bestehen kann.
Dem „Biologischen Landbau" bleibt das Verdienst, der „auf die Dauer gefährlichen Einseitigkeit in der modernen Landwirtschaft durch die betonte organische Düngungswirtschaft und das Festhalten an der geregelten Fruchtfolge" entgegen zu wirken, erklärte *Brugger,* Landwirtschaftsdirektor im Baden-Württembergischen Ministerium für Landwirtschaft und Umwelt. *Brugger,* sonst aus den oben erwähnten Gründen ein Gegner des „Biologischen Landbaus", sagt weiter: „Die Bedeutung einer planmäßigen Ernährung der Bodenorganismen und mithin die besondere Betonung der organischen Düngung und Bodenpflege ständig hervorzuheben und vor allem die ganze Bodenbewirtschaftung auch praktisch danach auszurichten, muß als besonderes Verdienst des Biologischen Landbaus anerkannt werden."[1])
Ist die industrialisierte Agrarproduktion auf dem Holzweg, so wird der biologische Landbau im engeren Sinne wohl die Angelegenheit einer dafür begabten Minderheit von Landwirten bleiben, deren Tätigkeit allerdings von der Wissenschaft und von Amts wegen gefördert werden sollte, stellt doch jeder Biologische Betrieb gleichsam ein Versuchsgut für die praktische Verwirklichung biologischer und ökologischer Erkenntnisse und Erfordernisse unter den Bedingungen der Marktwirtschaft dar.

7. Die Ökokrise, die darin besteht, daß das Gleichgewicht in der Natur gestört und teilweise zerstört wurde, zwingt zu der Einsicht, daß die Natur sich nicht beliebig manipulieren läßt, daß ein Kampf des Menschen gegen die Natur ihm schließlich selbst schadet. Sie legt die Einsicht nahe, daß der Mensch mit der Natur in einer Symbiose, also in einem harmonischen Miteinander leben muß. Die Gefährdung der Natursysteme durch die Industrialisierung der Agrarproduktion kann nur durch ein ganzheitliches, integratives Denken und Handeln im und gegenüber dem Agrarbereich überwunden werden.
Ein Beispiel für die naturnotwendige ganzheitliche Sicht in der Agrarproduktion

[1]) *G. Brugger,* Gedanken zum „Biologischen Landbau". In: Informationen für die Landwirtschaftsberatung in Baden-Württemberg, Jg. 1974, Nr. 4, S. 35.

ist uns durch den „integrierten Pflanzenschutz“ gegeben; nach diesem Beispiel wäre systematisch der Landbau insgesamt zu gestalten. Zum Integrierten Pflanzenschutz war es gekommen, nachdem die chemische Schädlingsbekämpfung mit Hilfe der Pestizide entwickelt worden war und sich als bequem und billig sehr stark ausgebreitet hatte und zwar nicht nur zur Bekämpfung bestehender Schäden und Krankheiten, sondern bereits auch vorbeugend. Dabei wurden die umweltnachteiligen Auswirkungen auf den Boden und die Gewässer und die gesundheitsschädlichen Folgen für die Pflanzen übersehen. Die durch die einseitige Verwendung der Pestizide in der Schädlings- und Krankheitsbekämpfung verursachten Nachteile und Schäden haben zu der Forderung und Durchsetzung des sogenannten Integrierten Pflanzenschutzes, der heute allgemein anerkannt wird, geführt. Der Integrierte Pflanzenschutz ist eine umfassende ganzheitliche Maßnahme, die die biologischen und mechanischen Möglichkeiten der Schädlingsbekämpfung ausschöpft und erst dann chemische Methoden anwendet. Der Integrierte Pflanzenschutz beginnt bereits mit der Wahl des richtigen Standortes, mit der richtigen Fruchtfolge und mit der ausreichenden Humusversorgung des Bodens. Er versucht vor allem nicht nur die natürlichen Feinde der Pflanzen zu bekämpfen, sondern auch die Nützlinge im Boden zu schonen. Dieses Beispiel des Integrierten Pflanzenschutzes kann sinnvoll auf die gesamte Agrarproduktion übertragen werden.

8. Ein Integrierter Landbau muß vor allem darauf gerichtet sein, die natürlichen Wachstumskräfte und insbesondere die Bodenfruchtbarkeit als die Grundlage des Pflanzenbaues zu fördern. Er zielt darauf ab, die natürlichen Eigenkapazitäten des Bodenlebens und insbesondere die Tätigkeit der Bodenlebewesen, der Nutzpflanzen und der Tiere in der Dauer zu erhalten und zu steigern. Im Rahmen solcher Bestrebungen liegen ein standortgemäßer Qualitätsanbau, die bodengebundene Tierhaltung, die Einschränkung einer übermäßigen Spezialisierung im Pflanzenbau und die Ablehnung unbegrenzter Betriebsvergrößerungen. Ein Integrierter Landbau ist bestrebt, die bäuerliche Betriebsstruktur als ein System arbeitsmäßig überschaubarer Produktionseinheiten einschließlich der für den ländlichen Raum so wichtigen, gesellschaftspolitisch bedeutsamen Nebenerwerbslandwirtschaft zu erhalten und zu stärken.

Die Integrierte Landwirtschaft ist auf die Dauer gerichtet und damit zukunftsorientiert. In keinem Bereich der Wirtschaft kommt es so sehr darauf an, in Generationen zu denken; hier liegt die wirtschaftliche und soziale Hauptfunktion des bäuerlichen Familienbetriebes.

Die Industrialisierung der Agrarproduktion als uneingeschränkte Übertragung industrieller Prinzipien auf dem Agrarbereich abzulehnen, heißt aber keineswegs, gegen eine angemessene Technisierung, gegen eine sinnvolle und ökologisch tragbare Verringerung der Zahl und Ausweitung der einzelnen Betriebszweige zu sein, und es heißt auch nicht, die Erträge je Flächeneinheit und Arbeitskraft nicht steigern zu wollen. Der Integrierte Landbau fordert vielmehr eine zwar hochentwickelte, aber angepaßte Technologie. Wie auch in anderen Wirtschaftszweigen können im Agrarbereich kleine und mittlere Einheiten und eine darauf ausgerichtete Technologie großindustrielle Anlagen ersparen; sie sind einfacher, billiger, weniger energieverbrauchend und umweltschonend. Ein integrierter, ökologisch durchdachter Landbau kann mit weniger Maschinen, weniger Chemikalien, weniger fossiler Energie und mit kleinerem Kapitaleinsatz auskommen.

Also: Der Integrierte Landbau lehnt nicht das ab, was technisch möglich und sinnvoll ist, das wäre ein Mißverständnis; er lehnt auch nicht den wirtschaftlichen Erfolg ab, denn das wäre weltfremd; wohl aber unterstellt er Technik und Wirtschaft den naturgegebenen ökologischen Erfordernissen. Eine Technokratie in der Agrarproduktion ist im Hinblick auf die spürbare Erschöpfung der Rohstoffe und Energiequellen unverantwortlich; damit ist aber auch eine Wirtschafts- und Agrarpolitik nicht mehr haltbar, die sich einseitig auf die Förderung des kurzfristigen Ertrages richtet und die Landwirtschaft durch ihre rigorose Preispolitik zu radikalen Kostenminimierungen zwingt. Im Hinblick auf die Umweltkrise wird künftig alle Produktion und aller Konsum rohstoffsparend und umweltschonend vorgehen müssen. Die Agrarproduktion aber, die von Natur aus darauf angelegt ist, die Sonnenenergie zu nützen und ständig erneuerbare Rohstoffe zu gewinnen, sie vor allem muß ökologisch ausgerichtet sein. Die Zukunft gehört nicht einer „technoman absurden", technologischen Nahrungsproduktion mit gigantischen Monokulturen und Tierfabriken, sondern vielmehr einer integrierten, ökologisch fundierten, bäuerlich strukturierten Agrarwirtschaft.

Nur eine so organisierte Landwirtschaft entspricht den beiden obersten Zielen einer zeitgemäßen Agrarpolitik, nämlich der gesicherten Nahrungsversorgung im Notfall und der Erhaltung einer lebenswerten Umwelt. Die für die Versorgung im Kriegs- und Katastrophenfall erforderliche ständige Produktionsbereitschaft wird ebenso wie die Pflege der natürlichen Umwelt zweifellos von einer familienbetrieblichen bäuerlichen Landwirtschaft eher gewährleistet als von einer industrialisierten Großagrarproduktion.

Gleichheit als Ziel und Norm politischer Praxis innerhalb der gegenwärtigen Demokratisierungskonzepte[1])

Claus-Ekkehard Bärsch, Duisburg

I

In den letzten 10 Jahren wurden innerhalb der politikwissenschaftlichen Literatur spezifische Varianten der Theorie der Demokratie vorherrschend, die sich unter dem Sammelbegriff „Demokratisierung"[1a]) zusammenfassen lassen. Es handelt sich dabei um eine dynamisch-prozessuale Bestimmung[2]) der Demokratie, bei welcher Selbstbestimmung und Gleichheit[3]) die wesentlichen Elemente eines dynamischen Modells der Demokratie darstellen.
Die Forderungen nach „mehr Demokratie" und der „Demokratisierung aller Lebensbereiche" bedeuten mithin, daß im Zusammenhang mit einer allgemein gewünschten Herrschaftslosigkeit die zu demokratisierenden Bereiche an der Zielbestimmung des in Gang zu setzenden Prozesses gemessen werden sollen. Insofern dient „Gleichheit" als Norm zur Beurteilung gesellschaftlicher Realität. Die Anhänger der Demokratisierung verstehen ihre Theorie als normativ-kri-

[1]) Dem Beitrag liegt ein Vortrag zugrunde, den der Verfasser auf dem Kongreß der Deutschen Vereinigung für Politische Wissenschaft am 5. Oktober 1977 in Bonn gehalten hat.
[1a]) Vgl. dazu: *U. v. Alemann*, „Partizipation, Demokratisierung, Mitbestimmung – Zur Problematik eines Gegenstandes", in: Partizipation – Demokratisierung – Mitbestimmung. Problemstand und Literatur in Politik, Wirtschaft, Bildung und Wissenschaft – Eine Einführung; Opladen 1975, S. 13 ff.
[2]) *K. v. Beyme,* Die politischen Theorien der Gegenwart, München 1972. S. 218 f.
W.-D. Narr, F. Naschold, Theorie der Demokratie: Einführung in die moderne politische Theorie; 2. Aufl. Stuttgart 1973, S. 18.
[3]) *U. v. Alemann* (Hrsg.), Partizipation – Demokratisierung – Mitbestimmung. Problemstand und Literatur in Politik, Bildung und Wissenschaft. Eine Einführung; Opladen 1975, S. 13 ff.
M. Greiffenhagen (Hrsg.), Demokratisierung in Staat und Gesellschaft, München 1973, Einleitung, S. 11 ff.
F. Vilmar, Strategien der Demokratisierung, Bd. I: Theorie der Praxis, Darmstadt/Neuwied 1973, S. 21, 76 ff., 98 ff.
W. Abendroth, „Demokratie als Institution und Aufgabe", in: Grundprobleme der Demokratie, hrsg. von U. Matz, Darmstadt 1973, S. 156.

tisch[4]) im Gegensatz zu den sogenannten empirischen Demokratietheorien. Die Realisierung der Ziele gegenwärtiger Demokratisierungskonzepte – die Herstellung von Selbstbestimmung und Gleichheit – impliziert mithin eine politische Praxis, in der sich das Problem der Gleichheit als Problem normativer Art unumgänglich stellt.

Als Norm und Ziel innerhalb einer erst zu realisierenden Entwicklung taugt aber zunächst nur das, was nach Inhalt und Umfang eindeutig genug definiert ist.

Wenn etwas, was noch nicht genügend verwirklicht ist (also eingestandenermaßen noch nicht genügend existiert), prozessual realisiert werden soll, hängt die Realisation von der Begriffsbildung ab. Insoweit gilt der Satz: Das Bewußtsein von Inhalt, Umfang und Form der Gleichheit bestimmt das gesellschaftliche Dasein der Gleichheit.

Eine begriffliche Bestimmung und inhaltliche Ausdeutung dessen, was Gleichheit nun ist, findet man allerdings innerhalb der Anhängerschaft der sogenannten kritisch-normativen dynamischen Demokratietheorie nicht. Was in der Theorie explizit fehlt, ist kaum tauglich für die Praxis. Da im Rahmen der verschiedenen Partizipations- und Mitbestimmungsmodelle die Forderung nach Verwirklichung der Gleichheit eine „praktische" Bedeutung hat, die Anhänger der Demokratisierung mithin nicht ohne Einfluß sind, empfiehlt es sich, die den Demokratisierungskonzepten implizit zugrunde liegenden Gleichheitsvorstellungen herauszuarbeiten.

Bei einigen Vertretern der Politischen Wissenschaft, wie etwa bei *Narr, Greiffenhagen* oder *Pelinka,* läßt sich aus dem Kontext ihrer Argumentation eine bestimmte Gleichheitsvorstellung indirekt erschließen. Eine knappe Darlegung prinzipiell möglicher Definitionen von Gleichheit muß aber – wegen des Mangels an expliziten Erörterungen von demokratietheoretischer Seite her – vorausgeschickt werden.

II Begriff und Topos der Gleichheit

Der allgemeine Begriff der Gleichheit

Das Thema der folgenden Ausführungen ist die Frage, was Gleichheit an sich heißen und bedeuten kann.

Erst wenn diese Frage hinreichend beantwortet ist, kann man richtig einschätzen, was jeweils Machtgleichheit, Chancengleichheit oder Vermögensgleichheit meint, was jeweils formale, materielle, relative, absolute, soziale, politische oder rechtliche Gleichheit ist. Im Rahmen der Politischen Wissenschaft muß dabei die Philosophie beziehungsweise die Logik und Erkenntnistheorie zu Hilfe genom-

[4]) *W.-D. Narr,* „Logik der Politikwissenschaft – eine propädeutische Skizze", in: Politikwissenschaft. Eine Einführung in ihre Probleme, hrsg. von G. Kress und D. Senghaas, Frankfurt 1973, S. 13 ff.

men werden. Dieses ist nicht nur deshalb unabdingbar, weil man sich innerhalb der genannten Disziplinen präzise zum Untersuchungsthema äußert, sondern auch, weil gemäß der Natur der Sache Gleichheit zunächst ein „Phänomen" des Erkennens und Denkens ist.

Genus proximum der Gleichheit ist die Relation[5]). Das heißt, daß bei einem Vorgang des Vergleichens mindestens zwei Objekte in eine Beziehung zueinander gesetzt werden. Werden zwei oder mehrere Dinge in eine Beziehung gebracht, so wird zugleich vorausgesetzt, daß sie verschieden sind[6]). Sie sind unterschieden gemäß der ihnen jeweils zukommenden spezifischen Identität. Daher bedarf die Relation der Gleichheit einer ausreichend spezifizierten Hinsicht[7]) (Kriterium, Maßstab, Norm) als tertium comparationis. Weiterhin müssen die in Beziehung gesetzten Objekte des Vergleichs mit demselben Maß gemessen werden. Ein bestimmtes Drittes vermittelt sozusagen die Relation der Gleichheit. Wenn ohne ein und dieselbe bleibende Hinsicht das Urteil „gleich" nicht möglich ist, ist das Eigentümliche (propriim) der Gleichheit noch nicht angegeben, denn mindestens zwei Dinge können in seiner, einigen[8]), vielen oder vielleicht sogar allen Hinsichten übereinstimmen.

Ununterschiedenheit ist nach den Konventionen der Logik und Philosophie das Eigentümliche (proprium) der Gleichheitsrelation. In der Spannung von Verschieden und Ununterschieden liegt die theoretische und praktische Problematik der Gleichheit. Denn wenn Ununterschiedenheit das Proprium (Besonderheit, Eigentümlichkeit, Specificum) der Gleichheitsrelation ist, muß Verschiedenes irgendwie in Ununterschiedenes transformiert werden. Um den Gehalt dieses Vorganges zu erörtern, will ich zunächst die arithmetische Gleichheit behandeln. Außerdem ist sie das wichtigste Modell für die Verteilung von Macht und äußeren Gütern.

[5]) Vgl. *J. Hoffmeister,* Wörterbuch der philosophischen Begriffe, 2. Aufl. Hamburg 1956.
R. Eisler, Wörterbuch der philosophischen Begriffe, 4. Aufl. Berlin 1927.
Wörterbuch historisch-philosophischer Begriffe, hrsg. von *Joachim Ritter,*
Aristoteles, Metaphysik, V. Buch, 15. Kapitel, 1020 b bis 1021 b 10.
J. M. Bochenski, Grundriß der Logistik, 4. Aufl. Paderborn 1973, S. 22, 106 ff.
P. Lorenzen, Formale Logik, 4. Aufl. Berlin 1970, S. 138.
W. Kamlah, Logische Propädeutik oder Vorschule des vernünftigen Denkens, Mannheim/Wien/Zürich 1967, S. 92.

[6]) Vgl. *W. Windelband,* „Über Gleichheit und Identität", in: Sitzungsberichte der Heidelberger Akademie der Wissenschaften, Phil.-hist. Klasse, Jg. 1910, 14. Abhandlung, Heidelberg 1910, S. 7 ff.
R. W. Göldel, Die Lehre von der Identität in der deutschen Logikwissenschaft seit Lotze. Ein Beitrag zur Geschichte der modernen Logik und philosophischen Systematik, Leipzig 1935, S. 188.

[7]) Vgl. dazu *Edmund Husserl,* Logische Untersuchungen, Halle 1913, Bd. 2, 1. Teil, S. 113.

[8]) Vgl. dazu *W. Kamlah,* Logische Propädeutik, S. 51.

[9]) Entfällt.

Die arithmetisch-quantitative Gleichheit

Bei der arithmetischen Gleichheit ist das Bezugssystem des Vergleichens das der Zahlen. Exakt wird die Feststellung der Gleichheit durch die Verwendung von Mengen und deren Metrisierung durch Zahlen[10]). Durch die Negation des „Mehr“ oder „Weniger“[11]) und den Ausschluß des unendlich Kleinen und unendlich Großen bezieht die arithmetische Gleichheit sich auf die Einheit der Quantität.
Im Ausschluß des Mehr oder Weniger liegt die Bedeutung der arithmetischen Gleichheit. Da sie sich ergibt, wenn Dinge ausschließlich der Menge (Quantität) nach verglichen werden, kann man sie auch arithmetisch-quantitative Gleichheit nennen. Sie wird errechnet, wenn man die Summe der quantifizierten Elemente des Vergleichs durch ihre Anzahl teilt. Die arithmetische Gleichheit zweier Dinge ist zum Beispiel die Hälfte ihrer Summe nach der Formel

$$\frac{A + B^{11a)}}{2} = x.$$

Entscheidend ist bei der arithmetisch-quantitativen Gleichheit, daß die Relation der Gleichheit nur im Hinblick auf die Menge in ihrer Zahlenrelation im System der Zahlen gilt. Außerdem werden bestimmte Prädikate den Zahlen zugeordnet; es dürfen in der Anwendung der arithmetischen Gleichheit nach der Formel $A + B : 2$ nur 4 Autos und 2 Autos addiert und dividiert werden, nicht aber 4 Autos und 2 Handschuhe.
Davon zu unterscheiden ist der Vorgang der Anwendung dieser Gleichheit bei der sozialen Verteilung von Gütern. Hat Frau A zwei Autos, ihr Gemahl hingegen vier, hat nach der oben genannten Formel jeder die gleiche Anzahl von Autos, wenn jeder drei besitzt. Auf Grund dieser Verteilung sind A und B noch nicht gleich, – gleich sind sie vielmehr nur im Hinblick auf die Quantität der Autos. Daraus folgt, daß die arithmetische Gleichheit die Relation der Gleichheit noch nicht genügend erklärt. Da sie in der Sozialphilosophie seit *Aristoteles* eine bedeutende Rolle spielt und immer wieder, zuletzt explizit bei *A. Pelinka,* als Paradigma „sozialer Gleichheit“ herangezogen wird, ist das ihr zugrundeliegende Prinzip zu untersuchen.

Die logisch-mathematische Gleichheit

Der arithmetisch-quantitativen Gleichheit liegt etwas zugrunde, was sich aus der Arithmetik und dem Rechnen selbst nicht erklären läßt, was den Mengen selbst nicht per se zu eigen ist[12]). *Frege* hat als erster wieder darauf hingewiesen, daß den

[10]) vgl. *Werner Leinfellner,* Struktur und Aufbau wissenschaftlicher Theorien: Eine wissenschaftstheoretisch-philosophische Untersuchung, Wien 1965, S. 77 ff.
[11]) *Aristoteles,* Nikomachische Ethik, 1132 b 11
[11a]) *Aristoteles,* Nikomachische Ethik, V. Buch.
[12]) *P. Lorenzen,* Konstruktive Logik, Ethik und Wissenschaftstheorie, 2. Aufl., Mannheim/Wien 1975, S. 182.
„Collegium logicum“, in: Methodisches Denken, Frankfurt 1974, S. 20, 21.

Zahlen ein Begriff der Zahl zugrundeliegt. Nach ihm sind „arithmetische Gesetze analytische Urteile und folglich a priori" und Arithmetik ist „nur eine weiter ausgebildete Logik"[13]). *Frege* sieht das der Arithmetik zugrundeliegende Prinzip in dem in der sogenannten formalen oder modernen Logik bzw. Logistik viel zitierten ‚Satz von Leibniz': „Eadem sunt, quorum unum potest substituti alteri salva veritate[14])." Er bemerkt dazu: „Diese Erklärung eigne ich mir für die Gleichheit an[15])." Dieses Prinzip beinhaltet vor allem, und das kann sozial und politisch von Relevanz sein (man denke hier an die Ämterverteilung durch das Los im demokratischen Athen): „In der allgemeinen Ersetzbarkeit sind in der Tat alle Gesetze der Gleichheit enthalten[16])."

Die durch *Frege* ausgelösten Probleme der mathematischen „Grundlagenkrise" sind, wie z. B. *P. Lorenzen*[17]) nachweist, Probleme der Philosophie. Nun sollen hier nicht die Folgen der mathematischen Grundlagenkrise als gültige Axiome des Seins und des Seienden akzeptiert werden. Um aber den Gehalt dessen, was „Gleichheit" überhaupt und unabhängig vom subjektiven Dafürhalten bedeuten kann, verständlich zu machen, ist es unumgänglich, die moderne Logik zu Hilfe zu nehmen.

So wie die Mathematik sozusagen die „Lehre von den Gleichungen" ist, wurde in der modernen Logik, der sogenannten formalen Logik bzw. Logistik, das die Gleichheit ausmachende Prinzip pointiert wie in keiner anderen Disziplin formuliert.

Innerhalb der formalen Logik (u. a. *Russell, Tarski, Bochenski, Menne, Lorenzen*[18])) ist Gleichheit eine „Äquivalenzrelation", die die Eigenschaften der „Reflexivität", „Symmetrie" und „Transitivität" aufweist und dadurch als Ununterschiedenheit charakterisiert ist. Insofern es hier nur darauf ankommt, zu klären, was man unter Gleichheit verstehen kann, soll im folgenden auf die Symbole der formalen Logik und die Ableitung und Erklärung von Reflexivität, Symmetrie, Transitivität oder „Drittengleichheit"[19]) nicht eingegangen werden. Es genügt hier, die Erläuterung des Satzes von Leibnitz durch Tarski darzulegen.

Gleichheit ist nach *Tarskis* Terminologie auch „logische Identität", wobei um es

[13]) *Gottfried Frege,* Die Grundlagen der Arithmetik, Eine logisch-mathematische Untersuchung über den Begriff der Zahl, Breslau 1934, S. 99.

[14]) *G. W. Leibniz,* Philosophische Schriften, hrsg. von C. J. Gebhardt, Berlin 1890, Neudruck Hildesheim 1961, Bd. VII, S. 228; vgl. dazu aber: Monadologie, § 369, Gebhardt, Bd. VI, S. 608, Bd. VII, S. 184;

Ernst Cassierer, Leibniz' System. Seine wissenschaftliche Grundlage, Marburg 1902, S. 108 ff.

[15]) *G. Frege,* Grundlagen der Arithmetik, S. 76.

[16]) Ebd., S. 77.

[17]) *P. Lorenzen,* Methodisches Denken, S. 20, 97 ff.

[18]) Vgl. dazu *J. Mittelstraß,* zu „Gleichheit", in: Wörterbuch historisch-philosophischer Begriffe, hrsg. von Joachim Ritter.

[19]) Vgl. dazu *A. Menne,* „Identität, Gleichheit, Ähnlichkeit. Eine logisch-philosophische Untersuchung", in: Ratio, 4. Bd., Heft 1, Jg. 1952, S. 51.

zu wiederholen, „arithmetische Gleichheit zwischen Zahlen" nur ein „Spezialfall des allgemeinen Begriffs der logischen Identität ist"[20]).
Der Begriff der Identität oder Gleichheit kommt nach Tarski in den Wendungen

„x ist mit y identisch
x ist dasselbe wie y
x ist gleich y"[21])

zum Ausdruck.
Der nun folgende Satz, der die Wendung „x = y" begrifflich festlegt, ist der Fundamentalsatz der logischen Gleichheit, aus dem Reflexivität, Symmetrie und Transitivität und die Bedingungen der allseitigen Ersetzbarkeit abgeleitet werden: „x = y dann und nur dann, wenn x jede Eigenschaft hat, die y hat und y jede Eigenschaft, die x hat." Ergänzend fügt *Tarski* hinzu: „x = y dann und nur dann, wenn x und y jede Eigenschaft gemeinsam haben." Für eine „unmittelbar einleuchtende Formulierung" hält *Tarski* die Formulierung: „x = y dann und nur dann, wenn alles, was über eines der Dinge x und y gesagt werden kann, auch über das andere gesagt werden kann."[22])
Bedenkt man nun, daß das genus proximum der Gleichheit die Relation ist und das Spezifikum dieser Relation in der Ununterschiedenheit liegt, verlangt die Erfüllung des Sachverhalts „gleich":
1. daß jeweils dieselben Eigenschaften den Vergleichsobjekten zugeordnet werden, und
2. daß jedes Objekt dieselben Eigenschaften hat, die auch das andere hat oder die anderen Objekte haben.

Bedenkt man weiterhin, daß die Proposition „gleich" ein tertium comparationis voraussetzt, eine Hinsicht, unter der verschiedene Objekte verglichen werden, sind mindestens zwei Objekte dann und nur dann „gleich", wenn sie hinsichtlich aller Kriterien der Beurteilung übereinstimmen. Das aber bedeutet, daß das tertium comparationis dieser Beziehung die Ununterschiedenheit selbst ist. Das Problem der Ununterschiedenheit im Sinne der logisch-mathematischen Gleichheit besteht darin, daß man mit der Erfüllung dieser Bestimmung die Differenzen des Seienden total negiert. In der formalen Logik wird das Prinzip daher nur für extensionale Aussagen verwendet[23]). Man kommt nicht umhin, einige Hinsichten außer acht zu lassen.
Husserl hat in diesem Zusammenhang auf die Gefahr eines unendlichen Regresses hingewiesen[24]). Begnügt man sich aber damit, daß zwischen mehreren Objekten

[20]) *Alfred Tarski*, Einführung in die mathematische Logik, 2. Aufl., Göttingen 1966, S. 72.
[21]) Ebd., S. 66.
[22]) Ebd., S. 67.
[23]) Vgl. *A. Menne*, S. 48, 51.
H. Scholz, Die sogenannte Definition durch Abstraktion, Leipzig 1935, S. 15, 35 ff., 75 ff., 101.
Bernhard Taureck, Mathematische und transzendentale Identität, Wien/München 1973, S. 34 ff., 41 ff.
[24]) *Edmund Husserl*, Logische Untersuchungen, S. 110.

für das Urteil „gleich" nur in einer oder einigen Hinsichten kein Unterschied zu bestehen braucht, muß man einige Hinsichten auswählen, bevorzugen oder „privilegieren". Die Gleichheit ist in diesem Falle nur *relativ,* nämlich bezogen auf die gerade ausgewählten Hinsichten. Indes besteht dann das Problem darin, daß das zu Vergleichende immer sowohl ununterschieden (im Hinblick auf die gewählten Maßstäbe) als auch unterschieden (im Hinblick auf die nicht herangezogenen Maßstäbe) ist. Diese Problematik stellt sich bei der sogenannten „Wesensgleichheit".

Die Wesensgleichheit bzw. qualitative Adäquanz

Wesensgleichheit bedeutet in einem weiteren Sinne „die Übereinstimmung verschiedener Dinge in ihrem Wesen"[25]). Entscheidend ist hier nicht die Anzahl der herangezogenen Hinsichten – eine, einige oder alle – sondern die Qualität der Hinsichten und die der zu vergleichenden Objekte. „Gleich" im Sinne von Wesensgleichheit ist Mehreres dann, wenn von der Vielzahl der Prädikate, die jeweils einzelnen Objekten zukommen, einige dahingehend vorgezogen werden, daß von ihnen gilt, sie machten das Wesen des zu Vergleichenden – der einzelnen Objekte der Relation – aus. Entscheidend ist hier, daß mehrere Objekte unter je denselben Hinsichten, die für die Wesensbestimmung als konstitutiv gelten, ununterschieden sind. Bestimmend wirkt hier aber nicht die Vorstellung der Ununterschiedenheit selbst, sondern das, was in einem spezifischen Begründungszusammenhang als „wesentlich" anerkannt wird. Die Ununterschiedenheit hat nur eine sekundäre Funktion. Daher könnte man die Wesensgleichheit auch als qualitative Ähnlichkeit bezeichnen.

Identität, Ähnlichkeit und Gleichheit

Da jeder Versuch, die Bedeutung eines Topos zu klären, der Abgrenzung bedarf, soll hier knapp Identität von Gleichheit unterschieden werden.

Das Verhältnis von Identität und Gleichheit ist in der modernen Logikwissenschaft u. a. von *Husserl, Cohen, Windelband, Wittgenstein, Rickert* und *Carnap* behandelt worden.

Innerhalb der Tradition der aristotelischen Logik war Identität die Einheit der Qualität und Gleichheit die Einheit der Quantität. Ähnlichkeit war eine nur auf Identität bezogene Kategorie[26]). Diese einfache und elegante Unterscheidung ist nicht mehr üblich, insoweit zwischen Qualität und Quantität nicht mehr strikt unterschieden wird.

Zwischen den letzten Kriegen ist *Rolf W. Göldel* in seiner umfangreichen Mono-

[25]) *D. Schlüter* zu „Gleichheit" in: Wörterbuch historisch-philosophischer Begriffe, hrsg. von Joachim Ritter.
Vgl. dazu *W. Hill,* Gleichheit und Artgleichheit, Berlin 1966.
H. Nef, Gleichheit und Gerechtigkeit, Zürich 1941.

[26]) *Aristoteles,* Metaphysik, 1021 a 10.

graphie „Die Lehre der Identität in der deutschen Logikwissenschaft seit Lotze" auf diese Problematik eingegangen. Seine überzeugende Argumentation lautet: „Entscheidend ist beim Verhältnis ‚Identität und Gleichheit' immer wieder: ‚Identisch' ist das Eine, ‚gleich' sind zwei oder mehrere, – oder vom Gegenstand gesprochen: ein (besser: der) Gegenstand ist identisch und nur identisch, zwei (oder mehrere) Gegenstände sind entweder gleich oder verschieden[27])."

A. Menne kommt zu dem Ergebnis, „daß Identität nur dem Individuum zukommt, Gleichheit dagegen Eigenschaften und Klassen"[28]).

Folgt man der aristotelischen Einteilung nicht und versteht unter Gleichheit eine Relation, dergemäß eine Übereinstimmung in allen Hinsichten vorliegen muß, kann Ähnlichkeit nur die Übereinstimmung in mehreren Merkmalen bedeuten.

III Die Gleichheitsvorstellungen im Rahmen der gegenwärtigen Demokratisierungskonzepte

Relative oder absolute Gleichheit als grundsätzliche Kontroverse der politisch-sozialen Gleichheit

Gegenstand der weiteren Ausführungen ist nunmehr die Gleichheit als Ordnungsprinzip der Gesellschaft, als Norm der Bewertung politisch-sozialer Strukturen und als Ziel einer gesamtgesellschaftlichen Entwicklung. Im Rahmen der Demokratisierung interessieren vor allem die rechtliche, politische, ökonomische und chancenmäßige Gleichheit.

Objekte der Gleichheitsrelation sind hier nicht nur die Strukturen der Macht oder Ökonomie, sondern vor allem die Menschen selbst als Mitglieder der Gesellschaft. Gleichheit kann somit in doppelter Hinsicht bestehen, einmal hinsichtlich der Personen und einmal in bezug auf die konkreten Bereiche. Weiterhin ist zu differenzieren zwischen der Ausgangssituation, den Mitteln und dem Ziel einer zu beurteilenden und zu verändernden Situation; zu differenzieren ist auch zwischen Gleichbehandlung, Gleichheit der Beschaffenheit und Gleichwerden.

Wenn innerhalb der gegenwärtigen Debatten, wie z. B. in der Zeitschrift „Vorgänge"[29] unter dem Motto „Gleichheit ein deutsches Tabu" *Graf von Krockow, Helga Grebing, Helmut Gollwitzer, Ossip K. Flechtheim* und *Arnold Künzli* das Thema behandeln, aber das, was sie unter Gleichheit verstehen, nicht einmal bestimmen, so dürfen sich die Autoren über die „Tabuisierung" nicht beklagen.

In der angelsächsischen Literatur wird die diesbezügliche Problematik differenzierter diskutiert. Dort geht es um die relative, schwache Gleichheit einerseits und um die absolute, starke Gleichheit andererseits.

[27]) *R. W. Göldel*, S. 399.

[28]) *A. Menne*, Gleichheit, Identität, Ähnlichkeit, S. 51, „Was ist Analogie", in: Philosophisches Jahrbuch, 67. Jg. (1959), S. 388–394.

[29]) Vorgänge, Zeitschrift für Gesellschaftspolitik, Nr. 20, 15. Jg. 1976 (H. 2).

John Rees hat diese Kontroverse in seinem (auch deutsch vorliegenden) Buch „Equality"[30]) zusammenfassend dargestellt. In eben dieser Kontroverse liegt die praktische Würze des Problems: Die Anhänger der relativen, bedingten oder schwachen Gleichheit müssen sich von den Anhängern der absoluten Gleichheit entgegenhalten lassen, daß die relative Gleichheit Privilegierungen nicht ausschließt.
Versteht man unter Privilegierungen willkürliche Behandlung, muß dieser Einwand jedoch als nicht exakt zurückgewiesen werden, denn die Verwirklichung dieser Gleichheit geschieht nach dem Motto: Gleiches gleich, Ungleiches ungleich.
Um diesem Prinzip gerecht zu werden, bedarf es umfangreicher und präziser Erörterungen. Gleichwohl beinhaltet dieses Prinzip, daß die Menschen nach ihren Fähigkeiten, Verdiensten und Bedürfnissen verschieden beurteilt werden können. Alle Menschen sind, wie es bei *J. Rees* heißt, „gleich (auf die gleiche Weise) zu behandeln, sofern zu anderer Behandlung kein Grund besteht"[31]). Innerhalb der verfassungsrechtlichen Gleichheit des Grundgesetzes[32]) entspricht dies der in Rechtsprechung und Literatur herrschenden Lehre des Differenzierungsgebotes. Bei dieser Gleichheit kommt es auf das Wesensmerkmal eines Sachverhaltes oder einer Person an. Dabei wird der Begriff „Wesen" nicht etwa im metaphysischen Sinne gebraucht, vielmehr geht es darum, was man für wichtig, entscheidend oder richtig in sachlicher, moralischer, finaler oder rechtlicher Hinsicht hält.
Will man hingegen das Prinzip der Gleichheit so verstanden wissen, daß Privilegierungen oder Unterschiede nach Leistung, Begabung, objektiven Fähigkeiten oder Moral nicht gemacht werden können, muß man sie als absolut, d. h. von konkreten Voraussetzungen losgelöst, bestimmen.
Jede Einschränkung oder Bedingung dessen, was „gleich" ist, muß ausgeschlossen sein. Gleichheit als Ziel eines dynamischen Prozesses besteht danach dann, wenn die Objekte und Subjekte der Beziehung in jeder Hinsicht übereinstimmen. Diese „absolute" Gleichheit als Ziel eines Herstellungsprozesses entspricht der logisch-mathematischen Gleichheit.
Entscheidend aber ist: Entweder man ist Anhänger der relativen Gleichheit oder der absoluten Gleichheit. Entweder man formuliert Gleichheit im Sinne der reinen Ununterschiedenheit oder im Sinne der Verschiedenheit nicht ausschließenden „Wesensgleichheit". Tertium non datur.

[30]) *John Reese,* Soziale Gleichheit. Anspruch und Wirklichkeit eines politischen Begriffs, Frankfurt/New York 1974.
[31]) Ebd., S. 128.
[32]) Vgl. *H. Bindewald,* Der Gleichheitsgedanke im Rechtsstaat der Gegenwart, Greifswald 1931.
W. Böckenförde, Der allgemeine Gleichheitssatz und die Aufgabe des Richters, Berlin 1957.
K. Hesse, Der Grundsatz der Gleichheit vor dem Gesetz im deutschen Staatsrecht, Diss., Göttingen 1950.
G. Leibholz, Die Gleichheit vor dem Gesetz, 2. Aufl., München/Berlin 1959.
G. Dürig, zu Art 3 GG in: Maunz–Dürig–Herzog, Kommentar zum Grundgesetz BVerfGE 1, 14 (52); 4, 219 (243 ff.); 9, 201 (206); 16, 6 (24 ff.); 10, 234 (246); 17, 319 (330).

Absolute Gleichheit als Gehalt der Gleichheit innerhalb der gegenwärtigen Demokratisierungskonzepte

Daß absolute Gleichheit die den Demokratisierungskonzepten zugrunde liegende Gleichheitsvorstellung ist, folgt

aa) allgemein aus der Forderung, daß die Grundsätze der Demokratie in allen „gesellschaftlichen Lebensbereichen“[33]) (so *F. Vilmar*) zu verwirklichen seien;

bb) aus der unbestimmten Verneinung der relativen bzw. verfassungsrechtlichen Gleichheit sowie der Ablehnung unterschiedlicher Behandlung nach Leistung und Fähigkeiten;

cc) aus der expliziten Forderung (so z. B. *A. Pelinka*), quantitative Gleichheit zum Maßstab und Ziel der „Dynamischen Demokratie“ zu erheben;

dd) aus der Natur der Sache eines als teleologisch bestimmten und dynamisch gedachten Prozesses der schrittweisen Entwicklung zur Gleichheit gemäß der Interdependenz der einzelnen Lebensbereiche sowie aus dem Zusammenhang von Selbstbestimmung und Herrschaftslosigkeit als weiterer Zielbestimmung der Demokratisierung.

Wesentliches Merkmal der sog. Demokratisierung ist das Postulat, daß die Grundsätze der Demokratisierung alle Bereiche der Gesellschaft erfassen sollen. *F. Vilmar* spricht im Zusammenhang des obigen Zitates von Demokratisierung als „Herstellung von Freiheit und Gleichheit“[34]).

Selbstbestimmung (Freiheit) und Gleichheit sind unbestritten die entscheidenden Postulate der Demokratisierung[35]). Zwischen Gleichheit und Freiheit (Freiheit im Sinne der Demokratisierung, nämlich Selbstbestimmung) wird von den Anhängern der Demokratisierung kein Widerspruch gesehen. Dabei wird nicht irgendeine Hinsicht oder irgendein Bereich im Sinne der Wesensgleichheit präferiert, vielmehr sollen *alle* Bereiche in eine Relation der Gleichheit gebracht werden. Gleichheit selbst wird damit in der Beziehung zu den verschiedenen gesellschaftlichen Bereichen zum tertium comparationis.

„Konservative werden sich in Zukunft damit abfinden müssen, daß das Prinzip der Gleichheit immer weitere Bereiche gesellschaftlichen Lebens erfaßt[36]).“ Diese Prophezeiung macht *M. Greiffenhagen.* Er ist weiterhin der Ansicht, „daß unsere Verfassung Grundrechte enthält (das der Gleichheit, C.-E. B.), deren politischer Realitätsgrad noch zweifelhaft ist“[37]). Nach *D.-D. Hartmann* reicht es nicht aus, „den demokratisch-egalitären Inhalt des Gleichheitsgebotes fast nur in Teilbereichen des parlamentarischen Wahlrechts und des Verfahrensrechts gelten zu lassen“[38]). Damit wird gefordert, daß das Prinzip der arithmetisch-quantitativen

[33]) *F. Vilmar,* Strategien der Demokratisierung, Bd. I, S. 21.

[34]) Ebd., loc. cit.

[35]) Vgl. dazu Fußnote 3.

[36]) *M. Greiffenhagen,* Freiheit gegen Gleichheit. Zur Tendenzwende in der Bundesrepublik, Hamburg 1973, S. 59.

[37]) Ebd., S. 43, 54 ff.

[38]) *D.-D. Hartmann,* Willkürverbot und Gleichheitsgebot, Darmstadt/Neuwied 1972, S. 51.

Gleichheit des Wahlverfahrens auf andere Bereiche angewendet werden soll. Hinter der arithmetischen Machtgleichheit im Vorgang der Wahl steht aber, wie bereits ausgeführt, das Prinzip der reinen Ununterschiedenheit.
Den Hintergrund der Argumentation *Greiffenhagens* bildet die „identitäts-demokratische Forderung nach Aufhebung der Herrschaft von Menschen über Menschen. Dieses radikale Gleichheitsangebot ist demokratie-theoretisch denknotwendig, wenn immer menschliche Gleichheit die Erfahrung leidvoller Fremdbestimmung gerade ausschließen will"[39]). Anwendungsgebiete für die „identitätsdemokratische Perspektive" des radikalen Gleichheitsgebots sind vor allem die Wirtschaft[40] und die Institutionen des Staates[41]). Bedenkt man, daß *Greiffenhagen* keinen Bereich anführt, der vom Bereich der Gleichheit ausgeschlossen werden könnte, daß er im Hinblick auf die Probleme der Chancengleichheit (hinsichtlich der Startbedingungen) sogar einen Eingriff in die Gene der Menschen erhofft[42]), um Begabungsunterschiede zu verhindern, wird deutlich, daß *Greiffenhagen* unter Gleichheit reine Ununterschiedenheit respektive absolute Gleichheit versteht.
Auch *W.-D. Narr* ist Anhänger eines „unverwässerten Gleichheitspostulates"[43]). Für ihn ist eine solche Gleichheit eine „Frage der Strukturveränderung"[44]). Allgemeinere Vorstellungen wie „Ich-Stärke" oder „Persönlichkeit"[45]) könnten, so meint er, keine „objektive(n) Kriterien" sein, an denen die Realisierung von Gleichheit gemessen werden könne: „Abgesehen von Differenzierungen im Freiheitsbegriff, worin Freiheit von Angst- und Sicherheitsmanipulation heute zu Hauptsteuerungsmechanismen und Ersatzlegitimatoren geworden sind, wäre Gleichheit endlich strukturell zu objektivieren: vom Abbau der Statushierarchie, der qualitativ unterschiedlichen Einkommen bis hin zur Informationszugänglichkeit"[46]). Dies heißt, daß zwischen den Menschen eine Relation hinsichtlich objektiver Dimensionen bestehen soll, auf die das Urteil „gleich" zutrifft. Wer Einkommensgleichheit – unabhängig vom Verdienst – fordert, macht aber absolute Gleichheit zur obersten Norm. Wenn alle Menschen hinsichtlich ihres Status gleich sein sollen, unabhängig von ihren gewiß verschiedenen Qualitäten, wenn sich diese „Gleichheit" auf alle Bereiche erstrecken soll und „Qualitäten" zur Differenzierung ausgeschlossen werden sollen, versteht man unter „Gleichheit" reine Ununterschiedenheit. Entweder läßt man z. B. für Einkommen Unterschiede rechtfertigende Normen bzw. Maßstäbe zu oder nicht. Tertium non datur.
Bei *K.-H. Hondrich* kommt zum Ausdruck, daß die Gleichheit hinsichtlich eines Bereiches die Gleichheit hinsichtlich anderer Bereiche nach sich zieht. „Letzten Endes tendiert Demokratisierung als Machtveränderung deshalb nicht nur zur

[39]) *M. Greiffenhagen*, Freiheit gegen Gleichheit, S. 68.
[40]) Ebd., S. 55, 72.
[41]) Ebd., S. 77, 60 ff.
[42]) Ebd., S. 43.
[43] *W.-D. Narr*, Theorie der Demokratie, S. 58.
[44]) Ebd., S. 60.
[45]) Ebd., S. 62.
[46]) Ebd., S. 63.

Gleichheit der Mittel, sondern auch zur Gleichheit der Bedürfnisse"[47]). Daher muß sich nach *Hondrich* eine Veränderung dahingehend ergeben, „daß die Chance, auch gegen Widerstreben Bedürfnisse zu befriedigen, sich für die Einheiten eines sozialen Systems immer mehr angleicht"[48]). Dies wiederum impliziert, daß Macht, Bedürfnisse und Menschen in Systemeinheiten aufgeteilt werden müssen, die zueinander in der Relation der Gleichheit stehen. Ist man aber der Ansicht, daß der Gleichheit in dem einen Bereich die Gleichheit in anderen Bereichen folgen müsse, ohne dabei ein der Gleichheit übergeordnetes Kriterium anzufügen, versteht man unter Gleichheit die reine Ununterschiedenheit im Sinne mathematisch-logischer Gleichheit. In praxi läuft dies auf eine Quantifizierung der Bereiche hinaus.

Dies hat *A. Pelinka* am deutlichsten artikuliert. Ohne die Definitionsmerkmale der Gleichheit in seinem umfangreichen Buch „Dynamische Demokratie. Zur konkreten Utopie gesellschaftlicher Gleichheit" anzugeben oder kritisch zu reflektieren, plädiert er für eine Demokratie, deren „Maßstab die Verwirklichung der Gleichheit ist"[49]). Allerdings kennt *Pelinka* die Konsequenz dieser Art von Demokratie: „Die gesellschaftliche Gleichheit baut auf dem Vorrang der Quantität vor der Qualität. Die Qualität eines Individuums soll nicht als solche gesellschaftlich wirksam werden, sondern nur über den Umweg der Quantität[50])." Daß hinter der Norm quantitativer Gleichheit das Prinzip der reinen Ununterschiedenheit nach dem Satz von Leibniz im Sinne der seit Frege entwickelten formalen Logik steht, ist aber unbestreitbar.

Schließlich soll noch der Zusammenhang zwischen Gleichheit und Freiheit angeführt werden. Unter Berücksichtigung der für die Demokratisierungskonzeptionen maßgebenden Freiheitsvorstellung besteht kein Gegensatz zwischen Gleichheit und Freiheit. Unter Freiheit wird nämlich Selbstbestimmung verstanden. Das entscheidende Merkmal der Selbstbestimmung besteht in der Verneinung der Fremdbestimmung.

Aus der Verneinung der Fremdbestimmung und dem Ziel der Herrschaftslosigkeit wird der Zusammenhang mit der hier dargelegten Gleichheitsvorstellung deutlich: Herrscht zwischen den Menschen einer Gesellschaft ein Verhältnis, über das ausgesagt werden kann, daß sich die Menschen in denen ihnen zuzuordnenden und faktisch vorhandenen Merkmalen nicht unterscheiden, hat jeder genau die Eigenschaften, über die auch der andere verfügt – ganz im Sinne der logisch-mathematischen Gleichheit bzw. des Satzes der Identität von Leibniz – kann keiner einen anderen beherrschen, wird keiner von einem anderen beherrscht. Die Herrschaft von Menschen über Menschen wäre ausgeschlossen. Auf der spekulativen Ebene besteht zwischen Selbstbestimmung und Gleichheit als wesentlichen Merkmalen der Demokratisierung ein innerer Zusammenhang.

[47]) *K.-H. Hondrich,* Demokratisierung und Leistungsgesellschaft. Macht- und Herrschaftswandel als sozio-ökonomischer Prozeß, Stuttgart/Berlin 1972, S. 15.

[48]) Ebd., loc. cit.

[49]) *A. Pelinka,* Dynamische Demokratie, S. 20.

[50]) Ebd., S. 59.

IV Die Kritik an der Gleichheitsvorstellung des Demokratisierungskonzepts

Bei den kritischen Einwänden gegen die absolute Gleichheit als Norm und Ziel der Politik sind zwei Sachverhalte voneinander zu trennen:
1. das Gleichwerden und
2. die Gleichbehandlung.

Der Unterschied zwischen beiden besteht darin, daß bei der Gleichbehandlung vorhandene Unterschiede ausgeglichen werden sollen, ohne daß die existentiellen Ursachen der Verschiedenheit beseitigt werden sollen. Die Tätigkeit der Gleichbehandlung besteht vornehmlich im Ausgleichen. Das Gleichwerden hingegen wird als Prozeß gedacht, bei dem es vornehmlich auf den Endzustand ankommt. Dieser Prozeß erfordert solche Eingriffe in die Substanz der existentiellen Strukturen des Lebens, denen zufolge eines Tages wegen der Gleichheit in allen Hinsichten der Ausgleich nicht mehr nötig ist.

Bei der Kritik an der absoluten Gleichbehandlung und dem absoluten Gleichwerden ist als Ausgangspunkt zu beachten, daß die Menschen empirisch gesehen nur „gleich“ im Sinne der Wesensgleichheit sind. Daraus resultieren die Legitimationsschwierigkeiten des Gleichwerdens und der Gleichbehandlung im Sinne der absoluten Gleichheit. Ununterschiedenheit als Ziel eines Prozesses bedeutet letztlich die Neugestaltung der Welt und eine Politik nach dem Motto: Die Menschen sind zwar nicht gleich, es kommt aber darauf an, sie gleich zu machen!

Lehnt man dies ab und kann sich gleichwohl nicht zur „Wesensgleichheit“ bzw. relativen Gleichheit als Prinzip gesellschaftlicher Ordnung entschließen und glaubt, in der absoluten Gleichbehandlung einen Ausweg zu finden, gerät man in spezifische, aus der Quantifizierung der Politik rührende Schwierigkeiten.

Im folgenden sollen die kritischen Einwände gegen das Gleichwerden und die Gleichbehandlung im Sinne der absoluten Gleichheit knapp dargelegt werden:

Das Gleichwerden und die Neugestaltung der Welt

Als Rechtfertigungsgründe der absoluten Gleichheit könnte man – so scheint es – die Selbstbestimmung, Selbstentwicklung, die Gerechtigkeit, die Würde des Menschen oder andere Werte ansehen. Damit verliert aber die absolute Gleichheit ihre Bedeutung als Norm und Ziel sui generis und Verschiedenheit wird, zumindest implizit, akzeptiert. Die Ununterschiedenheit duldet kein Drittes – entweder ist etwas gleich oder nicht-gleich.

Die absolute Gleichheit enthält indes schon inhärent gesehen einen eigenartigen Verstoß gegen ihr eigenes Prinzip. Denn wenn man Ununterschiedenheit als Norm und Ziel der Handlung wählt, verstößt man schon gegen das Prinzip der Ununterschiedenheit. Man *bevorzugt* eben *dies* Prinzip. Diese Bevorzugung stellt aber angesichts dessen, daß es ja noch andere Ziele der Politik gibt, eine „Ungleichheit“ dar. In der Bevorzugung der Nichtbevorzugung, in der Transfor-

mation von Verschiedenem in Ununterschiedenes liegt ein Widerspruch, der bei anderen Zielen der Politik nicht von vornherein vorliegt.
Dem Prozeß des Gleichwerdens im Sinne der absoluten Gleichheit steht zunächst etwas im Wege, was sich aus der cognitiven Bestimmung der zu verändernden Einzelheiten ergibt: Die Unendlichkeit der begrifflichen Reflexion über das zu verändernde Einzelne. Da die Veränderung der Wirklichkeit sich in Einzelschritten vollziehen muß, müssen die Objekte der Veränderung von Fall zu Fall in die Relation der Ununterschiedenheit gesetzt werden. Dies wiederum setzt voraus, daß man ihnen inhaltlich bestimmte Eigenschaften urteilend zuordnen muß. Die Hinsichten, unter denen man nun ein Objekt diesbezüglich bestimmen kann, sind unendlich. Man kann zwei Gegenstände unter dem Gesichtspunkt aller denkbaren Eigenschaften vergleichen. Begrenzt man den Vergleich auf einige Hinsichten, bleibt die Verschiedenheit – womöglich sogar eine schwerwiegende – erhalten: es besteht nur relative Gleichheit. Begrenzt man die Anzahl der Hinsichten nicht, entsteht, worauf insbesondere Husserl hingewiesen hat, ein regressus in infinitum. Entsteht dieser Regreß, können die Objekte nicht genügend bestimmt werden. Können diese nicht bestimmt werden, ist eine realitätsadäquate Finalisierung, die ja im Rahmen der Gleichheit als einer dynamischen Demokratie, eben der Demokratisierung, unumgänglich ist, nicht möglich. Die cognitive Defizienz der theoretischen Prämissen muß sich, da die Wirklichkeit ja der Gleichheit nicht total gehorcht, im Zuge des Transformationsprozesses auswirken. Wird angesichts dessen, daß alle Gleichheitsurteile über substantiell verschiedene Objekte de facto „relativ" sind, die Auswahl der Hinsichten abgelehnt oder nicht explizit reflektiert, so bedeutet das Handeln nach dem Ziel der Ununterschiedenheit Willkür.
Gegen das Experiment der Herstellung absoluter Gleichheit spricht vor allem, daß die darin enthaltene Homogenität, von der z. B. Greiffenhagen spricht, die totale Kenntnis und totale Veränderung – Totalität der Mittel – der letztlich zu verändernden Objekte sozialer Gleichheit, der Menschen nämlich, voraussetzt.
Da die ration essendi nicht uneingeschränkt dem Prinzip der Ununterschiedenheit unterliegt, müssen bei der prozessual und final konzipierten Gleichheit zunächst die Objekte der Veränderung analytisch exakt erfaßt werden. Kennt man nämlich die Bestimmungen, den Charakter und den Gehalt des zu Verändernden nicht exakt, kann man auch nicht wissen, welches Verfahren dem Ziel dient. Die konkret vorgenommenen Maßnahmen entgleisen anderenfalls in Willkür. Dies gilt erst recht für den Menschen als Subjekt und Objekt sozialer Gleichheit. Die Natur des Menschen ist aber bisher noch nicht (quasi naturgesetzlich) in der Weise determiniert und definiert worden, die eine dem spezifischen Ziel der allseitigen Ununterschiedenheit entsprechende Veränderung gestatten würde. Zwar sind, wie *Martin Greiffenhagen* feststellt, die Kenntnisse in der Biochemie und Humangenetik so weit gediehen, daß „tiefgreifende Homogenisierungen"[51]), wie er es nennt und begrüßt, möglich erscheinen. Indes reicht dies noch nicht aus. Die Veränderung verlangt auch die Kenntnis derjenigen Gesetzmäßigkeiten, die über den bisherigen Bereich der reinen Naturwissenschaften hinausgehen müssen,

[51]) *M. Greiffenhagen*, Freiheit gegen Gleichheit, S. 43.

nämlich der menschlichen Psyche. Unbestritten ist aber, daß dem Bereich dessen, was man innerhalb der abendländischen Tradition „Psyche" oder „Geist" nennt, ein gewisser Grad an Selbständigkeit gegenüber dem chemischen und biologischen Fundament des Menschen zukommt. Schließlich müssen auch noch sämtliche Gesetzmäßigkeiten der gesellschaftlichen Verhältnisse bekannt sein. Daß dies nicht der Fall ist, ist unbestritten.

Aber selbst wenn wir auf diese exakten Kenntnisse nicht noch eine lange Reihe von Jahren warten müßten, bliebe immer noch die Frage offen, ob Gleichheit überhaupt ein absolutes Gut ist und ob nicht die „Freiheit" zur Ungleichheit ebenfalls ein Gut ist.

Gegen diese Argumentation ließe sich einwenden, auf die Gewißheit oder Rechtfertigung käme es nicht an. Man könne sich nach dem Prinzip von Versuch und Irrtum einfach auf den Weg der Verwirklichung der absoluten Gleichheit machen. Dies täte den vom Leistungsprinzip und von Hierarchien nur so strotzenden Gesellschaften des Westens und des Ostens mal ganz gut. Dann entscheidet man sich aber für Willkür. Um es zu wiederholen: Die Nachprüfbarkeit der jeweils unternommenen Schritte als Mittel in ihrer Relation zur Zielverwirklichung entfällt wegen der aus dem regressus in infinitum folgenden Unbestimmtheit. Die Verwirklichung der absoluten Gleichheit aller Menschen in allen Lebensbereichen hat unendlich große Veränderungen zur Folge, die zumeist – wenn auch nur zeitweilig – in eine Totalität der Eingriffe münden muß. Diese Eingriffe werden sich in Wirklichkeit als totaler Zwang auswirken. Die Lebenden werden zu Objekten und Opfern eines ungewissen, in der Gegenwart und der unmittelbaren Zukunft nicht nachprüfbaren, Experimentes.

Daß mit dem Experiment die differentia specifica der Dinge sowie der Eigenwert eines jeden Einzelnen beseitigt werden soll, versteht sich von selbst. Diese Privilegierung der Gleichheit als Ziel einer Politik des Gleichwerdens ist nach bisherigem Wissen nicht zu rechtfertigen.

Die Quantifizierung der Politik durch absolute Gleichbehandlung

Können nun die unangenehmen Konsequenzen finalisierter Gleichheitsprozesse durch die absolute Gleich*behandlung* vermieden werden? Als Möglichkeit böte sich an, die Bürger einer Gesellschaft bei ihrer Verschiedenheit zu belassen und sie nur in bestimmten Bereichen schlicht absolut gleich zu „behandeln", d. h. „Güter" (Vermögen, Einkommen, Macht, Bildung) so zu verteilen, daß es zwischen den Bürgern im Hinblick auf diese Güter keinen Unterschied gibt. Die Zuordnung von Machtpositionen, Mitteln der Bedürfnisbefriedigung und Bildungsmöglichkeiten müßte dann unter der Nichtbeachtung der Hinsichten erfolgen, die zwischen den Bürgern einen Unterschied ausmachen. Bei dieser distributiven absoluten Gleichheit wäre auch die Berücksichtigung von spezifischen Fähigkeiten, Taug, Moral, Tugend oder Status begründenden Werten sowie daran anknüpfenden Hierarchien ausgeschlossen. Von einer absoluten Gleichheit kann hier nur insofern gesprochen werden, weil sie eine Absolution (Loslösung) von den qualitativen Eigentümlichkeiten der einzelnen Bürger bedeuten würde. Im

Gegensatz zu der Wesensgleichheit – Gleiches gleich, Ungleiches ungleich – soll von der Verschiedenheit abgesehen werden. Das Kernproblem dieser Gleichheit liegt darin, daß man davon absieht, ob die Bürger selber gleich sind. Diese Absolution ist notwendig, sonst müßte man bestimmte qualifizierende und Hierarchien begründende Merkmale (wie z. B. die demokratische „Gesinnung" als Voraussetzung für das Richteramt) berücksichtigen.

Die Verwirklichung der Gleichheit in Form der Gleichbehandlung nach dem Motto „jedem das Gleiche an Macht, Einkommen oder Bildung" führt zu Widersprüchen, die in der absichtlichen Nichtbeachtung der Verschiedenheit ausmachenden Gründe und Umstände begründet sind. Die Absolution von der konkreten Verschiedenheit der Menschen setzt diese untereinander in das Verhältnis einer „Als-ob-Gleichheit". Der einfach zu verstehende Fall der Einkommensgleichheit erfüllt die Forderung der Gleichheit z. B. so lange nicht, wie die Personalobjekte der Relation qualitativ und quantitativ verschieden arbeiten. Die Negation des Mehr oder Weniger wird nur im Hinblick auf das Geld, nicht aber im Hinblick auf die Arbeit erfüllt. Der Faule wird privilegiert. Leisten aber der Schlaue, der Starke oder gar Geschickte genauso viel wie der Nicht-Starke oder Un-Geschickte, müssen letztere sich mehr „quälen", um die Forderung „gleiche Arbeit – gleicher Lohn" zu erfüllen. Erweitert man das Prinzip der Gleichheit auf ökonomische Gleichheit schlechthin, müssen alle Bedingungen, die zum Bereich der Ökonomie gehören, der Ununterschiedenheit unterliegen. Letztlich müssen, will man die Verschiedenheit der Bedürfnisse und Fähigkeiten gestatten, die Folgen dieser Verschiedenheit durch eine ungeheure Bürokratie permanent ausgeglichen und dem arithmetischen Mittel einer irgendwie zu bestimmenden ökonomischen Verschiedenheit angeglichen werden.

Die spezifischen Folgen der quantitativen Gleichheit der Strukturen, bei bewußtem Absehen von jeweiligen Eigentümlichkeiten und Qualitäten, zeigt sich vor allem bei dem Zentrum der Demokratisierung, der Machtgleichheit. Machtgleichheit zwischen den an sich verschiedenen Mitgliedern der Gesellschaft läge genau dann vor, wenn jedem gleich viel Macht zukäme.

So wie innerhalb allgemeiner, freier und gleicher Wahlen jeder Stimme das gleiche Gewicht zukommt, muß jeder faktisch – über den Vorgang der Wahl hinaus – unabhängig von seinen Fähigkeiten die gleiche Menge an Macht besitzen. Dem „Verbrecher" und dem „Besten" müßte demnach gleich viel Macht zustehen.

Darüber hinaus müßte Macht nach den Prinzipien der Arithmetik teilbar sein. Wie Masse und Energie müßte jedem einzelnen das gleiche Quantum an Macht zur Verfügung gestellt werden. Indes gerät diese Zuteilung mit dem, was Macht im Bereich der Gesellschaft ausmacht, in einen unerbittlichen Widerspruch: Macht schwebt nämlich nicht greifbar in Zeit und Raum herum, sondern ist gerade an bestimmte Qualitäten von Personen gebunden. Da die Quellen der Macht bei den verschiedensten Fähigkeiten – wenn auch meist zweifelhafter Art – liegen, nützt eine gleiche Verteilung der Machtpositionen institutioneller Art wenig. Da andere normative Zuteilungskriterien nicht gelten können, besteht die Gefahr, indirekt reine Durchsetzungsfähigkeit zu privilegieren. Will man die Nachteile der quantitativformalen Machtgleichheit beseitigen, gerät man in neue Widersprüche. Man muß nämlich die Macht haben, diejenigen Eigenschaften, die Machtunterschiede hervorrufen, zu beseitigen. Die Ursachen des „Mehr" an Macht alter Art können nur durch ein „Mehr" von Macht neuer Art beseitigt werden, sonst hat man eben nicht die Macht, die Verschiedenheit auszumerzen. Damit verstößt man aber gegen das Prinzip der Machtgleichheit in Gegenwart und unmittelbarer Zukunft. Das Maß der quantitativen Gleichheit erfordert eine ständig zu kontrollierende und zu korrigierende Kontrolle auftauchender Ungleichheit. Da diejenigen, die diese Kontrolle durchführen, mehr Macht haben müssen als die zu Kontrollierenden, handelt es sich – scheut man die Konsequenz des Gleichwerdens oder der verfassungsrechtlichen Gleichheit der parlamentarischen Demokratie – um eine Gleichheit des „als ob". Da, wie z. B. bei *Pelinka,* die Quantität das Maß der Demokratisierung sein soll, entsteht bei der hier notwendigen Avantgarde der Machtgleichheit nur ein ungebundener Kampf um Macht, weil Gesetz, Recht, Würde, Tugend, Moral oder Vernunft als qualitativ bestimmende Hinsichten überhaupt nicht zum Zuge kommen dürfen.

Zusammenfassung

Der Hauptvorwurf, der den Vertretern der Gleichheit innerhalb der Literatur der Demokratisierung der letzten 10 Jahre zu machen ist, besteht zunächst darin, daß sie die begriffliche Bestimmung und inhaltliche Ausdeutung des Topos Gleichheit unterlassen. Indes läßt sich feststellen, daß die von ihnen verwendete Gleichheitsvorstellung die der absoluten Gleichheit ist. Danach ist mehreres gleich, wenn die Vergleichsobjekte in allen Hinsichten übereinstimmen, wenn jedes Prädikat, das dem einen Vergleichsobjekt zukommt, auch dem anderen zukommt. Damit ist reine Ununterschiedenheit sowohl die Norm als auch das Ziel der Demokratisierung.

Gegen die Gleichheit als Norm der Praxis muß eingewendet werden, daß der normative Gebrauch der absoluten Gleichheit nicht widerspruchsfrei ist und zu Willkür führen muß. Die Einwände gegen die absolute Gleichheit als Ziel eines Herstellungsprozesses teleologischer Natur resultieren aus den Schwierigkeiten und Konsequenzen der zieladäquaten Verwirklichung. Die Verwerfung des „Gleichwerdens" beruht vor allem auf der Ablehnung der aus der Zielbestimmung der allseitigen Übereinstimmung folgenden Totalität der Mittel, Maßnahmen und Aktionen.

Soweit die Wirklichkeit der Bundesrepublik am Maßstab der den gegenwärtigen Demokratisierungskonzepten zugrundeliegenden absoluten Gleichheit gemessen wird, ist diese Kritik daher unberechtigt. Im Rahmen der konstitutionellen parlamentarischen Demokratie kann man die sogenannte relative Gleichheit mit guten Gründen der absoluten Gleichheit vorziehen. Innerhalb der Rechtsanwendungs- und Rechtssetzungsgleichheit liegt das Schwergewicht bei der Auswahl und strikten Anwendung der jeweils herangezogenen Hinsichten. Das unserer Verfassung immanente Gleichheitsgebot enthält im wesentlichen das Differenzierungsgebot und das Willkürverbot.

Das Differenzierungsgebot zwingt im Bereich der Ausübung politischer Gewalt,

vor allem bei der Gesetzgebung, der Verwaltung und der Rechtsprechung dazu, jeweils genaue Relationen zwischen den Maßstäben des Urteils und dem zu regelnden Sachverhalt herzustellen. Das Differenzierungsgebot aber ist schlicht ein Gebot der Vernunft. Es verhindert ebenso – im procedere der Herrschaftsausübung – die Berufung auf Ungleichheit schlechthin. Die Grundrechte als Institutionen der parlamentarischen Demokratie eröffnen eine differenzierende Vermittlung von Freiheit und Gleichheit und tragen dem bisher noch nicht widerlegten Erfordernis des Bestimmens, Differenzierens und Begrenzens von Subjektivität und Ununterschiedenheit Rechnung.
Im Verwirklichungsprozeß der Gleichwerdung und der absoluten Gleichbehandlung hingegen müßte sich *Orwells* Ironie bestätigen: All animals are equal, but some animals are more equal than others.

Nature Juridique et Réglementation de la Floriculture

Antonio Carrozza, Pisa

1. Dans les Manuels et dans les Cours de Droit rural la matière de la floriculture occupe une place très réduite. Dans la meilleure des hypothèses, ceux-ci ne se limitent à mentionner la floriculture que, lorsqu'au moment d'analyser les trois activités agricoles primaires qui caractérisent l'entreprise agricole sur la base de l'art. 2135 du code civil (c'est-à-dire: culture du sol, élevage du bétail, sylviculture), il faut préciser la notion de «culture du sol». En effet, on à l'habitude de dire que cette notion comprend toute forme d'exploitation des aptitudes productives du terrain, quelles que soient les modalités de cette exploitation et quel que soit le produit que l'on essaie d'obtenir. Par conséquent, non seulement la culture du sol entendue d'une manière générique, mais également la culture spécialisée est une activité agricole qui prend le nom – par exemple – d'horticulture, de fructiculture ou de floriculture[1]).

Mais il semble que même par rapport à l'horticulture, à la fructiculture et aux activités similaires la floriculture occupe une position secondaire; cette idée d'infériorité se retrouve dans les développements des économistes, des hommes politiques et des techniciens, ainsi que dans le domaine législatif et administratif. Pouvons-nous avancer une explication? Peut-être la raison de cet intérêt mineur doit-elle être recherchée dans le fait que les fleurs . . . ne se mangent pas (même si, dans certains cas rares, elles se boivent: nous pensons aux tisanes de camomille, au thé à la rose, et aux infusions similaires). En effet, pendant longtemps l'opinion selon laquelle l'unique agriculture est celle ayant pour but la production de denrées alimentaires était fortement répandue, de telle façon que quelqu'un, récemment même, a cru pouvoir affirmer que l'objet de l'activité agricole d'élevage et par conséquent le but de l'entreprise corrélative est exclusivement la production d'aliments[2]).

Je ne partage pas du tout cette conception, parce qu'elle réduit arbitrairement, ainsi que nous le verrons, le domaine de l'agriculture et la sphère de compétence propre du droit rural.

[1]) Ces trois activités ont sans aucun doute de nombreux points communs, spécialement en ce qui concerne l'organisation des marchés, de telle sorte que le nom composé «ortofloro-frutticoltura» semble justifiè (voir: *G. Dell'Amore,* La carta dell'ortoflorofrutticoltura italiana; cahier n° 50 de l'Istituto d'economia aziendale dell'Università commerciale «L. Bocconi», Milano 1968; et, pour la partie qui nous interésse, *G. G. Dell'Angelo,* La riorganizzazione del mercato ortofrutticolo, Milano, 1974).

[2]) Voir: *G. P. Cigarini,* Contenuto e oggetto dell'attività di allevamento del bestiame e sua natura di impresa agricola, Riv. dir. agr. 1967, I, p. 560.

Donc les données du problème sont les suivantes. Il s'agit d'établir si, et avec quelle signification, la floriculture appartient au domaine de l'agriculture, c'est-à-dire si la floriculture a ou non une nature agricole. Mais la démonstration demande que soit d'abord clarifiée la nature réelle, l'essence véritable de l'agriculture (en général).

Il faut alors revenir en arrière pour constater que l'agriculture ne se limite pas à l'activité traditionelle de culture du sol dans le but d'en obtenir les denrées communes: celle-ci constitue l'activité la plus connue, et si nous voulons la plus importante à tous les effets, mais elle n'est pas l'unique activité. Et l'une des autres activités possibles, constitutives de l'entreprise agricole, est précisément celle de la floriculture.

La démonstration de cette thèse – qui représente l'élément central de notre discours – peut être obtenue en développant un syllogisme, c'est-à-dire au moyen d'un processus rigoureusement logique.

Le syllogisme se présente ainsi:

a) Est une activité agricole, soumise par conséquent à la réglementation juridique relative à l'entreprise agricole, toute espèce d'activité qui consiste en un cycle d'élevage d'animaux ou de végétaux; cycle régi par les lois biologiques qui comportent un risque particulier et particulièrement élevé, de telle sorte qu'il nécessite un traitement normatif approprié *[prémise mayeure]*;

b) La culture des fleurs et des plantes à fleurs constitue un élevage de végétaux comprenant des opérations qui vont de l'ensemencement ou du repiquage jusqu'à la cueillette, dès que la plante est arrivée à une certaine phase végétative: au milieu, entre l'ensemencement et la cueillette, nous trouvons toutes le opérations de nourriture, de soin, de protection contre les maladies et ainsi de suite *[prémise mineure]*;

c) La floriculture constitue donc une activité typiquement agricole, ainsi que nous voulions le démontrer *[conclusion]*.

La seule difficulté de ce syllogisme – assez simple, ainsi qu'on peut le constater – réside dans la vérification de la validité de la prémisse majeure concernant la définition de l'agriculture. Mais la prémisse majeure se contente de reprendre la thèse dite de «l'agrariété», selon laquelle toutes les activités agricoles trouvent leur dénominateur commun non seulement dans l'exploitation, dans un but productif, du bien «terre» (concept lié à l'idée traditionelle d'une agriculture consistant principalement, si ce n'est exclusivement, dans l'exploitation du sol), mais plutôt dans la réalisation d'une production réductible au schéma d'un élevage, qui peut avoir pour objet aussi bien des animaux que des végétaux et qui peut étre réalisé *avec ou sans* l'élément «terre»[3]). Cette thèse, loin de réduire le domaine de l'économie rurale en augmente considérablement l'étendue par rapport à celle déterminée selon la méthode empirique traditionelle, de sorte que plusieurs catégories d'activités (comme par exemple l'élevage d'animaux «en série», la pisciculture, la mytiliculture, les pépinières, et précisément la floricul-

[3]) Pour plus de détails: *A. Carrozza,* Problemi generali e profili di qualificazione del diritto agrario, vol. I, Milano, 1975, p. 59 et suiv.

ture) sont récupérées au bénéfice de l'agriculture alors que, s'il en était autrement, elles seraient régies par le droit commercial.

2. L'attribution de la qualité d'entrepreneur agricole au floriculteur produit des conséquences diverses et importantes.

En premieur lieu, il faut admettre que ce que l'on appelle le «statut général» de l'entrepreneur agricole, tel qu'il résulte du Code civil et des lois complémentaires du Code civil, s'applique totalement au floriculteur; ce qui signifie que le floriculteur bénéficie de ce traitement de base qui différencie l'agriculteur du commerçant et qui, dans l'esprit du Code, avantage le premier par rapport au second (ainsi en matière d'éxonération de l'enregistrement des entreprises, de la tenue des livres comptables, en matière de faillite).

Il est évident que, dans la mesure consentie par la législation en vigueur, le floriculteur en tant qu'agriculteur aura droit aussi à un traitement spécial en matière fiscale[4]).

Une autre conséquence importante est que le droit spécial des baux ruraux s'applique complétement au floriculteur qui exerce son activité sur le fonds d'autrui; et cela intéresse surtout les floriculteurs qui louent, en tout ou en partie, le terrain, dans la mesure où ils bénéficient des normes favorables au fermier: on pense au loyer équitable («equo canone»), à la prorogation légale du contrat, au droit de préemption en cas de vente du terrain loué).

En outre, toujours à titre interprétatif, il faudra étendre à l'entreprise de floriculture la nouvelle réglementation prévue par les Directives de la Communauté économique européenne et par les lois italiennes d'application du droit communautaire, en ce qui concerne par exemple l'inscription aux tableaux régionaux des entrepreneurs agricoles et la reconnaissance à tous les effets de la condition d'«entrepreneur agricole à titre principal», lorsque les conditions requises sont réunies (mais, sauf erreur, ces conditions existent, dans la plupart des cas, pour les entrepreneurs du secteur floral en Italie, puisqu'il s'agit généralement de propriétaires-exploitants dont le taux de compétence professionelle est très élevé).

En ce qui concerne ensuite la phase de la commercialisation des fleurs et des plantes à fleurs, il ne sera pas inutile de rappeler que les producteurs de fleurs peuvent se prévaloir de la législation qui autorise la vente *directe* sur le marché des produits agricoles[5]). L'aliénation du produit constitue même, dans les hypothèses qui nous intéressent, le complément nécessaire de la phase de production et concrétise une activité accessoire («connessa»), liée à l'activité agricole fondamentale. Tant que l'aliénation du produit floral demeure dans les limites d'un caractère

[4]) Voir: *M. V. Di Ciò,* L'attività del vivaista come attività agricola, Riv. dir. agr., 1976, I, p. 646 et suiv., qui a étudié l'évolution de la jurisprudence et son éloignement progressif de la thèse de l'administration financière selon laquelle le produit de la vente des légumes et des fleurs est un revenu différent du revenu foncier et rural.

[5]) Loi du 9 février 1963, n° 59 («Norme per la vendita al pubblico in sede stabile dei prodotti agricoli da parte degli agricoltori produttori diretti»), modifiée par la loi du 14 juin 1964, n° 477.

accessoire normal, aucun problème de qualification ne se pose: il est normal que le floriculteur soit en même temps producteur et commerçant, dans la mesure où il produit pour vendre et par conséquent organise une entreprise dans le but de vendre lui-même ce qu'il produit. Naturellement, on peut avoir des doutes au sujet de la prédominance de l'entreprise agricole ou de l'entreprise commerciale, en face d'organismes mixtes dans lesquels l'aspect commercial tend à prévaloir ou même seulement à devenir *autonome* par rapport à celui proprement agricole.[6]) Mais un tel problème de prévalence et de coéxistence d' activités économiques – et corrélativement, d' entreprises – de nature diverse, est commun à la gamme tout entière des activités agricoles.

Le problème de la réglementation de droit public de l'entreprise de floriculture, aux divers niveaux normatifs (celui de la Communauté économique européenne; celui de l'Etat; celui de la Région, qui traverse une phase constituante extrêmement intéressante et qui est appelée à des développements décisifs) est plus délicat et non dénué d'aspects originaux. Il est probable que sous peu la floriculture fera l'objet de mesures prévoyant des programmes, des plans financiers et d'aides au crédit impliquant des autorisations et des contrôles. Cependant, ces mesures devront veiller à ne pas dénaturer le fondement agricole de la floriculture, et à ne pas violer le principe de l'égalité de traitement de l'une et de l'autre catégorie d'agriculteurs.

Dans la perspective d'un développement législatif en matière, le théoricien du droit doit se préoccuper d'éviter l'altération de certaines particularités de la matière de la floriculture qui seront signalées plus loin.

Une dernière préoccupation est motivée par la possibilité qu'une réglementation juridique de caractère administratif confonde la floriculture à l'état pur avec les positions (qui dans les faits aussi donnent lieu à diverses combinaisons) de celui qui exerce une activité de serres n'ayant pas pour but la production de fleurs, une activité de pépiniériste ou de semences, etc.[7]).

[6]) En se référant plus particulièrement aux pépinières, divers jugements ont été prononcés à propos du rapport qui existe entre la production et la vente des plantes et des fleurs. Dans le cas du pépiniériste, cette seconde activité présente certaines anomalies, telles que le transport de la marchandise par les soins du producteur et le plantage des arbres et des plantes sur le terrain des acheteurs: cfr. la jurisprudence signalée par *P. Masi,* Attività agricole e attività «connesse», Riv. dir. civ., 1973, II, p. 631 et suiv. Cet auteur reproche à juste titre à cette jurisprudence de «ne pas avoir donné suffisamment d'importance à la question, absolument préliminaire, de savoir si l'activité de pépiniériste . . . doit être considérée, et dans quelles limites, comme une activité essentiellement agricole».

[7]) L'interférence se vérifie, par exemple, en matière de réglementation de l'activité relative aux semences, c'est-à-dire la production et le commerce des semences, des tubercules, bulbes, rhizomes et des autres éléments similaires: cfr. le loi 25-11-1971, n. 1096, et son règlement d'application approuvé par le D.P.R. 8-10-1973, n. 1065. Quiconque produit «dans un but lucratif» les semences etc. énumérées ci-dessus, doit posséder une autorisation spéciale délivrée par le Président de la Chambre de commerce, d'industrie, d'artisanat et d'agriculture; il doit conditionner les semences d'une certaine manière; dans son établissement, il est obligé de tenir à jour ses livres de commerce; pour certaines espèces, il ne doit mettre à la vente que des semences certifiées.

3. Un des chapitres les plus importants de l'étude du droit rural continue d'être celui des baux ruraux, et nous avons déjà vu comment l'entreprise de floriculture sur la terre d'autrui se constitue au moyen d'un contrat agraire, normalement un bail à ferme (où le fermier est exploitant-direct ou non, selon les cas). Mais, à part les baux ruraux au sens propre et strict, constitutifs de l'entreprise de floriculture, des contrats stipulés par le floriculteur dans l'exercice de son entreprise déjà en activité, peuvent être pris en considération.

Parmi ces derniers, qui peuvent être définis comme les contrats de l'entreprise de floriculture, il faut signaler, à cause de son indubitable spécialité, ce que l'on appelle «le louage de l'œillet». Depuis 1949, le Recueil provincial des coutumes agricoles de la Chambre de commerce, d'industrie et d'agriculture d'Imperia s'est préoccupé de décrire d'une manière détaillée ce type de contrat, qui par la suite a été étendu à d'autres provinces et à d'autres espèces de fleurs ou mieux de plantes de fleurs à couper, et qui, par la singularité de sa nature, a attiré l'attention de certains auteurs[8]).

Une première caractéristique de ce contrat se rattache à sa source coutumière. Et à ce propos se pose le problème de savoir s'il s'agit de coutumes normatives, véritables sources de droit, ou bien de coutumes simples, dépourvues de force de loi et dont la fonction se limite à compléter et à interpréter la volonté des contractants, ainsi qu'elle résulte de chacune des clauses du contrat. Il est difficile de donner une réponse précise et formelle, d'autant plus si l'on refléchit à la difficulté, à notre avis presque insurmontable[9]), de mettre en pratique les distinctions théoriques habituelles en matière de classification des coutumes. Dans la mesure où l'on pourrait vérifier que les coutumes présentent un caractère normatif, il serait possible d'affirmer que l'on se trouve en présence d'un bail rural typique.

De toute façon, étant donné qu'il est évident que le «louage de l'œillet» n'appartient pas à la catégorie des baux ruraux de concession d'un fonds agricole, il est impossible de faire application de l'institut de la «conversion du contrat» d'atypique en typique, telle qu'elle est régie par l'art. 13 de la loi du 15 septembre 1964, n° 756; il en est de même de l'article 24 de la loi du 11 février 1971, n° 11, en vertu duquel tous les contrats en cours qui contiennent des éléments du fermage (même s'ils ne sont pas des éléments prédominants) sont transformés en contrats de fermage.

On peut ajouter que la qualité de producteur et de commerçant en gros de fleurs amène à l'admission aux marchés de gros, sous certaines conditions (voir déjà en ce sens le R.D.L. du 21 août 1937, n. 1982, «Sulla disciplina dei mercati all'ingrosso dei prodotti ortoflorofrutticoli»).

[8]) Voir les travaux de *R. Sacco,* In tema di tipizzazione sociale e giurisprudenziale del contratto: l'affitto del garofano, Riv. dir. agr., 1969, I, p. 226 et suiv.; et de *G. Vignoli,* Tutela della varietà floreale e cosiddetto «affitto del garofano», même revue, p. 228 et suiv.

[9]) Ce concept a été développé dans ma recherche en cours d'impression et dont le but est de présenter la «Raccolta sistematica di usi agrari», publiée par les soins de l' «Istituto di diritto agrario internazionale e comparato» de Florence et par le C.N.R. (ed. Pàtron, Bologna).

D'une manière générale, on peut dire qu'on retrouve ici une espèce du genre «location», bien que l'on estime habituellement que les espèces connues de location d'un bien productif sont deux de nombre; le bail d'un fonds agricole (dans les deux versions de bail à un locataire qui n'est pas cultivateur et de bail à un exploitant agricole) et le bail d'exploitation (mais l'exploitation en réalité n'est un bien productif qu'au sens figuré, parce qu'elle produit des revenus, c'est-à-dire des fruits civils). Par conséquent, l'hypothèse d'un bien naturellement productif comme l'est sans aucun doute la plante à fleurs, capable d'être objet d'un contrat de type locatif qui ne soit pas la location de terrains, est également très intéressante d'un point de vue théorique.

Les éléments fondamentaux de sa structure sont ceux du bail. Il est clair que le rapport fondamental qui naît du contrat *de quo* a le caractère d'un rapport obligatoire. Le titulaire de la propriété de la plante à fleurs concède un droit personnel de jouissance sur la plante elle-même, qui se concrétise dans l'appropriation des fruits (c'est-à-dire . . . des fleurs) que la plante est en mesure de produire périodiquement et dans leur mise sur le marché par le co-contractant. A l'expiration du contrat, le bien-mère est restitué au concédant ou détruit.

Cependant, il faut ajouter que «le louage de l'œillet» est né pour remplir une autre fonction, en plus de transférer le droit de jouissance, parce qu'il se présente comme un instrument de conservation du pouvoir exclusif d'exploitation de l'invention constituée par une nouvelle variété de végétaux. Dans ce cas, le concédant n'est pas seulement le titulaire de la propriété matérielle sur la plante à fleurs mais il apparaît aussi comme le titulaire d'une espèce de droit d'auteur qui lui est reconnu d'une manière conventionelle, en tant que subrogé d'une protection réalisée au moyen d'une réglementation légale spécifique[10]).

Ainsi que nous le savons, actuellement le droit moral et économique de l'obtenteur d'une nouvelle variété végétale et son intérêt à limiter la commercialisation de son invention sont directement protégés par une législation particulière, qui a été complétée il y a peu de temps; nous faisons allusion à la législation constituée respectivement par la Convection internationale de Paris pour la protection des inventions végétales (élaborée en 1961) et par les lois d'application de cette Convention qu'enfin l'Italie a adopté par la loi de délégation du 16 juillet 1974, n° 722, et par la loi-déléguée approuvée par le D.P.R. du 12 août 1975, n° 974[11]). De sorte que l'étude de ce contrat coutumier, connu sous le nom de «location de l'œillet», et des contrats similaires qui se trouvent dans le Recueils des coutumes rurales de la Chambre de commerce, a perdu, sous cet aspect, presque toute son importance – à l'exception de la signification du contrat lorsqu'il est examiné du point de vue du transfert du droit de jouissance.

4. Après avoir étudié l'entreprise de floriculture et les contrats qui s'y rattachent, nous devons maintenant considérer sa projection patrimoniale: ce qui dans la

[10]) Voir les clauses spéciales prévues dans ce but par les coutumes des Provinces d'Imperia, Lucca et Pistoia.

[11]) Sur le sujet, on peut lire à présent l'ouvrage de *L. Lodi,* La tutela delle novità vegetali nell'ordinamento giuridico italiano e nelle legislazioni estere, Bologna, 1976.

terminologie italienne s'appelle «azienda». Il s'agit à présent de voir si dans l'ensemble des biens organisés par l'entrepreneur de floriculture pour l'exercice de son activité (= «azienda»), il est possible de relever des éléments caractéristiques. En vérité, un de ceux-ci a déjà été noté lorsque l'on a parlé de la présence éventuelle d'un droit de brevet pour une invention végétale; en effet, celui-ci constitue un élément immatériel de l'exploitation de floriculture. Un autre élément caractéristique de l'exploitation de floriculteur (celui-là de nature matérielle) est représenté – ainsi que nous allons le voir – par la serre.
Mais préalablement il faut dire que dans l'hypothèse de la floriculture, comme du reste dans les hypothèses voisines d'autres formes de cultures protégées, la position centrale que la terre occupe habituellement dans l'entreprise agricole, par rapport aux autres biens de l'entreprise, est contestée: au lieu d'assumer la fonction de facteur direct et principal de la production, ici le fonds se limite à constituer le siége où l'activité productive, et les instruments qui s'y rattachent, s'exercent d'une manière qui n'est pas différente de ce que l'on peut dire du sol occupé par une usine pour l'exercice d'une activité ayant un caractère commercial. Et cela détermine également une sorte d'inversion du rapport de service qui existe entre le bien principal – normalement représenté par le fonds – et les biens accessoires qui équipent le fonds. Sans dire qu'il faut enlever de ces derniers un instrument de production d'une importance toute particulière: la serre.
La serre n'est pas tant au service du fonds, comme une dépendance quelconque, mais plutôt au service de l'activité constituant l'entreprise: ce fait altére – ainsi que nous l'avons dit – l'ordre traditionnel des rapports entre les éléments de l'exploitation («azienda»). Dans un certain sens la serre apparaît comme un succédané du fonds, puisqu'elle constitue un environnement artificiel pour le développement du processus productif, à la place de l'environnement naturel offert par la terre. Sous cet aspect, nous pouvons bien soutenir l'autonomie structurelle et fonctionnelle de la serre par rapport au sol sur lequel elle est située[12]).

5. En ce qui concerne les serres, on discute depuis longtemps une question qui d'une part présente un certain intérêt scientifique puisqu'elle constitue une hypothèse de compénétration de droit (rural) public et de droit (rural) privé, dont on peut déduire l'incidence des principes qui régissent la gestion du territoire sur le droit qui a pour but de régler l'activité des particuliers en tant que producteurs agricoles; d'autre part, elle a une très grande portée pratique, puisque les différentes solutions que l'on peut proposer à ce sujet pourraient constituer un

[12]) Ainsi, le Conseil d'Etat dans un arrêt du 30 mars 1973, n. 323; v. Riv. dir. agr., 1973, II, p. 298.
A ce sujet voir, en sens divers: *A. Massart,* Sull'applicabilità della legislazione urbanistica all'agricoltura: il caso delle serre, ibidem; du même auteur: Problemi di coordinamento fra la legislazione urbanistica e la realizzazione di impianti per «coltivazioni protette», Riv. dir. agr., 1976, II, p. 38 et suiv.; *G. Morsillo,* Impianto di serre e licenza edilizia, Giur. agr. it., 1975, p. 591 et suiv.; du même auteur, Ancora sulla licenza edilizia per impianti di serre, Giur. agr. ital., 1976, p. 369 et suiv.

grave préjudice pour la libre initiative dans le domaine de la floriculture; ou, au contraire, favoriser énormément son développement et son expansion. Il s'agit de savoir comment considérer les serres au regard des intérêts de l'urbanisation et des exigences de l'équilibre du territoire en les soumettant ou non aux limitations de la législation urbaine.

Le problème que nous venons d'indiquer – bien entendu – ne se pose pas pour tous les types d'installations de serres, puisque l'on sait – ou l'on devrait le savoir – que les installations les plus simples et les plus modestes, qui ont un caractère précaire et qui peuvent être démontées et déplacées avec facilité, sont exemptées de toute obligation relative aux bâtiments. Le problème se pose, au contraire, pour les installations qui, soit à cause des modalités de leur construction, soit à cause de leur caractère permanent, peuvent être considérées comme des véritables bâtiments.

L'obscurité des règles qui définissent les bâtiments soumis à la réglementation de l'urbanisme et l'absence, dans la législation étatique, de dispositions spécifiques concernant les serres, ont obligé les juges administratifs à se prononcer d'une manière motivée sur l'existence ou non de l'obligation de se faire délivrer le permis de construire une serre. Et la loi relative à l'édificabilité des sols (appelée loi *Bucalossi*, du 28 janvier 1977, n° 10) qui a été adoptée ensuite n'a pas simplifié la question.

L'attitude de l'interprète en face de cette question – nécessité ou non du permis de construire – peut être, et en effet elle fut, différente. Et la diversité des solutions dépend de la qualification qui peut être attribuée à la serre, en tenant compte de sa *structure* ou bien de sa *fonction*. En d'autres termes, si la destination de la serre au service de la floriculture était vraiment considérée comme prédominante, ses caractères en tant que «construction» devraient être indifférents et, par conséquent, les règles ayant pour objet les nouvelles constructions ne s'appliqueraient pas. Au contraire, si l'on veut faire prévaloir l'aspect structurel, les analogies de traitement avec les autres immeubles soumis au droit de l'urbanisme seraient justifiées: c'est précisemment l'orientation suivie par les juges qui – également dans ce cas – ont opté pour la nécessité d'un permis. Etant donné son fondement logique, une telle solution ne peut, par conséquent, être condamnée dans l'absolu: ce qu'il faut plutôt reprocher à cette jurisprudence c'est la tendance à négliger cet aspect fonctionnel auquel nous avons fait allusion ci-dessus: aspect qui ne peut être considéré comme décisif mais qui doit tout de même avoir une certaine importance parce que, dans le cas contraire, les serres ne devraient en rien se distinguer de n'importe quel autre type de bâtiment. En dèfinitive, en admettant même que les serres doivent être considérées comme des communs immeubles à bâtir aux fins de la législation sur l'urbanisme, il faut cependant reconnaitre en tout cas qu'il s'agit de constructions *sui generis*.

Cette conclusion présente une double importance.

a) D'abord, elle permet de comprendre le contenu et d'accepter l'esprit de la loi régionale qui pour la première fois est intervenue en matière: la loi de la Région Liguria du 1er juin 1976, n° 17. Ce texte a voulu adopter une solution intermédiaire qui peut être critiquée mais qui, sans aucun doute, est cohérente, parce qu'elle a pour but l'adaptation des exigences d'ordre territorial et d'urbanisation – c'est-à-dire l'inclusion des serres dans un dessin de réglementation globale de l'organisation et de l'utilisation du territoire – à la nécessité de respecter la fonction propre de la serre en tant que «moyen immédiat d'exploitation agricole», pour lequel, si l'on doit parler de bâtiment, ce sera toujours d'un bâtiment n'ayant un caractère ni civil ni industriel mais typiquement et exclusivement agricole.

En effet, la loi de la Région Liguria dispose que chaque Commune élabore un acte réglementaire *ad hoc,* dont les dispositions doivent prévoir l'emplacement des serres, leurs dimensions, etc., et tenir compte de la nature (c'est-à-dire de la destination spécifique) de la serre. Cette réglementation entraîne l'obligation de demander au Maire une autorisation spéciale, dont la délivrance est subordonnée à la preuve de la destination effective à un usage agricole. En attendant que les Communes adoptent les dispositions nécessaires, la loi régionale a établi des normes transitories (dont le détail, qui d'ailleurs prête parfois le flanc à la discussion, n'est pas analysé ici)[13]).

b) Ensuite, notre conclusion pourrait servir de fondement à une loi-cadre prévoyant des principes fondamentaux s'appliquant à toutes les Régions. Du reste, le critère que nous pouvons qualifier de «fonctionnel» devrait inspirer non seulement le règime juridique des serres mais également le régime juridique des bâtiments agricoles de quelque nature que ce soit, à la seule condition que leur destination soit, d'une manière effective et stable, au service de l'entreprise agricole (en général).

On a l'impression que la loi n° 10 du 1977 sur l'édificabilité des sols (appelée loi *Bucalossi*) constitue une première étape dans cette direction. En effet, alors qu'elle conditionne la régularité de toute initiative d'édification – y compris celle qui concerne les bâtiments ruraux – à la concession par la Commune de ce que l'on appelle le *jus aedificandi,* soustrait à tout pouvoir de disposition du propriétaire foncier, elle exempte, sur la base d'une disposition exceptionnelle, toutes les constructions rurales du payement de la taxe relative aux charges d'urbanisation. En vertu de l'art. 8 de la loi, l'exemption concerne «toutes les constructions qui doivent être réalisées, même pour la résidence de l'agriculteur à titre principal, en vue de la gestion de l'entreprise agricole». Cette formule est peu claire, surtout à cause de l'incise se référant aux constructions à usage d'habitation pour l'agriculteur, mais il est certain qu'elle vise également les installations fixes servant de serres lorsqu'elles doivent être considérées comme des immeubles. Ainsi, l'édilité rurale, considérée d'une façon unitaire, s'achemine vers la reconnaissance d'une spécialité qui dépasse la solution partielle expressément consacrée aux serres.

6. Considéré ainsi dans le cadre du droit de l'entreprise agricole – par référence à l'entreprise, aux contrats de l'entreprise, aux biens de l'exploitation – le rapport

[13]) On peut lire le texte de cette loi dans la Riv. dir. agr., 1976, I, p. 713 et suiv., précédé d'un commentaire de *M. V. Di Ciò,* Il primo intervento legislativo sulla disciplina urbanistica delle serre.

de la floriculture avec l'agriculture apparaît comme un rapport de *species* à *genus* (et nous avons eu l'occasion d'indiquer certains aspects de la *species*).
Il est par conséquent important de répéter – dans des termes encore plus fermes et plus clairs – que la nature juridique de l'activité de floriculture est fondamentalement celle de l'agriculture, dont la floriculture inclut les éléments essentiels. On peut dès lors conclure qu'il est donc naturel que la floriculture partage le destin législatif de l'agriculture.

Die Lenkung des Landpachtverkehrs im sozialen Rechtsstaat

Harry Ebersbach, Göttingen

Die Bundesregierung hat Ende 1976 den Entwurf eines Gesetzes zur Neuordnung des landwirtschaftlichen Pachtrechts verabschiedet[1]). Dieser stimmt in den Grundzügen mit den Gesetzentwürfen überein, die in den letzten Jahren von verschiedenen Seiten, namentlich vom Verband landwirtschaftlicher Pächter, vom Deutschen Bauernverband und von der Deutschen Gesellschaft für Agrarrecht erarbeitet wurden. An der voraufgegangenen Diskussion war der Jubilar maßgeblich beteiligt, und zwar insbesondere mit einem ausführlichen, praxisorientierten Gutachten und mit einer rechtsvergleichenden Arbeit[2]).

Wie alle diese Gesetzesvorschläge so sieht auch der Regierungsentwurf vor, daß das im geltenden Gesetz über das landwirtschaftliche Pachtwesen vom 25. 6. 1952 (BGBl. I, S. 343) vorgeschriebene Anzeige- und Beanstandungsverfahren entfallen soll. Die übrigen Vorschriften des Gesetzes sollen modernisiert und in das BGB eingearbeitet werden, so daß es künftig keines besonderen Landpachtgesetzes mehr bedarf.

Völlig unerwartet ist dieses Konzept bei den Beratungen im Ernährungsausschuß des Bundestages auf Kritik aus Kreisen der Bauernschaft gestoßen mit der Folge, daß im November 1978 alle drei Bundestagsfraktionen einen Gesetzentwurf vorgelegt haben, der im Gegensatz zum Regierungsentwurf ein modifiziertes Anzeige- und Beanstandungsverfahren beibehalten und in einem neuen Landpachtschutzgesetz regeln will[3]).

Die divergierenden Reformvorschläge lassen es geboten erscheinen, Möglichkeiten und Grenzen staatlicher Pachtverkehrslenkung im sozialen Rechtsstaat zu erörtern. Hierzu bedarf es zunächst einer Vorbemerkung über die Hintergründe und Ziele der Pachtrechtsreform.

[1]) BRat-Drucks. 677/76 v. 5. 11. 1976 = BTag-Drucks. 8/141. Die parlamentarischen Verhandlungen sind in den folgenden Ausführungen bis zum Frühjahr 1979 berücksichtigt worden.

[2]) *A. Pikalo,* Gutachten zur Frage der Neuregelung des Landpachtrechts (Mskr. 1967); *A. Pikalo,* Reformvorstellungen und Reformbestrebungen des Gesetzgebers auf dem Gebiet der Landpacht in der Bundesrepublik Deutschland und in den Nachbarländern, AgrarR 1972, 301.

[3]) BTag-Drucks. 8/2615 v. 1. 12. 1978. Dazu *R. Göhner,* Neues Pachtrecht auf alten Wegen?, ZRP 1979, 5; *W. Steffen,* Reform des landwirtschaftlichen Pachtrechts, RdL 1979, 29.

I

Die Bemühungen um eine Reform des Landpachtrechts sind weniger durch eklatante Unzulänglichkeiten des geltenden Landpachtgesetzes von 1952 als vielmehr durch den Strukturwandel in der Landwirtschaft ausgelöst worden. Dieser Strukturwandel, bei dem es sich um einen unvermeidbaren Prozeß der Anpassung an die ökonomischen und soziologischen Bedingungen der modernen Industriegesellschaft handelt[4], hat auch den Bereich der Landpacht erfaßt. Er bewirkte, daß die Zahl der Verpachtungen beträchtlich zugenommen hat und daß der Pachtlandanteil seit 1966 von 21% auf fast ein Drittel, nämlich auf ca. 31% der landwirtschaftlichen Nutzfläche gestiegen ist[5]). Darüber hinaus verstärkt der Strukturwandel die Notwendigkeit, dem Pächter genügend unternehmerische Dispositionsfreiheit einzuräumen, damit dieser seine Wirtschaftsweise sowohl den andauernden ökonomischen Veränderungen als auch den wechselnden Erfordernissen des Marktes anpassen kann.
Demgemäß besteht das Hauptanliegen der Pachtrechtsreform darin, ein Landpachtrecht zu schaffen, das sich nicht an Pächter- oder Verpächterinteressen orientiert, sondern darauf gerichtet ist, die Bildung und Erhaltung leistungsfähiger landwirtschaftlicher Betriebe zu unterstützen. Es soll einerseits die Bodenmobilität erhöhen, andererseits dazu beitragen, die Wirtschaftskraft der landwirtschaftlichen Betriebe zu stärken[6]). Der Gesetzentwurf der Bundesregierung will diese Zielvorstellungen dadurch realisieren, daß er das seit 1952 geltende, betont liberale Landpachtrecht noch mehr liberalisiert und die Unternehmerposition der Pächter stärkt, ohne die Verpachtungsbereitschaft der Grundeigentümer zu mindern.
Die Liberalisierung des Pachtrechts soll die Wanderung des Bodens zum besseren Bewirtschafter erleichtern. Das glaubt der Regierungsentwurf dadurch zu erreichen, daß er die staatliche Kontrolle und Lenkung des landwirtschaftlichen Pachtverkehrs völlig entfallen läßt.
Einen entscheidenden Schritt in dieser Richtung hatte bereits das Landpachtgesetz von 1952 vollzogen. Es beseitigte das durch die Bundesratsbekanntmachung vom 15. 3. 1918 (RGBl. S. 123) eingeführte Erfordernis behördlicher Genehmigung für den Abschluß und die rechtsgeschäftliche Änderung von Landpachtverträgen. Stattdessen begnügte es sich mit einem bloßen Anzeige- und Beanstandungsverfahren (§§ 3–5 LPG).
Auf diese Weise sollte der Pachtmarkt belebt, zugleich aber auch die Rechtsunsicherheit behoben werden, die bei dem Genehmigungsverfahren dadurch eintrat,

[4]) *R. Plate/E. Woermann/D. Grupe,* Landwirtschaft im Strukturwandel der Volkswirtschaft, in: Agrarwirtschaft, Sonderheft 14 (1962), S. 10; *Th. Heidhues,* Voraussetzungen und Möglichkeiten einer Neuorientierung in der Agrarpolitik, in: Agrarwirtschaft, Sonderheft 33 (1969), S. 7.

[5]) Statist. Jahrbuch über Ernährung, Landwirtschaft und Forsten 1975, S. 35; Materialband zum Agrarbericht der BReg., BT-Drucks. 8/81 v. 8. 2. 1977, Anh. 1, S. 229, 324.

[6]) Begründung zum Regierungsentwurf, a.a.O., S. 12; *A. Pikalo,* AgrarR 1972, 301 (304).

daß die meisten Pachtverträge nicht zur Genehmigung vorgelegt wurden und daher schwebend unwirksam waren. Aus diesem Grunde hat das Landpachtgesetz lediglich dem Verpächter eine Anzeigepflicht auferlegt und bei deren Verletzung nur Ordnungsstrafen (§ 12) und Rechtsnachteile auf dem Gebiete des Pachtschutzes angedroht (§ 7 Abs. 2 Satz 2, § 8 Abs. 2, § 12 Abs. 1 Satz 2).

Damit wurde einerseits der staatliche Dirigismus gelockert, andererseits aber keineswegs auf die Lenkung des landwirtschaftlichen Pachtverkehrs verzichtet. Im Gegenteil: Die Verknüpfung der Anzeigepflicht mit dem Pachtschutz sollte bewirken, daß mehr Pachtverträge als zuvor zur Prüfung vorgelegt werden, so daß eine wirkungsvollere Überwachung des Pachtverkehrs erreicht wird[7]).

Diese Erwartung des Gesetzgebers hat sich jedoch nicht erfüllt. Da die Verletzung der Anzeigepflicht die Wirksamkeit des Vertrages nicht berührt, sondern nur geringfügige Rechtsnachteile für den Verpächter zur Folge hat, werden von den anzeigepflichtigen Verträgen nur sehr wenig angezeigt, nämlich in der Regel nur solche über geschlossene Betriebsverpachtungen und über Verpachtungen von Großverpächtern, insbesondere von Gemeinden und Kirchen, bei denen ohnehin kaum Anlaß zu Beanstandungen gegeben ist. Die Verpachtung von einzelnen Grundstücken wird zumeist nicht angezeigt[8]). Von einer wirksamen Kontrolle und Lenkung des Pachtverkehrs kann hiernach keine Rede sein. Auf der anderen Seite vermag freilich ein so lax gehandhabtes Kontrollverfahren den Pachtverkehr auch nicht nennenswert zu behindern. Seine Beseitigung würde daher die Bodenmobilität sicher nicht spürbar erhöhen.

Dies ist auch den Verfechtern einer völligen Liberalisierung des Landpachtrechts bewußt; denn sie begründen den Vorschlag, die Anzeigepflicht aufzuheben, hauptsächlich damit, daß es keinen Sinn habe, ein Verwaltungsverfahren beizubehalten, das ohnehin kaum praktiziert werde und dessen Effektivität gleich Null sei. Außerdem bestehe für eine behördliche Kontrolle der Landpachtverträge kein Bedürfnis mehr. Das Kontrollverfahren sei also nicht nur untauglich, sondern auch überholt, so daß es ersatzlos entfallen könne[9]).

Gegen diese über ein Jahrzehnt unangefochten bestehende Meinung hat sich im Gesetzgebungsverfahren unerwartet Widerspruch erhoben[10]). Angesichts neuester und regional unterschiedlicher Entwicklungen auf dem Gebiete des Landpachtverkehrs sei es nicht zu billigen, daß sich der Staat mit dem Verzicht auf jegliche Kontrolle und Lenkung des Pachtverkehrs der Möglichkeit begebe, schädlichen Erscheinungen auf dem Pachtmarkt entgegenzuwirken und agrarstrukturell nachteilige Pachtverträge zu verhindern.

[7]) *W. Fischer/O. Wöhrmann,* Das Landpachtgesetz (1952), Vorb. II 3 (S. 9).

[8]) *A. Pikalo,* Gutachten, S. 11, hat festgestellt, daß nur etwa 10% der Betriebspachtverträge und weniger als 5% der Grundstückspachtverträge angezeigt werden.

[9]) Begründung zum Regierungsentwurf, a.a.O., S. 13; *A. Pikalo,* Gutachten, S. 86 ff.

[10]) Vgl. Fußn. 3; ferner „Vorpachtrecht" für Landwirte?, Agra-Europe 1977, Nr. 32, Länderberichte S. 5; „Neues Landpachtrecht in altem Gewand", AgrarR 1978, 159; Interfraktioneller Entwurf des Landpachtschutzgesetzes, Agra-Europe 1979, Nr. 10, Länderberichte S. 27.

Als schädliche Erscheinungen auf dem Pachtmarkt werden hierbei etwa folgende Vorgänge bezeichnet:

a) Überhöhte Pachtpreise infolge steigender Nachfrage nach Pachtland.
b) Die Verdrängung kleiner und mittlerer landwirtschaftlicher Betriebe mit Pachtlandbedarf vom Pachtmarkt. In bestimmten Gebieten soll das Pachtland vorwiegend an nicht aufstockungsbedürftige Großbetriebe gelangen, zum Teil auch an Nichtlandwirte, die Wiesengrundstücke in See- und Küstennähe zu Erholungszwecken pachten.
c) In Grenzgebieten verdrängen ausländische Landwirte, die höhere Pachtpreise bieten, deutsche Pachtinteressenten.

Diese Tendenzen des Landpachtverkehrs in verschiedenen Gebieten haben die drei Bundestagsfraktionen bewogen, in ihrem Entwurf eines Landpachtschutzgesetzes das bisherige Anzeige- und Beanstandungsverfahren mit einer geringfügigen Änderung beizubehalten. Die Änderung besteht darin, daß die Landesregierungen ermächtigt werden, Landpachtverträge in bestimmten Fällen von der Anzeigepflicht freizustellen, nämlich dann, wenn

a) diese Verträge Grundstücke unter einer bestimmten Größe betreffen oder
b) die landwirtschaftliche Nutzfläche des Pächters einen bestimmten Umfang nicht überschreitet oder
c) sich die Pachtflächen in näher zu bezeichnenden einzelnen Landesteilen befinden.

II

Die Kontroverse, bei der naturgemäß agrarpolitische Aspekte im Vordergrund stehen, ist auch rechtlich relevant; denn sie provoziert die Frage, ob die Beibehaltung der Pachtverkehrslenkung gegen Verfassungsrecht verstößt oder ob sie im Gegenteil verfassungsrechtlich geboten ist.

Für die Beurteilung dieser Frage ist davon auszugehen, daß das derzeitige Anzeige- und Beanstandungsverfahren nach §§ 3–5 LPG den Abschluß und die rechtsgeschäftliche Änderung von Landpachtverträgen beschränkt, so daß es sich verfassungsrechtlich als Eingriff in Grundrechte, nämlich in die Vertragsfreiheit (Art. 2 Abs. 1 GG) und in die Eigentumsfreiheit (Art. 14 Abs. 1 GG) darstellt. Solche Eingriffe sind zulässig, sofern sie durch das Allgemeinwohl legitimiert sind und mit dem rechtsstaatlichen Grundsatz der Verhältnismäßigkeit im Einklang stehen. Demgemäß hängt die Verfassungsmäßigkeit des Pachtkontrollverfahrens davon ab, ob das mit ihm verfolgte agrarpolitische Ziel ein hinreichendes Gewicht hat, um die Grundrechtsbeeinträchtigung zu rechtfertigen, und ob es zur Verwirklichung dieses agrarpolitischen Ziels geeignet und erforderlich ist.

Der Zweck des Anzeige- und Beanstandungsverfahrens ist aus § 5 Abs. 1 LPG zu ersehen. Er besteht darin, Verpachtungen zu verhindern, bei denen die ordnungsgemäße Bodenbewirtschaftung gefährdet erscheint, der Pachtzins in einem Mißverhältnis zum Ertrag steht, eine schädliche Aufteilung eines Betriebs oder Grundstücks erfolgt oder eine ungesunde Verteilung der Bodennutzung zu befürchten ist. Offenkundig soll diese Regelung, die sich eng an das Grundstückverkehrsrecht[11]) anlehnt, sowohl dem Pachtschutz dienen als auch der Bedeutung der Landpacht für Agrarstruktur und Flurverfassung Rechnung tragen.

1. Hinsichtlich der traditionellen Aufgabe des Pachtschutzes liegt den Gesetzentwürfen die Auffassung zugrunde, daß es den Vertragspartnern überlassen bleiben könne, angemessene Pachtbedingungen, insbesondere bezüglich des Pachtzinses, der Pachtdauer und der Kündigungsfristen zu vereinbaren[12]). Darauf soll hier nicht näher eingegangen werden; denn dieses komplexe Problem bedarf gesonderter Erörterung.
Es sei nur kurz angemerkt, daß es mit dem Sozialstaatsprinzip wohl schwerlich zu vereinbaren wäre, wenn der Gesetzgeber den Schutz des Pächters abbauen oder ganz preisgeben würde, obgleich der Strukturwandel der Landwirtschaft noch fortdauert. Daher erscheint es geboten, das Kontrollverfahren jedenfalls insoweit nicht ersatzlos wegfallen zu lassen, als es Pachtschutzfunktion hat. An seine Stelle müßten zumindest privatrechtliche Regelungen treten, die zu sachgemäßen Vereinbarungen anleiten und auch die Möglichkeit eröffnen, unsachgemäße Vereinbarungen (namentlich über den Pachtzins) nachträglich zu korrigieren[13]). Die bisherigen Gesetzentwürfe tragen diesen Erfordernissen nicht genügend Rechnung[14]). Vor allem ist zu kritisieren, daß sie einen Anspruch auf Vertragsänderung nur bei wesentlicher Veränderung der Geschäftsgrundlage gewähren, dagegen nicht für den Fall, daß sich die vereinbarten Pachtbedingungen als unangemessen erweisen.

2. Die Hauptaufgabe des Kontrollverfahrens besteht darin, Pachtverträge zu verhindern, die sich für die Agrarstruktur, die Flurverfassung oder die Landeskultur nachteilig auswirken. Mit der bisher herrschenden Meinung geht der Regierungsentwurf davon aus, daß diese agrarpolitische Überwachung und Lenkung des Pachtverkehrs heute keine Bedeutung mehr habe[15]) und daß insbesondere die Beanstandungsgründe der ungesunden Verteilung der Bodennutzung (§ 5 Abs. 1 Buchst. d LPG) und der unwirtschaftlichen Betriebs- oder Grundstücksaufteilung (§ 5 Abs. 1 Buchst. c LPG) nicht mehr aktuell seien. Für die Bodenverteilung bestehe keine Gefahr, da Nichtlandwirte zumeist nur an einem Erwerb des Eigentums an landwirtschaftlichem Boden (insbesondere als Kapitalanlage) inter-

[11]) Gesetz über Maßnahmen zur Verbesserung der Agrarstruktur und zur Sicherung land- und fortsirtschaftlicher Betriebe (Grundstückverkehrsgesetz-GrdstVG) v. 28. 7. 1961 (BGBl. I, S. 1091).

[12]) *H. Henjes,* Die Grundlinien einer Neuordnung des landwirtschaftlichen Pachtrechts der Bundesrepublik (Schriftenreihe des Hauptverbandes der landw. Buchstellen und Sachverständigen, Heft 58, Bonn 1966), S. 7.

[13]) Vgl. die ausführlichen Vorschläge von *Pikalo,* Gutachten, S. 87.

[14]) Vgl. Art. I Nr. 2 (§ 593 Abs. 1) d. Regierungsentwurfs.

[15]) *H. Henjes,* Grundlinien, S. 6 f.; Begründung zum Entwurf eines Landpachtgesetzes des Deutschen Bauernverbandes von 1969, S. 5 (nicht veröffentlicht); Begründung zum Regierungsentwurf, a.a.O., S. 13.

essiert seien, so daß sie kaum als Pächter aufträten. Ähnlich verhalte es sich mit der Betriebs- oder Grundstücksaufteilung. Diese sei sogar eher ein Vorteil als ein Nachteil für die Agrarstruktur, nämlich in den Fällen, in denen die parzellierte Verpachtung eines nicht mehr lebensfähigen Betriebes zur Aufstockung anderer landwirtschaftlicher Betriebe führe[16]).

Dem zweiten Punkt ist zuzustimmen. Es wird dabei allerdings nur ein Teilproblem erfaßt, nämlich die Aufteilung unrentabler Betriebe. Unerwähnt bleiben dagegen sowohl die Aufteilung leistungsfähiger Betriebe als auch die Flurzersplitterung durch Verpachtung einzelner Grundstücke[17]).

Besonders die häufiger vorkommende und für die Strukturverbesserung bedeutsamere Verpachtung einzelner Grundstücke kann agrarstrukturelle Nachteile verursachen, und zwar vor allem dann, wenn sie langfristig eine Flurzersplitterung herbeiführt oder aufrecht erhält. Solche Pachtverträge widersprechen den Zielen der Flurbereinigung. Bei der Flurbereinigung wird zersplitterter oder unwirtschaftlich geformter ländlicher Grundbesitz nach neuzeitlichen betriebswirtschaftlichen Gesichtspunkten zusammengelegt und wirtschaftlich gestaltet (§ 1 FlurbG). Daher zählt die Flurbereinigung zu den wirksamsten Mitteln der Agrarstrukturverbesserung; denn sie ermöglicht die Anwendung moderner Maschinen und Arbeitsmethoden und schafft damit eine wichtige Voraussetzung für die unerläßliche technische und arbeitsökonomische Rationalisierung der landwirtschaftlichen Betriebe[18]).

Es besteht daher nach wie vor die Notwendigkeit, dafür zu sorgen, daß die Verpachtung landwirtschaftlicher Grundstücke den Zielen und Maßnahmen der Flurbereinigung nicht zuwiderläuft, indem sie etwa auf längere Zeit eine unwirtschaftliche Grundstücksaufteilung bewirkt oder sonst eine ordnungsgemäße Bodenbewirtschaftung erschwert, z. B. bei einem Pachtgrundstück, das vom Betrieb des Pächters weit entfernt zwischen den Grundstücken eines anderen ebenfalls pachtinteressierten Landwirts liegt[19]).

Was den Beanstandungsgrund der ungesunden Verteilung der Bodennutzung anbelangt, so ist zu berücksichtigen, daß es hierbei nicht mehr schlechthin nur darum geht, das Abwandern ländlichen Bodens an Nichtlandwirte zu verhindern. Vielmehr ist er ebenso wie der Beanstandungsgrund der ungesunden Bodenverteilung nach dem Grundstückverkehrsgesetz (§ 9 Abs. 1 Nr. 1 GrdstVG) dahin zu interpretieren, daß mit ihm Pachtgeschäfte mißbilligt werden, die den Maßnahmen oder Zielen der Agrarstrukturverbesserung widersprechen oder sich sonst nachteilig auf die Agrarstruktur auswirken[20]).

[16]) *A. Pikalo,* Gutachten, S. 88.

[17]) OLG München, AgrarR 1973, 242; OLG Stuttgart, RdL 1976, 271.

[18]) *Seehusen/Schwede/Nebe,* Flurbereinigungsgesetz (2. Aufl. 1966), Anm. 2 zu § 1; *R. Steuer,* Flurbereinigungsgesetz (2. Aufl. 1967), Anm. 9 zu § 1.

[19]) Vgl. die Entscheidungen des BGH vom 17. 12. 1964, RdL 1965, 45, des OLG Celle vom 9. 7. 1968, RdL 1968, 258, und des OLG Oldenburg vom 27. 4. 1978, AgrarR 1978, 257; *Pikalo/Bendel,* Grundstückverkehrsgesetz (1963), Anm. F I 3 b zu § 9.

[20]) BverfGE 21, 73; 21, 87; 21, 92; 21, 94; 21, 99; 21, 102; 21, 306; dazu *H. Ebersbach,*

Mit dieser Formel wird auf die aktuelle Agrarstrukturpolitik Bezug genommen, die sich in einschlägigen Bundesgesetzen, Regierungsplänen und -berichten artikuliert[21]). Sie ist nicht mehr darauf gerichtet, den ländlichen Boden als Grundlage möglichst vieler landwirtschaftlicher Betriebe zu erhalten und ihn in erster Linie den hauptberuflichen Landwirten zu reservieren[22]). Die moderne Strukturpolitik hat vielmehr zum Ziel, den landwirtschaftlichen Strukturwandel, d. h. die Anpassung der Landwirtschaft an die ökonomischen und soziologischen Bedingungen der modernen Industriegesellschaft, zu unterstützen und zu beschleunigen. Dazu bedarf es vor allem einer Verbesserung der Betriebsgrößenstruktur, die sich am Leitbild des voll mechanisierbaren, Arbeitskräfte und Maschinen optimal auslastenden Betriebes auf gutem Boden orientiert[23]).

Zur Realisierung dieses Ziels ist es notwendig, entwicklungsfähige Betriebe ohne ausreichende Bodenausstattung mit rentablen landwirtschaftlichen Nutzflächen aufzustocken, und zwar nicht nur durch Zukauf, sondern vor allem auch durch Zupacht. Die Zupacht von Grundstücken zu bestehenden Betrieben hat sich für die Umstrukturierung der Landwirtschaft als besonders vorteilhaft erwiesen; sie wird daher in der modernen Agrarpolitik gegenüber der Aufstockung durch Flächenzukauf bevorzugt[24]).

Aus alledem ist zu ersehen, daß mit Rücksicht auf den andauernden landwirtschaftlichen Strukturwandel die Pachtverkehrslenkung weiterhin erforderlich ist. Sie soll bewirken, daß die Verpachtung landwirtschaftlicher Grundstücke den Zielen oder Maßnahmen der Agrarstrukturverbesserung nicht zuwiderläuft und daß insbesondere rentable landwirtschaftliche Nutzflächen möglichst an solche pachtinteressierte Landwirte verpachtet werden, deren Betriebe entwicklungsfähig und aufstockungsbedürftig sind.

Allem Anschein nach besteht in der Praxis auch ein Bedürfnis für eine Lenkung des landwirtschaftlichen Pachtverkehrs. Darauf deutet schon die Tatsache hin, daß sich in letzter Zeit die höchstrichterliche Rechtsprechung mehrfach mit Fällen zu befassen hatte, in denen Landpachtverträge wegen ungesunder Verteilung der Bodennutzung beanstandet worden waren[25]). Weiter spricht dafür auch die im

Das Grundstückverkehrsrecht im Wandel der Agrarstrukturpolitik, Berichte über Landwirtschaft, Bd. XLIX (1971), S. 550 ff.

[21]) BVerfGE 21, 73 (81); 26, 215 (224).

[22]) So jedoch die ständige Rechtsprechung des BGH, vgl. Beschl. v. 12. 2. 1963, RdL 1963, 90 (93), und Beschl. v. 10. 7. 1975, RdL 1975, 331.

[23]) *H. J. Fassbender,* Die Privilegierungen und die Versagungsgründe des landwirtschaftlichen Grundstücksverkehrsrechts (Diss. Köln 1964), S. 175.

[24]) Rahmenplan der Gemeinschaftsaufgabe „Verbesserung der Agrarstruktur und des Küstenschutzes für den Zeitraum 1975 bis 1978, BT-Drucks. 7/3563, S. 130; *W. Abel,* Agrarpolitik (3. Aufl. 1967), S. 191, 266; *E. E. Lipinsky,* Die Landpacht als Mittel der Strukturverbesserung, in: Probleme der Landpacht (Schriftenreihe des Hauptverbandes der landw. Buchstellen und Sachverständigen, Heft 78, 1975), S. 61.

[25]) OLG Celle, RdL 1965, 47; BGH, AgrarR 1976, 317 = RdL 1976, 219; OLG Stuttgart, AgrarR 1978, 199 = RdL 1978, 134.

Gesetzgebungsverfahren erhobene Forderung nach Beibehaltung des derzeitigen Anzeige- und Beanstandungsverfahrens.
Gegenüber der Auffassung, daß das agrarstrukturelle Ziel der Pachtverkehrslenkung überholt sei, ist also zu bemerken, daß sich die Landpacht seit zwei Jahrzehnten zu einem wichtigen Instrument zur Verbesserung der Agrarstruktur und der Flurverfassung entwickelt hat[26]). Sie dient somit einer Aufgabe, die eine Existenzfrage der Landwirtschaft betrifft und daher nach wie vor zu den Hauptanliegen der staatlichen Agrarpolitik gehört[27]).
Das ist verfassungsrechtlich bedeutsam. Es rechtfertigt nämlich die Feststellung, daß an der agrarstrukturellen Lenkung des Pachtverkehrs ein Gemeinschaftsinteresse von so erheblichem Gewicht besteht, daß die damit verbundene Beschränkung der Grundrechte aus Art. 2 Abs. 1 GG (Vertragsfreiheit) und Art. 14 Abs. 1 GG (Eigentum) gerechtfertigt ist. Angesichts der Bedeutung der betroffenen Gemeinwohlbelange erscheint es darüber hinaus sogar fraglich, ob sich der Sozialstaat der Aufgabe entziehen kann, den landwirtschaftlichen Pachtverkehr so zu lenken, daß die Anliegen der Strukturverbesserung möglichst gefördert, zumindest nicht gefährdet werden.
In diesem Zusammenhang bedarf es einer kritischen Bemerkung zu den Motiven für den interfraktionellen Gesetzentwurf, aber auch zu mißverständlichen Äußerungen in Literatur und Rechtsprechung. Hier wird nämlich vielfach übersehen, daß die rechtsbeschränkende Pachtverkehrslenkung nur zur Realisierung agrarstrukturpolitischer Ziele verfassungsrechtlich zulässig ist, dagegen nicht zur Verfolgung anderer Interessen, und zwar selbst dann nicht, wenn es sich um Gemeinschaftsinteressen von hohem Rang handelt[28]). So wäre es beispielsweise nicht zu billigen, wenn restriktive Pachtlenkungsmittel eingesetzt würden, um nach dem Motto „Bauernland in Bauernhand“ standespolitische Anliegen zu wahren[29]) oder um zu verhindern, daß agrarstrukturell bedeutungslose Flächen an Nichtlandwirte zu Erholungs- oder anderen Zwecken[30]) oder an Landwirte im angrenzenden Ausland[31]) verpachtet werden.

III

Mit den vorstehenden Ausführungen ist zunächst nur die verfassungsrechtliche Unbedenklichkeit der Pachtverkehrslenkung an sich dargetan worden, nicht auch

[26]) *E. E. Lipinsky,* Die Landpacht als Mittel der Strukturverbesserung, a.a.O., S. 51 ff.; Begründung zum Regierungsentwurf, a.a.O., S. 12.
[27]) Agrar- und ernährungspolitischer Bericht der Bundesregierung 1975, BT-Drucks. 7/3210 vom 7. 2. 1975, S. 112.
[28]) OLG Hamm, AgrarR 1974, 255 mit Anm. Bendel; OLG Stuttgart, AgrarR 1975, 212.
[29]) OLG München, RdL 1952, 323; OLG Stuttgart, RdL 1968, 68.
[30] Vgl. dazu OLG Karlsruhe, RdL 1977, 332 = AgrarR 1978, 83.
[31]) Vgl. dazu OLG Karlsruhe, AgrarR 1978, 52.

die des gegenwärtigen Anzeige- und Beanstandungsverfahrens; denn dessen Zulässigkeit setzt weiter voraus, daß es zu der strukturpolitisch gebotenen Lenkung des Pachtverkehrs geeignet und notwendig ist. Insofern erweckt schon die notorische Ineffektivität dieses Verfahrens Zweifel. Solange nämlich die Behörden nur von 5 oder 10% der Pachtverträge Kenntnis erhalten, ist die Wahrscheinlichkeit, daß agrarstrukturell nachteilige Verpachtungen erfaßt und verhindert werden, äußerst gering. Mithin handelt es sich bei dem Kontrollverfahren nach §§ 3–5 LPG um ein Lenkungsmittel, das sich als praktisch untauglich erwiesen hat und daher mit Rücksicht auf den verfassungsrechtlichen Verhältnismäßigkeitsgrundsatz bedenklich erscheint. Zumindest dürfte es rechtspolitisch verfehlt sein, ein so nutzloses und aufwendiges Verfahren beizubehalten. Es ist daher zu begrüßen, daß die Reformdiskussion zu Überlegungen darüber geführt hat, wie dieses Verfahren verbessert oder durch wirksamere Lenkungsmittel ersetzt werden kann.

1. In erster Linie kommt hier das im Gesetzentwurf der Bundestagsfraktionen vorgeschlagene modifizierte Anzeige- und Beanstandungsverfahren in Betracht. Es ist denkbar, daß die Ermächtigung der Landesregierungen, Ausnahmen von der Anzeigepflicht zu bestimmen, zu einer Verbesserung des bisherigen Verfahrens führt. Wenn die Landesregierungen nämlich von dieser Ermächtigung großzügig Gebrauch machen, so daß die Anzeigepflicht lediglich in wenigen, agrarstrukturell relevanten Fällen zum Zuge kommt, dann könnte das eine starke Reduzierung des Kontrollverfahrens und damit zugleich dessen konsequentere Handhabung zur Folge haben.

Gegen das modifizierte Anzeige- und Beanstandungsverfahren spricht jedoch, daß es eine erhebliche Rechtszersplitterung und Rechtsunsicherheit mit sich bringen würde, und zwar nicht nur zwischen den Bundesländern, sondern auch innerhalb der Länder, wenn diese einzelne Landesteile von der Anzeigepflicht ausnehmen. Vor allem stieße das neue Kontrollverfahren aber, wenn es strikt durchgeführt würde, auf agrarpolitische und verfassungsrechtliche Bedenken, und zwar ebenso wie eine Wiedereinführung des Genehmigungserfordernisses. Wie die Erfahrung mit dem früheren Genehmigungsverfahren lehrt, wäre nämlich in diesen Fällen eine Verminderung der Verpachtungsbereitschaft und somit eine den Umstrukturierungsprozeß hemmende Lähmung des Pachtmarktes zu befürchten. Damit würde das strukturpolitische Ziel der Pachtverkehrslenkung nicht nur verfehlt, sondern es würde ihm geradezu entgegengewirkt. Folglich handelt es sich bei derart stringenten Kontrollverfahren nur scheinbar um wirkungsvollere, tatsächlich aber um ungeeignete Instrumente zur Lenkung des Pachtverkehrs.

Es kommt hinzu, daß sowohl das Anzeige- als auch das Genehmigungsverfahren nur eine negative Lenkung gestatten, da mit ihnen lediglich unerwünschte Pachtverträge verhindert werden können. Die herrschende Meinung schränkt diese negative Lenkung sogar noch dahin ein, daß praktisch nur Verpachtungen an Nichtlandwirte und Nebenerwerbslandwirte beanstandet werden dürfen, und auch das nur dann, wenn ein pachtinteressierter hauptberuflicher Landwirt bereit und

in der Lage ist, den gleichen Pachtzins zu zahlen[32]. Fraglich erscheint mithin schon, ob Pachtverträge abgewehrt werden können, die eine unwirtschaftliche Flurzersplitterung bewirken oder aufrecht erhalten oder mit denen agrarstrukturell nachteilige Verpachtungen an nicht entwicklungsfähige oder nicht aufstokkungsbedürftige landwirtschaftliche Betriebe erfolgen.
Aber selbst wenn sich die negative Pachtverkehrslenkung auf solche Fälle erstrekken würde, könnte sie den Anforderungen der aktuellen Agrarstrukturpolitik nicht mehr genügen; denn um deren Ziele zu verwirklichen, erscheint es unerläßlich, den Pachtverkehr so zu steuern, daß die Pachtgrundstücke möglichst an solche landwirtschaftliche Betriebe gelangen, die entwicklungsfähig und aufstokkungsbedürftig sind oder die sie zur Arrondierung ihres Grundbesitzes benötigen[33]). Hierzu bedarf es positiver Lenkungsinstrumente, die die negative Lenkung ergänzen oder sogar ersetzen.

2. In der neueren Literatur finden sich verschiedene Anregungen für die Einführung einer positiven Pachtverkehrslenkung, und zwar vornehmlich in Gestalt eines Kontrahierungszwangs. So ist auf die Möglichkeit hingewiesen worden, Gemeinden oder andere geeignete Institutionen als Generalpächter einzusetzen, die nicht nur Verpächter- und Pächterinteressen zu koordinieren[34]), sondern auch dafür zu sorgen hätten, daß bei der Unterverpachtung an die unmittelbaren Nutzungsinteressenten den Zielen der Flurbereinigung und der Agrarstrukturverbesserung Rechnung getragen wird.
Als eine andere Form des Kontrahierungszwangs ist ein gesetzliches Vorpachtrecht zur Diskussion gestellt worden[35]), dessen Regelung etwa dem gesetzlichen Vorkaufsrecht des Reichssiedlungsgesetzes nachgebildet werden könnte. Als Vorpachtberechtigte kämen entweder die eben genannten Generalpächter in Betracht oder unmittelbar die nach strukturpolitischen Gesichtspunkten in einer bestimmten Rangfolge festzusetzenden landwirtschaftlichen Betriebe.
Die verfassungsrechtliche Zulässigkeit solcher direkt wirkenden Lenkungsmittel steht an sich außer Frage, hängt aber letztlich von der Ausgestaltung im einzelnen ab. Insofern können sich bei einem pachtrechtlichen Kontrahierungszwang erhebliche Schwierigkeiten ergeben, und zwar hauptsächlich deshalb, weil damit zwangsläufig die Dispositionsfreiheit der Grundeigentümer empfindlich eingeschränkt wird. Es ist nämlich zu bedenken, daß die Person des Vertragspartners bei der Pacht als Dauerschuldverhältnis eine größere Rolle spielt als beim Kauf,

[32]) OLG Celle, RdL 1965, 47 (48); BGH, AgrarR 1976, 317 = RdL 1976, 219. Es wird hier also der gleiche Grundsatz angewendet wie bei Grundstücksveräußerungen; vgl. BGH, RdL 1961, 229; OLG Karlsruhe, RdL 1977, 272 (273); OLG Stuttgart, RdL 1977, 300 (301); *O. Wöhrmann*, Anm. zur Entscheidung des BayObLG, RdL 1960, 15 (19).
[33]) Begründung zum Regierungsentwurf, a.a.O., S. 12.
[34]) *E. E. Lipinsky*, Die Landpacht als Mittel der Strukturverbesserung, a.a.O., S. 59.
[35]) Ziff. 100 des Memorandums zur Reform der Landwirtschaft (Mansholt-Plan), abgedr. in Agra-Europe 1969, Nr. 1, Dokumentation S. 38; „Vorpachtrecht" für Landwirte?, in: Agra-Europe 1977, Nr. 32, Länderberichte S. 5.

bei dem die schuldrechtliche Beziehung zwischen den Beteiligten in der Regel mit dem Vollzug des Kaufvertrages endet. Bei der Zwangspacht dagegen wäre es beispielsweise möglich, daß einem Eigentümer auf viele Jahre ein mit ihm verfeindeter oder sonst unerwünschter Pächter aufgezwungen wird. Ein so rigoroser Dirigismus dürfte sich auf die Verpachtungsbereitschaft und damit auf die Bodenmobilität wohl noch nachteiliger auswirken als das frühere Genehmigungsverfahren, so daß er den Umstrukturierungsprozeß wahrscheinlich mehr hemmen als fördern würde.
Da die Zwangspacht einen schwerwiegenden Eingriff in die Eigentumsfreiheit darstellt, wäre sie allenfalls dann gerechtfertigt, wenn sie in einem angemessenen Verhältnis zu der angestrebten und erreichbaren Verbesserung der Agrarstruktur stünde. Das ist jedoch durchaus zweifelhaft, da der durch Kontrahierungszwang zu erzielende Erfolg recht ungewiß ist; denn nach Aussagen von sachkundiger Seite[36]) weiß man noch nicht einmal genug darüber, wie die Zupacht agrarpolitisch einzuschätzen ist und nach welchen Gesichtspunkten ihre Förderungswürdigkeit beurteilt werden kann.
Nach alledem wäre die direkte Lenkung des Pachtverkehrs durch Kontrahierungszwang oder ähnliche restriktive Maßnahmen nur dann verfassungsrechtlich unbedenklich, wenn es gelingen sollte, durch entsprechende gesetzliche Ausgestaltung den verfassungsrechtlichen Erfordernissen der Geeignetheit und Verhältnismäßigkeit zu genügen. Ob das ohne wesentlichen Effektivitätsverlust möglich ist, erscheint zumindest fraglich.

IV

Die dargestellten Schwierigkeiten sind einmal darauf zurückzuführen, daß heute auf dem Gebiet des landwirtschaftlichen Pachtwesens ebenso wie in anderen Sozialbereichen[37] die negative, vornehmlich gefahrenabwehrende Lenkung nicht mehr genügt. Zum anderen sind dem Einsatz wirksamer direkter Lenkungsmittel enge verfassungsrechtliche Grenzen gezogen, weil damit die Entscheidungsfreiheit des Einzelnen oft empfindlich eingeschränkt wird. Der soziale Rechtsstaat bevorzugt daher die auf bestimmte Ziele gerichtete, positive Lenkung, und er bedient sich möglichst der indirekten Lenkungsmethode, also der Verhaltensbeeinflussung durch Anregungen, Empfehlungen, finanzielle Anreize usw.
Aus diesem Grunde erscheint es angezeigt, im Zuge einer Neuordnung des

[36]) *E. E. Lipinsky*, a.a.O., S. 62 ff.; *K. Meinhold, A. Lampe*, Zur Einzelbetrieblichen Investitionsförderung, in: Zu aktuellen Problemen der Agrarstrukturpolitik; Gutachten des Wiss. Beirats beim BMELF (Landwirtschaft – angewandte Wissenschaft, Heft 183). Münster-Hiltrup 1975, Anl. 1, S. 9 ff.

[37]) *A. Köttgen*, Mandat, Methoden, Instrumente planender Verwaltung, in: Planung III, Hrsg. J. H. Kaiser (1968), S. 11 (15 ff.); *H. P. Ipsen*, Planungselemente im Recht der wirtschaftlichen Berufsausbildung, in: Planung III, S. 273 (282 ff.); *H. Steiger*, Umweltschutz durch planende Gestaltung, ZRP 1971, 133 (136 ff.).

Pachtverkehrsrechts zu prüfen, ob es zur Förderung der strukturpolitischen Ziele möglich und sinnvoll ist, die bisherige Untersagung oder Beanstandung nachteiliger Pachtverträge durch Anregung und Begünstigung vorteilhafter Pachtverträge zu ersetzen[38]).

Ansätze dafür finden sich in den staatlichen Geldleistungen, die zur Förderung des landwirtschaftlichen Umstrukturierungsprozesses eingesetzt werden, insbesondere in der Gewährung der Landabgaberente, der Landabgabeprämie oder des Zuschusses zur Nachentrichtung von Rentenversicherungsbeiträgen[39]. Diese Geldleistungen sollen den Inhabern kleiner landwirtschaftlicher Betriebe das freiwillige Ausscheiden aus der landwirtschaftlichen Erwerbstätigkeit erleichtern. Gleichzeitig sollen sie die dadurch freiwerdenden landwirtschaftlichen Nutzflächen der Verbesserung der Agrarstruktur, der Infrastruktur oder der regionalen Wirtschaftsstruktur nutzbar machen. Hier setzt der Staat also sozialrechtliche Mittel für strukturpolitische Ziele ein[40]). Er fördert sowohl die Übereignung als auch die langfristige Verpachtung landwirtschaftlicher Grundstücke, allerdings nur unter der Voraussetzung, daß ein Landwirt seinen ganzen Betrieb oder alle landwirtschaftlichen Nutzflächen seines Betriebes abgibt und daß damit eine Strukturverbesserung bewirkt wird.

Die derzeitige Pachtverkehrslenkung mittels Landabgabeförderung erfaßt also nur einen geringen Teil der strukturpolitisch relevanten Landpachtverträge. Ausgenommen bleiben vor allem Pachtverträge über einzelne landwirtschaftliche Grundstücke, die für die Zupacht und damit für die Verbesserung der Agrarstruktur und der Flurverfassung besonders wichtig sind. Wenn es gelänge, solche strukturpolitisch förderungswürdigen Grundstücksverpachtungen in die Gewährung der Landabgabeprämie einzubeziehen, würde die Wirksamkeit der Pachtverkehrslenkung sicher beträchtlich gesteigert werden.

Bislang ist nur die Landabgabeförderung gezielt und in nennenswertem Maße zur positiven Lenkung des Landpachtverkehrs eingesetzt worden. Es steht dafür jedoch noch eine ganze Reihe weiterer Lenkungsmittel zur Verfügung. Vor allem könnte daran gedacht werden, den Abschluß von agrarstrukturell besonders bedeutsamen Pachtverträgen durch steuerliche Vergünstigungen, Beihilfen oder andere Förderungen, etwa im Rahmen des Einzelbetrieblichen Förderungsprogramms, zu begünstigen[41]).

[38]) *A. Pikalo,* Gutachten, S. 88 f.

[39]) §§ 41 ff. Gesetz über die Altershilfe für Landwirte vom 27. 7. 1957, zuletzt geändert durch 20. RentenanpassungsG vom 27. 6. 1977 (BGBl. I S. 1040); Grundsätze für die Förderung der langfristigen Verpachtung durch Prämien, Rahmenplan der Gemeinschaftsaufgabe „Verbesserung der Agrarstruktur ..." für den Zeitraum 1975 bis 1978, BT-Drucks. 7/3563, S. 91.

[40]) *K. Noell,* Altershilfe für Landwirte (2. Aufl. 1971), Vorbem. zum 2. Teil GAL, Ziff. 5–9; *Noell/Kirchner,* Sozialrechtliche Maßnahmen zur Strukturverbesserung (3. Aufl. 1974), S. 30; *W. Bogs,* Landwirtschaftliches Sozialrecht im Gesamtrahmen des allg. Sozialversicherungsrechts, Soz. Sicherheit in der Landwirtschaft, 1970, 7 (29); *K. Dahm,* Wirksamkeit und Probleme der Landabgaberente, Soz. Sicherheit in der Landwirtschaft, 1971, 1 (5).

[41]) *A. Pikalo,* Gutachten, S. 89.

Eine so durchgreifende und wohl auch aufwendige Erweiterung der Pachtverkehrslenkung mit finanziellen Mitteln setzt freilich die Klärung einer Reihe offener Fragen bezüglich des Pachtgeschehens voraus, und zwar vor allem bezüglich der Kriterien und der Voraussetzungen einer nachhaltig wirksamen, strukturverbessernden Aufstockung[42]). Überdies erscheint es als ein Gebot agrarpolitischer Vernunft, Entwicklungsfähigkeit und Aufstockungsbedürftigkeit potentieller Pächterbetriebe möglichst exakt zu bestimmen, wobei eine ausgereifte agrarstrukturelle Fachplanung sicher hilfreich sein könnte.

Überhaupt kommt der Planung, außer der agrarstrukturellen Fachplanung auch der Raumplanung und der Landschaftsplanung, für die positive Lenkung des Pachtverkehrs erhebliche Bedeutung zu, und zwar nicht nur als Grundlage für die finanzielle Förderung strukturpolitisch vorteilhafter Landpachtverträge, sondern auch als indikativ wirkendes Lenkungsinstrument[43]), da von den Planungsdaten Direktiven, zumindest Impulse für ein agrarpolitisch erwünschtes Verhalten der potentiellen Verpächter und Pächter ausgehen. In Bauleitplänen[44]), Landschaftsplänen[45]) und Agrarplänen[46]) sind Flächen für die landwirtschaftliche Nutzung auszuweisen. Wo die Planungsträger solche Festlegungen getroffen haben, dort wird „spekulativen Vorstellungen von Nutzungsalternativen“ sowohl bei Verpächtern[47]) als auch bei außerlandwirtschaftlichen Pachtinteressenten entgegengewirkt und damit indirekt der Abschluß langfristiger, strukturverbessernder Pachtverträge gefördert.

Schließlich bieten auch die herkömmlichen schlicht-hoheitlichen Verwaltungshandlungen wie Beratung der landwirtschaftlichen Betriebe, Veröffentlichung von Entwicklungsprognosen, Marktinformationen usw. vielfältige Möglichkeiten zur indikativen Lenkung; denn die Verwaltung kann bei ihrer Beratungs- und Informationstätigkeit auch darauf Bedacht nehmen, den Pachtverkehr im Interesse der Verbesserung der Agrarstruktur und der Flurverfassung zu beeinflussen.

Die positive Lenkung des Pachtverkehrs mittels indirekt wirkender finanzieller Anreize, Planfestsetzungen, Informationen, Beratungen und dergleichen mehr ist bisher nur punktuell oder beiläufig angewendet worden. Um dem Bestreben nach einer wirksameren Steuerung des Pachtmarktes nachzukommen, bietet es sich an, diese positive und indirekte Lenkung zu erweitern und dabei namentlich Zupachtverträge mit strukturverbessernder Wirkung zu begünstigen. Auf diese Weise könnten Kontrolle und Beeinflussung des Pachtgeschehens intensiviert werden, ohne mit verfassungsrechtlich geschützten Individualinteressen zu kollidieren und ohne Verpachtungsbereitschaft und Bodenmobilität zu beeinträchtigen.

[42]) *E. E. Lipinsky,* a.a.O., S. 62 ff.

[43]) Zum Begriff der indikativen Planung *U. Scheuner,* Verfassungsrechtliche Probleme einer zentralen staatlichen Planung, in: Planung I, Hrsg. J. H. Kaiser (1965), S. 83 ff.

[44]) § 5 Abs. 2 Nr. 9, § 9 Abs. 1 Nr. 18 BBauG.

[45]) § 6 Abs. 2 BNatSchG, §§ 11, 12 LandschaftsG N.-W.

[46]) § 7 Landwirtschafts- und Landeskulturgesetz Bad.-Württ. v. 14. 3. 1972 (GBl. S. 74), Art. 15 Bay. Landesplanungsgesetz v. 6. 2. 1970 (GVBl. 395).

[47]) *E. E. Lipinsky,* a.a.O., S. 59.

Zur planungsrechtlichen Problematik von Wasserschutzgebieten in ländlichen Bereichen

Günther Frohberg, Aachen/Düsseldorf

Der Umstand, daß allein in einem Regierungsbezirk des Landes Nordrhein-Westfalen insgesamt mehr als hundert Verfahren betreffend die Festsetzung von Wasserschutzgebieten[1]) durchgeführt worden sind oder noch werden, mag zwar nicht unbedingt signifikant für die allgemeine Problematik der Trinkwassersicherung sein, belegt jedoch hinreichend das Gewicht der anstehenden Fragen, die nach einer Erörterung drängen. Dabei macht es in rechtlicher Hinsicht für die nachfolgende Betrachtung keinen Unterschied, ob der Sicherungszweck gegenständlich z. B. das unterirdische Grundwassereinzugsgebiet eines fördernden Wasserwerks betrifft oder vielleicht eine Trinkwassertalsperre mit ihren zufließenden oberirdischen Wasserläufen im topographisch bedingten Einzugsgebiet. Der hydrologisch wechselwirkende Zusammenhang zwischen einem mitfließenden Grundwasserstrom und dem oberirdischen Gewässer oder das Einspeisen von Grundwasser aus unterirdischen Adern oder Quellen in einen Stausee würde es aus naturwissenschaftlicher Sicht ohnehin bedenklich erscheinen lassen, bei der Verwirklichung des rechtlichen Sicherungszweckes im allgemeinen etwa entscheidend danach zu differenzieren, ob ein oberirdisches Gewässer oder das Grundwasser in Rede steht.

Mit der im Thema gewählten Gebietskennzeichnung „ländlicher Bereich" wird bewußt nicht auf die planungsrechtliche Terminologie des Bundesbaugesetzes (BBauG) abgehoben, weil der regelmäßig natürlich und naturwissenschaftlich vorgegebene dreidimensionale „Beurteilungsraum" planungsrechtlich sehr unterschiedlichen Charakters sein kann und erfahrungsgemäß auch ist. Es ist nicht ungewöhnlich, daß z. B. im Einzugsgebiet eines Wasserwerkes nur wenige Bauernhöfe liegen (städtebauliche Planqualität Außenbereich), während andererseits im Einzugsbereich einer Trinkwassersperre und ihrer speisenden Gewässer Ortsteile oder Dörfer i. S. des § 34 BBauG liegen können, ja sogar „städtische Bebauung" vorhanden ist[2]. Weiterhin ist es nichts Ungewöhnliches, daß der notwendige wasserrechtliche Beurteilungsraum, insoweit natürlich vorgegeben, sich auf/unter dem Territorium mehrerer politischer Gemeinden befindet. Schon

[1]) Auf der Grundlage § 19 WHG i. Vbdg. mit §§ 24, 25 LWG NW.

[2]) So liegen z. B. im Gebiet einer durch Wasserschutzzonen gesicherten Trinkwassersperre 26 unterschiedlich große Ortsteile nach § 34 BBauG, in einem anderen Falle ein nach dem Baubestand großes Dorf mit herkömmlichen Gewerbebetrieben.

das Vorhandensein einer insoweit vorgegebenen oberirdisch-flächigen Bau- und Bodennutzung und des oberirdisch und unterirdisch strömenden oder verweilenden Wassers weist auf die Problematik hin, aus der sich eine regelungsbedürftige Konfliktsituation ergibt. Insbesondere gilt dies in den Fällen, in denen der zu schützende oder geschützte Einzugsbereich vollständig oder weit überwiegend auf dem Territorium einer Gemeinde liegt, während das Wasserwerk der Nachbargemeinde nur für die Nachbargemeinde Trinkwasser gewinnt.

I

Die Festsetzung von Wasserschutzgebieten – regelmäßig unterteilt in Zonen I, II und III – erfolgt aufgrund und nach Maßgabe des § 19 WHG in Verbindung mit den einschlägigen Vorschriften der Länder-Wassergesetze, z. B. in Nordrhein-Westfalen mit §§ 24, 25 LWG, in einem förmlichen Verfahren[3]) durch ordnungsbehördliche Verordnung. Das Verfahren ist ein Rechtsetzungsverfahren; mithin insoweit der verwaltungsgerichtlichen Kontrolle entzogen[4]), aufgrund dessen als Verfahrensergebnis eine ordnungsbehördliche Verordnung ergeht, die der Sache nach eine Rechtsverordnung aufgrund und nach Maßgabe der einfach-gesetzlichen Ermächtigungsnormen in § 19 WHG und dem jeweiligen Landesgesetz ist[5]).

Materiell-rechtlich handelt es sich um Sonder-Ordnungsrecht speziell wasserrechtlichen und wasserwirtschaftlichen Inhaltes; es ist auch insoweit materiell-rechtlich speziell, als der Schutzzweck des § 19 Abs. 1 WHG angesprochen wird: Gewässer vor nachteiligen Einwirkungen zu schützen oder das Grundwasser anzureichern oder das schädliche Abfließen von Niederschlagswasser zu verhindern. Es ist auch insoweit noch materiell-rechtlich speziell, als aufgrund der Ermächtigung in § 19 Abs. 2 WHG mittels der ordnungsbehördlichen Verordnung „bestimmte Handlungen verboten oder nur für beschränkt zulässig erklärt werden können" (§ 19 Abs. 2 Nr. 1 WHG) und „die Eigentümer und Nutzungsberechtigten von Grundstücken zur Duldung bestimmter Maßnahmen verpflichtet werden" (§ 19 Abs. 2 Nr. 2 Satz 1 WHG). Doch sind schon in diesem Zusammenhang Bedenken anzumelden, weil nicht nur der Inhalt der Ermächtigungsnormen Zweifeln unterliegt (unten II), sondern erkennbar auch die konkrete Bau- und Bodennutzung berührt oder betroffen wird, die der gemeindlichen Planungshoheit nach den Vorschriften des BBauG unterliegt (unten III).

[3]) Mit Planoffenlage der Unterlagen (Karte und Erläuterungsbericht), Abhalten eines Erörterungstermines mit Anhören der Einwender und Entscheidung über die erhobenen Einwendungen.

[4]) *Burghartz,* Kommentar zum WHG und LWG (NW), 2. Aufl., zu § 24 LWG Anm 1; dazu BVerwG Urt. vom 15. 3. 1968 – VkBl. 1968, 352.

[5]) Als Rechtsverordnung unterliegt diese der richterlichen Überprüfung nach den anerkannten Grundsätzen.

II

Zur Sicherung des Gesetzeszweckes in § 19 Abs. 1 WHG können nach dessen Abs. 2 durch administrative ordnungsbehördliche Festsetzungen ganz allgemein Handlungen verboten oder für beschränkt zulässig erklärt werden und kann zur Duldung bestimmter Maßnahmen verpflichtet werden.

1. Um welche Maßnahmen es sich handeln kann und darf oder welchen Inhalt Duldungspflichten haben können und dürfen, ist vom Gesetz nicht definiert. Aus § 19 Abs. 2 Nr. 2 Satz 2 WHG könnte entnommen werden, daß insoweit nur an „einfache" Maßnahmen gedacht ist, wenn a. a. O. gesagt wird, daß „dazu auch Maßnahmen zur Beobachtung des Gewässers und des Bodens gehören". Wenn Abs. 3 schlechthin davon spricht: „Stellt eine Anordnung nach Absatz 2 eine Enteignung dar, so ...", dann rechtfertigt dies allein noch nicht den Schluß, daß die unkonkretisierten Maßnahmen nach Abs. 2 Nrn. 1 und 2 auch solche umfassen könnten oder dürften, die nach Inhalt, Tragweite, Schwere oder Spürbarkeit Eingriffsmaßnahmen sind, die nach dem Stand der höchstrichterlichen Rechtsprechung zur Entschädigung verpflichten. Ein Rückschluß von der Entschädigungspflicht auf die möglicherweise zulässige Eingriffsmaßnahme nach Art und Inhalt zum Zwecke der auslegenden Erklärung dessen, was nach dem Gesetz alles als Eingriff zulässig sein könnte, widerstreitet dem Grundsatz des Vorranges und Vorbehaltes des Gesetzes und dem Gebot präziser Normierung der Zulässigkeitsvoraussetzung des Eingriffes. Diese Formulierung erweckt im übrigen auch durchgreifende Bedenken gegen den Inhalt der Ermächtigungsnorm, die nicht nur berechtigt, sondern auch im Rahmen der Ermächtigung begrenzt. Im Ergebnis bleibt es der Verwaltung überlassen, ohne parlamentarische Kontrolle rein administrativ das Bundesrechtsrahmen-Blankett des § 19 Abs. 2 Nr. 1 und 2 auszufüllen.

Diese Bedenken sind um so mehr berechtigt, als der einfache Landesgesetzgeber das bundesrechtliche Blankett nur zurückhaltend ausgefüllt hat. So statuiert z. B. § 25 Abs. 1 LWG NW nur die Genehmigungspflicht benannter Behörden für „Bohrungen, Abgrabungen und andere Arbeiten, welche auf den gewachsenen Boden einwirken, Sprengungen jeder Art, die Errichtung oder die Veränderung von Anlagen zur Stein-, Sand-, Kies- oder Tongewinnung, von Anlagen zum Entnehmen, Zutagefördern, Zutageleiten, Ableiten und Aufstauen von Grundwasser, von Müll- oder Schuttablagerungen, Sickergruben, Verrieselungs- und Verregungsanlagen für Abwässer, von gewerblichen Anlagen, Schlachthöfen, Abdeckereien, von Kanalisations- und Kläranlagen, von Räumen zum dauernden Aufenthalt von Menschen oder Tieren, von Friedhöfen und von Anlagen i. S. des § 27 Abs. 1 Satz 1". Obwohl insoweit „nur" eine an sich sinnvolle Genehmigungspflicht statuiert ist, läuft die Verwaltungspraxis infolge der verbreiteten Versagung von Genehmigungen auf eine Verbotsnorm hinaus, wobei die Verwaltungspraxis offenbar meint, durch das Blankett in § 19 Abs. 2 Nr. 1 WHG hinreichend abgedeckt zu sein. Im Ergebnis ist die Verwaltung in dreierlei Funktionen tätig: Sie setzt eine abgeleitete Rechtsquelle; füllt hierbei „gesetzesauslegend" ein recht unbestimmtes Blankett aus und vollzieht im Einzelfall. Daß die rechtsetzende höhere Verwaltungsbehörde in vielen Fällen später auch Widerspruchsbehörde ist, rundet die Summe der Bedenken ab.

2. Darüber hinaus[6]) statuiert der einfache Landesgesetzgeber eine weitere Blankettermächtigung, wonach „weitergehende Bestimmungen" von der oberen Wasserbehörde im Rahmen von § 19 Abs. 2 WHG getroffen werden können. Im Rahmen einer „weitergegebenen Ermächtigung" denkbar unkonkreten Inhaltes bleibt es wiederum der Verwaltung überlassen, was hierunter verstanden werden darf. Der Grundsatz, wonach das einfache Gesetz Art und Ausmaß des Eingriffes in Eigentum und Freiheit prägnant zu regeln hat, ist verlassen[7]). Im Gegenteil bleibt es der Verwaltung überlassen, wie sie im Wege abgeleiteter Rechtsetzungsbefugnis die nicht nur unbestimmten, sondern auch unprägnanten Begriffe „bestimmte Handlungen", „Duldung bestimmter Maßnahmen" und „weitergehende Bestimmungen" versteht, klärt, ausfüllt, normiert und alsdann praktiziert.

III

So sachgerecht das Ziel des Gesetzes in § 19 Abs. 1 WHG ist, bleibt zu erörtern, ob und inwieweit die beschriebene Verwirklichung auch eine bedenkliche Beschränkung der gemeindlichen Planungshoheit darstellt.

1. Die bundesrechtlich geordnete Regelungsbefugnis der Bau- und Bodennutzung steht nach Maßgabe der einschlägigen Vorschriften des BBauG den Gemeinden zu, und zwar anerkanntermaßen aufgrund der verfassungs- und gesetzeskräftigen Planungshoheit im Rahmen der geltenden Gesetze. Diese gemeindliche Planungshoheit ist jedoch keine isolierte Komponente, sondern wird mitbeeinflußt und -bestimmt u. a. von der gemeindlichen Finanz- und auch Erschließungshoheit, die in wechselwirkendem Zusammenhang in einem ausgewogenen Maß Geltung beanspruchen. Sicherlich schließt der Begriff der gemeindlichen Planungshoheit nicht aus, daß andere Fachplanungen gleichberechtigt danebenstehen; die, wenn sie greifen, die gemeindliche Planungshoheit räumlich begrenzt mit Bezug auf die betroffene Fläche „durchschneiden" und, weil insoweit spezialgesetzlich regelungsbefugt, verdrängen. Das ist nichts Ungewöhnliches z. B. bei der Planfeststellung klassifizierter Straßen oder bei einem eisenbahnrechtlichen oder wasserrechtlichen Planfeststellungsverfahren. Nur ist die Rechtslage mindestens insoweit anders, als die Ausübung der spezialgesetzlichen Fachplanungshoheit mit einem gesetzlich geordneten Verwaltungsverfahren in einem Verwaltungsakt (Planfest-

[6]) Hier § 25 Abs. 2 LWG NW.
[7]) Dazu s. auch BGH Urt. vom 13. 7. 1978 – NJW 1978, 2290 (2292).

stellungsbeschluß) mündet[8]) und der jeweilige Baulastträger finanziell die Baumaßnahme und deren Auswirkungen abdeckt[9]).

2. Will man einmal versuchen, das Verfahren betreffend die Festsetzung von Wasserschutzgebieten als spezialrechtliche Fachplanung zu rubrizieren, die Flächen abdeckt, dann könnte allenfalls von „Fachfestsetzungen" oder „Wasserordnungs-Sachfestsetzungen" gesprochen werden, bei denen allenfalls der Grundsatz der Verhältnismäßigkeit zu beachten ist. Der Begriff des Planens, der Ordnen nach und unter Abwägen verschiedenster Belange umschließt, ist in einem Umfange reduziert und minimiert, daß von „Planung" schlechthin nicht mehr gesprochen werden kann, weil es – wie eine verbreitete Praxis zeigt – nur darum geht, mit dem Schutzgebiet und seinen gestaffelten Zonen eine natürliche Gegebenheit effektiv abzusichern[10].

Dies steht im Widerstreit zu einer – richtig verstandenen – Bauleitplanung auch dann, wenn diese nur Gegebenheiten wie das Vorhandensein von im Zusammenhang bebauten Ortsteilen oder eine überkommene Bodennutzung registriert und respektiert.

Für die Bauleitplanung muß ganz allgemein davon ausgegangen werden, daß nach § 1 Abs. 4 BBauG[11]) Bauleitpläne den Zielen der Raumordnung und Landesplanung anzupassen sind. Dabei mag dahinstehen, mit welcher effizienten Konkretheit derartige Ziele aktualisiert sind. Maßgebend ist, daß die Grundsätze der Raumordnung[12]) gleichgewichtig und gleichrangig sind und daß sie für die Bauleitplanung zu beachten sind[13]). Nach § 3 Abs. 2 Satz 1 RaumordnungsG gelten die Raumordnungsgrundsätze unmittelbar für die Landesplanung in den Ländern. Die mithin auf die territoriale gemeindliche Bauleitplanung durchgreifenden Raumordnungsgrundsätze des § 2 RaumordnungsG nennen u. a. die Sicherung der räumlichen Struktur, die versorgungsmäßige Aufschließung, die Erhaltung räumlicher Strukturen mit gesunden Lebens- und Arbeitsbedingungen und auch die „Sorgetragung" für die Reinhaltung des Wassers und die Sicherung der Wasserversorgung gleichrangig und gleichwertig. Hieraus und weiter aus den Planungsregeln u. a. des § 1 Abs. 6 – Erhaltung und Sicherung des Wassers

[8]) Dieser ist gerichtlich überprüfbar; auf die Intensität der Überprüfbarkeit kommt es dabei nicht entscheidend an.

[9]) Ausnahmen wie z. B. die Kreuzungsregelungen bestätigen nur die Regel.

[10]) Was ohnehin streitig genug ist. Insoweit ist zwar unstreitig, daß die Zone I (Stauraum bei einer Trinkwassersperre) absoluten Schutzes bedarf; im übrigen ist es bei regelmäßig zum Stauraum hin konvergierenden Wasserläufen durchaus streitig, ob man mit einer Zone II nur ein Zuflußgewässer gewissermaßen „fingerförmig" individuell sichert oder ob man diese großflächig abdeckt, indem man den äußeren Umfang der Zone II mit einer Verbindungslinie aller Quellen aller Zuflüsse umgreifen kann. Regeln der Abwägung gibt es nicht; es bleibt der Fachverwaltung anheimgestellt, welcher naturwissenschaftlichen Fachmeinung gefolgt werden soll.

[11]) N. F. in Kraft ab 1. Jan. 1977; früher gleichlautend § 1 Abs. 3.

[12]) § 2 RaumordnungsG vom 8. Apr. 1965 – BGBl. I S. 306.

[13]) S. § 2 Buchst. a) LandesplanungsG NW vom 1. Aug. 1972 – GVBl. NW 1972 S. 244 –.

– sowie dem Katalog des § 9 BBauG nebst dem generellen Abwägungsgebot des § 1 Abs. 7[14]) folgt, daß bei einer territorialen Bauleitplanung unter Beachtung überregionaler Planungsregeln nicht nur isoliert auf eine „Wassersicherung" abgehoben werden darf. Würde eine Gemeinde im Rahmen der Bauleitplanung nur diese Planungsziele beachten, stünde das Risiko einer Verletzung des Abwägungsgebotes zur Diskussion. So berechtigt und notwendig die Sicherung der Wasserversorgung und die Reinhaltung des Wassers als Planungsziel und nach Maßgabe der Wassergesetze ist, kann andererseits nicht übersehen werden, daß je nach den gegebenen Sachverhalten auch andere, nicht minder gewichtige Belange der planungsrechtlichen Regelung und gegebenenfalls auch der nachbargemeindlichen Abstimmung bedürfen. Dazu gehört wesentlich auch die Bau- und Bodennutzung. Befindet sich z. B. in einem Wasserschutzgebiet ein umfangreicher Baubestand[15]), so gebietet die Planungsregel, nach der die Sicherheit und Gesundheit der Wohnbevölkerung zu gewährleisten ist, auch die planerische und dann finanzielle Lösung der Frage einer hinreichenden Erschließung (Entsorgung) durch Bau und Betrieb einer Abwasserkanalisation. Gegebenenfalls muß auch das Straßen- und Wegenetz verändert werden, weil Fahrzeuge, die wassergefährdende Stoffe transportieren, Gewässer nicht kreuzen dürfen. Dient eine Trinkwassersperre oder ein Wasserwerk der Versorgung einer benachbarten Gemeinde, während das Wasserschutzgebiet Flächen der anderen Gemeinde abdeckt, hat die benachbarte Gemeinde den Vorteil dieser Versorgung, die Nachteile aus einer Schutzgebietsfestsetzung treffen sie und ihre Wohnbevölkerung nicht. Diese und ähnliche Fragen lassen sich mit einer ordnungsbehördlichen Wasserschutzgebietsfestsetzung allein nicht lösen. Nur mittels sachgerechter Bauleitplanung können alle Belange hinreichend gewürdigt und berücksichtigt werden. Eine Praxis, die insbesondere räumlich umfangreiche Wasserschutzgebiete nur mittels ordnungsbehördlicher Verordnungen administrativ festsetzt, beschränkt die planungshoheitliche Regelungsbefugnis der Bau- und Bodennutzung mit der Folge, daß die betreffende Gemeinde das administrativ festgesetzte Ergebnis nur hinnehmen kann.

[14]) Früher § 1 Abs. 4 Satz 2 BBauG.
[15]) S. das Beispiel Fußn. 2.

Planungsinstrumente im österreichischen Naturschutzrecht

Ruth-Elvira Groiss, Wien

Einleitung

Naturschützer und Raumplaner sind sich heute darüber einig, daß Natur- und Landschaftsschutz integrierende Bestandteile der Raumordnung sind. Daraus ergibt sich die Forderung nach fachlicher Konzentration und Koordination der beiden Bereiche[1]). Auf der Ebene der Landesregierung wird die Koordination der Abteilungen des Amtes der LReg für Raumordnung und Naturschutz und die Abstimmung der legistischen Maßnahmen (Gesetze, Verordnungen, Raumordnungsprogramme) relativ leicht möglich sein (horizontale Koordination). Kommunikations- und Koordinationsschwierigkeiten könnten in vertikaler Ebene zwischen LReg und BVB bzw. Gemeinden auftreten. Hier greift der Genehmigungsvorbehalt beim Flächenwidmungsplan als wichtigstes Raumordnungsinstrument auf unterster Stufe ein, wodurch es der LReg ermöglicht wird, die Gemeindeplanung als örtliche Planung in die überörtliche Planung, sei es auf Landesebene, sei es auf Regionalebene, einzubinden und im Wege der regionalen Entwicklungsprogramme oder des Landesentwicklungsprogrammes die Interessen des Natur- und Landschaftsschutzes wahrzunehmen. Dies bedingt aber eine gut funktionierende Koordination der zuständigen Abteilungen der LReg[2]).

Die umfassende Raumplanungsbefugnis der Länder (Art. 15 Abs. 1 B-VG) kommt in der Legaldefinition der Raumordnung in den ROG der Länder zum Ausdruck, wo sie eine als „zusammenfassende" oder „koordinierende Vorsorge"

[1]) Vgl *Pernthaler,* Raumordnung und Verfassung, S. 103 f.; *Korinek,* Verfassungsrechtliche Aspekte der Raumplanung, in: Schriftenreihe des Österreichischen Institutes für Mittelstandspolitik 1971/H. 1; *ders.,* Rechtliche Probleme der Anwendung von Raumordnungsgesetzen, 1975; *Fröhler-Oberndorfer,* Österreichisches Raumordnungsrecht.

[2]) Durch die geschäftsordnungsmäßige Unterstellung der Abteilungen für Raumordnung und für Naturschutz dem Verantwortungsbereich verschiedener Landesregierungsmitglieder, die nicht derselben politischen Partei angehören, kann es allerdings auch in horizontaler Ebene zu erheblichen Schwierigkeiten kommen. Zur Problematik der Koordination der Verwaltung im allgemeinen und in der Raumordnung im besonderen, siehe: *Schäffer,* Koordination der öffentlichen Verwaltung, Schriftenreihe des Instituts für angewandte Sozial- und Wirtschaftsforschung, 1971/H. 19; Planungskoordinierung am Beispiel der Raumordnung, in: Wirtschaftspolitische Blätter, 1973/H. 3–4, S. 140 ff.; *Rill-Schäffer,* Die Rechtsnormen für die Planungskoordinierung seitens der öffentlichen Hand auf dem Gebiete der Raumordnung, Stand und Entwicklungsmöglichkeiten, ÖROK-Schriftenreihe Nr. 6/1975.

oder „Gesamtgestaltung für ein bestimmtes Gebiet" bezeichnet wird[3]). In den neueren Raumordnungsgesetzen der Länder (N, S, St) zeichnet sich außerdem die Entwicklung ab, daß die allgemeine Vorstellung über den Sinn der Raumordnung von einer bloßen Ordnung der Flächennutzung zu einer umfassenden Entwicklungsplanung geht[4]). Ein Teilbereich dieser Entwicklungsplanung ist der Natur- und Landschaftsschutz. Das Bedürfnis nach Planungsmechanismen im Bereich des NtSches steigt in dem Maße, als der konservierende NtSch zugunsten einer umfassenden Natur- und Landschaftspflege in den Hintergrund tritt. Der zeitgemäße NtSch erfordert Maßnahmen zur sinnvollen Natur- und Landschaftsgestaltung. Ohne planhafte Analysen und Entwicklungsperspektiven ist die Erzielung einer harmonischen Gesamtgestaltung der Natur und letztlich die Erhaltung bzw. Schaffung eines ökologischen Gleichgewichtes nicht möglich. Durch wechselseitige Berücksichtigungs- und Bedachtnahmegebote werden die Interdependenzen von Raumordnung und Naturschutz vertieft[5]).

Interdependenzen von Planung und Naturschutz

Der Bezug des NtSches zur Raumordnung wird u. a. deutlich
1) durch Erwähnung der Natur (Landschaft) und des Naturhaushaltes (Landschaftshaushaltes) in den Zielformulierungen der Raumordnungsgesetze und der darauf beruhenden Raumordnungsprogramme.
2) durch Verwendung raumplanerischer Instrumente im Dienste des Naturschutzes.

1. Natur und Landschaft in den Zielformulierungen der Raumordnungsgesetze

Die Erhaltung bzw. Wiederherstellung eines mannigfaltigen ökologisch gesunden Natur- und Landschaftshaushaltes und Landschaftsbildes ist als Grundprinzip zeitgemäßer Natur- und Landschaftspflege anerkannt. In diesem Sinne äußern sich auch alle NtSchGesetze in ihren Zielvorstellungen und Grundsätzen.
Die durchrationalisierte, sich mehr und mehr auf die besten Flächen zurückziehende Landwirtschaft kann auf sich allein gestellt ihrer Landschaftspflegefunktion weder in ökologischer noch in landschaftsästhetischer Hinsicht optimal nachkommen. Die durch den Rückzug der landwirtschaftlichen Produktion frei werdenden Gebiete bieten dem Naturschutz und der Raumordnung die Chance zu einer ökologisch besseren Landschaftsgestaltung. Freilich sind die landschaftsökologi-

[3]) Vgl. hiezu das Erk des VfGH Slg Nr. 2674/1954, wonach „Raumordnung" ein kompetenzmäßig aufzuspaltender Sammelbegriff von Ordnungsbefugnissen des Bundes und der Länder ist („komplexe Materie").
[4]) Vgl. hiezu *Pernthaler,* Raumordnung und Verfassung, 1975, insbes. S. 94.
[5]) Vgl. *Pernthaler,* Raumordnung und Verfassung, 1975, S. 103 f.

schen Wirkungen der land- und forstwirtschaftlichen Tätigkeit für das verbleibende Produktionsgebiet unentbehrlich.
Als Nutzungsalternativen für freigewordene Gebiete kommen in Betracht: Aufforstung, extensive landwirtschaftliche Nutzungsformen, produktionslose Flächenpflege, Umwidmung zu Erholungsflächen, Schaffung von Natur- und Landschaftsschutzgebieten und Naturparks sowie letztlich die Rückgabe an die Natur.
Landschaftsschutz und Landschaftspflege sollen das Gleichgewicht in der Kulturlandschaft erhalten oder, wo es gestört ist, wieder herstellen. Der Landschaftsschutz hat dafür zu sorgen, daß bei den unvermeidbaren Eingriffen in die natürlichen Landschaftsbestände der Landschaftshaushalt und das Gleichgewicht zwischen den verschiedenen ökologischen Faktoren nicht zu sehr gestört werden.
Diese Erkenntnisse schlagen sich in den Zielen einzelner Raumordnungsgesetze nieder. So heißt es im N-ROG im § 1 Z 4, daß auf die Sicherung und Verbesserung der räumlichen Voraussetzungen für eine leistungsfähige Land- und Forstwirtschaft, insbes auf die Verbesserung der Agrarstruktur, besonders Bedacht zu nehmen ist. Böden, die für die land- und forstwirtschaftliche Nutzung besonders gut geeignet sind, dürfen für andere Zwecke nicht zur Verfügung stehen.
Ausdrücklichen Bezug auf den *Naturhaushalt* nimmt *§ 1 Z 9* des *N-ROG,* indem er bestimmt, daß auf die Sicherung oder Wiederherstellung des ausgewogenen Haushaltes der Natur als Lebensgrundlage der gegenwärtigen und künftigen Bevölkerung entsprechend Bedacht zu nehmen ist, insbes. auf die Sicherung des Bodens, der Pflanzen- und Tierwelt, die Sicherung des natürlichen Wasserhaushaltes einschließlich der Heilquellen und die Sicherung der natürlichen Voraussetzungen zur Erhaltung des Kleinklimas einschließlich der Heilklimate und der Reinheit der Luft, die Sicherung der Versorgung mit Wasser sowie die Sicherung der Abwasser- und Abfallbeseitigung, den Schutz vor Naturkatastrophen durch richtige Standortwahl, den Schutz vor Lärmbelästigungen, Staub-, Geruchsbelästigungen, Strahlen und Erschütterungen.
Weiters sieht *§ 1 Z 10 N-ROG* vor, daß der freie Zugang zu Wäldern, Gewässern und sonstigen landschaftlichen Schönheiten sowie eine zweckentsprechende Erschließung anzustreben ist (Wanderwege, Promenaden, freie Badeplätze etc.).
In *§ 1 Z 11 N-ROG* heißt es weiter, daß die räumlichen Voraussetzungen für die Sicherung der Bevölkerung gegenüber Naturgewalten und die Berücksichtigung der Interessen der öffentlichen Sicherheit zu gewährleisten sind. Schließlich nennt *§ 1 Z 12 N-ROG* Erhaltung und Pflege des Landschafts- und Ortsbildes als Ziel der ROG.
Die enge Verbindung von Naturschutz und Raumordnung kommt auch in den Zielen der Raumordnung in S zum Ausdruck. So verfügt § 2 Z 2 S-ROG LGBl Nr 26/1977, daß die natürlichen Lebensgrundlagen zu schützen und pfleglich zu nutzen und für die Zukunft in ausreichender Güte und Menge zu erhalten sind; insbes. ist anzustreben:

a) die Sicherung des Bodens, der Pflanzen und der Tierwelt,
b) die Erhaltung der Reinheit der Luft, der Gewässer sowie des natürlichen Klimas,

c) der Schutz und die Pflege erhaltenswerter Naturgegebenheiten und Kulturgüter sowie des Landschafts- und Ortsbildes.

Z 4 nimmt auf Natur- und Landschaftsschutz Bezug und sieht vor, daß Maßnahmen des Natur- und Landschaftsschutzes von der Raumordnung zu berücksichtigen sind. Z 14 schreibt vor, daß die Nutzung von Wasserkräften unter möglichster Schonung der Landschaft und des Haushaltes der Natur zu erfolgen hat. Gebiete, die sich für die Erholung eignen, sind zu sichern und weiter zu entwickeln. Hiebei ist insbes. der freie Zugang zu Wäldern, Gewässern und sonstigen landschaftlichen Schönheiten zu sichern bzw. anzustreben.

Entwicklungsprogramme nach dem S-ROG sind von der LReg durch Verordnung zu erlassen. Sie haben die in Übereinstimmung mit den Raumordnungsgrundsätzen und -zielen festgestellten Ziele und Maßnahmen der Raumordnung eines bestimmten Gebietes auszuweisen. Sie haben vor allem die für die örtliche Raumplanung grundlegenden Aussagen zu enthalten, ohne diese Planung selbst im einzelnen vorwegzunehmen. Entwicklungsprogramme haben Geltung für das gesamte Land oder für Teile desselben (für raumbezogene Sachbereiche). Sie bestehen aus dem Wortlaut und der planlichen Darstellung.

Entwicklungsprogramme haben eine große steuernde Funktion. Raumbedeutsame Planungen und Maßnahmen des Landes sowie der Gemeinden, insbes Investitionen und Förderungsmaßnahmen, dürfen nur im Einklang mit den Entwicklungsprogrammen gesetzt werden. Da Investitionen und Förderungsmaßnahmen von den genannten Gebietskörperschaften als Privatrechtsträger gesetzt werden, binden die Entwicklungsprogramme weite Bereiche der Privatwirtschaftsverwaltung der Länder und Gemeinden.

2. Einsatz raumplanerischer Instrumente im Dienste des Naturschutzes

Die modernen NSGe machen sich im zunehmendem Maße das raumplanerische Instrumentarium zunutze. Die Entwicklung der Planung im Naturschutzrecht hat allerdings erst eingesetzt. Die fehlenden Erfahrungen führen daher zu einem vorläufigen, sehr vorsichtigen Einsatz von Plänen[6]. Vor allem scheuen sich die Naturschutzgesetze vor eigenen Definitionen und Begriffsumschreibungen oder gar eigenem raumplanerischen Instrumenten, sondern greifen auf die bereits bewährten Instrumente aus den ROGen zurück und erklären die Bestimmungen der ROGe auf Pläne nach den NSGen als sinngemäß anwendbar.

[6]) Vgl. zur Planung grundlegend *Joseph H. Kaiser* (Hrsg.) Planung I–VI. 1965–1972. *Harnischfeger,* Planung in der sozialstaatlichen Demokratie, 1969; *Laux,* Planung als Führungsmittel der Verwaltung, in: Politik und Verwaltung, 1967/H. 5; *Melichar,* Rechtsnatur und Rechtskontrolle von Plänen in der österreichischen Rechtsordnung, in: Festschrift für E. C. Hellbling, 1971, S. 495 ff.; *Schantl,* Der Plan im österreichischen Baurecht, in: ÖZöffR, 1966, S. 85 ff.; *Kühne,* Das Bodenrecht, die wirtschaftliche und gesellschaftliche Bedeutung des Bodens, 1970, Schriftenreihe der Österreichischen Gesellschaft für Raumforschung und Raumplanung, Bd. 10; *ders.,* Agrarstruktur-Raumordnung, Wien 1975; *Groiss,* Der Plan im österreichischen Agrarrecht, Schriftenreihe für Agrarsoziologie und Agrarrecht, 1974, H. XIV.

Eine Untersuchung der NSGe zeigt, daß nur die Länder B, N, S u. St Planungsinstrumente in mehr oder minder ausgeprägter Form besitzen. Die wichtigsten Pläne im österreichischen Naturschutzrecht sollen hier dargestellt werden.

I Landschaftsrahmenpläne Landschaftsrahmenpläne nach dem St-NSG

Gemäß § 2 Abs. 3 des St-NSG 1976, LGBl Nr. 65/1976, hat die LReg durch Verordnung *Landschaftsrahmenpläne* zu erlassen. Diese gelten als Entwicklungsprogramme für Sachbereiche im Sinne des § 8 Abs. 4 des St-ROG 1974, LGBl Nr. 127. Landschaftsrahmenpläne können für das gesamte Landesgebiet oder für Teile desselben erlassen werden. Die für Entwicklungsprogramme im St-ROG 1974 vorgesehenen Bestimmungen gelten sinngemäß.[7]) Aus dem Landschaftsrahmenplan hat insbes. hervorzugehen, welche Schutz- und Pflegemaßnahmen für einzelne Gebiete getroffen erden sollen.

Diese Bestimmung über die Landschaftsrahmenpläne findet sich im Abschnitt II Allgemeine Schutzmaßnahmen unter der Überschrift „Schutz der Natur und Landschaft". Aus dieser Situierung ergibt sich auch der Zweck der Landschaftsrahmenpläne. Der Schutz der Natur und Landschaft ist im § 2 Abs. 2 St-NSG näher umschrieben. Danach ist bei allen Vorhaben, durch die nachhaltige Auswirkungen auf Natur und Landschaft zu erwarten sind, zur Vermeidung von die Natur schädigenden, das Landschaftsbild verunstaltenden oder den Naturgenuß störenden Änderungen

a) auf die Erhaltung des ökologischen Gleichgewichts der Natur,
b) auf die Erhaltung und Gestaltung der Landschaft in ihrer Eigenart (Landschaftscharakter) sowie in ihrer Erholungswirkung (Wohlfahrtsfunktion) Bedacht zu nehmen und
c) für die Behebung von entstehenden Schäden Vorsorge zu treffen.

Aus der Verweisung des § 2 Abs. 3 St-NSG auf das ROG sowie aus der knappen inhaltlichen Umschreibung, wonach die Landschaftsrahmenpläne insbes. festzulegen haben, welche Schutz- und Pflegemaßnahmen für einzelne Gebiete getroffen werden sollen, geht hervor, daß die Landschaftsrahmenpläne Instrumente der Planung sind.

Landschaftsrahmenpläne bilden die Grundlage für alle Naturschutz- und Pflegemaßnahmen in dem Gebiet, auf das sie sich beziehen. An oberster Stelle steht der für das gesamte Landesgebiet zu erlassende Landes-Landschaftsrahmenplan, in den sich die Landschaftsrahmenpläne für Teilgebiete einzufügen haben. Im Landschaftsrahmenplan werden alle Schutzmaßnahmen für bestimmte Gebiete, wie Naturschutzgebiete (§ 5), Landschaftsschutzgebiete (§ 6), Gewässer- und Uferschutzzonen (§ 7), Naturparke (§ 8), Nationalparke (§ 9) und geschützte Landschaftsteile (§ 11), aber auch Grundzüge für Landschaftspflegepläne (§ 31) zu verzeichnen sein.

[7]) §§ 8 ff. St-ROG 1974.

Es besteht eine Verpflichtung der LReg, Landschaftsrahmenpläne zu erlassen (arg. „hat zu erlassen"). Die Absicht des Gesetzgebers ist also, daß für alle Landesteile Landschaftsrahmenpläne bestehen.

II Landschaftspflegepläne

1. Landschaftspflegepläne (Grünraumpläne) nach dem St-NSG

Gemäß § 31 St-NSG können Maßnahmen, die zum Ziele haben
a) ein harmonisches Landschafts- oder Ortsbild durch naturgemäße Gestaltung zu erreichen, oder
b) den Erlebnis-, Bildungs- oder Erholungswert einer Landschaft durch sinnvolle Ausstattung ihrer örtlichen Gegebenheiten zu heben, oder
c) die Umlandsverhältnisse durch Oberflächengestaltung oder Bepflanzung zu verbessern,

in Landschaftspflegeplänen (Grünraumplänen) koordinierend zusammengefaßt werden.

Die Landschaftspflegepläne dürfen nicht in Widerspruch zu den Entwicklungsprogrammen im Sinne des § 8 St-ROG 1974 stehen. Sie sind im Stufenbau der Rechtsordnung somit den Entwicklungsprogrammen nach dem Raumordnungsgesetz und den Landschaftsrahmenplänen nach § 2 Abs. 3 St-NSG, die als Entwicklungsprogramme für Sachbereiche gelten, untergeordnet. § 31 St-NSG stellt die koordinierende, zusammenfassende Funktion des Planes in den Vordergrund. Die Landschaftspflegepläne enthalten eine Zusammenstellung vieler Einzelmaßnahmen zu einem harmonischen Ganzen. Im Naturschutzbuch bilden die Landschaftsrahmenpläne und die Landschaftspflegepläne je eine Abteilung (§ 23 Abs. 2 lit a und e St-NSG). Während bei den Landschaftsrahmenplänen die LReg zur Erlassung im Wege einer Verordnung berufen ist, verzichtet § 31 auf die Festlegung einer Behörde, die den Landschaftspflegeplan erlassen kann. Daher ist nach der allgemeinen Zuständigkeitsregelung in der Landesverwaltung die BVB zur Erlassung von Landschaftspflegeplänen ermächtigt. Auch über die Rechtsform von Landschaftspflegeplänen sagt das Gesetz nichts aus. Aufgrund des generellen Charakters der im Landschaftspflegeplan zu treffenden Maßnahmen ist jedoch zu schließen, daß die Rechtsform der Verordnung zu wählen ist. Als Verordnungen der BVB sind Landschaftspflegepläne in der „Grazer Zeitung – Amtsblatt für die Steiermark" zu verlautbaren und außerdem in den betreffenden Gemeinden ortsüblich kundzumachen (Anschlag an der Amtstafel).

In Ergänzung zur Bestimmung des § 31 St-NSG über die Erlassung behördlicher Landschaftspflegepläne, die auf Naturdenkmale und geschützte Landschaftsteile Anwendung finden, trifft § 12 St-NSG Vorsorge für den Schutz und die Erhaltung von Naturdenkmalen und geschützten Landschaftsteilen durch den Grundeigentümer (Verfügungsberechtigten). Dieser hat für die Erhaltung eines Naturdenkmals oder geschützten Landschaftsteils durch Pflegemaßnahmen, bei Ausfällen durch natürliche Einwirkungen in geschützten Landschaftsteilen auch durch Ersatz-

pflanzungen, zu sorgen. Kann er dieser Verpflichtung nicht nachkommen, hat er die von Amts wegen vorzunehmenden Maßnahmen zu dulden. Die zur Erhaltung von Naturdenkmalen und geschützten Landschaftsteilen erforderlichen Aufwendungen sind dem Eigentümer (Verfügungsberechtigten) aus Mitteln des Landschaftspflegefonds (§ 30 Abs. 1 lit e)[8]) zu ersetzen. Im Bescheid über die Erklärung eines Naturgebildes bzw. seiner Umgebung zum Naturdenkmal können dem Eigentümer (Verfügungsberechtigten) Auflagen zur Erhaltung des Naturdenkmales und des geschützten Landschaftsteiles erteilt werden.
Die Erhaltungs- und Pflegemaßnahmen des Grundeigentümers (Verfügungsberechtigten) im Sinne des § 12 St-NSG können Gegenstand eines Landschaftspflegeplans gemäß § 31 St-NSG sein.

2. Landschaftspflegepläne und Detailpläne nach dem S-NSG

1) Begriff

Gemäß § 28 Abs. 1 S-NSG 1977, LGBl Nr. 86, kann die LReg für Naturdenkmale und geschützte Gebiete durch Verordnung *Landschaftspflegepläne* erlassen. Nach den Vorstellungen des Gesetzes bezwecken diese „im Interesse des Naturschutzes
a) die Erhaltung oder Verbesserung des Landschaftsbildes, des Naturhaushaltes, der Umweltverhältnisse oder des Wertes der Landschaft für die Erholung der Bevölkerung;
b) die Schaffung oder Erhaltung entsprechender Zugänge zur Ermöglichung des Naturgenusses zur Erholung der Bevölkerung oder zur Vermittlung von Wissen über die Natur“.
In Ausführung der Landschaftspflegepläne können für begrenzte Gebiete oder für bestimmte Pflegemaßnahmen *Detailpläne* erstellt werden (§ 28 Abs. 2).
Weitergehende Bestimmungen über Landschaftspflegepläne und Detailpläne trifft das S-NSG nicht, sieht man von der bloßen Ordnungsvorschrift des § 29 Abs. 2 S-NSG ab, wonach im Naturschutzbuch, das bei der S LReg zu führen ist, für Landschaftspflegepläne und für Detailpläne je eine eigene Abteilung einzurichten ist. Mit dieser dürftigen inhaltlichen Regelung kommt der Gesetzgeber dem Wunsch der planenden Verwaltung entgegen, keine allzu starke Determinierung zu besitzen.
Das S-NSG bezeichnet zwar die Landschaftspflegepläne nicht ausdrücklich als Raumordnungsprogramme im Sinne des S-ROG. Inhaltlich können diese Pläne aber als Entwicklungsprogramme für raumbezogene Sachbereiche (§ 6 Abs. 1 S-ROG) angesehen werden.

2) Gegenstand der Landschaftspflegepläne

Das S-NSG sieht vor, daß Gegenstand der Landschaftspflegepläne Naturdenkmale oder geschützte Gebiete sind.

[8]) Siehe unten S. 23.

a) Naturdenkmale

Gemäß § 4 S-NSG können Naturgebilde, die wegen ihrer wissenschaftlichen oder kulturellen Bedeutung oder wegen ihrer Eigenart, Schönheit oder Seltenheit oder wegen des besonderen Gepräges, das sie dem Landschaftsbild geben, erhaltungswürdig sind, durch Bescheid der BVB zum Naturdenkmal erklärt werden. Soweit die nächste Umgebung für das Erscheinungsbild oder den Erhaltungszustand eines solchen Naturgebildes bestimmend ist, kann sie durch Bescheid in den Naturdenkmalschutz einbezogen werden.
Das Gesetz gibt im § 4 Abs. 3 eine demonstrative Aufzählung der möglichen Naturdenkmäler.
Da zur Erhaltung eines Naturdenkmales abgesehen von den im Gesetz vorgesehenen Schutzmaßnahmen (§ 6), auch Pflegemaßnahmen notwendig sind, sieht § 28 Abs. 1 S-NSG vor, daß die LReg durch Verordnung für das Naturdenkmal einen *Naturpflege-(Landschaftspflege)plan* erstellen kann. In diesem sind jene Maßnahmen anzuführen, die für die Erhaltung und Pflege des Naturdenkmales und seiner Umgebung sowie zur Heranführung seines Wertes als Naturgenuß und Bildungsgut an die Bevölkerung und letztlich für die Erholung der Bevölkerung erforderlich sind. Die Verwirklichung der Pflegemaßnahmen und damit die Tragung der Kosten obliegt dem Land als Rechtsträger. Wenn eine Gemeinde die Erlassung eines Planes für die Pflege eines Naturdenkmales beantragt, so obliegt ihr die Ausführung der Pflegemaßnahmen und fallen ihr die Kosten zur Last.
Durch diese Bestimmung des § 28 Abs. 3 S-NSG wird erklärlich, weshalb das S-NSG in seinen Bestimmungen über den Naturdenkmalschutz (§§ 4–7) die Grundeigentümer nicht zur Pflege eines Naturdenkmales verpflichtet. Dem Grundeigentümer ist die Absicht, ein auf seinem Grundstück gelegenes Naturgebilde zum Naturdenkmal zu erklären, mitzuteilen. Von dieser Mitteilung an entsteht die für jedermann geltende Verpflichtung, von Eingriffen in das Naturdenkmal und seiner Umgebung, die den Bestand oder das Erscheinungsbild des Naturdenkmals beeinträchtigen könnten, abzusehen. Die beabsichtigte Erklärung zum Naturdenkmal ist überdies durch sechs Wochen an der Amtstafel der BVB und in der betreffenden Gemeinde, in der für allgemeinverbindliche Anordnungen üblichen Weise kundzumachen. Die Verfügungsberechtigten über Naturdenkmale haben jede Veränderung, Gefährdung oder Vernichtung des Naturdenkmales sowie die Veräußerung, Vermietung oder Verpachtung der in Betracht kommenden Grundstücke der BVB unverzüglich bekanntzugeben. Den Eigentümer eines Naturdenkmals trifft die Verpflichtung, alle verfügungsberechtigten Personen, die der Behörde nicht bekannt sind, zu verständigen. Eine gesetzliche Verpflichtung des Eigentümers zur Pflege des Naturdenkmals und seiner Umgebung besteht nicht. Dem S-NSG ist nicht einmal eine Verpflichtung des Eigentümers zur Erhaltung des Naturdenkmals zu entnehmen. Der Eigentümer ist nur verpflichtet, von Eingriffen, die den Bestand oder das Erscheinungsbild des Naturdenkmals beeinträchtigen könnten, abzusehen. Hier greift die Regelung des § 28 S-NSG ein, wonach im Interesse des Naturschutzes Pflegepläne für Naturdenkmale erlassen werden können, und das Land bzw. die Gemeinden die Kosten

der Pflegemaßnahmen tragen. Beantragt ein Grundeigentümer die Erlassung eines Pflegeplanes für ein auf seinem Grundstück gelegenes Naturdenkmal, besteht für ihn keine Verpflichtung, sich an der Verwirklichung der Pflegemaßnahmen finanziell zu beteiligen.

§ 28 S-NSG geht vom Regelfall aus, daß vor allem die Erhaltung und Pflege großer Naturdenkmale und ihrer Umgebung, z. B. Wasserfälle, Moore, Schluchten, Klammen und Höhlen so kostspielig sind, daß die Finanzkraft der betreffenden Grundeigentümer nicht ausreicht. Das S-NSG betrachtet daher die Erhaltung und Pflege eines Naturdenkmals als eine *öffentliche Aufgabe,* zu deren Wahrnehmung das Land und die Gemeinden berufen sind.

b) Geschützte Gebiete

Dazu zählen nach dem S-NSG: 1. geschützte Landschaftsteile, 2. Landschaftsschutzgebiete, 3. Naturschutzgebiete, 4. Nationalparke, 5. Naturparke.

ad 1.) *Geschützte Landschaftsteile*

Gemäß § 8 S-NSG können kleinräumige Landschaftsteile oder Grünbestände, die das Landschaftsbild besonders prägen, besondere Lebensgemeinschaften von Pflanzen oder Tieren enthalten, besondere klimatische Bedeutung aufweisen, oder für die Erholung der Bevölkerung bedeutsam oder für das Erscheinungsbild oder den Erhaltungszustand eines Naturdenkmals mitbestimmend sind, durch Verordnung der BVB zur Erhaltung dieses besonderen Wertes zu geschützten Landschaftsteilen erklärt werden. Auf den Schutzzweck ist in der Verordnung hinzuweisen.

Dazu zählen insbes.: Wasserläufe, Gewässerufer, Teiche, Baumgruppen, Parkanlagen, Alleen sowie Schutzpflanzungen.

Zum Schutz und zur Pflege der geschützten Landschaftsteile können Landschaftspflegepläne und Detailpläne im Sinne des § 28 S-NSG erlassen werden.

ad 2.) *Landschaftsschutzgebiete* (§§ 12–14)

Gebiete außerhalb geschlossener Ortschaften, die eine besondere landschaftliche Schönheit aufweisen oder für die Erholung der Bevölkerung oder des Fremdenverkehrs als charakteristische Naturlandschaft oder als naturnahe Kulturlandschaft bedeutend sind, können zur Wahrung des Landschaftsbildes, des Landschaftsgefüges oder der Bedeutung für die Erholung oder den Fremdenverkehr *unter Berücksichtigung der raumordnungsmäßigen Belange* durch Verordnung der Landesregierung einschließlich der für ihren Bestand notwendigen Flächen zu Landschaftsschutzgebieten erklärt werden.

In einer Landschaftsschutzverordnung sind jene Maßnahmen anzuführen, die zur Wahrung des Landschaftsbildes, des Landschaftsgefüges oder des Wertes der Landschaft für die Erholung und den Fremdenverkehr in diesem Gebiet nur mit einer naturschutzbehördlichen Bewilligung zulässig sind. Die NtSchBehörde hat die Bewilligung zu erteilen, wenn durch die Maßnahme das Landschaftsbild, das Landschaftsgefüge oder der Wert der Landschaft für die Erholung oder den

Fremdenverkehr nicht in einer dem Schutzzweck abträglichen Weise beeinflußt wird. Die Bewilligung kann auch unter Auflagen und befristet erteilt werden. Bewilligungen oder Genehmigungen nach anderen landesgesetzlichen Vorschriften dürfen für Maßnahmen aufgrund der §§ 14 Abs. 1 leg cit erst erteilt werden, wenn eine rechtskräftige naturschutzbehördliche Bewilligung hiefür vorliegt. Bei der Aufstellung oder wesentlichen Änderung von Bebauungsplänen für Flächen, die im Landschaftsschutzgebiet liegen, ist zur Wahrung der Interessen des Naturschutzes ein Gutachten der LReg einzuholen.
Zur planmäßigen Pflege und Erhaltung der Landschaftsschutzgebiete können Landschaftspflegepläne und Detailpläne eingesetzt werden, wobei besonders bemerkenswert ist, daß Landschaftsschutzgebiete unter Berücksichtigung der *raumordnungsmäßigen* Belange festzulegen sind. Dadurch wird vom Gesetz eine enge inhaltliche Verbindung zur Raumordnung geschaffen. In der Praxis bedeutet das, daß für die Landschaftspflege- und Detailpläne die Grundsätze und Ziele der Raumordnungsgesetze sowie der allenfalls erlassenen Entwicklungsprogramme gelten.

ad 3.) *Naturschutzgebiete* (§§ 15–17)
Gebiete außerhalb geschlossener Ortschaften, die sich durch völlige oder weitgehende Ursprünglichkeit auszeichnen, seltene oder gefährdete Pflanzen- oder Tierarten oder charakteristische oder seltene Lebensgemeinschaften von Pflanzen oder Tieren aufweisen, können *unter Berücksichtigung der raumordnungsmäßigen Belange* durch Verordnung der LReg einschließlich der für ihren Bestand notwendigen Flächen zu Naturschutzgebieten erklärt werden.
In Naturschutzgebieten ist jeder Eingriff in die Natur untersagt, jedoch kann die LReg in der Naturschutzgebietsverordnung bestimmte Maßnahmen gestatten, oder die Möglichkeit einer Ausnahmebewilligung der LReg für bestimmte Eingriffe vorsehen, soweit diese dem Schutzzweck des Naturschutzgebietes nicht widersprechen.
§ 15 S-NSG schreibt vor, daß bei der Festlegung von Naturschutzgebieten „raumordnungsmäßige Belange" berücksichtigt werden sollen. Damit legitimiert das Gesetz den Einsatz der Landschaftspflegepläne bzw. der Detailpläne für die Zwecke des Naturgebietsschutzes. Es gilt das zu den Landschaftsschutzgebieten Gesagte.[9])

ad 4.) *Nationalparke* (§ 18)
Ein Nationalpark ist eine durch ihre charakteristische Geländeformen und ihre Tier- und Pflanzenwelt für Österreich repräsentative Landschaft, die zum Wohl der Bevölkerung und zum Nutzen der Wissenschaft sowie zur Förderung der Wirtschaft zu erhalten ist. Der Nationalpark hat einem möglichst großen Kreis von Menschen ein eindrucksvolles Naturerlebnis zu ermöglichen, einer ständigen Verwaltung unterworfen und durch eine wissenschaftliche Betreuung gesichert zu sein. Die Erklärung eines Gebietes zum Nationalpark erfolgt durch Gesetz.

[9]) Vgl. oben S. 12/13.

In dieser Legaldefinition kommt nicht so sehr der Schutzzweck, sondern der Erhaltungszweck zum Ausdruck. Obwohl die Erklärung eines Gebietes zum Nationalpark durch Gesetz erfolgt, ermöglicht § 28 S-NSG auch für diese Kategorie von geschützten Gebieten die Erstellung von Landschaftspflegeplänen bzw. Detailplänen.

ad 5.) *Naturparke* (§ 19)
Gebiete, die für die Erholung der Bevölkerung oder für die Vermittlung von Wissen über die Natur besonders geeignet sind und deren Erholungs- oder Bildungswert durch entsprechende Pflege- und Gestaltungsmaßnahmen gesteigert worden ist, können durch Verordnung der LReg zum *Naturpark* erklärt werden.
Weitere Voraussetzungen für die Erklärung eines Gebietes zum Naturpark sind (§ 19 Abs. 2):

a) Klassifikation als geschütztes Gebiet (geschützter Landschaftsteil, Landschaftsschutzgebiet, Naturschutzgebiet),
b) Gewährleistung der allgemeinen Zugänglichkeit,
c) Erstellung eines *Erhaltungs- und Gestaltungsplanes,*
d) Genehmigung dieses Planes durch die LReg,
e) Gewähr für die Vornahme der im Erhaltungs- und Gestaltungsplan vorgesehenen Maßnahmen.

Ein Naturpark ist nach den Vorstellungen des Gesetzgebers gewissermaßen das Ergebnis naturschutzbewußter Raumplanung. Voraussetzung für die Erklärung eines Gebietes zum Naturpark ist nämlich, daß der Bildungs- oder Erholungswert dieses Gebietes durch entsprechende Pflege- und Gestaltungsmaßnahmen, somit durch eine abgeschlossene Planung gesteigert worden ist. Durch die Verwendung der Vergangenheit als Zeitform („gesteigert worden ist") wird dokumentiert, daß der Prozeß der Steigerung des Bildungs- oder Erholungswertes bereits abgeschlossen sein muß. Das Gesetz sagt nicht, durch wen und wodurch die Steigerung des Bildungswertes bzw. Erholungswertes erfolgt ist. Daher kommen hiefür sowohl behördliche Akte, als auch private Handlungen in Betracht. Soferne die Steigerung des Bildungs- oder Erholungswertes eingetreten ist, verlangt das S-NSG vom Eigentümer die Erstellung eines Erhaltungs- und Gestaltungsplanes, der die Genehmigung der LReg erhalten muß. Es tritt somit eine kuriose Situation insoweit ein, als die Erklärung zum Naturpark, die selbst Plancharakter trägt, die (erfolgreich) abgeschlossenen Maßnahmen zur Steigerung des Bildungs- und Erholungswertes, und die noch in der Zukunft liegende Effektuierung eines Erhaltungs- und Gestaltungsplanes für das betreffende Gebiet voraussetzt. Die enge Beziehung der Naturparkerklärung zur Raumordnung wird nicht expressis verbis durch das NSG dekretiert, sondern ergibt sich im Auslegungsweg aus der Klassifikation des betreffenden Gebietes als geschütztes Gebiet, da bei geschützten Landschaftsteilen, Landschaftsschutzgebieten und Naturschutzgebieten die raumordnungsmäßigen Belange zu berücksichtigen sind.

3. Gebietsschutzverordnungen nach dem N-NSG

1) Allgemeines

Nach § 14 N-NSG gelten die Verordnungen der LReg, mit denen bestimmte Gebiete zu Landschaftsschutzgebieten (§ 6), Naturschutzgebieten (§ 7) und Naturparks (§ 8) erklärt werden, als Raumordnungsprogramme des Landes gemäß dem N-ROG 1974, LGBl 8000–0. Es ist unbestritten, daß Raumordnungsprogramme nach dem N-ROG Plancharakter aufweisen. Wenn kraft gesetzlicher Fiktion diese Gebietsschutzverordnungen als Raumordnungsprogramme gelten, so kommen alle Bestimmungen des N-ROG über die Raumordnungsprogramme auch auf die Gebietsschutzverordnungen nach dem N-NSG sinngemäß zur Anwendung, auch wenn das N-NSG das nicht ausdrücklich vorsieht.

Das N-NSG legt in den Bestimmungen über die Gebietsschutzverordnungen keine Erhaltungs- und Pflegemaßnahmen fest. Die nö Gebietsschutzverordnungen beziehen daher ihren Plancharakter ausschließlich aus dem Raumordnungsgesetz.

Gemäß § 3 ROG hat die LReg durch Verordnung überörtliche Raumordnungsprogramme aufzustellen, in denen, ausgehend von den Leitzielen und von den Ergebnissen der Grundlagenforschung die angestrebten Ziele festzulegen und die erforderlichen Maßnahmen zu verzeichnen sind. Insbes sind die überörtlichen Funktionen festzulegen, die Gemeinden oder Gemeindeteile erfüllen sollen (überörtliche Funktionsbezeichnung). Raumordnungsprogramme können für das gesamte Landesgebiet, für eine Planungsregion, für eine Planungszone[10]) sowie für Sachbereiche der Raumordnung erstellt werden. Auf die Planungen und für die Raumordnung bedeutsamen Maßnahmen des Bundes und der benachbarten Länder ist Bedacht zu nehmen. Örtliche Raumordnungsprogramme, die den in den überörtlichen Raumordnungsprogrammen angestrebten Zielen nicht widersprechen, sind zu berücksichtigen.[11]) Das Verfahren zur Erlassung von Raumordnungsprogrammen nach dem ROG und von Gebietsschutzverordnungen nach dem N-NSG ist bis auf den Kreis der einzuladenden Institutionen zur Abgabe einer Stellungnahme gleich. Gemäß § 4 N-ROG ist der Entwurf eines Raumordnungsprogrammes den betroffenen Gemeinden, der Kammer der gewerblichen Wirtschaft für NÖ, der Kammer für Arbeiter und Angestellte für NÖ, der nö Landeslandwirtschaftskammer, der Kammer für Arbeiter und Angestellte in der Land- und Forstwirtschaft in NÖ, der Ärztekammer für NÖ, den Interessenvertretungen der Gemeinden im Sinne des § 96 der Nö Gemeindeordnung 1973, der katholischen Kirche, der evangelischen Kirche AB und HB, dem Militärkommando von Nö, dem Landesarbeitsamt NÖ, den für die Energieversorgung NÖs zuständigen Unternehmungen und dem Vermessungsinspektor für NÖ zuzustellen. Die Frist zur Abgabe einer schriftlichen Stellungnahme beträgt 8 Wochen.

[10]) Siehe *Pernthaler,* Zonenplanung und Eigentumsschutz, in: Berichte zur Raumforschung und Raumplanung, 1967/H. 3; *ders.,* Raumordnung und Verfassung 1975.

[11]) Durch diese gesetzliche Anordnung wird es ermöglicht, daß Normen niedriger Stufe (örtliche Raumordnungsprogramme) Wirkungen auch für Normen höherer Stufe (überörtliche Raumordnungsprogramme) ausüben. Sie haben jedoch keine derogatorische Kraft.

Gemäß § 14 N-NSG sind vor der Erlassung der Gebietsschutzverordnungen vom Landesbeauftragten für den Umweltschutz gemäß dem N-Umweltschutzorganisationsgesetz, LGBl. Nr. 8050, und von den betroffenen Gemeinden Stellungnahmen einzuholen.
Von Bedeutung sind weiters die Bestimmungen der §§ 5 und 6 N-ROG. Gemäß § 5 leg cit ist ein Raumordnungsprogramm zu ändern wegen Änderung der Rechtslage oder wegen wesentlicher Änderungen der Grundlagen. Es besteht daher ein gesetzlicher Auftrag an den Verordnungsgeber, bei Vorliegen bestimmter Tatbestände das Raumordnungsprogramm zu ändern. Hinsichtlich der Wirkungen der Raumordnungsprogramme legt § 6 N-ROG fest, daß örtliche Raumordnungsprogramme überörtlichen Raumordnungsprogrammen nicht widersprechen dürfen. Weiters dürfen Maßnahmen des Landes als Träger von Privatrechten Raumordnungsprogrammen nicht widersprechen. Diese angeführten Bestimmungen gelten sinngemäß auch für Gebietsschutzverordnungen nach dem N-NSG. Zu diesen zählen Landschaftsschutzgebiete, Naturschutzgebiete und Naturparke.

2) Landschaftsschutzgebiete

Gebiete, die eine hervorragende landschaftliche Schönheit oder Eigenart aufweisen, als charakteristische Kulturlandschaft von Bedeutung sind oder die für die Erholung der Bevölkerung von Bedeutung sind, können durch Verordnung der Landesregierung zu Landschaftsschutzgebieten erklärt werden (§ 6 Abs. 1).
Das N-NSG legt nicht fest, daß und welche Ziele in der Landschaftsschutzverordnung angeführt werden sollen. Sind in einer Landschaftsschutzverordnung Ziele niedergelegt, so müssen sich diese im Rahmen des § 6 Abs. 1 halten. Ferner ist im NSG nicht vorgesehen, daß in der Landschaftsschutzverordnung zu treffende Maßnahmen niedergelegt sind. Ziele und Maßnahmen zur Erreichung dieser Ziele, die den Plancharakter der Landschaftsschutzgebietsverordnung ausmachen, sind aufgrund der allgemeinen Verweisung des § 14 N-NSG auf die Bestimmungen des N-ROG Inhalt der Verordnung betreffend die Erklärung eines Gebietes zum Landschaftsschutzgebiet.

3) Naturschutzgebiete

Ähnliches gilt für Verordnungen gemäß § 7 N-NSG. Danach können im Grünland liegende Gebiete von weitgehender Ursprünglichkeit oder sonstiger naturwissenschaftlicher Bedeutung (insbes. Standorte seltener Pflanzen- oder Tierarten und gehäuftes Vorkommen geschichtlich interessanter Erscheinungen) durch Verordnung der Landesregierung zu Naturschutzgebieten erklärt werden. Das NSG sieht nicht vor, daß Ziele und Maßnahmen zur Erreichung dieser Ziele in der Verordnung niederzulegen sind. Lediglich der Hinweis darauf, daß die Behörde zur Erhaltung des Naturschutzgebietes, Maßnahmen zur Abwehr von Gefahren und Schädigungen durchführen und den Berechtigten die Duldung durch Bescheid auftragen kann (§ 7 Abs. 5), erinnert an den Plancharakter einer Naturschutzverordnung. Diese zuletzt genannte Bestimmung ist eine Ermächtigung an die BVB zur Setzung individueller Maßnahmen zur Gefahrenabwehr. Die Maßnahmen selbst scheinen weder im Gesetz noch in der Naturschutzverordnung auf. Auch für die Naturschutzverordnung nach § 7 N-NSG gilt die für Landschaftsschutzverordnungen getroffene Schlußfolgerung, daß sie kraft gesetzlicher Anordnung als Raumordnungsprogramme gelten und inhaltlich die Ermächtigung zur Niederlegung von Zielen und Maßnahmen gemäß diesen Zielen, somit ihren Plancharakter aus dem Raumordnungsgesetz beziehen.

4) Naturparke

Landschafts- oder Naturschutzgebiete oder Teile davon, die für die Erholung oder Vermittlung für Wissen über die Natur besonders geeignet, allgemein zugänglich sind und durch entsprechende Einrichtungen eine Begegnung des Menschen mit dem geschützten Naturgut ermöglichen, können nach Anhörung des Verfügungsberechtigten durch Verordnung der LReg zum Naturpark erklärt werden. Der Besuch des Naturparks kann von der LReg einer besonderen Regelung (Naturparkordnung) unterworfen werden. Den Berechtigten des Naturparks ist über Antrag die Einhebung eines höchstens den Erhaltungsaufwand deckenden Eintrittsgeldes zu gestatten. Die Behörde hat Naturparke zu kennzeichnen. Die Anbringung der Kennzeichen ist vom Berechtigten unentgeltlich zu dulden.
Auch bezüglich des Naturparks gilt das zu Landschaftsschutzverordnungen und Naturschutzverordnungen Gesagte, um den Plancharakter dieser Naturschutzmaßnahme zu begründen.

4. Gebietsschutzverordnungen nach dem B-NSG

Nach § 15 B-NSG kann die LReg nach Anhören der beteiligten Gemeinde durch Verordnung *Vollnaturschutzgebiete* und *Teilnaturschutzgebiete* festlegen. Vor Erlassung der Verordnung sind die beabsichtigten Schutzmaßnahmen unter Anschluß einer Landkarte mit dem eingezeichneten Schutzgebiet in den Gemeinden, innerhalb deren Grenzen das künftige Naturschutzgebiet liegt, durch 4 Wochen zur allgemeinen Ansicht aufzulegen. Die Auflage ist im Landesgesetzblatt für das Burgenland zu verlautbaren und ortsüblich kundzumachen.
Aus der Formulierung des B-NSG „beabsichtigte Schutzmaßnahmen" darf auf den Plancharakter der Verordnung über die Festlegung eines Naturschutzgebietes geschlossen werden.
Nach dem gleichen Verfahren kommen die Verordnungen der LReg zur Erlassung eines *Landschaftsschutzgebietes* (§ 19) und zur Erklärung eines Gebietes zum *geschützten Landschaftsteil* (§ 19 a) zustande. Auch diesen Gebietsschutzverordnungen kommt Plancharakter zu.

III Erhaltungs- und Gestaltungspläne
Erhaltungs- und Gestaltungsplan nach dem S-NSG

§ 19 Abs. 3 S-NSG enthält eine Definition des Erhaltungs- und Gestaltungsplanes. Danach ist der Gestaltungs- und Erhaltungsplan die zusammenfassende Darstellung der Maßnahmen, die den Wert des Naturparkes für die Erholung oder Bildung sicherstellen. Er ist dem Wesen nach ein Landschaftspflegeplan, ist aber zum Unterschied von diesem nicht von der LReg zu erlassen, sondern von den in Betracht kommenden Grundeigentümern und sonstigen dinglich Berechtigten aufzustellen. Der Plan ist von der LReg zu genehmigen, wenn er die Erfüllung des Zweckes und Sicherstellung des Wertes als Naturpark für die Erholung oder Bildung erwarten läßt.

Der Erhaltungs- und Gestaltungsplan entspricht dem herrschenden Planbegriff, da er planmäßige, in der Zukunft liegende Maßnahmen für die Erhaltung und Gestaltung eines bestimmten Gebietes vorsieht.[12])

Bemerkenswert an dieser Konstruktion ist, daß Planträger die in Betracht kommenden Grundeigentümer und sonstigen dinglichen Berechtigten sind. Diese sind nach dem Wortlaut des Gesetzes verpflichtet, einen Erhaltungs- und Gestaltungsplan aufzustellen und der Landesregierung zur Genehmigung vorzulegen. Die Genehmigung ist zu erteilen, wenn der Plan die Erfüllung seines Zwecks erwarten läßt. Im Sinne der Ermessensterminologie liegt hier ein Fall des „gebundenen Ermessens" vor.[13]) Nicht die Behörde ist Autor des Erhaltungs- und Gestaltungsplanes, sondern die in Betracht kommenden Grundeigentümer. Der Plan erhält bloß die formelle Rechtsverbindlichkeit infolge der Genehmigung durch die LReg. Entsprechend der privaten Autorschaft fallen auch die Kosten für die Erhaltungs- und Gestaltungspläne dem Grundeigentümer bzw. dinglich Berechtigten zur Last.

Es ist aber fraglich, ob trotz des auf eine Verpflichtung zur Erstellung des Planes abzielenden Wortlautes des Gesetzes tatsächlich eine Verpflichtung des Grundeigentümers beabsichtigt ist, ob also eine berichtigende Auslegung dahingehend zulässig ist, daß die Grundeigentümer zur Aufstellung eines Erhaltungs- und Gestaltungsplanes nur berechtigt, aber nicht verpflichtet sind. *Gegen* eine Verpflichtung spricht die fehlende Sanktion gegen den Grundeigentümer, etwa in Form der Ersatzvornahme durch die Landesregierung, indem die LReg selbst den Erhaltungs- und Gestaltungsplan erstellt. *Für* eine Verpflichtung sprechen der Wortlaut des Gesetzes (... *ist* aufzustellen ...) und die Tatsache, daß die Erklärung zum Naturpark durch Verordnung der LReg vom Tätigwerden der in Betracht kommenden Grundeigentümer abhängig ist, da das Bestehen eines

[12]) *Groiss,* a. a. O., S. 14 ff.

[13]) Zum Ermessensbegriff siehe *Ringhofer,* Strukturprobleme des Rechts, 1966; *Klecatsky,* Die Köpenickade der Privatwirtschaftsverwaltung, JBl 1957, S. 333 ff.; *Kobzina,* Die Ermessensnorm im Lichte des Legalitätsprinzips, JBl 1956, S. 492 ff.; *Melichar,* Zum Ermessensproblem, JBl 1957, S. 41 ff.; *Stoll,* Ermessen im Steuerrecht, 4. ÖJT I/2, 1970; *Walter,* Österreichisches Bundesverfassungsrecht 1972, S. 393 ff.

Gestaltungs- und Erhaltungsplanes Tatbestandsmerkmal für die Erlassung einer Naturparkverordnung ist. Gegen den Willen des Grundeigentümers könnte daher ein bestimmtes Gebiet nicht zum Naturpark erklärt werden. Es kann aber nicht Absicht des Gesetzgebers sein, bei der Schaffung einer für den Naturschutz so wichtigen Schutzkategorie wie der Naturparke, vom Gutdünken des Eigentümers abhängig zu sein. Es ist daher eine berichtigende Auslegung aus Gründen der ratio legis zulässig, daß der Eigentümer zur Erstellung eines Gestaltungs- und Erhaltungsplanes nicht verpflichtet, sondern nur berechtigt ist. Macht er von seinem Recht nicht Gebrauch, kann die BVB diesen Plan erstellen, der unter dem Genehmigungsvorbehalt der LReg steht.
Das Land und die Gemeinden haben nach Maßgabe der Bedeutung des Naturparks den Zweck des Naturparks unter Bedachtnahme auf den Erhaltungs- und Gestaltungsplan zu fördern (§ 19 Abs. 5). Hiezu zählen u. a. finanzielle Förderungsmaßnahmen des Landes und der Gemeinden als Privatrechtsträger, aber auch die Sorge um den Schutz und die Pflege der Natur durch die öffentliche Hand, wie dies unter den allgemeinen Pflichten des § 2 Abs. 2 S-NSG genannt ist.
Der Erhaltungs- und Gestaltungsplan selbst erfüllt die an einen Plan zu stellenden Anforderungen.

IV Bojenpläne

Der Entwurf des neuen O-NSG enthält neben den Landschaftspflegeplänen, die sich im Rahmen der Regelungen des S-NSG und St-NSG halten, die Einrichtung der *Bojenpläne* (§ 14 Abs. 5). Diese sind durch Verordnung der LReg für die oö. Seen, die keine Naturschutzgebiete sind, insbes. für bestimmte Seenbereiche zu erlassen, wenn durch das Überhandnehmen der Anzahl der Bojen eine erhebliche Störung des Landschaftsbildes eingetreten ist. Im Bojenplan ist für den jeweiligen Seebereich nach Maßgabe der zur Verfügung stehenden Uferlänge, der Uferausformung, des Uferbewuchses, der Einsehbarkeit vom Ufer aus und des Vorhandenseins von Jachthäfen die Anzahl der Bojen so festzulegen, daß eine Häufung vermieden und das öffentliche Interesse an der Erhaltung des ungestörten Landschaftsbildes nicht verletzt wird. Bei der Interessenabwägung sind die Interessen des Fremdenverkehrs, der Seglervereine und der Fischerei besonders zu würdigen.
Die Einrichtung der Bojenpläne bedeutet eine Neuerung im österreichischen Naturschutzrecht. Zwar kann auch derzeit die Anbringung von Bojen aufgrund des § 1 O-NSG als störender Eingriff in das Landschaftsbild durch Bescheid verboten werden, soferne nicht die LReg durch Verordnung ein solches Verbot erlassen hat. Das Instrument des Bojenplans ermöglicht aber eine systematische Planung der Seengebiete zur Vermeidung einer Häufung von Bojen, die die Ursprünglichkeit des Landschaftsbildes doch weitgehend zerstören. Vom legistischen Standpunkt ist die reiche Determinierung der Voraussetzungen für die

Erlassung von Bojenplänen im Gesetz, die auch Hinweise für die Interessenabwägung enthält, bemerkenswert.
Es ist zu hoffen, daß die Bojenpläne ein wirksames Instrument zum Schutz des Landschaftsbildes sein werden.

V Fonds

B	Burgenland
BVB	Bezirksverwaltungsbehörde
B-VG	Bundesverfassungsgesetz 1920 in der Fassung von 1929
LReg	Landesregierung
N, NÖ	Niederösterreich
NtSch	Naturschutz
O, OÖ	Oberösterreich
ÖROK	Österreichische Raumordnungskonferenz
ROG, NSG	Raumordnungsgesetz(e), Naturschutzgesetz(e)
S	Salzburg
St	Steiermark
T	Tirol

Landschaftspflegefonds
Eine nur im St-NSG vorgesehene planerische Maßnahme ist die Einrichtung des Landschaftspflegefonds (§ 29).[14]) Dieser ist zur Förderung von Maßnahmen der Erhaltung, Pflege und Gestaltung der Landschaft errichtet. Ihm sind zuzuleiten:
1. vom Landtag jährlich zu beschließende Mittel
2. allfällige Zuschüsse anderer Gebietskörperschaften
3. sonstige Zuwendungen.

Die Mittel des Fonds sind von der LReg zu verwalten und so zu verwenden, daß den Zielsetzungen des Fonds im höchsten Maß gedient wird. Über Stand und Gebarung des Fonds ist dem Landtag jährlich zu berichten. Die Mittel des Fonds sind u. a. zu verwenden für Zuschüsse zu den Kosten der Erstellung eines Landschaftspflegeplanes (Grünraumplanes) gemäß § 31 St-NSG, für Zuschüsse zu den Kosten der planmäßigen Ausführung sowie für Maßnahmen der Landschaftspflege (§ 32). Ein Rechtsanspruch gegen den Fonds auf eine Förderung besteht für Entschädigungen, für die Erhaltung von Naturdenkmalen und geschützten Landschaftsteilen sowie für die Erfüllung von Auflagen zur Anpassung

[14]) Bereits in der 1. Republik bestanden in N, O und T Naturschutzfonds, in die alle aufgrund der NSGe dieser Länder verhängten Geldstrafen flossen. Zusammen mit freiwilligen Zuwendungen privater Personen und öffentlicher Körperschaften wurden diese Fondseinkünfte für Zwecke des Naturschutzes, vor allem zur Prämierung von naturschutzfördernden Maßnahmen verwendet; siehe hiezu *Kirsch,* Die Naturschutzgesetzgebung Österreichs, 1937, S. 137 f.

bereits bestehender, nach früheren naturschutzrechtlichen Bestimmungen bewilligter Anlagen an die Rechtslage des St-NSG 1976.
Da der Fonds vor allem aus jährlichen Dotationen aus dem Landesbudget gespeist wird, ist zur Errechnung der benötigten Mittel die Erstellung eines jährlichen Fondsbudgets erforderlich. Dieses setzt voraus, daß über die Vorgabe der Fondsmittel planmäßige Vorstellungen bestehen. Die LReg und die BVB werden dem Fonds die voraussichtlich benötigten Mittel zu melden haben. Aufgrund dieser Meldungen ist der Fonds in der Lage, sein Budget zu erstellen und seinen Finanzbedarf der Budgetabteilung der LReg bekanntzugeben.
In diesem Sinne ist der Landschaftspflegefonds nach dem St-NSG als Planungsinstrument im Dienste des Naturschutzes anzusehen.

Vertragsbeziehungen zu Dritten im Marktordnungsrecht der EWG

Peter Kalbe, Brüssel

I Marktordnungsrecht und Vertragsrecht

Die Agrarpreispolitik der Europäischen Gemeinschaften erhält im Recht der gemeinsamen Marktorganisationen für die verschiedenen landwirtschaftlichen Erzeugnisse Form und Gestalt[1]). Mit Hilfe des in ihnen angelegten Instrumentariums und der zu ihrer Durchführung erlassenen Vorschriften soll das geschäftliche Verhalten aller Marktteilnehmer so gesteuert werden, daß im wesentlichen die Marktpreise der einkommenspolitisch wichtigsten Agrarerzeugnisse auf einem auskömmlichen Niveau stabilisiert werden. Durch hoheitliche Eingriffe in das Marktgeschehen, die bestimmte Geschäfte erlauben, verbieten oder an Bedingungen knüpfen, subventionieren oder besteuern, wird ein besonderer gesetzlicher und administrativer Rahmen geschaffen, innerhalb dessen der einzelne Marktteilnehmer tätig werden soll und muß.

1. Das gemeinsame Marktordnungsrecht bildet zwar die Geschäftsgrundlage für das Marktgeschehen, greift aber selbst nur ausnahmsweise unmittelbar in die rechtliche Gestaltung der gegenseitigen Rechtsbeziehungen der Beteiligten untereinander ein, wenn es z. B. die Abtretung bestimmter gemeinschaftsrechtlich begründeter Berechtigungen untersagt[2]). Im übrigen enthält es auch da, wo seine Vorschriften die Vertragsbeziehungen des Erzeugers, Händlers oder Verarbeiters zu Dritten direkt ansprechen, kein allgemeines Vertragsstatut für den Agrarhandel. Die Rechtsbeziehungen der einzelnen Marktteilnehmer untereinander unterliegen vielmehr dem nationalen Vertragsrecht.
Zwar finden sich z. B. für Zucker[3]), Tabak[4]), Hopfen[5]), Flachs und Hanf[6]) sowie

[1]) Vgl. *Kalbe*, Europäisches Agrarrecht, Internationales Verwaltungsrecht im Werden, DVBl. 1975, 753.

[2]) Verbot der Abtretung von Einfuhrlizenzen und darin fixierten Rechtsansprüchen auf abgabenbegünstigte Einfuhr z. B. bei Rindfleisch, VO 76/76, Artikel 5 Absatz 3, ABl. Nr. L 10/21 (Koppelung der Erteilung von Einfuhrlizenzen mit dem Ankauf von Interventionsfleisch); vgl zu Umgehungsproblemen bei Einfuhrlizenzen aus der Sicht des deutschen Rechts, Lux, ZfZ 1978, 98.

[3]) VO 1009/67/EWG, Artikel 4–7; VO 206/68, ABl. L 47/1.

[4]) VO 727/70, Artikel 3 (ABl. Nr. L 94/1); 1726/70, Artikel 10 (ABl. Nr. L 191/1).

[5]) VO 1696/71, Artikel 6 (ABl. Nr. L 175/1) 776/73 (ABl. Nr. L 74/14).

[6]) VO 1308/70, Artikel 6 (ABl. Nr. L 146/1) 620/71 (ABl. Nr. L 72/4).

für Trockenfutter[7]) Vorschriften, in denen der Inhalt bestimmter Lieferverträge zwischen Erzeugern und Verarbeitern bis in zahlreiche Einzelheiten festgelegt wird. Dabei handelt es sich jedoch um Fälle, in denen sichergestellt werden soll, daß eine Erzeugerbeihilfe über den gezahlten Preis dem Erzeuger auch tatsächlich zugute kommt, wenn sie aus administrativen Rücksichten an Dritte bezahlt wird. Der Abschluß eines solchen Mustervertrages wird als objektive Vorbedingung für den Erwerb eines Beihilfenanspruchs in der Person jenes Dritten verstanden, im übrigen untersteht dieser Vertrag dem nationalen Vertragsrecht und tragen die Parteien selbst das Risiko seiner ordnungsgemäßen Durchführung.
Bei der verbilligten Auslagerung von Subventionsbutter zwecks Verarbeitung in der Backwarenindustrie wird dem Käufer zwar ausdrücklich das Recht eingeräumt, die übernommene Butter an Dritte zur Verarbeitung weiterzuveräußern, aber nicht, um dessen Rechtsstellung gegenüber seinen Abnehmern zu definieren, sondern um klarzustellen, daß die gegenüber der Subventionsstelle eingegangenen Verpflichtungen hierdurch unberührt bleiben[8]).

2. Im ganzen gesehen knüpfen die einzelnen Marktordnungsregelungen nicht an die individuelle Lage bestimmter Betroffener an, sondern sind generelle, allgemeingültige Normen, die es jedem selbst überlassen, wie er von den durch sie gebotenen Möglichkeiten Gebrauch macht und sich im Verhältnis zu seinen Geschäftspartnern auf sie einstellt und mit ihnen fertig wird. Von seltenen Ausnahmen abgesehen[9]) gelten sie unabhängig davon, ob im Zusammenhang mit ihnen abgeschlossene Verträge mit Privaten zustande kommen und ordnungsgemäß durchgeführt werden.
So beziehen sich die von der Gemeinschaft festgesetzten Garantiepreise wie z. B. die Richtpreise für Getreide nicht auf die Ware des einzelnen Erzeugers, sondern auf eine generelle Standardqualität[10]). Die bei der Einfuhr aus dritten Ländern erhobenen Abschöpfungen heben keineswegs den tatsächlichen Gestehungspreis des im Einzelfall eingeführten Getreides individuell auf das Gemeinschaftsniveau an, sondern gleichen generell das Gefälle aus zwischen dem für eine Standardqualität festgesetzten Schwellenpreis[11]) der Gemeinschaft und dem auf die gleiche Standardqualität cif-Grenze berechneten günstigsten Weltmarktpreis[12]). Demzufolge ist die Abschöpfung ein einheitlicher Betrag je Gewichtseinheit des betreffenden Erzeugnisses, für den Qualität, Preis und Beschaffenheit der im Einzelfall von einem bestimmten Importeur eingeführten Erzeugnisse keine Rolle spielen[13]). Auch Subventionen, wie z. B. Ausfuhrerstattungen, Produktionsbeihilfen

[7]) VO 1117/78, Artikel 6; VO 1528/78, Artikel 21.
[8]) Vgl. EuGH, Rechtssache 99-100/76, De beste Boter, Slg. 1977, 861.
[9]) VO 193/75, Artikel 19; Ausfuhrlizenzen für Ausschreibungen in dritten Ländern.
[10]) VO 2727/75, Art. 2.
[11]) Für Getreide: VO 2727/75, Art. 5.
[12]) Für Getreide: VO 2727/75, Art. 13.
[13]) EuGH, Rechtssache 31/70, D. G. F. H., Slg. 1970, 1055, vgl. *Kalbe,* Grundsatzentscheidungen zur Systematik der Getreideabschöpfungen, AgrarR 1974, 152. Steuern und Zölle im Gemeinsamen Markt, Bd. IV, Nr. C, Abschöpfungen.

oder Denaturierungsprämien werden jedermann zugesichert, der die maßgebenden objektiven Voraussetzungen erfüllt.
Für die Ein- und Ausfuhr der meisten Agrarerzeugnisse sind Ein- und Ausfuhrlizenzen vorgesehen. Diese verpflichten den Lizenznehmer generell, die angegebene Menge des bezeichneten Erzeugnisses innerhalb der Gültigkeitsdauer der Lizenz ein- oder auszuführen[14]), ohne daß danach gefragt würde, ob und mit wem jener einen entsprechenden Liefervertrag abgeschlossen hat[15]). Die kommerziellen Überlegungen des Antragstellers, aus denen heraus er seinen Antrag gestellt hat, sind für den Bestand der Lizenz ohne Bedeutung. Der Hinweis auf enttäuschte geschäftliche Erwartungen bringt sie nicht in Wegfall[16]).

3. Die Möglichkeit, einzelne Marktordnungsmaßnahmen präventiv auf seine eigenen persönlichen Interessen und Bedürfnisse zuzuschneiden, besteht für den einzelnen Marktteilnehmer nur in beschränktem Maße.
Abgaben- und Subventionsbeträge können vielfach „im voraus" für einen bestimmten Zeitraum festgesetzt werden[17]), so daß langfristige Engagements auf eine sichere Kalkulationsgrundlage gestellt werden können. Wo Abschöpfungen[18]) oder Erstattungen[19]) im Wege der Ausschreibung festgesetzt werden, kann der einzelne Bieter einen auf seine besonderen Bedürfnisse zugeschnittenen Betrag bieten. Bei wesentlichen Änderungen der bestehenden Regelungen werden, soweit erforderlich, besondere Übergangsvorschriften für laufende Geschäfte vorgesehen. Auf diese Weise können zwar zahlreiche Konflikte zwischen privater Vertragslage und öffentlichem Marktordnungsinteresse vermieden werden, ganz zu verhindern sind sie nicht. Sie treten insbesondere zu Tage, wenn Anpassungen des Marktordnungsrechts an veränderte Marktverhältnisse laufenden Geschäften die Grundlage entzieht und pauschalierende Übergangsbestimmungen der spezifischen Interessenlage einzelner Betroffener nicht oder nur unvollkommen Rechnung tragen. Der Versuch, dadurch auftretende Schwierigkeiten bei der Vertragsabwicklung im Verhältnis zu den Geschäftspartnern selbst zu bereinigen, erfordert vom Betroffenen Opfer und kann vielfach auch nicht einseitig vorgenommen werden.

4. Andererseits sind die Marktordnungsvorschriften wie die zu ihrer Durchführung ergehenden Verwaltungsmaßnahmen reversibel. Zuständig ist grundsätzlich diejenige Gemeinschaftsinstitution, welche die betreffende Maßnahme erlassen

[14]) VO (EWG) Nr. 193/75, Artikel 2 (ABl. L 25/10).
[15]) Ausnahmen für Ausschreibungen in dritten Ländern, VO (EWG) Nr. 193/75, Art. 19.
[16]) EuGH, Rechtssache 85/78, Hirsch, Urteil v. 12. 12. 78, noch nicht veröffentlicht.
[17]) Vgl. z. B. VO 2727/75 des Rates vom 29. 10. 75 über die gemeinsame Marktorganisation für Getreide (ABl. Nr. L 281/1), Artikel 15 Absatz 2; 16 Absatz 4; entsprechende Vorschriften in anderen gemeinsamen Marktorganisationen.
[18]) VO Nr. 136/66 (EWG) i. F. VO (EWG) Nr. 1562/78 (ABl. Nr. L 185/1) Artikel 16 (Olivenöl).
[19]) VO (EWG) Nr. 2746/75, (ABl. Nr. L 281/78) Artikel 5 (Getreide).

hat, in den meisten Fällen die Kommission. Gerade diese hat sich jedoch bislang sehr zurückhaltend gezeigt, wenn es galt, zugunsten bestimmter Einzelpersonen besondere Ausnahmen von allgemein gültigen, sachlich erforderlichen und gerechtfertigten Marktordnungsmaßnahmen anzuordnen.
Beim gegenwärtigen Stand der Gemeinschaft und ihres Marktordnungsrechts haben auch die mit dessen Anwendung betrauten Verwaltungen der Mitgliedstaaten keine generelle Befugnis mehr, die gesetzlichen Regelungen des gemeinsamen Agrarrechts im Billigkeitswege individuell „nach Maß" an die zwischen bestimmten Marktbeteiligten bestehenden Vertragsbeziehungen anzupassen[20]). Auf Gemeinschaftsebene bestehen insoweit nur sektorielle Regelungen mit begrenztem Anwendungsbereich[21]).
Das Marktordnungsrecht der Gemeinschaft unterliegt jedoch der Rechtmäßigkeitskontrolle durch den Gerichtshof der Europäischen Gemeinschaften. Der Gedanke, die gewünschten und im Verhandlungswege nicht erreichbaren Anpassungen einzelner Marktordnungsregelungen an die individuelle Vertrags- und Interessenlage einzelner Betroffener dort gerichtlich durchzusetzen, liegt dabei nahe. Derartige Bemühungen haben sich in letzter Zeit gemehrt und zu einer ausgedehnten Rechtsprechung des Gerichtshofs geführt.
Im folgenden soll diese Rechtsprechung anhand markanter Urteile daraufhin untersucht werden, mit welcher Zielsetzung und Begründung derartige Versuche bislang unternommen worden sind und mit welchem Erfolg. Angesichts der nur beschränkten Möglichkeiten einer direkten Anrufung des Gerichtshofes ist dabei eine Reihe prozessualer Probleme aufgetreten, auf deren Behandlung an dieser Stelle allerdings verzichtet wird[22]).

II Ausgangspunkt

Alle in diesem Zusammenhang ergangenen Urteile sind Ausdruck jeweils typischer Interessenlagen, bei denen
a) entweder Änderungen im Bereich des gemeinsamen Marktordnungsrechts als Störungen bei der Abwicklung bestehender Rechtsbeziehungen zu Dritten empfunden wurden,
b) oder aber Leistungsstörungen im Vertragsbereich sich nachteilig auf die Rechtsstellung der Betroffenen nach Gemeinschaftsrecht ausgewirkt haben,
  - sei es bei der Geltendmachung von Subventionsansprüchen gegen die Gemeinschaft
  - sei es bei der Erfüllung von Verpflichtungen aus Gemeinschaftsrecht.

[20]) EuGH, Rechtssachen 18/72, Granaria, Slg. 1972, 1163; 50/76, Amsterdam Bulb, Slg. 1977; 118/76, Balkan, Slg. 1977, 1177 78/77, Lührs, Slg. 1978, 169.
[21]) Vgl. EuGH, Rechtssachen 132/77, Soc. Exp. Sucres SA, Slg. 1978, 1061 (zu VO 1608/74). *Fiedler*, ZfZ 1974, 172; *Ehle*, AWD 1974, 87; ZfZ 1974, 332; *Meir*, ZfZ 1975, 229; *Cludius*, ZfZ 1976, 66.
[22]) Vgl. *Kalbe*, Zur verfahrensrechtlichen Problematik der gerichtlichen Durchsetzung von

Im Zusammenhang hiermit ist außerdem versucht worden, von der Gemeinschaft einen finanziellen Ausgleich dafür zu erlangen, daß Dritte ihren Vertragspflichten nicht ordnungsgemäß nachgekommen sind.

III Änderungen des Marktordnungsrechts als Störung der Vertragserfüllung

Aus der Sicht dessen, der von einer bestimmten Rechtslage ausgehend seine Geschäfte abgeschlossen hat, kommt es bei Änderungen dieser Rechtslage darauf an, diese Geschäfte dessen ungeachtet unverändert nach den ursprünglich ins Auge gefaßten Bedingungen abwickeln zu können.

1. Das Nächstliegende ist es, die jeweils in Frage stehende Änderungsvorschrift als ungültig und rechtsunwirksam anzugreifen. Wo keine wirksame Änderung der Rechtslage erfolgt, gelten die ursprünglichen Bestimmungen unverändert weiter.
Das Argument, seitens der Gemeinschaft seien bei Erlaß der fraglichen Vorschriften die vorgeschriebenen Kriterien nicht beachtet, die Marktlage falsch beurteilt oder gegen allgemeine rechtsstaatliche Grundsätze verstoßen worden, wird regelmäßig vorgebracht, nicht allzu häufig mit Erfolg[23]). Vor allem da ist es wenig aussichtsreich, wo der Gemeinschaft in der Beurteilung komplexer wirtschaftlicher Sachverhalte ein weiter wirtschaftspolitischer Ermessensspielraum eingeräumt worden ist[24]). Der erforderliche Nachweis eines offensichtlich irrigen, sachlich nicht mehr zu rechtfertigenden ermessensmißbräuchlichen Handelns ist in der Regel kaum zu erbringen. Bei ihrer Prognose[25]) zur Marktentwicklung und über die infolgedessen erforderlichen Maßnahmen kann die Kommission irren. Es kommt nicht darauf an, ex-post festzustellen, ob eine solche Prognose tatsächlich eintraf, sondern allein darauf, ob sie bei Erlaß der betreffenden Maßnahmen gerechtfertigt schien[26]).

2. Angesichts dessen steht neuerdings das Streben im Vordergrund, die als gültig hinzunehmenden Änderungsvorschriften so auszulegen, daß die betreffenden Geschäfte von ihnen nicht berührt werden, ihr Anwendungsbereich diese nicht

Subventionsansprüchen im Bereich der gemeinsamen Agrarpolitik, AgraR 1975, Heft 11, Beilage I/75.

[23]) Z. B. EuGH Rechtssachen 55/72, Getreide-Import, Slg. 1973, 15 (Verstoß gegen Gemeinschaftspräferenz); 95/75, Effem, Slg. 1976, 361 (Pauschalisierungsverbot); 114/76, Bela-Mühle, Slg. 1977, 1211 (Unverhältnismäßigkeit, Diskriminierung); 117/76, 16/77, Diamalt, Slg. 1977, 1753, 131/77, Milac, Slg. 1978, 1041 (keine ausreichende Rechtsgrundlage).

[24]) Z. B. 43/72, Merkur, Slg. 73, 1055, 55/75, Balkan, Slg. 1976, 19; 29/77, Roquette, Slg. 1977, 1835 (Währungsausgleich); 78/74 und 5/75, Deuka, Slg. 1975, 421 und 759 (Denaturierungsprämien).

[25]) EuGH Rechtssachen 55/75, a. a. O.; 29/77, a. a. O.

[26]) Schlußanträge Reischl, Rechtssache 95/75, a. a. O.

miterfaßt. Wo der Text der Änderungsbestimmungen selbst keine einschränkende Auslegung im gewünschten Sinne erlaubt, muß versucht werden, unter Rückgriff auf allgemeine Rechtsgrundsätze eine geeignete Übergangsregelung in jene hineinzuinterpretieren.

Ein besonders deutliches Beispiel hierfür bieten die Urteile in den Rechtssachen 78/74[27]) und 5/75[28]). Angesichts der in den Erwägungsgründen der einschlägigen Verordnung ausgesprochenen Zusage, den Betrag dort festgesetzter Denaturierungsprämien während des Wirtschaftsjahres nicht zu ändern, hielt der Gerichtshof eine zwischenzeitlich dennoch erfolgende Herabsetzung der Prämie nur unter der Bedingung für gültig, daß denjenigen, die in ihren geschäftlichen Entscheidungen auf jene Zusage vertraut hatten, der ursprüngliche Betrag unvermindert weitergezahlt wurde.

Eine derartige „Altvertragsregelung" fand in den Übergangsvorschriften der Kommission bei Änderungen des Währungsausgleichssystems ihre Vorläufer[29]), der Gerichtshof erkannte den Gedanken des *Vertrauensschutzes* als allgemeines, rechtsstaatliches Korrektiv der Gesetzgebung der Gemeinschaft im Agrarbereich an.

3. Die Geltung eines solchen allgemeinen Prinzips im gemeinsamen Agrarrecht ist keineswegs selbstverständlich und von relativ engen Voraussetzungen abhängig. Wie bereits erwähnt setzt das gemeinsame Agrarrecht nur generelle, objektiv wirksame Marktdaten, ohne unmittelbar in die individuellen Rechtsbeziehungen des Handels untereinander einzugreifen. Es gewährt insbesondere keine individuelle Absicherung der Unternehmer gegen Risiken im wirtschaftlich-monetären Bereich und schützt sie grundsätzlich nicht vor dementsprechenden Änderungen des Marktordnungsinstrumentariums[30]).

Deshalb begründet die Tatsache allein noch keinen Vertrauensschutz, daß unter bisherigen Verhältnissen Verträge abgeschlossen wurden, die nunmehr aufgrund der geänderten Rechtslage erfüllt werden müssen. Änderungen des Marktordnungsrechts sind grundsätzlich auch auf laufende Verträge, auf die künftigen Wirkungen unter dem alten Recht entstandener Sachverhalte anwendbar.[31])

Über die z. B. durch die Vorausfestsetzung von Abgaben oder Subventionsverträgen gewährten Garantien hinaus muß die Gemeinschaft vielmehr allen Betroffenen einen besonderen Anlaß geboten haben, auf den Fortbestand einer bestimmten Rechtslage zu vertrauen[32]). Dabei liegt es im Wesen marktregulierender

[27]) (Denka), Slg. 1975, Slg. 1975, 421.

[28]) (Denka), Slg. 1975, 759.

[29]) Vgl. *Cludius,* Die Altvertragsregelung im Währungsausgleich, ZfZ 1976, 66.

[30]) EuGH, Rechtssachen 74/74, CNTA, Slg. 1975, 533; 96/77, Bauche, Slg. 1978, 383; 44–51/77 Union Malt, Slg. 1978, 571.

[31]) EuGH, Rechtssachen 1/73, Westzucker, Slg. 1975, 729; 143/73 Sopad, Slg. 1973, 1433; 96/77, Bauche, Slg. 1978, 383; vgl. Schlußanträge Trabucchi; Rechtssache 78/74, Denka, Slg. 1975, 441; Römer, Rechtssache 1/73, Westzucker, Slg. 1973, 736.

[32]) EuGH, Rechtssache 90/77, Stimming, Slg. 1978, 995; in 78/74, 5/75, Deuka, a. a. O., Zusage in den Erwägungsgründen.

Maßnahmen, auf Veränderungen des Marktgeschehens zu reagieren. Ein Vertrauensschutz besteht daher weder gegenüber systemimmanenten Änderungen, noch ist ein generelles Vertrauen darauf angebracht, ein bestehendes System werde nicht geändert[33]).

Die Anerkennung eines besonderen Vertrauensschutzes setzt deshalb plötzliche und unvorhersehbare Gesetzesänderungen voraus und kann demjenigen nicht zugute kommen, der seine Verträge in Kenntnis oder in der Erwartung bevorstehender Marktordnungsmaßnahmen eingegangen ist,[34]) auch, wenn er gehofft haben sollte, sie noch rechtzeitig abwickeln zu können[35].

Endlich muß das Vertrauen auf den Fortbestand einer bestimmten Rechtslage berechtigt sein, um geschützt zu werden[36]. Wer die bestehenden Marktordnungsregelungen zweckwidrig ausnutzt[37] oder umgeht[38], muß damit rechnen, daß die Gemeinschaft mit den geeigneten Gegenmaßnahmen reagiert.

Der Grundsatz des Vertrauensschutzes ist endlich auch kein Allheilmittel gegen eigene Fehler. Wer infolge eigener Fehlbeurteilung mit einer bestimmten Änderung des Einfuhrregimes der Gemeinschaft rechnet und im Vorgriff Verträge schließt, kann die Gemeinschaft nicht dafür verantwortlich machen, wenn diese Erwartungen trügen[39]). Wer sich im Wege der Vorausfestsetzung gegen das Risiko absichern kann, später bestimmte Subventionen nicht zu erhalten, mit denen er kalkuliert hat, der kann sich später nicht erfolgreich gegen die Abschaffung dieser Prämie zur Wehr setzen, wenn er von dieser Möglichkeit zur Vorausfestsetzung nicht rechtzeitig Gebrauch gemacht hat[40].

4. Das Zusammenspiel der verschiedenen Argumente und rechtssystematischen Ansatzpunkte tritt in den Rechtssachen besonders deutlich hervor, die 1969 aus dem sog. „Interventionshandel“ mit Getreide entstanden sind.

Damals kam es wegen der Möglichkeit erheblicher Währungsgewinne zu enormen Lieferungen französischen Getreides in die deutsche Intervention mit der die EVSt nicht mehr fertig wurde. Die Kommission ermächtigte die Bundesrepublik Deutschland daher, die Interventionskäufe auf deutsches Getreide zu beschränken, nahm aber die bei Inkrafttreten dieser Entscheidung schon anhängigen Angebote davon aus. Der Handel hatte in Erwartung dieser Maßnahme vorsorglich Angebote für Getreide gemacht, das noch nicht in Deutschland oder noch nicht einmal gekauft war.

[33]) EuGH, Rechtssache 100/74, CAM, Slg. 1975, 1393. EuGH, Rechtssachen 44–51/77, Union Malt, Slg. 1978, 57; 100/74, CAM, Slg. 1975, 1393; 74/74, CNTA, Slg. 1975, 533; 96/77, Bauche, Slg. 1978, 383; 146/77, British Beef, Slg. 1978, 1347.

[34]) EuGH, Rechtssachen 95–98/74, 15/100/75, Coop. Agricoles Slg. 1975, 1615 Schlußanträge Trabucchi, Slg. 1975, 1643.

[35]) EuGH, Rechtssache 78/77, Luhrs, Slg. 1978, 169.

[36]) Vgl. Schlußanträge Werner, Rechtssache 2/75, a. a. O.

[37]) EuGH, Rechtssache 2/75, Mackprang, Slg. 1975, 607 (Subventionshandel).

[38]) EuGH, Rechtssache 96/77, Bauche, a. a. O.

[39]) EuGH, Rechtssache 90/77, Stimming, Slg. 1978, 995.

[40]) EuGH, Rechtssache 57/72, Westzucker, Slg. 1973/321.

Die erste Frage war im Wege der Auslegung dieser Entscheidung zu beantworten, ob nämlich derartige vorsorgliche Angebote vom Interventionsshop ausgenommen waren. Der Gerichtshof sagte nein[41]). Parallel dazu wurde die Gültigkeit der Entscheidung bestritten, mit der die Kommission zum Interventionsstop ermächtigt hatte. Der Gerichtshof hielt sie für gültig[42]). Daraufhin wurde argumentiert, nach den Grundsätzen des Vertrauensschutzes müsse diese Entscheidung restriktiv ausgelegt werden, so daß sie für jene vorsorglichen Angebote nicht gelte. Der Gerichtshof lehnte das ab[43]). Endlich wurde auf den Ermächtigungscharakter dieser Entscheidung hingewiesen und behauptet, von deutscher Seite sei von der darin erteilten Ermächtigung nicht rechtswirksam Gebrauch gemacht worden. Erst das Bundesverfassungsgericht zog hier den Schlußstrich[44]).

IV Störungen im Rechtsverhältnis zu Dritten in ihrer Auswirkung auf Subventionsansprüche aus Gemeinschaftsrecht

Im Rahmen der gemeinsamen Agrarpolitik werden zahlreiche Subventionen gewährt, die insbesondere im innergemeinschaftlichen Handel wie im Warenverkehr mit dritten Ländern einen erheblichen Teil des Warenwerts erreichen können. Kann der Betroffene die Subventionsvoraussetzungen nicht erfüllen, weil seine Vertragspartner ihren Verpflichtungen nicht oder nur schlecht nachkommen, so muß er durch den Verlust dieser Subventionsansprüche u. a. hohe finanzielle Nachteile in Kauf nehmen.

1. Fordert er von der Gemeinschaft in solchen Fällen Zahlung, so wird ihm entgegengehalten, daß alle diese Subventionen nicht schon für seine vergeblichen Bemühungen gewährt werden, einen bestimmten objektiven Erfolg zu erreichen, sondern dafür, daß die vorgeschriebenen Bedingungen tatsächlich erfüllt werden, die betreffende Ware hergestellt, ausgeführt oder denaturiert wird. Wer keine Bauern findet, die mit ihm die vorgeschriebenen Lieferverträge abschließen und dann auch Kartoffeln liefern, kann die für die Herstellung von Kartoffelstärke gezahlte Beihilfe nicht verlangen[45]). Wer nicht ausführt, erhält keine Ausfuhrerstattung, wer nicht einlagert, dem werden die Lagerkosten nicht ersetzt.
Damit wird an sich nur etwas Selbstverständliches ausgesprochen. Soweit es um die Erhebung von Abgaben geht, ist auch unbestritten, daß z. B. keine Abschöpfung erhoben werden kann auf Ware, die nicht eingeführt wird. Im Subventions-

[41]) EuGH, Rechtssachen 49/71, Hagen, Slg. 1972, 23; 50/71, Wunsche, Slg. 1972, 53.
[42]) EuGH, Rechtssache 72/72, Baer, Slg. 1973, 377.
[43]) EuGH, Rechtssache 2/75, Mackprang, Slg. Slg. 1975, 607.
[44]) EUGZ 1977, 410, vgl. *Kalbe,* Interventionsansprüche aus Gemeinschaftsrecht und die Eigentumsgarantie des Grundgesetzes, RIW/AWD 1978, 319.
[45]) Vgl. zum System dieser Beihilfe EuGH, Rechtssache 2/77, Hoffmann's Stärke, Slg. 1977, 1375.

bereich sind die Fälle jedoch gar nicht selten, in denen Zahlung verlangt wird, obwohl die geforderten Voraussetzungen objektiv nicht erfüllt worden waren. In Ansatz und Begründung zeigen derartige Forderungen weitgehende Parallelen zu den vorstehend unter III abgehandelten Fällen.

2. Die Behauptung, die betreffende Subvention müsse anstandslos gewährt werden, weil die vom Kläger nicht erfüllte Bedingung gar nicht hätte vorgeschrieben werden dürfen, wurde vor allem dann vorgebracht, wenn die Marktordnungsstellen der Mitgliedstaaten zusätzliche Anforderungen stellten, die im zugrundeliegenden Gemeinschaftstext nicht ausdrücklich vorgesehen waren und mit besonderen Erfordernissen ordnungsgemäßer Verwaltungsführung und Überwachung begründet wurden. Das Argument, derartige Bedingungen verstießen gegen das Prinzip des Vorrangs des Gemeinschaftsrechts, weil sie den Betroffenen die Rechtsansprüche beschnitten, die ihnen das Gemeinschaftsrecht einräume, hatte gelegentlich Erfolg, so z. B. wenn der Zugang zu bestimmten Einfuhrvergünstigungen von der „persönlichen Zuverlässigkeit" des Antragstellers abhängig gemacht[46]) oder Erstattungsansprüche an die fristgerechte Übersendung nationaler Antragsformulare geknüpft wurden[47]). Bemerkenswert, aber wohl kaum wiederholbar, ist auch das vom Gerichtshof akzeptierte Argument, für Weizen, der auf dem Transport vom Kontinent nach England unterging, müsse gleichwohl der nur bei der Einfuhr nach England fällige Beitrittsausgleich bezahlt werden, weil die Absicherung des Risikos, diese Subvention ggf. nicht zu erhalten, den Gemeinschaftsunternehmer gegenüber seinen ausländischen Konkurrenten in unzulässiger Weise belaste[48]).

3. Wesentlich häufiger ist das Vorbringen, der Betroffene habe zwar eine wesentliche Voraussetzung für die Gewährung einer Subvention nicht erfüllt, doch müsse man ihm diese dennoch gewähren, weil er seinerseits alles Zumutbare getan habe und die Schuld an diesem Versäumnis allein seine Vertragspartner und deren weitere Abnehmer treffe.
Wer eine Ware ausführt, von der sich bei näherem Hinsehen herausstellt, daß für sie keine Ausfuhrerstattung festgesetzt wurde, dem hilft der Einwand nicht, er sei selbst das Opfer seines Lieferanten geworden, der ihm eine andere als die bestellte, erstattungsfähige Ware oder Qualität geliefert habe. Wenn für Gerstenflocken oder Tafelwein A II eine Ausfuhrsubvention festgesetzt wird, so löst die gut- oder bösgläubige Ausfuhr von Gerstenschrot oder anderem Wein eben keine Erstattungspflicht aus[49]). Desgleichen erhält nur derjenige eine Ausfuhrerstattung, der eine Ware von objektiv „gesunder und handelsüblicher" Beschaffenheit

[46]) EuGH, Rechtssache 39/70, Nd. Vieh- u. Fleischkontor, Slg. 1974, 49; anders 3/73, Schöttler, Slg. 1973, 745.
[47]) EuGH, Rechtssachen 94/71, Schlüter, Slg. 1972, 307; 55/74, Unkel; Slg. 1975, 9.
[48]) EuGH, Rechtssache 6/78, Union Française Céréales, Slg. 1978.
[49]) EuGH, Rechtssachen 106/75, Merkur, Slg. 1976, 531; 88/78, Kendermann, Urteil v. 22. 11. 78; Verbundene Rechtssachen 216, 217/78, Beljatzky u. a., rechtshängig.

ausführt[50]), ohne Rücksicht darauf, wie der Ausführer oder dessen Lieferanten die Qualität der Ausfuhrware einschätzen. Das gleiche gilt für die Bedingung, daß nur Erzeugnisse mit Ursprung in der Gemeinschaft erstattungsfähig sind[51]).
Wessen Ware nicht in das vorgesehene Bestimmungsland eingeführt wird, der erhält auch dann nicht die nur für dieses Land geltende besondere Erstattung, wenn seine Abnehmer im Ausland dafür verantwortlich sind[52]).
Wer Subventionsbutter übernimmt, um sie zu bestimmten Erzeugnissen verarbeiten zu lassen, kann die zugesagte Preisermäßigung nicht mit dem Hinweis in Anspruch nehmen, seine Kunden hätten sich ihrerseits und ohne sein Zutun nicht an ihre Abmachungen mit ihm gehalten und die Butter zweckwidrig verwendet[53]).

4. Fällt der Betreffende aus derartigen Gründen mit seinen Subventionsansprüchen aus, so ist er darauf angewiesen, sich bei seinen Vertragspartnern nach Maßgabe der getroffenen Abmachungen und des anwendbaren nationalen Rechts schadlos zu halten. Dies wird sehr häufig auf erhebliche Schwierigkeiten stoßen, selbst gerichtlich anerkannte Ansprüche werden oft nicht zu realisieren sein. Der Ausweg, von seinen Abnehmern Ausfallbürgschaften zu verlangen, falls die Erstattung nach Aufdeckung der wahren Vorgänge nicht gezahlt werden sollte[54]), ist nicht für jedermann gangbar.
Darüber hinaus versteht es sich auch keineswegs von selbst, daß in solchen Fällen die Gemeinschaft durch Gewährung von Subventionen die Haftung für das vertragswidrige Verhalten derjenigen übernimmt, deren sich der Betroffene aus eigenem Entschluß als Erfüllungsgehilfen bedient hat. In letzter Zeit ist jedoch mehrfach versucht worden, im Klagewege von der Gemeinschaft einen finanziellen Ausgleich für derartige Leistungsstörungen im Drittverhältnis zu erstreiten.

V Zur Pflicht der Gemeinschaft, durch Dritte verursachte Nachteile auszugleichen

Von den verfahrensrechtlichen Zweifelsfragen einmal abgesehen, die eine unmittelbare Anrufung des Gerichtshofs in solchen Fällen bereitet, besteht die Schwierigkeit eines klageweisen Vorgehens in der Notwendigkeit, eine Rechtspflicht von Kommission oder Rat zu begründen, die durch die Vertragspartner verursachten Nachteile des Klägers auszugleichen.

[50]) VO (EWG) Nr. 192/75, Artikel 3 Absatz 2; EuGH Rechtssache 12/73, Mucas, Slg. Slg. 1973, 963.
[51]) EuGH, Rechtssache 14/74, Nd. Vieh- u. Fleischkontor, Slg. 1974, 899.
[52]) EuGH, Rechtssachen 125/75, Milch-Fett-Eierkontor, Slg. 1976, 771; 44/76, id., Slg. 1977, 393.
[53]) EuGH, Rechtssachen 99–100/76, Beste Boter, Slg. 1977, 861.
[54]) EuGH, Rechtssachen 125/75, Milch-Fett-Eierkontor, Slg. 1976, 771; 44/76, id., Slg. 1977, 393.

1. In der Rechtssache 26/77[55]) ging es einem deutschen Importeur um die Herabsetzung einer für ihn nicht mehr tragbaren Abschöpfungsbelastung für bulgarischen Schafkäse. Der bulgarische Staatshandel erhöhte laufend seine Abgabepreise, weigerte sich aber aus politischen Rücksichten, mit der Kommission über eine entsprechende Korrektur der Abschöpfungsbeträge zu verhandeln. Die Kommission war ihrerseits zu derartigen Verhandlungen mit der bulgarischen Regierung bereit, lehnte es aber ab, sich von einem deutschen Importeur ihre Marktordnungspolitik gegenüber einem Ostblockstaat vorschreiben zu lassen.
Die Klage scheiterte, weil es der Klägerin nicht gelang – und, da systemwidrig, von vornherein nicht gelingen konnte – aus den Abschöpfungsvorschriften der gemeinsamen Milchmarktordnung eine Verpflichtung der Kommission herauszudestillieren, nach der die Abschöpfungsbeträge laufend so an die steigenden Abgabepreise der bulgarischen Lieferanten angepaßt und festgesetzt werden müßten, daß die Klägerin keine Einbußen erleide und ungestört und mit Gewinn ihre bisherigen Geschäfte weiterbetreiben könne.

2. Der Kläger in der Rechtssache 68/77[56]), ein Fleischimporteur, versuchte, ein ähnliches Ergebnis über eine Schadensersatzklage nach Artikel 215 EGWV unter Berufung auf allgemeine Rechtsgrundsätze wie Vertrauensschutz und höhere Gewalt zu erreichen.
Der Kläger hatte in Rumänien Fleisch geordert, das bis Ende August 1975 geliefert und nach Deutschland hätte eingeführt werden sollen. Die damalige Überschwemmungskatastrophe in Rumänien verhinderte das. Als die Lieferungen später wieder aufgenommen werden sollten, hatte sich die Einfuhrregelung der Gemeinschaft zum Nachteil des Klägers verändert. Er forderte vergeblich, ihm als Schadensersatz „durch Naturalrestitution“ noch 1977 die im August 1975 geltenden Einfuhrbedingungen einzuräumen. Der Hinweis auf Vertrauensschutz verfing nicht, weil der Kläger bei im ersten Halbjahr 1975 zu erfüllenden Verträgen nicht darauf vertraut haben konnte, Ende 1975 und später die ursprünglich ins Auge gefaßten Einfuhrbedingungen noch vorzufinden[57].
Der Hinweis auf „höhere Gewalt“ als einem auch im Gemeinschaftsrecht anerkannten allgemeinen rechtsstaatlichen Grundsatz klang auf den ersten Blick überzeugend, schlug aber nicht durch.
Der Begriff der „höheren Gewalt“ wird im gemeinsamen Agrarrecht in unterschiedlichem Zusammenhang erwähnt: im Recht der Ein- und Ausfuhrlizenzen ermöglicht er z. B. die Verlängerung oder Annullierung einer nicht rechtzeitig ausgenutzten Lizenz[58]); bei Verträgen über die Nichtvermarktung von Milch erhält er dem Erzeuger seinen Prämienanspruch[59]), beim Vertrag über die Verar-

[55]) EuGH, Rechtssache 26/77, Balkan, Slg. 1977, 2031.
[56] EuGH, Rechtssache 68/77, IFG, Slg. 1978, 353.
[57]) Vgl. auch FG Düsseldorf, EFG 1978, 556 Nr. 596.
[58]) VO (EWG) Nr. 193/75, Artikel 20 (ABl. Nr. L 25).
[59]) Z. B. VO (EWG) Nr. 1821/73, Artikel 18 (ABl. Nr. L 184/24).

beitung[60]) oder Lieferung von Interventionsbutter[61]) zu bestimmten Zwecken gewährleistet er dem Unternehmer den ermäßigten Kaufpreis.
So unterschiedlich diese Fälle sich auch darstellen mögen, sie haben eines gemeinsam: stets ist der Betroffene der Gemeinschaft bzw. den für diese handelnden Stellen der Mitgliedstaaten unmittelbar zu einer bestimmten von ihm selbst zu erbringenden Leistung verpflichtet: die Ein- oder Ausfuhr während der Gültigkeitsdauer der Lizenz durchzuführen[62]; während der Vertragsdauer keine der von ihm erzeugten Milcherzeugnisse auf den Markt zu bringen[53]; Interventionsbutter innerhalb einer bestimmten Frist zu genau vorgeschriebenen Back- oder Süßwaren zu verarbeiten[64]) oder an einen bestimmten Empfänger zu liefern[65].
In allen diesen Fällen schützt der Einwand der höheren Gewalt den Verpflichteten dagegen (regelmäßig durch Kautionsverlust), für die Folgen haftbar gemacht zu werden, wenn er diese seine Verpflichtung nicht erfüllt. Die „höhere Gewalt" hat die Funktion einer Einrede gegen die Forderung, den eingegangenen Pflichten nachzukommen, wenn dem Schuldner deren Erfüllung unter Umständen unmöglich geworden ist, wie sie der Gerichtshof in seiner einschlägigen Rechtsprechung[66]) definiert hat. Im unmittelbaren Rechtsverhältnis zwischen der Gemeinschaft als Gläubiger und dem Marktbürger als ihrem Schuldner tritt die Einrede höherer Gewalt somit als Erfüllungssurrogat an die Stelle einer geschuldeten, aber nicht erfüllten und vom Schuldner nicht erfüllbaren Leistung.
Insoweit kann der Betreffende durchaus einwenden, daß Dritte, deren er sich zur Erfüllung seiner Verbindlichkeiten bedient hat, ihrerseits ihren Verpflichtungen nicht nachgekommen sind. Voraussetzung ist jedoch, daß jene durch Umstände höherer Gewalt an der ordnungsgemäßen Erfüllung ihrer Vertragspflichten gehindert wurden. Ein etwaiges Verschulden seiner Erfüllungsgehilfen hat der Betreffende voll zu vertreten.
Von diesem Verständnis des Begriffes „höhere Gewalt" ausgehend, kommt das Urteil in Übereinstimmung mit dem Generalanwalt zu der Erkenntnis, daß es einen allgemeinen Grundsatz höherer Gewalt nicht in dem Sinne gebe, daß die Gemeinschaft eine einklagbare Verpflichtung treffe, den Betroffenen für durch höhere Gewalt verursachte Lieferschwierigkeiten Dritter und deren Nachteile Schadensersatz zu leisten.
Stellt der Importeur fest, daß die Vertragserfüllung unter den veränderten Umständen für seine Interessen nachteilig ist, so müsse er, gegebenenfalls unter Berufung auf höhere Gewalt, in geeigneter Form im Verhältnis zu seinen Vertragspartnern Abhilfe suchen.

[60]) Vgl. verb. Rechtssachen 99 und 100/76, De beste Boter, a. a. O. VO (EWG) Nr. 1295/72, Artikel 19 (ABl. Nr. L 139/18).
[61]) Vgl. Rechtssache 42/77, Agrico, Slg. 1977.
[62]) VO (EWG) Nr. 193/75, Artikel 2.
[63]) VO (EWG) Nr. 1353/73, Artikel 3 (ABl. Nr. L 141/18).
[64]) VO (EWG) Nr. 1295/72, Artikel 6 (ABl. Nr. L 139/18).
[65]) VO (EWG) Nr. 303/77, Artikel 2 (ABl. Nr. L 43/1).
[66]) Zusammenfassung bei *Modest,* ZfZ 1977, 40; *Kalbe,* AgraR 1975, 92.

Grundwasserschutz und Entschädigung für nicht ausgeübte Bodennutzungen

Otto Kimminich, Regensburg

Das Spannungsfeld des Umweltrechts, in dem das Eigentum steht, tritt im Bereich des Wasserrechts besonders deutlich hervor. Einerseits ist das Wasserrecht das Instrument eines der wichtigsten Zweige des Umweltschutzes, andererseits stehen die natürlichen Wasservorräte, deren Nutzung und Reinhaltung im Interesse der Allgemeinheit geregelt wird, überwiegend im Eigentum von Privaten. So erklärt es sich, daß Hoheitsakte, die zur Sicherung der Trinkwasserversorgung gesetzt werden, die Frage nach der Abgrenzung zwischen der entschädigungslos hinzunehmenden Sozialgebundenheit des Eigentums und der mit der Entschädigungsfolge verknüpften Enteignung zumindest in ebenso krasser Form aufwerfen wie die Planungsmaßnahmen in dicht besiedelten Gebieten. Sie sind es vor allem, die auch das landwirtschaftliche Bodeneigentum in das Zentrum jenes Spannungsfeldes führen.

In diesem Rahmen findet die Problematik der Bodennutzungen ihren Niederschlag in einer umfangreichen Rechtsprechung zur Entschädigungsfrage, die immer wieder zu den bestimmenden Elementen des Grundstüdkswertes, zur Situationsgebundenheit und zum Zusammenhang zwischen Bodennutzung und Eigentumsrecht Stellung nehmen muß. In diesem Rechtsprechungskomplex nehmen wiederum diejenigen Entscheidungen eine besondere Stellung ein, die eine bestimmte Art der Bodennutzung betreffen, nämlich die Kiesgewinnung. Die „Auskiesungsurteile", die wegen Art. 14 Abs. 3 Satz 4 GG von den Zivilgerichten gefällt worden sind, bieten genügend Stoff, um – weit über den Bereich ihrer unmittelbaren wirtschaftlichen Bedeutung hinaus – verfassungsrechtliche Grundfragen des Eigentumsschutzes zu erörtern, insbesondere diejenige der nicht ausgeübten Bodennutzungen als Gegenstand des verfassungsrechtlichen Eigentumsschutzes.

Einen besonderen Anlaß hierzu bietet der Beschluß des Bundesverfassungsgerichts vom 7. 6. 1977.[1]) Mit diesem Beschluß hat das Bundesverfassungsgericht verschiedene Verfassungsbeschwerden von Städten, Stadtwerken und Landkreisen, die von Zivilgerichten zur Entschädigung für Maßnahmen auf dem Gebiet der Trinkwasserversorgung verurteilt worden waren, als unzulässig verworfen. Die Unzulässigkeit der Verfassungsbeschwerde ergibt sich daraus, daß die Beschwerdeführer in bezug auf die von ihnen in Anspruch genommenen Grundrechte nicht als Grundrechtsträger angesehen werden können. Daß die Entscheidung vom 7. 6. 1977 trotzdem für die Erörterung der oben angedeuteten verfassungsrechtli-

[1]) NJW 1977, S. 1960.

chen Probleme von Belang ist, beruht auf einer Besonderheit dieses Beschlusses, die von der Rechtswissenschaft mit einigem Stirnrunzeln zur Kenntnis genommen worden ist: das Bundesverfassungsgericht hat sich nicht mit der Begründung der Unzulässigkeit begnügt, sondern ist trotzdem ganz kurz auf die materielle Rechtslage eingegangen und hat verfassungsrechtliche Bedenken gegen die zivilrechtlichen „Auskiesungsurteile" angemeldet.

Dieser „Fingerzeig zur materiellen Rechtslage" ist dem Bundesverfassungsgericht verübelt worden, weil man vermutete, es maße sich an, „Meister aller Gerichte zu sein".[2]) In der Tat wirft jedes obiter dictum des Bundesverfassungsgerichts die Frage nach seiner Bedeutung auf. (Daß dabei in neuerer Zeit stets auch die Zulässigkeit des obiter dictums erörtert wird, ist eine interessante Erscheinung, die ihrerseits einer wissenschaftlichen Analyse wert wäre.) Hier soll dieser Frage nicht nachgegangen werden. Es genügt, auf die Situation hinzuweisen, in der sich das Bundesverfassungsgericht befand: die materiellen Fragen, mit denen die Verfassungsbeschwerden zusammenhingen, erschienen dem Bundesverfassungsgericht als aktuelle Rechtsprobleme, die einer alsbaldigen Klärung zugeführt werden müssen. Wegen der Art der Entscheidung (Verwerfung der Verfassungsbeschwerden als unzulässig) war es dem Bundesverfassungsgericht aber nicht möglich, jene dringend notwendige Klärung in der Entscheidung selbst vorzunehmen. So fügte es den „Fingerzeig" an, der vor allem als Wegweiser für die Rechtssuchenden zu begreifen ist, nämlich als Verweisung auf den Weg der konkreten Normenkontrolle gemäß Art. 100 Abs. 1 GG.

Die zu klärenden materiellen Rechtsfragen fallen durchaus in die Entscheidungskompetenz des Bundesverfassungsgerichts, denn sie betreffen die Interpretation des Art. 14 GG. Hätte das Bundesverfassungsgericht den Rechtssuchenden und den Zivilgerichten jenen Fingerzeig nicht gegeben, so wären möglicherweise aus seinem Schweigen Schlüsse gezogen worden, die eine Klärung wichtiger Fragen des materiellen Verfassungsrechts hinausgeschoben hätten. Daran, daß diese Fragen eines Tages auf dem Weg über Art. 100 Abs. 1 GG an das Bundesverfassungsgericht herangetragen werden, besteht kein Zweifel. Aber je eher dies geschieht, desto besser ist es. Das Bundesverfassungsgericht hat daher mit seinem Beschluß vom 7. 6. 1977 nicht seine Kompetenzen überschritten, es hat die materiellen Rechtsfragen nicht entschieden und die Zivilgerichte nicht gezwungen, in einem bestimmten Sinn zu entscheiden, sondern es hat lediglich zu erkennen gegeben, daß es bereit ist, die oben angedeuteten verfassungsrechtlichen Zweifelsfragen einer Klärung zuzuführen. Dafür gebührt ihm nicht Vorwurf, sondern Dank. Die alsbaldige Klärung ist wichtig, weil sie „Fragen betrifft, die nicht nur die Beschwerdeführer, sondern in gleicher Weise andere Gemeinden und Landkreise berühren und wegen der Bedeutung der Wasserversorgung unter den heutigen Lebensverhältnissen wesentliche Belange der Allgemeinheit betreffen."[3])

[2]) *Christian Starck,* Die Auskiesungsurteile des Bundesgerichtshofs vor dem Bundesverfassungsgericht, JuS 1977, S. 732 ff.

[3]) BVerfG, Beschluß vom 6. 7. 1977, NJW 1977, S. 1962.

Die Hauptfrage, um die es hier geht, betrifft die Beurteilung der beabsichtigten, technisch möglichen, aber noch nicht ausgeübten Bodennutzungen unter dem Aspekt des Art. 14 GG. Die dazugehörige Vorfrage, ob eine noch nicht verwirklichte Nutzung überhaupt von der Eigentumsgarantie des Art. 14 GG erfaßt wird, kann als ausdiskutiert gelten. Die Rechtsprechung des Bundesverwaltungsgerichts zum Landschafts- und Naturschutz, wonach Hoheitsakte, welche die Möglichkeiten der Bodennutzung beschränken, dann keine Enteignung darstellen, wenn die bisherige land- oder forstwirtschaftliche Nutzung erhalten bleibt,[4]) hatte zunächst den Eindruck erweckt, als würde nur die bereits verwirklichte Bodennutzung unter den Eigentumsbegriff des Grundgesetzes fallen. Doch mit Recht betonte der Bundesgerichtshof in seinem Urteil vom 25. 1. 1973[5]), daß „die Frage, ob einem Eigentümer etwas ‚genommen' wird, nicht allein auf Grund bereits gezogener Nutzungen zu beantworten" sei. Als entscheidend müsse vielmehr angesehen werden, ob die „von der Natur der Sache her" gegebene Möglichkeit der Benutzung und der wirtschaftlichen Ausnutzung, „d. h. wie sie sich aus den Gegebenheiten der örtlichen Lage und Beschaffenheit des Grundstücks bei vernünftiger und wirtschaftlicher Betrachtungsweise objektiv anbietet, untersagt oder wesentlich eingeschränkt worden ist". Im Urteil vom 5. 7. 1973[6]) bekräftigte der BGH diese Auffassung.

Es wäre jedoch ein Irrtum, aus dem Hinweis des BGH auf die „Gegebenheiten der örtlichen Lage ..." zu schließen, es käme bei der Beantwortung der Frage nach dem Enteignungscharakter einer zur Sicherung der Trinkwasserversorgung gesetzten hoheitlichen Maßnahme nur auf die Umstände des Einzelfalles an. Mit dem Prinzip der „Situationsgebundenheit" ist das verfassungsrechtliche Kernproblem dieses Falles nicht zu lösen, wie im Schrifttum bereits hervorgehoben worden ist.[7]) Vielmehr geht es um das allgemeine Problem der möglichen Überlagerung privater Eigentumsrechte durch eine öffentliche Sachherrschaft, die entweder als Inhaltsbestimmung des Eigentums bzw. als Konkretisierung seiner Sozialgebundenheit entschädigungslos hingenommen werden muß oder als Enteignung die Entschädigungsfolge nach sich zieht.

Die Rechtsprechung zu dieser Frage weist eine interessante Entwicklung auf. Zunächst stellte der BGH fest, daß keine Enteignung vorliegt, wenn nur die Ausübung einer einzigen von den „zahlreichen denkbaren" Einzelbefugnissen untersagt wird;[8]) dagegen ist es als eine Enteignung zu betrachten, wenn „die von der Natur der Sache her gegebene und bisher stets ungestört ausgeübte Benutzungsart oder wirtschaftliche Ausnutzung hoheitlich untersagt oder wesentlich eingeschränkt" wird.[9]) Aber bereits im erstgenannten Urteil hat der BGH hinzu-

[4]) Vgl. Urteil des Bundesverwaltungsgerichts vom 21. 6. 1956, BVerwGE 3, 335.

[5]) BGHZ 60, 126 (131).

[6]) Zeitschrift für Wasserrecht 1975, S. 45 ff.

[7]) Vgl. die Urteilsanmerkung von *Rainer Jacobs* in NJW 1977, S. 1971, zum Urteil des LG Aschaffenburg vom 24. 2. 1976.

[8]) Grünflächenurteil, BGHZ 23, 30.

[9]) Gipsbruchurteil, *Lindenmaier-Möhring,* Art. 14 (Cb), GrundG Nr. 5.

gefügt, daß die Eigentümerfunktion dann nicht beeinträchtigt und verkürzt wird, „wenn dem Eigentümer für die Zukunft eine bisher noch nicht verwirklichte Verwendungsart, die unvereinbar ist mit jener Situationsgebundenheit", untersagt wird.[10]) Diese Argumentation erinnert an die Formulierungen im sogenannten „Buchendom-Urteil",[11]) wo der BGH auf die „vernünftige Betrachtungsweise" des „vernünftigen und einsichtigen Eigentümers" abstellt.

Der Kiesabbau ist nur eine Einzelbefugnis „unter den zahlreichen denkbaren, aus dem Eigentumsrecht fließenden" Nutzungsrechten. Man könnte daher auf den Gedanken kommen, zu argumentieren, daß „ein vernünftiger und einsichtiger Eigentümer" selbstverständlich auf den Kiesabbau verzichtet, wenn dadurch die Trinkwasserversorgung einer Gemeinde gefährdet wird. Aber dieses einfache Argument reicht nicht aus, um den Enteignungscharakter eines Hoheitsaktes, der die künftige Kiesausbeute verbietet, zu verneinen. Mit recht hat der BGH im Urteil vom 9. 5. 1960[12]) ausgeführt, daß die „Untersagung einer bisher nicht verwirklichten Verwendungsart nicht etwa schlechthin keine Enteignungsmaßnahme" sei.

Aber auch mit dieser Formulierung hat der BGH nur zu der Frage Stellung genommen, ob eine bisher noch nicht verwirklichte Nutzung überhaupt zum Eigentum gehört oder nicht. Die weitere Frage, wann bei dem Verbot der noch nicht verwirklichten Nutzung die Grenze zwischen der Sozialgebundenheit des Eigentums und der Enteignung überschritten wird, bleibt an dieser Stelle noch unbeantwortet. Die Kommentare zum Wasserrecht nähern sich der Beantwortung dieser Frage mit großer Vorsicht. Wenn etwa in einem Kommentar gesagt wird, eine nicht ausgeübte Nutzung könne „enteignungsrechtlich nur dann relevant werden, wenn sie im Flächennutzungs- oder Bebauungsplan ausgewiesen *und* die etwa erforderliche baurechtliche oder wasserrechtliche, also öffentlich-rechtliche Genehmigung erteilt ist",[13]) so ist damit gemeint, daß der genehmigungsbedürftige Abbau von Kies, Sand, Ton, Mergel und ähnlichem nicht unter das Bergrecht fallenden Bodenschätzen erst dann zum verfassungsrechtlich geschützten Eigentum im Sinne von Art. 14 GG gehört, wenn die erforderliche Genehmigung erteilt worden ist. Keinesfalls aber ist damit gemeint, daß nur die in einem Bebauungs- oder Flächennutzungsplan vorgesehenen und bereits genehmigten Bodennutzungen als vermögenswerte Rechte, d. h. als Eigentum im Sinne von Art. 14 GG zu betrachten seien. Zwar sind solche Auffassungen zur Rechtfertigung des sogenannten „Planungswertausgleichs" vertreten worden.[14]) Aber die hier zitierten Kommentatoren sind von solchen Pauschalbeurteilungen weit entfernt. Sie spre-

[10]) BGHZ 23, 33.

[11]) *Lindenmaier-Möhring,* Art. 14 GrundG Nr. 60; ähnlich auch das „Kapellenurteil", *Lindenmaier-Möhring,* Art. 14 GrundG Nr. 70.

[12]) *Lindenmaier-Möhring,* Art. 14 (Ce) GrundG Nr. 25.

[13]) *Sieder-Zeitler,* Kommentar zum Wasserhaushaltsgesetz, Randnr. 43 zu § 19 WHG.

[14]) Es ist behauptet worden, daß auch beim Bauland das wertsteigernde Eigentumsrecht erst durch die öffentlichrechtliche Genehmigung entsteht. Diese Behauptung hat *Klaas Engelken* (Zum Planungswertausgleich, DÖV 1974, S. 361 ff.) gründlich widerlegt.

chen an der angegebenen Stelle nur von der Nutzung eines Grundstücks durch „Ausbeutung als Kies-, Sand-, Ton-, Mergel- usw. oder Torfgrube" und stellen fest: „Ist die Anlage solcher Gruben verboten, so wird ein bisher land- oder forstwirtschaftlich genutztes Grundstück hierdurch nicht einer Enteignung ausgesetzt." Dieser Satz ist unangreifbar. Dagegen kann der allgemeine Satz, Grundstückswerte würden erst durch öffentlichrechtliche Genehmigungen geschaffen, weder hieraus noch aus anderen Überlegungen abgeleitet werden. Er findet auch in der bisherigen Rechtsprechung – soweit ersichtlich – keine Unterstützung.

Worauf die verfassungsrechtliche Problematik der hier angesprochenen Bodennutzung beruht, hat das Bundesverfassungsgericht im Beschluß vom 7. 6. 1977 bereits angedeutet. Es ist die Trinkwasserversorgung. Das Problem wird daher von vornherein nur aktuell bei der sogenannten „Naßentkiesung", d. h. bei einer Entkiesung, bei der Grundwasser aufgeschlossen wird. Gemäß § 6 WHG ist diese Nutzung verboten, solange nicht eine Genehmigung erteilt worden ist. Es wird zu untersuchen sein, ob § 6 WHG eine Inhaltsbestimmung des Eigentums darstellt, ob und wie die Sozialgebundenheit des Eigentums dabei eine Rolle spielen kann, oder ob die Anwendung von § 6 WHG eine Entschädigungsfolge nach sich ziehen kann. Doch sind diese Fragen erst in einem späteren Stadium der Untersuchung zu beantworten. Man würde sie unbilligerweise vorwegnehmen bzw. eliminieren, wollte man die Frage der Erheblichkeit einer noch nicht ausgeübten Nutzung auf die Beurteilung des „vernünftigen und einsichtigen Eigentümers" reduzieren.

Die Auffassung, daß eine bisher nicht ausgeübte Nutzung immer dann zum Eigentum gehört, wenn „das Grundstück mit den Augen eines einsichtigen Eigentümers gesehen, zur Zeit des Eingriffs objektiv (auch) in der Weise nutzbar war (nicht unbedingt genutzt wurde), in der es der Eigentümer künftig nicht soll nutzen dürfen",[15]) ist irrig. Maßgeblich ist vielmehr, ob die beabsichtigte Nutzung im Zeitpunkt des Eingriffs einem öffentlichrechtlichen Verbot mit Erlaubnisvorbehalt unterlag, oder ob sie unter Aufrechterhaltung der prinzipiellen Eigentümerfreiheit genehmigungspflichtig war. Im ersten Fall liegt keine verfassungsrechtlich geschützte Eigentümerposition vor, im zweiten Fall ist weiter zu prüfen, ob die Grenze zwischen der Sozialgebundenheit des Eigentums und der Enteignung überschritten worden ist. Darüber hinaus ist im ersten Fall noch zu fragen, ob die Rechtsnorm, die das Verbot mit Erlaubnisvorbehalt aufstellt, verfassungsmäßig ist. Die Frage, ob der Kiesabbau im Augenblick der Setzung des Hoheitsaktes bereits ausgeübt wurde oder nicht, ist daher lediglich insofern von Bedeutung, als bei einem schon ausgeübten Kiesabbau ein Eingriff in das Recht am eingerichteten und ausgeübten Gewerbebetrieb vorliegt, also in ein Recht, das nach herrschender Meinung zum Eigentum im Sinne von Art. 14 GG gehört. Hat aber der Kiesabbau im fraglichen Zeitpunkt noch nicht begonnen, so genügt es nicht nachzuweisen, daß auch nicht ausgeübte Nutzungen zum Eigentum gehören können, sondern es kommt darauf an, unter welchen Voraussetzungen dies der Fall ist.

Die Tatsache, daß das Grundstück „objektiv" oder „von der Natur der Sache her"

[15]) Urteil des BGH vom 9. 5. 1960, *Lindenmaier-Möhring,* Art. 14 GrundG (Ce) Nr. 25.

geeignet sein muß, in der fraglichen Weise genutzt zu werden, ist kein rechtliches Abgrenzungskriterium, sondern eine selbstverständliche Voraussetzung für jede Anwendung des Eigentumsschutzes. Wenn das Grundstück objektiv in der fraglichen Weise genutzt werden kann, ist insoweit überhaupt kein Objekt des Eigentumsschutzes vorhanden. Das Problem der Inhaltsbestimmung des Eigentums kann daher in dieser Situation nicht auftauchen. Umgekehrt widerspricht es dem Art. 14 Abs. 1 Satz 2 GG, jede noch nicht ausgeübte, objektiv aber mögliche Nutzung des Grundstücks als Bestandteil des verfassungsrechtlich geschützten Eigentums zu betrachten. Denn dann hätte der Gesetzgeber nicht mehr die Befugnis, Inhalt und Schranken des Eigentums gemäß Art. 14 GG zu bestimmen. Die Einschränkung, daß der Eigentumsschutz nur eingreife, wenn ein „vernünftiger und einsichtiger Eigentümer" an der Nutzungsabsicht festhalte, kann das Problem des Art. 14 Abs. 1 Satz 2 GG nicht lösen. Sie hat ihre Berechtigung innerhalb des Fragenkomplexes der Sozialgebundenheit des Eigentums, d. h. bei der Prüfung der Frage, ob ein Eingriff in das Eigentum als Enteignung wirkt oder infolge der Sozialgebundenheit entschädigungslos hingenommen werden muß. Dagegen ist sie irrelevant für die Frage, welche Positionen zum verfassungsrechtlich geschützten Eigentum gehören. Diese Frage ist, wie bereits ausgeführt, nur danach zu beurteilen, welche verfassungsmäßigen öffentlichrechtlichen Regelungen für die beabsichtigte Benutzung bestehen. Hinsichtlich eines Kiesabbaus, der infolge des Grundwasseraufschlusses automatisch mit einer gemäß § 6 WHG erlaubnis- oder bewilligungspflichtigen Wasserbenutzung zusammenhängt, ist die Lage so, daß eine Eigentümerposition erst mit der Erteilung der Erlaubnis oder Bewilligung entsteht.[16])

Daraus ist keineswegs zu schließen, daß der gesamte Kiesabbau auf eigenem Grund und Boden, soweit er nicht bereits seinen Niederschlag in einem Recht am eingerichteten und ausgeübten Gewerbebetrieb gefunden hat, aus dem verfassungsrechtlichen Eigentumsschutz ausgeklammert würde. Soweit der Kiesabbau das Grundwasser nccht berührt, taucht die gesamte hier behandelte Problematik von vornherein nicht auf. Soweit bei einer Naßentkiesung die öffentliche Wasserversorgung nicht beeinträchtigt ist, steht einer Erlaubnis oder Bewilligung gemäß § 6 WHG nichts im Wege. In allen diesen Fällen ist bereits die Möglichkeit der Kiesgewinnung Bestandteil des Eigentums am Grundstück. Daraus wird allerdings ersichtlich, daß sich die eigentliche Problematik aus der Anwendung des § 6 WHG ergibt. Denn diese Vorschrift ist die gesetzliche Grundlage dafür, daß eine objektiv mögliche Grundstücksnutzung nicht zum verfassungsrechtlich geschützten Eigentum gehört. Würde sich erweisen, daß die betreffende Rechtsnorm nicht als Inhaltsbestimmung des Eigentums gemäß Art. 14 Abs. 1 Satz 2 GG gültig ist, müßte auch das Ergebnis bezüglich der Ausklammerung des nicht bewilligten Kiesabbaus aus dem Umfang der Eigentumsrechte revidiert werden. Die verfassungsrechtliche Erörterung spitzt sich daher auf die Problematik der Anwendung von § 6 WHG zu.

[16]) Ebenso *Jürgen Salzwedel,* Neuere Rechtsprechung des BGH über Kiesabbau und öffentliche Wasserversorgung, Zeitschrift für Wasserrecht 1973, S. 133.

Der Bundesgerichtshof betont ausdrücklich, daß die Anlage einer Kiesgrube der wasserrechtlichen Erlaubnis oder Bewilligung nach §§ 2, 3 Abs. 1 Nr. 6 WHG bedarf.[17]) Daraus ergibt sich zwangsläufig die Anwendung von § 6 WHG, der die Versagung der Erlaubnis bzw. Bewilligung zwingend vorschreibt, „soweit von der beabsichtigten Benutzung eine Beeinträchtigung des Wohls der Allgemeinheit, insbesondere eine Gefährdung der öffentlichen Wasserversorgung, zu erwarten ist, die nicht durch Auflagen oder durch Maßnahmen einer Körperschaft des öffentlichen Rechts verhütet oder ausgeglichen wird". Eine Entschädigungsregelung für den Fall der Versagung der Bewilligung bzw. der Erlaubnis enthält § 6 WHG nicht. Trotzdem geht der BGH davon aus, „daß die Versagung der wasserrechtlichen Erlaubnis für die Kiesgewinnung nach § 6 WHG den Tatbestand der Enteignung erfüllen kann".[18])

Die herrschende Lehre und Rechtsprechung betrachtet die Regelung des § 6 WHG als Ausdruck der Sozialgebundenheit des Eigentums. Bei rechtsdogmatisch sauberer Betrachtungsweise müßte allerdings hinzugefügt werden, daß nach dem WHG die Benutzung des Grundwassers „nicht die Betätigung der eigentümerischen Handlungsfreiheit, sondern Zuteilung von Wassernutzungsprivilegien (ist), die gerade nicht mehr aus dem Grundstückseigentum fließen".[19]) Danach ist § 6 WHG in seinen Wirkungen eine Inhaltsbestimmung des Eigentums gemäß Art. 14 Abs. 1 Satz 2 GG. Jedoch muß zugegeben werden, daß in der Praxis die Unterscheidung zwischen Inhalts- und Schrankenbestimmung einerseits und Konkretisierung der Sozialgebundenheit des Eigentums andererseits schwierig sein kann und daß beide Argumentationsweisen ohnehin zum gleichen Ergebnis kommen, da sowohl die Sozialgebundenheit als auch die Inhalts- und Schrankenbestimmungsbefugnis des Gesetzgebers dem Eigentum immanent ist und beide nicht von der Entschädigungspflicht gemäß Art. 14 Abs. 3 GG erfaßt werden.

In der Praxis ist das Fehlen einer Entschädigungsregelung in Gesetzen, deren Anwendung Eingriffe in das Eigentum ermöglichen, stets als Indiz dafür gewertet worden, daß der Gesetzgeber die von ihm geschaffene Rechtsnorm entweder als Inhalts- und Schrankenbestimmung des Eigentums oder als Ausdruck der Sozialgebundenheit des Eigentums betrachtet hat. Das schließt allerdings nicht aus, daß ein Gericht eine vom Gesetzgeber abweichende Meinung vertritt und entweder den Wesensgehalt des Eigentums angetastet sieht (was bedeutet, daß der Gesetzgeber die Inhalts- und Schrankenbefugnis gemäß Art. 14 Abs. 1 Satz 2 GG überschritten hat) oder den Eingriff in das Eigentum nicht mehr als Konkretisierung der Sozialgebundenheit gemäß Art. 14 Abs. 2 GG betrachtet. In diesen Fällen muß das Gericht den Rechtsstreit gemäß Art. 100 GG dem Bundesverfassungsgericht zur Entscheidung über die Verfassungsmäßigkeit der anzuwendenden Rechtsnorm vorlegen. Der Bundesgerichtshof hat dies für den mit Urteil vom 5. 7. 1973 zu entscheidenden Fall aus Gründen verneint, die im folgenden zu

[17]) Erster Leitsatz zum Urteil vom 25. 1. 1973, BGHZ 60, 126.

[18]) BGH, Urteil vom 5. 7. 1973, Zeitschrift für Wasserrecht 1975, S. 46.

[19]) *Jürgen Salzwedel,* Neuere Rechtsprechung des BGH über Kiesabbau und öffentliche Wasserversorgung, Zeitschrift für Wasserrecht 1973, S. 133.

untersuchen sein werden. Er hat darüber hinaus aber auch Ausführungen gemacht, die unmittelbar die Anwendung des § 6 WHG betreffen und die nunmehr zu untersuchen sind.
Zur Begründung seines Ergebnisses, „daß die Versagung der wasserrechtlichen Erlaubnis für die Kiesgewinnung nach § 6 WHG den Tatbestand der Enteignung erfüllen kann", weist der BGH die Heranziehung der §§ 5, 12 und 17 WHG zurück und trifft die Feststellung, daß der Richter auch beim Fehlen einer Entschädigungsregelung das Recht und die Pflicht habe, die Frage der Enteignung selbständig zu prüfen. Diese Feststellung ist unbestritten und bedarf zu ihrer Begründung nicht des Eingehens auf §§ 5, 12 und 17 WHG. Wäre der BGH bei seiner Prüfung in Übereinstimmung mit der herrschenden Lehre zu dem Ergebnis gelangt, daß § 6 WHG verfassungsmäßig ist, so hätte er das Vorliegen einer Enteignung und damit auch eine Entschädigungspflicht verneinen müssen. Hätte er § 6 WHG wegen Verstoßes gegen die Junktimklausel des Art. 14 Abs. 3 GG für verfassungswidrig gehalten, so hätte er diese Frage dem Bundesverfassungsgericht vorlegen müssen. Warum er dies nicht getan hat, hat der BGH in den Urteilsgründen nicht überzeugend dargelegt. Zu der Frage, ob in dem zur Entscheidung anstehenden Fall eine Enteignung oder ein enteignungsgleicher Eingriff vorlag, hat der BGH im Urteil vom 5. 7. 1973 nicht Stellung genommen. Manche seiner Ausführungen werden aber für die öffentlichrechtliche Betrachtung ein wenig sinnvoller, wenn man sich vorstellt, daß er folgendermaßen argumentieren will: § 6 WHG ermächtigt nach seinem Wortlaut nicht zu Enteignungen. Wenn aber eine auf § 6 WHG gestützte Maßnahme eine Enteignungswirkung entfaltet, weil sie die Grenzen der Sozialbindung des Eigentums überschreitet, so liegt ein enteignungsgleicher Eingriff vor, der nach der Rechtsprechung des BGH ebenso zur Entschädigung verpflichtet wie die Enteignung.
Warum § 6 WHG in dem zur Entscheidung anstehenden Fall den Tatbestand der Enteignung erfüllt, hat der BGH dargelegt: es ist die Tatsache, „daß die Kiesgewinnung in der fraglichen Gegend seit langem üblich war und das Grundstück der Kläger bei Erteilung der Genehmigung mit Sicherheit ebenfalls zur Kiesgewinnung herangezogen worden wäre".[20])
Auch im weiteren Verlauf seiner Argumentation wiederholt der BGH den Hinweis darauf, daß „den Grundstückseigentümern nicht ein von ihnen angestrebter Gebrauch des Grundwassers versagt worden ist, vielmehr eine nicht nur mögliche, sondern in der fraglichen Gegend seit langem übliche, wirtschaftlich vernünftige und ohne das Dazwischentreten besonderer Umstände mit Sicherheit zu erwartende Nutzung ihres Grundstückes, und daß dies zum Schutze einer bestimmten Wasserversorgungsanlage geschehen ist", und er betont, dies sei „das Wesentliche dieser Sachlage".[21])
Es ist interessant, daß im zweiten Zitat die Kiesgewinnung als die „mit Sicherheit zu erwartende Nutzung des Grundstücks" bezeichnet wird, ohne daß dabei – wie noch im ersten Zitat – die „Erteilung der Genehmigung" (gemeint ist offenbar die

[20]) BGH, Urteil vom 5. 7. 1973, Zeitschrift für Wasserrecht 1975, S. 47.
[21]) BGH, a. a. O., S. 48.

Erlaubnis bzw. Bewilligung gemäß § 6 WHG) erwähnt wird. Nun kommt es aber, wie bereits bemerkt, bei der Beurteilung der künftigen Nutzung nicht nur auf die objektive Nutzungsmöglichkeit an, sondern auch auf die Rechtsnormen, die diese Nutzung regeln. Daher ist es fraglich, worauf die vom BGH mehrfach zitierte „Sicherheit" beruht, mit der die künftige Kiesgewinnung auf dem Grundstück erwartet wird. In Rechtslehre und Rechtsprechung ist es völlig unbestritten, daß der Grundstückseigentümer keinen Rechtsanspruch auf die Erlaubnis oder Bewilligung gemäß § 6 WHG hat.[22]) Die Behörde hat nicht einmal einen Ermessensspielraum, sondern *muß* den Antrag ablehnen, wenn eine Beeinträchtigung des Wohls der Allgemeinheit, insbesondere eine Gefährdung der öffentlichen Wasserversorgung zu erwarten ist, die nicht durch Auflagen oder durch Maßnahmen der öffentlichen Hand verhütet oder ausgeglichen wird.

Mit dem Hinweis darauf, daß die Kiesgewinnung in der fraglichen Gegend seit langem üblich war, will aber der BGH offensichtlich einen Anspruch des Grundstückseigentümers auf Erteilung der Erlaubnis gemäß § 6 WHG begründen, und zwar einen solchen, der durch Art. 14 GG verfassungsrechtlich gesichert ist. Diesem Zweck dient das weitere Argument des BGH, daß die Kiesgewinnung auf diesem Grundstück keine bloße Chance sei; denn eine solche werde durch Art. 14 GG nicht geschützt.[23])

Aber einen Rechtsanspruch auf eine Erlaubnis für einen das Grundwasser berührenden Kiesabbau gab es auch vor Inkrafttreten des WHG nicht.[24]) Daß in der Nachbarschaft des fraglichen Grundstücks bereits früher Kiesabbau betrieben worden ist, kann an dieser Rechtslage nichts ändern. Wohl muß unterstellt werden, daß ein seit langem betriebener Kiesabbau nach dem seinerzeit geltenden Recht ordnungsgemäß genehmigt worden ist. Der Hinweis darauf, daß sich der Grundstückseigentümer nicht auf einen zugunsten eines Nachbarn ergangenen rechtswidrigen Hoheitsakt berufen kann, bedarf hier aber ebensowenig der Erörterung wie die Frage, ob und unter welchen Voraussetzungen bzw. mit welcher Folge alte Erlaubnisse oder Bewilligungen auf Nachbargrundstücken zurückgenommen werden könnten. Denn auch wenn in der Nachbarschaft bereits mehrere Kiesgruben bestehen, ist es durchaus möglich, daß die Erlaubnis für die Anlage einer weiteren Kiesgrube gemäß § 6 WHG versagt werden muß, weil erst dieser weitere Grundwasseraufschluß eine Beeinträchtigung des Wohls der Allgemeinheit dadurch bewirkt, daß die zusätzliche Belastung des Grundwasserhaushalts die öffentliche Wasserversorgung gefährdet.

Das Vorliegen eines enteignungsgleichen Eingriffs kann auch nicht damit begründet werden, daß die Anwendung von § 6 WHG zwar im Regelfall keine Fragen des Eigentumsschutzes aufwerfe, im Sonderfall des Kiesabbaus aber Enteignungswirkung entfalte, weil der im Boden vorhandene Kies zum Grundstückseigentum

[22]) Vgl. *Sieder-Zeitler,* Wasserhaushaltsgesetz, Randnr. 2 zu § 6.

[23]) Vgl. BGH, Urteil vom 29. 11. 1965, NJW 1966, S. 497; BGHZ 28, 163; 30, 286 f.; 37, 279; 39, 203; 57, 368.

[24]) Vgl. *Horst Sendler,* Wassernutzung und Eigentum, Zeitschrift für Wasserrecht 1975, S. 7.

gehöre. Die Möglichkeit zu dieser Argumentation ist in denjenigen Fällen abgeschnitten, in denen der Kiesabbau das Grundwasser zutage treten läßt. In diesen Fällen bedeutet nämlich der Kiesabbau eine Wasserbenutzung im Sinne von §§ 2, 3 Abs. 1 Nr. 6 WHG, wie der BGH selbst ausgeführt hat.[25]) Auch wenn der Kiesabbau nicht den bergrechtlichen Vorschriften unterliegt, die ebenfalls als entschädigungslos hinzunehmende Inhaltsbeschränkungen des Eigentums betrachtet werden, ändert dies doch nichts an den im WHG normierten Tatbeständen. Deutlich hat dies Sendler herausgestellt: „*Nur* der Kies ist abbaufrei, das Wasser hingegen nicht der freien Benutzung zugänglich, und zwar auch nicht im Interesse eines reibungslosen Kiesabbaus. ... Kein Rechtssatz ist ersichtlich, aus dem sich ergeben könnte, daß die Wassernutzung plötzlich freigestellt oder nur gegen Entschädigungsleistung verboten sei, wenn sich das eine – der Kiesabbau – nicht ohne das andere – die Wasserbenutzung – verwirklichen läßt."[26])

Es mag sein, daß der Begriff „Wohl der Allgemeinheit", den § 6 WHG verwendet, den BGH dazu veranlaßt hat, das Vorliegen einer Enteignung zu bejahen, weil auch Art. 14 Abs. 3 GG das „Wohl der Allgemeinheit" als Voraussetzung für die Rechtmäßigkeit des Enteignungsaktes normiert. Sollte diese gedankliche Verbindung hinter dem Irrtum des BGH stehen, so muß entgegengehalten werden, daß das Wohl der Allgemeinheit in Art. 14 Abs. 3 GG kein Kriterium der Enteignung ist, sondern nur eine zusätzliche Voraussetzung für die Zulässigkeit der Enteignung. Es ist keineswegs so, daß überall dort, wo ein Gesetz entweder positiv das Wohl der Allgemeinheit oder negativ die Gefahr der Beeinträchtigung des Wohls der Allgemeinheit als Zulässigkeitsvoraussetzung für einen Verwaltungsakt normiert, eine entschädigungspflichtige Enteignung vorliegt. Vielmehr muß stets unabhängig von diesem Zulässigkeitskriterium geprüft werden, ob die Rechtsnorm, auf die sich der Verwaltungsakt stützt, eine Inhalts- und Schrankenbestimmung des Eigentums darstellt, ob eine Konkretisierung der Sozialgebundenheit des Eigentums vorliegt, oder ob die betreffende Rechtsnorm eine mit dem Grundgesetz in Einklang stehende Rechtsgrundlage für die Enteignung bildet. Nur im letzteren Fall ist dann anschließend noch zu prüfen, ob die Enteignung auch tatsächlich zum Wohl der Allgemeinheit erforderlich war; denn auch wenn eine Rechtsgrundlage für die Enteignung vorliegt, ist nicht automatisch jeder auf diese Rechtsgrundlage gestützte Enteignungsakt rechtmäßig.

Daß die Überlegungen des BGH in jene falsche Richtung weisen, zeigen auch die Ausführungen zur Höhe der Entschädigung unter Anwendung von § 6 WHG. Bei der Berechnung der Höhe der Entschädigung soll nämlich berücksichtigt werden, daß gemäß § 6 WHG auch Auflagen hätten gemacht werden können. In diesem Fall soll die Entschädigung bis auf ein Viertel der Gesamtsumme reduziert werden können. Auf die Absurdität dieses Ergebnisses macht Sendler[27]) aufmerksam: „Wenn die Erteilung einer Erlaubnis gemäß § 6 WHG auch unter Auflagen nicht zulässig ist, weil die Gefahr für das Grundwasser dadurch nicht abgewendet

[25]) BGHZ 60, 126.
[26]) *Horst Sendler,* a. a. O., S. 21.
[27]) A. a. O., S. 24.

werden kann, müßte hundertprozentig entschädigt werden; wo Auflagen möglich wären, kann der Eigentumswert ganz erheblich vermindert werden. Derjenige, dessen Kiesabbau am gefährlichsten und gemeinschädlichsten wäre, könnte also auf volle Entschädigung hoffen im Gegensatz zu dem, dessen Tätigkeit sich in einigermaßen erträglichen Grenzen hält." Sendler fügt hinzu, dieses absurde Ergebnis beweise erneut, wie wichtig es ist, die Frage der Verfassungsmäßigkeit von § 6 WHG dem Bundesverfassungsgericht zur Klärung vorzulegen, damit der Gesetzgeber im Falle der Nichtigerklärung des § 6 WHG gezwungen wird, eine vernünftige Entschädigungsregelung zu treffen. Es bedeutet einen Verstoß gegen das Prinzip der Rechtsstaatlichkeit, wenn eine Rechtsnorm einerseits so behandelt wird, als sei sie verfassungswidrig, andererseits aber dem Bundesverfassungsgericht die Möglichkeit genommen wird, über diese Verfassungswidrigkeit zu entscheiden.

Der Kunstgriff, mit dem der BGH es bisher fertiggebracht hat, § 6 WHG der verfassungsgerichtlichen Nachprüfung zu entziehen, gleichzeitig aber diese Vorschrift so zu behandeln, als wäre sie ein vorkonstitutionelles Enteignungsgesetz, das durch Richterspruch um eine Entschädigungsregelung ergänzt werden kann, ist einfach: § 19 Abs. 3 WHG wird analog angewendet. In der Literatur ist die Auffassung vertreten worden, die Frage, ob ein Hoheitsakt, der zur Sicherung der Trinkwasserversorgung gesetzt worden ist, unter § 6 WHG oder unter § 19 WHG fällt, berühre nicht „spezifisches Verfassungsrecht" und könne daher vom Bundesverfassungsgericht nicht nachgeprüft werden.[28]) Die richtige Fragestellung lautet aber, ob die analoge Anwendung von § 19 Abs. 3 WHG verfassungsrechtlich zulässig ist.

Der BGH beruft sich in seinem Urteil vom 5. 7. 1973 darauf, daß die Bestimmung des § 6 WHG nicht für sich allein betrachtet werden könne.[29]) Nach dem Hinweis auf die in der fraglichen Gegend seit langem übliche, wirtschaftlich vernünftige und mit Sicherheit zu erwartende Nutzung des Grundstücks als Kiesgrube stellt der BGH zwei Tatsachen heraus, die nach seiner Meinung bei der Anwendung von § 6 WHG im konkreten Fall berücksichtigt werden müssen: einerseits sei die Festsetzung eines Wasserschutzgebietes nach § 19 Abs. 1 Nr. 1 WHG noch nicht durchgeführt, andererseits sei die Untersagung der Kiesgewinnung eine Maßnahme, die bei der Festsetzung eines Wasserschutzgebietes auch in der weiteren Schutzzone gemäß § 19 Abs. 2 Nr. 1 WHG angeordnet werden kann und häufig, wenn auch nicht regelmäßig, angeordnet wird. „Dann aber wären die Bestimmungen der §§ 19 Abs. 3, 20 WHG anwendbar, die eine Enteignungsentschädigung vorsehen und somit der Junktimklausel genügen."[30])

Der BGH macht damit der für die Erteilung bzw. Versagung der Erlaubnis gemäß § 6 WHG zuständigen Behörde den Vorwurf, sie habe durch die Anwendung des § 6 WHG lediglich den § 19 WHG umgehen wollen. Da die Maßnahme auf

[28]) *Christian Starck,* Die Auskiesungsurteile des Bundesgerichtshofs vor dem Bundesverfassungsgericht, JuS 1977, S. 738.

[29]) Zeitschrift für Wasserrecht 1975, S. 48.

[30]) BGH, Urteil vom 5. 7. 1973, Zeitschrift für Wasserrecht 1975, S. 48.

Grund von § 6 WHG „nach Art und Zweck“ den Schutzanordnungen nach § 19 Abs. 2 Nr. 1 WHG völlig entspreche, § 19 WHG aber gegenüber § 6 WHG die speziellere Vorschrift sei, müsse die in §§ 19 Abs. 3, 20 WHG enthaltene Entschädigungsregel auch auf die Fälle der Anwendung des § 6 WHG ausgedehnt werden.

Der grundsätzliche Einwand gegen diese Ergänzung des § 6 WHG kann sich auf die einhellige Meinung in Lehre und Rechtsprechung stützen: eine durch Richterspruch bewirkte Ergänzung eines nachkonstitutionellen Gesetzes durch eine Entschädigungsregelung widerspricht der Junktimklausel des Art. 14 Abs. 3 GG.[31]) In dieser Frage ist auch die Rechtsprechung des Bundesverfassungsgerichts eindeutig und absolut gefestigt.[32]) In der Rechtslehre läßt sich keine abweichende Meinung feststellen. Auf die Begründung für die erstrebte Ergänzung des nachkonstitutionellen Gesetzes kommt es nicht an. Daher braucht hier nicht untersucht zu werden, ob die Voraussetzungen für einen Analogieschluß vorliegen – was sehr zweifelhaft ist –; denn selbst wenn der Analogieschluß nach den Regeln der Rechtslogik zulässig wäre, verbietet ihn doch Art. 14 Abs. 3 Satz 2 GG. Ohne Rücksicht darauf, ob die Ausführungen des BGH in dessen Urteil vom 5. 7. 1973 zur analogen Anwendung von § 19 WHG richtig sind oder nicht, muß somit festgestellt werden, daß die analoge Anwendung des § 19 WHG den Verstoß gegen Art. 14 Abs. 3 GG nicht rechtfertigen kann. Rechtslehre und Rechtsprechung haben bisher keine Durchbrechung des Grundsatzes zugelassen, daß ein nachkonstitutionelles Gesetz, auf das eine rechtmäßige Enteignung gestützt wird, nicht durch Richterspruch mit einer nachträglichen Entschädigungsregelung versehen werden kann.

Neben diesem Verstoß gegen das Grundgesetz wiegt die falsche Anwendung des Wasserhaushaltsgesetzes, die das Urteil des BGH vom 5. 7. 1973 erkennen läßt, wesentlich geringer. Gleichwohl darf auch sie nicht unbeachtet bleiben. Unterstellt man einmal, daß die rechtslogischen Voraussetzungen für den Analogieschluß gegeben wären, nimmt man also die Anwendbarkeit des § 19 Abs. 3 WHG auf die Situation des § 6 WHG an (von der Verfassungsmäßigkeit dieses Vorgehens abgesehen), so gelangt man keineswegs zu dem vom BGH gefundenen Ergebnis, daß eine Enteignungsentschädigung zu leisten sei. § 19 Abs. 3 WHG besagt nämlich nicht, daß jede Schutzanordnung nach § 19 Abs. 2 WHG eine Enteignung darstellt. Die Frage, ob für eine solche Schutzanordnung eine Entschädigung zu leisten ist oder nicht, ist jeweils im Einzelfall gesondert zu prüfen.[33]) Wie bereits im vorstehenden ausgeführt, wäre im Falle eines auf § 19 Abs. 2 WHG gestützten Auskiesungsverbots bezüglich einer noch nicht ausgeübten Kiesgewinnung der Enteignungscharakter zu verneinen, weil insoweit – d. h. bei einer erlaubnis- bzw. bewilligungspflichtigen Wasserbenutzung – vor der Ertei-

[31]) Vgl. *Otto Kimminich,* Bonner Kommentar, Art. 14 GG (Drittbearbeitung), Randnr. 288.

[32]) Vgl. BVerfGE 4, 219; 24, 367 (419).

[33]) Vgl. *Wilhelm Hammer,* Festlegung von Trinkwasserschutzgebieten und Enteignung, Zeitschrift für Wasserrecht 1964, S. 193 ff.

lung der Erlaubnis oder Bewilligung keine Eigentümerposition besteht, in die eingegriffen werden könnte. Auf diesen Umstand macht auch Salzwedel, wenn auch mit anderen Worten, aufmerksam, indem er erwähnt, daß in den Fällen, in denen eine Erlaubnis nach § 6 WHG nicht erteilt werden durfte, die spätere Schutzanordnung „leerläuft".[34])

Es geht daher nicht an, auf „Vorwirkungen" einer Schutzanordnung gemäß § 19 Abs. 2 WHG zu verweisen, um eine Entschädigung für die Versagung einer Erlaubnis zur Naßentkiesung gemäß § 6 WHG zu begründen. Die enteignungsrechtliche Vorwirkung von Hoheitsakten, die einen dauernden oder vorübergehenden Nutzungsentzug bewirken,[35]) betreffen ganz andere Sachverhalte und ganz andere rechtliche Regelungen. Ihre Hauptfälle sind vorübergehende Veränderungssperren, die in endgültige Bauverbote übergehen. Eine Schutzanordnung gemäß § 19 Abs. 2 Satz 1 WHG, die nicht erlassen werden kann, weil die von § 19 Abs. 1 WHG geforderte Voraussetzung hierfür (Festsetzung eines Wasserschutzgebiets) fehlt, kann keine „Vorwirkungen" auf die Anwendung einer anderen Rechtsnorm (§ 6 WHG) entfalten, die der Gesetzgeber ausdrücklich nicht mit einer Entschädigungsregelung versehen hat.

Mit Recht ist daher das Urteil des BGH vom 5. 7. 1973 in der Literatur auf heftige Kritik gestoßen.[36]) Das gleiche gilt auch für das Urteil vom 25. 1. 1973[37]), auf das der BGH in seinem Urteil vom 5. 7. 1973 ausdrücklich Bezug genommen hat.[38]) Fast alle Kommentatoren der beiden Urteile haben der Hoffnung Ausdruck gegeben, daß zum Problemkomplex „Kiesabbau – Grundwasserschutz – Eigentum" noch nicht das letzte Wort gesprochen ist. Soweit sich diese Hoffnung auf das Verfahren vor dem Bundesverfassungsgericht bezog, das mit dem Beschluß vom 7. 6. 1977[39]) zum Abschluß kam, konnte sie das Bundesverfassungsgericht

[34]) *Jürgen Salzwedel,* Neuere Rechtsprechung des BGH über Kiesabbau und öffentliche Wasserversorgung, Zeitschrift für Wasserrecht 1973, S. 133.

[35]) Vgl. *Herbert Kröner,* Die Eigentumsgarantie in der Rechtsprechung des Bundesgerichtshofs, 2. Aufl. Köln–Berlin 1969, S. 95 f.

[36]) Vgl. *Manfred Czychowski,* Kiesabbau und Wasserrecht, DVBl. 1976, S. 132 ff.; *E. L. Sartorius,* Anmerkung zum Urteil des BGH vom 5. 7. 1973, Zeitschrift für Wasserrecht 1975, S. 49 ff.; *Horst Sendler,* Wassernutzung und Eigentum, Zeitschrift für Wasserrecht 1975, S. 1 ff.; *Uwe Steckert,* Zum Abgrabungsgesetz für Nordrhein-Westfalen, DVBl. 1974, S. 543 ff. (S. 549 f.); *Walter Zitzelsberger,* Anmerkung zum Urteil des BGH vom 5. 7. 1973, Zeitschrift für Wasserrecht 1975, S. 53 ff.

[37]) BGHZ 60, 126.

[38]) Vgl. *Manfred Czychowski,* Anmerkung zum Urteil des BGH vom 25. 1. 1973, Zeitschrift für Wasserrecht 1973, S. 168 ff.; *Heinrich Mecker,* Anordnung eines zur Kiesausbeute geeigneten Geländes als Wasserschutzgebiet, NJW 1974, S. 447 f.; *Eberhard Schmidt-Aßmann,* Anmerkung zum Urteil des BGH vom 25. 1. 1973, DVBl. 1973, S. 633 ff.; *Herbert Zeitler,* Anmerkung zum Urteil des BGH vom 25. 1. 1973, Zeitschrift für Wasserrecht 1973, S. 166 ff.; *Jürgen Salzwedel,* Neuere Rechtsprechung des BGH über Kiesabbau und öffentliche Wasserversorgung, Zeitschrift für Wasserrecht 1973, S. 131 ff. Die Kritiker des Urteils des BGH vom 5. 7. 1973 nehmen ebenfalls ausnahmslos auch zum Urteil des BGH vom 25. 1. 1973 kritisch Stellung.

[39]) NJW 1977, S. 1960.

aus den eingangs dargelegten Gründen nicht erfüllen. Es hat aber die Meinung dieser Kommentatoren eindeutig bestätigt: das letzte Wort in dieser Frage ist noch nicht gesprochen.
Andere Gerichte haben mittlerweile eine Rechtsprechung entwickelt, die von derjenigen des BGH deutlich abweicht. Auf drei solche Urteile hat das Bundesverfassungsgericht in seinem Beschluß vom 7. 6. 1977 ausdrücklich hingewiesen: auf die beiden Urteile des Bayerischen Verwaltungsgerichtshofs vom 12. Juni 1974 und vom 19. November 1974[40]) und auf das Urteil des LG Aschaffenburg vom 24. Februar 1976[41]). Das Urteil des BayVGH vom 19. 11. 1974 weicht insofern von der im vorstehenden behandelten Problematik ab, als es die Feststellung trifft, daß eine beabsichtigte Kiesausbeute, bei der das Grundwasser für dauernd freigelegt wird, der wasserrechtlichen Planfeststellung nach § 31 Abs. 1 Satz 1 WHG und nicht der wasserrechtlichen Erlaubnis gemäß § 6 WHG bedarf. Doch trifft dies nur die Form des Hoheitsakts, der im Interesse des Umweltschutzes die Kiesausbeute untersagt. Das wesentliche Ergebnis findet sich im dritten Leitsatz des Urteils: „Eine derartige Versagung der Kiesausbeute stellt keine Enteignung dar. Das Eigentum am Grundwasser ist von einer durch die Wassergesetze begründeten öffentlich-rechtlichen Sachherrschaft überlagert."
In den Urteilsgründen setzt sich der BayVGH ausführlich mit den Auskiesungsurteilen des BGH auseinander und betont insbesondere, daß zur „objektiv möglichen Nutzbarkeit" eines Grundstücks für die Kiesgewinnung, auf die der BGH allein abstellt, die rechtlich erlaubte Einwirkungsmöglichkeit auf das Grundwasser hinzutreten muß. Wenn ein Vorhaben grundsätzlich verboten ist und nur zugelassen werden kann, wenn Beeinträchtigungen des Wohls der Allgemeinheit nicht zu erwarten sind, so ist der Gewässereigentümer, „wenn er in Nutzung seines Grundstücks auf ein Gewässer i. S. des § 1 WHG einwirken will, grundsätzlich auf staatliche Nutzungserlaubnisse angewiesen, die auch für ihn das Recht zur Benutzung des Wassers erst begründen".[42]) Interessanterweise hat der BayVGH daraus nicht den Schluß gezogen, daß hier keine von Art. 14 GG geschützte Eigentümerposition vorliegt, sondern lediglich die bereits erwähnte „Überlagerung" des privatrechtlichen Eigentums durch eine „öffentlich-rechtliche Sachherrschaft kraft Gesetzes" konstruiert. Diese „Überlagerung des Gewässereigentums durch eine gesetzliche öffentlich-rechtliche Nutzungsordnung, die es ausschließt, daß der Grundstückseigentümer kraft Eigentumsrechts auf ein Gewässer einwirkt"[43]), betrachtet der BayVGH als „eine Inhaltsbestimmung des Eigentums (Art. 14 Abs. 1 Satz 2 GG), die sich im Rahmen der Sozialbindung des Eigentums bewegt (Art. 14 Abs. 2 GG) und deshalb ohne Entschädigung hinzunehmen ist."
Das Landgericht Aschaffenburg hat in seinem Urteil vom 24. 2. 1976 den Gedankengang des BayVGH übernommen und den folgenden Leitsatz aufgestellt: „Das

[40]) Das rechtskräftige Urteil des BayVGH vom 19. 11. 1974 ist abgedr. in DÖV 1976, S. 281 ff.
[41]) NJW 1977, S. 1067.
[42]) BayVGH, a. a. O., S. 283.
[43]) BayVGH, a. a. O., S. 283.

Eigentum an einem Grundstück ist, soweit es sich auf das Grundwasser bezieht, durch eine öffentlich-rechtliche Sachherrschaft überlagert, mit der Folge, daß der Grundstückseigentümer dann nicht das Recht hat, die von der Natur der Sache her gegebenen Möglichkeiten zur wirtschaftlichen Ausnutzung zu ergreifen, wenn er hierbei in wasserrechtlich geordnete Bereiche vorstoßen muß." In dieser allgemeinen Formulierung ist der Leitsatz auf Kritik gestoßen. Würde die Frage nach der Abgrenzung zwischen der Sozialgebundenheit des Eigentums und der Enteignung für den Fall der noch nicht verwirklichten Kiesausbeute danach beantwortet, ob die rechtliche Möglichkeit der Auskiesung gegeben ist oder nicht, dann wären „Entschädigungsansprüche nach § 19 III WassHG immer ausgeschlossen; die Einbeziehung in die Wasserschutzzone wäre immer nur eine entschädigungslose (sic) hinzunehmende Eigentumsbegrenzung, weil eben die rechtliche Möglichkeit zur Auskiesung fehlt. Schon dies zeigt, daß die Überlegungen des LG Aschaffenburg im Ansatz verfehlt sind."[44]) Damit ist jedoch die hier behandelte Problematik nicht abgetan. Für Art. 19 WHG bestimmt dessen Abs. 3 ausdrücklich, daß die an den Eigentümer eines in einem Wasserschutzgebiet gelegenen Grundstücks gerichtete Anordnung, bestimmte Handlungen zu unterlassen, eine Enteignung im Sinne von Art. 14 Abs. 3 GG darstellen kann. Bei dem auf § 6 WHG gestützten Verbot der Naßentkiesung fehlt eine solche Vorschrift. Die analoge Anwendung von § 19 Abs. 3 WHG auf § 6 WHG ist, wie im vorstehenden dargelegt, verfassungswidrig.
Die Verschiebung der Problematik aus dem Bereich der Inhalts- und Schrankenbestimmung des Eigentums in den Bereich der Abgrenzung zwischen entschädigungslos hinzunehmender Konkretisierung der Sozialgebundenheit des Eigentums und entschädigungspflichtiger Enteignung[45]) kann daher an dem im vorstehenden gefundenen Ergebnis nichts ändern. Eine solche Verschiebung, wie sie auch der BGH in seinem Urteil vom 5. 7. 1973 vorgenommen hat, tritt dann ein, wenn die Möglichkeit der Kiesgewinnung ohne Rücksicht auf eine bereits ausgeübte Nutzung und ohne Rücksicht auf eine damit automatisch verbundene erlaubnis- oder bewilligungspflichtige Wassernutzung als Bestandteil des Eigentums am Grundstück angesehen wird. Unter dieser Voraussetzung ist zu prüfen, ob die Anwendung von § 6 WHG als Konkretisierung der Sozialbindung des Eigentums anzusehen ist oder nicht. In letzterem Fall müßte § 6 WHG als verfassungswidrig angesehen und die Frage gemäß Art. 100 GG dem Bundesverfassungsgericht vorgelegt werden. Eine Umgehung dieses vom Grundgesetz vorgeschriebenen Verfahrens durch eine analoge Anwendung von § 19 WHG kommt, wie bereits dargelegt, nicht in Frage. Die Verschiebung der verfassungsrechtlichen Problematik von Art. 14 Abs. 1 Satz 2 GG auf Art. 14 Abs. 2 GG ändert nichts an der Tatsache, daß die Junktimklausel des Art. 14 Abs. 3 Satz 2 GG nicht umgangen werden darf.

[44]) *Rainer Jacobs,* Anmerkung zum Urteil des LG Aschaffenburg vom 24. 2. 1976, NJW 1977, S. 1971.
[45]) Der BayVGH hat in seinem Urteil vom 19. 11. 1974 diese beiden Bereiche nicht voneinander getrennt.

Angesichts dieses Ergebnisses ist es unerheblich, daß der BGH bei der Abgrenzung zwischen Enteignung und Sozialbindung des Eigentums Ausführungen gemacht hat, die nicht mit der Rechtsprechung des Bundesverfassungsgerichts übereinstimmen. So will der BGH z. B. im Urteil vom 25. 1. 1973 erklären, warum die Belästigungen, die von einer Schweinemästerei ausgehen, unter Berufung auf die Sozialbindung des Eigentums entschädigungslos abgestellt werden können, während dies bei einer Gefährdung des Trinkwassers nicht ohne Entschädigung möglich ist: „Von dem Betrieb einer Schweinemästerei gehen von Anfang an latente Gefahren aus", beim Kiesabbau aber handle es sich nur darum, „daß ein benachbartes Grundstück, nämlich das Wasserwerksgrundstück, in einer nicht allgemein zulässigen, sondern in einer außerhalb normaler Grundstücksnutzung liegenden, jedoch im öffentlichen Interesse gebotenen Weise genutzt wird."[46])
Mit Recht hat bereits Salzwedel[47]) darauf hingewiesen, daß es hier nicht um die Regelung der Beziehungen zwischen Grundstücksnachbarn und die Abgrenzung ihrer Interessenssphären geht. Auch Sendler macht darauf aufmerksam, wie widersinnig es ist, die Grundlage für eine Enteignungsentschädigung darin zu sehen, daß ein Auskiesungsvorhaben „nur" wegen einer Wasserversorgungsanlage unterbunden worden ist. Die umgekehrte Argumentation läge näher. „Andernfalls wäre die Sozialbindung eines Grundstücks geringer, je bedeutsamer es für die Wasserversorgung und damit für die Wasserwirtschaft ist."[48])
Im Gegensatz dazu hat das Bundesverfassungsgericht schon vor Inkrafttreten des WHG der „heutigen Bedeutung des Wasserhaushalts für das Gemeinwohl" angemessene Rechnung getragen. Im Urteil vom 29. 7. 1959[49]), dem das vorstehende Zitat entnommen ist,[50]) hat es bezüglich einer im Interesse des Wasserhaushalts angewendeten Vorschrift, deren Vereinbarkeit mit der Eigentumsgarantie des Grundgesetzes angezweifelt worden war, ausgeführt: „Die Vorschrift konkretisiert damit lediglich die Schranken, die dem Eigentum von vornherein aus Gründen des öffentlichen Wohls gezogen sind (Art. 14 Abs. 1 und 2 GG)".[51] Wie man sieht, hat das Bundesverfassungsgericht auch in diesem Fall darauf verzichtet zu entscheiden, ob die Vorschrift eine Inhaltsbestimmung des Eigentums oder eine Konkretisierung der Sozialgebundenheit des Eigentums ist. Wieder zeigt sich, daß der BGH für seine Auffassung nichts dadurch gewinnt, daß er die Problematik von der Inhaltsbestimmung auf die Sozialgebundenheit verlagert.
Bedauerlich aber ist es, daß gerade in einer Zeit, in der die Sozialgebundenheit des Eigentums verstärkt werden muß – und zwar im Interesse der Aufrechterhaltung der Verfassungsgarantie des Privateigentums –, die Bedeutung der Sozialgebundenheit des Eigentums dermaßen unterschätzt wird. Wenn der BGH meint, § 6 WHG schaffe dort eine Sozialbindung, wo in Wirklichkeit ein Sonderopfer

[46]) BGHZ 60, 141 f.
[47]) Neuere Rechtsprechung des BGH über Kiesabbau und öffentliche Wasserversorgung, Zeitschrift für Wasserrecht 1973, S. 132.
[48]) *Horst Sendler*, Wassernutzung und Eigentum, Zeitschrift für Wasserrecht 1975, S. 11.
[49]) BVerfGE 10, 89.
[50]) BVerfGE 10, 114.
[51]) BVerfGE 10, 114.

vorliege, so übersieht er dabei, daß die Sozialgebundenheit gemäß Art. 14 Abs. 2 GG jedem Eigentum immanent ist und der einfache Gesetzgeber nur diese allgemeine Sozialgebundenheit konkretisiert. Er ist dabei allerdings an verfassungsrechtliche Schranken gebunden, weil er die Wertentscheidung des Grundgesetzes für das Privateigentum beachten muß. Wenn danach die in § 6 WHG zum Ausdruck gekommene Entscheidung des Gesetzgebers für verfassungswidrig gehalten wird, so muß das vom Grundgesetz hierfür vorgesehene Verfahren der verfassungsrechtlichen Nachprüfung in Gang gesetzt werden. Dabei mag sich herausstellen, daß die Anwendung von § 6 WHG Härtefälle erzeugt, die eine gesetzliche Entschädigungsregelung erfordern. Daher sollte auch derjenige, der den Ausschluß der Entschädigung in § 6 WHG bedauert, dem Bundesverfassungsgericht dafür dankbar sein, daß es in seinem Beschluß vom 5. 7. 1977 einen „Fingerzeig" gegeben hat, um die Klärung dieser wichtigen verfassungsrechtlichen Grundfragen zu beschleunigen.

Europäische Holzmarktordnung

Franz Klose, Zülpich

In jüngster Zeit ist in der Bundesrepublik Deutschland wieder die Forderung erhoben worden, im Rahmen der Europäischen Gemeinschaften alle Möglichkeiten auszuschöpfen, um der Forst- und Holzwirtschaft zu mehr wirtschaftlicher Sicherheit zu verhelfen. Als eine Möglichkeit dazu wird die nachträgliche Aufnahme des Holzes in Anhang II von Art. 38 des Römischen Vertrages angeseen. Man erhofft sich dadurch für das Holz die gleichen Schutzbestimmungen, wie sie den landwirtschaftlichen Erzeugnissen gewährt werden.
Bei Prüfung der Frage, ob eine EG-Holzmarktordnung notwendig und möglich ist, bedarf es zunächst einer Rückblende auf die Lage zu Beginn des Inkrafttretens des Römischen Vertrages, die für die Entscheidung maßgebend war, auf eine Marktordnung für Holz zu verzichten. Auch müssen die Erwägungen, die seinerzeit der Entscheidung zugrunde lagen, noch einmal auf ihre heutige Gültigkeit überprüft werden.
Zu Beginn der Bildung der Europäischen Gemeinschaften hatte das Holz einen guten Preis und der Forstwirtschaft war eine günstige Konjunktur beschieden. Nach Freigabe der Holzpreise 1953, die durch die nationalsozialistische Zwangswirtschaft seit 1937 künstlich niedrig gehalten waren und jede gesunde wirtschaftliche Entwicklung verhinderten, waren sie, begünstigt durch die Baukonjunktur wieder angestiegen und erreichten 1957 einen Höhepunkt. Von da an hielten sie sich mit geringen Schwankungen auf einer vertretbaren Höhe, um ab 1963 stetig zu fallen. Erst von 1972 auf 1974 zeigt sich ein Preissprung und in den Folgejahren eine stetige Steigerung. Mit dem Preisabfall von 1963 an ging ein Anwachsen der Kosten parallel. In den letzten 20 Jahren sind trotz Rationalisierungen die Kosten in der Forstwirtschaft über 200% gestiegen. Aufwand und Ertrag kamen in ein krasses Mißverhältnis. Die Betriebe der Forstwirtschaft gerieten zum überwiegenden Teil in die Verlustzone.
Die Forstwirtschaft war dadurch nur noch bedingt in der Lage, eine ordnungsgemäße Wirtschaft, wie sie von den Forstgesetzen verlangt wird, zu garantieren, geschweige denn alle die Forderungen zu erfüllen, die von der Öffentlichkeit an den Wald in bezug auf Erholung, Landschaftspflege und Klimaschutz gestellt werden. Es zeichneten sich mancherorts besorgniserregende Entwicklungen ab, die darin bestehen, daß in die Substanz eingegriffen wird und notwendige Betriebsarbeiten, insbesondere Pflegearbeiten in den Jungbeständen, ganz unterlassen werden.
Auch auf den Weltmärkten ist eine Wende eingetreten. Es ist eine Unruhe entstanden, nachdem durch die sogenannte Energiekrise der Kampf um den Anteil an den Rohstoffen der Erde entbrannt ist. Überall macht sich eine

zunehmende Rationalisierung, Administrierung und Kartellierung bemerkbar. So sind bereits die wichtigsten Rohstoffe kartelliert und einige afrikanische und ostasiatische Kartelle umfassen auch verschiedene Holzsortimente. Es entsteht der Eindruck, daß der freie Markt, der über Jahrzehnte der Nachkriegszeit als eine der wirksamsten Grundlagen zur Entwicklung der Wirtschaft und zur Steigerung des Lebensstandards diente, an Vertrauen eingebüßt hat.

Die Gründe hierfür sind vielschichtig. Hauptsächlicher Beweggrund dürfte sein, daß die armen Entwicklungsländer das Bestreben haben, ihre wenigen vorhandenen und knapper werdenden Rohstoffe so teuer wie möglich zu verkaufen, um mit ihrer Hilfe den Anschluß an den Lebensstandard der industriellen Nationen zu erzielen. Der sogenannte Nord-Süd-Dialog ist in vollem Gange und weitgehend geprägt von den Diskussionen über Art und Umfang einer Kartellierung und Indizierung der wichtigsten Rohstoffe.

Während bei Beginn der Europäischen Gemeinschaft die Wirtschaftsführung im Walde noch relativ frei war, werden heute wegen des erkannten Wertes des Waldes als bedeutender Umweltfaktor Forderungen an seine Bewirtschaftung gestellt, die die Betriebsführung belasten. Diese Belastungen wurden auch anerkannt und durch die Förderung des Waldes durch die öffentliche Hand honoriert. Das Ausmaß der Förderung blieb jedoch unzureichend. Auch wurde die Bedeutung des Waldes für die Agrarstruktur erkannt und war Anlaß, den Wald, insbesondere den Bauernwald, mit nationalen Mitteln und denen der EG zu unterstützen.

All dies zeigt, daß heute wohl eine andere Ausgangslage als bei Abfassung der Römischen Verträge besteht, daß aber aufgrund der veränderten Verhältnisse auch Maßnahmen getroffen wurden, um Schwierigkeiten abzufangen und auszugleichen.

Bei der Entscheidung über die Frage freier Holzmarkt oder europäische Marktordnung standen sich zwei Auffassungen gegenüber.

Die Befürworter der Einbeziehung des Holzes in eine europäische Marktordnung wiesen auf die vielfache Übereinstimmung in agrar- und forstpolitischen Fragen hin. Forst- und Landwirtschaft sind als Urproduktion gegenüber der Industrie erheblich benachteiligt. Die Preis-Kostenschere drohe sich in den land- und forstwirtschaftlichen Betrieben ständig weiter zu öffnen. Die Disparität zwischen Land- und Forstwirtschaft einerseits und Industrie andererseits präge sich immer mehr aus. Die allgemeinen Bestimmungen des Vertrages können der Forstwirtschaft durch den erweiterten Markt einige Vorteile bringen, lassen aber auch nachteilige Beschränkungen erwarten. Zusammenschlüsse auf nationalstaatlicher Ebene seien infolge übergeordneten EWG-Rechtes erschwert und nationale Beihilfen aus Wettbewerbsgründen gefährdet. Auf dem Gebiet der Handelspolitik, bei dem die EWG durch GATT-Bestimmungen gebunden ist, sei die Handlungsfreiheit der Mitgliedstaaten weitgehend eingeschränkt. Die Selbsthilfe der Forstwirtschaft auf betrieblichem und organisatorischem Gebiet müsse durch Hilfsmaßnahmen dirigistischer Natur ergänzt werden. Die geforderte Honorierung der dem Wald innewohnenden und an Bedeutung gewinnenden Wohlfahrtswirkungen sei kein Allheilmittel. Es bestehe sogar die Gefahr, daß damit zwangsläufig die Wirtschaftsfunktion des Waldes in den Hintergrund tritt und unter Umständen gänzlich vernachlässigt wird. Der Forstwirtschaft könne grundlegend und auf die Dauer nur mit den gleichen Schutzmaßnahmen, wie sie der Landwirtschaft eingeräumt sind, geholfen werden. Erst dann sei es möglich, eine klare rechtlich fundierte Beihilfepolitik zu betreiben, Zusammenschlüsse zu fördern und vorteilhaftere handelspolitische Maßnahmen durchzusetzen. Entscheidend aber sollte sein, daß für die Forstwirtschaft insbesondere bei der Massenware kostendeckende Preise gesichert werden. Dies sei aber nur durch eine Marktordnung zu erreichen. Durch die Aufnahme des Holzes in Anhangliste II könnte auch eine gemeinsame Forstpolitik, die die Grundlage für die gegenseitige Abstimmung entscheidender forstpolitischer Maßnahmen ist, betrieben werden.

Demgegenüber wurden folgende Gegenvorstellungen erhoben. Die Forstwirtschaft hat schlechte Erfahrungen mit Marktordnungen für Holz gemacht. Den im Jahre 1953 wiedergewonnenen freien Holzmarkt wollte sie nicht aufs Spiel setzen. Die relativ günstige Holzpreissituation zur damaligen Zeit bestärkte die Vertreter der Forstwirtschaft in der Überzeugung, daß das Holz auch in Zukunft dem freien Spiel der Kräfte gewachsen sei. Das Risiko von Konjunkturschwankungen auf dem gemeinsamen Markt könne in Kauf genommen werden. Das Holz muß mit industriellen Roh- und Werkstoffen auf dem freien Markt konkurrieren können. Eine Bewirtschaftung des Holzes mit unvermeidlichen Preisbindungen bringe die Gefahr seiner Verdrängung durch Surrogate mit sich. Wenn Holz in eine Sonderregelung einbezogen würde, wäre es schwer, eine Begrenzung der Holzmarktordnung festzulegen. Jede Regelung beim Rundholz würde zwangsläufig Reglementierungen bei den be- und verarbeitenden Holzprodukten erwirken. Der Kommission wäre darin aus den Vollmachten der Art. 39 ff des Vertrages ein beliebiger Spielraum gegeben. Auch war zu befürchten, daß die Bürokratie die politisch und wirtschaftlich schwache Forstwirtschaft gegenüber der Landwirtschaft und allgemeinen Wirtschaft nicht angemessen vertreten würde. Im übrigen war auch die Sonderstellung der Landwirtschaft nur als Übergangsregelung vorgesehen, für die Forstwirtschaft auch aus diesem Grunde kein Anlaß, sich für eine Zwischenlösung zu entscheiden. Es kam hinzu, daß die Bundesregierung grundsätzlich an einer Liberalisierung des europäischen Marktes interessiert war und die Zahl der Produkte, die einer Marktordnung unterworfen werden sollten, möglichst kleinhalten wollte.

Die Brüsseler Forstkonferenz im Juni 1959 setzte einen Schlußstrich unter die Auseinandersetzungen. Der Verzicht auf die Aufnahme des Holzes in Anhangliste II des Vertrages wurde zum einheitlichen Standpunkt aller Mitgliedstaaten. Mit dem Verzicht auf einen Sonderschutz für Holz verband aber die Forstwirtschaft die Forderung auf Anerkennung ihrer durch die Langfristigkeit ihrer Produktionsbedingungen erschwerten Lage durch Berücksichtigung bei den Maßnahmen der Wirtschafts-, Handels- und Steuerpolitik.

Die beiderseitigen Argumente haben an Gültigkeit auch heute nichts eingebüßt. Sie gehen von Grundauffassungen aus, die sich nicht vorwiegend am wechselvollen Zeitgeschehen orientieren. Die Befürworter einer europäischen Holzmarktordnung werden aber für sich in Anspruch nehmen, daß sie mit ihren pessimistischen Voraussagen recht hatten, ohne allerdings den Beweis zu erbringen, daß sich der Preis einer Marktordnung mit all ihren Konsequenzen auch bezahlt gemacht hätte. Die Gegenseite wird sich sagen lassen müssen, daß die Marktmechanismen nicht funktioniert haben, was auch wieder im Hinblick auf die jüngsten Preisanhebungen auf dem Holzmarkt nur bedingt zutrifft.

An einer gemeinsamen Forstpolitik, durch welche die gesamte Zuständigkeit auf forstlichem Gebiet von der nationalen Ebene auf die Gemeinschaft verlagert wird, ist keiner der Mitgliedstaaten der EG interessiert. Dazu sind auch die naturgegebenen forstlichen Verhältnisse und die politischen Abhängigkeiten in den Ländern zu verschieden. Wenn aber trotzdem eine Marktordnung gefordert wird, geht man davon aus, daß sie ohne eine gemeinsame Forstpolitik möglich sei. Tatsächlich ist aber eine Holzmarktordnung untrennbar mit forstlichen Maßnahmen im Walde verbunden, die zwangsläufig gemeinsame Regelungen zur Folge haben. Allein die beiden Instrumente der Preis- und Absatzgarantie würden Art und Umfang des Holzeinschlages und die Kultivierung des Waldbodens in erheblichem Maße beeinflussen.

95% und mehr der Einnahmen der Forstwirtschaft stammen aus dem Verkauf von Rohholz. Jede Einwirkung auf das Einnahmevolumen wirkt sich auf den Betriebsablauf aus und bestimmt die Höhe der Investitionen. Der Holzpreis ist die empfindlichste Stelle im forstlichen Wirtschaftsablauf. Das zeigt sich in seiner ganzen Differenziertheit, wenn die Holzpreise für die verschiedenen Holzartengruppen, Laub- und Nadelholz, für einzelne Holzarten wie Eiche, Buche, Edelhölzer, Fichte, Tanne, Kiefer gesehen werden. Dazu kommen die Preisunterschiede bei jeder einzelnen Holzart nach Inhalt, Stärke, Länge, äußerer Beschaffenheit und innerer Qualität. Es dürfte fast unmöglich sein, den schwer zu standardisierenden Rohstoff Holz in seinen Wertrelationen in den Griff zu bekommen.

So wie in der Landwirtschaft ein guter Schweinepreis die Schweinezucht und ein guter Milchpreis die Rinderhaltung fördern, werden in der Forstwirtschaft gleiche Wirkungen ausgelöst, wenn bestimmte Holzarten, Stärke- oder Güteklassen preislich beeinflußt werden. Zum Unterschied zur Landwirtschaft sind die Wirkungen in der Forstwirtschaft aber von langfristigem Charakter und bestimmen den Wirtschaftsablauf für Jahrzehnte.

Aus der Geschichte der Forstwirtschaft wissen wir, daß z. B. der Rückgang des Anbaus von Laubholz auf die preisliche Bevorzugung des Nadelholzes insbesondere der Fichte durch die damals aufstrebende Wirtschaft zurückzuführen ist. Die Eiche wurde nachgezogen in einer Zeit, als die Rinde zur Gerbstoffgewinnung und das Holz zur Verkohlung und Verhüttung der Eisenerze begehrt waren. Überhöhte Holzpreise können zu nicht vertretbaren übersteigerten Nutzungen ebenso führen wie zu sparsamer Vorratswirtschaft. Durch ungenügende Preise für Holz geringer Dimensionen werden Pflegemaßnahmen in den Durchforstungsbeständen vernachlässigt. Einflüsse vom Holzpreis gehen auf die Höhe der Umtriebszeit, die Wahl der Holzart, die Betriebsart aus. Auf jeden Fall sind mannigfache Abhängigkeiten vorhanden. Eine europäische Holzmarktordnung ist von einer gemeinsamen Forstpolitik nicht zu trennen. Freilich bestehen diese Abhängigkeiten auch beim freien Markt nur mit dem Unterschied, daß sich hier die Preise am lebendigen Puls des Wirtschaftslebens im Wechselspiel von Angebot und Nachfrage orientieren und nicht künstlich gebildet werden. Die dirigistisch gesteuerte Preispolitik birgt zu viele Fehlentscheidungen in sich und hat erfahrungsgemäß häufig zu Mißerfolgen geführt.

Der Nobelpreisträger Professor *Hayck,* Freiburg, ein Vertreter der sozialen Marktwirtschaft, warnt in seinem Buch „Der Weg zur Knechtschaft" vor einer Koppelung der Systeme: „Sowohl das Wettbewerbsprinzip wie das der zentralen Steuerung werden zu schlechten und stumpfen Werkzeugen, wenn sie unvollständig sind. Sie sind einander ausschließende Prinzipien zur Lösung desselben Problems und eine Mischung von beiden bedeutet, daß keines von beiden wirklich funktionieren und das Ergebnis schlechter sein wird, als wenn man sich konsequent auf eines von beiden verlassen hätte."

Zunächst sei auf die rechtliche Problematik hingewiesen. Die direkte Einbeziehung von Holz in den Anhang II dürfte sehr wahrscheinlich nur im Rahmen einer Vertragsänderung möglich sein, zumal Art. 38 eine Ergänzung von Anhang II nur innerhalb von 2 Jahren nach Inkrafttreten des Vertrages zugelassen hat.

Ob der Weg über Art. 235 gangbar ist, muß zweifelhaft erscheinen. Die Ansichten der Juristen gehen darüber auseinander. Der Art. 235 sagt: „Erscheint ein Tätigwerden der Gemeinschaft erforderlich, um im Rahmen des Gemeinsamen Marktes eines ihrer Ziele zu verwirklichen und sind in diesem Vertrag die hierfür erforderlichen Befugnisse nicht vorgesehen, so erläßt der Rat einstimmig auf Vorschlag der Kommission und nach Anhörung der Versammlung die geeigneten Vorschriften."

Es ist umstritten, ob der Art. 235 zuläßt, neue Ziele zu setzen; oder ob die Bestimmungen lediglich dazu da sind, die Verwirklichung bereits festgelegter Ziele durch Erweiterung der Befugnisse zu erreichen. Bei Aufnahme des Holzes in Anhang II würde es sich fraglos um eine neue Zielsetzung handeln. Aber selbst wenn die Einbeziehung des Holzes in Anhang II möglich wäre, ist auf jeden Fall noch zweifelhaft, ob daraus Leistungen des gemeinsamen Agrarfonds für die Forst- und Holzwirtschaft hergeleitet werden können. Die Leistungspflicht des Agrarfonds ist nach Art. 40 Abs. 4 ausdrücklich auf die Landwirtschaft beschränkt. Es ist fraglich, ob Art. 235 eine Ausdehnung dieser Bestimmung und damit mittelbar eine Vertragsänderung zuläßt.

Aber unabhängig von der rechtlichen Seite soll die Frage untersucht werden, ob die Einbeziehung des Holzes in Anhang II für die Forst- und Holzwirtschaft einen Vorteil bedeutet.

Im Falle der Einbeziehung von Holz in den Anhang II würden für Holz die gleichen Vorschriften wie für die übrigen landwirtschaftlichen Erzeugnisse des Anhangs II, nämlich die Artikel 38 bis 47, gelten.

Die Bestimmungen legen grundsätzlich nicht nur das Verfahren zum Aufbau der gemeinsamen Agrarpolitik, sondern auch deren Zielsetzung sowie einige Übergangsvorschriften (Bestimmungen über Einfuhrmindestpreise, langfristige Lieferabkommen usw.) fest.

Abgesehen von der grundsätzlichen Frage, inwieweit es überhaupt sinnvoll sein kann, Holz sehr spezifischen Rechtsnormen sowie dem Verfahren einer klassischen und speziellen Agrarpolitik zu unterwerfen, bleibt zu prüfen, welchen Inhalt diese Bestimmungen im einzelnen haben, Artikel 39 legt die Grundziele der gemeinsamen Agrarpolitik in Anlehnung an früher bereits international anerkannte Grundsätze in folgender Weise fest:

a) die Produktivität der Landwirtschaft durch Förderung des technischen Fortschritts, Rationalisierung der landwirtschaftlichen Erzeugung und den bestmöglichen Einsatz der Produktionsfaktoren, insbesondere der Arbeitskräfte zu steigern;
b) auf diese Weise der landwirtschaftlichen Bevölkerung, insbesondere durch Erhöhung des pro-Kopf-Einkommens der in der Landwirtschaft tätigen Personen, eine angemessene Lebenshaltung zu gewährleisten;
c) die Märkte zu stabilisieren;
d) die Versorgung sicherzustellen;
e) für die Belieferung der Verbraucher zu angemessenen Preisen Sorge zu tragen.

Diese Ziele sollen durch den Aufbau einer gemeinsamen Marktordnung erreicht werden. Der Aufbau dieser gemeinsamen Marktordnung wird durch Artikel 40 zwingend vorgeschrieben und kann folgende drei Formen haben:

a) Gemeinsame Wettbewerbsregeln;
b) bindende Koordinierung der verschiedenen einzelstaatlichen Marktordnungen;
c) eine Europäische Marktordnung.

Bei der detaillierten Ausgestaltung der gemeinsamen Marktordnung in einer der drei vorgenannten Formen besitzen die Mitgliedstaaten im Rat, der die Marktordnung auf Vorschlag der Kommission beschließt, gewisse Einwirkungsmöglichkeiten; die verwaltungsmäßige Durchführung der Marktordnung ist aber, wie die bisher geschaffenen Vorbilder zeigen, in hohem Maße der Kommission überlassen.

Die Mitwirkungsmöglichkeiten der übrigen Mitgliedstaaten beim Aufbau einer gemeinsamen Holzmarktordnung lassen eine sehr protektionistische und dirigistische Gestaltung dieser Marktordnung nicht ausgeschlossen erscheinen, ohne daß spezifischen regionalen Notwendigkeiten Rechnung getragen werden muß.

Die verwaltungsmäßige Durchführung der Marktordnung durch die Kommission vermindert die Einflußmöglichkeiten der Mitgliedstaaten noch weiter, so daß Situationen entstehen können, die für die Forst- und Holzwirtschaft von sehr fraglichem Wert sein können.

Die Befürworter der Einbeziehung des Holzes in Anhang II empfehlen die erste Form der Marktordnung, die gemeinsame Wettbewerbsregeln vorsieht, da eine Koordinierung bestehender einzelstaatlicher Marktordnungen und eine europäische Marktordnung im Beeich der Forst- und Holzwirtschaft nicht zur Diskussion stehen. Eine Koordinierung der Wettbewerbsregeln läßt sich aber zweifellos, wie die bisherigen Verhandlungen gezeigt haben, auch durch Absprachen unter den Mitgliedstaaten erreichen, ohne daß dazu das Risiko der Aufgabe der nationalen Einflußnahme eingegangen zu werden braucht.

Der Wirkungsgrad der Einbeziehung des Holzes in Anhang II ist im übrigen begrenzt. Die Einbeziehung hat keinen Einfluß auf den Zoll- und Kontingentsabbau, da für die Forst- und Holzwirtschaft keine langfristigen Lieferverträge nach

Art. 45 in Frage kommen. Unberührt davon bleibt auch die Gestaltung des gemeinsamen Außenschutzes gegenüber Drittländern, da die vertraglichen Bestimmungen gleichermaßen für landwirtschaftliche wie für gewerbliche Güter gelten.

In die Förderungsmaßnahmen des europäischen Agrarfonds sind die Forstwirtschaften der Mitgliedstaaten inzwischen einbezogen worden, sofern es sich um forstliche Vorhaben handelt, die in unmittelbarem Zusammenhang mit Entwicklungsprogrammen stehen, die der Verbesserung der Agrarstruktur dienen. Damit ist den Bestimmungen von Art. 40 Abs. 4 Rechnung getragen, wonach die Mittel ausdrücklich der Landwirtschaft zukommen sollen. Mehr kann auch nicht erreicht werden, wenn das Holz auf Anhang II kommt. Die Verbindung der Forstwirtschaft mit der Landwirtschaft ist in dem gleichen Umfang gewahrt wie in der Bundesrepublik Deutschland durch die forstlichen Förderungsmaßnahmen im Rahmen des Grünen Planes.

Für die Forstwirtschaft gelten ohne Einbeziehung des Holzes in Anhang II die allgemeinen Wettbewerbsregeln nach den Artikeln 92 bis 94 des Vertrages. Durch die darin enthaltenen Beihilfeverbote dürfte die Garantie gegeben sein, daß die Wettbewerbsfähigkeit der deutschen Forstwirtschaft durch Beihilfepraktiken anderer Mitgliedstaaten nicht benachteiligt wird. Diese Bestimmungen gelten jedoch nach Art. 42 für die Erzeugnisse des Anhanges II grundsätzlich nicht.

Inzwischen sind die Rohholzpreise gestiegen und das Interesse an einer europäischen Holzmarktordnung erlahmt. Es ist aber zu befürchten, daß es wieder aufflammt, wenn die Konjunktur sich wendet. Unabhängig von den situationsbedingten Schwankungen auf dem Rohholzmarkt, ging es aber hier um die grundsätzliche Frage, ob dem freien oder dem dirigistisch gelenkten Markt der Vorrang gebührt. Die europäischen Forstwirtschaften haben ihr Vertrauen dem freien Markt zugewandt.

Dieses Vertrauen ist auch aus mancherlei Gründen gerechtfertigt. Die mengenmäßige Nachfrage nach Holz wird eher zunehmen als abnehmen. Mitteleuropa ist verkehrsmäßig so aufgeschlossen, daß eine gute Verbindung von den Wäldern zu den großen Verbrauchszentren besteht. Die Waldverwüstungen in Übersee werden die Konkurrenzfähigkeit der mitteleuropäischen Forstwirtschaft stärken. Auch in Jahrzehnten werden die europäischen Wälder noch durch relativ hohe Holzvorräte gekennzeichnet sein. Stark- und Wertholz werden produziert werden und für die Produktionsrückgänge in den Tropen zur Verfügung stehen. Vielleicht wird auch wieder das Brennholz als Alternativ-Energieträger vermehrte Beachtung finden und zu den übrigen Schwachholzsortimenten in Konkurrenz treten.

Auch für die Holzwirtschaft, an deren gesunder Entwicklung die Forstwirtschaft gleichermaßen interessiert sein muß, hat *Rehbock* in seiner Arbeit „Trend der deutschen Holzwirtschaft" keine ungünstige Prognose gestellt, wenn sie wie bisher der nach freiheitlichen Grundsätzen ausgerichteten und dem sozialen Fortschritt dienenden Marktwirtschaft verpflichtet bleibt. *Rehbock* schließt seine Betrachtung: „Die zu vermutende zukünftige Entwicklung bei Holzverbrauch, Holzaufkommen, Holzpreisen und Holzkosten führt zu einer recht optimistischen Zukunftseinschätzung für die Holzwirtschaft. Gerade die Entwicklung bei Preisen und Kosten dürfte die Wettbewerbsfähigkeit der deutschen Holzwirtschaft gegenüber der ausländischen verbessern helfen. Mir ist klar, daß diese günstige Erwartung nicht für jede Branche, für jeden Betrieb gleichermaßen zutrifft. Ich glaube aber, daß die sprichwörtliche Fähigkeit der deutschen Unternehmer Gewähr dafür bietet, daß die Holzwirtschaft der Bundesrepublik Deutschland auch in Zukunft, vielleicht mehr als bisher, prosperiert" (Holz-Zentralblatt 1977 Nr. 126).

Offene Fragen der Enteignungsentschädigung aus agrarökonomischer Sicht

Manfred Köhne, Göttingen

In der BR-Deutschland befinden sich etwa 87 v. H. der Gesamtfläche in der Hand von Land- und Forstwirten. Diese werden daher von landbeanspruchenden öffentlichen Maßnahmen besonders häufig getroffen. Dieser Sachverhalt ist alt, ebenso die einschlägige Gesetzgebung und Rechtsprechung. Insofern erscheint es auf den ersten Blick verwunderlich, daß es heute noch offene Fragen der Enteignungsentschädigung in diesem Bereich gibt. Indes, es gibt diese offenen Fragen. In den letzten Jahren ist sogar eine Intensivierung der Diskussion solcher offenen Fragen eingetreten. Dies hat mehrere Ursachen. Die wichtigsten sind die Weiterentwicklung von Gesetzgebung und Rechtsprechung, der Anstieg der Bodenpreise und dadurch bedingt die verstärkte Erörterung bodenpolitischer Probleme und nicht zuletzt die Erarbeitung neuer Erkenntnisse hinsichtlich der Bemessung von Entschädigungsbeträgen durch die agrarökonomische Wissenschaft.

Im folgenden werden die fünf aus der Sicht des Verfassers wichtigsten offenen Fragen der Enteignungsentschädigung beim Landentzug für öffentliche Maßnahmen aufgegriffen. Nach einer kurzen Skizzierung des Problems wird jeweils ein Lösungsvorschlag unterbreitet. Diese Vorschläge beinhalten die agrarökonomische Sicht. Sie sind nicht als vollständige Lösung sondern vielmehr als Anregung für die juristische Weiterverfolgung der Probleme gedacht. Die sachgerechte Lösung der angeschnittenen Fragen erfordert eine Synthese ökonomischer und juristischer Gesichtspunkte.

Die Bemessung des Vorteilsausgleichs im Falle des Teilflächenentzuges aus einem landwirtschaftlichen Betrieb

Im Falle des Teilflächenentzuges aus einem landwirtschaftlichen Betrieb wird bekanntlich eine Entschädigung für den Rechtsverlust sowie – falls vorliegend – für sonstige Vermögensnachteile gewährt. Der Rechtsverlust setzt sich zusammen aus dem Verkehrswert der entzogenen Fläche und – gemäß der jüngsten Rechtsprechung des BGH[1]) – gegebenenfalls aus dem betrieblichen Sonderwert, welcher die Entschädigungspositionen An- und Durchschneidung, Mehrwege,

[1]) BGH, Urteil vom 30. 9. 1976 – III ZR 149/75.

verlorengegangene Einrichtungen sowie den Minderwert des Restbetriebes umfaßt. Wichtigste Position der sonstigen Vermögensnachteile ist der aus der Betriebsverkleinerung resultierende Erwerbsverlust. Letzterer wird – für den hier allein zu behandelnden Fall, daß Ersatzland nicht beschafft wird – in der Weise festgestellt, daß der durch den Teilflächenentzug bedingte jährliche Einkommensentgang kalkuliert und dieser sodann im Rahmen des Vorteilsausgleichs um den erzielbaren Zinsertrag aus der Verzinsung der Substanzentschädigung reduziert wird. Verbleibt ein positiver Betrag, so ist er zu kapitalisieren und als sonstiger Vermögensnachteil in die Entschädigung einzubeziehen. Führt die soeben skizzierte Rechnung zu einem negativen Betrag so entfällt er, das heißt es ist dann – sofern nicht noch andere Nebenschäden vorliegen – nur eine Substanzentschädigung also eine Entschädigung gemäß Verkehrswert und betrieblichem Sonderwert zu gewähren. Die Substanzentschädigung muß dem Entzugsbetroffenen in jedem Fall ungeschmälert verbleiben.

Bezüglich der Verzinsung der Substanzentschädigung und damit der Bemessung des Vorteilsausgleichs sind zwei Fragen offen und zwar

- für welche Substanzentschädigung soll eine Verzinsung angesetzt werden und
- wie hoch soll der Zinssatz sein?

Bezüglich der ersten Frage geht der BGH in seinem in dieser Hinsicht grundlegenden Urteil vom 30. 9. 1976 davon aus, daß sowohl für die Verkehrswertentschädigung als auch für die Entschädigung des betrieblichen Sonderwertes eine Verzinsung anzusetzen ist. Dieser Forderung kann aus ökonomischer Sicht nicht gefolgt werden. Der BGH hat die Forderung in der vorliegenden Form nach dem Eindruck des Verfassers nur deshalb aufgestellt, weil er in diesem Punkt kein besonderes Problem gesehen oder anders ausgedrückt, weil er vermutlich ein wesentliches Problem übersehen hat.

Dem BGH ist uneingeschränkt zu folgen, wenn er für die Verkehrswertentschädigung im Rahmen des Vorteilsausgleichs eine Verzinsung fordert. Für die Positionen des betrieblichen Sonderwertes ist jedoch überwiegend keine Verzinsung anzusetzen. Die Begründung ist folgende: Die Entschädigung für Anschneidungen, Durchschneidungen, Mehrwege u. ä. wird über die Kapitalisierung jährlicher Nachteile ermittelt. Die Kapitalisierung impliziert, daß der Zinsertrag aus der Verzinsung der entsprechenden Entschädigung bei zeitlich begrenzten Schäden mit und bei dauernden Schäden allein dazu dient, die jährlichen Nachteile zu kompensieren. Dieser Zinsertrag kann daher nicht noch einmal zur Kompensation anderer Schäden, das heißt des Erwerbsverlustes, herangezogen werden. Wird eine Entschädigung für verlorengegangene Kapitalgüter – zum Beispiel Zuwegungen, Einzäunungen, bauliche Einrichtungen – gewährt, so ist die Entschädigung für die Wiedererrichtung dieser Dinge zu verwenden. Sie ist damit für eine andere zinstragende Verwendung gar nicht verfügbar. Aus dem Dargelegten folgt, daß für die bisher angesprochenen Positionen des betrieblichen Sonderwertes eine Verzinsung im Rahmen des Vorteilsausgleichs aus ökonomischer Sicht nicht angesetzt werden darf. Von dem Grundsatz, daß für die Positionen des betrieblichen Sonderwertes keine Verzinsung angesetzt werden sollte, ist nur im Falle einer Position abzuweichen nämlich der Verkehrswertminderung des Restbetriebes. Wird über die Entschädigungen für An- und Durchschneidungen, Mehrwege und verlorengegangene Kapitalgüter hinaus noch eine zusätzliche Entschädigung für eine Minderung des Verkehrswertes des Restbetriebes gewährt, so ist die Verzinsung dieses Betrages neben der Verzinsung der Verkehrswertentschädigung für die entzogene Fläche in den Vorteilsausgleich einzubeziehen, also auf den Erwerbsverlust anzurechnen.

Zu der zweiten offenen Frage, nämlich der nach der Höhe des Zinssatzes, mit dem die Substanzentschädigung verzinst werden soll, hat sich der BGH nicht definitiv geäußert. Mehrere Oberlandesgerichte haben sich für die Anwendung des gesetzlichen Zinssatzes von 4 v. H. ausgesprochen[2]). Dieser Standpunkt wird von den mit Enteignungen befaßten öffentlichen Institutionen unterstützt. Demgegenüber wird von praktischen Sachverständigen, von Juristen wie auch von agrarökonomischen Wissenschaftlern der Standpunkt vertreten, für die Verzinsung der Substanzentschädigung sei nicht ein Zinssatz von 4 v. H. sondern ein niedrigerer, an der Verzinsung von Immobilien oder an Nettopachtpreisen orientierter Zinssatz zu verwenden[3]). Es erscheint dringend erforderlich, daß in diesem Punkt bald rechtlich Klarheit geschaffen wird.

Geht man davon aus, daß der Entzugsbetroffene

- in der Verwendung der ihm gewährten Entschädigung frei sein soll, wie es der BGH in seinem Urteil vom 30. 9. 1976 zum Ausdruck bringt

  und

- nach dem Flächenentzug vermögens- und einkommensmäßig so gestellt sein soll wie zuvor, wie es sich nach dem Eindruck des Verfassers in der einschlägigen Rechtsprechung dokumentiert,

so ist aus ökonomischer Sicht nur ein objektspezifischer, das heißt an der Verzinsung von Immobilien oder besser noch an Nettopachtpreisen orientierter Zinssatz problemgerecht. Dieser Zinssatz ist aus Marktdaten ableitbar. Er liegt deutlich unter der Alternative von 4 v. H. Das Plädoyer für den objektspezifischen Zinssatz ist, wie folgt, zu begründen: Im Zuge der Entschädigung für den Flächenentzug erfolgt ein Austausch von Boden gegen Geld. Ersterer ist eine sicherere und wertbeständigere Anlageform. Wird im Rahmen des Vorteilsausgleichs eine objektspezifische Verzinsung der Substanzentschädigung unterstellt, so kann der Entzugsbetroffene eine ähnlich sichere und wertbeständige Anlageform wählen. Damit steht er dann einkommens- und vermögensmäßig so da wie zuvor. Wählt er eine weniger wertbeständige Anlageform, so kann die höhere Verzinsung dem Ausgleich dieses vermögensmäßigen Nachteils dienen.

Wird jedoch für die Substanzentschädigung eine Verzinsung von 4 v. H. unter-

[2]) Bspw. OLG Celle, Urteil vom 26. 4. 1977 – 4 U 109/76 und OLG Düsseldorf, Urteil vom 16. 6. 1977 – 18 U 35/77. Vgl. zu dem letztgenannten Urteil auch die Anmerkungen von *M. Köhne* in: „Agrarrecht“ 1977, S. 271 f.

[3]) Vgl. bspw.: *W. Labbé:* Anmerkungen zu dem Urteil des BGH vom 30. 9. 1976 – III ZR 149/75, „Agrarrecht“ 1977, S. 61 ff. und *M. Köhne:* Anmerkungen zu demselben Urteil, in: „Agrarrecht“ 1977, S. 87 ff. Ferner auch *C. Bewer:* Zinsertrag aus der Enteignungsentschädigung, „Agrarrecht“ 1972, S. 171 ff.

stellt, so wird dem Entzugsbetroffenen implizit vorgeschrieben, eine entsprechend verzinsliche und damit weniger wertbeständige Anlageform zu wählen, um einen vollen Einkommensausgleich zu erzielen. Damit ist dann allerdings kein voller Vermögensausgleich gegeben. Letzteren kann er erreichen, indem er sich für eine dem Boden vergleichbare Anlage der Substanzentschädigung entscheidet. Dann erreicht er jedoch nicht mehr die im Rahmen des Vorteilsausgleichs angenommene Verzinsung von 4 v. H. und somit auch nicht mehr einen vollen Einkommensausgleich. Die anfangs genannten Ziele – Freiheit in der Verwendung der Entschädigung sowie voller Vermögens- und Einkommensausgleich – sind bei der Unterstellung einer Verzinsung der Substanzentschädigung in Höhe von 4 v. H. nicht gleichzeitig zu verwirklichen. Dazu bedarf es der Annahme einer objektspezifischen Verzinsung. Die Unterstellung eines Zinssatzes von 4 v. H. im Rahmen des Vorteilsausgleichs führt zu einer gravierenden vermögens- oder/und einkommensmäßigen Beeinträchtigung des Entzugsbetroffenen, die nach Ansicht des Verfassers das bei Entschädigungen zumutbare Maß überschreitet.
Das soeben Ausgeführte bezieht sich auf den Entzug landwirtschaftlicher Nutzfläche. Im Falle von Land höherer Qualität ist der Zinsertrag aus der Verzinsung der Substanzentschädigung in einer modifizierten Form zu berechnen. So ist beispielsweise für Bauerwartungsland davon auszugehen, daß ohnehin bald eine Veräußerung und damit Umwandlung von Boden in Geld erfolgt wäre. Allerdings tendieren die Landwirte dahin, einen Teil eines solchen Erlöses für den Wiedererwerb landwirtschaftlicher Nutzfläche zu verwenden. Diese Aspekte berücksichtigend erscheint der folgende Weg zur Bemessung des Zinsertrages aus der Verzinsung der Substanzentschädigung problemgerecht: Der Preis für Bauerwartungsland wird in zwei Komponenten aufgeteilt und zwar in den ortsüblichen Preis für landwirtschaftliche Nutzfläche einerseits und in den darüber hinausgehenden Mehrwert, also die Differenz zwischen dem Bauerwartungslandpreis und dem Preis für landwirtschaftliche Nutzfläche andererseits. Sodann wird für den die landwirtschaftliche Nutzfläche repräsentierenden Betrag eine an Nettopachtpreisen oder an Immobilien orientierte Verzinsung angesetzt. Der verbleibende Mehrwert wird mit dem üblichen Zinssatz von 4 v. H. verzinst. Die Summe beider Verzinsungsbeträge wird von dem jährlichen Einkommensentgang der Entzugsfläche abgesetzt. Dieser Weg bietet einen unmittelbaren Anschluß an die Vorgehensweise bei landwirtschaftlicher Nutzfläche und entspricht hinsichtlich des Mehrwertes der bisherigen Rechtsprechung[4]). Das hier für Bauerwartungsland Skizzierte ist grundsätzlich auch auf anderes Land höherer Qualität anwendbar.

Die Unterstellung schadensmindernder Anpassungen an einen Teilflächenentzug

Im Entzugsfall hat der Betroffene die Pflicht, zur Schadensminderung beizutragen. Geht man die Entschädigungspositionen beim Teilflächenentzug – ohne

[4]) Vgl. bspw. das erste Aussiedlerhofurteil des BGH vom 29. 3. 1971 – III ZR 108/67.

Ersatzlandbeschaffung – durch, so bestehen schadensmindernde Anpassungen im wesentlichen nur bei der Position Erwerbsverlust einschließlich der traditionellen Position Restbetriebsbelastung. Hinsichtlich der Anpassungsmöglichkeiten sind zwei Gruppen zu unterscheiden und zwar

- Anpassungen, die nach dem Flächenentzug kurzfristig, das heißt bereits im folgenden Jahr, realisierbar sind
  und
- Anpassungen, die erst im Laufe der Zeit verwirklicht werden können.

Erstere führen unmittelbar zu einer Verminderung des Erwerbsverlustes; letztere bewirken erst im Zeitablauf eine Verringerung des Erwerbsverlustes sowie eine Reduktion der für die Ermittlung des Entschädigungsbetrages anzusetzenden Kapitalisierungsfaktoren. Anpassungen im Zeitablauf dürfen jedoch nur insoweit unterstellt werden, wie sie in absehbarer Zeit sicher zu verwirklichen erscheinen. Bloße Zukunftshoffnungen jedoch haben hier – wie generell in der Kalkulation von Entschädigungsbeträgen – keinen Platz.

In der heutigen Taxationspraxis wird das Anpassungsproblem und damit das Problem der Schadensdauer überwiegend schematisch gelöst. Die Entzugsbetroffenen und die für sie tätigen Sachverständigen tendieren dahin, Anpassungsmöglichkeiten – insbesondere solche im Zeitablauf – zu verneinen, somit einen konstanten Dauerschaden zu unterstellen und demgemäß – bei dem hierbei üblichen Zinssatz von 4 v. H. – mit einem Kapitalisierungsfaktor von 25 zu arbeiten. Die Enteignungsbegünstigten plädieren demgegenüber für einen wesentlich niedrigeren Kapitalisierungsfaktor[5]). Der oft ins Feld geführte Faktor in der Größenordnung von 8 beispielsweise impliziert bei gleichbleibenden Schäden einen Zeitraum von etwa 10 Jahren und im Falle sinkender Schäden einen Zeitraum von etwa 20 Jahren.

Die entscheidende offene Frage ist die, ob die Unterstellung von Anpassungsmöglichkeiten entweder schematisch generalisierend oder aber fallspezifisch und damit betriebsindividuell vorgenommen werden soll. Im ersten Fall wäre für die Kapitalisierung des Erwerbsverlustes ein für alle Fälle gültiger Kapitalisator vorzugeben. Im zweiten Fall wären die Anpassungsmöglichkeiten betriebsindividuell zu untersuchen und wäre demgemäß eine differenzierte Kapitalisierung – auch von Teilbeträgen – vorzunehmen. Der BGH hat dieses Problem bisher noch nicht aufgegriffen. Da jedoch die genannten gegensätzlichen Standpunkte in jüngerer Zeit stärker hervortreten, wird eine Klärung dringender.

Bezüglich der Beantwortung der soeben aufgeworfenen offenen Frage ist aus ökonomischer Sicht folgendes festzustellen: Die Anpassungsmöglichkeiten an einen Teilflächenentzug sind je nach betrieblichen und regionalen Gegebenheiten sehr unterschiedlich. Das betrifft sowohl schadensmindernde Umstellungen im Produktionsprogramm als auch die Reduktion oder alternative Nutzung durch den Flächenentzug weniger ausgelasteter Arbeits-, Maschinen- und Gebäudekapazitäten. Außerdem ist das Ausmaß des Flächenentzuges von wesentlicher Bedeutung

[5]) Vgl. bspw. Bundesministerium der Finanzen: Erlaß vom 27. 6. 1973 – VI C 6 – VV 3690 – 2/73.

für die Anpassungsmöglichkeiten. Daher ist eine schematische generalisierende Behandlung des Anpassungsproblems durch die Vorgabe eines allgemein gültigen Kapitalisators – das gilt sowohl für den Faktor 8 als auch für den Faktor 25 oder einen anderen – aus ökonomischer Sicht abzulehnen. Statt dessen ist zu fordern, daß die Anpassungs- bzw. Nichtanpassungsmöglichkeiten in jedem Fall offengelegt werden. Damit kann dann fallspezifisch geprüft werden, ob, wieweit und in welchen Zeiträumen schadensmindernde Anpassungen unterstellt werden können und ob sie mit dem Flächenentzug im Zusammenhang stehen, um sie sodann gegebenenfalls in die Kalkulation der Entschädigung für Erwerbsverlust einzubeziehen[6]).

Die Verwendung des Sachwertverfahrens für die Bewertung von Wirtschaftsgebäuden und Dauerkulturen in Entzugsfällen

Bebaute Grundstücke sind in Entzugsfällen in Anlehnung an die Wertermittlungsverordnung[7]) zu bewerten. Diese Verordnung unterscheidet drei Bewertungsverfahren und zwar das Vergleichswertverfahren, das Ertragswertverfahren und das Sachwertverfahren. Die Auswahl des Bewertungsverfahrens soll nach Lage des Einzelfalls unter Berücksichtigung der im gewöhnlichen Geschäftsverkehr bestehenden Gepflogenheiten erfolgen.
Die Wertermittlungsverordnung zielt in erster Linie auf Wohn- und Geschäftsgrundstücke ab. Für landwirtschaftliche Wirtschaftsgebäude ist sie teilweise nicht anwendbar: Diese Gebäude werden außerordentlich selten gehandelt, so daß Marktdaten nicht vorliegen. Daher ist das Vergleichsverfahren nicht zu verwirklichen. Außerdem kann die Auswahl des Bewertungsverfahrens nicht gemäß den Gepflogenheiten des Geschäftsverkehrs erfolgen, da diese mangels Transaktionen nicht existieren. Somit verbleiben als Bewertungsanleitung aus der Wertermittlungsverordnung nur noch das Ertragswert- und das Sachwertverfahren.
Das Ertragswertverfahren ist in leicht modifizierter Form in bestimmten noch näher zu charakterisierenden Fällen auch für die Bewertung landwirtschaftlicher Wirtschaftsgebäude geeignet. Das Sachwertverfahren ist jedoch für diese Bewertung nicht geeignet. Die wichtigste Schwäche des Verfahrens ist die, daß es in erster Linie auf den Zeitwert des Materials abstellt. Dagegen wird auf die Funktion des Gebäudes nicht ausdrücklich Bezug genommen. Bei landwirtschaftlichen Wirtschaftsgebäuden kommt es jedoch gerade auf die Funktion an. Denn diese Gebäude haben keinen Markt- oder Verkehrswert sondern lediglich einen innerbetrieblichen Wert. Dieser richtet sich jedoch nach der Funktion des Gebäudes. Im Entzugsfall muß die aus diesem resultierende Ertragsbeeinträchtigung des

[6]) Vgl. Einzelheiten in *M. Köhne:* Landwirtschaftliche Bewertungslehre. Hamburg und Berlin 1978.
[7]) Verordnung über Grundsätze für die Ermittlung des Verkehrswertes von Grundstücken, i. d. F. vom 15. 8. 1972.

Betriebes Grundlage der Entschädigung sein. Diese Ertragsbeeinträchtigung wird jedoch durch das Sachwertverfahren nicht erfaßt. Bei Verwendung des Sachwertverfahrens kann der Fall eintreten, daß ein funktionsloses jedoch relativ neues Gebäude einen vergleichsweise hohen Wert erhält. Umgekehrt kann es vorkommen, daß ein altes Gebäude, das jedoch seine Funktion voll erfüllt oder nach gewissen Umbauten vollkommen erfüllen würde, einen niedrigen Wert zugeschrieben bekommt. Das kann nicht richtig sein, denn im Falle eines Entzuges wäre die Ertragsbeeinträchtigung im ersten Beispiel gering, in der zweitgenannten Situation dagegen wesentlich. Der Wert eines Gebäudes für einen landwirtschaftlichen Betrieb muß also nicht in erster Linie von der vorhandenen Bausubstanz sondern von der Funktionserfüllung her gesehen werden.

Aus dem bisher Dargelegten ergeben sich zwei offene Fragen und zwar

- wie kann das Sachwertverfahren für die Bewertung landwirtschaftlicher Wirtschaftsgebäude sinnvoll modifiziert werden
  und
- nach welchen Gesichtspunkten muß die Wahl zwischen dem modifizierten Sachwertverfahren und dem Ertragswertverfahren erfolgen?[8])

Die Beantwortung der ersten Frage folgt aus dem bereits Ausgeführten, daß nämlich die Funktionserfüllung des Gebäudes im Mittelpunkt der Bewertung stehen muß. Dieser Forderung wird durch das sogenannte Substitutionswertverfahren Rechnung getragen. Dieses kann auch als modifiziertes Sachwertverfahren bezeichnet werden.

Bevor dieses Bewertungsverfahren näher erläutert wird, sei zunächst die zweite Frage beantwortet. Die Antwort lautet: Das Substitutionswertverfahren ist immer dann anzuwenden, wenn im Falle eines Entzuges eines Gebäudes dessen Ersatz durch ein neues Gebäude zweckmäßig erscheint. Das trifft immer dann zu, wenn die betreffende Produktion oder andere Nutzung – zum Beispiel Lagerhaltung oder Unterbringung – auch in einem neuen Ersatzgebäude wirtschaftlich betrieben werden kann. Das dürfte bei wettbewerbsfähigen Produktionen sowie bei notwendigen sonstigen Gebäuden fast immer der Fall sein. Oder allgemeiner gilt: Das Substitutionswertverfahren ist immer dann anzuwenden, wenn sich danach ein geringerer Entschädigungsbetrag ergibt als nach dem Ertragswertverfahren. Das Ertragswertverfahren ist für die Bewertung von Wirtschaftsgebäuden dann heranzuziehen, wenn angenommen werden muß, daß ein Ersatz des Gebäudes durch ein neues ökonomisch nicht sinnvoll wäre oder allgemeiner, wenn das Ertragswertverfahren zu einer geringeren Gesamtentschädigung führt als das Substitutionswertverfahren.

Nach Klärung der Auswahl des Bewertungsverfahrens ist jetzt auf eine nähere Vorstellung des Substitutionswertverfahrens zurückzukommen. Dieses Bewertungsverfahren geht von der Überlegung aus, daß im Falle eines Entzuges ein betriebsnotwendiges oder zumindest wirtschaftliches Gebäude durch ein neues

[8]) Diese Fragen können hier nur skizzenhaft beantwortet werden. Ausführlichere Darlegungen finden sich in *M. Köhne:* Landwirtschaftliche Bwertungslehre. Hamburg und Berlin 1978.

ersetzt werden kann. Denn durch einen solchen Ersatz kann der mit dem Entzug eines Gebäudes verbundene Ertragsausfall und damit der Schaden gemindert werden. Dies ist immer dann der Fall, wenn erwartet werden kann, daß das Ersatzgebäude wirtschaftlich ist, was in Zweifelsfällen durch entsprechende Kalkulationen geprüft werden muß. Im Falle notwendiger und wirtschaftlicher Gebäude ist meistens davon auszugehen, daß der Ertragswert eines vorhandenen Gebäudes größer ist als der eines erst neu zu errichtenden Ersatzgebäudes, denn im ersten Fall braucht kein oder nur wenig Kapital investiert zu werden. Wird nun ein vorhandenes Gebäude entzogen und durch ein vergleichbares neues ersetzt, so entspricht der Schaden nicht mehr dem Ertragswert des alten Gebäudes sondern nur noch der Differenz zwischen dem Ertragswert des alten und dem des neuen Gebäudes.

Diese Ertragswertdifferenz kann auf verschiedene Weisen kalkuliert werden: Eine Möglichkeit besteht darin, sowohl das Entzugsgebäude als auch das Ersatzgebäude nach dem Ertragswertverfahren zu bewerten und sodann die Differenz zu bilden. Dieser Weg ist allerdings nur gangbar, wenn für beide Gebäude von der gleichen wirtschaftlichen Nutzungsdauer in der Zukunft ausgegangen werden kann. Diese Einschränkung ist für den zweiten Weg zur Kalkulation des Substitutionswertes nicht erforderlich; diese Vorgehensweise ist daher allgemein gültig und vorrangig empfehlenswert. Sie besteht darin, daß eine Jahresbetrachtung angestellt und der Substitutionswert durch eine Gegenüberstellung der jährlichen Vor- und/oder Nachteile des Entzugsgebäudes im Vergleich zu einem neuen Ersatzgebäude ermittelt wird.

Zur Demonstration dieser Vorgehensweise sei auf die Übersicht verwiesen. Dort erfolgt zunächst eine kurze Beschreibung des Entzugsgebäudes. Danach werden die vergleichbaren jährlichen Kapitalkosten eines Ersatzgebäudes kalkuliert. Die Kapitalkosten des Ersatzgebäudes (Abschreibung und Zinsansprüche) werden ermittelt, indem die voraussichtlichen Anschaffungskosten des Gebäudes (im Beispiel 100 000 DM) mit dem sogenannten Kapitalwiedergewinnungsfaktor multipliziert werden. Diese Faktoren sind für verschiedene Laufzeiten und Zinssätze in den meisten Lehrbüchern der Finanzmathematik wie auch der agraren Taxation enthalten. Es handelt sich um die gleichen Faktoren, mit denen der Kapitaldienst von Annuitätendarlehn ermittelt wird. Entsprechende Tabellen sind für den praktischen Sachverständigen leicht beschaffbar. Die Kapitalkosten des neuen Ersatzgebäudes werden um dessen jährliche Vorteile reduziert. Als Vorteile kommen beispielsweise geringere Reparaturen, eine günstigere Arbeitsgestaltung oder/und bessere tierische Produktionsleistungen in Betracht.

Nach der Ermittlung der vergleichbaren Kapitalkosten des neuen Gebäudes sind die hypothetischen Kapitalkosten des Entzugsgebäudes zu kalkulieren. Sie errechnen sich aus der Multiplikation der Renovierungskosten mit dem Wiedergewinnungsfaktor und der Multiplikation des gesuchten Substitutionswertes mit dem Wiedergewinnungsfaktor. Der Substitutionswert soll erst bestimmt werden. Er wird daher mit S bezeichnet. Dieses ist nun so zu bestimmen, daß die kalkulatorischen Kapitalkosten des Altbaus genau den vergleichbaren Kapitalkosten eines

Übersicht zur exemplarischen Kalkulation des Substitutionswertes für einen Mastschweinestall über einen Vergleich der jährlichen Vor- und/oder Nachteile gegenüber einem neuen Ersatzgebäude

Allgemeine Angaben:	
Größe des Stalls	200 Plätze
Alter des Stalls	10 Jahre
Voraussichtliche Restnutzungsdauer	
1. Fall	15 Jahre
2. Fall	10 Jahre
Erforderliche Renovierungskosten im Bewertungszeitpunkt	10 000 DM
Jährliche Kapitalkosten eines neuen Ersatzgebäudes (Nutzungsdauer = 15 Jahre; Zinssatz = 4 v. H.)	
100 000 DM × 0,09	9 000 DM
Jährliche Funktions- und sonstige Vorteile des Ersatzgebäudes	2 000 DM
Vergleichbare jährliche Kapitalkosten eines neuen Ersatzgebäudes	7 000 DM

Jährliche Kapitalkosten des alten Stalls

1. Fall: gleiche Restnutzungsdauer wie ein neuer Stall
10 000 DM × 0,09 + S × 0,09

2. Fall: kürzere Restnutzungsdauer des alten Stalls (10 Jahre)
10 000 DM × 0,1233 + S × 0,1233

Substitutionswert (S) im

1. Fall: 10 000 DM × 0,09 + S × 0,09 = 7 000 DM
S = 67 770 DM

2. Fall: 10 000 DM × 0,1233 + S × 0,1233 = 7 000 DM
S = 46 770 DM

neuen Ersatzgebäudes entsprechen. Dazu ist – wie aus der Übersicht ersichtlich – eine Gleichung aufzustellen. Sie enthält nur eine Unbekannte, nämlich den Substitutionswert des alten Gebäudes, der damit leicht zu bestimmen ist. Dieser Wert kann auch als der Preis interpretiert werden, den der Landwirt im Falle eines freihändigen Verkaufs für das Gebäude mindestens hätte fordern müssen.

Im Beispiel wurden zwei Fälle unterschieden: Im ersten wurde für das Entzugsgebäude die gleiche Restnutzungsdauer wie für ein neues Ersatzgebäude unterstellt. Diese Unterstellung ist in Anbetracht dessen, daß die wirtschaftliche Nutzungsdauer von Wirtschaftsgebäuden weniger durch deren technische Haltbarkeit sondern vorrangig von der wirtschaftlichen Entwicklung bestimmt wird, oft nicht unrealistisch. Im zweiten Fall der Übersicht wurde für den Altbau eine kürzere Nutzungsdauer als für den neuen Vergleichsbau angenommen. Dadurch ändert sich nur der Wiedergewinnungsfaktor und natürlich auch das Ergebnis, der Substitutionswert. Schließlich ist noch darauf hinzuweisen, daß in beiden Fällen der Substitutionswert des Gebäudes noch um den Bodenwert zu erhöhen ist, um

den Gesamtwert des Grundstücks zu erhalten. Der Bodenwert ist gemäß Wertermittlungsverordnung durch Preisvergleich zu ermitteln.
Das Sachwertverfahren in seiner bisherigen Handhabung sollte in der Bewertung landwirtschaftlicher Wirtschaftsgebäude durch das Substitutionswertverfahren ersetzt werden. Dieses Verfahren bietet die Möglichkeit, ausdrücklich auf die Funktion eines Gebäudes Bezug zu nehmen. Insbesondere können quantifizierbare relative Vor- und Nachteile eines vorhandenen Gebäudes methodisch und quantitativ exakt in die Bewertung einbezogen werden. Die Bewertung orientiert sich nicht wie das Sachwertverfahren – dieses unterstellt letztlich implizit den Zukauf eines identischen Ersatzgebäudes, was bei Wohnhäusern und Geschäftsgrundstücken weitgehend möglich, bei landwirtschaftlichen Wirtschaftsgebäuden jedoch unmöglich ist – an einer fiktiven Anpassungsalternative, sondern an tatsächlich realisierbaren Anpassungsmöglichkeiten. Dabei muß nicht notwendigerweise von einem identischen Ersatz ausgegangen werden. Zweckmäßigerweise wird in der Kalkulation ein etwa funktionsgleiches Gebäude moderner Bauart unterstellt. Unterschiede in der Funktionserfüllung können unschwer ergänzend berücksichtigt werden. Das Bewertungsverfahren ist flexibel in der Berücksichtigung unterschiedlicher Anpassungssituationen und vor allem wirklichkeitsnah.
Das hier für Wirtschaftsgebäude Ausgeführte ist grundsätzlich auch auf die Bewertung von Dauerkulturen übertragbar. Auch dort ist das Sachwertverfahren für die Bewertung in Entzugsfällen nicht geeignet. Als wichtigster Kritikpunkt ist anzuführen, daß die Ertragserwartungen außer acht bleiben. Auch bei der Bewertung von Dauerkulturen sollte das Sachwertverfahren durch das Substitutionswertverfahren ersetzt werden. Daneben ist auch das Ertragswertverfahren anwendbar. Für die Auswahl des Bewertungsverfahrens gelten ähnliche Überlegungen, wie sie für Wirtschaftsgebäude vorgetragen wurden. Einzelheiten können aus Raumgründen hier nicht gebracht werden. Dazu sei auf die entsprechende Literatur verwiesen[9]).

Die Begrenzung der Nebenschäden im Falle des Entzuges eines ganzen Betriebes

Im Falle des Entzuges eines ganzen Betriebes wird – entsprechend dem Entzug von Betriebsteilen – eine Entschädigung gewährt für den Substanzverlust und für Nebenschäden. Hinsichtlich des Ansatzes der Nebenschäden bestehen zwei Möglichkeiten. Es können nämlich angesetzt werden entweder
- die Kosten der Betriebsverlegung oder
- ein Erwerbsverlust.

Damit stellt sich die Frage, welche der beiden Alternativen gewählt werden sollte.

[9]) *H. Storck:* Die Bewertung von Dauerkulturen, in W. Busch: Taxationslehre für Landwirtschaft und Gartenbau. Hamburg und Berlin 1969. *M. Köhne:* Landwirtschaftliche Bewertungslehre. Hamburg und Berlin 1978.

Ferner ist in Diskussion, welche Positionen im einzelnen in die Kosten der Betriebsverlegung bzw. den Erwerbsverlust eingehen sollten.
Gemäß den Rechtsgrundlagen[10]) werden die Nebenschäden im Falle des Entzuges eines ganzen Betriebes durch die Kosten der Betriebsverlegung nach oben begrenzt. Damit ist das Auswahlproblem jedoch nicht vollständig gelöst. Insbesondere verbleibt die Frage, wie zu verfahren ist, wenn der Erwerbsverlust unter den Kosten der Betriebsverlegung liegt. Ferner sei die Frage aufgeworfen, ob nicht in bestimmten Fällen von der Begrenzung der Nebenschäden nach oben durch die Kosten der Betriebsverlegung abgewichen werden sollte. Im Lichte der anzustrebenden Schadensminderung ist – vorbehaltlich noch nachzutragender Einschränkungen – zu fordern, daß nur die niedrigere der beiden Nebenschadensalternativen geltend gemacht werden kann. Sind also die Kosten der Betriebsverlegung geringer als der Erwerbsverlust, so sind erstere als maximaler Nebenschaden anzusetzen. Liegt der Erwerbsverlust unter den Kosten der Betriebsverlegung, so zeigt der Erwerbsverlust die Obergrenze der Nebenentschädigung an. Im letztgenannten Fall kann sich möglicherweise die Situation einstellen, daß ein Nebenschaden gar nicht vorliegt. Die hier skizzierte Lösung des Wahlproblems entspricht auch der Rechtsprechung des BGH[11]).
Weiterführend ist allerdings zu fragen, ob die Wahl zwischen den Kosten der Betriebsverlegung einerseits und dem Erwerbsverlust andererseits nach den hier skizzierten Grundsätzen für die Betroffenen in jedem Fall zumutbar ist. Der Ansatz der Kosten der Betriebsverlegung unterstellt, daß ein Ersatzbetrieb beschafft wird. Der Ansatz des Erwerbsverlustes impliziert demgegenüber, daß der Entzugsbetroffene seine bisherige Erwerbstätigkeit aufgibt. Es gibt Fälle, in denen die Beschaffung eines Ersatzbetriebes nicht zumutbar erscheint und auch Fälle, in denen die Aufgabe der bisherigen Erwerbstätigkeit unzumutbar ist. Daher sollte von der skizzierten Begrenzung der Nebenentschädigung in folgenden Fällen abgewichen werden: Ein über den Kosten der Betriebsverlegung liegender Erwerbsverlust sollte dann vollständig entschädigt werden, wenn die Beschaffung eines Ersatzbetriebes offensichtlich nicht möglich oder unzumutbar ist. Dieses kann besonders dann der Fall sein, wenn der Betriebsinhaber bereits relativ alt ist. Übersteigen die Kosten der Betriebsverlegung den Erwerbsverlust, so sollten sie dann trotzdem entschädigungsfähig sein, wenn es offensichtlich unbillig ist, eine dauerhafte Betriebsaufgabe zu unterstellen. Dieses wird besonders dann gegeben sein, wenn der Betriebsinhaber bisher erfolgreich gewirtschaftet, der Betrieb sich demgemäß positiv entwickelt hat und der Betriebsinhaber – besonders aufgrund seiner speziellen Ausbildung – nur schwer in ein anderes angemessenes Arbeitsverhältnis vermittelt werden kann.
Bezüglich der Positionen, die in die Kosten der Betriebsverlegung einzubeziehen sind, sei zunächst festgestellt, daß folgende Einzelpositionen anfallen können: Kosten für den Erwerb des Ersatzbetriebes wie Grunderwerbsteuer; Makler-, Vertrags- und Reisekosten; Kosten der Verlegung des Betriebes wie Umzugsko-

[10]) Vgl. bspw. § 19 Landbeschaffungsgesetz.
[11]) Vgl. insbesondere das Gärtnereiurteil des BGH vom 8. 2. 1971 – III ZR 65/70.

sten und Kosten anfänglicher Bewirtschaftungsschwierigkeiten; zeitweiser und möglicherweise auch dauernder Ertragsausfall und schließlich gegebenenfalls auch Steuern auf Veräußerungsgewinne, wenn sich die Ersatzbeschaffung längere Zeit hinzieht.
Die meisten dieser Nebenschadenspositionen wurden vom BGH in dem in dieser Hinsicht grundlegenden Schlachthofurteil als berücksichtigungsfähig anerkannt[12]). Als nicht erstattungsfähig wurden allerdings bezeichnet

- Makler- und Vertragskosten sowie
- Nachteile aus der Besteuerung von Veräußerungsgewinnen.

Bezüglich der zweitgenannten Position ist dem BGH aus ökonomischer Sicht und damit nicht zuletzt auch aus Praktikabilitätserwägungen zuzustimmen, wenn er darauf verweist, daß die Besteuerung von Veräußerungsgewinnen nicht Gegenstand der Entschädigung sein sollte, sondern daß die Vermeidung einer solchen Besteuerung in Entzugsfällen im Rahmen des Einkommensteuerrechts geregelt werden sollte[13]).
Hinsichtlich der Makler- und Vertragskosten führt der BGH aus, daß diese nicht erstattet werden können, da es nicht das Ziel der Enteignungsentschädigung sei, dem Betroffenen die Beschaffung eines gleichwertigen Grundstücks- bzw. Betriebes zu ermöglichen. Der Enteignete solle vielmehr nur „bildhaft" in die Lage versetzt werden, sich ein gleichwertiges Objekt zu beschaffen. Aus ökonomischer Sicht kann dem BGH in diesem Punkt nicht gefolgt werden. Der Entzugsbetroffene sollte nicht nur bildhaft sondern tatsächlich in die Lage versetzt werden, einen Ersatzbetrieb zu beschaffen. Soll ihm kein Sonderopfer abverlangt werden, so müssen alle üblicherweise mit einer Betriebsverlegung anfallenden Kosten erstattungsfähig sein.
Der Erwerbsverlust wird im Falle des Entzuges eines ganzen Betriebes in der Regel in der Weise errechnet, daß die Verzinsung der Substanzentschädigung und das Einkommen aus alternativem Arbeitseinsatz der Familienarbeitskräfte dem durchschnittlich in dem betroffenen Betrieb erzielbaren Roheinkommen gegenübergestellt wird. Ein Erwerbsverlust liegt vor, wenn das Roheinkommen größer ist. Zu dieser Berechnungsweise gibt es eine Alternative. Sie geht von der Annahme aus, daß der Entzugsbetroffene mit Hilfe der Substanzentschädigung unmittelbar das betriebliche Fremdkapital ablöst. Im Falle dieser Annahme liegt ein Erwerbsverlust dann vor, wenn die Verzinsung der verbleibenden Substanzentschädigung und das Einkommen aus alternativem Arbeitseinsatz geringer sind als das Arbeits- und Eigenkapitaleinkommen, also der Gewinn, bei Weiterführung des Betriebes. Nach diesem zweiten Weg errechnet sich ein geringerer Erwerbsverlust als nach dem erstgenannten Vorgehen, da für die Verzinsung der Substanzentschädigung ein niedrigerer Zinssatz als der für Fremdkapital zu zahlende Zins anzusetzen ist. Trotz der engeren Begrenzung des Erwerbsverlustes kann dieser zweite Weg zur Berechnung des Erwerbsverlustes nicht generell als unzumutbar abgelehnt werden. Das gilt besonders für ohnehin auslaufende Betriebe. Und es

[12]) BGH, Urteil von 6. 12. 1965 – III ZR 172/64.
[13]) Vgl. dazu auch das Urteil des BGH vom 13. 11. 1975 – III ZR 162/72.

sind in erster Linie gerade diese Betriebe, für die der Erwerbsverlust anstatt der Kosten der Betriebsverlegung als Nebenschaden anzusetzen ist.
Im Falle auslaufender Betriebe ist allerdings bei beiden Berechnungsverfahren des Erwerbsverlustes das Roheinkommen bzw. der Gewinn um die Gebäudeabschreibungen zu erhöhen. Als Verzinsung der Substanzentschädigung sind Nettopachtpreise ganzer Betriebe anzusetzen oder ist diese an der Relation von Pachtpreisen zu Verkehrswerten ganzer Betriebe zu orientieren. Dies entspricht der Verhaltensweise der meisten Betriebsinhaber auslaufender Betriebe, die nämlich überwiegend den Betrieb nicht verkaufen und den Erlös anderweitig anlegen, sondern den Betrieb verpachten. Weitere Argumente für diese Art der Verzinsung der Substanzentschädigung finden sich in dem ersten Abschnitt dieses Beitrages.
Bezüglich des alternativen Arbeitseinsatzes ist zu bedenken, daß dieser für ältere Betriebsinhaber und Familienarbeitskräfte kaum möglich ist, wohingegen für jüngere nach einer Übergangszeit meistens ein alternativer Arbeitseinsatz unterstellt werden kann. Somit vermindert sich der Erwerbsverlust im Zeitablauf. Bezüglich des Kapitalisierungszeitraums ist im Regelfall von der Zeit auszugehen, die der jetzige Betriebsinhaber den Betrieb noch bewirtschaftet haben würde. In der skizzierten Weise kann auch das Problem der sogenannten Existenzentschädigung, das heißt der Entschädigung für den Verlust der Existenz, sachgerecht gelöst werden.

Die Bemessung der Pachtaufhebungsentschädigung

Hinsichtlich der Entschädigung im Falle der Aufhebung eines Pachtvertrages durch eine öffentliche Maßnahme – diese Entschädigung wird im folgenden lediglich aus der Sicht des Pächters und nicht auch des Verpächters behandelt – herrscht gegenwärtig rechtliche Unsicherheit und damit auch Unsicherheit im Hinblick auf die ökonomische Vorgehensweise zur Bemessung von Entschädigungsbeträgen. Diese Unsicherheit resultiert aus zwei Urteilen. Diese Urteile haben einen ganzen Pachtbetrieb zum Gegenstand. Sie strahlen jedoch auch auf die Vorgehensweise zur Ermittlung von Entschädigungsbeträgen im Falle des Entzugs von Pachtgrundstücken aus.
Das erste Urteil ist das des BGH vom 28. 9. 1972[14]). Darin verwirft der BGH die in den Entschädigungsrichtlinien Landwirtschaft von 1963 aufgezeigte Art der Ermittlung der Pachtaufhebungsentschädigung. Die Vorgehensweise gemäß diesen Richtlinien besteht im wesentlichen darin, daß ein Erwerbsverlust des Pächters kalkuliert und dieser sodann auf eine gewisse Zeit kapitalisiert wird. Der BGH führt demgegenüber aus, daß die Entschädigung nicht danach zu bemessen sei, was der Pächter während einer bestimmten Zeit oder gar während der gesamten restlichen Laufzeit des Pachtvertrages aus dem Pachtobjekt herausgewirtschaftet haben würde. Vielmehr müsse auf den Wert des verlorengegangenen Pachtrechts abgestellt werden. Es wäre also zu fragen, was ein solches Recht wert

[14]) BGH, Urteil vom 28. 9. 1972 – III ZR 44/70.

ist, das heißt was im allgemeinen Rechtsverkehr ein solches Recht kostet, welcher Betrag mithin für den Erwerb eines gleichgearteten Pachtrechts aufgewendet werden muß. Dabei komme es nicht darauf an, ob ein gleichgeartetes Pachtrecht überhaupt auf dem Markt zu erwerben war oder zu erwerben ist. Die Bemessung des Wertes des Pachtrechts könne sich, sofern entsprechende Daten vorliegen – an Abstandssummen orientieren.

Bei dem zweiten Urteil handelt es sich um das des OLG Stuttgart vom 11. 7. 1973[15]). Es bezieht sich auf denselben Fall wie das soeben angesprochene BGH-Urteil. Dabei versucht das OLG Stuttgart den Forderungen des BGH nach einer marktorientierten Bewertung des Pachtrechts nachzukommen. Das OLG hat bei verschiedenen Institutionen Auskünfte hinsichtlich des Verkehrswertes von Pachtrechten eingeholt. Es mußte jedoch feststellen, daß solche Verkehrswerte nicht vorliegen, da Pachtrechte nur in Ausnahmefällen gehandelt werden. Sofern Abstandssummen vorliegen, sind sie so fallspezifisch, daß sie nicht verallgemeinert werden können. Das OLG hat daraufhin die Pachtaufhebungsentschädigung gemäß § 287 ZPO festgelegt. Nach verschiedenen Erwägungen ging es davon aus, daß als Wert des Pachtrechts 50 v. H. des nachhaltig erzielbaren Reinertrages, kapitalisiert auf die Restpachtzeit, anzusetzen sind.

Die aus diesen beiden Urteilen resultierende Rechtsunsicherheit dokumentiert sich im folgenden: Der BGH fordert, wie bereits erwähnt, daß der Wert des Pachtrechts nicht nach dem zu bemessen ist, was der Pächter während einer bestimmten Zeit aus dem Pachtobjekt herausgewirtschaftet haben würde. In dem auf das Urteil des BGH gegründeten Erlaß des Bundesministeriums der Finanzen vom 20. 8. 75 ist jedoch folgendes vorgeschrieben[16]): Im Falle der Pachtaufhebung durch eine öffentliche Maßnahme erhält der Pächter eine Entschädigung für den Rechtsverlust in Höhe des Wertes des entzogenen Pachtrechts. Dessen Wert wird durch den Geldbetrag bestimmt, der zum Erwerb eines gleichartigen und gleichwertigen Pachtrechts aufzuwenden ist. Sofern Vergleichs- und Erfahrungswerte vorliegen, die zur Ablösung von Pachtrechten gezahlt werden, sind sie zur Ermittlung der Entschädigung heranzuziehen. Entspricht der vereinbarte Pachtzins dem marktüblichen, so wird in aller Regel dem Pachtrecht ein eigener Wert nicht zukommen. Ist der vereinbarte Pachtzins niedriger als der marktübliche, dann ist die Differenz für die Restpachtdauer gleichbleibend zu kapitalisieren und zu entschädigen. Diese Vorschriften des Erlasses hinsichtlich der Entschädigung für den Rechtsverlust stimmen mit den Forderungen des BGH überein. Die Diskrepanz folgt bei den Nebenschäden. Dort heißt es – im Falle ganzer Pachtbetriebe – in dem Erlaß, daß als Entschädigung das Roheinkommen des Betriebsleiters und seiner mitarbeitenden Ehefrau abzüglich des marktüblichen Pachtzinses gewährt wird. Die für ein Jahr ermittelte Entschädigung wird bei Pachtungen auf bestimmte Zeit für die Restlaufzeit des Pachtvertrages, höchstens jedoch für 4 Jahre als gleichbleibender Schaden gewährt. Es handelt sich hier also um eine Entschädigung für Erwerbsverlust. Sie entspricht dem, was der Pächter während

[15]) OLG Stuttgart, Urteil vom 11. 7. 1973 – 1 U 129/72.

[16]) Bundesministerium der Finanzen, Erlaß vom 20. 8. 75 – VI C 5 – VV 3600 – 11/75.

einer bestimmten Zeit aus dem Pachtobjekt herausgewirtschaftet haben würde. Damit ist auf dem Umweg über die Folgeschäden die Forderung des BGH, die Entschädigung nicht an dem zu orientieren, was der Pächter aus dem Objekt herausgewirtschaftet haben würde, unterlaufen. Hinsichtlich des Erwerbsverlustes im Falle ganzer Pachtbetriebe findet sich die gleiche Bewertungsanleitung wie im BMF-Erlaß auch in dem Entwurf zur Novellierung der Entschädigungsrichtlinien Landwirtschaft.

Zwischen diesem Entwurf und dem BMF-Erlaß besteht jedoch eine Diskrepanz bezüglich der Bemessung der Entschädigung im Falle des Entzuges von Pachtgrundstücken. Dies ist ein weiteres Kennzeichen für die bestehende Rechtsunsicherheit. Nach dem BMF-Erlaß erhält der Pächter als Entschädigung den auf die entzogene Pachtfläche entfallenden Deckungsbeitrag reduziert um den marktüblichen Pachtzins. Der für ein Jahr ermittelte Betrag ist zu kapitalisieren. Der Entwurf der Entschädigungsrichtlinien sieht vor, daß der um den Pachtzins reduzierte Deckungsbeitrag nur teilweise entschädigt wird. Dafür ist eine Staffel angegeben. Bei einer Restpachtzeit von 1 Jahr soll der entgangene Deckungsbeitrag zu 100 v. H. entschädigt werden. Bei einer zwei- oder mehrjährigen Restpachtzeit reduziert sich dieser v. H.-Satz. Bei einer Restpachtzeit von mehr als 5 Jahren beträgt er nur noch 50 v. H. In einem früheren Entwurf war für jede Restpachtzeit nur ein Entschädigungssatz von 50 v. H. des entgangenen Dekkungsbeitrages vorgesehen. Hier wird der Einfluß des Urteils des OLG Stuttgart besonders deutlich.

Die bestehenden Unsicherheiten und Diskrepanzen in der Bemessung der Pachtaufhebungsentschädigung müssen beseitigt werden. Dazu ist es vorrangig erforderlich, daß die vom BGH in dem skizzierten Urteil gezogene Leitlinie revidiert wird. Die vom BGH geforderte marktorientierte Bewertung von Pachtrechten ist unrealistisch. Verkehrswerte für Pachtrechte liegen nicht vor. Und: Die vom BGH geforderte Vergehensweise impliziert, daß der Entzugsbetroffene kurzfristig ein neues Pachtrecht erwerben kann. Der BGH orientiert damit die Bewertung an einer fiktiven, im Regelfall nicht realisierbaren Anpassungsalternative des Entzugsbetroffenen. Aus ökonomischer Sicht ist jedoch zu fordern, die Bewertung nicht an fiktiven sondern tatsächlich realisierbaren Anpassungsmöglichkeiten zu orientieren. Das gilt nicht nur für die Pachtaufhebungsentschädigung sondern – wie auch aus den vorangehenden Abschnitten dieses Beitrages hervorgeht – auch für die Lösung anderer Probleme im Rahmen der Bemessung von Enteignungsentschädigungen. Diese Forderung kann nach Ansicht des Verfassers nicht einfach damit abgetan werden, daß es sich dann nicht mehr um Entschädigung sondern um Schadenersatz handele. Die Probleme müssen da schon spezifischer und tiefgründiger analysiert werden. Die Unterscheidung von Entschädigung und Schadenersatz ist für die Lösung von Detailproblemen aus ökologischer Sicht nicht genügend operational[17]).

Ausgehend von der ökonomischen Forderung, die Bemessung von Entschädi-

[17]) Weitere Einzelheiten hierzu wie auch zum Folgenden finden sich in *M. Köhne:* Landwirtschaftliche Bewertungslehre. Hamburg und Berlin 1978.

gungsbeträgen an tatsächlich realisierbaren Anpassungsalternativen des Entzugsbetroffenen zu orientieren, kann die Pachtaufhebungsentschädigung, wie nachfolgend skizziert, ermittelt werden. Beim Entzug ganzer Pachtbetriebe sollten drei Falltypen unterschieden werden und zwar

- der Pächter kann kurzfristig einen anderen Betrieb pachten,
- der Pächter kann erst in einigen Jahren einen anderen Betrieb pachten,
- dem Pächter ist nicht zuzumuten, einen anderen Betrieb wieder zu pachten.

Im ersten Fall kann sich die Entschädigung an der für den Wiedererwerb eines vergleichbaren Pachtrechts gegebenenfalls zu zahlenden Abstandssumme orientieren. Kann der Pächter kurzfristig in ein anderes gerade auslaufendes Pachtverhältnis vermittelt werden, so ist die Abstandssumme möglicherweise Null. In diesem ersten Fall können ferner möglicherweise noch einige Kosten der Betriebsverlegung in die Entschädigung einzubeziehen sein.

Im zweiten Fall ist von einem Erwerbsverlust auszugehen. Dieser errechnet sich im wesentlichen aus dem durchschnittlich entgehenden Roheinkommen vermindert um das bisherige Pachtentgelt sowie um die Verzinsung des freigewordenen Pächtervermögens. Der Kapitalisierung ist der Zeitraum zugrundezulegen, der üblicherweise für den Erwerb eines vergleichbaren Pachtrechts erforderlich ist. Falls die Restpachtzeit nicht kürzer ist, erscheint eine Begrenzung auf maximal 4 Jahre in der Regel nicht unangemessen. Neben dem Erwerbsverlust sind u. U. noch Kosten der Betriebsverlegung zu berücksichtigen. Die hier für den zweiten Fall skizzierte Vorgehensweise entspricht im wesentlichen der des BMF-Erlasses.

Im dritten Fall, wenn es also für den Pächter nicht zumutbar ist, ein neues Pachtrecht zu erwerben – das ist insbesondere dann der Fall, wenn der Pächter zu alt ist – sollte der Erwerbsverlust für die Restdauer des Pachtverhältnisses jedoch höchstens für die Zeit, in der der Pächter das Pachtverhältnis unter Berücksichtigung seines Alters voraussichtlich noch hätte wahrnehmen können, der Entschädigung zugrundegelegt werden. Kosten der Betriebsverlegung fallen nicht an.

Im Falle des Entzuges von Teilflächen muß sich die Entschädigung an dem entgangenen Deckungsbeitrag (abzüglich Pachtzins) orientieren. Nur einen gewissen v. H.-Satz davon in Ansatz zu bringen – wie in dem Entwurf der Entschädigungsrichtlinien Landwirtschaft – ist aus ökonomischer Sicht unverständlich und widerspricht auch der entsprechenden Vorgehensweise beim Eigentümerbetrieb. Hier sollte also dem BMF-Erlaß gefolgt werden.

«. . . a continuing process of educating ourselves, and striving for excellence. For that is the hallmark of a profession» (J. F. Q. Switzer: Conference Critique – Chartered Surveyors Annual Conference; »Chartered Surveyor«, 1977, 138).

Réflexion sur l'Evolution de la Profession de Géomètre

Aimé De Leeuw, Bruxelles

1. Introduction

Le sol est certainement la plus précieuse ressource qui ait été donnée à l'homme. En fait, c'est le sol qui permet à l'homme d'exister, de subsister et de progresser. Il est essentiel, pour que l'homme puisse continuer simplement à subsister sur la terre, et à plus forte raison pour qu'il puisse se maintenir et accroître son bien-être, qu'il acquière une connaissance aussi précise que possible des ressources du sol, qu'il sache régler l'exploitation de celles qui ne sont pas renouvelables et évite de les gaspiller, et qu'il conserve et utilise avec toute la prudence nécessaire celles qui sont renouvelables, en évitant de les gaspiller[1]).

Pour pouvoir exploiter rationnellement les richesses naturelles du sol et en assurer la conservation, il s'impose avant tout de les connaître avec exactitude et d'en faire une description et un inventaire précis.

D'autre part, il s'est constitué dans la plupart des pays un ensemble imposant de droits et de privilèges publics et privés afférents aux terres, qui s'accompagne en général d'un système presque aussi complexe de devoirs et d'obligations[2]).

Plus la population du monde s'accroît, plus nombreuses et variées sont les possibilités techniques dont dispose l'homme, plus il lui est aussi nécessaire et facile de prévoir et d'organiser la mise en valeur des ressources naturelles. Il est toutefois impossible de préparer et d'exécuter aucun grand ouvrage d'art, aucun

[1]) *Binns, B.:* Plans cadastraux et registres fonciers, Rome, F.A.O., 1955, p. 1.
Cf. également le principe n° 1 de la «Charte européenne des Sols» du Conseil de l'Europe, Strasbourg, août 1972: «Le sol est un des biens les plus précieux de l'humanité. Il permet la vie des végétaux, des animaux et de l'homme à la surface de la terre».

[2]) Dans son remarquable rapport général sur «Le Devenir de la Propriété foncière», présenté au VIIe Congrès européen de Droit rural (Paris, 1975), le Dr. *A. Pikalo* écrit à juste titre: «L'importance du sujet et la fascination qu'il exerce s'expliquent par la valeur que le sol constitute pour l'individu et pour la collectivité, et par le rapport qu'ont les problèmes du droit foncier et leur solution équitable avec la politique sociale».

plan de mise en valeur des ressources agricoles, forestières ou minières, aucun plan d'aménagement des villes ou des campagnes, sans avoir des cartes précises dressées à l'échelle «ad hoc».

Depuis l'antiquité, le géomètre a étudié ces problèmes et a mesuré la terre; cela se faisait déjà en Egypte, en Chine, à Babylone ... La profession de géomètre a évidemment évolué et s'est différenciée depuis lors.

Une réflexion sur la profession de géomètre, présente à l'heure du Marché commun, incontestablement de l'intérêt. Elle touche non seulement à tout ce qui concerne la propriété foncière, mais également aux problèmes relatifs à l'enseignement et à l'orientation des professions intellectuelles.

Du fait de l'évolution et de la différenciation de la profession de géomètre, sa dénomination professionnelle diffère d'un pays à l'autre. En Grande-Bretagne p. ex., il y a le «chartered-surveyor»; en Belgique, il y a eu successivement, l'arpenteur, le géomètre arpenteur et le géomètre-expert immobilier[3]). En France, il y a le géomètre-expert foncier D.P.L.G. et l'ingénieur-géomètre. En Italie et au Grand-Duché de Luxembourg, le géomètre[4]), tandis qu'on connaît en R.F. d'Allemagne et aux Pays-Bas, respectivement l'ingénieur-géomètre[5]) et l'ingénieur- géodésien[6]). Dans cette étude nous retenons le terme «géometre».

Cette énumération fait apercevoir bien des nuances dans la conception de la profession; on a néanmoins essayé d'en donner une définition, valable pour les divers pays:

Dans l'article 4[a] des Statuts de la *Fédération Internationale des Géomètres* (F.I.G.)[7]) nous trouvons la définition suivante:

«Le géomètre est le professionnel qui identifie, délimite, mesure, évalue la propriété immobilière publique ou privée, bâtie ou non, tant à la surface qu'en dessous du sol, ainsi que les travaux qu'on y exécute et qui en organise son enregistrement et, celui des droits réels y rattachés.

Par extension, il en étudie, projette, dirige l'aménagement ou l'amélioration foncière, rurale ou urbaine.

Il traite des sciences techniques, juridiques, économiques, agricoles et sociales qui se rattachent aux objets ci-dessus énoncés».

[3]) En néerlandais: «landmeter», «meetkundige-schatter van onroerende goederen».

[4]) En italien: «geometra».

[5]) En allemand: «Dipl. Ingenieur Fachrichtung Vermessungswesen» (Universitaire) et «Vermessungsingenieur» (Enseignement technique).

[6]) En néerlandais: «geodetisch ingenieur».

[7]) Réuni à Stockholm en 1977, à l'occasion de son XVe Congrès international, le Bureau de la F.I.G. a proposé de compléter comme suit, l'article 4a de ses Statuts: «It is recognized that the term Surveyor, as used in the name of the International Federation of Surveyors, is very wide. In some countries important parts of the profession are better known as Valuers, Appraisers, Land Economists, Hydrographers, Cadastre Engineers, etc.

N.B. La «Fédération Internationale des Géomètres» – «International Federation of Surveyors» – «Internationale Vereinigung der Vermessungsingenieure» est une organisation internationale non gouvernementale, créé en 1878, groupant les organisations nationales de géomètres de 44 pays.

Réunie en congrès à Vienne en septembre 1962, la F.I.G. a précisé la définition des activités essentielles habituelles et exclusives du géomètre:
«Le géomètre participe aux travaux de géodésie et de topographie générale et de ses applications. Il participe à la réalisation sur le terrain des travaux qui y sont projetés. Il intervient en qualité de conseil technique, d'expert ou d'arbitre pour ces missions.
Sont à considérer comme travaux faisant l'objet du monopole du géomètre:
1) l'établissement des procès-verbaux et des plans relatifs aux droits réels sur immeubles;
2) la recherche, la constatation et la matérialisation de limites des immeubles et des servitudes qui s'y rapportent;
3) toutes opérations entraînant la fixation de superficies faisant l'objet de transfert de droits réels sur immeubles».

Il convient de mentionner ici également la définition donnée à la Conférence de Wellington (1950) où étaient réunis des délégués de tous les pays du Commonwealth Britannique et qui intéresse donc spécialement le monde anglosaxon[8]):
«1) la définition la plus adéquate ‹land surveyor› est:
quelqu'un qui mesure et esquisse les caractéristiques naturelles et artificielles de la terre;
2) un ‹land surveyor› peut être et est souvent appelé à accomplir un nombre d'importantes fonctions qui, bien qu'elles ne tombent pas sous la définition ci-dessus, sont néanmoins considérées dans son pays comme faisant partie de la profession de »surveyor« et que, dans son pays, un »land surveyor« peut effectivement être appelé à exercer. Ces fonctions comportent par exemple:
   - la détermination de la valeur de toutes définitions de propriétés rurales minérales, agricoles et immobilières et les différents intérêts inhérents;
   - la détermination de l'emploi et des potentiels de la terre et de ressources naturelles;
   - la pratique d'administration et de développement de biens immobiliers;
   - la pratique de mesurer et estimer les travaux d'entreprise;
   - la détermination de la situation et de l'étendue de travaux de construction et d'aménagement, y compris les mines;
   - les surveys géophysiques et géologiques».

2. La Profession

La profession de géomètre est des plus vastes et variées. Il en résulte que la position sociale du géomètre diffère sensiblement d'un pays à l'autre.
Nous constatons ainsi que cette position est fonction de l'importance que l'on attache au cadastre. En effet, là où le cadastre est juridique et où il conditionne la vie des biens immobiliers, le géomètre est un universitaire qui occupe de ce fait

[8]) *Teirlinck, P.:* Etude sur le Statut du géomètre dans les différents pays; Bruxelles, Edition Ordre des Géomètres, 1963; p. 24.

une haute position sociale, pleine de prestige. C'est le cas notamment en R.F. d'Allemagne, en Suisse et en Autriche, pays qui connaissent le cadastre juridique et le livre foncier; c'est également le cas aux Pays-Bas et au Grand-Duché de Luxembourg où le cadastre tend à devenir un cadastre juridique.
Dans ces pays, le géomètre est le spécialiste de tout ce qui concerne le cadastre, la topographie, la géodésie et le remembrement. Sa mission y est ainsi relativement bien précisée et connue.
Par contre dans les pays où la profession de géomètre embrasse différentes activités, (en Belgique et en Italie notamment) sa position sociale est moins élevée et sa profession sujette à un grignotement de la part des professions voisines.
De cette dernière constatation résulte que dans un monde où la spècialisation s'impose dans toutes les activités, la profession de géomètre devra s'adapter davantage. Cela pourra se faire, soit par la spécialisation dans une orientation déterminée, comme cela se pratique déjà en Grande-Bretagne (géomètre-topographe, géomètre-expert agricole, etc.), soit par la constitution d'équipes. Cette dernière éventualité s'adresse évidemment en principe aux géomètres du secteur privé; elle offre à son tour différentes possibilités:

- un géomètre se fait assister, le cas échéant, par des confrères spécialisés dans telle ou telle branche d'activité de la profession, ou par des spécialistes de professions «voisines»;
- des géomètres s'associent et constituent un cabinet dans lequel les tâches sont réparties par spécialité;
- un géomètre s'associe avec des représentants d'autres professions «voisines» (architectes, ingénieurs, etc.) pour constituer un bureau d'études polyvalent; cela se fait en Grande-Bretagne, moins en France, et dans deux ou trois cas en Belgique.

Il va de soi que le statut juridique de cette collaboration peut varier, ainsi d'ailleurs que la situation de fait des partenaires. Les collaborateurs pourront être des associés et bailleurs de fonds ou bien des salariés, tandis que la méthode de travail pourra être basée, soit sur une hiérarchie stricte, soit sur une collaboration libre et même aller jusqu'à l'application du *système polyphonique,* á l'instar de la musique du même nom, et dans lequel la direction des opérations change en fonction de la discipline qui, pour une tâche déterminée, doit être prépondérante[9]).
A côté de ce besoin de spécialisation et de répartition des tâches, il faut mettre en évidence un autre phénomène: le changement de la nature même des activités, tout au moins pour certaines d'elles, notamment pour tout ce qui concerne la topographie (sensu lato). Les nécessités de la spécialisation provoquent, en effet, une stratification dans certaines activités de la profession. On constate que certaines opérations deviennent de plus en plus manuelles et qu'il y a intérêt par conséquent de les confier à des sous-ordres[10]) Pour les tâches de conception et de direction, il importe par contre de faire appel à des techniciens hautement qualifiés.

[9]) Cf. *Bardet, G.:* Demain c'est l'An 2000; Paris, Plon, 1952; Chap. VIII.

[10]) Cf. *Schermerhorn, W.:* Ontwikkelingen in de landmeetkundige wereld binnen en buiten onze grenzen; «Tijdschrift voor Landmeetkunde» ('s Gravenhage), 1962, 1962, n° 1, 27–41.

Sur cette transformation de l'intervention du géomètre dans ce qui, en somme, lui est le plus propre: le mesurage de la terre, vient se greffer un autre phénomène: le progrès de l'informatique. Il s'agit ici plus spécialement de la mécanisation des calculs topographiques et de l'intervention des procédés les plus modernes de levé de plan (photogrammétrie, etc.).
Dans ce domaine aux possibilités les plus inattendues surgissent des problèmes non seulement techniques ou en rapport avec la formation du futur géomètre, mais d'une toute autre nature: juridiques, psychologiques même.
Quelle est la position juridique du géomètre qui a fait des opérations sur le terrain, et qui confie ses carnets pour dépouillement à un centre d'informatique? Où commence et finit la responsabilité du géomètre dans ce cas? Quid de son serment?
Les réponses à ces questions ne sont certainement pas faciles à trouver, mais elles méritent certainement d'être approfondies, car elles conditionnent l'avenir de la profession.
Enfin, il importe de soulever ici un autre problème: où va la profession de géomètre privé?
Il est indéniable que les professions libérales traversent une crise dans le monde actuel. En ce qui concerne plus particulièrement les géomètres, on constate que les pouvoirs publics créent de plus en plus des administrations publiques pour assumer les tâches qu'ils pourraient peut-être confier tout au moins partiellement à des cabinets de géomètres privés.
La rationalisation dans le secteur privé contribuera à améliorer la position du géomètre de profession libérale. Il est évident que la collaboration du secteur privé aux tâches croissantes du secteur public est conditionnée par la valeur des services qu'il peut offrir.
Certains regroupements ou associations comme ceux esquissés plus haut s'imposent par conséquent: ils sont d'ailleurs également nécessaires en vue de la réalisation du Marché commun.
Sous réserve de certains aménagements, l'avenir de la profession de géomètre privé ne nous semble pas trop sombre. Il est d'ailleurs intéressant de rappeler que l'on assiste en R.F. d'Allemagne et aux Pays-Bas à une augmentation du nombre de cabinets de géomètres privés à qui les pouvoirs publics confient des tâches précises dans des secteurs particulièrement surchargés.

3. L'Enseignement[11])

Le programme des études

Pour acquérir les connaissances indispensables à l'exercice de la profession de géomètre, il est prévu partout, sauf en Belgique et en Italie, une préparation d'une durée moyenne de cinq années d'études supérieures (universitaires)[12]).

[11]) Cf. *Cazeau, M.:* Commission 7 – FIG, Rapport présidentiel, «Compte rendu officiel du IXe Congrès International des Géomètres» (Scheveningen-Delft, 1958); p. 683.
[12]) Cf. *Allaer, A. L.:* Education for the Profession 1974; Fédération Internationale des Géomètres, 1974.

Dans les programmes d'études des divers pays, nous trouvons des disciplines communes à différents degrés:

- Enseignement général: sciences mathématiques, analyse, géométrie analytique, physique (principalement l'optique), hydraulique, géologie;
- Enseignement, technique: géodésie, topographie, photogrammétrie, cartographie, dessin, opérations de terrain, calculs numériques;
- Enseignements spéciaux: cadastre, remembrement, améliorations foncières, urbanisme, routes et constructions;
- Enseignement juridique: législation foncière, expertise, évaluation, sciences économiques.

Suivant les besoins particuliers de chaque pays, nous trouvons aussi l'enseignement de matières diverses, par exemple: langues vivantes, chimie, stratigraphie et minéralogie, géophysique, prospection minière, métré, océanographie, électronique.
Les programmes ne peuvent demeurer invariables pour de nombreuses raisons: l'évolution de la structure foncière consécutive au développement économique, l'augmentation du réseau des voies de communication et les nouvelles conceptions en matière de voirie, l'extension industrielle, les grands travaux d'infrastructure, le perfectionnement du matériel professionnel mécanique et optique, l'accroissement du rôle de l'informatique, etc.
La tendance actuelle des autorités responsables, notamment en République fédérale d'Allemagne, en Grande-Bretagne et aux Pays-Bas, est de vouloir alléger les programmes, alourdis ces dernières années par l'apparition de nouveautés en matière d'instruments, de méthodes et de législation.
Il doit être possible de réaliser un enseignement plus fondamental, se limitant aux principes et aux grandes lignes de chaque discipline, s'adressant à des étudiants pourvus d'une solide instruction générale, et qui acquerront les compléments de formation dans des séminaires de perfectionnement et de recyclage.
L'importance des matières juridiques dans la formation du géomètre est variable selon les pays. Dans l'ensemble, on constate qu'un tiers du temps est consacré à cet enseignement. C'est dire toute son importance car, si l'on enlève les cours d'instruction générale, on s'aperçoit que, pour certains pays, il y a sensiblement équivalence avec les sciences techniques.
Dans la plupart des pays occidentaux, excepté l'Italie, l'étudiant nanti de son diplôme doit avoir acquis la maîtrise professionnelle. On arrive á lui donner cette qualité par l'exécution de travaux pratiques, par des séjours dans des camps de formation, par des stages effectués dans les administrations publiques, chez des géomètres ou à l'étranger.
En général, les étudiants et les jeunes géomètres préfèrent l'étude et la pratique de la topographie et de la géodésie. Toutefois, il importe de ne pas perdre de vue que le géomètre est le spécialiste de la propriété et de l'exploitation foncières; il en résulte que son programme d'études doit réserver, plus que par le passé, une part importante aux *sciences humaines*.
Dans cette optique, des projets de modification des études d'ingénieur géodésien

sont préparés actuellement aux Pays-Bas[13]) et en République fédérale d'Allemagne[14]).

Le Traité de Rome

En principe, le Traité de Rome du 25 mars 1957 influencera également la formation du géomètre, car il prévoit notamment la reconnaisssance mutuelle des diplômes, certificats et autres titres.
Mais les diplômes de géomètre présentent des divergences. Comment aboutir aux équivalences nécessaires? A première vue, il semble qu'il faudra mettre en œuvre la procédure des examens complémentaires, déjà utilisée dans de nombreux accords internationaux en cette matière[15]).
Dans la recherche d'une solution, une notion nouvelle a remplacé la stricte comparaison du niveau des études, du nombre d'heures d'enseignement et de la classification du diplôme.
Il est apparu que les disciplines professionnelles exigent aujourd'hui, en plus de ces critères, un perfectionnement permanent. C'est pourquoi l'équivalence tiendra compte essentiellement de l'effort global accompli par le titulaire, pour sa formation théorique et pratique.
Là où des lacunes seraient constatèes dans la formation du titulaire d'un des pays membres des Communautés européennes, il y aurait lieu de les combler par l'accomplissement de stages et par des examens supplémentaires.
Quoi qu'il en soit, il est clair qu'il résulte de la comparaison du niveau et de l'organisation des études que les autorités responsables belges et italiennes auront à prendre les mesures adéquates pour permettre l'équivalence entre le diplôme de géomètre belge ou de géomètre italien et celui du géomètre des autres pays membres des Communautés européennes[16]).
Une harmonisation de la formation du géomètre semble possible en ce qui concerne les matières d'enseignement général (mathématiques, physique, hydraulique) et d'enseignement technique (géodésie, topographie, photogrammétrie, cartographie, dessin, calculs topographiques); les techniques d'améliorations foncières peuvent s' adapter.

[13]) Cf. *De Haan, P.:* Onderwijs en onderzoek in parageodetische vakken; «Nederlands Tijdschrift voor Geodesie» (Delft); 1973, 41 ss.
– Voorstel ex. art. IV derde lid Wet Herstructurering W. O. betreffende de studierichting der geodesie; Technische Hogeschool Delft, 1976.
– *Witvliet, J. M. C.:* Maatschappijwetenschappen voor de geodetisch ingenieur; «Tijschrift voor Kadaster en Landmeetkunde ('s Gravenhage); 1964, 4, p. 54 ss.

[14]) *Magel, H.:* Geodätische Hochschulausbildung aus der Sicht der Flurbereinigung; »Zeitschrift für Vermessungswesen« (Stuttgart), 1978, 170–191.

[15]) Cf. *de Craeyencourt, J. P.:* Le Marché commun; «The Chartered Surveyor» (London), 1962, p. 583.

[16]) Cf. *De Leeuw, A.:* The Profession of the Land in Western Europe (Gold Medall Address, Royal Institution of Chartered Surveyors, Annual Conference, Brussels 1964); «The Chartered Surveyor» (London), 1964, 53–80.

Le problème devient toutefois plus difficile lorsqu'on aborde les questions juridiques. On touche là à ce qui est propre à la structure politique de chaque pays membre.

Conclusions

En dehors de l'aspect, que l'on pourrait qualifier d'européen, du problème de l'enseignement et de la formation du géomètre, il y en a d'autres qui ont une portée plus large encore.
Nous vivons une révolution dans tous les domaines; les autorités responsables s'inquiètent, à bon droit, de la qualité des hommes qui détiendront demain les premiers rôles. C'est pourquoi la formation d'une élite de chercheurs puvant s'adapter au fur et à mesure aux mille problèmes nouveaux qui surgissent constitue l'un des soucis majeurs de notre temps.
Dans la phase actuelle de développement technique qui constitute une seconde révolution industrielle, aucun programme d'expansion n'a de chances d'aboutir, s'il ne se préoccupe[17]).
1°) de la formation par l'enseignement des effectifs qualifiés nécessaires;
2°) de l'adaptation de la force de travail existante aux nouvelles conditions technologiques.
D'autre part, on doit être conscient que l'amélioration des progrès scientifiques et leurs effets rapides imposent des structures souples afin que l'organisation ne soit pas en retard sur l'équipement[18]).
Dans ce monde en pleine transformation, axé sur l'équipement et l'expansion économique, le rôle du géomètre devient de plus en plus important[19]). Plus que jamais, il importe de lui donner une formation hautement qualifiée. Quant aux membres de la profession déjà installés dans la pratique de leur métier, il importe qu'ils se tiennent au courant des techniques nouvelles. C'est ainsi que la nécessité se fait sentir d'organiser un enseignement post-scolaire.

4. Le statut du Géomètre

Le problème du statut du géomètre dans les pays membres des Communautés européennes et de l'évolution de celui-ci est incontestablement lié à la mise en application du Traité de Rome.
Rappelons tout d'abord les principales dispositions de ce Traité.

[17]) *D'Hoogh, C.:* Problèmes économiques de l'enseignement; Bruxelles, 1963, p. 9.
[18]) *Armand, L.:* Plaidoyer pour l'avenir; Paris, 1961, p. 87 ss.
[19]) Cf. *Abb, W.:* Die Aufgaben des Vermessungsingenieurs in der Flurbereinigung; „Zeitschrift für Vermessungswesen", (Stuttgart), 1972, 158 ss.
– *Eichhorn, G.:* Entwicklungstendenzen im Vermessungswesen; „Zeitschrift für Vermessungswesen", (Stuttgart), 1975, 429 ss.
– *van der Schans, R.:* De geodeet en de planvorming in de Interimnota Landinrichtingswet; „Nederlands Geodetisch Tijdschrift", (Delft), 1976, 83 ss.

Le Traité de Rome prévoit la réalisation de la liberté d'établissement (articles 52 à 58) et la libre prestation de services des activités (articles 59 à 66).
La liberté d'établissement concerne le droit de résider dans un pays pour y exercer une activité professionnelle. La prestation de services concerne au contraire la faculté pour le professionnel, tout en demeurant établi dans son pays d'origine, d'aller exercer son activité professionnelle dans un des cinq autres Etats membres, à titre temporaire.
Ces libertés d'établissement et de prestation de services s'exercent dans le respect des dispositions législatives non discriminatoires. Ceci est très important; cela signifie que les règles et usages des professions ne sont pas bouleversés par l'application du Traité. Celui-ci impose seulement l'obligation de mettre les ressortissants d'un des huit Etats membres sur le même pied que les nationaux du neuvième.
Le Traité prescrit au Conseil des Ministres d'arrêter les Programmes généraux pour la réalisation de ces libertés d'établissement et de prestation de services. Ces programmes généraux ont été arrêtés le 18 décembre 1961.
La réalisation de ces libertés est-elle surbordonnée à certaines conditions? Le Traité n'impose en fait aucune condition préalable à ces «libérations». En particulier, il n'est pas prévu que ces «libérations» sont subordonnées â la reconnaissance mutuelle des diplômes ou à l'harmonisation des statuts de la profession. Ceci n'est imposé comme préalable que pour les professions médicales.
Bien entendu, il n'est pas interdit de réaliser des reconnaissances mutuelles de diplômes et même des coordinations des conditions d'accès et d'exercice avant la date de libération.
Le Traité prévoit des exceptions à la liberté d'établissement et de prestation de services. Il s'agit principalement des activités participant à l'exercice de l'autorité publique.
La reconnaissance mutuelle des diplômes doit être poursuivie dans un but moins académique que professionnel. Cela signifie qu'il ne faut pas rechercher une parfaite égalité de tous les aspects des programmes d'études, mais seulement une équivalence globale de la formation théorique et pratique en vue de l'exercice de l'activité professionnelle.
La coordination des conditions d'accès et d'exercice concerne principalement les règles disciplinaires de la profession. Rappelons à ce sujet que ces règles ne doivent pas être rendues uniformes; le professionnel «étranger» exerce son activité dans le pays d'accueil dans le respect des législations nationales non discriminatoires. Ce qu'il faut examiner ici, c'est dans quelle mesure la coordination de certaines de ces règles statutaires faciliterait la circulation des professionnels.
En ce qui concerne les géomètres, la première difficulté consite à établir une description équivalente dans les Etats membres, non pas de la profession de géometre, mais des activités de géomètre[20]).
Dans la perspective du droit d'établissement, il faut se préoccuper uniquement des activités non salariées du géomètre. Ceci écarte donc les activités des fonctionnai-

[20]) Cf. *de Craeyencour, J. P.:* o.c., p. 562.

res des administration de l'Etat ou des employés de sociétés. Il se pourrait cependant qu'un géomètre salarié fasse partie du personnel de confiance accompagnant le prestataire; il devrait dans ce cas, domme il a été indiqué ci-dessus, bénéficier également de la liberté de prestation de services.

Une description des activités du géomètre qui seront visées par le droit d'établissement entraîne la nécessité de distinguer ces activités de celles de professions connexes. Ces diverses activités sont heureusement «libérées» à la même date. Ce qui doit être étudié dans le cadre de la coordination, ce sont les divergences de champ d'action de ces différentes professions. Il peut en effet résulter de cette différence «certaines distorsions».

Certaines activités du géomètre tombent-elles sous l'application de l'article 55: participation à l'exercice de l'autorité publique?

A première vue, il semble évident que certaines activités du géomètre, comme par exemple l'acte authentique de mesurage, participent à l'exercice de l'autorité publique. De telles activités sont donc exceptées du droit d'établissement.

Il ne faut pas confondre l'activité du fonctionnaire de l'Etat, qui échappe doublement au droit d'etablissement parce que d'une part, elle n'est pas non-salariée, et d'autre part parce qu'elle participe à l'exercise de l'autorité publique, et certaines des activités d'un professionnel indépendant qui revêtent le caractère de participation à l'exercie de l'autorité publique.

Rappelons que les diplômes de géomètre présentent des divergences entre les Etats mombres et qu'il y a lieu d'aboutir à des équivalences. Il s'agit également de déterminer les critères d'accès à la profession:

- reconnaissance mutuelle des conditions de moralité existant dans chacun des Etats: certificat de civisme, de moralité, etc.;
- discipline professionnelle (déontologie).

Ce problème, très important pour les professions libérales, met en jeu notamment la question d'association de professionnels, entre eux. Dans certains Etats membres existe une organisation professionnelle, à laquelle l'inscription du professionnel est obligatoire. Le Traité impose que ces organisations acceptent l'inscription des étrangers, mais n'exige pas nécessairement la création, dans tous les Etats membres, d'organismes de ce genre.

Parmi les règles professionnelles, certaines devront faire l'objet d'une coordination, dans la mesure où cette coordination est de nature à faciliter la libre circulation des géomètres. A première vue, elle pourrait être nécessaire pour la détermination du domaine d'activité, et en particulier pour la réglementation des incompatibilités.

La préparation des différentes mesures applicables dans les neuf pays des Communautés européennes, qui touchent directement un grand nombre de personnes, n'est, on se l'imagine, pas aisée.

Signalons que, parmi les professions libérales, la profession de médecin est la seule pour laquelle la libre circulation est à présent entièrement réalisée . . .[21]).

[21]) Cf.: La liberté d'établissement des professions libérales dans la C.E.; „Kredietbank – Bulletin hebdomadaire", 7 avril 1978.

5. Conclusions

Au terme de cette étude, nous voudrions dégager quelques lignes de force de l'évolution de la profession de géomètre en Europe occidentale et faire le point.
Le technicien comme le juriste doit s'adapter aux nouvelles données de la vie actuelle. Le géomètre est technicien et juriste à la fois; sa profession est science et art. Il se trouve ainsi placé devant des problèmes qui mettent en cause la nature même de sa profession.
Rappelons tout d'abord que le géomètre est le technicien de la propriété foncière et que l'effort pour garantir cette propriété comme pour répartir équitablement l'impôt foncier, ainsi que le besoin de fixer par l'image l'espace vital des hommes, datent de temps immémoriaux.
Aux époques les plus reculées, le bornage et la mensuration des limites parcellaires étaient considérés comme actes sacrés, réservés aux prêtres et aux rois; dans le cours des temps, ce travail passa aux activités des professions supérieures et est devenu l'apanage du géomètre.
Mais depuis quelques années, on assiste au déclin de la propriété foncière. Ce phénomène, qui est d'un intérêt considérable, est relativement récent et s'explique par le prodigieux essor économique du XIXe siècle. D'aucuns craignent que le concept de propriété immobilière privée ayant disparu dans certains pays, il ne subisse le même sort partout.
La profession de gèomètre étant intimement liée à la propriété foncière, connaîtra-t-elle le même sort? c'est-à-dire déclinera-t-elle également? Nous n'en croyons rien.
Qu'il s'agisse de l'extension d'une ville, de la création d'une zone industrielle, de l'implantation d'un hôpital, de la protection des paysages, d'un projet de remembrement, etc., le problème foncier apparaît comme un obstacle. Ce qu'on reproche le plus souvent aux urbanistes, aux aménageurs, aux géomètres, ce n'est pas leur audace ou leur outrance dans le domaine de la technique, ce sont les blessures qu'ils infligent à la propriété privée.
Mais là où les problèmes qui résultent de l'opposition, parfois justifiée, des propriétaires, trouvent une solution satisfaisante, les travaux projetés peuvent être étudiés et exécutés, et intervient par conséquent le géomètre.
On se trouve ainsi devant une évolution fondamentale de l'intervention du géomètre; elle n'est plus seulement celle du technicien de la propriété foncière, mais de plus en plus celle du *spécialiste de l'utilisation judicieuse du sol.*
Cette évolution n'empêche évidemment pas que la propriété foncière reste une réalité avec laquelle nous vivons chaque jour et que le géomètre doit être lucide face à tous les courants d'idées qui dans ce domaine naissent, mûrissent, persistent et parfois meurent . . .
Elle confirme, pour autant que cela soit encore nécessaire, l'importance sociale et économique de la profession de géomètre[22]).

[22]) Cf.: *Bradford, John:* The landsurveyor in a changing environment; «Chartered Surveyor» (London); 1977, 11 ss.
– *Denman, D. R.:* Human Environment – The Surveyor's Response (Gold Medall Address,

Mais d'autres phénomènes touchent l'essence même de la profession: rappelons par exemple l'essor considérable de l'informatique.
Point n'est besoin d'énoncer ici les possibilités remarquables de l'informatique. Les méthodes de complément des opérations topographiques de levé mises au point ont pour caractéristique de maintenir le géomètre dans son activité sur le terrain tout en le libérant de calculs fastidieux. Cette évolution a des répercussions sur sa formation, son mode de travail et son statut. Déchargé de tâches matérielles et à répétition, le géomètre devient de plus en plus homme de conception et de direction.
Le changement de l'intervention du géomètre ne concerne pas uniquement le géomètre-topographe mais également le géomètre-auteur de projet. Ce dernier se trouve, en effet, devant des structures administratives et des conceptions de travail qui évoluent très vite. Jadis, lorsque, par exemple, un aménagement rural par remembrement était envisagé, on se contentait de regrouper les parcelles éparses et d'aménager le réseau des routes et des voies d'écoulement d'eau. Le travail pouvait être fait par un seul technicien, le géomètre-remembreur. Actuellement, on s'oriente de plus en plus vers des opérations d'amélioration intégrale, et dans certains pays, comme la France et les Pays-Bas, des organismes locaux ou régionaux ou des sociétés d'aménagement sonst constitués à l'échelle du département ou de la région naturelle, et chargés des travaux les plus divers[23].
Seul le travail en équipe permettra au géomètre, comme à tout autre technicien d'ailleurs, de participer utilement à ces travaux d'envergure. Cela pose évidemment tout le problème des conditions de cette collaboration, du partage des tâches, des responsabilités, etc.
En ce qui concerne enfin plus spécialement la position du géomètre de carrière libérale, rappelons que celui-ci se trouve entraîné dans une évolution sociale qui n'est pas nécessairement favorable aux carrières libérales. Il importe pour lui d'être très attentif à ce mouvement. Il devra consolider sa position en se spécialisant et en participant à des équipes pluridisciplinaires.
A l'heure où tous, nous souhaitons voir s'accélérer en Europe le libre transfert des marchandises, des capitaux et des hommes, il importe de préciser et de raffermir la position du géomètre. A cet effet, il faut veiller avant tout à la constitution *d'organisations professionnelles fortes* et à *une qualification toujours plus pousée.*

RICS Annual Conference, University of Stirling, July 1972); Cambridge, W. Heffer and Sons Ltd, 1972.
– *Denman, D. R.:* The Place of the Surveyor in World Affairs (FIG Conf., Stockholm 1977).
– *Rinner, K.:* Die Geodäsie, ein Ordnungsfaktor der Gesellschaft; „Zeitschrift für Vermessungswesen", (Stuttgart), 1977, 97 ss.

[23]) Cf. *Batz, E.:* Forderung der Landentwicklung – ein Umbruch in der Zielsetzung der Flurbereinigung?; „Zeitschrift für Vermessungswesen" (Stuttgart), 1977, 193 ss.
– *De Leeuw, A.:* De la nécessité de l'aménagement rural; „Festschrift für Franz Schad" (Schriftenreihe des Josef-Humar-Instituts e. V. – Band 2); Düsseldorf, 1978, 342 ss.
– *Quadflieg, F.:* Das „neue" Flurbereinigungsgesetz und seine Auswirkungen; „Zeitschrift für Vermessungswesen", (Stuttgart), 1976, 169 ss.
– Il Geometra italiano per la Evoluzione del Catasto e dei Libri Fondiari; Atti del XXXVII Congresso Nazionale dei Collegi dei Geometri (Taormina, 1976).

Riflessioni sul concetto di „mutualità'" nella società cooperativa, con particolare riferimento alle cooperative per la conduzione di fondi rustici

Alfredo Massart, Pisa

1. Mutualità e scopo di lucro in generale

Secondo un'impostazione dottrinale ormai acquisita, sembra che un discorso realistico su questo tema – almeno in Italia – debba prendere le mosse dalle fonti legislative di diritto positivo; diremo subito che esse sono, in ordine cronologico: gli artt. 2511, 2512, 2515 e 2536 cod. civ., l'art. 45 Cost. ed il d.lg.C.p.S. 14 dicembre 1947, n. 1577 (c.d. Legge Basevi), coetaneo della Costituzione, e successive modificazioni. Le pochissime norme in tema di cooperative emanate negli anni successivi non riguardano direttamente l'essenza della „mutualità"[1]). Qualche riferimento indiretto a tale concetto emerge anche da altre disposizioni sia dello stesso codice che delle leggi speciali, ma le espressioni „mutualità" e „scopo mutualistico" non risultano in necessario collegamento con la nozione di società cooperativa.

Inizieremo col ricordare che l'art. 2511 cod. civ. stabilisce: „*le imprese che hanno scopo mutualistico* possono costituirsi come società cooperative a responsabilità illimitata o limitata, secondo le disposizioni seguenti". Dal canto suo l'art. 45 Cost. dispone: „*La Repubblica riconosce la funzione sociale della cooperazione a carattere di mutualità* e *senza fini di speculazione privata*"[2]).

[1]) Infatti la legge 17 febbraio 1971, n. 127, battezzata come „Miniriforma delle cooperative", in pratica non è che un mero aggiornamento della normativa del 1947, le cui innovazioni non sfiorano sostanzialmente il nostro tema.

[2]) Il rapporto fra l'art. 45 e l'art. 43 Cost. che reca: „Ai fini di utilità generale la legge può riservare originariamente o trasferire, mediante espropriazione e salvo indenizzo, allo Stato, ad Enti pubblici o a comunità di lavoratori, o di utenti determinate imprese o categorie di imprese, che si riferiscano a servizi pubblici essenziali o a fonti di energia o a situazioni di monopolio ed abbiano carattere di preminente interesse generale" è stato recentemente riproposto all'attenzione degli studiosi . . . in chiave cooperativistica, ma non investe direttamente il nostro argomento, in quanto che, secondo qualche autore, con l'art. 43 si è mirato a proporre una concezione estensiva del fenomeno cooperativo, fino a ricomprendervi la „comunità di lavoratori o di utenti ivi citata".
Da ultimo, sul tema, v. *Galgano,* La cooperazione nel sistema costituzionale, in Nuovo dir. agr., 1977, pag. 409.

Va rilevato subito, ma avremo occasione di approfondire questo punto, che la Carta costituzionale, parlando di cooperazione a carattere di mutualità *e* senza fini di lucro, ha inteso appunto distinguere il concetto di „scopo mutualistico" da quello di „fine di lucro" (o „fine speculativo"), senza contrapporre nettamente e necessariamente il primo al secondo: nel qual caso più chiaramente avrebbe potuto dire „e cioè senza fini di speculazione privata", che allora avrebbe significato senza dubbi residui l'esatto contrario di mutualità. Va detto peraltro che nell'art. 45 Cost. si è voluto tenere presente e sottolineare il proposito di favorire e tutelare costituzionalmente non una forma qualsiasi di cooperazione economica, sibbene solo la cooperazione in senso tecnico, che secondo la migliore dottrina si risolve nell'esercizio di un'impresa in forma mutualistica, semprechè questo avvenga non come puro mantenimento di una forma, ma anche della sostanza, cioè fino a che il fine speculativo dei soci si sostituisca allo spirito cooperativo[3]).

Recentemente il *Cottino* nel suo Manuale di diritto commerciale, trattando lo stesso argomento, intitola il relativo paragrafo: *Le società cooperative. Scopo mutualistico e fine di lucro,* domandandosi espressamente: „Che cosa significa mutualità e scopo mutualistico, in contrapposto a speculazione, e scopo lucrativo?"[4])

A parte il fatto che qualche volta il legislatore usa l'espressione „fini mutualistici" in un senso (forse improprio) in cui non avrebbe significato la contrapposizione a „scopo di lucro" – mi riferisco alla previsione dell'art. 2536, 2° comma, cod. civ., dove sarebbe stato più appropriato dire „destinata . . . a fini cooperativistici"[5]) – per mutualità si deve intendere la reciprocità delle utilità e dei servizi che i membri della cooperativa conseguono per il tramite di questa. Lo scopo mutualistico in una parola si sostanzia, in via generale, nel rapporto che esiste tra i soci e l'attività esterna svolta dalla cooperativa al fine di soddisfare i bisogni dei soci[6]). La ricerca della eliminazione dello intermediario-imprenditore speculante, cui tende per sua natura il fenomeno cooperativo, non contrappone necessariamente la mutualità allo scopo di lucro dei soci, ma dal momento in cui l'art. 2511 sancisce che le imprese che hanno scopo mutualistico possono costituirsi come società cooperative, ed esclude che possano costituirsi in tale forma imprese a carattere non mutualistico, emerge una distinzione fra enti mutualistici non cooperativi e cooperative aventi sempre scopo mutualistico[7]). Il fatto che in certi casi, ad es. nel caso

[3]) *Verrucoli,* La società cooperativa, Milano, 1958, pag. 115.

[4]) *Cottino,* Manuale di diritto commerciale, Padova, 1976, pag. 348 e seg.

[5]) Questa critica alla lettera della legge è stata formulata dal *Verrucoli,* La società cooperativa, cit., pag. 89, il quale peraltro opera in quella sede solo la distinzione fra mutualità e cooperazione, osservando come „esse corrispondano a concetti diversi (anche se parzialmente coincidenti)", senza implicare nella distinzione lo scopo di lucro.

[6]) *Ferri,* Manuale di diritto commerciale, Torino, 1957, pag. 263. Partendo da questa premessa il *Verrucoli* chiarisce che nella cooperativa lo scopo mutualistico qualifica questa società come un particolare tipo di „gestione di servizio" (op. cit., pag. 87).

[7]) Così *l'Ascarelli,* Studi in tema di società, Milano, 1952, pag. 398 e 399. La diversità tra mutualità e cooperazione è stata posta, come si è detto, chiaramente in rilievo anche dal

della cooperativa che si trova ad agire in regime di monopolio, non si tratti di associazioni di deboli economie di mercato (causa storica questa della nascità delle cooperative come fattore di emancipazione economica delle classi lavoratrici), ma di organismi sociali i cui componenti percepiscano non più la rendita differenziale cooperativa, sibbene una rendita ricardiana (*rectius*, extraprofitto), porterà come conseguenza la revoca di particolari benefici, soprattutto di ordine fiscale, ma non inciderà su quel rapporto scambievole tra società cooperativa e soci[8]), e non farà per questo venir meno la mutualità: l'eliminazione del profitto altrui non esclude il conseguimento di quello proprio.

A differenza del passato, nello schema cooperativo dei nostri giorni, accanto ad un movente solidaristico (di mutualità), sono stati introdotti dati e moventi economici. Insomma non ci si limita più ad aiutare membri in difficoltà ma si propone un modello positivo di attività produttiva o di scambio di carattere efficientistico, sullo stesso piano ed in certo senso in concorrenza con gli imprenditori privati.

Anche se lo schema tracciato dal codice del 1942 sottolinea la rilevanza della partecipazione personale dei soci nonchè una relativa sottovalutazione del dato patrimoniale e della ripartizione degli utili „quasi fosse un male necessario", come è stato osservato, in realtà tanto l'art. 2518, n. 9 che prescrive l'indicazione delle norme per la ripartizione degli utili e la percentuale massima degli utili ripartibili, nonchè la destinazione da dare a quelli residui, quanto l'art. 2536 in relazione alla

Verrucoli, per il quale la mutualità „è il genus dal quale si distacca, con caratteri propri, la cooperazione (in senso tecnico)« (op. cit., pag. 118).

Stante la non omogeneità dei concetti di mutualità e di scopo di lucro, nonchè la possibilità che nei soci della cooperativa sussista in misura minore o maggiore un certo intento lucrativo, nel senso del perseguimento della massima remunerazione dei fattori della produzione conferiti per la gestione in comune, senza che per questo la mutualità venga meno, non sembra interamente da condividere la tesi, pur suggestiva, per la quale si avrebbe una mutualità non speculativa nelle cooperative, ed una mutualità speculativa solo nei consorzi; dove quest'ultima a differenza della prima, sarebbe diretta all'incremento o alla difesa del „profitto" dell'imprenditore (Così *Oppo,* L'essenza della società cooperativa e gli studi recenti, in Riv. dir. civ., 1959, I, pag. 402). Questa tesi è stata sostanzialmente ripresa dal *Cigarini* (Natura e struttura della nuova cooperativa di conduzione agraria, in Riv. dir. agr., 1976, I, pag. 227, nota 5) a proposito della cooperativa di conduzione di fondi rustici ed a questa riferita sottolineando soprattutto – in base all'insegnamento dell'*Oppo* – la conseguenza che, quando i soggetti consociati assumono la qualità di imprenditori, l'impresa mutualistica riveste la natura sostanzialmente del consorzio, anche se la forma adottata è quella cooperativa.

[8]) *Verrucoli,* op. cit., pag. 111. A questo proposito il riferimento alla c.d. legge Basevi del 1947 citata all'inizio nel testo è d'obbligo, ma la natura esclusivamente fiscale di questa normativa, anzichè incidere sulla validità della tesi sopra sostenuta, ne offre una puntuale conferma. L'art. 26 di questa legge prevede: „Requisiti mutualistici: – Agli effetti *tributari* si presume la sussistenza dei requisiti mutualistici quando negli statuti delle cooperative siano contenute le seguenti clausole: a) divieto di distribuzione dei dividendi superiori alla ragione dell'interesse legale ragguagliato al capitale effettivamente versato; b) di distribuzione delle riserve fra i soci durante la vita sociale; c) devoluzione, in caso di scioglimento della società, dell'intero patrimonio sociale – dedotto soltanto il capitale versato ed i dividendi eventualmente maturati – a scopi di pubblica utilità conformi allo spirito mutualistico (. . .)".

quota di utili da destinarsi a fini mutualistici (cooperativistici), non pongono limitazioni legislative alla percentuale da ripartire[9]).

Il concetto di mutualità pura che si ravvisa in quel tipo di cooperativa che offre i suoi servizi esclusivamente ai soci, oggi non esiste quasi più; o meglio, sempre più spesso, accanto a qualche caso residuo di cooperative di stampo, per così dire, classico (vi sono ad es. cooperative di produzione e lavoro nelle quali i soci mettono direttamente la loro forza lavoro ed i risultati della loro attività a disposizione del terzo committente, senza peraltro escludere anche qui l'eventuale ricorso al lavoro altrui nè risultati economici di notevole valore) operano delle cooperative che si aprono verso l'esterno superando, nonostante il formalismo degli schermi giuridici, il rapporto socio-beneficiario. Si pensi a certe cooperative di consumo o mutue assicuratrici a livello nazionale, quali la Intercoop, la Unipol, che al di là della loro nota matrice ideologica costituiscono formidabili organizzazioni economiche governate con criteri capitalistici, dove addirittura si verificano anche i tipici fenomeni dell'assenteismo e della presa di decisioni a livello centrale.

Non interessa in questa sede esaminare le cause o le tattiche che stanno alla base di questo fenomeno, giacchè non intendiamo occuparci degli aspetti squisitamente politici della vicenda; interessa invece qui prendere atto di questa situazione e di considerarla come un dato oggettivo imprescindibile della realtà giuridicoeconomica, ai fini di un corretto modo di intendere (in chiave evolutiva) alcuni concetti che fanno capo al moderno cooperativismo in regime di mercato, e cioè: cooperazione, mutualità, scopo di lucro; sia pure, quest'ultimo come fine non principale.

Su questa linea crediamo che sia da condividere l'insegnamento del Verrucoli che i soci, mirando al sempre maggiore sviluppo dell'impresa, a schiacciare la concorrenza degli speculatori e quindi tendenzialmente proprio a tale risultato monopolistico, anche se – per l'oggetto dell'impresa sociale – immediatamente perseguono un intento di risparmio, mediatamente si propongono di conseguire addirittura un extra-profitto. Il che dimostra ad abbondanza, continua l'Autore, che scopo mutualistico (riferito ad una attività d'impresa) ed intento di lucro non sono termini inconciliabili, ma anzi astrattamente e potenzialmente rivolti ad una coincidenza di risultato.

Si può pertanto concludere che una corretta interpretazione del fenomeno economico porta, per tali motivi, ad escludere il luogo comune che a prima vista fonda lo scopo mutualistico sulla circostanza della limitata ricerca di utili da parte dei soci di una cooperativa[10]).

2. Adattamento della mutualità alle esigenze delle singole forme di cooperative

Nella classificazione delle cooperative, qualora il concetto di mutualità venga analizzato più da vicino, pur senza perdere la propria essenza, sembra assumere una colorazione di volta in volta diversa, a seconda del tipo di cooperativa.

[9]) Così, recentemente, il *Cottino,* Manuale, cit., pag. 351 e seg.

[10]) Così il *Verrucoli,* La società cooperativa, cit., pag. 107.

Una breve rassegna, oltre ad evidenziare questo fenomeno, appare anche il modo migliore per impostare il discorso con particolare riferimento, nell'ambito delle cooperative agricole, alla „cooperativa di conduzione di fondi“. Essa, come vedremo, sotto questo punto di vista presenta non poche particolarità.

E' stato osservato[11]) che nella cooperativa di produzione e di lavoro i soci mettono direttamente la loro forza-lavoro e i risultati della loro attività a disposizione del terzo committente, evitando l'appropriazione del plusvalore da parte del datore di lavoro. Essi, quindi, percepiscono la loro quota su tutti i proventi netti dell'impresa o un salario ridotto e poi integrato a fine esercizio con la distribuzione dei residui in proporzione al lavoro prestato (ristourne).

Con la costituzione della cooperativa di consumo i soci cercano di assicurarsi l'acquisto dei prodotti di cui hanno bisogno senza passare sotto il giogo dei rivenditori al minuto: la mutualità qui consiste nel fatto che essi possono acquistare i prodotti al prezzo di costo (maggiorato delle sole spese di organizzazione e finanziarie), oppure al prezzo di mercato. Così facendo le cooperative giocano anche un utile ruolo per i singoli soci ed una funzione calmieratrice sul mercato.

Nelle cooperative di credito e di assicurazione (mutue assicuratrici) la mutualità si sostanzia nel seguente modo: i soci forniscono essi stessi il denaro che servirà a fronteggiare la loro domanda di credito o i rischi cui sono soggetti, tagliando fuori la presenza e l'utile del banchiere o dell'assicuratore. Ancora, nelle cooperative edilizie l'ente si fa compratore del terreno e committente della costruzione senza assumere la qualità di imprenditore, neutralizzando così l'intervento della speculazione immobiliare privata. Il peculiare scopo mutualistico è anche in questa ipotesi di tutta evidenza.

Quanto alle cooperative agricole, si dice che „esse esplicano una funzione di rilievo nell'organizzazione e razionalizzazione della raccolta, lavorazione e vendita dei prodotti del suolo (. . .), nella coltivazione della terra (affittanze collettive) o nell'impiego dei macchinari e dei fertilizzanti“. Esse consentono ai conduttori – si aggiunge[12]) – di realizzare economie di scala, di rompere le strozzature che li separano dal mercato e di attuare coltivazioni a livello industriale che individualmente non sarebbero realizzabili. Però, ciò rilevando, si trascura di ricordare, fra le cooperative per la coltivazione della terra, proprio quelle per la conduzione dei fondi rustici, limitandoci a ricordare solo le cosiddette affittanze agrarie collettive, che sono caratterizzate dal fatto che i soci, dopo aver acquisito la disponibilità di un fondo di proprietà altrui, si limitano a conferire alla cooperativa il proprio lavoro. Come vedremo, invece è possibile il conferimento di fondi da parte dei singoli soci-proprietari e la partecipazione alla cooperativa di soci non lavoratori, nonchè di soci titolari individualmente di diritti personali di godimento (affittuari). In questo campo, quindi, le manifestazioni della mutualità sono alquanto diverse.

[11]) *Cottino,* Manuale, cit., pag. 349.

[12]) V. *Cottino,* loc. cit.

3. La reciprocità dei vantaggi derivanti dall'associazionismo in agricoltura con riguardo alle c.d. cooperative per la conduzione associata dei terreni: un'esperienza nuova per l'Italia

Per comprendere a fondo le caratteristiche generali della mutualità e le funzioni particolari di un certo tipo di associazionismo agricolo che va prendendo piede nel nostro Paese, è opportuno riconnettere questo evento al fatto che nei Paesi dell'Europa occidentale negli ultimi decenni l'industrializzazione ha assorbito molta parte della popolazione rurale senza provocare una correlativa trasformazione delle strutture agrarie. L'impresa familiare, piccola e spesso minima, è stata gloriosa in passato, ma appare, al presente, in buona misura responsabile della scarsa produttività dell'agricoltura. Nel tentativo di riorganizzare le strutture produttive, l'associazionismo appare un rimedio non solo valido, ma addirittura indispensabile, e come tale comincia, fortunatamente, ad essere accettato dai produttori agricoli, specialmente in aziende di piccole e medie dimensioni, notoriamente marginali. Ma attraverso l'associazionismo sembra possibile ottenere un risultato più importante, cioè quello di ricreare le condizioni ottimali delle grandi aziende salvaguardando – nel modo che ora vedremo – la proprietà individuale e schiudendo nuove possibilità di occupazione dei singoli coltivatori.

La complessità della materia tuttavia è innegabile. Il fenomeno genericamente descritto come *agricoltura di gruppo* ha fatto proliferare molte forme giuridiche, al di fuori degli schemi tradizionali, oggi in gran parte logorati nella pratica, se non addirittura avversati legislativamente (si consideri il declino dei contratti agrari storici del tipo associativo).

Al riguardo delle nuove figure è stato osservato che se in apparenza il problema dello svolgimento colletivo dell'impresa agricola non si pone in maniera molto diversa rispetto al settore commerciale, nella realtà la spiccata peculiarità della agricoltura ha impresso a tutta la materia un indirizzo del tutto singolare[13]).

Passando ad esaminare in concreto le varie possibilità che specificamente l'ordinamento italiano offre nel settore della conduzione dei terreni secondo il modello cooperativistico, bisogna subito ricordare che giuristi ed economisti sono concordi nel raccomandare di non confondere le conduzioni associate dei terreni „con le aziende agricole esercitate collettivamente da cooperative agricole di braccianti", dalle quali ultime le prime si distinguono tanto per i gruppi sociali ai quali si rivolgono (le prime interessano impreditori, ex imprenditori, proprietari, ecc, mentre le seconde, genericamente sotto forma di affittanze collettive, riguardano solo braccianti, o comunque soggetti in cerca di lavoro), quanto infine per i fattori conferiti dai soci: terreno agricolo e lavoro nel primo caso, solo lavoro nel secondo[14]). Insomma le cooperative agricole di braccianti si rivolgono ad una

[13]) *Schiano di Pepe,* L'esercizio collettivo dell'impresa agricola. L'agricoltura di gruppo, nel Manuale di diritto agrario italiano, a cura di Irti, Torino, 1978, pag. 178.

[14]) V. *Cigarini,* Natura e struttura della nuova cooperativa di conduzione agraria, in Riv. dir.

categoria di lavoratori che attraverso di esse mirano ad assicurarsi un lavoro stabile ed a condizioni dignitose; le conduzioni associate di terreni in forma cooperativa, invece, si rivolgono ad impreditori agricoli o proprietari di terreni (anche se non è esclusa una partecipazione di soci solo lavoratori), e costituiscono un moderno strumento operativo per procedere alla ristrutturazione delle aziende e all'accorpamento di fondi onde acquistare maggiore competività e forza contrattuale sul mercato[15]).

In Italia caratteristica principale del fenomeno giuridico-economico che interessa direttamente il nostro argomento è il conferimento da parte dei coltivatori delle rispettive aziende agrarie (terreni e/o relative scorte vive o morte) per la gestione in comune dell'impresa agraria, che ne è la preminente finalità sociale, con ricorso ad un sistema di divisione degli utili del tutto particolare.

Il vincolo di disponibilità dei fondi alla cooperativa è previsto generalmente nel contratto costitutivo per una durata di trenta anni ed è collegato al permanere della destinazione agraria e forestale del terreno, a salvaguardia della proprietà individuale. L'inclusione fra i conferimenti dei soci di fondi in precedenza abbandonati dai relativi proprietari o condotti con una forma di *part-time* venuta ad essere insufficiente, è stata determinante per la costituzione di queste cooperative e lo è tuttora per il loro sviluppo.

Gli economisti dei Paesi all'avanguardia nel settore agricolo, soprattutto degli Stati Uniti, già da vari anni hanno posto in rilievo la necessità di una evoluzione dell'idea, non più valida, che il proprio reddito si possa difendere nell'ambito e all'interno della propria impresa. Conseguentemente è necessaria una concezione *diversa* della mutualità che sta alla base delle strutture organizzative agricole. In altre parole nell'agricoltura del passato (economicamente definita statica) i vantaggi reciproci consistevano essenzialmente nel porre in essere una struttura di difesa dal mondo esterno, difesa appunto realizzata attraverso la costituzione delle cooperative. Ora, senza rimanere scandalizzati, va riconosciuto che questo presupposto operativo non è più sufficiente per realizzare un efficace inserimento degli organismi cooperativi agricoli nella realtà di un Paese in rapida evoluzione economica e tecnologica. Al „concetto di difesa deve essere sostituito quello di aggressione, di conquista dello spazio economico“ da parte dei consociati[16]). Anche volendo difendere le attuali posizioni occorre passare dall'atteggiamento passivo di difesa a quello attivo di una vera e propria „politica“ dell'impresa

agr., 1976, I, pag. 224. Per una breve esposizione degli elementi che caratterizzano le diverse cooperative di conduzione di terreni cfr. anche *Vecchi,* Le conduzioni di terreni nel quadro dell'agricoltura di gruppo, in Riv. dir. agr., 1975, I, pag. 345.

[15]) Cfr. *Verrucoli,* Forme di esercizio collettivo dell'impresa agricola, in Riv. dir. agr., 1977, I, pag. 494.

[16]) Queste tesi, contenute negli studi di *H. E. Erdman* e *G. H. Larsen,* The development of agricultural cooperatives in California, Giannini Foundation, 1964, sono state condivise e sviluppate in relazione al caso italiano in una ricerca condotta nell'Istituto di economia e politica agraria dell'Università di Padova da *Agostini-Saccomandi,* Cooperazione agricola e modernizzazione dell'agricoltura, Padova, 1970, pag. 30.

cooperativa per inserirsi nella dinamica del mercato e non subirla passivamente[17]). La speranza di superare con la cooperativa per la conduzione associata dei fondi le limitate dimensioni aziendali, in una agricoltura dinamica e di mercato, non rimarrà utopia nella misura in cui si riuscirà a far acquistare alla cooperativa un maggiore potere contrattuale nel contesto generale dell'economia di una certa zona o del Paese. In questa ottica, la cooperazione diventa veramente uno „strumento" di integrazione delle economie particolari dei soci[18]). Pertanto, la teorizzazione della cooperazione in agricoltura deve, da un lato, essere considerata come un mezzo di intervento strutturale nel settore, per non essere destinata all'emarginazione, e quindi ad uno sforzo senza sbocchi positivi di mera sussistenza, dall'altro la cooperazione non deve più essere intesa come la forma adottiva di associazione per i più poveri, gli sprovveduti, i diseredati, l'associazione per difendersi, come si è detto, ma piuttosto uno strumento per tutti per rispondere a nuove funzioni ed esigenze proprie dell'economia moderna. Non avrebbe alcun senso e sarebbe votata all'insuccesso una cooperativa per la conduzione di fondi che riuscisse a riunire pochi ettari di qualità catastale scadente, e così quella magari in grado di ottenere notevoli quantità di prodotti anche pregiati (si pensi agli ortaggi, ai fiori, ecc.) senza avere una organizzazione tale da consentire lo smaltimento dell'intera produzione, magari – come oggi è necessario – su mercati lontani ed esteri.

4. Caratteristiche peculiari della mutualità nelle cooperative per la conduzione associata di terreni

Ciò premesso, si tratta di mettere a fuoco in modo più preciso il concetto di mutualità proprio di questo tipo di cooperative, sottolineando che investe non solo l'oggetto ma anche la causa del contratto sociale.
In tutti gli statuti delle cooperative a conduzione unita dei fondi, ma il discorso vale anche per le forme a conduzione divisa, si ritrovano in primo luogo i tre elementi caratteristici che consentono all'ente di usufruire dei vantaggi derivanti dalla mutualità *fiscale* (art. 26, legge n. 1577 del 1947, già citata) ma anche altri elementi particolari, che caratterizzano il singolare modo di assicurare determinati vantaggi ai soci sia di carattere economico sia di ordine che potremo genericamente definire sociale.
La gestione di servizio con reciprocità di prestazioni da un punto di vista generale trascende la sfera dei rapporti soci-cooperativa non tanto come offerta di servizi diretti (immediati) verso terzi (come può accadere, ad es., nelle cooperative di consumo) quanto del generico svolgimento di una importantissima funzione sociale nel settore agricolo: dal momento che siffatta cooperativa si propone di contribuire a creare le condizioni favorevoli per il radicale sfruttamento dei terreni

[17]) V. *Saccomandi,* op. cit.
[18]) *Verrucoli,* L'istituto cooperativo nell'evoluzione delle strutture economiche e sociali, in Cooperazione di credito, 1969, pagg. 461 e 462.

abbandonati o sottoutilizzati e per l'applicazione delle tecniche più moderne, rendendo elastica la dimensione delle aziende, delle colture e degli allevamenti ed assicurando un aumento della produttività del lavoro agricolo. Di conseguenza essa contribuisce ad attenuare gli squilibri fra remunerazione dei fattori della produzione agraria e quelli non agricoli ed a migliorare le generali condizioni di lavoro in agricoltura promuovendo la trasformazione delle strutture e degli ordinamenti delle aziende che non sono in grado di produrre a costi di concorrenza.

Un così vasto fascio di utilità rivolto sia ai singoli soci sia alla comunità si articola appunto in questo modo (a vantaggio della proprietà, del lavoro, della produzione, ecc.) tanto per la natura dell'attività esercitata dalla cooperativa, che per le caratteristiche dei singoli soci: in una parola è un fatto incontestabile che la messa a coltura di ampie aree (agricole o forestali) che altrimenti produrrebbero un degrado dell'ambiente a causa del deperimento irreversibile di certi beni di primaria importanza e l'immissione sul mercato di prodotti agricoli qualitativamente migliori, costituiscano aspetti di notevole interesse pubblico e di importanza quindi non trascurabile per tutti i cittadini (fine mediato); per altro verso è opportuno osservare che ai soci derivano vantaggi diversi, in ragione della diversità esistente fra di loro.

Per chiarire questo ultimo concetto è opportuno non solo ricollegarci a quanto abbiamo detto in precedenza circa la natura dei conferimenti e la salvaguardia della proprietà individuale, quanto ai caratteri diversi che contraddistinguono i soggetti che fanno capo a questi organismi, caratteristiche che esulano alquanto dai canoni della normale cooperazione.

E' opinione pacifica che la cooperativa sia emanazione di una categoria di soggetti che dal punto di vista sociologico rappresentano una collettività portatrice di bisogni omogenei[19]); tipici i lavoratori come i braccianti o portuali ecc., che cercano la sicurezza del posto di lavoro, una remunerazione adeguata ed una elevazione socio-culturale. Questo rilievo, che si riflette sullo scopo mutualistico, è applicabile solo in parte o non è applicabile affatto alle cooperative per la conduzione associata dei terreni: infatti in esse il numero dei soci, per quanto necessariamente non inferiore al minimo legale (nove), tende ad essere il più ristretto possibile, al fine di contenere i costi di gestione. Manca, del resto, nell'ordinamento giuridico un qualsiasi strumento di protezione diretta del terzo che, possedendo i requisiti necessari, chieda di entrare a far parte della cooperativa: egli si vede assai spesso respingere la domanda di ammissione a causa del concetto „efficientistico" (motivi tecnici) che generalmente ispira gli amministratori (nel fatto, il principio della porta aperta risulta, così, vanificato).

Inoltre, in queste cooperative è indifferente che il conferente (comprese le persone giuridiche) sia proprietario o titolare di un altro diritto reale di godimento o di un mero diritto personale di godimento sul fondo. Va ricordato che l'art. 10 (2° comma) della legge 11 febbraio 1971, n. 11 riconosce all'affittuario il potere di „partecipare ad organismi associativi per la conduzione, la coltivazione, la trasfor-

[19]) In questo senso cfr. *Verrucoli,* La società cooperativa, cit., pag. 71.

mazione e la commercializzazione dei prodotti agricoli". Pertanto possono essere soci della nostra cooperativa:

1. i proprietari del nudo terreno (o azienda) non coltivatori;
2. i proprietari coltivatori diretti;
3. i titolari di altro diritto reale diverso dalla proprietà (usufruttuari, enfiteuti, ecc.);
4. i titolari di un diritto personale (affittuari) sul bene produttivo.

A queste categorie di soci se ne aggiunge una quinta: quella di chi conferisce solo il proprio lavoro (ex mezzadri, braccianti, ecc.).

In tal modo dal punto di vista soggettivo si possono individuare le seguenti specie di cooperative:

1. cooperative con soci titolari di un diritto di godimento e con soci titolari di un diritto di godimento-lavoratori;
2. cooperative con la partecipazione di tutte le categorie; cioè di

a) titolari di un diritto di godimento,
b) titolari di un diritto di godimento-lavoratori (coltivatori-diretti-affittuari),
c) solo lavoratori.

Ora, se la categoria dei partecipi è eterogenea, ai soci-proprietari non interessa lo stesso risultato che spinge a partecipare alla cooperativa l'ex mezzadro o il bracciante: per i primi si tratta di unirsi ad altri proprietari (non importa se coltivatori diretti o non) per ristrutturare la proprietà usufruendo dell'utilizzazione delle tecniche più moderne o, al limite, semplicemente non essendo in grado di provvedere da soli ad una idonea coltivazione, per conservare nella destinazione o nel valore i fondi conferiti, sottraendosi alle sanzioni ed alle conseguenze negative collegate al possesso di terre incolte; per i secondi riemerge il problema di ottenere una stabile occupazione; per certi altri soci (es. usufruttuari del fondo conferito) infine si tratta della scelta di un modo come un altro di godimento del loro diritto. Con la forma associativa si perseguono allora interessi eterogenei di soggetti che non formano – a nostro avviso – una categoria bene individuata: è un patto sociale con finalità mutualistiche proprie, fra soggetti che agiscono in simbiosi mantenendo tuttavia una spiccata individualità. Affiora così il dubbio che la forma cooperativa venga adottata più per un calcolo di utilità (in mancanza di alternative valide) che per il convincimento che essa costituisca la vera forma „naturale".

All' essenza della società cooperativa viene comunemente riferita l'assunzione dell'impresa „in funzione di eliminazione dell'intento speculatore" del privato intermediario[20]). A nostro avviso non sembra possibile applicare questo rilievo alla cooperativa in esame; anzi all'impresa agraria di esercizio di una attività agricola primaria *ex* art. 2135 cod. civ. non sembrerebbe avere alcun senso perchè non è configurabile la figura dell'intermediario speculatore: con ciò dovendosi negare che questo connotato di sapore mutualistico, nell'esercizio di tali attività in forma cooperativa, sia elemento essenziale delle cooperative stesse.

Ancora, nelle cooperative di tipo tradizionale la partecipazione del capitale agli

[20]) *Verrucoli,* op. ult. cit., pagg. 108 e 109.

utili non viene in considerazione, l'utile essendo sempre distribuito al socio non in funzione delle quote di capitale che ha sottoscritto, bensì in proporzione alla sua attività in cooperativa, cioè alla sua partecipazione lavorativa personale. Nelle forme associate di gestione agricola, invece, ed anche in quelle che si chiamano „cooperative", il principio della ripartizione degli utili in funzione solo del lavoro prestato subisce un ridimensionamento, in quanto una quota degli utili viene assegnata anche al capitale – fondiario ed agrario – conferito: ed una quota non fissa, ossia paragonabile ad un canone di affitto, ma variabile, dipendente dal risultato della gestione.
Il fatto che tali quote siano in genere di modesta entità ha scarsa importanza di fronte alle conseguenze che dalla loro esistenza discendono: 1. in primo luogo, il riconoscimento di una produttività economica dell'azienda alla quale tendere, che si manifesta nella capacità della gestione di remunerare nel miglior modo possibile il lavoro, ma anche di assicurare in pari tempo una redditività al capitale: perchè entrambi i fattori sono responsabili dello sviluppo dell'impresa e del suo adattamento alla dinamica dell'ambiente in cui essa opera; 2. in secondo luogo, è evidente che salvaguardare il diritto individuale di proprietà sul patrimonio conferito (terra e capitali) assicurando una remunerazione a tale patrimonio, costituisce la premessa affinchè, in una prospettiva più o meno vicina, il socio partecipi all'impresa comune con una quota che corrisponda al valore del terreno conferito, rimanendo libero di utilizzare la propria capacità di lavoro dove questa capacità può essere sfruttata più proficuamente: in pratica nei settori professionali extra-agricoli. Questo non è un risultato facilmente perseguibile con altre forme cooperative[21]).

[21]) Di regola gli statuti prevedono il compenso per i fattori conferiti dai soci (e cioè il solo capitale, il lavoro e il capitale, o il solo lavoro). Il lavoro nelle cooperative formate da soci proprietari viene remunerato secondo le tariffe sindacali. Capitale fondiario ed agrario conferito in uso e lavoro vengono a concorrere, a seguito di una valutazione effettuata da apposite commissioni formate normalmente da tre esperti estranei al gruppo sociale, alla formazione di una tabella millesimale, che poi costituisce la base per la ripartizione del risultato netto di gestione. Nelle cooperative formate da tutti e tre i gruppi di soci di cui si è detto il portatore di lavoro partecipa normalmente, anche in parte, ai rischi di gestione (esistono regole di salvaguardia che, ad esempio, garantiscono almeno il 90% della remunerazione sindacale) ed è il beneficiario principale del risultato netto di gestione. Ultimamente si legge negli statuti che alcune cooperative hanno introdotto una limitazione al compenso al capitale (es. interessi corrisposti al tasso legale del 5%; retribuzione rapportata all'equo canone d'affitto, ecc.), destinando l'eventuale sovrappiù al lavoro e/o alle riserve. Inoltre varie cooperative hanno adottato regole particolari sulla composizione del consiglio di amministrazione, riservando maggioranze ai soci *anche* lavoratori.

Droit de préemption des preneurs à bail et des S.A.F.E.R. en droit français

Jean Megret, Paris

I Généralités

1. Raison d'être de la reconnaissance de droits de préemption

Un droit de préemption est reconnu par le droit agraire français: d'une part au profit du preneur à bail soumis au statut des baux ruraux fermiers ou métayers (art. 793 et ss. C. rur.), et d'autre part au profit des Sociétés d'Aménagement Foncier et d'Etablissement Rural (S.A.F.E.R.) loi complémentaire à la loi d'orientation agricole (art. 7); le droit de la S.A.F.E.R. n'est pas cependant reconnu automatiquement comme celui du preneur; la S.A.F.E.R. doit en demander l'attribution (d. 62–1235 du 20 oct. 1962). En fait, toutes les S.A.F.E.R. l'ont fait, l'attribution de ce droit prolonge en effet singulièrement leur possibilité d'action.
Les limites territoriales d'exercise du droit de préemption sont fixées pour chaque S.A.F.E.R., par décret en même temps qu'elle est agréé. Un arrêté préfectoral pris en application du décret fixe les conditions d'exercice de ce droit. Par exemple, il décidera que la préemption ne pourra avoir lieu à l'intérieur de zones suburbaines où les structures auront un caractère particulier ou encore de secteurs en voie d'aménagement touristique intense à l'intérieur desquels la destination agricole du sol aura perdu une grande partie de son importance. Le décret pourra prévoir que dans certaines zones ou pour certaines catégories de biens, les propriétaires qui entendent procéder à la vente par adjudication volontaire devront préalablement faire une offre à la S.A.F.E.R.
Sur proposition de la S.A.F.E.R. de renoncer à titre temporaire à user de ses droits (une renonciation définitive ne pourrait naturellement avoir lieu), le préfet pourra supprimer provisoirement l'obligation de déclaration pour les aliénations présentant des caractéristiques déterminées ou se trouvant dans certaines parties de la zone d'opération de la S.A.F.E.R.
Les droits de préemption dont il vient d'être question sont l'un et l'autre reconnus pour des raisons tenant à l'intérêt général. La S.A.F.E.R. joue un rôle essentiel dans la conservation et la restructuration des exploitations.
Il est également conforme à l'intérêt général que la terre soit bien exploitée et on considère que la meilleure façon d'y parvenir est de favoriser la constitution sur la même tête de deux qualités d'exploitant et de propriétaire. Cependant il n'y a pas que l'intérêt général en cause il y a aussi le souci d'assurer la sécurité du preneur

en lui donnant le moyen d'éviter l'acquisition par un tiers et le risque d'éviction qui en est la conséquence. L'intérêt privé du preneur va dans le même sens que l'intérêt général.

2. Finalité et bénéfice

Les preneurs ne peuvent exercer leur droit de préemption que pour exploiter. Ce qu'ils sont tenus de faire pendant neuf ans, après quoi ils recouvrent leur liberté; cependant, il ne leur est pas interdit avant l'expiration de la période de neuf ans pendant laquelle, ils sont tenus d'exploiter, de réaliser un échange favorable à l'exploitation, ne retrouvant leur liberté qu'après (art. 799 C.rur.) Ils peuvent même aller jusqu'à se défaire d'une parcelle de faible superficie pour des raisons de convenances personnelles, l'opération ne pouvant modifier la physionomie d'ensemble de l'exploitation.

Depuis la loi du 15 juillet 1975 qui entre en application dans chaque département au fur et à mesure que les arrêtés correspondants sont pris, ce qui est actuellement en cours, le preneur peut même transmettre le droit de préemption à un descendant qui l'exercera à sa place, ou plus exactement se substituer un descendant dans le bénéfice de ce droit.

S'il le préfère, le preneur peut, après avoir exercer la préemption se contenter de conférer à un descendant la jouissance du bien qui en fait l'objet; il n'est du reste pas obligatoire que ce soit par bail à ferme, ce pourrait être par exemple, par usufruit.

La loi de 1975 a ainsi apporté une importante dérogation à la règle qui veut que la préemption soit une institution faite pour placer sur la même tête les droits de propriétaire et d'exploitant. Cette finalité n'est plus atteinte. On peut seulement espérer qu'au décès de l'auteur demeuré propriétaire, le droit à la propriété sera transmis à l'héritier qui exploite déjà. Mais la solution n'est pas certaine s'il y a plusieurs enfants.

En ce qui concerne les S.A.F.E.R., la loi précise avec soin l'objet en vue duquel elles peuvent seulement exercer le droit de préemption. Il doit s'agir:

- d'installer, réinstaller ou maintenir des agriculteurs;
- d'agrandir des exploitations existantes dans la limite de trois fois la S.M.I.[1]); le cas échéant en démembrant des exploitations;
- d'améliorer la répartition parcellaire d'exploitations afin que la superficie et les structures des exploitations ainsi aménagées leur ouvrent la possibilité d'atteindre l'équilibre économique définie en application de la loi d'orientation agricole[2]);
- de préserver l'équilibre des exploitations lorsqu'il est compromis par l'emprise de travaux d'intérêt public;
- de sauvegarder le caractère familial de l'exploitation;
- de lutter contre la spéculation foncière (1. n°–1459 du 29 déc. 1977, art. Ier)

[1]) Surface minimale d'installation déterminée par arrêté du Ministre de l'agriculture sur le plan départemental, par nature d'activité.

[2]) loi du 5 août 1960.

La finalité de la préemption peut se déduire de tous éléments aussi bien avis des commissaires du Gouvernement que rétrocessions qui ont suivi l'acquisition[3]).
C'est au moment oú elle est prise que la décision de préemption doit remplir les conditions requises par la loi; elle ne saurait donc trouver sa justification dans des circonstances nées postérieurement[4]).
L'exercise du droit de préemption est non une obligation mais une faculté pour les S.A.F.E.R.[5]).

3. Droits de préemption d'intérêt public primant celui de la S.A.F.E.R.

a) Le droit du preneur en place et celui de la S.A.F.E.R. sont primés par les droits de préemption d'intérêt public supérieurs: droits reconnus á l'Etat, aux collectivités publiques et établissements publics (loi fin. n° 60–1384 du 23 déc. 1960, art. 65, rect. J.O. 31 déc.; loi n° 62-848 du 26 juil. 1962; loi n° 62–933 du 8 août 1962, art. 7-III-alinéa 1er; ordon. n° 67–824 du 23 Sept. 1967, art. 3).
b) En revanche le droit du preneur prime celui de la S.A.F.E.R. Le preneur est assujetti aux conditions suivantes:
– la législation des cumuls doit être respectée (art. 188–1 et ss. C.rur.)
– l'exploitation ne doit pas avoir une superficie supérieure à un plancher fixé par décret. Selon le décret n° 73–29 du 4 janvier 1973, ce plancher est d'une fois et demie la surface minimale d'installation (S.M.I.) qui est l'unité de mesure pour un ensemble de dispositions (art. 188–3 et ss. C.rur.);
– le bail doit avoir date certaine depuis au moins trois ans (d. 1962, art. 7, II, alinéa 2); le législateur a ainsi prévu une période d'attente assez longue pour que les parties ne soient pas tentées de faire échec au droit de la S.A.F.E.R. par la simple conclusion d'un bail.

4. Renonciation à faire valoir le droit de préemption

Le preneur comme la S.A.F.E.R.[6]) peuvent renoncer à exercer la préemption en présence d'une opération précise dont les éléments ont été portés à leur connaissance dans toute leur étendue[7]).
S'il y a plusieurs copreneurs engagés ensemble, chacun d'eux disposant d'un droit propre, ne peut renoncer pour l'autre. Si par hypothèse l'un des copreneurs avait renoncé à son droit, il faudrait donc permettre à l'autre de l'exercer, s'il le voulait.

[3]) Toulouse 22 avril 1971, cité par *Lachaud* (Gaz. Pal 1976. I. 143).
[4]) Trib. gr. inst. Lyon 5 mars 1975 (Gaz. Pal. 1976. 1. 62 note Lachaud).
[5]) V. note *J. Megret* sous Trib. gr. inst. Mont-de-Marsan 21 déc. 1972 (Gaz. Pal. 1973. 2. 522) et *Pau,* 4 mars 1974; Cass. 3 ème civ. 2 oct. 1974, Arnaud c/ Vve Payet-Burin et a. (non publié); Cass. 3 ème civ. 15 juin 1976 (D.S. 1976 inf. rap. p. 269). V.aussi *J. Viatte* (Rev. loy. 1 973.457 et s.); rép. min. à question écrite de parlementaire: J.O. déb. Ass. nat. 14 nov. 1969 p. 3797.
[6]) Outre la renonciation générale mais provisoire que peut décider la S.A.F.E.R. dans certaines zones.
[7]) *V. Pau,* 4 mars 1974, (Gaz. Pal. 1974. 2. 579).

II Champ d'Application de la Loi

1. Nature des biens pouvant être préemptés

a) Lorsque le droit de préemption est mis en application par une S.A.F.E.R., il a fallu préciser, ce qui résultait de la nature du bail en cas d'exercice de la préemption par le preneur, que les fonds devaient être agricoles ou à vocation agricole (loi 1960, art. 15 et loi 1962, art. 7).
Ceci dit, il faut distinguer la situation du preneur et celle de la S.A.F.E.R.
b) Si c'est un preneur à bail qui entend exercer la préemption il suffit que les biens fassent partie du bail rural, quelle que soit leur nature. C'est à dire que s'il y avait par exemple un terrain à bâtir dans les biens loués, les biens pourront être mis en vente dans leur ensemble et le preneur pourra exercer son droit sur le tout, y compris sur le terrain à bâtir. Le preneur ne perdra pas son droit si le bien devait être effectivement en tout ou partie retiré à l'agriculture et affecté à la construction.
Le propriétaire ne pourrait ajouter librement aux biens loués d'autres biens qui ne seraient pas compris dans le bail, il en serait seulement autrement s'il s'agissait de compléter un bien anormalement divisé, réalisant ainsi une opération de remodelage souhaitable dans le cadre d'une saine politique des structures.

2. Opérations donnant lieu à la préemption

a) S'il s'agit d'un preneur à bail, la vente lui permet d'exercer la préemption; il en est de même de certains échanges mais non de l'apport en société.
Pour la vente, on ne distingue pas selon qu'elle a lieu en pleine propriété ou seulement en usufruit ou nue – propriété. Pourtant lorsque le preneur n'est acquéreur que de la nue-propriété, il pourra se faire que l'usufruitier exerce contre lui le droit de reprise pour exploiter personnellement. En ce cas, il n'y aura plus exceptionnellement consolidation sur sa tête – au moins provisoirement – des droits d'exploitant et de propriétaire. Ce qui normalement est pourtant le voeu de la loi.
Egalement la vente moyennant un capital et celle moyennant une rente viagère[8]) permettent l'une et l'autre la préemption.
Pour ce qui est de l'échange, il faut qu'il ne s'agisse pas d'une opération assimilable à une opération de remembrement ou rentrant dans le cadre d'une telle opération (art. 791 C.rur.)
b) Quand c'est la S.A.F.E.R. qui exerce la préemption, il doit s'agir de la vente de la pleine propriété et non de la vente d'un démembrement seulement de la propriété: usufruit ou nue propriété[9]).

[8]) Cass. soc. 20. oct. 1955, Bul. civ. IV n⁰ 721 p. 540.
[9]) *Usufruit:* Cass. 22 mars 1962 (Gaz. Pal. Table quinq. 1961–1965. Bail n° 1456, S. 163–1.33 et note Savatier); Cass. 27 mars 1969, JCP 1969 16051 et note Ourliac et de Juglart; ou *nue-propriété:* Cass. III, 6 nov. 1970, Bul. III n° 524 p. 434; 6 fév. 1974, Bul. III n° 66 p. 50.

C'est que la cession de l'usufruit ou de la nue-propriété porte sur un droit et non sur une exploitation alors que seule l'acquisition d'une exploitation permet à la S.A.F.E.R. de remplir les buts qui lui sont assignés; en outre dans le cas de vente de l'usufruit, la S.A.F.E.R. qui doit rétrocéder l'exploitation, ne pourrait le faire si l'usufruitier était toujours en vie[10]).

Bien qu'elle admette l'exercice de la préemption du preneur en place en cas de vente de l'usufruit ou de la nue-propriété seulement (art. 790 nouv. C.rur.), la loi du 15 juillet 1975 portant réforme du statut des baux ruraux n'a pas modifié la situation qui vient d'être exposée car les dispositions insérées dans l'article précité du Code rural ne régissent pas dans leurs principes, les relations des S.A.F.E.R. avec les vendeurs (V. décret du 20 octobre 1962, art. 7 et art. 3 qui visent seulement les aliénations en entier des fonds).

La vente moyennant le versement d'une rente viagère servie sous forme de soins aux personnes ne prouve pas l'existence du droit; il faut que les prestations de services personnels constituent la totalité de la rente ou au moins l'essentiel de la rente (1. n°–1469 du 29 décembre 1977 – art. 4).

c) *Echanges:* La situation est essentiellement la même qu'en ce qui concerne le preneur. Sont donc, par exemple, des échanges faisant exception au droit de la S.A.F.E.R., les échanges dont l'objet est de regrouper en un seul tenant et plus près du domicile de l'intéressé des parcelles dispersées[11]), même si c'est pour un seul coéchangiste qu'il s'agit d'une opération du type visé.

Cependant la loi de 1977, art. 4, précise pour l'exploitation des biens des S.A.F.E.R. que sont assimilables à de telles opérations, les échanges d'immeubles sis soit dans le même canton soit dans un canton et dans une commune limitrophe de celui-ci.

d) *Apports en société:* L'apport en société permet l'intervention de la S.A.F.E.R. (loi n° 70–1299 du 31 décembre 1970) alors qu'il n'ouvre aucun droit au fermier; toutefois, la loi prévoit qu'il y échappe si l'apport a lieu au profit d'un groupement constitué entre membres d'une même famille jusqu'au 4ème degré inclus ou par un propriétaire exploitant les biens apportés (loi, art. 4 alinéa 3); il faut entendre par membres d'une même famille les époux, les parents et les alliés (Rép. min. n° 8641, J.O. Ass. Nat. 20. 7. 1974, p. 3572).

L'apport doit faire ressortir la valeur attribuée à l'immeuble. En revanche les transferts de parts au cours de la vie sociale n'ont pas à être proposées aux S.A.F.E.R.

Les S.A.F.E.R. acquièrent, «la représentation immobilière» des parts mises en vente. En fait, les S.A.F.E.R. ne sont pas intervenues dans ces opérations.

3. Opérations faisant exception en raison de la qualité du bénéficiaire ou de la finalité poursuivie

a) Font exception au *détriment du preneur* en raison de la qualité du bénéficiaire ou de la finalité poursuivie:

[10]) V. l'étude de *Lachaud* (Gaz. Pal. 1972. 2. doctr. p. 712).
[11]) Trib. gr. inst. Saintes, 20 déc. 1974 (Gaz. Pal. 1975. 1. 271).

– les aliénations faites à la suite de mutations, d'actes de partages intervenant amiablement entre cohéritiers ou de partages d'ascendants, au profit de parents ou d'alliés du propriétaire jusqu'au troisième degré inclus, sauf si l'exploitant preneur en place est lui-même parent ou allié jusqu'au même degré du propriétaire (loi 15 juillet 1975 mod. art. 790 C.rur.)

b) *au détriment de la S.A.F.E.R.*

– les ventes amiables à des parents ou alliés jusqu'au quatrième degré, à des cohéritiers ou à leurs conjoints survivants, quel que soit le degré de parenté, les acquisitions par des cohéritiers sur licitation amiable ou judiciaire de l'immeuble; on ne s'occupe pas de savoir si les cohéritiers ont des liens de parenté; il suffit qu'ils aient certains droits sur le bien.

– les actes conclus entre indivisaires quelconques;

– les acquisitions par les salariés d'exploitation agricole ou assimilés ainsi que les preneurs à bail rural évincés de leurs exploitations.

Sont considérés comme salariés agricoles les personnes ayant exercé sur une exploitation agricole une activité de salarié ou d'aide familial pendant quatre ans au delà de seize ans; trois ans seulement si on se trouve en présence de personnes titulaires d'un diplôme d'enseignement agricole d'un niveau au moins égal à celui des écoles d'agriculture d'hiver;

– les acquisitions par les preneurs à bail évincés de leurs exploitations. L'éviction doit résulter de la mise en action des article 811, 844 ou 845 du Code rural sur le droit de reprise ou de l'art. 861 du Code rural sur le droit de l'Etat et des collectivités publiques secondaires; l'éviction ne doit donc pas être la conséquence d'un manquement du preneur à ses obligations;

– les acquistions réalisées par les agriculteurs expropriés. Il faut qu'il s'agisse d'agriculteurs à titre principal. L'expropriation doit emporter des conséquences analogues à celles visées ci-dessus à propos des preneurs à bail (loi 1977, art. 4 b).

En ce qui concerne les droits des deux dernières catégories dont il vient d'être question, les acquéreurs doivent s'engager à exploiter sous réserve que, s'ils font déjà valoir d'autres terres leur exploitation ait au total une superficie inférieure au minimum prévu par la législation sur les cumuls d'exploitation (art. I88-3 C.rur.). Le bénéfice de l'exemption est conservé dès lors qu'une autorisation de dérogation a été donnée au plus tard à la date de la vente[12]).

L'engagement d'exploiter doit être joint à la déclaration des propriétaires (loi 1962, art. 8)[13]).

En cas d'adjudication, cet engagement doit accompagner la notification qui doit être faite à la S.A.F.E.R. à une époque concomitante de l'acquisition.

– les acquisitions de terrains destinés à la construction ou à des aménagements industriels ou à l'entretien de substances minéerales.

Les acquéreurs doivent s'obliger à donner aux terrains la destination prévue dans

[12]) Cass. civ. 6 juin 1974, Bul. civ. III n° 238.

[13]) Cass. civ. III, 13 février 1970 (Gaz. Pal. Tab. quinq. 1966, 70, Agriculture n° 14, D. 1970. J. 4 61.

un délai qui ne peut excéder cinq années (décret 1962, art. 8). Quand cette période s'écoule sans que les intéressés aient construit, les sanctions sont encourues sans mise en demeure et sans qu'il soit nécessaire d'établir la mauvaise foi de l'acquéreur[14]).
– les acquisitions de terrains destinés à la constitution, à la préservation de jardins ou de vergers familiaux, à condition que leur superficie n'excède pas 250 m 2, sauf s'il s'agit de parcelles enclavées (loi 1977 art. 4, 5° al. 2).
– les acquisitions de terrains boisés, sauf s'ils sont mis en vente avec d'autres parcelles non boisées dépendant de la même exploitation agricole; l'acquéreur a toutefois la faculté de conserver les parcelles boisées si le prix de celles-ci a fait l'objet d'une mention expresse dans la notification ou le cahier des charges de l'adjudication; sauf encore s'il s'agit soit de semis ou plantations sur les parcelles de faible étendue dont la commission communale de réorganisation foncière et de remembrement rural a décidé la destruction, soit de semis ou de plantations effectués en violation des dispositions de la loi (art. 52-1 C.rur.). Egalement si les acquisitions ont fait l'objet d'une autorisation de défrichement ou si elles sont dispensées d'une déclaration de défrichement (en application de l'art. l 62-5° du Code forestier).

III Formalités de mise en action du droit

Il faut distinguer la vente amiable de l'adjudication

1. Vente amiable

En ce qui concerne la *vente amiable:* c'est au notaire chargé de recevoir l'acte de vente qu'il appartient de procéder à la notification au preneur comme à la S.A.F.E.R.:
a) *pour le preneur:* la notification précise le prix et les conditions demandées, les modalités projetées, l'aliénation ainsi que les nom et domicile de la personne se proposant d'acquérir. Si cette personne s'engage à ne pas exercer la reprise, cette précision doit également être donnée.
b) *pour la S.A.F.E.R.:* outre le prix et les conditions de la vente, le notaire mentionne dans la notification l'existence du droit de préemption du preneur en place ainsi que tout autre droit préférentiel.
La notification se fait par lettre recommandée avec accusé de réception ou exploit d'huissier.
La notification n'a de valeur que si le propriétaire a le pouvoir de disposer du bien offert[15]). La renonciation expresse à son droit de préemption donnée par la S.A.F.E.R. dispense de toute notification[16]).

[14]) Lyon 4 déc. 1973 (Gaz. Pal. 1974. 1. 479).
[15]) Cass. 3 ème civ. 5 nov. 1975 (Gaz. Pal. 1976. 1. somm. p. 16 – D.S. 21 janvier 1976, Inf. rap. p. 21); V. aussi Cass. 3ème civ. 5 nov. 1974 (D. S. 1974. Inf. rap. p. 21).
[16]) Cpr. en ce qui concerne le preneur: Cass. soc. 14 juin 1951 (Bull. cass. 1951. 330).

L'obligation de notification contenant une offre de vente n'implique pas que cette offre soit maintenue sans retrait possible, pendant tout le cours du délai dont dispose la S.A.F.E.R. pour fair connaitre sa décision; l'offre de vente constitue une simple pollicitation qui peut être rétractée, la législation des S.A.F.E.R. ne contenant aucune disposition permettant de déroger à cette règle[17]).
L'article 9 du décret du 20 octobre 1962 prévoit qu'un arrêté interministériel peut rendre l'utilisation de modèles-types obligatoires pour les déclarations à faire aux S.A.F.E.R. et peut indiquer la nature des pièces justificatives à produire. Aucun arrêté n'a été pris, la situation actuelle ne paraissant pas le justifier. Les déclarations sont faites sur un imprimé dont la rédaction a été arrêtée par les S.A.F.E.R. en accord avec les Chambres de notaires[18]).
La notification doit avoir lieu même si l'aliénation échappe au droit de préemption (sauf suppression provisoire de l'obligation de déclaration décidée par le préfet), elle vaut alors à titre d'information permettant le contrôle de S.A.F.E.R. et non comme offre de vente.
La notification ne produit pas effet si elle est entachée d'une erreur qui la vicie fondamentalement. Pour une erreur dactylographique sur le montant du prix: v. Cass. 3ème ch. civ. 23 janv. 1970, (Gaz. Pal. 1970. 1. 210); pour une erreur de désignation des biens: Cass. civ. 10 avril 1973 (Bull. cass. 1973. III. 196) V. Alain Rouiller «Sanctions du défaut de notification obligatoire» D. 1973. 538.
La S.A.F.E.R. dispose d'un délai de deux mois[19]) pour répondre à compter de la réception de la notification et ce par lettre recommandée ou par exploit d'huissier[20]). La vente est parfaite si elle accepte l'offre. Toutefois, si elle entend contester le prix ou les conditions de la vente, elle doit le faire dans le délai d'un mois (déc. n° 62–1235 du 20 octobre 1962 art. 10), il s'agit d'un délai préfix, et non de procédure[21]), il court donc même contre les mineurs et les incapables majeurs et se compte de jour à jour et d'heure à heure à partir de la réception de la lettre recommandée; il n'est pas soumis aux règles des délais de procédure et l'art. 1033 du Code de procédure civile n'est pas applicable[22]).
L'assignation aux fins de déterminer la valeur vénale du bien doit être délivrée aux vendeurs dans le délai d'un mois, même si le dernier jour du délai expire un samedi, un dimanche ou un jour férié. C'est le Tribunal de Grande Instance qui doit être saisi (selon la porcédure des alinéas 1er et 2 de l'art. 795 C. rur.). Le

17) Cass. 3ème civ. 1er juin 1976 (Gaz. Pal. 1976. 1. somm. p. 240).

18) Trib. gr. inst. Millau 3 mai 1967 (Gaz. Pal. 1968. 1. somm. p. 3).

19) Après l'entrée en application de la loi de 1975, si elle est devenue applicable dans le département (art. 796, nouv. C. rur.) A défaut 1 mois.

20) *M. Devos,* Nature du délai accordé aux S.A.F.E.R. pour prendre parti sur l'offre de vente des biens grevés de leur droit de préemption (Rép. not. Defrénois 1975. 1181).

21) Rép. min. 9379 à question écrite de parlementaire J. O déb. Ass. nat. 14 sept. 1971 p. 4066.

22) En ce sens: Bordeaux 7 mai 1973 (Gaz. Pal. 1974. 1. 222 et note J. Rozier); Besançon 11 juillet 1974 (Rép. not. Defrénois 1975, p. 27 et s. et note M. Devos); Cass. 3ème civ. 27 mai 1975.

vendeur qui n'accepterait pas le prix ou les conditions fixées pourrait renoncer à la vente. Les biens doivent être évalués à la date du prononcé de la décision[23]).
L'action étant calquée sur celle reconnue au preneur à bail soumis au statut des baux ruraux, le vendeur pourrait se refuser à vendre si le prix fixé ne lui convenait pas.
La simple acceptation de principe de la S.A.F.E.R. sous condition que le prix ou les conditions de la vente soient fixés judiciairement ne sauraient diminuer le droit pour le propriétaire de modifier ultérieurement ses prétentions et même de retirer purement et simplement son offre même après décision judiciaire fixant le prix ou les conditions de vente du bien litigieux[24]). Le propriétaire peut au cours du délai dont dispose la S.A.F.E.R. pour prendre position, retirer son offre ou modifier ses prétentions[25]). En cas de modification de l'offre, le délai dont dispose la S.A.F.E.R. se trouve prolongé de 15 jours (art. 797 C. rur. modifié par la loi du 15 juillet 1975).
Après la solution donné; sur une procédure relative au prix, chaque partie doit faire connaitre à l'autre si elle entend donner suite à l'operation, dans le mois de la signification du jugement. En cas d'appel, chaque partie doit informer l'autre de sa décision, dans le mois de la signification de l'arrêt (décret 1962, art. 10, alinéas 3 et 4).
Cas où un droit prime celui de la S.A.F.E.R.: Si un droit préférentiel ou un droit de préemption prime celui de la S.A.F.E.R. et est susceptible d'être exercé avant l'aliénation, outre que la notification doit en mentionner l'existence, le notaire doit faire connaitre à la S.A.F.E.R. dans le délai de 8 jours à compter de la date à laquelle il en a eu connaissance, la décision définitive prise en application de ce droit (décret du 20 octobre 1962, art. 5).
S'il s'agit du droit de préemption de l'exploitant preneur en place la S.A.F.E.R. ne doit informer de sa décision d'exercer ou non son propre droit de préemption qu'après avoir été elle-même avisée de la décision prise par le preneur de ne pas exercer son droit.
Le délai dont dispose la S.A.F.E.R. ne partira donc que du jour où elle aura été avisée (décret 1962, art. 5).
Apport en société: En cas de projet d'apport en société le propriétaire doit procéder à la même notification qu'en cas de vente et faire état d'un prix correspondant à la valeur évaluée de l'apport et ce, dans tous les cas de projets d'apports, même non soumis au droit de préemtion de la S.A.F.E.R.
Le propriétaire qui a procédé à cette notification n'a pas à notifier au preneur les

[23]) Cass. 5 mai 1975, SBAFER c/Le Cornet; 23 nov. 1976 SAFER c/Vve Le cornet (D. S. 2 mars 1977, Inf. rap. p. 95); Rennes 13 oct. 1976 et 5 mai 1975 (Gaz. Pal. 1977. 1. 176 et note de Silguy, Cadiou et Druais). En sens contraire, il a été admis que l'évaluation devait se faire au jour de la vente: Trib. gr. inst. Reims 20 fév. 1975, SAFER Champagne-Ardennes c/Staub, cité par Rougier (Rev. dr. rur. 1975 p. 276).
[24]) Poitiers 3 juil. 1973 (D. S. 1974. 401 et note R. Savatier).
[25]) Cpr. Cass. soc. 27 janv. 1951 (J.C.P. 1951. 692 et note Lacoste).

apports envisagés puisque ce dernier ne bénéficie pas des mêmes droits que la S.A.F.E.R.[26]

2. En ce qui concerne la vente par adjudication

Il faut également distinguer las situation du preneur et celle de la S.A.F.E.R.
a) *Situation du preneur:* Le preneur doit être informé 20 jours à l'avance. Comme l'acquéreur dans l'hypothèse de vente de gré à gré, l'adjudicataire peut faire connaître qu'il n'entend pas exercer la reprise, fût-ce pendant un temps limité seulement.
Comme dans le cas de vente de gré à gré, le preneur peut décider de se substituer un descendant: la déclaration doit comporter l'indication de la personne exerçant le droit de préemption; elle est faite par acte authentique ou par acte d'huissier de justice annexé au procèsverbal ou au jugement d'adjudication et publié en même temps que celui-ci. S'il y a surenchère, la déclaration doit être dénoncée au preneur comme à l'adjudicataire. Il doit être certain, en effet, que le preneur a été informé.
b) *Situation de la S.A.F.E.R.:*
Deux procédures sont prévues:
– la *procédure ordinaire:* que l'adjudication soit volontaire ou forcée c'est la même procédure que celle mise en action quand il s'agit du droit de préemption du preneur en place.
La déclaration de préemption doit être adressée au secrétairegreffier en chef du Tribunal de grande instance par acte extra-judiciaire.
– *La procédure d'offre amiable avant adjudication volontaire:* une offre amiable doit précéder l'adjudication si le décret d'autorisation de la S.A.F.E.R. l'a prévu deux mois au moins avant l'adjudication.
Recevant cette offre la S.A.F.E.R. doit dans le délai d'un mois soit notifier au propriétaire sa décision d'exercer la préemption, soit engager une action en fixation de prix (décret 1962, art. 5 bis).
La prérogative qui permet à la S.A.F.E.R. d'obtenir du vendeur par adjudication une offre amiable avant adjudication, se concilie mal avec la situation préférentielle du preneur qui lui permet seulement d'exercer la préemption après adjudication (sous forme de droit de retrait) Si la S.A.F.E.R. fait fixer un prix amiable, elle ne peut en effet, le faire que sous réserve des droits du preneur, qui doit lui être préféré s'il entend acquérir; de surcroit, ce prix ne profite pas nécessairement au preneur soumis, semble-t-il à la loi de l'adjudication.
Pratiquement, la S.A.F.E.R. ne pourra donc mettre en action cette procédure que si elle a obtenu du preneur l'engagement de renoncer à faire valoir son droit de préemption.
Si avant que le Tribunal ait été saisi ou se soit prononcé le propriétaire renonçait à vendre et s'il décidait d'utiliser un autre mode d'aliénation à titre onéreux, les

[26]) Cass. civ. 6 novembre 1970 (D. 1971.227).

procédures prévues pour ce mode d'aliénation seraient applicables (décret 1962, art. 5 bis).
Si la S.A.F.E.R. qui a reçu l'offre amiable avant adjudication a décidé de mettre en œuvre la procédure de fixation de prix, le vendeur ne pourra procéder à l'adjudication pendant le déroulement de cette procédure. Au terme de la procédure, le propriétaire ne pourra, pendant un délai de trois ans, céder le bien qu'à la S.A.F.E.R. (si toutefois il est toujours prêt à vendre car il conserve sa liberté): loi de 1962 art. 7–IV. La S.A.F.E.R. sera tenue d'acquérir le bien au prix fixé ou, le cas échéant, révisé par le Tribunal si la vente devait intervenir au cours des deux dernières années. V. aussi le décret de 1962 – art. 5 bis.
Passé ce délai, le propriétaire recouvrera sa liberté de vendre, il pourra procéder soit à une adjudication volontaire, soit à une vente de gré à gré, en respectant le droit de la S.A.F.E.R.; cependant s'il choisissait cette dernière voie, la question se poserait de savoir si la S.A.F.E.R. pourrait encore faire fixer le prix judiciairement. Il apparait que rien ne s'y opposerait.
– *Disposition commune:* Toute personne devant dresser un acte d'aliénation à titre onéreux d'un bien agricole soumis à la loi ou chargée de procéder à l'adjudication d'un bien de cette nature doit rappeler aux parties les dispositions de l'art. 7 de la loi du 8 août 1962 instituant le droit de préemption et du décret du 20 octobre 1962 dans son texte actuel portant application de cette disposition; l'acte doit mentionner que cette prescription a été observée (décret 1962, art. 12)
– *Dispositions concernant en propre la S.A.F.E.R.:* dans tous les cas, à peine de nullité, la S.A.F.E.R. doit justifier sa décision de préemption par référence explicite et motivée à l'un ou plusieurs des objectifs dont la poursuite lui est permise (V. ci-dessus: Généralités) et le porter à la connaissance des intéressés. Il en est de même pour la rétrocession à un tiers; l'intention de vendre les fonds acquis doit du reste être annoncée préalablement.

IV Sanctions au cas où la S.A.F.E.R. disposant d'un droit de préemption n'aurait pas été informée ou aurait été inexactement informée

1. Preneur

Si le bailleur vend son fonds à un tiers, soit avant expiration des délais prévus, soit à un prix ou à des conditions de paiement différentes de ceux demandés par lui au bénéficiaire du droit de préemption, ou lorsque le bailleur exige du bénéficiaire du droit de préemption des conditions tendant à l'empêcher d'acquérir, le Tribunal paritaire doit annuler la vente et déclarer le bénéficiaire acquéreur aux lieu et place du tiers, aux conditions communiquées sauf en cas de vente à un prix inférieur à celui notifié, à le faire bénéficier de ce même prix (art. 798. C. rur.). Dans le cas de vente faite par adjudication, le bénéficiaire du droit de préemption doit, à peine de nullité de la vente, y être convoqué par l'officier ministériel chargé de la vente, par lettre recommandée avec accusé de réception, au moins cinq jours avant la date de l'adjudication, ou par ministère d'huissier dans le même délai. Il lui est accordé un délai de 20 jours après l'adjudication pour faire connaître à l'offcier ministériel ou au magistrat chargé de la vente la décision de se substituer à l'adjudicataire. Le bénéficiaire du droit de préemption fait connaître sa décision par ministère d'huissier (art. 799 C. rur.)

2. S.A.F.E.R.

En cas de vente amiable, il faut distinguer les deux hypothèses suivantes:
– vente ayant eu lieu à un prix ou à des conditions autres que ceux annoncés à la S.A.F.E.R. En ce cas, la sanction sera la nullité avec substitution de la S.A.F.E.R. à l'acquéreur (décret 1962, art. 13);
– vendeur ayant gardé le silence, mettant ainsi la S.A.F.E.R. dans l'impossibilité d'exercer son droit.
Le décret du 20 octobre 1962 (art. 13) a prévu que si une aliénation pouvant donner lieu à l'exercice du droit de préemption de la S.A.F.E.R. avait été réalisée en violation des dispositions de l'art. 7 de la loi du 8 août 1962 et du décret de 1962, la S.A.F.E.R. pourrait demander que soit pronocée la nullité de l'acte et qu'elle soit déclarée acquéreur aux lieu et place du tiers dans les conditions fixées par les art. 798 et 800, alinéa 2 du Code rural; or les sanctions de ces textes sont différentes.
On s'est donc demandé si appliquant l'article 800, il fallait prononcer l'annulation sans substitution ou si faisant application de l'art. 798 du Code rural il ne fallait pas décider qu'il y aurait nullité avec substitution de la S.A.F.E.R.
Les Cours d'appel ont été divisées: la Cour de Rennes s'est prononcée pour la première solution, la Cour de Lyon pour la seconde [27]). Mais la Cour de Cassation a approuvé la Solution de la Cour de Lyon. On peut donc considérer la question comme résolue[28]).
De fait, si deux textes prévoyant des sanctions différentes ont été visées par la loi, c'est celui qui prévoit la sanction la plus grave qui doit l'emporter; d'ailleurs cette solution s'impose comme plus conforme à la bonne exécution de la mission qui a été confiée aux S.A.F.E.R.; dans cette perspective, la sanction de la nullité sans substitution n'aurait aucun sens.
En conséquence, ne s'agit-il pas du reste pour la S.A.F.E.R. non d'un droit mais d'une obligation? Si elle sollicite une condamnation à des dommages-intérêts, ne doit-elle pas obligatoirement demander en même temps sa substitution à l'acquéreur? C'est ce qu'a pensé la Cour de Lyon ci-dessus[29]).

[27]) Rennes 8 juil. 1970 (Gaz. Pal. 1970. 2. 201 et note de Silguy, Cadiou) Lyon 19 janv. 1971 (Gaz. Pal. 1971. 2. 651 et note J. Mégret).
[28]) Cass. 3 mai 1972 (Bull. cass. 1972. III. 204); 16 janv. 1973 (J.C.P. 1973. IV. n° 85 – Gaz. Pal. 1973. 1. 309 et note J. P. Moreau) V. dans le même sens Rennes 22 avril 1974 et note critique A. Rouiller (D. 1975. 26 et s.).
[29]) Cpr. Trib. gr. inst. Angoulême 17 avril 1969 (D.S. 1970. 58 et note J. P. Moreau).

Il appartient éventuellement aux juges de restituer aux demandes des parties leur véritable fondement et d'interpréter les conclusions ambiguës, pour rechercher si, en demandant la nuillité de la vente, la S.A.F.E.R. n'avait pas également entendu exercer son droit de préemption[30]).

Conséquence de l'absence de notification alors qu'il s'agissait seulement d'informer la S.A.F.E.R.

Si, selon le décret du 30 octobre 1962 (art. 7), certaines opérations faisant exception devaient être portées à la connaissance de la S.A.F.E.R., aucun délit ni aucune sanction a été prévue expressément en cas d'inobservation de cette prescription.
Il faut considérer que la nullité de l'opération s'impose car la S.A.F.E.R. doit être mise en état d'apprécier sous le contrôle judiciaire si son droit de préemption peut ou non s'exercer[31]). On se demande si la S.A.F.E.R qui fait valoir cette nullité est en même temps en droit de solliciter l'attribution des immeubles vendus: Rennes, 22 avril 1974 D. 1975. 26 et s. et note. A. Rouiller; 10 juin 1975 aff. SB AFER c/ Ets Nicolas: le pourvoi formé contre cet arrêt a été rejeté: Cass. 3ème civ. 4 novembre 1976. En tout cas, la S.A.F.E.R doit justifier de l'autorisation des commissaires du Gouvernement, la substitution ne pouvant être en effet qu'un mode d'exercice du droit de préemption, lequel est subordonné à cette approbation préalable.
A quel moment cette autorisation doit-elle être obtenue? Est-ce avant que l'assignation ait été régularisée ou avant que le juge se soit prononcé? Il faut admettre qu'elle doit intervenir avant régularisation de l'assignation. Selon le décret du 20 octobre 1962 modifié (art. 3), en effet, les commissaires du Gouvernement doivent être en état de pouvoir s'opposer à la préemption avant que la SAFER agisse en justice pour se faire reconnaitre un droit (décret du 20 octobre 1962, art. 3)
S'il y a une vene par adjudication, la sanction sera la nullité de l'adjudication.

V Contentieux

1. Situation du preneur

Les contestations nées de la préemption, quelle qu'en soit la nature sont de la compétence en première instance, des tribunaux paritaires des baux ruraux et en appel, de la Cour d'Appel.
S'il s'agit de contestations portant sur la valeur vénale du bien, le Tribunal doit être

30) Cass. 3ème civ. 3 mai 1972 (Bull. cass. 1972. III. 204).

31) Trib. gr. inst. 7 janv. 1974 (Gaz. Pal. 1974. 2. 630 et note de Silguy, Cadiou et Druais) Cpr. lorsque c'est le fermier qui exerce son droit de préemption: Cass. civ. 14 nov. 1972 (D. 1973. 538 et note A. Rouiller).

saisi par requête dans le délai d'un mois. Saisir le Tribunal d'une demande à cette fin ne constitue pas l'exercice du droit de préemption puisqu'aucune des parties n'est tenue de conclure la vente au prix indiqué[32])
L'assignation doit être délivrée à l'intérieur du délai d'un mois[33]) qui est un délai préfix et non un délai de procédure; il ne peut donc être prorogé s'il expire un samedi, un dimanche ou un jour férié ou chômé[34]).
Les biens doivent être évalués à la date du prononcé de la décision[35]). En sens contraire, il a été admis que l'évaluation devait être effectuée au jour de la vente et non de l'expertise, à fortiori de la décision[36]).
Si le preneur n'a pas été mis à même d'exercer la préemption ou a été inexactement informée des conditions de la vente, il doit engager son action dans le délai de six mois du jour où il aura connaissance de la situation.

2. Situation de la S.A.F.E.R

1 Compétence et procédure judiciaire

a) *Action en fixation de la valeur vénale du bien:* C'est le juge judiciaire (Tribunal de Grande Instance) qui a compétence pour connaitre des actions en fixation de la valeur vénale du bien.
Si la notification mentionne l'existence d'un droit de préemption prioritaire, le délai dont dispose la S.A.F.E.R part du jour où elle a été avisée que le droit ne serait pas exercé.
L'action étant calquée sur celle reconnue au preneur à bail soumis au statut des baux ruraux, le vendeur pourrait se refuser à vendre si le prix ne lui convenait pas.
La contestation est soumise aux dispositions de l'art. 795 du Code rural lequel se réfère à l'art. 1O du décret du 20 octobre 1962 qui prévoit la fixation du prix «après enquête et expertise». Le Tribunal de Grande Instance de Lyon a considéré que ces mesures d'instruction devaient être prescrites cumulativement[37]).
Mais on peut penser que cette décision a pris le texte trop à la lettre. L'enquête n'est pas obligatoire si le Tribunal peut s'estimer suffisamment éclairé par une expertise. C'est la solution qui a été donnée sur le même texte dans les rapports

[32]) Cass. 3ème civ. 18 mai 1971 (J.C.P. 197 1. 16885, obs. Ourliac et de Juglart D. 1972, somm. 18).
[33]) Besançon, 11 juillet 1974 (Rép. Defrénois. 1975. I. p. 27).
[34]) Cass. civ. 27 mai 1975 (Rép. Defrénois 1975. 1. p. 1181 et note Devos).
[35]) Cass. 5 mai 1975 SBAFER c: Le Cornet; Cass. 23 nov. 1976, Vve Le Cronet (D. S. 2 mars 1977 Inf. rap. p. 95) Rennes 13 oct. 1976 et 5 mai 1975 (Gaz. Pal. 1977. 1. 176 et note de Silguy, Cadiou et Druais).
[36]) En sens contraire: Trib. gr. inst. Reims 20 fév. 1975, S.A.F.E.R.-Champagne-Ardennes c/ Staub, cité par Rougier (Rev. dr. rur. 1975 p. 276).
[37]) Trib. gr. inst. Lyon 19 fév. 1975, S.A.F.E.R. Rhône et Loire c/ Dame Tisseur (J.C.P. 1975, éd. G. IV. 278).

entre bailleur et preneur[38]); d'ailleurs, le terme d'enquête ne parait pas devoir être pris dans le sens restreint d'audition de témoins: V. Savatier Les baux ruraux, n° 178.

Le vendeur pourrait ne pas attendre le jugement pour renoncer à vendre; il pourrait être amené à supporter la charge des dépens[39]).

b) *Action en nullité de la préemption: contrôle de la légalité:* La jurisprudence a également reconnu la compétence aux Tribunaux de grande instance pour connaître des actions en nullité de la préemption, qu'il s'agisse d'apprécier les motifs ou la régularité de l'opération[40]).

Les juges doivent rechercher si la légalité est respectée[41]). La légalité s'apprécie en se plaçant à la date à laquelle la préemption est exercée et en fonction de l'objectif que s'assigne alors la S.A.F.E.R. Ainsi une décision de préemption prise en vue de constituer un groupement d'estives (pâturage de montagne) doit être annulée, cet objectif ne répondant pas aux fins limitativement énumérées par l'art. 7 de la loi du 8 août 1962, même si, avant l'introduction de l'instance la société avait abandonné ce projet et envisagé une opération plus complète entrant dans le cadre de sa mission[42]), plus précisément la situation se cristallise au moment où est donné l'avis des commissaires du Gouvernement[43]).

Lorsque la vente d'un bien rural loué est devenue parfaite par la préemption d'une S.A.F.E.R, le preneur en place qui en a eu connaissance mais n'a pas demandé sa nullité dans les six mois, ne peut plus en contester la validité en vertu des dispositions de l'art. 800, alinéa 2 du Code rural[44]).

Absence de contrôle sur l'opportunité des attributions. Si les juridictions de l'ordre judiciaire sont compétentes pour apprécier si les S.A.F.E.R ont respecté la finalité prévue par les textes, ce pouvoir d'appréciation se borne à vérifier si les conditions d'exercice de cesdroits ont été satisfaites et si leurs actes permettent d'atteindre l'un des buts recherchés par la loi. Il s'ensuit que ces juridictions n'ont pas le pouvoir d'apprécier l'opportunité des attributions décidées par les S.A.F.E.R, et qu'elles ne peuvent faire procéder à des expertises en vue de déterminer celui des

[38]) Cass. soc. Ier juin 1956 (Rev. ferm. 1956. 244).

[39] Trib. gr. inst. Saint-Brieuc 16 juin 1970 (Gaz. Pal. 1970. 2. 348) mais cpr. Trib. par. baux ruraux Melun 18 mars 1974 (Gaz. Pal. 1974. 1. 398 et note J. Mégret).

[40]) Paris 13 mars 1967 (D. 1968 J. 58 et note G. Chesné; Trib. gr. inst. Draguignan 24 mars 1972 (Gaz. Pal. 1972. 2. 110 et art. Lachaud préc.); Cass. 3ème civ. 8 mai 1973 (Gaz. Pal. 1973. 2. 766 et note Lachaud); Angers 4 juin 1973 (Gaz. Pal. 1973. 2. 768 et note Lachaud) V. Ourliac et de Juglart «La finalité du droit de préemption des SAFER et le controle de son exercice par le juge» note sous Cass. 3ème civ. 8 mai 1973 (JCP 1973 17519) v. aussi Lachaud (Gaz. Pal. 1972. 2. doctr p. 712).

[41]) Cass. civ. 8 mars 1972 (Gaz. Pal. 1972. 2. V° Agriculture n° 1O – J.C.P. 1972, éd N. II. 17. 243 et note ourliac et de Juglart) V.aussi Montpellier 18 mars 1968 Nayrolles c/SA-FALT (pourvoi rejeté: Cass. 14 nov. 1972 (Gaz. Pal. 1973. I. V° agriculture n° 2).

[42]) Cass. 3ème civ. 29 janv. 1974 (J.C.P. 1975. 2. 17942 et note Ourliac et de Juglart).

[43]) Cass. 3ème civ. 8 fév. 1972 (Rev. dr. rur. 1974 p. 378).

[44]) Cass. 3ème civ. 6 juin 1974, époux Bourdon (Sem. jur. éd. n° 1975. 6059 p. 302).

candidats auquel les biens rétrocédés auraient pu raisonnablement être attribués[45]).
Cependant le Tribunal de grande instance de Lyon a poussé assez loin son contrôle: il a jugé la S.A.F.E.R mal fondée à exercer son droit dès lors que l'acquéreur du terrain mis en vente était considéré par elle-même comme digne d'intérêt et pouvait être éventuellement retenu en vue d'une rétrocession[46]). Le Tribunal a admis le détournement de mission.
Aussi l'appréciation des faits est laissée aux juges et le contrôle de l'opportunité se restreint à celui de la dénaturation; c'est que l'opportunité ne peut être discrétionnaire; s'il appartient aux juges de constater les faits, la qualification légale qu'ils en donnent pose une question de droit qui justifie le contrôle de la Cour de Cassation.
Conséquence de l'annulation de la vente d'une parcelle. Après avoir prononcé l'annulation d'une vente de parcelle consentie par une S.A.F.E.R., les juges peuvent inviter cette dernière à informer les propriétaires riverains et à céder la parcelle à l'un d'eux, dès lors que l'utilisation rationnelle de cette parcelle en raison de sa forme ne peut être assurée que par les propriétaires de fonds contigus, et que la société n'est ainsi dépossédée d'aucune de ses attributions, puisqu'elle avait déjà décidé le principe et les conditions de la vente et qu'aucun acheteur ne lui est imposé[47].
Condamnation à des dommages-intérêts. Si l'exercice irrégulier du droit de préemption par la S.A.F.E.R a été la cause d'un préjudice certain, la sanction n'est pas seulement la nullité, la S.A.F.E.R peut également être condamnée à des dommages-intérêts. Par exemple si l'agriculteur évincé a été contraint de poursuivre son exploitation dans des conditions difficiles . L'abus doit résulter d'une illégalité indiscutable[48]).
Charge de la preuve. Absence de délai pour engager l'action. C'est à celui qui demande la nullité de la préemption exercée par une S.A.F.E.R d'établir que celle-ci a manqué à ses obligations légales[49].).
c) *Contrôle de la rétrocession:* En cas de rétrocession, le contrôle doit être exercé

[45]) Cass. civ. 8 mars 1972 et 14 nov. 1972 précité Agen, 31 oct. 1973 Barnage cité par J.C. baux ruraux, fasc. M n° 25. Cf également Alençon 11 juill. 1972 (Act. jur. imm. 1973 p. 211 et note J. Mégret) V. aussi Aix 18 juin 1975 précité.
[46]) Trib. gr. inst. Lyon Ier oct. 1975 Chambry c/Dame Berlioz et S.A.F.E.R. du Rhône et Loire (non publié).
[47]) Cass. 3ème civ. 8 mars 1972 (Bull. cass. III n° 171 p. 122).
[48]) Montpellier 3 juil. 1972 S.A.F.E.R. Provence c/Ste civ. agricole des Gravattes (Gaz. Pal. 1972. 2. 860).
[49]) Cass. 3ème civ. 12 nov. 1974 (Bull. cass. III n° 412 p. 315; Cass. civ. 10 juil. 1972 (Bull. cass. 1972. III. n° 452 p. 329). En sens contraire: Toulouse 22 avril 1971 et Trib. gr. inst. Saint Etienne 5 mars 1975; selon ces décisions, il importe à la S.A.F.E.R. de rapporter la preuve de ce qu'elle a exercé son droit, régulièrement et en fonction des objectifs spécifiés par la loi.
[50]) Trib. confl. 15 juin 1970 (D. S. 1970. 619) V. aussi Agen 27 sept. 1967 (Gaz. Pal. 1968.

par l'autorité judiciaire. Il n'en serait autrement qu'en cas de contestation sur la régularité des actes des commissaires du Gouvernement[50]).
Comme pour la préemption, il convient de vérifier que la décision de rétrocession a bien été motivée et publiée et qu'au préalable, l'intention de mettre en vente a bien été annoncée (1. 1977, art. Ier), le contrôle porte sur la légalité, il s'agit de s'assurer de ce que la S.A.F.E.R. n'a pas non plus commis de détournement de pouvoir[51]). C'est ainsi qu'il a été jugé que la rétrocession destinée à favoriser son bénéficiaire au détriment d'un acquéreur évincé ne satisfaisait pas au voeu de la loi[52]).
Le contrôle sur les conditions de la rétrocession peut se placer au moment de l'exercice du droit de préemption et non pas seulement quand la rétrocession est effective. En effet, si les S.A.F.E.R. disposent théoriquement d'un délai de 5 ans pour effectuer une rétrocession, elles ont en réalité l'obligation d'y procéder immédiatement, sauf dans les cas où des délais sont nécessaires pour l'aménagement des terres dont elles ont fait l'acquisition[53])
Pratiquement du reste, les S.A.F.E.R. ne réalisent le plus souvent d'opérations d'achat que si elles ont déjà un acquéreur et on comprend bien qu'elles aient intérêt à considérer la globalité de l'opération, c'est-à-dire l'acquisition et la revente: elles peuvent ainsi se prononcer avec une plus grande certitude sur le choix qu'elles doivent faire et éviter les surprises désagréables que pourraient présenter des opérations ne se liquidant pas rapidement. Sur le plan judiciaire, cette situation comporte comme conséquence qu'elles doivent s'expliquer sans attendre s'il est sérieusement soutenu que la contre-partie est déjà décidée; si elles ne le font pas, un expert pourrait être commis pour rechercher les motifs de leur intervention.
Rétrocession d'un domaine réalisé au préjudice d'un candidat faisant partie d'une catégorie favorisée par la loi. Le candidat faisant partie d'une catégorie privilégiée par la loi pour bénéficier de la rétrocession d'un domaine et auquel a été préféré un candidat non privilégié doit pouvoir se plaindre de la non - attribution, notamment si la S.A.F.E.R. prétend qu'il ne remplit pas les conditions des art. I0 et 13 du décret du 14 juin 1961 [54]).
La question se pose également de savoir si entre deux candidats appartenant à une même catégorie, le Tribunal peut être amené à apprécier le choix de la S.A.F.E.R.; cela n'apparait pas au vu de la jurisprudence précitée de la Cour de

I. 97); Trib. gr. inst. Draguignan 24 mars 1972. Cons. Etat 12 janv. 1973 S.A.F.E.R. Marche-Limousin.

[51]) Cass. 3ème civ. 10 juillet 1972 (Bull. cass. III n° 452 p. 329 – J.C.P. 1973 éd. n° 5494.209. V.contra: Montpellier 18 mars 1968 préc. Trib. gr. inst. Poitiers 27 mars 1973, Leblanc; Agen 16 mai 1973, Trésières cpr. Trib. gr. inst. Clermont-Ferrand, 12 oct. 1972, deux jugements Tezenas et James Guillot.

[52]) Cass. 3ème civ. 10 juil. 1972 (Bull. cass. n° 452 p. 329 – J.C.P. 1973 éd. n° 5494.209).

[53]) Trib; gr. inst. Lille 4 juil. 1973 (Act. jur. imm 1974. 213 et note J. Mégret – Gaz. Pal. 1974. 1. 136 et note J. Mégret).

[54]) V. Cass. soc. 17 avril 1974 V. aussi Cass. 3ème civ. 17 avril 1970 S.A.F.E.R. Alsace c/Barth n° 265 p. 195 (J.C.P. 1970. 16484 et note Ourliac et de Juglart).

cassation. Toutefois la S.A.F.E.R. ne pourrait agir dans le seul but de favoriser un candidat[55]).

Conditions d'exploitation auxquelles est soumis le bénéficiaire d'une rétrocession. L'exécution des conditions s'imposant au bénéficaire de la rétrocession et qui résultent d'un cahier des charges est contrôlée par les Tribunaux judiciaires[56]). La sanction de l'inéxécution est la résolution de la rétrocession.

d) *Contentieux né du fait que la S.A.F.E.R. n'a pas été mise à même d'exercer son droit de préemption ou n'a pas été exactement éclairée.* La S.A.F.E.R. dispose comme le preneur d'une action qu'elle doit exercer dans le délai de 6 mois à partir du jour où la date de la vente lui a été connue (art. 800 C.rur.); l'opération non notifiée à tort peut être annulée à sa demande, quel que soit le délai qui s'est écoulé, dès lors que sa connaissance du transfert remonte à moins de 6 mois.

Cependant, dans tous les cas, la S.A.F.E.R. doit solliciter à la fois la nullité de la vente et l'attribution des immeubles[57]). Il avait précédemment été jugé en sens contraire que l'art. 800 alinéa 2 du Code rural applicable à la S.A.F.E.R. ne prévoyait pas sa substitution à l'acquéreur mais simplement la nullité de la vente[58]).

Il faut désormais considérer que la S.A.F.E.R. tient des dispositions réglementaires qui lui sont propres, le droit de demander cette substitution même lorsqu'un preneur ne se voit pas reconnaitre ce droit.

e) *Contrôle a posteriori à l'égard des vendeurs, non soumis au droit de préemption à certaines conditions.* Si l'acquéreur d'un terrain destiné à la construction qui comme il le devait, s'est engagé à donner au terrain, la destination prévue, s'est abstenu de le faire dans le délai prescrit, la S.A.F.E.R. pourra demander au Tribunal de grande instance de prononcer la nullité de l'acte et de la déclarer acquéreur aux lieu et place du tiers (décret de 1962, art. 8, 4ème alinéa). Elle sera recevable en son action du seul fait de la carence de l'acquéreur à remplir son engagement sans qu'il soit nécessaire d'établir la mauvaise foi de celui-ci ni de lui délivrer une mise en demeure préalable[59]).

f) *Délais de forclusion en cas d'action dirigée contre les décisions des S.A.F.E.R.* Les actions en contestation des décisions de préemption comme de rétrocession prises par les S.A.F.E.R. doivent être intentées dans un délai de six mois à compter du jour où les décisions motivées ont été rendues publiques.

Quand il s'agit de la mise en cause du respect des objectifs de la loi, aucun délai n'est prescrit à compter de la publication de la décision motivée de préemption; mais l'action doit être engagée dans un délai de six mois à compter du jour où la décision motivée de rétrocession a été rendue publique, de même pour les décisions de rétrocession (loi 1977, art. 5).

[55]) Cass. 3ème civ. 8 mars 1972, prèc.; Pau 14 juin 1971.

[56]) Cass. civ. 17 avril 1974 (Bull. cass. 1974. III. n° 151 p. 114).

[57]) Lyon I, 19 janv. 1971 (Gaz. Pal. 1971. 2. 651 et note J. Mégret) Cass 3ème civ. 3 mai 1972 (Bull. cass. n° 283 p. 204).

[58]) Rennes 6 mai 1970 (Gaz. Pal. 1970. 2. 201 et note de Silguy et Cadiou).

[59]) Lyon 4 déc. 1973 Roux c/S.A.F.E.R. Savoie-Bourgogne.

A titre transitoire, les actions en justice contestant les décisions de préemption ou de rétrocession intervenues avant la loi du 29 décembre 1977 doivent être intentées dans l'année qui en suivra la promulgation (J.0. 30 déc. 1977)

g) *Compétence territoriale* Il n'existe aucune règle particulière. Ce sont les dispositions de droit commun qui sont applicables: art. 42 et s. du Code de procédure civile (décret 5 décembre 1975); en matière réelle immobilière, la juridiction du lieu où est situé l'immeuble est seule compétente (art. 44 nouv. C. pro. civ.); c'est cette disposition qui reçoit application quand la nullité d'une vente est demandée.

Si une demande d'annulation de la préemption concerne un acte qui a été publié, l'assignation doit être publiée à la conservation des hypothèques à peine de nullité en application de l'art. 28 du décret du 4 janvier 1955.

Il n'en est pas de même lorsqu'il s'agit d'une demande en nullité de vente ayant fait échec au droit de préemption de la S.A.F.E.R. la demande tend non plus à annuler une vente mais à faire reconnaitre et à conserver l'acquisition d'un bien foncier par le jeu du droit de préemption. La publicité se fait par la dénonciation de la décision de justice au conservateur. La nullité tenant à l'absence de publication de la demande quand elle est nécessaire peut être soulevée d'office par le juge[60]).

2. *Contentieux administratif*

Les juridictions administratives sont seules compétentes pour apprécier la régularité des actes administratifs unilatéraux par lesquels les commissaires du Gouvernement ou les ministres qu'ils représentent ont approuvé explicitement ou implicitement les décisions prises par les S.A.F.E.R.[61])

De ce que la légalité de l'acte unilatéral ou de la décision préalable de préempter de la S.A.F.E.R. relevait de la compétence de la juridiction administrative, le tribunal de grande instance d'Alençon a déduit que la demande tendant à voir juger que les représentants de la S.A.F.E.R. n'avaient aucune qualité pour prendre la décision d'exercer ce droit et qu'en outre, ils avaient commis un abus de fonction assimilable à un détournement de pouvoir n'était pas de la compétence d'un tribunal de l'ordre judiciaire[62]).

Alors même qu'une S.A.F.E.R. ne justifie pas de la personnalité de ses commissai-

[60]) Trib. gr. inst. Caen 21 janv. 1974, Corvée c/S.A.F.E.R. de Basse-Normandie préc.

[61]) Trib. confl. 9 déc. 1969. 2 arrêts (JCP 1970 et note Fleuriot et Gaudemont Rev. dr. publ. et. sc. pol. 1970 p. 166 avec concl. Schmelck et Kahn-Act. jur. imm éd. Droit agraire 1970 p. 92 et la note); Trib. confl. 15 juin 1970 et note J. Mégret (Gaz. Pal. 1970. 2. 353) V. aussi Rép. min. à question écrite J.O. Déb. Ass. Nat. 29 fév. 1964 p. 306 et II oct. 1967 p. 3491 Cpr. Cons. Etat 18 juin 1954, Basgeix (Rec. Lebon p. 361 – Act. jur. imm. éd. Travaux 1954. 2. p. 325).

[62]) Trib. gr. inst. Alençon II juil. 1972, Beauvallet c/S.A.F.E.R. Basse-Normandie (Act. jur. imm. 1974. 211 et note J. Mégret) V. aussi J. Mégret, Les compétences respectives du Tribunal de grande instance et du Tribunal administratif en matière de droit de préemption (Act. jur. imm. 1970 p. 226).

res du Gouvernement et qu'il résulte pas du dossier que ceux-ci aient été appelés à donner leur approbation préalable, les Tribunaux judiciaires ne peuvent se voir reconnaître compétence pour prononcer l'annulation de la préemption; seules les juridictions de l'ordre administratif sont compétentes pour apprécier l'existence et la légalité des actes administratifs unilatéraux par lesquels les commissaires du Gouvernement ou les ministres qu'ils représentent approuvent explicitement ou implicitement la décision de préemption, ce moyen tiré de la loi des 16–24 août 1790 peut être soulevé d'office par la Cour de Cassation à l'encontre de la décision de la Cour d'appel qui en aurait autrement décidé[63]).

Les Tribunaux judiciaires doivent donc surseoir à statuer quand il s'agit d'apprécier la légalité des actes administratifs en question. On pouvait se demander s'ils ne devaient pas se déclarer incompétents que quand une question sérieuse se posait[64]). Ce n'est pas cependant la solution qui a prévalu: le juge judiciaire doit se dessaisir dans tous les cas[65].

Par contre, aucun recours pour excès de pouvoir ne peut être formé contre les décisions de la S.A.F.E.R. qui, quoiqu'elle exerce ses pouvoirs dans un but d'intérêt général ne peut être classée parmi les établissements publics dont les décisions relèvent de la juridiction administrative[66]).

3. Contentieux répressif

On hésite sur le point de savoir s'il y a lieu de faire application de l'art. 412 du Code pénal sanctionnant le délit d'entrave à la liberté des enchères lorsqu'un représentant de la S.A.F.E.R. a exposé à une séance d'adjudication quelles étaient les prérogatives de cet organisme. Dans le sens de la négative: Dijon 8 mars 1966, Le fermier et le métayer, avril 1966.

63) Cass. 3ème civ. 24 juin 1975 (Bull. cass. 1975. III. 165 – Sem. jur. 1975. 2. 18187 et note Ourliac et de Juglart).

64) V. Trib. gr. inst. Draguignan 24 mars 1972 préc.; Trib. adm. Toulouse 18 mai 1973 (J.C.P. 1973. 17548 et note Ourliac et de Juglart).

65) Cass. civ. 24 juin 1975 (J.C.P. 1975. 18187.

66) Trib. adm. Toulouse 16 déc. 1966 (J. C. P. 1967. 15044 avec note Ourliac et de Juglart).

Sociología y derecho agrario

José Luis de Los Mozos, Valladolid

1. Planteamiento

Lo que llamamos "Derecho agrario", constituye un conjunto de esferas normativas de características diferentes, en muy diversos sentidos, que se agrupan en torno a un núcleo central que se erige, en última instancia, como el ordenamiento jurídico de la *planificación agraria.* Planificación que, en el momento presente, viene a ser una dimensión, o un aspecto (= sector), del complejo fenómeno de la *planificación económica y social.*

Por ello, en numerosas ocasiones[1]), he propugnado que la – "planificación" como técnica de la política agraria, y del moderno Derecho económico, forma parte de uno de los *presupuestos teóricos,* acaso el más importante, del concepto de Derecho agrario. De ahí que, como consecuencia, y por oponerme a la posible trivialización que representan, en el campo del Derecho, las generalizaciones, me haya opuesto, reiteradamente, a áquellos que predican una simple *autonomía* del Derecho agrario, partiendo de la hipótesis de que viene constituído como un Derecho *especial,* lo que no es más que una expresión abreviada, que carece de todo rigor, y que no sirve, ni siquiera, como supuesto de trabajo, pues, se parece más a una "petición de principio", que a cualquier otra cosa.

Esto supone que, el Derecho agrario, que carece como disciplina jurídica de una autonomía *sistemática* (al faltarle un "sistema de principios" que sea coherente), unicamente puede alcanzar autonomía *científica* o *didáctica,* si se parte de considerar que, a la hora de formar sus propios conceptos, no puede uno desentenderse de una cierta perspectiva metodológica *interdisciplinaria.* Por eso, en un momento dado de mis preocupaciones por el tema, he defendido que, en vez de crear Cátedras de Derecho agrario, deberían de crearse "Institutos de Derecho agrario", para que no se pierda la natural "vocación interdisciplinaria" de la materia, y para significar, además, que antes de impartir docencia universitaria, especialmente en las Facultades de Derecho, sobre Derecho agrario, debe de ir áquella precedida de una larga y fecunda tarea investigadora, y, sobre todo, de un cambio constante de puntos de vista des de las perspectivas más diversas.

Todo ésto pone de relieve la oportunidad del planteamiento del tema, porque es indudable que la Sociología, lo mismo que la Economía, y otras disciplinas (aunque en menor grado), forman parte del plano de las obligadas connotaciones de esa vocación interdisciplinaria del Derecho agrario.

[1]) *J. L. de los Mozos,* Derecho civil español, I, Parte General, 1, Introducción al Derecho civil, Salamanca, 1977, págs. 137 y ss., y allí otras referencias, a trabajos anteriores.

Pero, en cualquier caso, la relación entre Sociología y Derecho agrario hay que tomarla en consideración en un triple sentido:
1. En cuanto el núcleo central del Derecho agrario se desarrolla como *Derecho de reforma*, dependiente de las exigencias de la planificación economica y social que constituye, sustancialmente, una categoría *interdisciplinaria*.
2. En cuanto el Derecho agrario utiliza categorías, datos y situaciones que no se pueden explicar sin acudir a una adecuada valoración sociológica, y que se refieren tanto al marco donde – áquel ha de desarrollarse (el *rus*, lo rústico), como a los conceptos fundamentales que le integran (*fundus*, o explotación agrícola, actividad agraria, etc.).
3. Porque entre Derecho y Sociología, en general, existe tambien una relación muy estrecha, y que por tratarse del género, es lo que primero vamos a tratar de precisar.

2. Sociología y Derecho

Mientras el *Derecho* es, como conjunto de saberes, uno de los tipos más antiguos de la especulación humana, la Sociología es – una ciencia relativamente reciente. Pero todavía es más reciente el acoplamiento entre Sociología y Derecho, sin embargo, como se ha dicho, "el estudio del Derecho como fenómeno social o sociológico parece que se impone hoy sin discusión alguna. El Derecho como disciplina puede ser una determinada manera de actuar en orden a la inteligibilidad de las normas, para su aplicación en la vida social. Desde éste punto de vista es un práctica y una teoría de la práctica". Pero, "puede ser también estudiado en lo que tiene de fenómeno social real. Entonces, se trata de averiguar como suceden las cosas en la realidad, y de estudiar al mismo tiempo las causas profundas de la relación entre sociedad y ordenamiento jurídico"[2]).
Lo que pasa es que, la Sociología, que nace como ciencia en pleno *positivismo* (positivismo filosófico, o metafísico de A. Comte), inicialmente, no se compagina bien con el Derecho, que en áquella época se ha hecho también positivista, como consecuencia de la codificación. De tal manera que, en vez de complementarse ambos saberes, se repelen recíprocamente. Así, todavía hace veinte años, un ilustre civilista francés, *J. Carbonnier*, pertenenciente aún a la actual generación de maestros, ha puesto de relieve, por lo que a Francia se refiere, el ambiente de recíproca desconfianza existente hasta ahora entre juristas y sociólogos, pues – según dice – éstos veían en los primeros a meros *exégetas*, inclinados a identificar el Derecho con los textos abstractos, mientras que, los juristas, por su parte, han reprochado a los sociólogos la falta de un mínimo de tecnicismo que les evitaría muchas confusiones[3]).
Sin embargo, ésta recíproca desconfianza, en los últimos decenios, ha comenzado

[2]) *L. Diez-Picazo*, Experiencias jurídicas y teoría de Derecho, Barcelona, 1973, pág. 294.
[3]) "La méthode sociologique dans les études de droit contemporain", en el vol. Méthode sociologique et droit, Paris 1958, págs. 191 y ss.

a disiparse, puesto que, en el plano de la relación esencial entre Sociología y Derecho, milita la idea que nadie discute, entre los juristas, de que las *fuerzas creadoras* del Derecho son fuerzas sociales, incluso algunos, como F. de Castro, el más relevante de todos los civilistas españoles contemporáneos, vinculan a tales fuerzas el concepto *material* de "fuentes del Derecho" (que nada tiene que ver con su concepto *formal*)[4]). Por lo demás, tomando el concepto más universalmente aceptado de Sociología, como "ciencia descriptiva", se le asigna de forma casi unánime, entre los juristas, una incuestionable *función documentadora.* De éste modo, la Sociología jurídica, pasa a integrar el "sentido" de la voz *"notitia"*, contenida en la definición de *Ulpiano Jurisprudentia,* como saber o ciencia del Derecho[5]).

Pero, seguramente, lo más importante de la Sociología jurídica, sea contribuir a estudiar las reacciones del medio social ante la regla de Derecho, es decir, la regla, ¿ha sido recibida?; ¿ha sido rechazada?; ¿ha tenido efectos benéficos o perjudiciales?, etc. Bien es verdad que, la Sociología no estará cómo tal, en condiciones de dar una *respuesta* adecuada a las demandas sociales, sobre todo, cuando éstas necesitan, en ocasiones, una contestación jurídica, y que, por tanto, se halla basada en una *valoración* sobre la justicia. Pero, en cambio, puede establecerse una adecuada estructuración de áquellas demandas, mediante un análisis riguroso de las mismas (desde un punto de vista exclusivamente sociológico), que puede servir como instrumento valioso para elaborar la creación jurídica: ya se trate del nacimiento de nuevas normas, según criterios de justicia y de oportunidad, como de la aplicación de las existentes, de su "concreción" en función de unos hechos (tarea que lleva a cabo, de modo eminente, la *sentencia* judicial). Teniendo en cuenta que, a veces, tales hechos se toman en consideración como un comportamiento sociológicamente valorado ("comportamiento típico"), que condiciona no sólo la transcendencia de los mismos, sino también la propia eficacia regulativa de la norma. Porque lo importante es que, la norma, venga de donde viniere, no sea un cuerpo extraño en el "medio social" al que se dirige.

En éste sentido, las opiniones de los juristas son casi unánimes. Así, *R. Savatier,* ha propugnado también una colaboración entre juristas y sociólogos, ya que dictada la norma jurídica – dice – se modifica el *dato* social, lo que debe ser observado por el sociólogo, con lo que el circulo se renueva indefinidamente, haciendo trabajar a los juristas sobre datos sociológicos, y a los sociólogos sobre datos jurídicos. Añadiendo que, en particular, los sociólogos podrían aportar: 1. El estudio de las estructuras sociales que deben ser objeto de regulación; y 2. Las reacciones previsibles de los factores sociológicos respecto de las normas jurídicas (actitudes agresivas o pasivas, análisis de psicología social, reacción del profano ante el lenguaje jurídico, etc.)[6]). Por – su parte, *N. Bobbio,* entre las aportaciones que la

[4]) Derecho civil de España, I, 3ª ed., Madrid, 1955, pág. 363–364, y 367.

[5]) "Iuris prudentia est divinarum atque humanarum rerum notitia, iusta atque iniusta scientia" (D,1,1,10,2).

[6]) Les métamorphoses économiques et sociales du droit privé d'aujourd'hui, 3me. série, Paris, 1959, pags. 133 y ss.

Sociología puede hacer al Derecho, destaca, aparte de la función que puede cumplir en cuanto al estudio de los Derechos de la Antigüedad, en relación con el Derecho vigente, señala, que puede significar una ayuda para la interpretación de los textos legislativos, mediante el estudio de la *función económica* de las instituciones en el ámbito del Derecho privado; y, ya en fin, en cuanto al Derecho futuro, ofreciendo al legislador amplias investigaciones sobre la estática y la dinámica de las instituciones en un pais determinado, con el fin de ayudar a promulgar leyes cada vez más acomodadas a los intereses sociales[7]). En la misma linea, pero con mayor tecnicismo que los anteriores, *E. Fechner,* resume las funciones de una Sociología jurídica en una misión de *constatación* y de *descripción.* En tal sentido, debe preparar proyectos de ley mediante el estudio de las circunstancias reales que deban ser objeto de ordenación, estudiando asimismo los resultados de la intervención legislativa en el orden social, y examinando la reacción de la sociedad frente a las regulaciones jurídicas. Pero se cuida de advertir los *límites* de la Sociología: ya que el Derecho no es meramente orden, sino un orden basado en las ideas de justicia, y la idea de justicia no se agota sociológicamente[8]).

Perspectiva que nunca debe olvidarse en las relaciones entre Sociología y Derecho, pues, como la experiencia nos demuestra, un paso más, p. ej., en el análisis de la *función social* de los derechos privados, nos puede llevar a la ficción de pretender hacer una "valoración jurídica", desde *fuera* del campo del Derecho, como siguiendo ésta misma línea, y tras las huellas de la delimitación efectuada por *N. Bobbio,* se ha llegado a hacer, recientemente, en un sector de la moderna doctrina italiana, donde invocando el posible desfase entre ordenamiento jurídico y realidad social se ha defendido – por razón de una óptica estrictamente positivista o legalista del Derecho – la *doble utilización* de la norma jurídica[9]) para aplicarla a la realidad, a través del proceso de sometimiento de áquella – en ocasiones – a una realidad sociológica que depende, o se hace depender – de ahí la posibilidad del peligro – no de un análisis de la realidad, sino de una manipulación de la realidad, que deriva de una *previa* valoración ideológica (o dialéctica) de la propia realidad[9]), con lo que la posibilidad de una armónica relación entre Sociología y Derecho, viene a destruirse a través de una *idealización* de la realidad, es decir, mediante la *interposición,* entre la realidad y el intérprete, de una *idea* de la propia realidad.

Por eso, antes de seguir adelante, hay que tratar de precisar la relación metodológica existente entre Sociología y Derecho.

[7]) "La méthode sociologique et les doctrines contemporaines de la philosophie du droit en Italie", en vol. cit., págs. 51 y ss.; vid., tambien, Teoria della scienza giuridica, Torino, 1950, págs. 177 y ss.

[8]) "La méthode sociologique et les doctrines contemporaines de la philosophie du droit en Allemagne", en el vol. cit. págs. 77 y ss.; y Rechtsphilosophie. Soziologie und Metaphysik des Rechts, Tübingen, 1956, págs. 76 y ss.

[9]) Hace un riguroso análisis de ésta duplicidad methodologica, *N. Lipari,* "Il diritto civile tra sociologia e dogmatica", en Studi in on. Santoro Passarelli, III, Napoli, 1972, págs. 99 y ss.

3. Precision Metodologica

Desde el punto de vista del Derecho, la Sociología, aparece más como un *método* que como una ciencia, lo que no supone, en modo alguno, rebajar a la Sociología frente al Derecho, sino simplemente tratar de incorporar sus resultados a las *propias* tareas jurídicas, ya que áquella se basa y consiste en la observación de los hechos y de los fenómenos sociales. Resultado de ésta implicación nace la Sociología jurídica. De tal manera que podemos definirla, con *J. Carbonnier,* como una rama de la Sociología general que tiene por objeto una variedad de los fenómenos sociales, los *fenómenos jurídicos,* añadiendo que no se diferencia del Derecho dogmático por razón del *objeto,* sino por su diferente punto de vista (método), apreciándole, sobre todo, en su transcendencia externa, como fenómeno social[10]), lo que nos confirma en la observación ya apuntada, del carácter *complementario* del aspecto sociológico del Derecho.

Por otra parte, la Sociología jurídica, según se ha ido desenvolviendo a lo largo de los tiempos, ha ido mostrando una serie de conexiones con otras disciplinas, unas veces conservando ese carácter accesorio y complementario dentro del estudio del Derecho, otras adquiriendo mayores pretensiones. En el primer sentido, la aportación de la Sociología ha sido fructífera para el desarrollo de algunas disciplinas jurídicas, o de aspectos singulares de las mismas, así para la sociología de la Historia del Derecho, o para el Derecho comparado, aunque no agote, naturalmente, los contenidos de la Historia jurídica, ni del Derecho comparado. En otras ocasiones, su aportación para el conocimiento del Derecho ha sido decisiva, con el acercamiento que ha tenido lugar entre Sociología y antropología filosófica y de la cultura, puesto que ha servido para favorecer la *tradición humanista* sobre la que se asienta el Derecho natural, enriqueciendo la fundamentación, en el mundo de los "signos del hombre" (conciencia racional y conciencia moral), de los valores permanentes del Derecho. Otras, ha servido, al menos, para cimentar y consolidar el llamado *realismo jurídico,* como reacción frente al *positivismo legalista*[11]).

De todos modos, hay que hacer constar que la Sociología jurídica, todavía a comienzos de siglo, se hallaba dominada por el "naturalismo jurídico", vinculada aún a su origen como *sucedáneo* de la metafísica. Análisis sociológico es, en definitiva, la crítica marxista, fundamentada sobre la dialéctica de la "praxis" histórica, y a él se vincula también, en cierto modo, la escuela positivista italiana del Derecho penal, incluso lo que en el pensamiento "derechista" de *O. von Gierke* es el *Derecho social,* o será más tarde la "teoría de la institución", con *S. Romano,* no deja de tener una influencia sociológica, que se manifiesta, más claramente, en *L. Duguit,* al formular una teoría de la *función social* de los derechos privados, en el marco de un "socialismo democrático", modificando parcialmente el punto de vista del socialismo marxista que arranca, en éste punto,

[10]) Sociologie juridique, Paris, 1972, págs. 16 y 20.

[11]) *J. L. De los Mozos,* Metodología y ciencia en el Derecho privado moderno, Madrid, 1977, págs. 154 y ss., y anteriormente, págs. 26 y ss.

de *K. Renner.* Mientras tanto la Sociología jurídica, propiamente dicha, no había pasado de sus comienzos con *Durkheim*[12]), o con *Ehrlich*[13]), para quienes el centro de gravedad del desarrollo del Derecho no reside en la legislación, en la ciencia jurídica, o en la jurisprudencia, sino en la sociedad misma. Incluso más lejos irán otros, como *Gurvitch*[14]), contraponiendo el Derecho *oficial* al sistema jurídico global. De ésta manera la Sociología se inserta en la crítica del *positivismo legalista,* en una generalizada reacción frente al omnipotente Estado moderno.
Por otra parte, en el primer tercio del presente siglo, con *M. Weber,* la Sociología toma una nueva orientación, vinculándose al historicismo racionalista y a la antropología. Para éste autor, los juristas especializados, cuyo papel es muy importante en la sociedad moderna, traducen en normas jurídicas las normas sociales, mediante un proceso de racionalización y de especialización que confiere a áquellas el prestigio necesario[15]), con lo que de alguna manera viene a conectar con las concepciones tradicionales en el campo del Derecho, respondiendo al viejo aforismo que expresa gráficamente la función del jurista de todos los tiempos: *"da mihi factim, dabo tibi ius".* Posteriormente será T. Geiger el que construiría una Sociología más abstracta, vinculada al simbolismo de la lógica matemática[16]). Pero junto a ésta Sociología teorica y explícita, podría hablarse de una "Kriptosociología" que se ha extendido en los más diversos campos de la moderna *metodología jurídica,* orientándose, a veces, a una reacción radical contra el positivismo, como ha sucedido con la Escuela del Derecho libre *(Ehrlich, H. Kantorowicz),* o buscando en ella el fundamento del llamado Derecho judicial, que se ha calificado, también, por *R. Pound,* de "Jurisprudencia sociológica". En otras ocasiones, sin rechazar una concepción *normativista* del Derecho, eminentes juristas especializados, como *Ph. Heck,* y toda la "Escuela de Tubinga", partiendo de un punto de vista, fundamentalmente sociológico, han contribuído, en los años de entreguerras, con el "método de la jurisprudencia de intereses", a incorporar una valoración material en el juego formal del ordenamiento. Y al mismo tiempo, y en años posteriores, *G. Ripert,* en Francia, o *J. Esser,* en Alemania, han llevado a cabo, en muchos aspectos, como pudiera haberlo hecho un sociólogo, un análisis de la crisis del Derecho moderno[17]).
Bien es cierto que, no siempre han dado un resultado positivo las relaciones entre Sociología y Derecho, de lo que me parece somos igualmente conscientes juristas y sociólogos. Situación que ha tenido lugar, o porque los juristas se han encerrado en sus esquemas conceptuales (formalismo lógico, o formalismo normativo), o porque los sociólogos, en vez de pretender *complementar* el método

[12]) Que viene considerado como el fundador de la Escuela francesa, vid. *J. Carbonnier,* Op. cit., págs. 79 y ss.
[13]) Vid. *K. Riebschlager,* Die Freirechtsbewegung zur Entwicklung einer soziologischen Rechtsschule, Berlin, 1968.
[14]) Sociología del Derecho, trad. esp. Rosario (Argentina), 1945.
[15]) Economía y Sociedad, trad. esp. 2ª ed., México, 1955, cap. VII de la 2ª parte.
[16]) Vorstudien zu einer Soziologie des Rechts, 2ª ed., Berlin, 1964.
[17]) Vid. *J. L. de los Mozos.* Op. cit., págs. 156 y ss.

jurídico, han pretendido *suplantarlo* (función de sucedáneo de la Sociología frente a cualquiera otra actividad especulativa, en el área de las Ciencias sociales). Situación que, actualmente, desde los dos campos parece superada[18]).

En suma, la Sociología jurídica, nunca debe de ser un *sustitutivo,* sino un *complemento* del Derecho, puesto que muestra un *aspecto* más a tener en cuenta, no sólo en la mera especulación jurídica, sino también a propósito de la función que el ordenamiento atribuye al propio jurista: la *interpretación normativa,* puesto que el propio art. 3–1 Cc. esp., en su nueva redacción, establece – que las normas "se interpretarán según el sentido propio de sus palabras, en relación con el contexto, los antecedentes históricos y legislativos, y la *realidad social del tiempo en que han de ser aplicadas,* atendiendo fundamentalmente al espíritu y finalidad de áquellas".

De éste modo, el carácter *complementario* de la apreciación sociológica adquiere, en la interpretación jurídica, rango legal, y por mucho que se considere que las normas interpretativas tienen un mero carácter o valor puramente "heurístico", no debe, ni puede eludirse la apreciación sociológica por el hecho de ser un *complemento* de la valoración jurídica, que en ocasiones puede ser decisiva para la fijación del criterio hermeneútico, y que no se halla supeditado – al igual que los demàs criterios de interpretación – más que a la *ratio legis,* espíritu o finalidad de la norma a que alude el precepto citado, único que debe presidir toda tarea interpretativa.

Sólo en éste sentido, puede hablarse de *método sociológico,* como uno de los momentos del método jurídico, incluso más que un método, es una operación de contraste con la realidad vital de cada momento, tanto para prevenir el Derecho, como para aplicarle. De modo que, una valoración social, constituye un *presupuesto* obligado de una valoración jurídica, en el orden lógico-natural de la aplicación y de la interpretación del Derecho, sentido en el que viene tomado, modernamente, el método sociológico: así el propio *J. Carbonnier,* antes citado, o *J. Tiemeyer*[19]), o *H. Wüstendörfer*[20]), entre otros, aquí imposibles de citar.

Hecha ésta precisión, vamos a referirnos ahora a las relaciones entre Sociología y Derecho agrario.

4. Sociología y Derecho Agrario

Ya hemos aludido antes a la importancia de ésta relación, importancia que viene impuesta, decíamos, por dos razones fundamentales, aparte de la que acabamos de exponer, a propósito de las relaciones entre Sociología y Derecho, dependientes,

[18]) Resulta modélica la utilización del método sociológico en *G. Garcia Cantero-A. Celaya e Ibarra,* "Un estudio de Jurisprudencia sociológica. Filiación extramatrimonial", en Documentación Jurídica, 1 (1974), págs. 63 y ss., utilizado, también, por el primero de los autores citados en otros trabajos posteriores en materia de Derecho de familia.

[19]) Zur Methodenfrage der Rechtssoziologie, Berlin 1969.

[20]) Zur Methode soziologischer Rechtsfindung, Berlin, 1971.

por otra parte, de venir constituído al Derecho agrario por un "núcleo central" que se relaciona, íntimamente, con la *planificación económica y social;* y por el hecho de tomar en consideración el Derecho agrario *categorías* y *conceptos* que, en su propia pecularìedad, descansan en datos tomados de la realidad social. Vamos ahora a tratar de desarrollar un poco éstas dos ideas tomando en cuenta la *finalidad,* para no apartarnos de un criterio jurídico rector, del propio Derecho agrario, en sus dos matices más sobresalientes, a saber:

a) Como Ordenamiento de la Producción Agricola

Siendo el Derecho agrario – como escribía *G. Bolla* – el ordenamiento que organiza la producción agrícola e institucionaliza la economía agraria, en el cuadro de las directrices constitucionales, surge la necesidad de profundizar en el estudio de los *procesos sociológicos* por sectores de la organización social, porque sólo así entenderemos la sociedad como un cuerpo vivo, turbada por agudos contrastes ideológicos, y por gravísimos desequilibrios económicos[21]). Opinión que puede suscribirse íntegramente, aplicada a cualquier situación, y habida cuenta la inacabada y constante tarea de realización de la moderna sociedad política en Estado, que no se agota en la mera consagración constitucional de la mera *personificación* de la soberanía del pueblo, sino en la actuación, justa y equilibrada, de unos *valores sociales,* que se manifiesta, desde el punto de vista de la *planificación económica y social,* en el desarrollo paralelo de los poderes de los particulares y de los poderes del ordenamiento, siempre que áquella se desenvuelva en régimen democrático.

Análisis sociológico que de haberse efectuado, convenientemente, hubiera hecho más rentables y productivas muchas de las grandes actuaciones de *colonización,* fenómeno que es bien patente en España, donde áquellas actuaciones se llevaron a cabo sin tener en cuenta la evolución de la población activa española, como consecuencia del creciente proceso de industrialización. Pero no es sólo que el legislador se encuentre, muchas veces, a ciegas en relación con la orientación de la planificación agraria, tanto si se refiere a reforma de *estructuras,* como a medidas concretas de Política económica, sino que, a la Sociología agraria, incumbe, en un momento determinado, ofrecer al pais, a la opinión pública, y las instancias del poder, en general, un estado completo de las *necesidades* y de las *aspiraciones* de los agricultores, para saber a que ha de atenerse antes que tener que aceptar los "maximalismos" a que nos tienen habituados las ideologías más diversas.

Y si una adecuada *documentatión* es imprescindible, para todo tipo de valoración jurídica, mucho más lo ha de ser cuando ésta se refiere a un medio que como el *medio rural,* ha atravesado una crisis tan profunda, y con efectos tan diversos, y, a veces, tan contradictorios, como para hacer imprevisibles las consecuencias de cualquier medida legislativa, por bien intencionada que parezca. Lo que afecta a la

[21]) "L'ius proprium dell'agricoltura ed il contributo della sociologia alla sua riconstruzione scientifica nell'epoca 'del pianismo'", en Scritti di diritto agrario, Milano, 1963, págs, 813 y ss.

habitual *diversidad* de las condiciones naturales de toda agricultura, fenómeno que es bien patente en España, al que se une (y lo mismo sucede en Italia, y en otros paises mediterráneos), la disparidad con que el proceso de evolución ha tenido lugar, aún partiendo de situaciones paralelas. Por ello, el análisis sociológico debe ser minucioso, tanto territorialmente, como por sectores. Y ahí es donde se advierte uno de los mayores beneficios que pueden derivarse de la *regionalización,* y de la descentralización administrativa, siempre que sirva para aumentar la eficacia de las decisiones, y para no empequeñecer la acumulación de experiencias que, necesariamente, deriva de la propia diversidad.

Por otra parte, teniendo presente el panorama de la diversidad, la situación es tan grave para los juristas que ya no sabemos si las "costumbres" de una comarca subsisten como realidad social, y si, por tanto, han de ser tomadas como *normas jurídicas,* o, por el contrario no son más que mero recuerdo del pasado. Lo mismo sucede con lo que se denomina el *"usus terrae",* que incide en ciertos modelos de cultivo, o en formas o estructuras de los derechos sobre la *re rustica,* que algunas veces pueden tener valor de costumbre como "usos normativos", siendo otras meras condiciones de la aplicación de los derechos, o de las normas, como límites impuestos por una especial "naturaleza de las cosas".

Creo, por tanto que un análisis sociológico adecuado puede, de manera decisiva, incidir en la determinación de los *modelos* de actuación de la *planificación agraria,* contribuyendo, de éste modo, a formar los esquemas legislativos del Derecho agrario, y a moldear, dentro de éste campo, el propio sistema especulativo del operar jurídico.

b) Como Ordenamiento de la Actividad Agraria

Por lo que se refiere al otro de los aspectos contemplados, es decir, por la propia naturaleza de las cosas agrarias, tenemos que el Derecho agrario depende, extraordinariamente, de conceptos y categorías conceptuales que viene determinados conforme a valoraciones *socio-económicas.* Esto no es propio de nuestra época, sino que ha sido así siempre, incluso desde la época del Derecho agrario como *ius georgicum,* tanto referente a la tierra cultivable (los predios), como a la actividad de cultivo (representada en el Derecho antiguo, especialmente por *las mejoras*), conceptos que tienen un significado previo en el contexto económico-social.

De ahí que, agudamente, *E. Romagnoli,* en un reciente trabajo sobre la noción de *estructura agraria,* nos habla de la complejidad de ésta categoría, complejidad que viene dada, no sólo por la diversidad de factores naturales, sino también por las exigencias económicas, modificadas por decisiones humanas que responden a las más diversas causas, y que expresan esa vinculación entre el hombre y las cosas, que adquiere en la agricultura una fisonomía propia. Transcendiendo el análisis de estructuras tanto al orden material, al económico, al social, o al propiamente jurídico[22]).

[22]) "Sulla nozione di strutture agricole", en Rivista di diritto agrario, L (1971), págs. 535 y ss.

Por otra parte, por influencia de la Economía, como es evidente, se habla de *estructuras* como de algo que se corresponde con un sistema económico determinado, y que viene amparado a su vez con un sistema jurídico, y si el Derecho agrario tiene como finalidad la *reforma* de estructuras, tenemos que tener muy presente, lo complejo que resulta un análisis de las estructuras agrarias. Sin olvidar, tampoco que, en todo Derecho de reforma, se pone en juego, una especie de comparación entre las *estructuras* y las *funciones sociales* que cumplen, o desenvuelven tales estructuras, en lo que, generalmente, el mecanicismo que obliga a tomar las soluciones, de acuerdo con el modelo de una sociedad industrializada y, a veces, proletarizada, hace olvidar la proporción debida entre la innovación agrícola y el desarrollo rural[23]), por prescindir, precisamente, de una perspectiva sociológica.
De ahí, la importancia de la Sociología para el Derecho agrario, importancia que me atrevo a conectar, con el triunfo de la "escuela técnico-económica" de *G. Bolla,* tanto en el plano de la legislación, como en el plano de la especulación científica, sobre la "escuela jurídico-formal" de *A. Arcangeli*[23a]), con ocasión del nacimiento, en Italia, del moderno Derecho agrario. Lo que, por lo demás, es evidente en una sociedad en transformación que viene acelerada por la crisis del medio rural. Es más, podemos decir que el mundo de la agricultura, actualmente, como ponía de relieve ya hace unos años, *A. Carrozza,* ya no es un mundo apartado y cerrado, como antes, del que no siempre se puede decir que viene caracterizado por el hecho de que, en el mismo, *"tout se tient, tout se rallie"*, tanto desde el punto de vista físico o natural, como del social, pues, – añade – la naturaleza de las cosas agrícolas, de los hechos de la producción o mejor aún de los actos que dan lugar a la empresa agraria, representan por sí mismos un dato unificador de sus diversos aspectos (jurídicos, económicos, sociológicos y políticos). Sucediendo que en materias de estudio inicialmente lejanas por sus presupuestos, o por sus métodos, aunque correspondan al campo de las ciencias sociales, a pesar de su lejanía, siempre que se les pueda adjetivar como *agrarias* o rurales, tendrán algo que ver con el Derecho agrario, ya que acabarán por soldarse reconstituyendo su pristina unidad. Por tanto, para el jurista como para el economista, o para el sociólogo, incluso para otros saberes más alejados de las ciencias sociales, pero que a ellas se unen por vía de la *planificación,* o de la *ecología* elemental, el "objeto común de la investigación, es siempre el problema de conciliar la vida del hombre, y la vida de la comunidad, con la vida de la tierra"[24]).

23) Muy interresante en éste sentido el libro de *P. Boisseau,* L'effacement rural. Jalons d'une crise, Paris, 1965 (2ª ed., Montpellier, 1976).

23a) *N. Irti,* ha escrito unas páginas brillantísimas sobre éstas dos escuelas, en su Introduzione allo studio del diritto privato, 2ª ed., Torino, 1974, págs. 243 y ss.

24) "L'insegnamento del diritto agrario nella cornice di un dipartimento dedicato alle scienze sociali dell'agricolutra" ("Estratto da Rivista di diritto agrario, 1965).

Country planning in the United Kingdom

John Murray, Edinburgh

1. Introduction

In the United Kingdom country planning is one aspect of a wider topic "town and country planning". In general, what would be understood by country planning is the power of agencies of Government, whether at local or national level to affect the activities of owners and occupiers of land in the countryside.

In order to appreciate the United Kingdom position it should be understood that this operates in two main ways. Firstly, and usually more important for individual landowners/farmers is "planning control". This is largely negative and is devoted to preventing development from taking place in the countryside other than in accordance with the wishes of the planning authority. The second aspect, "positive development" involves the acquisition and/or management of land by authority in order to bring about, or maintain, some effect considered desirable on planning grounds.

It is of importance in this context that the bodies directly responsible for enforcing planning control are *local* bodies: the local planning authority which is usually the local government agency. There is, generally, a right in the subject to appeal to central government against decisions of a local planning authority. Positive planning action on the other hand may be taken by a wide variety of government agencies both central and local, and also some private companies and individuals under special powers given to them.

In the United Kingdom planning in relation to the country has for a number of years assumed great importance because it tends to represent an area of conflict between town and country. On the one hand it has been estimated that each year about 50 000 acres of good agricultural land are lost permanently to agriculture. On the other hand restriction on development in country areas, particularly those with poorer agricultural capacity has given rise to much feeling.

2.

The general basis for planning control is the Town and Country Planning Acts. There are a number of these, and Scotland and England have different legislation, the main Acts now in force having been passed in 1971 for England and 1972 for Scotland. Generally, they give local planning authorities power to control all development within their areas. They tend to operate mainly in a negative way so as to prevent any development taking place contrary to the wishes of the local planning authority. Of critical importance is the nature of the development they prohibit without planning permission. "Development" includes any building, engineering, mining or other operations in or over land and also any material change in the use of any buildings or land. For present purposes the most important point is that "development" is further defined so as not to include any use of land for agriculture or forestry and the use of associated buildings. Accordingly no planning control exists over the type of farming which may be carried out. It should be noted, however, that this exclusion from development does *not* relate to the erection of new buildings for agricultural or forestry purposes.

The same Acts give power to the local planning authority to acquire land compulsorily if authorised by the relevant Government Minister to do so in order that it may be developed or used along with land to be developed. Many different laws provide for special treatment for particular types of land for particular areas, or give particular government agencies powers of control for particular purposes which are related to planning. The most important for these purposes probably are:

A

1. *National Parks.* (England and Wales only). Certain areas are designated as National Parks under the National Park and Access to the Countryside Act 1949. In consequence planning control is exceptionally stringent in these areas.
2. *Areas of "special planning control".* These are areas in Scotland so designated because of the beauty and amenity under the Countryside (Scotland) Act 1967 and so subject to similar stringency.
3. *Nature Reserves.* Areas in the United Kingdom established as Nature Reserves by the Nature Conservancy or by a local planning authority and subject to special Bye-laws under the National Parks Act as extended by the Nature Conservancy Council Acts.
4. *Areas of Special Scientific Interest.* Areas so designated under the National Parks Act.
5. *Country Parks.* Under the Countryside Acts (separate for Scotland and England and Wales) local authorities may set up Country Parks covering wide areas of ground and subject to regulations.
6. *Woodlands.*

a) Publicly owned. The Forestry Commission (which has power compulsorily to acquire land) is generally, not subject to planning control.

b) Privately owned. 1. Existing woodlands may be made subject to Tree Preservation Orders by local planning authorities under Town and Country Planning Acts. 2. Existing woodlands may not be felled without a license from the Forestry Commission.

7. *Water.*

a) Under the Countryside Acts access to and use of water may be obtained by local planning authorities for recreational purposes.

b) Development within catchment areas for water supplies is subject to special restriction by a series of acts.
c) Development, or other activities likely to give rise to pollution of rivers is subject to special control under a series of acts.
d) Abstraction of water from streams and underground systems is subject to licenses and restrictions under a series of acts.
8. *Highways.* The planning and creation of new major highways is a function of the central government under a series of acts. They have power to make road achemes and to acquire land compulsorily for such schemes.

B

Certain areas of the country are subject to control by bodies with special powers. Of particular importance are
1. *The Highlands and Islands of Scotland.* A special board, the Highlands and Islands Development Board has been created with special powers to acquire land and carry out development of any sort within its area.
2. *Rural Development Boards.* None now exist, but these can be created under the Agriculture Act 1967 for hill and upland areas. Their chief powers are to control the sale of land and to control afforestation.
3. *New Towns.* A series of New Towns have been set up under special legislation with power to acquire any extensive areas of land for the purpose of establishing New Towns to house populations from the overcrowded cities and the like.

C

The main bodies with some interest in or control over aspects of the countryside are therefore apart from the local planning authorities, and the central government departments, particularly those concerned with planning, roads and agriculture the following – all of which are public bodies, and all of which except the Forestry Commission have been created in the last 30 years.
1) Countryside Commission (England and Wales).
2) Countryside Commission for Scotland.
3) Nature Conservancy.
4) Forestry Commission.
5) River Purification Boards (Scotland only).
6) Highlands and Islands Development Board.
7) The Land Authority for Wales under the Community Land Act 1975.
8) The New Town Development Boards.
9) Regional water authority.

D

The Community Land Act 1975 requires special mention. Apart from creating the Land Authority for Wales it provides for all local authorities to bring development land into public ownership. The Act is designed to come into operation in two parts. At the present stage authorities have a discretion whether to take development land into public ownership. At a later stage they will have a duty to take all development land into public ownership.

3. Legal Devices for planning in the Countryside

1) Control is generally exercised under the Town and Country Planning Acts by reference to the statutory plans of the local planning authority. As matters now stand a local planning authority must prepare (1) a "structure plan" relating to the whole of its district. (2) a local plan or series of local plans relating to particular portions of its district.
There are no "national plans" but national control is exercised by the structure and local plans having to be approved by the relevant central government Minister.
2) No development may be carried out without planning permission, which is obtained on application to the local planning authority. There is a right of appeal to the Secretary of State against a refusal of permission by the L. P. A.
"Development" relates both to construction and carrying out of works and to change of use. Thus it is illegal to use a house as a hotel even although no construction is required without planning permission.
The carrying out of many types of development requires further types of licensing. Thus the felling of trees requires a licence from the Forestry Commission an abstraction of or interference with water may require consent of the River Purification Board.
3) Where Rural Development Boards exist they will have a right to veto transfers of land within their area in certain circumstances. Broadly they will be able to refuse if they consider the land should be amalgamated or used for afforestation. Their powers only extend to agricultural or forest land.
4) All the bodies listed in 2 possess powers of compulsory purchase. Broadly speaking all such bodies possess powers of compulsory purchase in order to acquire land for the purposes of their particular function. The intended effect of the Community Land Act is to bring all land which is to be the subject of development other than on a very minor scale into compulsory ownership, and that at terms as to compensation which will be particularly favourable to the local authorities.
5) The general sanctions for actions which are a breach of planning control is for a local authority to serve enforcement notices requiring the activity for which planning permission has not been obtained to stop and if necessary to take steps to remedy the breach by restoring the land to its prior condition. Failure to comply with such an enforcement notice results in a liability to fines.
The local planning authority may also serve a "stop" notice pending proceedings under an enforcement notice, and failure to comply with that results in liability to a fine.

Generally, failure to comply with various special provisions as to licences and the like results in liability to a fine.

4.

1) Professional associations representing farmers and landowners are not adequately involved in relation to the making of plans etc.
Nearly all the Acts passed by the United Kingdom Parliament in regard to planning *require* the authorities on whom powers are conferred to have particular regard to the requirement of agriculture.
Thus under the Special Roads Act 1949, which gives Ministers power to make or confirm road schemes they are required to give "due consideration to the requirements of local and national planning including the requirements of agriculture".
There is, however, no way in which under U. K. law such statutory obligations can be enforced.
There formerly existed in both Scotland and England Agricultural Executive Committees whose main functions related to assessment of farm capabilities and to farming practice. The Committees for each area were composed of a representative group of farmers and landowners. Under the planning acts then in force there was a statutory duty on the planning authority to consult the Agricultural Executive Committee before preparing a development plan, or making an alteration to such a plan. These Committees have been abolished and there is now no requirement in law to consult anybody as representing professional farmers or landowners. No doubt the officials of the Ministry of Agriculture etc. in England and of the Department of Agriculture in Scotland are consulted but that is not at all the same point.
In England circulars have been issued stressing that consultations with the National Farmers Union and Country Landowners Association, the two major bodies are desirable; they are not required. In Scotland it is understood that such advice has not been given to local planning authorities at least publicly.
2) In preparing structure plans, local planning authorities are required to give publicity to their proposals for such plans, and to the fact that interested persons may make representation. And they must consider any representations timeously made. When the structure plan then goes to the Minister for approval he must afford persons objecting to the plan an opportunity of being heard by a person appointed for the purpose.
In the case of local plans, the local planning authority must give an opportunity for a local inquiry into the subject matter of such plans.
There are similar rights to require a hearing of the nature of a public local inquiry into such matters as the designation of sites for new towns, orders or schemes for trunk roads and the like.
In any situation in which compulsory acquisition of land is sought where objections are duly made by the persons affected which are not simply objections as to the

value of the land to be acquired, (and are not objections which could have been raised at an earlier inquiry into the planning proposals which preceded the making of the order for compulsory purchase) there is an obligation to hold an inquiry into the objections to the compulsory acquisition.

It should be pointed out here that much development is initiated in the United Kingdom by people who are not owners or occupiers of the land for which they seek planning permission. It is necessary, before an application for planning permission can be considered that notice of it has been given to the owner and the agricultural tenant, who therefore have an opportunity to make representations about the matter.

3) From decisions taken by Ministers following upon local inquiries there are limited rights of appeal to the Courts. Broadly speaking these rights of appeal are limited to situations where the inquiry has not been carried out in accordance with prescribed rules, or where it is not within the powers of the Minister to make the order that he has done.

5. Coordination

Before major public works are undertaken in the U.K. it is normal to have extensive consultations between the various agencies of central and local government involved. This is not done however upon the basis of a formal discussion in which public participations is involved. Generally, matters will have reached a fairly advanced stage of agreement with these parties before a question of public involvement arises. In the case of developments in the country it would be normal for the Ministry or in Scotland the Department of Agriculture to be consulted and the Countryside Commission and other bodies as might be appropriate. In the event of a clash between the desire for the public works and the interests of the planning authority, the matter will ordinarily be dealt with by a local inquiry where duty is to report the facts to the Minister who has control over the decision. In the ordinary case that Minister will be the Minister in charge of planning. In other cases a special Minister has charge (for example roads). It is by no means uncommon to have a number of Government agencies put forward different points of view at an inquiry.

The special problems of agricultural improvements have not given rise to special problems. For example there may be a dispute between the Ministry of Agriculture who favour a land drainage project and the Nature Conservancy who want the land to remain marshy. This may in the end result in an inquiry.

6. Limitation on Farming Activities

The use of planning machinery to restrict farming activities is, generally, limited.

1) In special areas such as National Parks, limitation may be, or may be capable of being imposed so as to prevent land being ploughed up.

2) While a use of land for agriculture or forestry does not require planning permission, and so is not in that sense subject to planning control, the erection of buildings for agricultural purposes is a different matter. At the present time such buildings are largely excepted from the requirement to obtain planning permission. This does not apply in certain areas – e.g. areas of "special planning control" – nor does it apply (in England) to buildings above certain limits of size. For example, silo towers are generally of such a height that planning permission is required for them, and that can be and is refused on the grounds of interference with a fine view.

Certain relatively old farm buildings have been made the subject of building preservation order; and it is not possible to demolish, or extend those without consent.

3) The creation of Nature Reserves, Country Parks, rights of public access and the like all may involve restriction on agricultural activities in that area.

7. Compensation for prevention of agricultural development

The general principle is that in the United Kingdom compensation is not payable for the prevention of development where planning permission for that development does not exist, but where planning permission does exist for such development, revocation of that planning permission or otherwise preventing the development can only be done by the authority upon payment of compensation. Since in terms of the Town and Country Planning Acts ordinary agricultural uses do not constitute development requiring planning permission, they are in the position that if powers are exercised so as to prohibit or prevent agricultural use being made compensation will ordinarily be payable in respect of such prohibition.

Such a situation is however relatively rare in the United Kingdom. In practice the reason for interference with agricultural activity is development of some other kind taking place upon the land which requires the local authority to purchase that land from the farmer, and because land values for non-agricultural uses are very much higher than agricultural land values, any compensation is contained within the price for non-agricultural purposes. (The difference in price varies, but even the most expensive agricultural land will probably fetch 10 times the agricultural value for other purposes).

8. Compulsory Acquisition

There are two separate situations. The first is that where the authority may compulsorily acquire the land in order either to carry out development of a nonagricultural type or to prevent particular types of agriculture use. In the United Kingdom such powers of acquisition are common place, and their use is not related to the question of compensation to any material extent.

The second is where the farmer or landowner, dissatisfied with restrictions placed

upon his activities by reason of planning control may force the local authority to acquire the land from him. Typical examples of these situations are as follows:
1) Where the landowner complains that the land is incapable of reasonably beneficial use in its existing state (i.e. for agriculture) and he has failed to obtain planning permission for some other use, he may force the authority to acquire the whole.
2) Where the authority proposed to acquire part only of an agricultural unit and the remaining portion is not reasonably capable of being farmed by itself, the landowner may force the authority to acquire the whole. Similarly a tenant may require acquisition of the whole of his interest.
3) Where land appears to be affected by planning proposals, then the owner-occupier of an agricultural unit in the affected land may serve a "blight" notice requiring purchase by the appropriate authority of his interest in that land.

9. Additional matters

As already indicated the most important aspect of the use of planning permission in the United Kingdom up to the present time is the use of planning powers to compel acquisition of agricultural land for other purposes. A significant feature in recent years has been the improvement of the position of the man who does not own the land but is tenant of an agricultural holding. Such a man has equally with the owner the right to object to planning proposals and the making of compulsory purchase orders. In the event of a compulsory purchase order being made he is entitled to compensation upon the basis that his tenure is secure. He is entitled in a way similar to the owner occupier to require an authority which only wants to take over his interest in part of an agricultural unit to take over and compensate him for his interest in the whole unit.

Les curiosités de la dévolution successorale en droit français

Jacques Prévault, Besançon

Si le Président *Pikalo* est connu maintenant de tous les juristes par le *Comité Européen de droit rural,* au sein duquel il fait preuve d'une activité considérable, il ne faut pas oublier qu'il est, avant tout, notaire et très attaché à sa profession. En Rhénanie, à la différence des autres provinces allemandes, le Notariat reste organisé selon les normes napoléoniennes. Il a donc la même origine que le Notariat français dont il est resté assez proche. L'une des tâches principales d'un notaire est la liquidation des successions. C'est pourquoi nous nous permettons d'attirer l'attention du notaire allemand sur quelques particularités de la dévolution successorale en droit français.

Cette dévolution n'est pas exactement la même en Allemagne et en France. En Allemagne, comme en Autriche et en Suisse, les héritiers sont groupés en parentèles (BGB § 1924 à 1930; c. civ. suisse art. 457 à 460). La France n'a pas adopté ce système qu'avaient pourtant connu certaines coutumes de notre Ancien Droit et qui avait été généralisé, à l'époque révolutionnaire, par une loi du 17 Nivose An II (v. *Briere de L'Isle:* Recherches sur l'actualité du système des parentèles, Sirey 1959 chr. 28). En France, le conjoint survivant n'est pas héritier réservataire. Il n'a généralement qu'un droit d'usufruit sur les biens du défunt; il n'est appelé à succéder en pleine propriété que dans des cas peu fréquents (c. civ. art 765, 766). La différence avec la situation du conjoint en droit allemand est flagrante (BGB § 1931). Mais la détermination de la vocation successorale réserve bien d'autres surprises. L'application des Règles du code français conduit, occasionnellement, à des solutions curieuses, voire iniques, qui obligent parfois les tribunaux à opter entre la violation de la loi ou son application avec des rèsultats moralement inadmissibles. L'espèce soumise au Tribunal de Grande Instance de Paris le 13 Juin 1975 nous paraît en fournir un exemple typique[1]).

Le 22 Mai 1973, dans un appartement au 4ème étage d'un immeuble situé en plein centre de Paris, ont été découverts les cadavres de deux époux. L'enquête révèle que tous deux avaient été tués par une balle de révolver; l'arme était restée dans la main du mari. Le corps de la femme était rigide, celui du mari encore souple. Une lettre trouvée sur les lieux, et rédigée par le mari à l'intention de sa soeur, contenait cette déclaration: «il faut avoir un certain courage pour supprimer sa femme et se faire sauter la cervelle». Ces constatations suffisaient à établir que le mari avait d'abord tué sa femme et s'était suicidé ensuite.

[1]) Trib. G. instance Paris, 2è ch.civile 13 Juin 1975; décision inédite dont seul un sommaire a été publié au Journal des Notaires 1978.217.

Les liquidations successorales, consécutives à ces deux décès, devaient soulever de sérieux problèmes juridiques.
Un acte de notoriété, dressé par Maître D . . ., notaire à Paris, établit qu'André Cheminal, le mari meurtrier, laissait pour héritiers par le sang son frère Paul Cheminal et sa soeur Lucie Cheminal épouse Bastien; que, d'autre part, la dame Henriette Lambert, son épouse, laissait pour seul héritier Henri Lambert, un cousin au 5è degré. Mais les deux époux avaient laissé des testaments. Le 26 Août 1939, Henriette Lambert avait rédigé un testament olographe instituant son mari légataire universel. André Cheminal, de son côté, par trois testaments successifs datés du 26 Août et 1er Décembre 1939 et 10 Décembre 1967, avait institué sa femme légataire universelle. En outre, dans la lettre signée de lui et trouvée sur les lieux à proximité des corps, il avait effectué un legs universel en faveur de sa soeur et un legs particulier au profit de son frère. Seulement cette lettre, contenant ainsi des dispositions testamentaires, portait simplement comme date: «dimanche 11 h.»
Par exploit du 15 Janvier 1975, Paul Cheminal (frère du défunt) et dame Lucie Cheminal (sa soeur) ainsi que Bastien (mari de cette dernière) ont fait assigner Henri Lambert devant le Tribunal de Grande Instance (tribunal civil) de Paris. Ils demandaient à cette juridiction du juger:
1° que les décès des époux Cheminal-Lambert étaient dûs à deux évènements différents et que le mari avait survécu à sa femme.
2° que l'acte de notoriété, dressé par le notaire, est entaché d'erreur; qu'en conséquence Henri Lambert ne pouvait s'en prévaloir.
3° qu'André Cheminal a hérité de son épouse et que, de ce fait, Henri Lambert n'a aucune vocation à la succession d'Henriette Lambert, sa cousine.
4° que la lettre portant pour date «dimanche 11 h» constitue un testament valable; que, dans cette optique, le tribunal en rétablisse la date exacte du 20 Mai 1973.
Bien que régulièrement assigné, le défendeur a été défailant. Néanmoins, le tribunal était obliger de statuer sur la demande. Il déclare tout d'abord que la dame Lambert est décédée avant son mari. Il estime que l'acte de notoriété dressé par le notaire n'est pas entaché d'erreur, car cet acte a pour but d'établir la dévolution successorale *ab intestat* et non la dévolution testamentaire; qu'en ce sens, Henri Lambert serait en droit de s'en prévaloir, notamment s'il entendait poursuivre la révocation du testament pour ingratitude du légataire, dont il est établi qu'il a intenté à la vie de la testatrice. Le jugement déclare ensuite que la dame Lambert n'ayant laissé qu'un cousin au 5è degré, son mari survivant se trouvait être le seul héritier ab intestat, en vertu de l'article 765 du code civil[2]); qu'Henri Lambert se trouve exclu de cette succession «non par l'effet du testament de dame Lambert mais bien et uniquement par celui des dispositions de cet article»; que le mari ne peut être écarté de la succession de son épouse pour cause d'indignité, l'action publique relative au meurtre étant éteinte avec le décès du meurtrier.

[2]) Ce texte dispose qu'en présence de collatéraux autres que des frères et soeurs ou descendants de ces derniers, le conjoint hérite de toute la succession en pleine propriété.

Ainsi le mari qui a tué sa femme est considéré comme l'héritier légal de cette dernière. Il a pu, avant de se suicider, valablement tester au profit de sa propre famille, à laquelle finalement seront dévolus les biens de l'épouse assassinée. Ce résultat a quelque chose de choquant. Reste à savoir si, comme le pense le commentateur au Journal des Notaires, il est parfaitement légal.

I.

Une première question sera rapidement examinée, celle de l'ordre des décès. Les demandeurs désiraient que le tribunal déclare que «les décès des époux Cheminal-Lambert sont dûs à deux évènements différents». Cette demande avait manifestement pour but de faire écarter la législation spéciale à l'hypothèse des *co-mourants.* En Allemagne, le § 20 du BGB disait que «si plusieurs personnes ont péri dans un danger commun, on doit présumer qu'elles sont décédées au même instant». Ce texte a été abrogé, mais les dispositions en ont été reprises dans l'article 11 de la Verschollenheitsgesetz du 15 Janvier 1951. Le BGB a rejeté la vieille théorie romaine des commorientes avec les prescriptions de survie qu'elle édictait. Le Code Napoléon les a conservées (art. 1720 à 1722). Mais il importe de souligner que ces règles n'ont qu'un caractère subsidiaire. Elles sont inapplicables «si la présomption de survie est déterminée par les circonstances» (art. 720). En l'espèce, l'état des corps et l'arme restée aux mains du mari permettaient d'établir l'ordre des décès sans avoir recours aux présomptions légales. On remarquera, en passant, que non seulement la plupart des législations modernes ont, comme le BGB, renoncé à ces vestiges du droit romain (v. la dévolution successorale, 72è congrès des notaires de France, p. 63; *Colin-Capitant* et *Juliot de la Morandière,* Cours élémentaire de droit civil franc ais, t. III n° 874), mais qu'en France même, la jurisprudence manifeste une tendance de plus en plus marquée à en écarter l'application (v. *André Lucas* Une théorie moribonde: la théorie des co-mourants; JCP éd. Notariale 1977 Doct. 163).

II.

Beaucoup plus délicate apparaissait la question de l'indignité successorale. Le principe même de la déchéance de tout droit de succession correpond à un sentiment naturel: il serait choquant que celui qui a tué le de cujus bénéficie de la succession de ce dernier. On pourrait dire qu'il y a là un principe de droit naturel, car toutes les législations édictent à ce sujet des dispositions analogues (pour le droit comparé v. 72è congrès des notaires op. cit. p. 90). Le Droit romain considérait déjà comme indignes les héritiers qui avaient attenté à la vie du défunt (*Max Kaser* Das römische Recht, zweite Auflage I. 725; *Monier* Manuel élémentaire de droit romain, I. 335; *Ourliac* et *De Malafosse* Histoire du droit privé III. 333[3]).

[3]) Digeste Lib. XLVIII.20.7.4; Lib. XXXIV 9.3.

Historiquement, l'indignité successorale s'apparente à l'exhérédation; elle jouait sous la forme d'une exhérédation tacite, dans les cas où le défunt aurait vraisemblablement prononcé l'exhérédation s'il avait fait un testament. Malgré cette source commune, le droit allemand et le droit français ont connu une évolution différente de l'institution.
En droit allemand, la sanction est la même en cas de succession *ab intestat* (BGB § 2339) ou *testamentaire* (§ 2345): celui qui, intentionnellement et sans droit, a donné la mort au défunt est indigne de succéder. Cette indignité ne peut être invoquée que dans le délai d'une année (§ 2340–3). Elle doit faire l'objet d'une demande en annulation de la succession et n'est recevable qu'après la dévolution (§ 2340–2).
En droit français, les règles sont différentes tant en ce qui concerne les conditions que l'exercice de l'action. Notre Ancien Droit connaissait l'exhérédation expresse, et l'exhérédation tacite sous la dénomination d'*indignité*. Le Code Napoléon ne parle plus d'exhérédation expresse mais a conservé l'indignité, qui est devenue une institution distincte de l'exhérédation. Or cette mesure est restée spéciale à la succession *ab intestat*. En matière de succession testamentaire joue une institution différente, la *révocation pour cause d'ingratitude*. Si les deux systèmes procèdent incontestablement d'une même idée, ils sont néanmoins indépendants l'un de l'autre, régis par des textes différents avec des conditions de fond et de procédure différentes.

A – L'article 727 du code civil dispose que «sont indignes de succéder et comme tels exclus des successions : 1° celui qui sera condamné pour avoir donné ou tenté de donner la mort au défunt»[4]). Contrairement à une certaine opinion (*Hugueney* L'idée de peine privée en droit contemporain, thèse Dijon 1904 p. 128), la majorité des auteurs estiment qu'il s'agit d'une déchéance justifiée par l'idée de peine privée (*Rouast* Déchéances protectrices et déchéances répressives dans le droit des successions, Rev. trim. d. civil 1951. 1. n° 77 et s; *Mazeaud* et *De Juglart* Leçons de droit civil, t. IV n° 717; *Colin. Capitant* op. cit. t. III n° 1007). Cette conception devait avoir pour conséquence une interprétation nécessairement restrictive des textes législatifs.
La première question qui s'est posée, en pratique, a été celle de la qualification pénale de l'infraction retenue contre celui qui se présente en qualité d'héritier. Pour l'application de l'article 727, deux conditions sont nécessaires:
1° qu'une condamnation pénale ait été prononcée contre l'héritier.
2° que cette condamnation pénale ait retenu la qualification de meurtre.
Or, dans l'affaire soumise au Tribunal de Paris, la première de ces conditions faisait défaut. Le meurtrier s'étant suicidé, toute condamnation devenait impossible. Le tribunal en conclut que «l'action publique sur le meurtre étant éteinte par suite du décès d'André Cheminal, celui ci ne peut être écarté de la succession de son épouse par une action en indignité». Cette formule est, d'ailleurs, maladroite-

[4]) nous ferons ici abstraction des autres cas d'indignité prévus par l'art. 727, désirant nous limiter à l'espèce jugée par le Tribunal de Paris le 13 Juin 1975.

ment rédigée car, en réalité, il n'y aurait pas eu besoin d'une action: en cas de condamnation pour homicide, la sanction civile aurait été automatique (*Planiol* et *Ripert* Traité pratique de droit civil français t. IV n° 49; *Colin. Capitant* op. cit. n° 1013; Encyclopédie Dalloz, répertoire civil 2è éd. V° Succession par *A. Breton* n° 614). Le raisonnement du tribunal, pour écarter le droit de succession, est conforme à la logique juridique. Certains auteurs l'avaient déjà fait avant lui (*Mazeaud* op. cit. n° 720; *Planiol* et *Ripert* op. cit. n° 46, *Colin. capitant* op. cit. n° 1009; Répertoire civil op. cit. n° 598). Mais, en jurisprudence[5]) il semble que la question n'ait jamais été posée antérieurement aux tribunaux, ce qui fait tout l'intérêt du jugement du 13 Juin 1975[6]).

La seconde condition, en revanche, a été discutée. Mais elle a donné lieu à des positions contradictoires. La difficulté provenait de l'attitude des cours d'assises qui, fréquemment, renoncent à condamner l'accusé pour homicide volontaire et retiennent simplement l'inculpation de «coups et blessures ayant entraîné la mort sans intention de la donner» (art 309 al. 4 code pénal). Cette qualification s'imposait-elle au civil? Selon une première opinion, le verdict de la cour d'assises n'a pas, au civil, autorité de chose jugée (Trib. civ. Arras II déc. 1933, DP. 1937. 2. 27 Note Nast) et, sur appel, Douai 27 Juillet 1937, Sirey 1938. 2. 109). Mais la majorité des tribunaux se sont ralliés à l'opinion contraire (Paris 27 Mai 1937, D. H. 1937. 384, tribunal civil Aix en Provence 31 Janvier 1950, D. 1950. 222). Ainsi une fille qui avait tué son père d'un coup de fusil mais a été relaxée par la cour d'assises du chef d'homicide volontaire et condamnée seulement pour coups et blessures ayant entraîné la mort sans intention de la donner, n'a pas été considérée comme indigne de succéder (Aix 31. 1. 1950). C'est alors qu'apparaît le conflit du Droit et de la morale. Sur le plan moral, de telles solutions sont inadmissibles. L'indulgence des jurys criminels pour les maris qui ont tué leur femme ou pour les femmes qui ont tué leur mari, est bien connue. (v. *Savatier* in Rev. trim. d. civil 1936. 518). Toutefois, si les jurys avaient eu à statuer ensuite sur les conséquences civiles de l'infraction commise, il est douteux qu'ils aient autorisé le coupable à hériter des sa victime[7]). Un tel résultat heurte la conscience, même des plus indulgents. Sur le plan juridique, il importe de dénoncer une fausse interprétation de l'article 727 du code civil. Quand notre code a été rédigé, les coups et blessures ayant entraîné la mort sans intention de la donner étaient, alors, pénalement qualifiés de meurtre. C'est en 1832 que le code pénal a été modifié, en créant la qualification nouvelle, qui n'est plus punie aussi sévèrement que le meurtre[8]). Mais le législateur n'a nullement manifesté le désir de soustraire à la déchéance du droit de succession celui qui aurait porté au défunt des coups mortels. C'est la doctrine de l'Exégèse qui, jouant sur le sens littéral des termes de l'article 727 du code civil, visant «celui qui sera condamné pour avoir donné ou

[5]) Nous emploierons le mot jurisprudence dans le sens qui lui est habituellement donné en France et qui correspond au terme allemand *Rechtsprechung*.

[6]) Les décisions de justice statuant sur l'indignité successorale sont rares.

[7]) Techniquement, la question n'est pas de la compétence de la cour d'assises.

[8]) Réclusion criminelle à temps, au lieu de réclusion à perpétuité (art. 309 et 304 c.pénal).

tenté de donner la mort au défunt», en a conclu que celui qui serait condamné pour avoir non intentionnellement causé la mort, échapperait à la déchéance civile (sur cette interprétation et sa critique, v. la remarquable analyse faite par le Premier Président MIMIN, sous le titre *«des cas où l'on hérite de ceux qu'on assassine»*, D. 1952 chr. 147, sp. 148–149). Or cette interprétation ne s'imposait pas. Mais elle est devenue traditionelle et il est probable qu'elle n'a pas été sans exercer une influence sur le tribunal de Paris saisi, avec l'affaire Cheminal, d'une hypothèse nouvelle mais assez voisine.

La solution donnée par son jugement du 15 Juin 1975 est, cependant, difficile à approuver. Il est évident que le législateur n'avait pas songé à l'hypothèse d'un décès immédiat du meurtrier, rendant impossible le prononcé d'une condamnation. Le juge ne devait-il pas, dans une telle situation, se dégager du sens littéral des termes de la loi et juger «selon les règles qu'il établirait s'il avait à faire oeuvre de législateur?» Seulement cette formule, tirée de l'article ler al. 2 du code civil suisse, n'est pas applicable en France. Il n'en est pas moins vrai qu'en France, comme dans tous les pays européens, le siècle de l'Exégèse, est dépassé et que les tribunaux sont de plus en plus enclins à se dégager des textes, surtout s'ils présentent des lacunes, pour rendre une décision équitable. (v. *Perelman:* Logique juridique Nouvelle rhétorique Paris 1976 spécialement n° 45 et s. intitulés «le raisonnement judiciaire après 1945»)[9]).

Pour justifier le jugement rendu, on pourrait sans soute objecter que, si le mari n'avait pas réussi à se suicider, il est vraissemblable qu'il n'aurait pas été condamné pour meurtre de sa femme mais considéré comme en état de démence, au sens de l'article 64 du code pénal. Ce n'est, toutefois, pas absolument certain. Il avait fait preuve de lucidité d'esprit car, après avoir tué sa femme, il s'est empressé de rédiger un testament au profit de sa propre famille, afin que celle-ci bénéficie de toute la fortune du ménage.

Ce qu'il y a de plus choquant dans la décision du 15 Juin 1975, c'est que l'héritier légal de la femme a été écarté et que la succession a été attribuée à famille du meurtrier. Que le mari ait été moralement responsable ou non du meurtre de sa femme, ce résultat est difficile à approuver. Etait-il d'ailleurs, une conséquence nécessaire de l'application de la loi? Tout dépendait du choix entre la succession légale et la succession *ab intestat.*

B – En cas de succession testamentaire, la sanction civile du meurtre du testateur est soumise à des règles très différentes. L'article 1046 du c.civil, sur la révocation judiciaire des legs, renvoie aux textes applicables à la révocation des donations[10]).

[9]) Une évolution en ce sens est très nette en Allemagne. cf. Esser *Grundsatz und Norm in der richterlichen Fortbildung des Privatrechts* (1956); *Vorverständnis und Methodenwahl in der Rechtsfindung* (1970); Ballang *Rechtswissenschaft und Jurisprudenz* (1970); mais la doctrine française n'est pas inexistante, p.ex: Husson: *Nouvelles études sur la pensée juridique* (1974).

[10]) Il importe de préciser que, contrairement à la règlementation en vigueur dans notre Ancien Droit, le Code Napoléon a assimilé, en bien des points, les libéralités entre vifs et les libéralités testamentaires.

Or, l'article 755 dispose que: la donation pourra être révoquée pour cause d'ingratitude dans plusieurs hypothèses et «1° si le donataire a attenté à la vie du donateur». En réalité, sous le nom de révocation, le code établit une déchéance de caractère répressif, analogue à celle qui frappe l'indigne dans les successions *ab intestat* (*Rouast* op. cit. n° 21). Seulement la sanction n'est plus automatique. Elle nécessite un jugement. L'action est ouverte aux héritiers malgré l'assimilation des legs aux donations, cette action n'est pas soumise aux conditions restrictives imposées par la loi pour la révocation des donations; ainsi le 2è alinéa de l'article 957, déclarant irrecevable l'action en révocation contre les héritiers du donateur, ne peut être étendue aux legs (Lyon II Juin 1951, D. 1952. 345 note Gervésie). C'est pourquoi dans l'affaire Cheminal, le tribunal de Paris précise qu'Henri Lambert, seul héritier par le sang de la dame Cheminal-Lambert, pourrait «poursuivre la révocation du testament de dame Henriette Lambert, conformément aux dispositions des articles 1046 et 955 du code civil, pour ingratitude du légataire». Seulement il ne l'a pas fait! Or cette action n'est ouverte que pendant un certain délai. Cette règle de procédure ne résulte, toutefois, pas explicitement des textes. En matière de donation, l'article 957 exige que la demande en révocation soit intentée «dans l'année à compter du jour du délit imputé par le donateur au donataire». La jurisprudence avait d'abord estimé qu'à défaut de précision dans la loi, aucun délai n'était imposé pour les legs (Paris 10 Juillet 1968, D. 1968–669). Mais la cour de cassation a statué en sens contraire: le délai d'un an est applicable (civ. 22 Mai 1970, bull. civ. I n° 168 p. 135, *Rép. Notariat Defrénois* 1971, 676; et 22 Nov. 1977, bull. civ. I n° 432 p. 342).

Dans ces conditions, il est permis de se demander pourquoi le tribunal de grande Instance de Paris n'a pas justifié, sur ces bases, la solution qu'il a donnée au litige. La méthode qu'il a employée est illogique! Il a voulu régler la dévolution successorale, consécutive aux décès des époux Cheminal-Lambert, selon les principes des successions *ab intestat* alors qu'on était en présence de successions *testamentaires:* chacun des époux avait disposé, par testament, de l'universalité de son patrimoine. La discussion sur la vocation successorale *ab intestat* a conduit à des difficultés inextricables. La prise de position, laissant apparaître un conflit entre un sentiment d'ordre moral, qui avait animé le législateur lui-même lorsqu'il a édicté des règles sur la sanction de l'intgratitude, et une interprétation littérale, exégétique, des textes du code civil, devait fatalement soulever des protestations. L'application des règles de la succession testamentaire aurait soustrait à toute critique la solution que le tribunal a adoptée. En effet, le testament fait par la dame Lambert en 1939 et par lequel elle instituait son mari legataire universel, était valable. Seul, Henri Lambert, héritier de la testatrice, aurait pu, en cette qualité, l'attaquer pour cause d'ingratitude. Mais il a laissé s'écouler plus d'une année après le meurtre. Il était forclos. Bien plus, assigné le 15 Janvier 1975 soit 18 mois après la mort de sa cousine, il a fait défaut à l'instance. Il appartenait au tribunal de le déclarer légalement déchu de tout droit successoral et de dire que le testament de 1939 devait être exécuté; qu'en conséquence, la sucession d'Henriette Lambert avait été dévolue à son mari, qui lui avait survécu. Cette solution aurait eu l'avantage d'être fondée sur la négligence de l'héritier et non sur une interprétation très contestable des textes sur l'indignité successorale. Restait à examiner si le mari avait pu, à son tour, valablement tester au profit de ses soeur et frère.

III.

La lettre écrite par Cheminal à l'intention de sa soeur et signée de lui avant qu'il ne se suicide, constituait-elle un véritable testament?

La jurisprudence française est très large quant à la forme du testament olographe. Depuis longtemps, il a été admis qu'une lettre missive valait comme testament, dès lors qu'elle était entièrement écrite de la main du testateur, datée et signée (*Rep civ.* 2è éd. V° Testament par *Loussouarn* et *Vanel* n° 45 et 59; *Mazeaud* op. cit. n° 975). On pourrait relever à ce sujet une abondante jurisprudence (ex: Req. 5 Fév. 1900, D.P. 1900 I. 557; Paris 5 Déc. 1962 Gaz. Pal. 1965. I. 234; Aix 2 Octo 1973, Gaz. Pal. 1974. I. 215). Notre droit civil est moins exigeant que le droit allemand, qui impose au testateur de préciser l'époque (jour mois et année) et le lieu de la confection du testament (§ 2247–2. BGB). L'article 970 du code français veut simplement que l'écrit soit «daté et signé de la main du testateur». Une fausse indication du lieu ne serait pas cause de nullité (civ. 1° 5 Oct. 1959, D. 1959, 509).

La date exacte du testament a donné lieu à de nombreuses décisions judiciaires. Un testament non daté serait nul (Req. 2 Mars 1903, DP 1093. I. 152, civ. 30 Avril 1925, DP 1927. I. 48; civ. lè 21 Fév. 1971, JCP 1971. II. 17000). Toutefois, la cour de cassation laisse aux tribunaux de larges pouvoirs tant pour compléter la date (civ. 24 Juin 1952, JCP 1952 II. 7177 note Voirin) que pour la fixer si elle n'a pas été indiquée: les juges peuvent parfois trouver dans les faits de la cause des éléments suffisants pour la déterminer avec certitude.

On constate en effet une évolution de la jurisprudence. Après avoir limité le pouvoir des juges aux éléments précisés dans le testament lui-même, la cour de cassation accepte maintenant de tenir compte d'éléments extrinsèques (Rep. civ. loc. cit.n°68; *Toulemon* L'évolution de la jurisprudence en matière de testament olographe, JcP. 1969 I. 2285). Ainsi a-t-il été décidé qu'une femme ayant laissé, avant de se suicider, un testament en faveur de son mari, les juges avaient pu estimer que la rédaction du testament et le suicide avaient été accomplis successivement, le même jour (civ. 11 Oct. 1955, Gaz. Pal. 1955.2.352). Il s'agissait d'une espèce très voisine de l'affaire Cheminal. La testatrice avait laissé un écrit ainsi libellé: «Adieu Albert, je te laisse tout ce qui m'appartient». Il n'était pas daté. Le médecin légiste a fixé au 5 Février le suicide de la testatrice et la cour d'appel avait estimé que la phrase «Adieu Albert ... par la brièveté et la solennité de l'expression, ne permet aucune incertitude quant à la succession presque instantanée de la rédaction de l'acte et de la consommation du suicide, soit le 5 Février 1950 au matin». La cour suprême a rejeté le pourvoi au motif qu' «en l'état de ces circonstances particulières souverainement appréciées, et recourant à des éléments extrinsèques dans la mesure où la preuve de la date trouvait son principe, la cour d'appel a pu, sans dénaturer les documents de la cause, établir la date dudit écrit». En l'espèce soumise au tribunal de Paris, il ne paraissait pas douteux que la rédaction du testament et le suicide de Cheminal avaient été consécutifs et dans un court laps de temps. Le suicide ayant eu lieu le dimanche 20 Mai 1973, le tribunal était en droit de retenir cette date pour le testament. Il constate que la lettre écrite par André Cheminal «si elle n'est pas datée en jour, mois et année, d'une part elle comporte l'indication »dimanche 11 h» et débute par la phrase «excuse moi du mal que je te fais mais nous souffrons trop» et se termine par un «ne vous en faites pas, nous avons fini de souffrir.» Le tribunal conclut «que ces éléments rapprochés du fait que les deux époux se sont suicidés dans la matinée du dimanche 20 Mai 1973 permettent de dire que cette lettre est valablement datée du 20 Mai 1973, au sens des dispositions de l'art. 970 du code civil, et constitue un testament olographe régulier et valable». En ce sens également il a été jugé qu'un testament daté du 4 Novembre, sans préciser le millésime, était valable (civ. 24 Juin 1952, préc.). Si, au contraire, la date ne peut être reconstituée avec certitude, la nullité s'impose aux juges (ex: Trib. G. Inst. Chalons s/Marne 15 Mars 1972, Gaz. Pal. 1972. 2.532). Le testament d'André Cheminal était donc valable.

Les circonstances très particulières dans lesquelles les époux Cheminal ont trouvé la mort, nous ont conduit à découvrir quelques particularités voire quelques curiosités de la dévolution successorale en droit français. Peut être, comme le préconise l'annotateur du jugement au *Journal des Notaires* (1978. 217), le libellé de l'article 727 du code civil sur l'indignité successorale mériterait-il d'être rêvisé. Mais ce n'est là qu' une question de détail. Ce jugement nous a révélé surtout le particularisme national du droit des successions. Malgré une certaine parenté entre le droit allemand et le droit français, par suite de sources féodales et romaines[11]) chacune des législations a élaboré, et sur chaque question, des règles propres. Il faut malheureusement convenir, avec les internationalistes, que c'est dans le domaine des successions que le particularisme de chaque Etat est le plus accentué (*Von Overbeck* Divers aspects de l'unification du droit international privé spécialement en matière de successions, Rec. Cours Académie d. international tome 101 (1961) p. 555; *Ferid,* Rec. Cours t. 142 (1974) p. 87). D'où l'échec de la plupart des projets de conventions internationales pour prévenir les conflits de lois. Ils ont réussi en matière de forme du testament, mais non en matière de dévolution et de transmission de la succession. Le problème de l'indignité successorale, que nous venons d'examiner en droit interne, n'est pas résolu sur le plan international: selon quelle loi doit-on apprécier l'indignité et les déchéances qu'elle entraîne? La doctrine française se prononce pour l'application de la loi personnelle de l'héritier; mais, s'il s'agit de la révocation d'un legs pour cause d'ingratitude, il faudrait appliquer la loi d'autonomie (*Encyclopédie Dalloz, Répertoire International* V° Succession par *P. Lagarde* n° 203). La doctrine allemande soumet les causes d'indignité à la loi régissant la succession (*Lewald* Questions de droit international des successions, Rec. Cours Académie d. interna-

[11]) *François Boulanger:* Etude comparative du droit international privé des successions en France et en Allemagne, p. 18–19.

tional, tome 9 (1925) p. 57) ou au statut personnel du défunt (*Kegel* Internationales Privatrecht 4te Auflage (1977) p. 458). Certains estiment que l'ordre public imposerait la lex fori, au moins en cas d'attentat à la vie du de cujus, à l'encontre de lois étrangéres plus indulgentes (Batiffol *Droit international privé* t.II n° 646); même opinion en Belgique (Le régime matrimonial et les successions en droit international privé, *VIIè congrès d l'Union internationale du Notariat latin* (1963) p. 70), la doctrine italienne serait également en ce sens (*V. Migliazza* cité par Batiffol, loc. cit.). Les conflits de lois en matière de succession n'ont donc pas disparu et les notaires allemands auront peut être, occasionnellement, à connaître des curiosités du droit successoral français. Il est probable qu'une meilleure connaissance du droit allemand nous apprendrait que la réciproque serait tout aussi vraisemblable.

Annexe: Jugement du Tribunal de Grande Instance de Paris du 15 Juin 1975 (2è chambre, 2è section)

«Attendu qu'il résulte de l'acte de notoriété dressé le 25 Juin 1974 par Maître D . . ., notaire à Paris, d'une part que André Victor Louis Cheminal, retraité, demeurant 27 rue Descartes à Paris (5è), époux de dame Henriette Madeleine Lambert, est décédé en son domicile le 20 Mai 1973, laissant pour héritiers par le sang ses frère et soeur germains, à savoir Lucie Marie Rose Cheminal, épouse Bastien, et Paul Julien André Cheminal; que d'autre part il en résulte que dame Henriette Madeleine Lambert, sans profession, demeurant 27 rue Descartes à Paris (5è) est décédée en son domicile le 20 Mai 1973, laissant pour héritier par le sang Henri Germain Alfred Lambert, son cousin au cinquième degré;

Attendu qu'il résulte du procès verbal de dépôt du testament, dressé le 12 Juin 1973, par D . . . notaire à Paris, que dame Lambert, par un testament en date à Paris du 26 Août 1939, avait institué son mari légataire universel; qu'André Cheminal, par trois testaments olographes respectivement en date à Paris du 26 Août 1939, en date à Garches du 1er Décembre 1939, et en date à Paris du 10 Décembre 1967, avait institué son épouse légataire universelle; que par testament olographe portant comme date »dimanche 11h«, il a effectué un legs à titre universel en faveur de sa soeur, et un legs particulier en faveur de son frère;

Attendu que par exploit du 15 Janvier 1975, dame Lucie Cheminal, épouse Bastien, et son mari Jean Eugène Bastien, et Paul Cheminal, ont fait assigner Henri Germain Alfred Lambert pour entendre dire que le décès des époux Cheminal-Lambert sont dûs à deux évènements différents, et que le mari André Cheminal a survécu à la femme Henriette Lambert; entendre dire que l'acte de notoriété dressé le 25 Juin 1974 par D . . . notaire à Paris, est entaché d'erreur; entendre dire, en conséquence, qu'Henri Lambert n'a aucune vocation pour quelle que part que ce soit à la succession de dame Henriette Lambert; entendre dire que la lettre datée du »dimanche 11h«, laissée par André Cheminal à l'intention de sa soeur Lucie, constitue un testament valable et en rétablir la date du 20 Mai 1973;

Attendu que, bien que régulièrement assigné, Henri Lambert n'a pas constitué avocat; qu'il y a donc lieu de statuer par jugement réputé contradictoire . . .

Attendu qu'il résulte du rapport dressé le 22 Mai 1973 par Monsieur le Commissaire de Police de la Sorbonne que, le di manche 20 Mai vers 16h50, il fut avisé téléphoniquement de la découverte de deux personnes tuées par arme à feu dans un appartement situé au 4è étage de l'immeuble sis 27 rue Descartes à Paris (5è); que ces personnes étaient d'une part dame Henriette Madeleine Lambert et d'autre part son mari, André Victor Louis Cheminal; qu'il résulte du procès verbal des constatations matérielles, joint à ce rapport, et dressé le 20 Mai 1973 par L . . . officier de Police Judiciaire, que les époux Cheminal-Lambert avaient tous deux été tués d'une seule balle chacun dans la tête, et que l'arme utilisée était encore dans la main du mari; que le corps de la femme était froid et rigide, alors que celui du mari était froid et souple, lors des constatations faites; enfin qu'il fut retrouvé sur les lieux un papier, de l'écriture d'André Cheminal, ainsi que cela résulte formellement de la comparaison effectuée par le tribunal avec le testament par lui écrit et signé du «dimanche 11 h», dont le texte était le suivant: «il y a des gens qui disent qu'il faut être fainéant, et bien moi je vous dis qu' il faut un certain courage pour supprimer sa femme et se faire sauter la cervelle»;

Attendu qu'il en résulte la preuve formelle d'une part que dame Lambert a été tuée par André Cheminal, qui s'est suicidé ensuite; et d'autre part que dame Lambert est décédée avant Cheminal; qu'il y a donc lieu de le constater, conformément à la demande;

Attendu que l'acte de notoriété a pour but d'établir la dévolution successorale légale ou par le sang, et non la dévolution successorale testamentaire; que l'acte de notoriété en cause indique bien quels sont les héritiers par le sang de chacun des époux Cheminal-Lambert et n'est entaché sur ce point d'aucune erreur; qu'Henri Lambert héritier par le sang de dame Henriette Lambert, serait parfaitement en droit de s'en prévaloir, notamment s'il entendait poursuivre la révocation du testament de dame Henriette Lambert, conformément aux dispositions des articles 1046 et 955 du code civil, pour ingratitude du légetaire, dont il est établi qu'il a attenté à la vie de la testatrice; qu'il y a donc lieu de débouter les consorts Cheminal et leurs demandes sur ce point comme injustifiées et mal fondées;

Attendu cependant que s'il n'appartenait pas au notaire de prendre parti sur l'ordre des décès, et s'il ne peut donc lui être reproché de ne pas l'avoir fait, il résulte des constatations ci-dessus faites que dame Lambert est décédée avant son époux André Cheminal, qu'elle n'a laissé pour héritier par le sang qu'Henri Lambert, son cousin au 5è degré dans la ligne paternelle; que par suite, par application des dispositions de l'article 765 du code civil, son époux survivant se trouve être son seul héritier *ab intestat,* et ce en pleine propriété; que l'action publique sur le meurtre étant éteinte par suite du décès d'André Cheminal, celui-ci ne peut être écarté de la succession de son épouse par une action en indignité; qu'il y a donc lieu de constater qu'André Cheminal se trouve être le seul héritier de son épouse dame Henriette Lambert, non par l'effet des dispositions testamentaires de celle-ci mais bien par celui des dispositions de l'article 765 du Code civil; qu'en conséquence, Henri Lambert se trouve sans droit ni titre à cette succession, non par l'effet du testament de dame Lambert mais bien et uniquement par celui des dispositions de cet article;

Attendu enfin que les consorts Lambert demandent qu'il soit constaté que la lettre d'André Cheminal datée; du «dimanche 11 h» constitue un testament valable et que la date exacte en soit rétablie;

Attendu que cette lettre est entièrement écrite de la main d'André Cheminal et signée par lui; qu'elle contient des dispositions à cause de mort au profit de la soeur et du frère d'André Cheminal; que si elle n'est pas datée en jour, mois et année, d'une part elle comporte l'indication «dimanche 11 h» et débute par la phrase: «excuse moi du mal que je te fais mais nous souffrons trop» et se termine par «ne vous en faites pas nous avons fini de souffrir»; que ces éléments rapprochés du fait que les deux époux se sont suicidés dans la matinée du dimanche 20 Mai 1973, permettent de dire que cette lettre est valablement datée du 20 Mai 1973, au sens des dispositions de l'article 970 du code civil, et constitue donc un testament olographe régulier et valable; qu'il y a donc lieu de faire droit à la présente demande;

Par ces Motifs:
Statuant par jugement réputé contradictoire;
Constate que l'acte de notoriété dressé le 25 Juin 1974 par D . . . notaire à Paris, indique exactement quels sont les héritiers par le sang de chacun des époux Cheminal-Lambert;

Déboute en conséquence les consorts Cheminal de leur demande tendant à faire dire cet acte entaché d'erreur, et de leur demande à l'encontre d'Henri Lambert en découlant, comme mal fondées;

Constate qu'il résulte des circonstances de fait établies par l'enquête de police que dame Henriette Lambert, épouse Cheminal, est décédée le 20 Mai 1973, tuée par son époux, et que celui-ci s'est ensuite suicidé, et que dame Henriette Lambert est décédée avant André Cheminal, lequel lui a survécu.

Constate que l'action publique étant éteinte par suite du décès d'André Cheminal, celui-ci ne se trouve pas atteint par une cause d'indignité relativement à la succession de son épouse;

Constate que dame Henriette Lambert n'ayant laissé pour héritier par le sang qu'Henri Lambert, son cousin au cinquième degré dans la ligne paternelle, sa succession se trouve dévolue, par application des dispositions de l'article 765 du code civil, à son époux André Cheminal, et que par suite Henri Lambert n'a pas vocation d'héritier sur sa succession.

Dit que la lettre d'André Cheminal, datée de »dimanche 11h« se trouve datée du 20 Mai 1973, et constitue un testament olographe régulier et valable.

La cuestión de la tierra: Problemática y solución al supuesto de ESPAÑA

Juan José Sanz Jarque, Madrid

Introducción

La cuestión de la tierra en sentido ámplio, es un fenómeno de todos los tiempos y países; un hecho continuo y trascendente en la historia de la civilización.
El hombre no es naturaleza pero posee ingredientes de naturaleza y está en la naturaleza cosmica integrada por hechos mecánicos, físicos, químicos, biológicos; y concretamente está en la tierra, que es un complejo de factores geográficos, climáticos y de flora y fauna[1]).
En sus aspectos individual y social, condicionados ambos entre sí, recíprocamente, la vida humana está integrada por tres factores o ingredientes consustanciales: la tierra, como habitáculo externo o lugar geográfico concreto regido por factores cósmicos; el cuerpo, como naturaleza biológica mortal; y la psique o alma espiritual e inmortal, en cada hombre.
La tierra es, pues, uno de los factores físicos connaturales al hombre que influyen en su propia vida, en la Sociedad y en las comunidades a que pertenece.
La relación hombre-tierra es así una consecuencia lógica y connatural a la propia naturaleza humana.
De otra parte, la tierra cual superficie habitable, cumple y ha de cumplir, al igual que lo ha hecho a través de la historia, múltiples finalidades:
– Como habitáculo del hombre, de la humanidad y de las comunidades intermedias, que es preciso utilizar de acuerdo con su destino vocacional y naturaleza típica, a la vez que cuidar amorosamente y conservar;
– como modo de vida de quienes habitual y profesionalmente se dedican a su cultivo, esto es, de los agricultores, lo cual, en la acción creadora que ello supone, porque sin su cuidadoso y ordenado esfuerzo, trabajo, técnica e inversión no hay tierra de cultivo, legítima su pertenencia o propiedad de modo exclusivo o excluyente, cual poder derivado de la misma naturaleza, siquiera lo sea, según expondremos, en función de la producción, de la estabilidad y del desarrollo, al servicio armónico de sus titulares y de la comunidad;
– como despensa o instrumento principal que con el trabajo garantiza el sustentamiento propio de los agricultores y el de todos los hombres, esto es, como organismo de nutrición del cuerpo social, cuya función esencial y básica de producir materia viva suficiente, vegetal y animal, es preciso asegurar;

[1]) *Luis Recasens Siches,* Sociología, Editorial Porrua S. A. México 1966, pag. 290.

– como base de la paz social en su justo ordenamiento, lo cual exige una precisa y apropiada regulación de la misma en su estructura y en su régimen, de acuerdo con las necesidades y circunstancias de cada país;
– y entre otras muchas funciones más, como base inicial y rampa de lanzamiento del desarrollo económico y social de los pueblos, que conviene promover sin alterar su orden para que el hombre y la comunidad de hombres caminen hacia la plenitud de su destino, esto es, del logro del fin humano y trascendente que deben cumplir, lo cual constituye el objetivo final de todo auténtico desarrollo[2]).

Mas en concreto y en sentido histórico y universal, la cuestión de la tierra, en síntesis, se refiere al problema de la tierra de cultivo, a la tenencia, a la propiedad y a la empresa agraria, y la materia agraria de modo general.

La ordenación, en justicia, de cuanto a cabamos de exponer, al servicio del hombre, de cada hombre y de la comunidad política, máxime cuanto la superficie de la tierra es un bien limitado y cada vez mas escaso en virtud de la creciente explosión demográfica, plantea una de las grandes problemáticas de la sociedad de nuestro tiempo, que es acertar en las medidas de acción política necesarias para que el suelo, la propiedad de la tierra y la tierra de cultivo cumplan y puedan cumplir continuadamente su fin.

Ello requiere un conocimiento pleno de la realidad, y en nuestro caso, del estado, estructura y régimen de la propiedad de la tierra en España, en cuyo conocimiento e investigación estamos empeñados, y el planteamiento de un modelo ideal, respecto de la propiedad de la tierra y de la empresa agraria, al menos como punto de partida, adaptable a cualquiera otro mejor y sin valor dogmático alguno, que pueda servir de guia en el siempre novedoso y complejo amanecer y caminar de cada día.

Hecha la presentación universal del tema, desarrollaremos nuestro trabajo en las tres siguientes partes, referidos:
– al nuevo modelo que presentamos de la propiedad y la empresa agraria en su concepción funcional;
– a las deficiencias que se observan en la estructura y régimen de dicha institución en la España de hoy;
– y a las acciones a realizar, como solución, en una nueva etapa y concepción de reforma agraria.

Con mucho gusto y de corazón, ofrecemos este trabajo al Dr. Notario *Alfred Pikalo,* Presidente del Comité Europeo de Derecho Rural, en reconocimiento a su simpatía y continuados desvelos por la causa española y como testimonio de entrañable amistad.

[2]) *Juan José Sanz Jarque,* Derecho Agrario, Fundación Juan March Madrid, 1975, pag. 17.

1. Necesidad de un modelo institucional sobre la propiedad y la empresa agraria como punto de partida

Importancia y naturaleza de la propiedad de la tierra

Se concibe la propiedad de la tierra como el más originario, ámplio, autónomo y soberano poder de los hombres, sobre superficies delimitadas al área terrestre, aptas para su aprovechamiento o cultivo.

La propiedad nace con el hombre y con la sociedad, cual instrumento necesario para la subsistencia, desenvolvimiento y desarrollo de los mismos. Comprende el máximo de facultades que puede ejercer el hombre, cada hombre o grupo de hombres, esto es, su tenedor titular, sobre las superficies delimitadas o fincas, en que recae. Se caracteriza porque el poder que supone es independiente de cualquiera otros derivados del mismo, los cuales quedan absorbidos por aquél a su extinción.

Es la propiedad de la tierra un derecho emanado "de la misma naturaleza" y otorgado "por el mismo Creador a los hombres", "un hecho social propio de todos los tiempos y pueblos civilizados, que surge y se desenvuelve con la civilización y sobre el que está fundada la civilización toda"[3]).

Se trata, en su origen, de un poder casi sagrado sobre la tierra en que se vive, inherente a la persona, anterior al Estado y que sirve al hombre y a cada grupo de hombres como instrumento básico para su sustentación y desarrollo, a la vez que como garantía de su efectiva libertad[4]).

Tan antiguo como el hombre y como la sociedad, es, sin duda, la propiedad de la tierra el primero de los derechos subjetivos que al hombre se le atribuye de acuerdo con su naturaleza, para poder ejercitarlo individual o colectivamente según las circunstancias, dominar todas las cosas y cumpir en la vida cada uno por sí y junto a los demás el fin trascendente a que hemos sido creados.

En otro aspecto, sobre lo anterior, y reconocida la organización de la vida colectiva de los hombres, en las diversas formas de comunidad política o Estados que a través de los siglos han surgido, es la propiedad de la tierra la relación jurídica tipo o relación de la vida social reconocida y sancionada por el derecho en materia agraria, sobre la que se constituyen, asientan y desarrollan todas las demás relaciones jurídico-agrarias e incluso la empresa.

Desde el punto de vista académico, científico y aun político, podemos afirmar que la propiedad de la tierra constituye como el pedestal y la base de toda la materia agraria. Ni la enseñanza, ni la investigación, ni la acción política, pueden prescindir de la propiedad de la tierra, como institución, cuando se trata de enseñar, investigar o gobernar, sobre cualquier cuestión relativa al campo y a la agricultura.

[3]) *Juan José, Sanz Jarque,* Mas allá de la Reforma Agraria, pags. 21–22.

[4]) Idem. pag. 22.

Fundamento de la existencia y reconocimiento continuado en la historia de este derecho

Son múltiples los fundamentos, de orden filosófico, sociológico, doctrinal, legale histórico que justifican el reconocimiento y aceptación universal de este derecho.

A

Desde el punto de vista filosófico, es evidente que para que el hombre pueda subsistir, desarrollarse y ser libre, es preciso reconocerle el poder de hacer suyas las cosas de la naturaleza; y de entre ellas, la tierra.
Sin el reconococimiento de tal derecho no habrá un auténtico reconocimiento de la personalidad en los hombres, ni una efectiva libertad en los individuos.
"El derecho natural" – dice el maestro De Castro –" exige de la sociedad no sólo la posibilidad abstracta de poder ser propietario, sino también la atribución efectiva de un mínimo de propiedad (libertad económica) a cada persona" y ello "para su autodeterminación y en reconocimiento de la dignidad de la persona y no de su egoismo o de su apetito de ilimitado poder"[5]).
Según esto, el fundamento de la propiedad de la tierra, está pues en la misma naturaleza de este derecho, que es la libertad y en ser cual instrumento necesario para el deber de conservación y perfeccionamiento de los hombres, esto es, para el ejercicio de la libre iniciativa, de la fuerza creadora de la voluntad y del derecho a la vida y a la perfectibilidad, que son facultades inherentes a la naturaleza de toda persona humana[6]).
La libertad ontológica del hombre, ante el mismo Creador, ante la Sociedad y el Estado, se hace efectiva con la libertad civil que expresamente le garantizan las declaraciones constitucionales de los Estados y el Derecho positivo, con un doble reconocimiento: primero, el de la personalidad y capacidad en cada hombre, como norma; y, segundo, el de la susceptibilidad y posibilidad de ejercicio de dicha personalidad y capacidad, haciendo viable la incorporatión efectiva del poder y de la voluntad sobre las cosas, que es lo que constituye la propiedad.
Y cuanto acabamos de exponer, no sólo sobre los medios de consumo, sino también sobre los instrumentos de producción, como lo es la propiedad de la tierra, siquiera sea ésta mucho mas que un instrumento de producción; pues sólo haciendo posible la propiedad en los instrumentos de producción, se garantiza que los medios de consumo no falten en cada persona.

B

La propiedad de la tierra tiene también un claro fundamento sociológico.
Si la Sociología tiene por objeto "la realidad social, lo social, o dicho con otras

[5]) *Castro y Bravo, F.* "Compendio de Derecho Civil" pag. 150, Madrid, 1966.
[6]) *Castan Tobeñas* (j.). "Derecho Civil Español Común y Foral" Tomo II, V. I. Instituto Editorial Reus, Madrid, 1964, pag. 68.

palabras, los comportamientos y relaciones sociales"[7]) resulta que la propiedad de la tierra es una de las más importantes y caracterizadas de estas relaciones, en las que el hombre individual o colectivamente es siempre protagonista y actor.
De otra parte, base de otras múltiples y complejas relaciones que nacen o se derivan de la misma, la propiedad de la tierra, ha influido continuadamente, así en la estructura de la comunidad, como en el nacimiento de comportamientos diferentes. Estructura y comportamientos sociales que influyen recíprocamente a la vez, por interacción simultanea en la estructura, en el desenvolvimiento y en las diversas formas en que la propiedad misma se manifiesta a través de la historia.
Como poder exclusivo y excluyente sobre superficies y áreas determinadas, que en síntesis y esencia es el hecho o fenómeno que supone la propiedad, ésta ha sido y es para el hombre y grupos de hombres y aún para las comunidades sociales, no sólo un simple y singular hecho social que se da entre el propietario y la cosa o tierra que le pertenece, sino un múltiple y complejo fenómeno social que cumple diversas y trascendentes finalidades.
Podemos decir que la propiedad de la tierra, desde el punto de vista sociológico, es así como el organismo de nutrición del cuerpo social; la pieza básica de su estabilidad y normalidad funcional; el hálito y pedestal para su impulso y desarrollo.
Por todo ello, entendemos que no sólo es inherente a la propiedad el cumplimiento de una función social en el sentido clásico de limitaciones del dominio impuestas a su propietario en beneficio de los demás, sino que mucho más, allá de todo ello, la propiedad de la tierra encierra en sí, como factor o elemento esencial del cuerpo social, un poder dinámico en su titular o funcionalidad que sin desnaturalizarla como derecho subjetivo porque siempre ha de ser elemento esencial de ella la voluntad del sujeto, le impulsa a obligaciones positivas, que se incorporan como finalidades connaturales al propio derecho, entre las que están aquellas dirigidas a la producción, a la estabilidad y al desarrollo en beneficio armónico de sus titulares y de la comunidad.[8])
Podemos afirmar que la propiedad de la tierra, desde el punto de vista sociológico, es una realidad social, un fenómeno social natural y continuo en la vida del cuerpo social, en cuyo organismo funciona evolucionando en sus formas, manifestaciones y efectos, según las circunstancias de lugar y tiempo.

C

Doctrinalmente, la fundamentación racional de la propiedad de la tierra, ha sido uno de los temas predilectos y más trabajados por la llamada doctrina social de la Iglesia.
Son infinitos los textos que al efectos se pueden citar[9]). La voz de la Iglesia en los

[7]) *Recasens Siches,* Ob. cit. pag. 105.
[8]) *Juan José Sanz Jarque,* Más Allá de la Reforma Agraria, Epesa, Madrid, 1970.
[9]) *Castán Tobeñas* "Derecho Civil Español Común y Foral" Tomo II VI. pags. 95 y 1.

últimos tiempos ha insistido en orden al reconocimiento de la propiedad privada de la tierra, a su recto uso y a la reglamentación que de la misma debe hacerse de modo funcional, al servicio armónico del Hombre y de la Humanidad, frente a sus abusos derivados de doctrinas erróneas, como el marxismo y el liberalismo.
Testimonio de ello son las cuatro encíclicas base de la conocida comunmente por doctrina Social de la Iglesia: Rerum Novarum (León XIII, 1891), Quadregessimo Anno (Pio XI, 1931), radiomensaje de Pentecostés 1941 (Pio XII, 1941) y Mater et Magistra (Juan XXIII, 1961). También, la Constitución Pastoral Gaudium et Spes del Concilio Vaticano II; y, sobre todo la Populorum Progressio y la Octogésima Adveniens, de Pablo V, 1967, 1971).

D

En otro aspecto, si el Derecho en su acepción de norma o Ley es como el sistema nervioso del cuerpo social, que rige la vida de éste o como los carriles por los que se desenvuelve y desarrolla la vida de la comunidad y de sus miembros, necesariamente ha de comprender aquellas reglas jurídicas que gobiernan el poder del hombre sobre las superficies aptas para el cultivo, que es la propidad de la tierra en su esencia, a fin de que los individuos y la Sociedad puedan vivir ordenadamente y cumplir el fin trascendente a que son creados, en todo lo cual está el fundamento legal o jurídico de la propiedad de la tierra como Institución Jurídica[10]).
Esta es la razón por la que no falta la regulación de la propiedad de la tierra en ninguno de los ordenamientos jurídicos del mundo, incluso en aquellos que la niegan, a la vez que ha sido y es la mas importante, trascendente y cuidada institución jurídica de carácter patrimonial que constituyen y han constituido el derecho positivo de los pueblos a través de la historia.
Pero el Derecho no tiene razón de fin sino de medio al servicio de la comunidad, para alcanzar otros fines, que como dice *de Castro* son de dos clases: los constantes y universales que señala el Derecho Natural; y los particulares o concretos de cada ordenamiento, que cambian en el curso de la Historia[11]). Ambos deben estar siempre implícitos y vivos en la regulación legal o normativa vigente de este derecho, de donde se desprende la necesidad de una permanente y continuada adaptación de la norma en este caso del régimen de la propiedad bajo el peligro, en otro caso, de que la propia norma se convierta en perturbadora del Orden y atente contra la justicia y la paz.
De lo expuesto se desprende que la cuestión de la tierra o de la propiedad de la tierra presente siempre dos aspectos o frentes en el orden político-social; uno,

Madrid, 1964. *Jose Luis Gutierrez Garcia* "Conceptos Fundamentales de la Doctrina Social de la Iglesia" V. III pags. 514 y s. Madrid, 1971.

[10]) *Enneccerus* dice que "se llama institución jurídica al conjunto de disposiciones del Derecho relativas a las relaciones jurídicas de una clase determinada" *de Castro* aplica el concepto de institución a "las formas básicas y típicas de la organización jurídica, Castan D-C-C-F pag. 81.

[11]) *Federico de Castro y Bravo* "Compendio de Derecho Civil" Pag. 16 Madrid, 1966.

para adaptar la realidad social-agraria de cada lugar y momento al modelo legal preestablecido que le sirve (Reforma de estructuras); otro, para adaptar la legalidad vigente al modelo social de propiedad y empresa agraria, que deba haber en la comunidad política, en armonía siempre con la dignidad y libertad de la persona (Reformismo Agrario).

La acción política, dirigida a la continuada y armónica atención de ambos aspectos constituye el objetivo de la moderna Reforma Agraria, apoyada en lo que llamamos la funcionalidad de la propiedad.

E

La Historia es la ciencia que narra los hechos singulares de la Humanidad ocurridos a través de los tiempos. Su fin es el conocimiento del pasado. Sus fuentes, la tradición oral y los documentos, como primarias; la leyenda, la anédota, el proverbio, las palabras o datos lingüisticos, entre otros, como secundarias.

Pues bien, entre los hechos más caracterizados y trascendentes de la Historia de la Civilización y de la Cultura están los referidos a la propiedad de la tierra. Todas las fuentes históricas, desde la tradición a las palabras, pasando por el documento escrito, muchos de los cuales han tipificado oficios públicos y archivos, como los del Notariado, dan testimonio de la vigencia continuada a través de los tiempos del derecho de propiedad de la tierra.

Por todo ello, se ha dicho que la propiedad de la tierra es un fenómeno tan natural y constante en la historia, que en el mismo hecho está la legitimidad del instituto, apoyándose en ello muchos autores para excusarse de buscar otro fundamento de la institución[12]).

Es evidente que la historia de la propiedad de la tierra nos manifiesta el rostro y la intimidad de la vida de cada época, cambiante continuadamente como la vida misma, pero inmutable y permanente como fenómeno histórico.

En nuestra propia área geográfica, con cierta facilidad encontramos la fotografía de su evolución histórica, a través del estado de la propiedad de la tierra y de sus vivencias causales en el tiempo.

Así, la agricultura asociativa de hoy, que ya estudió y profetizo *Costa*[13]) es una necesidad que se siente en la actualidad y proyecta en el futuro, bien continuando aquellas propiedades colectivas de origen ibérico, visigodo, germano y aún árabe, o bien en otras de nuevo signo cooperativo, frente al individualismo triturador del siglo XIX y primer tercio del XX. El individualismo liberal con la división y subdivisión de la propiedad fue una necesidad para fortalecer la personalidad individual y hacer principalmente libres a los agricultores, los cuales, como usuarios de la tierra, deben ser propietario de las misma. La desamortización y la desvinculación del siglo pasado, liberalizarón y pusieron en circulación la propiedad frente a las manos muertas, que impidén el libre ejercicio de la propiedad en todas sus facultades. El movimiento liberalizador de los siglos XV al XVIII, al

[12]) *Cogliolo* "Filosofia del diritto Privato" pag. 155 Castan ob. cit. pag. 68.
[13]) *Joaquin Costa* "Colectivismo Agrario".

decir de *Vicens Vives*[14]) sobre la lucha remensa, pretendía alcanzar la libertad personal del campesino continuando en posesión del mismo predio agrícola, procurando "no sólo libertarse de las servidumbres señoriales, sino que al mismo tiempo trata de anular, por su redención, la categoría servil que había adquirido el suelo que cultivaba". El feudalismo medieval, que cumplió una necesidad en la vida de la cultura y de la civilización, si bien se hizo inoportuno y abusivo egoistamente fuera de su razón de ser y mucho más en sus reminiscencias subsistentes. Las comunidades visigóticas de signo germánico, expresión de una vida comunitaria, social y subsistentes aún en bienes de mano común y municipales. El individualismo romano, funcional siempre, sobre el que se construyeron muchos de los fundos agrícolas que aún perduran. Y los modos de comunidades, convivencias, relaciones y métodos de trabajo en los medios campesions que aún se rastrean de los originarios tiempos, por la tradición cultural que hasta muy recientemente ha sido el único medio de comunicación social, cultivo y transmisión de la cultura.

Pero de ningún modo hemos de pretender hacer aquí, ni siquiera un apunte histórico de la propiedad de la tierra en España[15]).

Queremos constatar únicamente la idea de la relación causal que existe entre la situación de la propiedad en una época cualquiera, la nuestra por ejemplo, con el estado de la misma en la época procedente y con la evolución permanente de la vida, es decir, de la sociedad cual organismo vivo de orden colectivo.

Caracteres y efectos de la nueva concepción funcional de la propiedad y de la empresa agraria

Caracteres

A

Respecto de la propiedad

De cuanto hemos expuesto, entendemos que la propiedad de la tierra es como el más ámplio, autónomo y soberano poder que se tiene sobre superficies aptas para el cultivo, en función de la produción, de la estabilidad y del desarrollo, al servicio armónico de sus titulares y de la comunidad.

Antes que estático, negativo y excluyente, cual se ha manifestado en otras épocas, se nos presenta la propiedad de la tierra, conforme a las exigencias de nuestro tiempo, como un poder dinámico, positivo y participante, esto es, funcional, que atribuye facultades, deberes y limitaciones a sus titulares y ello – aquí la novedad – no sólo en su ejercicio hacia afuera, sino también hacia adentro, es decir, en su propia estructura, para hacer posible la consecución de los frutos de todo orden y no sólo materiales y económicos que la propiedad ha de producir en benficio de los propietarios y de la communidad.

[14]) *Vicens Vives* "El gran Sindicato remensa" 1488–1508. Consejo Superior Investigaciones Ciéntificas, 1954.

[15]) *Castan,* ob. cit. pag. 69 y s., hace una gran síntesis histórica de la Institución, con numerosa bibliografía que cita en las pag. 60 y s.

La funcionalidad es, pues, en la sociedad de nuestro tiempo y en todos los países, la nota más característica del derecho de propiedad de la tierra. Sirve de módulo para el ejercicio y normativa de ésta y de su efectividad dependerá siempre la edificación de la propiedad y de la empresa que sobre ella se constituya o asiente, porque, en realidad, la empresa agraria, al igual que la empresa en general, siguiendo el pensamiento de actualidad, "no ha de poder sustraerse a los condicionamientos impuestos por el mundo en que está inmersa, ya sean económicos, sociales, políticos e incluso morales"[16]), los cuales en verdad, han de ser los que en cada momento matizarán el propio alcance, extensión y peculiaridades de la funcionalidad misma.

La propiedad de la tierra en esta concepción es como siempre la fue, una relación natural e irreversible que se establece entre la materia y el hombre; una relación de subordinación entre el objeto dominado, apropiado, en este caso la tierra, y el dueño o el propietario.

Estamos ante la relación jurídico tipo, en movimiento y vida, sobre la que se constituye o integra la llamada materia agraria; y, en consecuencia, ante la base o plataforma sobre la que en cada caso se define, construye y desarrolla la empresa agraria.

Gráficamente, podríamos describir la propiedad de la tierra del siguiente modo

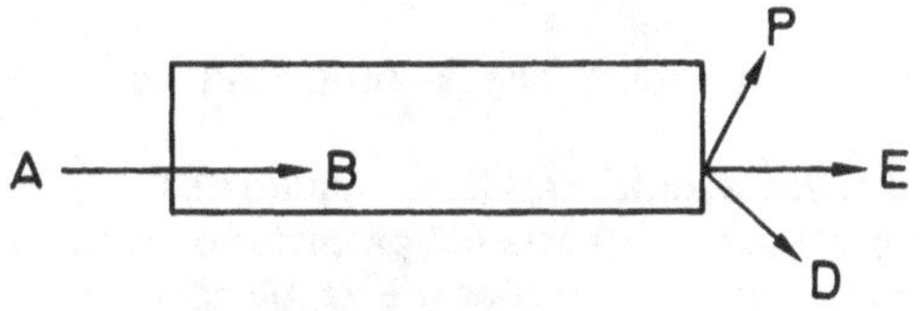

Poder de A (sujeto) sobre B (objeto), en función de P, E y D (Producción, Estabilidad y Desarrollo) que constituyen el contenido de la relación o derecho.

A) Se trate de un poder. Este poder va unido a la voluntad de los titulares o propietarios.

Las características o notas más destacadas del mismo son las siguientes:

a) Es un poder legitimado por la naturaleza en favor del hombre, en relación con los demás hombres, cuyo origen es anterior al Estado, por cuya razón éste no lo puede desconocer, sino sólo condicionar en los modos de su adquisición, de su ejercicio y de su extinción, para el mejor cumplimiento de su fin.

b) Es el más amplio, autónomo y soberano poder que se atribuye al titular; si bien su contenido o ejercicio, en todas las facultades y deberes que el mismo encierra, está subordinado al cumplimiento de su propio fin; siendo en consecuencia y respecto de éste, un derecho de ejercicio obligatorio, cuyo incumplimiento debe presumir el abandono del derecho.

[16]) *Navarro Rubio, M.* "El empresarismo" Discurso de recepción en la Real Academia de Ciencias Morales y Políticas de 15 de abril de 1969.

c) Es un poder animado de una base o garantía constitucional. Así consta en los textos constitucionales de casi todos los países y ha sido proclamado expresamente en la declaración universal de los derechos del hombre.

B) Es un poder ejercitable sobre superficies o fincas aptas para el cultivo.
a) La tierra, en el sentido de superficies aptas para el cultivo, es el elemento básico y caracterizador de este derecho y en consecuencia de la empresa y de la materia agraria; pertenece a ésta cuanto con la tierra de cultivo se relaciona.
b) Si todas las cosas están al servicio del hombre y de la comunidad, las tierras de cultivo, cultivadas o no[17]), necesariamente tienen que ser objeto actual o potendical de la relación jurídica tipo de la propiedad, debiéndose destinar a su propio fin de acuerdo con su naturaleza y en armonía con el bien común, desafectándolas, salvo interés superior, de cualquier otro destino que tengan.
c) La tierra o finca de cultivo, en la concepción dinámica y viva del derecho de propiedad, incorpora a sí cuantas mejoras de todo orden se hacen sobre ella y cuantos elementos materiales son inherentes o imprescindibles para su explotación, los cuales, en sentido contable, pueden ser y de hecho lo son muchas veces, de valor superior al de la tierra misma.

C) El poder que atribuye la propiedad lo es en fundación de la producción, de la estabilidad y del desarrollo.
Estamos ante las finalidades específicas que la propiedad de la tierra debe cumplir.
a) En primer lugar, la producción agraria. Desde este punto de vista, la propiedad de la tierra debe garantizar así la subsistencia del propietario, como la nutrición del cuerpo social. Es decir, que la propiedad de la tierra debe asegurar la alimentación o alimentos suficientes para la Humanidad entera.
El cultivo adecuado y racional de la tierra es facultad y el deber principal que atribuye, directa o indirectamente a su titular, el derecho de propiedad.
b) En segundo lugar, la estabilidad, en el sentido de que la propiedad de la tierra, esto es, el derecho de propiedad, su régimen y estado de hecho, debe ser un eficaz medio de equilibrio social, así respecto de los propietarios individualmente considerados, como de la comunidad política, la cual sólo se logra con una racional y vinculante ordenación agronómico-jurídica y social de la misma.
De aquí que su ejercicio debe garantizar una vida digna para sus titulares y la paridad del sector agrario con el de los demás sectores sociales; y su régimen debe asegurar, en armonía con lo anterior, la paz social, procurando que los propietarios sean cuantos más mejor, y un justo equilibrio entre los diversos sectores.
c) En tercer lugar, el desarrollo, en la idea de que la propiedad, debe ser cual instrumento apto para la multiplicación de la riqueza, debiendo estar adecuadamente ordenados al efecto todos sus elementos.
La ordenación jurídica de la propiedad de la tierra y con ella la seguridad jurídica,

[17]) Al hablar de tierras de cultivo se entiende de cultivo agropecuario y forestal, si bien este da lugar en algunos autores y legislaciones a una propiedad especial.

será la base principal para la mejora y capitalización de las explotaciones, permitiendo con ello la creación de nueva riqueza, la movilización de ésta y la ágil comercialización de los productos.
Como factor económico, respecto de la produción, debe ordenarse la propiedad en un plan racional de explotación, coordinado por su titular con aquellos otros planes de la econonómía en que se integre.
En todo esto está el fundamento de la protección oficial y pública a la agricultura, mediante la cual, de una parte, se mejora la vida de los agricultores, que son los deprimidos en el mundo de hoy; y, de otra, se contribuye originariamente desde la base para que los productos los alimentos, estén al alcance del mundo consumidor en general.

D) Al servicio armónico de los titulares o propietarios y de la comunidad.
a) Aun siendo un derecho natural inherente a la persona, el derecho de propiedad de la tierra, como derecho subjetivo, no puede reconocerse al margen de la comunidad social a la que sus titulares pertenecen. En consecuencia, tanto su estructura y contenido, como las facultades específicas que a la misma se le atribuyen, deben estructurarse y ejercitarse en armonía con las necesidades de todo el cuerpo social. Todo derecho supone la relación del hombre con los demás hombres. No se entiende ni es posible concebir el hombre individualmente considerado. Donde hay sociedad hay derecho, y sólo donde hay sociedad hay derecho.
b) Antes que absoluto, exclusivo y perpetuo, el derecho de propiedad de la tierra es un derecho o poder funcional que se debe ejercitar para sí, por cada propietario y al servicio de la comunidad entera, es decir, funcionalmente, para provecho propio y en beneficio de todos.
c) En consecuencia, no cabe decir de ningún modo que esta funcionalidad inherente al derecho, extingue éste; porque, antes bien, subsisten y quedan íntegros en el mismo la voluntad y el poder autónomo sobre la cosa, es decir, sobre la tierra y sobre la finca, en el caso que aquí nos interesa, que es precisamente lo que caracteriza el derecho.

B

Respecto de la empresa
La propiedad no hay que minimizarla y ello de modo estático, a uno sólo de sus elementos, siquiera sea el objetivo, básico y más estable, cual es la finca; sino que es preciso contemplarla en su conjunto y en su plenitud de elementos, para ver cómo de la finca, cual superficie física, pasamos a la explotación, con los elementos objetivos, incluidos capital, trabajo y técnica, a la misma incorporados, y a la empresa cuando la finca o fincas y la explotación o explotaciones se organizan activa y dinámicamente en torno a su titular o empresario, para hacer efectivo el fin supremo o esencial de la propiedad; sin que quepa independizar el empresario de la propiedad como algunos pretenden, con la expresiva, pero equívoca frase de que "lo importante no es la propiedad, sino la empresa" en razón a que siempre el

empresario, siquiera no sea el titular del dominio, se subroga o debe surogarse en el ejercicio de éste, salvando su titularidad dominical, en virtud de contrato u otra justa causa.

De ningún modo hemos de estudiar aquí la compleja y díficil teoría de la empresa, en la que todo está en discusión y en elaboración, desde el nombre hasta su régimen, pasando por sus elementos, estructura, construcción y naturaleza.

El concepto de empresa, bien se le matice con un carácter subjetivo u objetivo, según los diversos autores y teorías, y aunque muchos lo identifiquen con el de explotación, es a nuestro juicio, como ya dijimos, un concepto complejo y diferente de los anteriores, en el que predomina la idea de organización y aún la de actividad organizada, sobre la dinámica de los diversos elementos de la propiedad y en torno a su fin.

Podríamos precisar diciendo que la empresa y la empresa agraria en particular, no es otra cosa sino la organización en su dinámica de los elementos que integran la propiedad de la tierra, en armonía con la funcionalidad de ésta[18]).

Gráficamente la describríamos así:

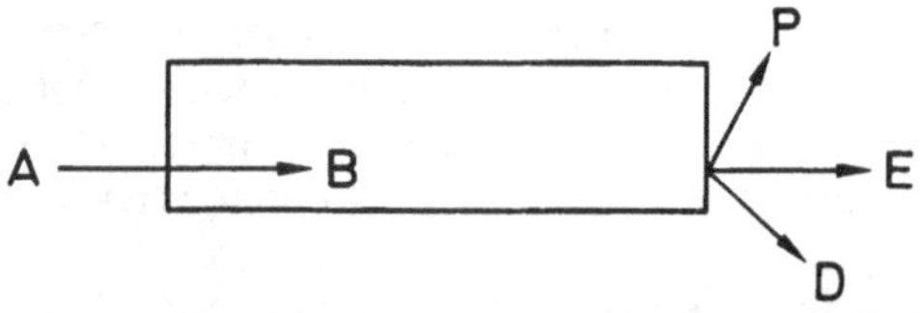

Se la concibe como una organización, constituida principalmente sobre una o varias fincas agrícolas, con la finalidad inmediata de cultivar, explotar y aprovechar las mismas, que integra cuantas personas y elementos son necesarios para ello, y cuya titularidad, según las diversos fórmulas que se acepten, corresponderá, bien a quienes sean propietarios o usuarios de la tierra y del capital (fórmula capitalista; bien al Estado, a quien pertenece necesariamente la tierra (fórmula marxista); bien a quienes conjuntamente sean dueños de la tierra y del capital e incorporen profesionalmente su trabajo a la empresa (fórmula empresarial y social moderna).

Será titular de la empresa agraria o empresario quien lo sea de la propiedad o quien con justa causa se subrogue en el ejercicio de ésta. El trabajo, en su medida, se debe incorporar a la titularidad de la empresa, porque, como veremos, se debe incorporar de igual modo a la propiedad.

Elementos objetivos de la empresa son las fincas, esto es, la tierra, con cuantos elementos materiales y económicos se incorporan a ella; es decir, las explotaciones organizadas conjunta y armónicamente, al mismo fin o actividad económica, por su titular o empresario.

[18]) "Empresario es la persona que ejercita una empresa y esta es un especial modo de desarrollar una actividad económica cualificada".
Rodrigo Uria, "Derecho Mercantil", Madrid, 1966 pag. 28.

En cuanto al régimen de la empresa, no puede ni debe ser otro, sino aquel que permita y haga gobernarla en armonía con su fín; el cual necesariamente habrá de ser el mismo que conduzca a la funcionalidad básica de la propiedad.

La empresa, y en consecuencia la empresa agraria es "una realidad díficil de tratar", así en su aspecto subjetivo como en el objetivo; "una aventura metodológíca que puede ser lo uno o lo otro"; una realidad u organización objetivada "que sin tener personalidad jurídica es o puede ser titular de derechos y obligaciones"[19]) y en la que la "participación" hace realidad en la doble idea de significar "no sólo tener parte, sino tomar parte"[20]).

Respecto a la importancia de la empresa en nuestra época, no hace falta insistir, dada la "remodelación del orden económico actual" que se pretende, y en cuanto que "la empresa es como la estación terminal del proceso económico", a la vez que el verdadero agente ejecutivo de la vida económica moderna[21]) [22]).

La organización empresarial de la agricultura, principalmente a través de la agricultura asociativa, es base de la reforma, de la tecnificación y desarrollo de la misma, conforme el campo y la comunidad política necesitan.

Efectos

A

Respecto de la propiedad

El concepto funcional o funcionalidad de la propiedad de la tierra condiciona no sólo el ejercicio de la propiedad sino tambien la estructura de ésta en todos sus elementos y aún su régimen. De igual modo condiciona la estructura y el régimen de la empresa. En todo ello radica precisamente la peculiaridad o novedad de la teoría de la funcionalidad que defendemos, como manifestación y exigencia última de la vida real en armonía con el fundamento y la naturaleza esencial del clásico y siempre actual derecho de propiedad.

Al igual que la propiedad, como derecho humano, inviolable e inherente a la persona, es o debe ser constitucionalmente protegida por el Estado, así el Estado también, debe procurar continuadamente, es decir, cada día, mediante una oportuna acción legislativa y de gobierno, la adecuada actualización, normaliza-

[19]) Sentencia 28-IX-1965 Sala de lo Social del T. S.

[20]) De la conferencia de *Lopez Jacoiste J. J.* sobre "La estructura jurídica de la empresa como expresión metodológica actual", en el Colegio Notarial de Madrid de 28 de abril de 1969.

[21]) El Profesor *Garrigues,* con gran prudencia, ha entrado en la grave problemática de la empresa, en una serie de artículos dedicados a esta materia, siendo de destacar en ellos, por nuestra parte, las dos siguientes ideas: Una que la reforma de la empresa requiere la previa ordenación jurídica de la misma, que no existe; dos, que el trabajo debe participar en la titularidad o dominio de la empresa junto al capital, transformándose de dependiente en asociado, y ello aún en la sociedad anónima. Diario Ya, de los días 12, 13, 14, 16, 18, 20, 21, 23, 27 de diciembre de 1969.

[22]) Ha sido estudiada esta materia de modo monográfico en el "forum universidad empresa" organizado por la Fundación Universitaria. Madrid-Noviembre 1976.

ción y normatización de la propiedad de la tierra, para que, en todo momento, sea ésta un derecho apto al cumplimiento de su fin, poniendo en armonía el interés individual o personal de cada propietario con el de la comunidad, actual y de futuro, en cuya efectividad descansa la esencia de la justicia y del bien común.

Respecto al sujeto, titular o propietario
a) La funcionalidad exige que la agricultura individual y familiar, según hoy y sin menoscabo de la subsistencia básica de la misma, se organice en agricultura asociativa tan amplia y extensa como se quiera y sea conveniente; por cuya razón, el Estado debe reglamentar y facilitar la posibilidad de nuevos entes colectivos que puedan nacer, en la medida que en cada caso convenga, como sobrepuestos a los anteriores y sin aniquilarlos.
Cooperativas, consorcios, agrupaciones, sociedades y toda la gama posible de fórmulas asociativas y societarias, deben ser objeto de una nueva estructura y regulación, en armonía con la funcionalidad de la propiedad.
La agricultura asociativa, a la vez que el método de hacer posible la mecanización, tecnificación y capitalización del campo que exige el mundo de hoy, es, sin duda alguna, la fórmula de la agricultura del futuro.
Los elementos básicos o caracteres de la agricultura asociativa es decir, de las sociedades agrarias, para que puedan calificarse como tales y sean dignas de protección cualquiera que sea la forma de las mismas deben ser: la profesionalidad de agricultor, al menos, en la mayoría de sus miembros; capital y medios para la explotación, adscritos a la tierra; la producción agropecuaria y el desarrollo del medio, como objetivos o finalidades principales del ente colectivo.
Todas las demás sociedades que no reúnan esas características aunque se aporte tierra a las mismas y se propongan el cultivo, no pueden incluirse en lo que nosotros llamamos – agricultura asociativa, digna de protección, porque les falta la ratio legis que las legitime o justifique, dado que con frecuencia se constituyen al margen de los agricultores, pretenden llevarse el capital del campo antes que incorporarlo a lo explotación y en sus fines, confusos a veces, no está como objetivo básico o finalidad principal, el cultivo de la tierra, es decir, la explotación de esta, ni el desarrollo y estabilidad de su medio.
b) la funcionalidad impulsa a la creación de consorcios forzosos entre servicios públicos personalizados y agricultores para poner en cultivo, y explotación racional, con plantaciones especiales por ejemplo, todas las superficies agrícolas del país no aprovechadas adecuadamente.
Es una aplicación práctica del principio de subsidiaridad del Estado, sin necesidad de expropiar.
c) Excepcionalmente, la funcionalidad también hará posible en favor del bien común o de los intereses colectivos, privados y públicos, la explotación de bienes de entidades públicas, en régimen de sociedades mixtas, o de entes especiales que al efecto se constiyan, en los que se integran con sus titulares, los agricultores que personalmente cultiven las tierras.
d) De igual modo y por razones de utilidad pública la funcionalidad ha de hacer posible la transmutación de la propiedad privada en propiedad pública, en

aquellas superficies que convenga afectarlas, para parques nacionales, zonas de experimentación y recreo, instalaciones deportivas, etc.

Respecto al objeto, superficies agrícolas o fincas

a) Todas las superficies aptas para el cultivo, aún las no puestas en explotación, son potencialmente objeto de propiedad y deben ser adecuadamente puestas en cultivo y adjudicadas a los agricultores, de modo individual o asociativo, según los casos[23]).

b) Se debe reconstruir la propiedad excesiva o irracionalmente parcelada, de modo que la misma pueda cumplir su fin, procurando a la vez el pleno aprovechamiento y el desanrrollo de todas sus posibilidades naturales y humanas de las zonas y comarcas que sufran tales defectos[24]).

c) Se deben constituir unidades agrarias y explotaciones objetiva y subjetivamente suficientes, con las mejoras, capitalización e intrumentación adecuadas a las mismas.

d) Toda esta materia ha de relacionarse con el tema general y técnico de la calificación, delimitación y régimen de superficies o zonas agrícolas, forestales, industriales, urbanas y turísticas, y en suma, con el complejo y más ámplio tema de la ordenación del territorio, que requieren sin duda, estudio y legislación específicos, como veremos.

Respecto al contenido del derecho de propiedad

a) El cultivo o aprovechamiento adecuado y racional de las fincas debe ser obligación principal del propietario. El incumplimiento sin fundamento justificado de esta obligación debe dar lugar a sanción efectiva y además a la posiblidad de poder ocupar las fincas cualquier persona, para su cultivo directo y personal.

En relación con esta cuestión, *Morales Moreno*[25]) nos trae una pregunta que se hacía ya *Escriche* en 1851 en su Diccionario. "¿Puede presumirse que abandona sus heredades con ánimo de no contarlas mas en el número de sus cosas . . . el que estando presente las deja enteramente sin cultivar por pereza, negligencia o descuido?„

Y el mismo *Escriche* se contestaba que . . . " no deja de haber países donde cualesquiera puede tomar y hacer valer en beneficio suyo las tierras que los dueños dejan de cultivar por negligencia. También en Aragón se tiene por abandonadas las tierras que riega el canal Imperial, si su dueño deja de cultivarlas por cierto tiempo; y se dan en tal caso al que las solicita". (R. ced. 28, febrero 1768).

"Leyes de tal naturaleza tienen su fundamento en las relaciones de la agricultura con la propiedad y el interés político de los pueblos. La tierra no se ha dado al hombre sino para cultivarla. La Agricultura es lo que ha producido la propiedad

[23]) En nuestra concepción, la creación de nuevas fincas, explotaciones y empresas agrarias, donde antes no las habían, es el objetivo o finalidad principal de la Colonizacion.

[24]) Es el objetivo o finalidad de la contración parcelaria y de la ordenación rural.

[25]) *Morales Moreno* "La posesión que conduce a la usucapión" II pag. 30 núme. 91. Madrid 1968 (tesis doctoral).

territorial y permanente; ella es la que ha hecho introducir la ocupación o apoderamiento habitual como medio de conservar la propiedad; y los trabajos de la agricultura son los únicos actos de que pueda inducirse esta ocupación habitual. El que cesa, pues, de cultivar su tierra hace ilusorio el fin de la Ley fundamental que erigió la propiedad en derecho, ya no puede decirse que ocupa ni que posee actual ni habitualmente, y por consiguiente no hay razón para que conserve su propiedad".

Cuanto aquí decimos respecto al propietario, es aplicable al poseedor en concepto de dueño de una finca, pues no en vano la posesión es como la apariencia de la propiedad, el ejercicio de hecho de la misma, que permite convertir al poseedor en propietario, y cuya imagen debe ser objeto de tutela por razones de interés general[26]).

b) En relación con lo anterior, deben ser de igual modo obligaciones del propietario el realizar aquellas mejoras que sean necesarias para el cultivo y aprovechamiento de las fincas, así como el adoptar las medidas dirigidas a la protección y defensa de las explotaciones que tengan un interés público oficialmente declarado, pudiéndose en todo caso hacer aquéllas, a cargo del propietario, por las entidades públicas o por quien se subrogue en ellas.

c) Los contratos agrarios en el concepto clásico de éstos, se deben orientar a facilitar el cultivo de las fincas, tener carácter temporal y llevar inherente, cuando no haya de cultivar el propietario, la facultad de procurar en el cultivador el acceso a la propiedad, bien en su totalidad, bien asociándole en la medida o participación que proceda a la titularidad en el dominio de la empressa y no sólo en su uso o aprovechamiento.

Como contratos típicos agrarios tenemos el arrendamiento y la aparcería; éste puesto en entredicho por la doctrina y las legislaciones, por cuya razón, la tendencia es a que se convierta en sociedad o en arrendamiento y a que desaparezca como tal contrato independiente, pues en la práctica se suele utilizar en fraude de quienes deberían ser verdaderos arrendatarios.

Respecto al arrendamiento como contrato agrario, y sin perjuicio de que puedan subsistir los arrendamientos ordinarios, debe reglamentarse especialmente para que pueda ser un eficaz instrumento de la funcionalidad de la propiedad de la tierra, que es donde está la razón de sus normas de excepción, o de su especialidad.

Las características que estos contratos deberían tener, en nuestra opinión, son las siguientes: profesionalidad de agricultor en el arrendatario; aptitud o suficiencia en cuanto a la finca; proporcionalidad permanente en cuanto a la renta; titulación pública e inscripción registral en cuanto a su formalización; consideración del arrendatario como propietario a todos los efectos (cultivo, mejoras, hipotecas para créditos y obras, etc.) salvando el superior derecho de dominio de su titular; temporalidad suficiente y fija en su duración, señalada por la Ley; acceso a la

[26]) Le máximo interés en este punto la obra "La función social de la posesión" de *Hernandez Gil, A.* Discurso en su recpción pública en la Real Academia de Jurisprudencia y Legislación. Madrid. 1967.

propiedad a la extinción del plazo; preferente adquisición de la finca por el arrendatario en caso de venta y medios suficientes para que sea efectiva el acceso a la propiedad. Sin la professionalidad de agricultor en el arrendamiento estaríamos siempre ante un arrendamiento ordinario de la legislación común[27]).

Además de los clásicos contratos agrarios, cuyo contenido se refiere directamente a la producción, son de tener presentes aquellos negocios jurídicos cuyo objeto o contenido incide de modo principal en algunos elementos de la relación jurídica tipo de la propiedad de la tierra y de la empresa agraria, con lo que se convierten en materia típicamente agraria, cualesquiera que sean su forma, procedencia y contenido; como pueden ser, por ejemplo, la concesión, un crédito, ciertas inversiones, una sociedad, una compraventa, una obra, una hipoteca, un giro comercial, una letra, un pagaré, etc., cuando el destino o finalidad del contenido de éstos es agrario.

En todos estos casos, al someterse tales figuras o negocios jurídicos al denominador común de la tierra y de la agricultura, en suma de la materia agraria, se convierten o entran bajo la influencia de ésta, y, en consecuencia, bajo el principio de la funcionalidad de la propiedad de la tierra, debiendo quedar sometidos a la influencia, así en su régimen como en sus efectos.

Por ello, la comercialización o industrialización de los productos, en fase primaria de puesta a disposición del consumidor, por los mismos agricultores, individual o asociativamente organizados, son actos de naturaleza agraria, que deben reglamentarse desde su propio sector, mediante una adecuada normativa.

Especial regulación necesitan también las peculiares relaciones o contratos de naturaleza colectiva que modernamente surgen y se convienen entre agricultores y consumidores, y aún entre agricultores entre sí con la fórmula de oferta colectiva frente a los demás; todo lo cual debe reglamentarse de modo que se asegure un mínimo de estabilidad, a la producción, a la salida de los productos, a la rentabilidad y a los precios, es decir, a la realización de la justicia, como principio de equilibrio social.

Estamos ante contratos complejos especiales, en los que se pactan cosas futuras y prestaciones múltiples. Se trata de una dogmática nueva contractual digna de meditación y de especial estudio que ha de producir entre otros efectos el de una necesaria normativa legal que deberá integrarse oportunamente en la futura ley agraria general.

d) Deben ser también obligaciones para los propietarios aquellas medidas que contribuyen a la estabilidad y desarrollo de la empresa, individual y colectivamente considerada, tales como la inmatriculación registral de la propiedad, que ha de procurar y facilitar la seguridad jurídica, la capitalización y el tráfico; amén de cuantas, siendo convenientes por razones de interés público y colectivo, contribuyan al mejoramiento de las comunidades rurales.

[27]) En este sentido *Sanz Jarque* "La problemática de los arrendamientos rústicos y de las aparcerias. I Coloquio Europeo de Derecho Agrario, celebrado en Bad Godesberg (Alemania) en octubre de 1967, publicado en el nº 6 de las Jornadas Técnicas de Derecho Agrario, y en la revista alemana Recht der Landwirtschaft, diciembre de 1967, enero 1968.

e) El tráfico jurídico de las explotaciones debe estar limitado o supeditado a la necesidad de conservar las unidades agrarias.
El Registro de la Propiedad, debidamente acomodado a las exigencias modernas, será pieza clave y necesaria en el régimen y vida de la propiedad de la tierra.

B

Respecto a la empresa
a) En general, respecto a la empresa, como actividad organizada u organización en su dinámica de los elementos que integran la propiedad agraria, la funcionalidad exige una adecuada regulación y una especial protección para la misma hasta que se logre la paridad efectiva de orden económico-social entre el sector agrario y los demás sectores sociales.
b) Como regla general y como tendencia, el trabajo, profesional y continuadamente ejercido, se debe incorporar a la titularidad de la empresa, bien de modo individual y asociativamente, debe poder participar siempre, en su medida y de modo adecuado, en la titularidad o propiedad de la explotación y de la empresa, descansando en esto principalmente la razón causal, el fundamento y la fórmula del acceso a la propiedad.
c) Respecto al régimen laboral y a la seguridad – social agraria, se debe procurar la paridad con los regímenes generales.
d) Los regímenes fiscal, financiero y de inversiones públicas deben favorecer el desarrollo de la empresa agraria, en tanto que el sector agrario esté deprimido en relación con los demás sectores.
e) La comercialización e industrialización primarias de la producción deben calificarse como actos de naturaleza agraria y, en consecuencia, quedar sometidos a un régimen especial protegido, en tanto subsista el desequilibrio actual.
En suma, auguramos que la efectividad del principio – de la funcionalidad de la propiedad de la tierra, en todo su ámbito, según hemos apuntado, unido a la progresiva mecanización y aplicación de las grandes y nuevas técnicas a la agricultura, junto a la ingente obra de infraestrutura y de urbanización del medio rural, como medios además de expansión y de esparcimiento de las comunidades urbanas, ayudados con el turismo, sobre la más eficaz obra de extensión cultural a realizar sin demora en el campo, ambientada y ansiada ya su necesidad de modo irreversible por las exigencias de cada día y por los modernos medios de comunicación social, ha de procurarnos, de modo no muy lejano, el más gigantesco y veloz cambio que se haya podido soñar para el sector agrario.
La tecnología, la ciencia y el derecho, en suma, la cultura, serán los grandes artífices de todo ello, con el impulso de una acertada y eficiente acción política que debemos procurar, unido a la participación sufrida y heroica de la voluntad creadora y libre de todos los hombres y del campesinado principalmente, que no ha de faltar, y a un sublime ideal de fe, cual aliento indispensable para toda eficaz, duradera y trascendente manifestación de vida.
Nuevas estructuras, nuevas técnicas y nuevo espíritu: esperanza cierta de un futuro feliz para el campo que ya se vislumbra y que los hombres podemos y debemos hacer realidad.

La nueva concepción funcional de la propiedad y de la empresa agraria en el derecho positivo y en la Constitucion

En el derecho positivo

El legislador captando y traduciendo a normas actuales la nueva exigencia de la funcionalidad de la propiedad de la tierra, ha venido promulgando sucesivamente desde hace varias décadas una normativa apropiada que va dando nueva fisonomía al régimen ordinario de la propiedad de la tierra en España y servirá de antecedente al especial estatuto jurídico de la propiedad de la tierra, contenido principal de una futura Ley Agraria General.

Sin afán exhaustivo y sin pretender entrar en el estudio de su contenido, enunciaremos tales disposiciones por el siguiente orden:

A

Referidas al sujeto

Respecto a la tenencia de la tierra: Reglamento de Arrendamientos Rústicos, texto refundido de 29 de abril de 1959; redactado principalmente sobre la Ley de 15 de marzo de 1935. En la actualidad hay elaborado un proyecto de Ley que el Gobierno remitio a las Cortes, en la anterior legislatura.

Agricultura asociativa:

a) Cooperativas: Ley 52/1974, de 19 de diciembre; R. D. L. 31/1977 de 2 de junio; R. D. 1305/1977, de 10 de junio; y R. D. 2508/1977 de 15 de junio.

b) Grupos sindicales de colonización: Ley de 25 de noviembre de 1940, sobre colonizaciones de interés local, Orden de Agricultura de ll de junio de 1941; Ordenes de Agricultura de 5 de julio y 25 de agosto de 1941 sobre Reglamentos tipo de grupos mayores y menores, respectivamente; Ley de 27 de abril de 1946 sobre Colonización de interés local; y la Ley de 27 de julio de 1968 sobre Ordenación rural que les reconoce expresa personalidad jurídica. Ley de Reforma y Desarrollo Agrario de 12 de enero de 1973. Se denominan hoy Sociedades agrarias de transformación y se rigen además por las siquientes disposiciones: R. D. L. 31/44, de 2 de junio; R. D. 1336/1977; R. D. 906/1978, de 14 de abril; y O. M. de 4 de enero de 1979 que Desarrollo les anteriores disposiciones e integra en el IRA, la obra Sindical de Colonización.

c) Agrupaciones cerealistas: Decreto de 28 de mayo de 1966 y Orden de 20 de julio siguiente; Decreto 1628/1970 de 12 de junio y Orden del Ministerio de Agricultura de 23 de febrero de 1971.

d) Agrupaciones de productores agrarios – Ley 29/1972, de 22 de julio; Reglamento D 1951/1973, de 26 de julio.

B

Referidas al objeto

– Respecto a la conservación de las fincas ha surgido la legislación de Unidades mínimas de cultivo: Ley de 15 de julio de 1954; y Orden de 27 de mayo de 1958. Hoy en la Ley de Reforma y Desarrollo Agrario.

– En cuanto a la mejora de las fincas y con independencia de las medidas ofensivas dirigidas a la reconstrucción de la propiedad triturada mediante la Concentración Parcelaria y de las dirigidas a crear meras explotaciones y empresas agrarias donde no las había mediante la Colonización, se han promulgado entre otras:

a) La Ley de permutas forzosas de ll de mayo de 1959,

b) La Ley de fincas mejorables de 3 de diciembre de 1953, completada por la de 14 de abril de 1962,

c) La Ley de Colonización de Interés Local de 27 de abril de 1946,

d) La Ley sobre conservación y mejoras del suelo agrícola de 20 de julio de 1955; y

e) La Ley 27/1971 de 21 de julio, sobre comarcas y fincas mejorables.

Todas ellas, sustituidas hoy por la Ley de 12 de enero de 1973, de Reforma y Desarrollo Agrario, según mandato de la 35/1971, de 21 de julio, sobre creación del Instituto Nacional de Reforma y Desarrollo Agrario.

– En lo relativo a la integridad, favoreciendo la incorporación a la finca de los elementos necesarios para la explotación y evitando su desplazamiento, se han iniciado pasos importantes, con exenciones fiscales, primas a la inversión, líneas y condiciones de créditos especiales e inembargabilidad e indivisibilidad del patrimonio básico o de algunos de sus elementos.

C

Referidas al contenido

Respecto a la producción

a) Ley de 5 de noviembre de 1940 sobre intensificación de cultivos,

b) Ley de 15 de julio de 1952 sobre "Explotaciones agrarias y ejemplar",

c) La reglamentación de la producción de distintos cultivos.

Respecto a la estabilidad

a) En el aspecto económico: Ley de 20 de junio de 1968 creadora del FORPPA (Fondo de Ordenación y Regulación de Precios y Productos Agrarios).

b) En el aspecto jurídico registral: Reforma y modificación del Reglamento Hipotecario de 14 de febrero de 1947 y de 17 de marzo de 1.959.

c) En el aspecto social: Prórrogas forzosas de los arrendamientos y acceso a la propiedad, Ley de 15 de julio de 1954, D. L. de 5 de octubre de 1972; y R. D. L. 22/1978, de 30 de junio. También y de particular interés la Ley 87/1978, de 24 de diciembre, de Seguros Agrarios Combinados.

Respecto al desarrollo

Sobre protección y fomento a la industria se promulgó la Ley de 2 de diciembre de 1963, y también los Decretos de ll de septiembre de 1964, referidos a las zonas de preferente localización industrial agraria y sobre sectores industriales agrarios de interés preferente; amén de las Leyes aprobatorias de los Planes de Desarrollo y la Referida Ley de Reforma y Desarrollo Agrario.

D

Referidas a las empresas

Solo algunas disposiciones, como las referidas a la indivisibilidad de una explotación agrícola en interés de la familia (artículo 1.056 del Código Civil); a la indivisibilidad de las unidades familiares mínimas (Ley de 14 de abril de 1962); al régimen fiscal, en general, sin criterio uniforme (Ley de Reforma Tributaria de 11 de junio de 1964 y Texto Refundido de Contribución Rústica de 23 de julio de 1966) y especialmente al patrimonio familiar agrario (D. L. de 3 de octubre de 1966); al régimen de los "patrimonios familiares" y de las "explotaciones agrarias" de Colonización (Leyes de 15 de julio de 1952 y de 27 de julio de 1.968); a la constitución de "Empresas agrarias de dimensiones suficientes" (Ley de Ordenación Rural de 27 de julio de 1968); y al régimen de unión o asociación de empresas (Ley de 28 de diciembre de 1963), intuyen la empresa agraria como tal, en juego o armonía con el principio de la funcionalidad. Muchas de ellas sustituidas por la vigente de Reforma y Desarrollo Agrario.

E

Referidas a la reforma de las estructuras agrarias

a) Colonización: Ley de Bases de 26-XII-1939 sobre colonización de grandes zonas. Ley de 27-IV-1946 sobre expropiación de fincas rústicas por razones de interés social.

Ley de 21-IV-1949 y Ley de 14-IV-1962 sobre colonización y distribución de la propiedad de zonas regables.

Ley de 15-VII-1952 sobre patrimonios familiares.

Ley de 27-VII-1968 sobre régimen de las tierras adquiridas por el Instituto Nacional de Colonización.

b) Concentración Parcelaria: Ley de 8-XI-1962 modificada y completada por la Ley de O.R. de 27-VII-1968.

c) Ordenación Rural: Ley de 27-VII-1968, que es la primera Ley española promulgada sobre esta materia.

d) Ley 27/1971 de 21 de julio sobre comarcas y fincas mejorables, que supone el primer intento de aplicar en España, de modo orgánico pero muy tímido, la teoría de la funcionalidad de la propiedad de la tierra que, por cierto, involucra con la idea clásica de la función social de la misma.

e) Ley sobre creación del Instituto Nacional de Reforma y Desarrollo Agrario de 21 de julio de 1971, que además de crear este nuevo organismo en sustitución de los clásicos vigentes de reforma de estructuras, ordena la refundición o sistematización en un único texto legal, las disposiciones que cita sobre la materia y que se promulgará bajo el título de la Ley de Reforma y Desarrollo Agrario, lo cual tuvo lugar con la promulgación del Decreto de 12 de enero de 1973.

Todo lo expuesto, además de numerosas disposiciones sobre riqueza hidrológica, forestal, caza y pesca fluvial, ganadería, crédito agrícola e investigación, enseñanza, capacitación y extensión agraria, servicios y organizaciones administrativas de la agricultura, trabajo en el campo, seguridad social agraria, vivienda rural y defensa profesional de los agricultores o sindicalismo agrario.

En la Constitución

La nueva constitución Española se ha ocupodo de esta materia y le dedica principalmente los artículos 33, 38, 45, 52, 128–136. El desarrollo de la Constitución llevará consigo la promulgación de numerosas disposiciones.[28])

2. Deficiencias que se observan en la estructura y regimen de la propiedad de la tierra. En España

Referencia al modelo y método de investigación que se emplean

A

Como hemos dicho en la Introducción, la cuestión de la tierra y la problemática que la misma encierra, requieren el conocimiento pleno de la realidad, tarea en la

[28]) La Constitución Española fué aprobada por los Cortes el 31 de octubre de 1978, ratificada por el Pueblo Español en Referendum de 6 de diciembre de 1978 y fué sancionada por S. M. El Rey el 27 de diciembre de 1978, publicada en el B. O. E. del 29 de diciembre de 1978, y nº 331–1. La Constitución Española en el artículo 137 dice que El Estado se organiza territorialmente en municipios, en provincias y en las comunidades autónomicas que se constituyan. El derecho a la autonomía lo reconoce la Constitución en el artículo 2 y su autorización, declaración o reconocimiento se habrá de realizar, en su caso, conforme se regula en el Título VIII, de la misma (art. 137–158). Al momento de la promulgación de la Constitución Española de 1978, se han publicado las siguientes declaraciones de preautonomías regionales:
- Cataluña: R.D.L. 41/1977 de 29 de septiembre y R.D. 2543/77 de 30 de septiembre
- Vascongadas: R.D.L. 1/1978 de 4 de enero y R.D. 1/1978 de 4 de enero
- Galicia: R.D.L. 7/1978 de 16 de marzo y R.D. 474/1978 de 16 de marzo
- Aragón: R.D.L. 8/1978 de 17 de marzo y R.D. 475/1978 de 17 de marzo
- Canarias: R.D.L. 9/1978 de 17 de marzo y R.D. 476/1978 de 17 de marzo
- Valencia: R.D.L. 10/1978 de 17 de marzo y R.D. 477/1978 de 17 de marzo
- Andalucía: R.D.L. 11/1978 de 27 de abril y R.D. 832/1978 de 27 de abril
- Baleares: R.D.L. 18/1978 de 13 de junio y R.D. 151/1978 de 13 de junio
- Extremadura: R.D.L. 19/1978 de 13 de junio y R.D. 1518/1978 de 13 de junio
- Castilla y León: R.D.L. 20/1978 de 13 de junio y R.D. 1519/78 de 13 de junio
- Asturias: R.D.L. 29/1978 de 27 de septiembre y R.D. 2405/78 de 29 de septiembre
- Murcia: R.D.L. 30/1978 de 27 de septiembre y R.D. 2406/78 de 29 de septiembre
- Región castellano-manchega: R.D.L. 32/1978 de 31 de octubre y R.D. 2698/1978 de 31 de octubre.

Administrativamente España está dividida en 50 provincias, que se agrupan en 15 regiones e integran 8655 municipios. Por nuestra parte, siguiendo un criterio geográfico-territorial que deja a salvo la división socio-política que proceda, ordenamos el estudio del territorio

que ciertamente estamos empeñados desde hace algún tiempo y que nos permite, si no ofrecer ya el estado estructural y de hecho que presenta en España la propiedad de la tierra y la empresa agraria, cuyos resultados y estudio final no hemos acabado y debemos reservar, sí al menos anticipar algunas de las deficiencias más importantes que sobre la estructura y régimen de la propiedad de la tierra en España hemos observado durante la realización del trabajo o investigación que estamos realizando.
El modelo de investigación que seguimos a tal fin lo construímos sobre el esquema gŕafico que se acompaña. Su contenido en líneas generales puede ser resumido de la forma siguiente.
Representado el territorio nacional a través de la figura de una pirámide, tenemos los siguientes puntos básicos:

Superficie nacional

Comprende, en la cúspide o vértice acumulativo, la superficie total del país (504 000 kilómetros cuadrados) sobre la que disponemos y gozamos, como comunidad nacional, de un poder exclusivo y excluyente frente a los demás, que es la propiedad o dominio que, en su sentido de soberanía nacional, corresponde al Estado español.
En esta pirámide dividimos el territorio nacional de modo horizontal y en razón a su destino, en tres sectores básicos; división que no es rígida, sino flexible y acomodaticia a la continua evolución de la vida social. *(pag. 226)*

Suelo improductivo

Comprende las superficies que no son, de modo ordinario, susceptibles de aprovechamiento, ya sea industrial, turístico o de recreo, etc. (rocas, glaciares, montañas inaccesibles o nevadas, desiertos, pedragales, etc.).

Suelo productivo no agricola

Comprende las superficies que siendo o no originariamente susceptibles de aprovechamiento agrícola, se destinan actualmente a otros fines:
a) Polígonos industriales: superficies destinadas a explotaciones industriales.
b) Minas: superficies destinadas a explotaciones mineras.
c) Defensa nacional: superficies destinadas a la defensa de la nación (bases, poligonos militares, etc.)
d) Propiedad urbana: Superficies destinadas a viviendas, expansión y urbanización de pueblos, villas y ciudades.
e) Vías de comunicación: superficies destinadas al transporte y translación de

español en la siguiente agrupación regional: I Galicia, II Norte (cornisa cantábrica: Asturias, Santander, Vascongadas); III Ebro (Navarra-Aragón); IV Cataluña-Baleares; V Levante (Valencia y Murcia); VI y VII Andalucía: Oriental y Occidental; VIII Extremadura; IX Duero (León, Castilla la Vieja); X Centro (La Mancha-Madrid); XI Canarias.

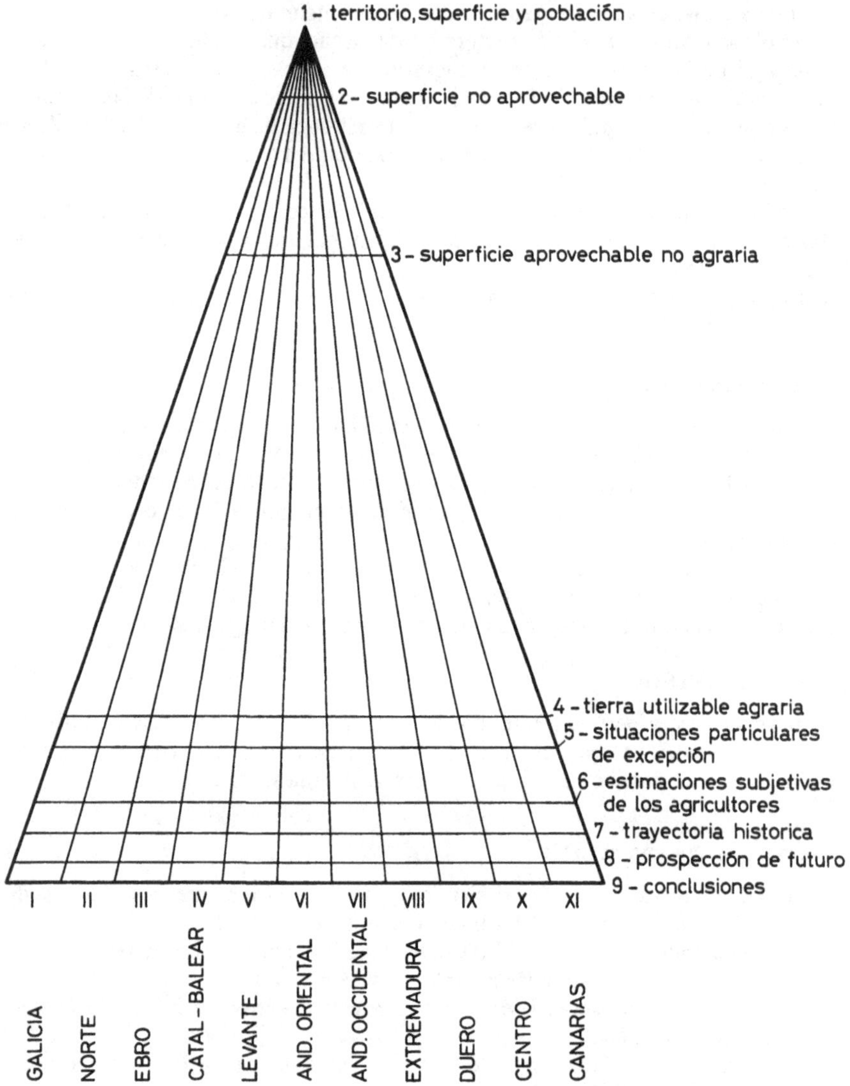

personas, animales, mercancías y noticias (caminos, carreteras, autopistas, ferrocarriles, puertos fluviales y marítimos, aeropuertos, etc.)
f) Turismo: superficies destinadas al turismo, al descanso, al deporte, al ocio.
g) Defensa y embellecimiento de la naturaleza: superficies ocupadas por ríos, pantanos, lagos y lagunas, parques, etc.

Suelo productivo agrícola

Lo subdividimos en los siguientes grupos:

a) Superficies sometidas al Régimen Ordinario de la propiedad, cuyo análisis se hace siguiendo el esquema de la propiedad como relación jurídica tipo, en la que se asienta ordinariamente la empresa, y sobre los elementos, efectos y organización de una y otra, según expusimos al tratar de estas.

b) Superficie sometida al Régimen Especial de Colonización.

c) Superficie sometida al Régimen Especial de Concentración Parcelaria.

d) Montes y superficies forestales, que agrupamos de la forma siguiente:

- Montes catalogados
- Montes repoblados, en reposición forestal y susceptibles de ello.
- Superficies de pastos, caza, parques y recreo, etc.
- Vías pecuarias.

A continuación se estudian, como se indica en los distintos apartados, las situaciones peculiares de hecho −5−, como representativas de las deficiencias más generalizadas y graves de que adolece el campo español; las causas retrospectivas del régimen y situación actual −6−; el elemento humano, la opinión pública y la prospección de futuro, referidos a la situación de hecho de la propiedad de la tierra en España −7−; y, por último, las conclusiones que por vía lógica se desprenden del estudio.

Verticalmente, partiendo de la cúspide, dividimos el territorio nacional en las once regiones siguientes[29)-30)], de modo que se integrarán en cada una de ellas sucesivamente y por su orden los estudios horizontales que acabamos de enumerar:

I. GALICIA:	Coruña (La) Lugo Orense Pontevedra
II. NORTE:	Oviedo Santander

29)-30) *Saenz de Buruaga, G.* da un conjunto de 12 regiones diferentes ("Ordenación del Territorio", Madrid, 1966); *Fontana, J. M.*, dice que existen en el país cinco focos de personalidad geoantropológica muy definidos, que son las Castillas, las Andalucías, las Galicias, las Cataluñas y las Vasconias ("Abel en tierra de Caín"); *Anastasio Arranz Rodriguez* habla de la dificultad que se encuentra para delimitar y definir una región y hace referencia a las diversas opiniones y criterios que se emplean para ello: razones de tipo hitórico y geográfico, político, económico, de unidad, de tamaño *(Dickinson)*, de capitalidad regional *(Vidal de la Blanche)*, en un área natural, de atracción o según líneas o zonas de dispersión *(J. L. Sampedro)*, comparables a las divisiones hidrográficas y, por último, criterios de alternativa, según *Gonzales Paz*, de región homogénea, con similitud de problemas y de estructuras y regiones socio-económicas integradas por zonas – geográficas unidas, que ofrecen en lo económico-social aspectos complementarios y mantienen entre sí relaciones globales más estrechas que con las zonas de diferente región. "Tierra de Campos" (Tesina de licenciatura), Palencia 1971.

(II. NORTE:)	Alava
	Guipúzcoa
	Vizcaya
III. EBRO:	Logroño
	Navarra
	Huesca
	Teruel
	Zaragoza
IV. CATALUÑA:	Barcelona
	Gerona
	Lérida
	Tarragona
BALEARES:	Baleares
V. LEVANTE:	Alicante
	Castellón
	Valencia
	Murcia
VI. ANDALUCIA ORIENTAL:	Almería
	Granada
	Jaén
	Málaga
VII. ANDALUCIA OCCIDENTAL:	Cádiz
	Córdoba
	Huelva
	Sevilla
VIII. EXTREMADURA:	Badajoz
	Cáceres
IX. DUERO:	Avila
	Burgos
	Segovia
	Soria
	León
	Palencia
	Salamanca
	Valladolid
	Zamora
X. CENTRO:	Ciudad Real
	Cuenca
	Guadalajara
	Madrid
	Toledo
	Albacete
XI. CANARIAS	Santa Cruz de Tenerife
	Las Palmas de Gran Canaria

En cada región se tiene en cuenta la estructura comarcal de la misma, por ser la unidad comarcal la que está mas cerca de la naturaleza y caracteres de las diversas comunidades de base[31]) [32]).

B

Respecto al método, seguimos el de la observación y el análisis de los diversos elementos, organización y efectos de la propiedad y la empresa, de acuerdo con el modelo de estas instituciones que expusimos al tratar de ellas; y ello sobre la realidad, esto es, sobre la superficie de todo el territorio nacional, en lugares representativos o por encuesta, en cada uno de los apartados de la investigación, al objeto de obtener la más auténtica radiografía del territorio, en la mayor síntesis del conjunto y deduciendo las debidas conclusiones.
El análisis se hace en todos los elementos que constituyen la estructura de la propiedad de la tierra como relación jurídica, y no sólo en alguno de ellos: en la organización y dinámica de los mismos, que es la empresa; en el conjunto del estamento social y no aisladamante; como algo sustancialmente vivo y no como cosa inerte en el concierto económico de la comunidad; como factor activo y no estático en la vida de los hombres; y, sobre todo, en aquello imprevisto que se nos presente como novedad o típico, en relación con el contenido de la investigación.
De otra parte, contemplamos el estado estructural y de hecho de la propiedad, para percatarnos de su más completa realidad objetiva, desde tres ángulos o puntos de vista: primero, partiendo de un exhaustivo análisis de todos los elementos esenciales que la constituyen, sujetos, objeto y contenido, y no sólo como suele hacerse considerando el elemento objetivo de la superficie o fincas; segundo, estudiando también no sólo los elementos, sino la manera y jerarquía en que los mismos están colocados y actúan y se rigen en la sociedad y en el ordenamiento; y tercero, buscando y analizando desde afuera los efectos y consecuencias que en su actual estado de hecho produce sobre los diversos estamentos e instituciones de la sociedad vigente, y sobre ésta misma en su conjunto.
Además, se considera la propiedad de la tierra, al estudiar su estado en cada caso, sin perder de vista el conjunto de su área y del área global en que está incluída, en cuanto que la tierra es efectivamente para todos como el espacio vital en que básicamente se desenvuelven y han de desenvolverse la comunidad y comunidades del presente y del porvenir; cuéstión esta de la máxima importancia social, jurídica y legislativa, que ya intuyó don *Jeronimo Gonzales* al tratar de las limitaciones de dominio en su plano horizontal, dado que, en efecto, es limitado el espacio de la superficie habitable, lo cual nos ha de traer, si no de nuevo al ¡hambre de tierra!, sí a la ¡sed de campo! y a la necesidad angustiosa de superficies disponibles.

[31]) De interés en este punto la división comarcal hecha por la Secretaría General Técnica del Minsterio de Agricultura, Documento de Trabajo nº 8, 1977.
[32]) Respecto a Aragón, es de citar la obra de *Eloy Fernandez Clemente y Guillermo Fatas,* Aragón, Nuestra Tierra, Guara Editorial, Zaragoza, 1977. También Nuestra conferencia en FISMA 79, ZARAGOZA: La cuestión de la tierra en general y de modo particular en Aragon

Problema éste que habrá de plantearnos sin tardar un duro frente de batalla, en razón a la creación de grandes áreas urbanas e industriales, al surgimiento de grandes obras públicas, a los nuevos y crecientes fenómenos del turismo con sus actividades conexas, a la reversión al campo, a la necesidad de grandes áreas de esparcimiento y, en suma, a la impetuosa explosión demográfica que llega.
En la investigación se emplean fuentes directas e indirectas. Son fuentes directas los hechos mismos observados sobre el terreno en cada situación especial, con los elementos, factores, documentos e instituciones relacionados con ellos. Fuentes indirectas son cuantos estudios, archivos y publicaciones y encuestas de carácter privado o público nos es dado manejar.

Deficiencias en la estructura de hecho

¿Se acomoda de hecho la propiedad de la tierra en España, en su estructura, al modelo que se deriva de su propia – naturaleza, según hemos expuesto?
¿El régimen[33]) de la propiedad de la tierra en España es el que exige su propia naturaleza?
Sin temor a dudas, podemos contestar categóricamente que no. Es decir, ni la estructura de la propiedad de la tierra, ni, en consecuencia, de la empresa, ni el régimen de una y otra, son adecuados al cumplimiento de su fin.
No es de este momento investigar las causas que nos han traído a esta situación. Estamos frente a una realidad evidente y notoria, que no es preciso demostrar. Ni hemos de hacer tampoco un estudio exhaustivo de tales deficiencias.
Vamos a limitarnos a unas breves pinceladas que expresen gráficamente, con las máximas objetividad y precisión posibles, la panorámica general. En primer lugar, haremos una referencia al conjunto del territorio, para detenernos después en la situación del suelo agrícola, que estudiamos siguiendo el esquema de la relación jurídica tipo, esto es, de la propiedad y de la empresa, según se trate de tierras sometidas al régimen ordinario de la propiedad o a los especiales de concentración parcelaria o colonización.

A

Respecto al conjunto del territorio

El territorio es el habitáculo de la comunidad política y se halla ocupado totalmente; la superficie que no pertenece a los ciudadanos como propietarios particulares o privados, pertenece al Estado.
De otra parte, el suelo está destinado al servicio de la comunidad nacional, y es de hacer notar que la naturaleza del suelo condiciona el destino de éste y cada destino específico da lugar a su propia normativa, a su propio y especial régimen jurídico (montes, urbanismo, carreteras, autopistas, ferrocarriles, minas, etc).

[33]) Nos referimos al régimen jurídico vigente, es decir, a las normas que gobiernan ordinariamente la propiedad y a las que tienen como objetivo la reforma de las anacrónicas e inadecuadas estructuras agrarias.

Pero no contamos con una racional ordenación del territorio, ni con una adecuada calificación del suelo, que permitan aprovechar la superficie geográfica nacional de acuerdo con su naturaleza y en armonía con las necesidades colectivas.
Con independencia de lo que sea suelo improdutivo o inaprovechable, que debe definirse y pertenecer al patrimonio de la comunidad nacional, el destino de las superficies agricolas se obtiene por exclusión de aquellas otras que no lo son, por ser necesarias para la urbanización, comunicaciones, obras públicas, industrias, defensa nacional, turismo, expansión cultural, deportes, cultivo del ocio, etc., y así, a la recíproca, el destino de éstas se obtiene por exclusión de las superficies aplicadas o aplicables a la agricultura.
Definir la naturaleza del suelo, establecer las normas para su calificación, actualizar los regímenes especiales – que han de regir el aprovechamiento del suelo por su destino, son necesidades evidentes que es preciso satisfacer.
En relación con ello, son de gran utilidad los trabajos que lleva a cabo el Instituto Geográfico y Catastral que convendría ciertamente acelerar y extender sin demora a todo el territorio nacional.

B

Respecto al suelo agricola
Se nos presentan tres situaciones de hecho en el país: primero, las superficies agrarias sometidas al régimen ordinario de la propiedad; segunda, las superficies sometidas al régimen de concentración parcelaria; tercero, las superficies de colonización. Todas tres además de los montes: superficies forestales, de repoblación forestal y de pastos que, con aquéllas, constituyen las superficies de aprovechamiento agrícola en sentido amplio.
La deficiencia principal en este punto se halla en la ausencia de una ordenación racional de los aprovechamientos agrícolas de acuerdo con la naturaleza y características del suelo, las peculiaridades regionales y las necesidades económico-sociales del país.
La ordenación regional del territorio se funda en la evidencia de que nuestro suelo es sumamente diferente y variado en sus diversas comarcas y regiones, encontrándose la causa sustancial y determinante de tal variedad en la infraestructura geoclimática del país, unido a los "diferentes orígenes étnicos y mestizaje de la demografía"[34]), por lo que ciertamente "no existe el campo español homogéneo, sino muchos campos"[35]).

En el área del régimen ordinario de la propiedad

Sintetizamos las deficiencias más significativas siguiendo el esquema del concepto funcional de la propiedad y de la empresa agraria anteriormente expuestos:

[34]) *Fontana, J. M.:* "Abel en tierra de Caín", pp. 16 y 17.
[35]) *Fontana, J. M.:* Id., p. 96.

a) En el elemento subjetivo:

Ausencia de un sistema adecuado de tenencia de la tierra. La ecuación cultivador igual a propietario no se da en España; originando este fenómeno, tal vez, el más grave problema de la agricultura española y aun el más grave problema social del país. Es evidente que los agricultores, sea de modo individual o asociado, quieren ser propietarios de la tierra que cultivan y ello es conveniente para la comunidad politica.

Salvo en el supuesto de los agricultores autónomos que, como empresarios y por falta de base territorial, no pueden subsistir, en el resto de la agricultura española se cultiva de manera general por el sistema de arrendamiento, cuyos arrendatarios en muchos casos, aun estando prohibido el subarriendo, tampoco son cultivadores directos, de aparcería y de peonaje.

En cuanto al número de explotaciones, según datos del Censo Agrario de 1972, tenemos la siguiente distribución:

	Número	Superficie
Explotaciones con un sólo régimen de tenencia	1 998 826	34 783 359
Explotaciones con más del 50% en propiedad.	498 890	8 016 325
Explotaciones con más del 50% en arrendamiento.	295 036	4 022 101
Explotaciones con más del 50% en aparcería.	45 986	771 009
Explotaciones con más del 50% en régimen comunal	2 860	134 005
Explotaciones con más del 50% en otros regímenes	8 220	281 665

Estas cifras, relativas al número de explotaciones se complementan con las que se refieren a la superficie en hectáreas respecto a cada régimen de tenencia, que son, igualmente según el Censo de 1972:

	Superficie	%
Superficie explotada en regimen de propiedad	33 270 317	72,7
Superficie en régimen de arrendamiento	6 333 841	13,9
Superficie en régimen de aparcería	1 946 517	4,3
Superficie en régimen comunal	2 082 812	4,6
Superficie explotada en otros régimenes	2 069 265	4,5

A primera vista parece óptima la cifra explotada en régimen de propiedad, casi un 75%; pero debemos hacer notar que las cifras referidas se han calculado sobre el

total de superficie agraria del país, esto es, que se engloba en dicha cifra la superficie de montes, pastos, etc., Si se calculase la superficie en régimenes indirectos relacionandola solamente con la superficie agrícola, esos porcentajes serían sustancialmente mayores, en una cifra en torno al 40% del total de la superficie labrada.
La población activa de la agricultura, según datos del Censo de 1972, es de aproximadamente 3 410 000 personas, de las que figuran como asalariados algo más de 340 000. La Encuesta del I.N.E. para 1976 fija una población activa para el sector agrícola de 2 750 000 personas, que distribuye porcentalmente de la siguiente forma:

	%
Empleadores	1,0
Empresarios sin asalariados y trabajadores independientes	41,4
Ayuda familiar	26,8
Asalariados	29,8
Otras situaciones	0,2

La deficiencia en el sistema de tenencia se agrava, además, porque el agricultor que quiera ser propietario, no cuenta con la efectividad deseable del acceso a la propiedad.
Escasez de tierra de cultivo en los agricultores. El problema anterior de no ser siempre propietarios los empresarios profesionalmente agricultores, se agrava con el de no disponer de tierras suficientes para cultivar.
La superficie media por explotación es de 17 hectáreas, a todas luces insuficiente. Pero además escasamente significativa, ya que un 75% de las explotaciones viven con menos de 10 hectáreas, ocupando algo más del 11% de la superficie agrícola del país, frente a la paradoja de que el 2% de las explotaciones tienen más de 200 hectáreas y ocupan más del 50% de dicha superficie agrícola.
Estamos ante el supuesto de las unidades agrarias subjetivas, empresas familiares mínimas, explotaciones de base territorial suficiente, que requieren el mínimo de superficie agrícola necesaria para que los agricultores puedan vivir con dignidad y en equilibrio con los demás sectores.
Aquí está la causa principal y originaria de la población activa agraria en subempleo y de la emigración del campo. Y aquí también el problema laboral de la agricultura, del mutualismo y de la seguridad social agraria, que es de necesidad mejorar e identificar en paridad a la de los demás sectores económicos.
Quiere decirse con esto que sobran agricultores, que hay tierras de cultivo inaprovechadas o destinadas a otros fines, que hay acumulación de la propiedad en pocas manos y que con frecuencia se acapara la tierra de cultivo para fines especulativos o para explotarla de modo indirecto por quienes profesionalmente no son labradores.

– *Ausencia de una oportuna agricultura asociativa.* Esta deficiencia se observa sobre todo para el cultivo comunitario; aspiración que está en el ambiente de los propios agricultores y que ha hecho explosión en algunas comarcas[36]), pero que no se consuma del modo deseable, por una defectuosa infraestructura de la propiedad, por la falta de una adecuada preparación cultural en el medio rural, y por una inapropiada normativa al efecto. Todo lo cual impide la necesaria mecanización, tecnificación y capitalización de la agricultura, así como también la multiplicación y creación de otras fuentes de riqueza y aun la solución del problema social inicialmente planteado por la tenencia indirecta de la tierra que tiene solución con la agricultura asociativa y la efectividad en ella de la teoría de la participación, que consistiría en este caso en integrar el trabajo a la titularidad misma de la empresa.

Urge, pues, una adecuada promoción asociativa de la agricultura y una legislación especial al efecto que facilite la constitución de empresas societarias y cooperativas de producción agraria, que incluso lleguen a la industrialización y comercialización de su propia producción, a la integración de aquellas en las fases subsiguientes de industrializar y comercializar con otras.

– *La congelación y subaprovechamiento de superficies agrícolas cultivables y cultivadas, no otras, por entidades públicas y personas morales.* Este hecho hace sustraer a la disponibilidad y pleno aprovechamiento cientos de miles de hectáreas de bienes municipales y de fundaciones privadas principalmente, que impiden el rendimiento óptimo, la estabilidad, las inversiones y el desarrollo de las mismas, condenando a cientos de familias campesinas a vivir de modo deprimido e inhumano.

¿Cuántas y cuáles son las superficies de bienes municipales, de fundaciones y de otras entidades públicas, que se hallan en esta situación? Desde luego, más de las que aparentemente se suponen. Varios millones de hectáreas extendidas por todas las provincias de España. Su determinación y análisis es de suma urgencia.

– *La premiosa promoción social, cultural y económica del campo.* Es de necesidad crear servicios, centros culturales, deportivos y residenciales, obras públicas, nuevos núcleos urbanos o renovación de los existentes, en armonía con el fenómeno evidente de la reversión al campo que universalmente se produce, a fin

[36]) Castilla y las comarcas cerealistas. Puede verse *Juan Jose Sanz Jarque:* "El moderno cooperativismo agrario en Castilla", Revista Comunidades, nº 3, Madrid, 1964. Se estima que el 1970 había constituídas unas 8000 agrupaciones (cooperativas, grupos y otros), engoblando 1 500 000 hectáreas y alrededor de 95 000 socios (De "Agricultura asociativa en España", *Antonio Herrero Alcon,* Madrid, 1971, p. 194).

Con datos referidos a 1975, se ofrecían las sifras siguientes: A) Cooperativas Agrarias, 5919, que asociban a 1 327 000 familias y se integraban en 50 Uniones Territoriales. B) Cooperativas de Explotación comunitaria, 329, con cerca de medio millión de hectáreas agrupadas. C) Grupos Sindicales de Colonización, 15 921, de ellos 8 037 de explotación comunitaria, con 2 407 900 hectáreas. D) Agrupaciones Cerealistas, en cooperativas y grupos, 2096, con 27 000 socios y 470 018 hectáreas. E) Agrupaciones de Productores Agrarios, 23, que agrupaban a 7500 empresas y comercializaban productos por valor ded 3500 millones de pesetas.

de que a la vez que la población activa en la agricultura disminuye, aumente la población del medio rural, con nuevos puestos de trabajo y más ingresos, generalizándose el fenómeno de la agricultura asociativa o a tiempo parcial, de indiscutibles éxitos, donde se produce, en favor de los interesados y de la comunidad política[37]) [38]).

b) En el elemento objectivo

Las deficiencias en la base territorial o elemento objetivo de la propiedad y de la empresa agraria, hemos de sintetizarlas en las siguientes:

– *Ausencia de unidades objetivas suficientes y viables.* El excesivo parcelamiento o minifundio, de una parte, y el latifundio, en el sentido de fincas relativamente grandes en subaprovechamiento, de otray; no obstante las correcciones realizadas con la concentración parcelaria o reconstrucción de la propiedad triturada, y con la colonización o creación de nuevas explotaciones y empresas agrarias donde no las había o donde no se adecuaba la explotación.

El concepto de unidades objetivas suficientes y viables no puede tener un carácter absoluto, sino circunstancial y variable, según las circunstancias de tiempo y lugar.

Será conveniente la declaración continua de unos tipos mínimos de unidades objetivas, junto a la atribución de fuertes estímulos, por razones de utilidad pública, para la creación y conservación de las mismas por el cauce de la iniciativa privada.

Son conocidas las estadísticas sobre parcelamiento, minifundios y latifundios, que no vamos a repetir. El problema está en hacer un análisis de tales situaciones de hecho y, sobre todo, de las superficies afectadas por un nuevo fenómeno surgido en zonas de minifundio, cual es el de las numerosas extensiones de tierras de cultivo afectadas por este vicio, que están abandonadas o yermas por tal causa, las cuales, al igual que las de los latifundios en abandono, deben poderse cultivar adecuadamente, según la naturaleza de las mismas, por quienes profesionalmente puedan y quieran hacerlo, dando siempre prelación a los entes asociativos.

En relación con ésto, es preciso promulgar las normas que autoricen y reglamenten la posibilidad de aprovecharlas.

– *Ausencia de una adecuada infraestructura para la racional y moderna explotación de las fincas agrícolas.* La mecanización, los nuevos métodos de cultivo y la excesiva reducción de la población activa en el campo, exigen la actualización de las servidumbres, caminos y demás servicios inherentes al cultivo de las explotaciones agrarias.

[37]) La clave está en el mundorural – dice *Amando de Miguel* –. "El nuevo salto que necesitamos para ingresar en el club de los paises prósperos exige", entre otra manipulación de variables, "la modernización de los servicios colectivos a nivel rural (transporte público, bibliotecas, comunicaciones, servicios sanitarios, etc.". (Mundo, 9-10-71).

[38]) "Sobre agricultura compartida o a tiempo parcial", *Lamo de Espinosa, J.*, en Revista de Estudios Agro-Sociales, nº 60, Revista Internacional del Trabajo, nº 4, octubre 1963. "Siembra", p. 438. *Sanz Jarque, J. J.:* Más allá de la reforma Agraria", p. 246. 1º Congreso de Sociología Rural en Cordoba 1979.

Nos atrevemos a asegurar que el 80% de la red de caminos al servicio de la agricultura son inservibles para las nuevas necesidades, produciéndose con ello grandes perjuicios a los agricultures y a la economía nacional.
Es de necesidad establecer y financiar un ambicioso plan de servicios, caminos y mejoras para una racional explotación de las superficies agrícolas. La red de caminos construída por el IRYDA y los organismos a los que sustituyó son aportación notable en este sentido[39]).
– *Ausencia de capitalización suficiente en las explotaciones.* La tierra es sólo la base de la finca y de la explotación, en la que se incorporan los demás elementos integrantes de éstas que con frecuencia exceden en valor al incial o básico de aquélla: plantaciones, edificaciones, ganadería, servicios, etc.
El instrumento de todo ello es el capital, que por destinarse a un fin privado pero de interés público, cual es la producción, la estabilidad y el desarrollo, debe tener cauce y trato especiales y diferentes de los ordinarios en el tráfico fiduciario del dinero.
Mientras no se disponga de un crédito social adecuado al servicio de las explotaciones agrarias, según la naturaleza de ésta, no será posible la capitalización del campo, frenando con ello el necesario desarrollo de éste.
¿En qué medida se ha capitalizado el campo español? Hay que estudiarlo, pero podemos indicar que en muy escasa – parte y de inadecuada forma.
La razón es clara. Por una parte, no puede hablarse de adecuada capitalización del campo si el procedimiento no ha sido el del crédito territorial, que no existe, porque gran parte de la superficie agrícola del país está sin inscribir; por otra parte, la superficie inscrita se ha destinado principalmente a financiar, desde el siglo pasado, el desarrollo urbano e industrial del país.
Hay que hacer posible un auténtico crédito territorial para la agricultura, con independencia y más allá del sistema crediticio agrario de que hoy disponemos.
– *Ausencia de una actualizada situación catastral de las fincas rústicas y de su inscripción en el Registro de la Propiedad.* El Catastro es el inventario de la riqueza territorial del país, que sirve a los intereses privados y a los públicos. Por él conocemos y tenemos prueba de la realidad física de las fincas y de sus características.
El Registro nos da la situación jurídica de la propiedad de la tierra, legitimando en ésta a su titular y asegurando el tráfico jurídico de la misma.
Se trata de dos instituciones hermanas que hay que aplicar de modo coordinado y en su efectividad a todas las fincas del territorio nacional, mediante la formalización catastral e inmatriculación tabular de todas ellas, sin lo cual no se logrará ni la capitalización ni el desarrollo del campo, obstaculizando con ello también el desarrollo general del país.
Claro que habrá que actualizar estas instituciones en su estructura y funcionamiento, para lo que sería conveniente analizar la situación de hecho de la

[39]) Es actualmente de 117 878 km. En 1975 se construyeron 7410 km., en 1976, 6200 km y en 1977, 5000 km.

propiedad de la tierra en relación con ellas que, desde luego, en cuanto al Registro, es de ausencia del mismo en unas tres cuartas partes.

c) En el contenido
Las deficiencias de hecho de la propiedad de la tierra en cuanto a su contenido, hay que observarlas en relación con las tres funciones esenciales que se contienen en la concepción funcional: la producción, la estabilidad y el desarrollo.
– *Deficiencias en cuanto a la producción.* Sin perjuicio de la autonomía de la voluntad o libertad del propietario, falta definir de modo negativo para cada tipo de unidades agrarias el concepto de finca de cultivo abandonado o indebido y sus consecuencias.
Aunque parezca sorprendente, el número de fincas agrícolas de cultivo abandonado o impropio es ingente. Son fincas de entidades públicas, de bienes municipales, de fundaciones, de latifundios, y, sobre todo como fenómeno reciente y a causa de la emigración, de zonas de minifundio.
Por razones de utilidad pública, la ordenación de la producción y de los cultivos debe tener fuerza estimulatoria para los agricultores y vinculante para la Administración, lo cual no está bien definido hoy.
Está por definir el contenido de la nueva dogmática contractual agraria. El subaprovechamiento de las superficies agrícolas, de una parte, y de otra, la anarquía en una racional ordenación de la producción, hace que la producción final agraria y la renta agraria en España estén muy por debajo de lo que podrían ser[40]).
Sufrimos una agricultura de subsistencia, con la más baja renta per cápita en los agricultores y en el peonaje, que es mucho más baja que la media agrícola del país y algo más alta que la teórica resultante, porque en el campo se goza de elementos no contables al afecto[41]). Esta ha sido la causa principal de la emigración; durante años, aunque parezca paradójico, los suburbios de las grandes ciudades han sido como la liberación de grandes masas de población agrícola.
– *Deficiencias en cuanto a la estabilidad.* La idea de estabilidad tiene un doble sentido: estabilidad en la explotación y continuidad en ella por parte del cultivador y su familia; y estabilidad social, en el sentido de equilibrio, plenitud y paz social. La garantía máxima de una y otra está en la propiedad, es decir, en que el cultivador sea propietario.
No basta la continuidad en el tiempo si el cultivador no puede ejercitar todas las facultades que se derivan del dominio, porque en este caso el cultivador se siente más o menos en precario, no tiene la finca como propia y antes que mejorarla y favorecer la prosperidad de la empresa, ocurre con frecuencia todo lo contrario.
La estabilidad requiere también continuidad en la explotación y en la empresa,

[40]) La producción final agraria en el año 1975 fué de 736 048 millones. Anuario de Estadística Agraria, 1975.
[41]) La renta por persona activa en 1975 se calculó en la cifra de 142 800 pesetas. Anuario de Estadística Agraria, 1975.

garantizando precios estables y el mínimo vital para la existencia; frente a riesgos de inestabilidad o siniestros, seguros adecuados.

Por ello, los contratos de uso, rectamente, son siempre temporales por naturaleza. Lo social no es la prórroga forzosa de estos contratos; esto sólo sería una trampa. Lo realmente social está en el acceso a la propiedad, que debe facilitar el Estado. Y aquí está la gran deficiencia: que no se hace efectivo el acceso a la propiedad en los agricultores que no son propietarios. De otra parte, no es procedente facilitar el acceso a la propiedad si ello conduce a un agobiante o insoportable endeudamiento del agricultor.

¿Cuántos son éstos? No lo sabemos en su detalle y circunstancias, pero su numero es suficientemente elevado para hacer inviable la operación por falta de dinero y por peligro de inflación en todo caso, salvo que el acceso a la propiedad se hiciera mediante la fórmula de la agricultura asociativa, que integraría al agricultor con el propietario en la titularidad de una misma empresa y traería a la vez como consecuencia múltiples frutos.

– *Deficiencias en cuanto al desarrollo.* La propiedad de la tierra es un derecho dinámico, no estático, que en el concierto social y como órgano del mismo, produce no sólo los frutos derivados del cultivo de la tierra, sino aquellos que nacen del ejercicio de sus otros factores y efectos.

Así, la seguridad jurídica de la finca inscrita en el Registro y el ejercicio de las facultades de libre disposición, permiten hacer inversiones, hacer mejoras, crear nuevas fuentes de riqueza e industrializar y comercializar los productos.

Las deficiencias en este punto están en la ausencia de vida registral de gran parte de las fincas rústicas y en la indeterminación legal del concepto y contenido del acto agrario, que debe ser objeto de protección legal, por el interés público que encierra, calificando como tales a las actividades de industrialización y comercialización de las producciones agrarias en tanto se realicen directamente por los agricultores de modo individual o asociado.

d) En la empresa

Las deficiencias en la empresa agraria, como organización en su dinámica de los elementos de la propiedad, son, además de las expuestas para estos elementos, la ausencia de un modelo caracterizador de la misma y de un régimen legal que la reglamente.

De hecho, en España no conocemos empresas típicas, sino empresarios y explotaciones, según nos fijemos en sus titulares, o en las fincas o superficies puestas en cultivo.

La novedad está surgiendo con las fórmulas asociativas y en las cooperativas, que empiezan, si bien con gran esfuerzo, a dar un matiz empresarial planificado y orgánico a sus actividades, por donde además se tecnifica y capitaliza la agricultura, a la vez que se aumenta la producción y la renta, y se multiplicanlas fuentes de riqueza.

El régimen fiscal de la empresa agraria es cuestión necesitada de tratamiento especial.

En el área de Concentración Parcelaria

La concentración parcelaria tiene como objetivo principal la reconstrucción de la propiedad triturada de la tierra, sometiéndola a un especial estatuto jurídico, allí donde la misma no puede cumplir su fin a causa del abusivo parcelamiento y el minifundio.
El área de Concentración Parcelaria comprende, pues, toda superficie agrícola afectada por los vicios del minifundio y el parcelamiento, donde la propiedad de la tierra no puede cumplir su fin.
Pero hay que diferenciar tres sectores en el área geográfica de la Concentración:

a) El primero comprende todas las zonas agrícolas del país donde el parcelamiento de la propiedad rústica contiene caracteres de acusada gravedad, y en las que debe llevarse a cabo o "se llevará a cabo", conforme a la letra de la Ley, la concentración parcelaria por razón de utilidad pública.
Este sector se extiende por toda la geografía nacional en gran parte de la superficie agrícola del país, pues existe minifundio incluso junto a grandes latifundios, y su alcance es cada día mayor en la medida que los métodos y medios de cultivo exigen unidades mayores.
Las deficiencias principales que se presentan en este sector son: una, la indeterminación de las zonas necesitadas de concentración, que es preciso analizar y definir; y otra, la insuficiencia de los medios adecuados para subvenir con la urgencia debida a la necesidad de hacer la concentración, que se habrá de establecer o arbitrar, bien de modo directo, con la concentración convencional entre particulares y la promoción de la agricultura asociativa, bien de modo indirecto, con un adecuado régimen fiscal y financiero al efecto.

b) El segundo sector comprende las zonas en trámite de concentración, que se extiende a zonas con solicitud pero sin Decreto declarando su iniciación oficial, 1 306 zonas que afectan a 1 726 777 hectáreas; y con Decreto aprobando su realización, 507 zonas que afectan a 923 204 hectáreas.
Las deficiencias principales son: la lentitud con que se realiza la operación; la poca participación de los interesados en la realización de la mejora; la limitación del trámite de concentración, de modo general, a la operación técnica de concentrar, sin hacer frente de modo definitivo a los problemas sociales de la zona, procurando el acceso a la propiedad y a la constitución de unidades agrarias suficientes, objetivas y subjetivas, defectos éstos que suelen subsistir en las zonas a pesar de la concentración.
La concentración de y por explotaciones al objeto de crear amplias empresas de base territorial y humana, es una necesidad de urgente aplicación y que puede llevarse a cabo armonizando la técnica de la concentración con fórmulas asociativas agrarias, y en particular con cooperativas de explotación comunitaria.

c) El tercer sector comprende las superficies o zonas ya concentradas, que se extienden a 3254 zonas que afectan a 4 522 484 hectáreas y 901 620 propietarios.

Las parcelas concentradas han sido 13 169 284, que se han convertido en 1 720 336 fincas de reemplazo; datos que se refieren a fines de diciembre de 1976.
La deficiencia principal en este sector es que el régimen juridico de la propiedad concentrada no se extiende a toda la superficie agrícola de la zona del término municipal en que se hace la concentración, sino que se limita exclusivamente a las fincas de reemplazo que se adjudican a los propietarios en sustitución de las que cada uno aporta a la concentración, quedando fuera el resto de las fincas y superficies de la zona y del término, que suelen ser muchas.
Se trata de un defecto que merece la pena corregir, en razón al beneficio que supone la titulación pública y la inmatriculación registral, que debe extenderse a todas las fincas de los términos que se concentran, siquiera no sea ello objetivo agronómico de la mejora de concentración.
Con esto se lograría una beneficiosa unidad en el régimen jurídico de los términos municipales que se concentran y se haría posible y facilitaría la capitalización y el mejor desarrollo de la agricultura.

En el área de Colonización

La colonización tiene como contenido esencial, para nosotros, el crear nuevas explotaciones agrarias y nuevas empresas allí donde no las había, bien porque la propiedad de la tierra no estaba explotada, bien porque estaba inadecuadamente cultivada; es decir, en aquellos supuestos en que la propiedad de la tierra, en grandes extensiones, no se aprovechaba adecuadamente y no cumplía su fin, en el triple objetivo de la producción, la estabilidad y el desarrollo.
La obra de Colonización en España se extiende, de modo general, a 48 098 empresarios nuevos y a 430 807 hectáreas adjudicadas; habiéndose ordenado en agrupaciones para explotación comunitaria 334 000 hectáreas. Se han creado, hasta 1976, 1 578 080 hectáreas de nuevos regadíos, y se han mejorado hasta esa misma fecha 425 343 hectáreas. Con este motivo se han construido 300 pueblos nuevos, que suponen, de modo grafico, la creación de dos nuevas provincias, con nueva urbanización y nuevas tierras de cultivo en regadio.
La obra de Colonización no se ha limitado a sólo lo esencial de la colonización, sino que además se ha extendido de modo general a la mejora y tecnificación de la agricultura, sobre todo en superficies de regadío, mediante la llamada Colonización de interés local.
¿Cuáles son las deficiencias de la agricultura en el área de Colonización? Desde nuestro punto de vista y de modo genérico, podríamos sintetizarlas en las tres siguientes:

a) La existencia en el país de gran número de fincas y de hectáreas que deben destinarse a crear nuevas explotaciones y nuevas empresas agrarias, porque efectivamente no cumplen el fin que les corresponde de acuerdo con la naturaleza. La determinación de estas superficies y de estas fincas así como su destino, debe ser objeto de un profundo estudio sociológico de la realidad y de prospección del futuro, en el área y contexto social de las mismas.

b) La desarmonía entre las nuevas explotaciones y empresas constituídas en virtud de la legislación colonizadora y el modelo que las circunstancias actuales exigen de las mismas de acuerdo con el principio de la funcionalidad, lo cual requiere una adecuada reestructuración o adaptción de aquellas explotaciones y empresas al modelo expuesto, en armonía con las necesidades y características de la vida de nuestros días.

c) El inadecuado aprovechamiento o cultivo de superficies beneficiadas con la obra de colonización realizada, cuyos titulares no destinan las tierras a los cultivos que derivan de la transformación e inversiones realizadas en las mismas.

En el área de montes

La calificación y delimitación del suelo conforme a su naturaleza a efectos de su destino, es una de las necesidades más acuciantes de la vida española que afecta a los intereses privados y públicos. La repoblación forestal y la conservación de la naturaleza el gran quehacer que realiza el ICONA.

Si ello está en relación con la ordenación del territorio de modo general, lo está de modo particular con la delimitación de las áreas de cultivo, para señalar cuáles territorios o superficies deben destinarse a los aprovechamientos agrícolas y cuáles a los aprovechamientos forestales, pastos, deportes, turismo, etc.

Tal vez sea la ausencia de normas para esta calificación y determinación de superficies entre el cultivo agrícola y el forestal una de las principales deficiencias de la agricultura en el área de montes.

Ello ha originado y origina notables problemas o colisiones en materia de repoblación forestal, aprovechamientos pecuarios y cultivos de tierras.

La teoría de la funcionalidad debe hacer efectiva la propiedad de la tierra, cualquiera que sea la clase de aprovechamiento, cultivo y destino de la misma.

Casuística

Como justificación de las deficiencias enunciadas de modo general, prodríamos ofrecer un verdadero mosaico de casos especiales, por todas las regiones de España, que nos darían a la vez la magnitud en profundidad y la gravedad de cada uno de los problemas que plantean.

Como testimonio, basta que citemos aquí los casos de Malagón, en Ciudad Real; de Garafía, en la Isla de la Palma, en las Islas Canarias; y de Cella en la provincia de Terual. A mayor abundamiento, el estudio que hacemos sobre las comunidades de montes de origen vecinal, es otro supuesto de un problema general, y dentro de éste, el supuesto que estudiamos también de la Sociedad de Ganaderos de Alcañiz, es un ejemplo particular y concreto sobre la materia.

a) Respecto a Malagón o territorio de los llamados "Estados del Duque", en la provincia de Ciudad Real, se trata de uno de los más graves problemas agrarios de esta provincia y de España. Los agricultores de esta comarca, en unas 90 000 hectáreas, carecen de los beneficios inherentes a la propiedad, ya que si gozan del uso de la tierra, no así del dominio de la misma, lo cual les impide la obtención del pleno desarrollo económico y social que con ello podrían haber alcanzado.
La solución puede estar en legitimar a los agricultores en el dominio de las tierras que cultivan, individual o asociativamente, como primera medida para poder capitalizar suficientemente las empresas, pero mediante el trámite de Concentración Parcelaria y Ordenación Rural de la comarca para hacer viable la operación sin gravamen ni gastos para los agricultores y a fin de no empeorarles en su precaria situación.
La operación habría de hacerse respetando, por supuesto, los derechos históricos de la ganadería, los aprovechamientos comunales de los vecinos y la caza.

b) Respecto a Garafía, en la Isla de la Palma, es un supuesto parecido al anterior, un Malagón en pequeño, unido a la necesidad de promover el desarrollo de aquella área geográfica sobre la base de los agricultores unidos en una cooperativa que han constituído a tal fin.

c) Y por último, respecto a la Comarca del Río Cella, en la provincia de Teruel, se trata de la ordenación de los regadíos de la famosa fuente del mismo nombre, con 3600 litros por segundo, que constituyen un aprovechamiento típico y excepcional que merece la pena analizar y extender, sin perjuicio de los derechos adquiridos por sus titulares, los cuales riegan 4785 hectáreas, y dado que el supuesto sociológico – presente y futuro – no es el mismo que aquél para el que se promulgaron sus viejas Ordenanzas.

Deficiencias del régimen jurídico

Para conocer las deficiencias que presenta el régimen jurídico de la propiedad de la tierra en España, deberíamos hacer un examen comperativo entre la normativa vigente que la regula, en su propio estatuto, y el de todas las instituciones con que se relaciona, sean del derecho de cosas, de obligaciones y contratos, familia, sucesiones, etc., y el contenido ideal que se deriva de la concepción funcional de la misma, según hemos expuesto, en armonía siempre con las normas constitucionales, y teniendo en cuenta, así la realidad o situación de hecho que la propiedad de la tierra presenta, como las perspectivas derivadas de una prudente y aguda prospección de futuro.
Sabido es que el ejercicio y desenvolvimiento normal del derecho de propiedad de la tierra, en toda su extensión y consecuencias o efectos, se desborda rechinando de los carriles legales que lo encauzan y reglamentan. Incluso ocurre a veces que estos mismo cauces legales son insuficientes para atender las necesidades sociales presentes y hasta impiden el ejercicio y normal desarrollo de la propiedad.
Es evidente, de una parte, la inactualidad e insuficiencia normativa del régimen

ordinario de la propiedad de la tierra en nuestro Derecho positivo, regulado principalmente en el Código Civil de 1889 y en la Ley Hipotecaria de 1946; y, de otra, la necesidad de promulgar, además de las normas especiales que han venido corrigiendo las actuales deficiencias de hecho, un especial estatuto jurídico de la propiedad de la tierra, que regule ésta de acuerdo con el principio de la funcionalidad, derivado de sus misma naturaleza y de acuerdo con las exigencias de los tiempos.

Prueba de todo ello es la compleja y numerosa legislación complementaria y modificativa de la común que ha venido promulgándose desde el siglo pasado y en cuyo detalle no nos es posible entrar aquí.

En relación con este especial estatuto de la propiedad a que nos referimos, y sin perjuicio de la necesaria estabilidad con que deberá nacer, como requisito imprescindible para todo sólido crecimiento y eficaz desarrollo, entendemos que el mismo habrá de caracterizarse por llevar inherente o serle consustancial la nota o aptitud de una continuada y permanente adaptación en justicia a la realidad cambiante de cada día; de modo que en su promulgación deberá el legislador tener presente la paradójica idea de que el futuro es hoy, a fin de que en el supuesto previsible de su contenido se encuentre tanto la realidad viviente del momento como el prudente y previsible debenir del porvenir. De otro modo podría convertirse, antes que en eficaz instrumento, en perturbadora rémora para el progreso, para el desarrollo y, en suma, para el normal desenvolvimiento de la comunidad y para la paz.

Es preciso aclarar que cuando hablamos de un especial estatuto jurídico de la propiedad de la tierra, empleamos la palabra "especial" en el sentido de apropiado a la peculiar naturaleza de la misma, y de ningún modo en la idea de contraponerlo al derecho común. El muevo régimen jurídico de la propiedad de la tierra debe ser el régimen común de la misma. Sólo serán normas especiales o de excepción las que tengan por finalidad corregir la anacrónica o indebida situación de hecho que hoy presenta la propiedad de la tierra, adoptándola al ideal del nuevo régimen que propugnamos.

3. Acciones a realizar como solucion: Una nueva concepción de reforma agraria

Como solución a las deficiencias que apuntamos, es de necesidad la realización de un amplio conjunto de acciones – que llamaríamos de nueva reforma agraria.

Mas para ello es preciso actualizar el viejo e histórico concepto de la Reforma Agraria.

Se trata de una institución universalmente aceptada, aunque con diversos nombres, dirigida al servicio de los agricultores y de la comunidad, que tiene como objetivo inmediato hacer que la tierra de cultivo cumpla su fin, en armonía con el destino global del territorio en que se asienta cada pueblo.

En esencia, consiste y ha de consistir, en aquel conjunto de acciones de orden

político-economíco-social y jurídico que tengan como objetivo la continuada adaptación de la propiedad de la tierra y de la empresa agraria a las exigencias de la naturaleza esencial de estas instituciones, en armonía con las circunstancias de lugar y tiempo, partiendo siempre de la realidad sociológica de cada caso y en el ámbito de la ordenación del territorio de cada communidad.
Desde nuestro punto de vista, las acciones inmediatas de reforma agraria a realizar en España, podríamos sintetizarlas a las siguientes:

1º) Transformar la anacrónica y abusiva agricultura de tipo individual y de subsistencia, de los llamados agricultores autónomos, extendida a cerca de millón y medio de empresas y explotaciones agropecuarias insuficientes, en otra eficaz, tecnificada y progresiva agricultura familiar, asociativa y empresarial.

2º) Hacer efectivo de modo general el acceso a la propiedad; esto es, el sistema de tenencia directa de la tierra, o sistema de agricultor-propietario, sea individual o asociado. Sobre cerca del 40 por 100 de las tierras cultivadas explotadas bajo formas contracturales de arrendamiento, aparcería y figuras semejantes; cerca del millón de hectáreas de las mejores tierras en subaprovechamiento, pertenecientes a fundaciones, que dificultan la racional explotación de las mismas; varios millones de tierras de cultivo y aun mejor de fincas que ya se cultivan y no de otras, pertenecientes a Ayuntamiento y otras entidades públicas que impiden la estabilidad y capitalización de las empresas agropecuarias que sobre ellas se constituyen; y un mosaico de miles y miles de hectáreas por toda la geografía nacional sometidas a censos, cargas y gabelas señoriales que condicionan el desarrollo de la agricultura y de muchos agricultores, al condenar a éstos, cual ciudadanos de segunda clase, a no poder ser propietarios como lo desean de las tierras que ellos o sus descendientes han puesto en cultivo.

3º) Reorganizar, crear, capitalizar, transformar en regadío y mejorar la base territorial e infraestructura de las explotaciones y de las empresas agrarias, con las acciones clásicas de la concentración parcelaria, la colonización, la ordenación y mejora de explotaciones del medio rural, sobre millones de parcelas y cientos de miles de hectáreas, incrementando y acelerando su acción bajo la actuación directa y la responsabilidad de los mismos interesados, adaptando al efecto la vigente legislación sobre la materia, así como la metodología y los procedimientos de actuación.

4º Ordenar racionalmente la producción agro-pecuario-forestal, en armonía con las necesidades del consumo nacional y la explotación e integración además de la producción agraria en la fase sucesiva de su industrialización y comercialización, al objeto de conseguir un precio más justo, en primer lugar, y posteriormente la adecuada participación en las plusvalías y en el valor añadido de los productos.

5º Garantizar la necesaria estabilidad económico-social de las empresas agropecuarias, facilitando la continuidad en el cultivo de la tierra, con la el acceso a propiedad de ésta y de todos los instrumentos de la producción, sin abusivo en deudamiento; la garantía de precios justos; y el seguro obligatorio sobre las producciones ordinarias y habituales de cada explotación.

6º Promover y aun garantizar y exigir el adecuado desarrollo de las explotaciones y empresas agro-pecuario-forestales, en armonía con la naturaleza y posibilidades de las mismas, de acuerdo con la ordenación global del territorio.

7º Por último, una continuada promoción empresarial de la agricultura, principalmente en sus formas societarias y cooperativas, sin cuya consecución sería efímera cualquier acción de Reforma Agraria que se pretenda, y ello unido a unos adecuados y justos sistemas crediticio, fiscal y de seguridad social.

Zur Notwendigkeit einer Rechtswidrigkeitslehre im öffentlichen Recht

Franz Schad, Hohenheim

In der Dogmatik des öffentlichen Rechts sind in der Vergangenheit aus dem Bereich der Staatsakte vor allem die „fehlerhaften Verwaltungsakte" untersucht worden. Es ging im wesentlichen um die Frage, ob ein bestimmter „Fehler" einen Verwaltungsakt nichtig oder anfechtbar macht und welche sonstigen rechtlichen Folgen sich daran knüpfen. Mir geht es hier um etwas anderes: ich frage danach, unter welchen normativen Handlungsbedingungen ein Staatsakt *rechtswidrig* ist. Es geht also letztlich um den Rahmen für eine Rechtswidrigkeitstheorie oder genauer um eine Rechtswidrigkeitslehre für die verschiedenen Bereiche des öffentlichen Rechts. Gegenstand ist dabei der Staatsakt als Normsetzungsakt wie als Normanwendungsakt. Meine Ausführungen sind ganz in einem vorläufigen Sinne gemeint und jedenfalls vorerst nur skizzenhaft konzipiert.
Die Situation in der Praxis und weithin in der Wissenschaft vom öffentlichen Recht ist dadurch gekennzeichnet, daß man sich resignierend zum Verzicht auf jede Form eines theoretischen Systemansatzes beim „Staatsunrecht" genötigt glaubt. Rechtswidrigkeit in ihren Beziehungen zu materialen Konkretisierungen der Normativität wurde in der Lehre vom Staatsakt und den zugehörigen Bereichen theoretisch kaum beachtet.

I

Dies mag vordergründig in gewisser Weise daran liegen, daß in den Rechtsnormen des öffentlichen Rechts nicht explizit bestimmt ist, was unter „rechtswidrig" verstanden werden soll. Bestimmungen wie etwa §§ 113 Abs. 1 Satz 1, 114 VwGO, § 100 Abs. 1 FGO, in denen rechtswidriges Verhalten der Verwaltung angesprochen ist, sind inhaltlich so wenig bestimmt, daß sie allenfalls vage „starting points" für die richterliche Entscheidung beinhalten. Sie setzen – wie eine Vielzahl anderer öffentlichrechtlicher Vorschriften auch – die inhaltliche Festlegung des Begriffs Rechtswidrigkeit bereits voraus. Damit ist der Begriff der Rechtswidrigkeit im System des öffentlichen Rechts und in seinen Einzelbestimmungen weder unmittelbar gegeben noch gar „ablesbar" normiert.
Es gibt ein weiteres Hemmnis, das die theoretische Entwicklung beeinträchtigt hat: Die Allgemeine Rechtslehre mit ihrer Frage nach dem „Wesen des Rechts" setzt a priori Zweifel in die Eigenständigkeit einer „komplementären" Kategorie wie die der Rechtswidrigkeit. Der Rechtsbegriff, weniger der Rechtswidrigkeits-

begriff, ist es, der rechtsphilosophisch interessiert. Letzterer wird als bloßer „Annexbegriff“ behandelt und erscheint nur als „Vehikel des Rechts“. Diese Betrachtung geht an der Bedeutung der Rechtswidrigkeitsproblematik und ihrer praktischen Relevanz im Rahmen der gerichtlichen, insbesondere der verwaltungs- und verfassungsgerichtlichen Kontrolle staatlichen Handelns leider vorbei.

Der Rechtswidrigkeitsbegriff ließe sich dahin operationalisieren, daß unter „Rechtswidrigkeit“ im Gegensatz zu „Unrecht“ die Prädikation und die Relation eines Verhaltens zur Rechtsordnung oder die Unwerthaftigkeit einer Verhaltensweise verstanden wird, während Unrecht dann die rechtswidrige Verhaltensweise selbst bezeichnet. Dies hilft allerdings nur wenig weiter.

Man muß erkennen, daß es sich beim Problem der Rechtswidrigkeit nicht lediglich um den „Widerspruch zum kodifizierten Rechtssatz“ handelt. Über die Frage der Handhabung der Gesetze hinaus geht es auch darum zu fragen, was in der Deklaration eines Verhaltens als Widerspruch zur Rechtsordnung rational im einzelnen geschieht. Die mangelnde praktische Durchführbarkeit starrer Ableitungssysteme, die in vielen und gerade in den entscheidenden problematischen Fällen der komplexen Struktur der Wirklichkeit nicht adäquat sind, führt zu dem Ergebnis, daß der Rechtsverstoß ohne den funktionellen Zusammenhang zu dem jeweiligen Ordnungsproblem kaum verstanden werden kann. Spätestens in der Kritik des rechtsverletzenden Aktes, nicht notwendig schon in der festgestellten „Rechtsverletzung“, tritt die eigenständige Bedeutung des Rechtswidrigkeitsbegriffs hervor: „Deshalb ist es im Bereich der Jurisprudenz weniger das Rechtmäßige als vielmehr das Rechtswidrige, das in den Blickpunkt der Relevanz gerät und damit Gegenstand der Untersuchung ist. Rechtmäßig heißt schon im Sinne der Rechtsdogmatik, mehr aber noch in der Rechtspraxis nichts anderes als nicht rechtswidrig. Was nicht feststellbar unrichtig ist, kann begriffsnotwendig nicht korrigiert werden.“[1]) Das „Rechtswidrigkeitsurteil“ ist dabei nicht ein schlichtes Subsumtionsergebnis. Da die Rechtswidrigkeit das interkurrente Sachproblem letztlich zu absorbieren hat, ist ihre Ableitung jedenfalls nicht nur als deduktivistisch-axiomatischer Prozeß zu begreifen. Dies wäre eine hoffnungslos idealtypisch vorgestellte und angesichts der Vielfalt der vom Entscheider in der Praxis zu vollziehenden „Mikroschritte“ in den Realphänomenen gänzlich verfehlte Vereinfachung. Sachverhalt und Norm beeinflussen sich gegenseitig in einer Weise,

[1]) *Weimar, R.,* Zur Problematik des rechtswidrigen Staatsaktes, Gastvortrag, gehalten am 22. 10. 1972 vor der Abteilung für Öffentliches Recht, Agrarrecht und Umweltrecht der Universität Hohenheim, vervielf. Manuskript, Karlsruhe 1972, S. 5; vgl. auch *Weimar, R.,* Das Problem der Rechtswidrigkeit in der Wissenschaft vom öffentlichen Recht, Gastvortrag, gehalten am 6. 11. 1978 vor der Rechtswissenschaftlichen Fakultät der Universität Wien (erscheint als Veröffentlichung demnächst in der von Ermacora, F. herausgegebenen Schriftenreihe im Universitätsverlag Braumüller, Wien). Vgl. auch kritisch *Kirchhof, P.,* Unterschiedliche Rechtswidrigkeiten in einer einheitlichen Rechtsordnung, Heidelberg 1978; ferner *Peters, H.,* Die Polizeiwidrigkeit und ihre Beziehungen zur Rechtswidrigkeit, Verw. Arch. 29 (1922), S. 369 ff.; *Papier, H.-J.,* Der verfahrensfehlerhafte Staatsakt, Tübingen 1973, insb. S. 9 f.

daß diese Wechselwirkung die Interpretation stets vor die Berücksichtigung der Besonderheiten des Einzelfalles stellt. Das Verständnis der Rechtswidrigkeit als „Widerspruch zum Recht" scheint daher allenfalls als vage Charakterisierung der Einstiegslage dienlich. Je nachdem, welchen Aspekt man innerhalb des funktionellen Zusammenhangs zwischen der konkreten Fallgegebenheit und der allgemeinen Rechtsregel hervorhebt und auf welcher „Stufe" des Erkenntnis- und Handlungsprozesses man dies tut, verändert man den zunächst greifbaren gesetzlichen Maßstab, der eine weitgehend gleichmäßige Behandlung der Rechtsfälle zu gewährleisten scheint, in dieser Funktion jedoch keine durchgängige Effizienz zeigt.

Der Irrtum des legalistischen Positivismus, der versuchte, die „Geschlossenheit" des Rechtssystems zu erweisen, beeinflußt vielfach bis heute die sich für das Problem der Rechtswidrigkeit durchhaltende Annahme, es sei möglich, *alle* für die Bewertung eines Verhaltens im Einzelfall erheblichen Gesichtspunkte deduktiv aus bestimmten normativen Grundaxiomen abzuleiten. Nur innerhalb eines solchen realitätsfernen Modells war es möglich, daß sich die Vorstellung entwickeln konnte (und teilweise bis heute durchgehalten hat), nach der Rechtsverstöße und ihre Bewertung in dem immanenten Vorgang der Subsumtion, der bloßen Anwendung des als in bestimmter Weise gegeben vorgestellten Rechts, „erkannt" werden. Diese Vorstellung ist realistischerweise nicht zu halten. Die Festlegung der relevanten Gesichtspunkte erfolgt vielmehr in einer Weise, von der sich vorab nur sagen läßt, daß sie nicht ausschließlich deduktiv-axiomatisch orientiert ist. Dabei ist vor allem das teleologisch-konkretisierende Vorgehen der Rechtsprechung zu beachten. Rechtstheoretisch geht es dann aber primär um die Analyse der Kriterien, die für die Rechtswidrigkeit und den ihrer Feststellung zugrunde liegenden Entscheidungsprozeß in den verschiedenen Bereichen des staatlichen Handelns konstitutiv sind. Dieser Untersuchungsbereich ist auf dem Hintergrund eines breiten problemgeschichtlichen Zusammenhangs in der Entwicklung der Rechtswissenschaft zu sehen, der im folgenden kurz angesprochen sei.

II

Der Problembereich der Rechtswidrigkeit ist in den letzten dreißig Jahren besonders auf dem Gebiet des Strafrechts weiterentwickelt worden.

Dort war es vor allem die finale Handlungslehre *Welzels*, welche die überkommene Ansicht, daß der „Erfolg" einer Handlung für das Rechtswidrigkeitsurteil über das Verhalten konstitutiv sei, relativierte. *Welzel* konnte zeigen, daß die Rechtswidrigkeit nicht schon mit einem Eingriff in ein Recht oder ein rechtlich geschütztes Gut gegeben sei, daß sie vielmehr von subjektiven Momenten in der Person des Handelnden abhängig ist. Im Laufe der Zeit wurde unter dem Einfluß dieser Lehre zunehmend deutlicher und ist heute weitgehend anerkannt, daß der Rechtswidrigkeitsbegriff des Strafrechts „täterbezogen" aufgefaßt werden muß, während ihn die überkommene, „kausal" orientierte Handlungskonzeption als „tatbezogen" ansah.

Diese Entwicklung der Rechtswidrigkeitstheorie war nicht auf das Strafrecht beschränkt: Ende der 50er Jahre war es das Verdienst von *Hans Carl Nipperdey*, der – so kühn dies damals anmutete – die von der strafrechtlichen Lehre erarbeitete Unterscheidung zwischen handlungs- und erfolgsbezogenem Unrecht vorsichtig auf den Bereich des Zivilrechts zu übertragen suchte. *Nipperdey* entfachte dadurch in der Folge eine langjährige wissenschaftliche Diskussion über den Rechtswidrigkeitsbegriff im Zivilrecht. Sie ist erst vor wenigen Jahren (seit den Habilitationsschriften von *Deutsch* [1963] und *Münzberg* [1966]) zum Stillstand gekommen. Damit kann die Problematik aber noch keineswegs als erledigt betrachtet werden.
Auf diesem wissenschaftsgeschichtlichen und -theoretischen Hintergrund des Rechtswidrigkeitsbegriffs hat *Weimar*[2]) (1972) die Grundlinien dieser Entwicklung fortgeführt und sie behutsam – soweit ersichtlich als erster – für eine Rechtswidrigkeitslehre im öffentlichen Recht zugeschnitten: War es *Nipperdey* für den zivilrechtlichen Bereich, der für die Begründung einer neuen Unrechtskonzeption dort anregend wirkte, unternahm es *Weimar*[3]) für den Bereich des öffentlichen Rechts, den überkommenen Rechtswidrigkeitsbegriff durchsichtiger zu machen und ihn in den verschiedenen Bereichen staatlichen Handelns strukturell zu erfassen. Dabei hatte *Weimar* schon versucht, Ergebnisse aus dem Bereich der außerhalb des öffentlichen Rechts entwickelten Unrechtslehren (z. B. der Theorie des Aktunwerts, der Relevanz subjektiver Unrechtselemente) speziell für das öffentliche Recht fruchtbar zu machen. In diesem Anliegen, mit dem er weitgehend juristisches Neuland betrat, konnte er sich durch einen Hinweis in der Arbeit von *Münzberg* (1966) bestätigt sehen, welcher eine „öffentlich-rechtliche Untersuchung des Rechtswidrigkeitsbegriffs" nachdrücklich gefordert hatte. Während sich – wie eingangs erwähnt – im bisherigen öffentlichrechtlichen Schrifttum schon seit Jahrzehnten die Behandlung des Rechtswidrigkeitsproblems lediglich auf Untersuchungen über den fehlerhaften Verwaltungsakt beschränkte und dort weniger die eigentliche Unrechtsproblematik als vielmehr eine meistens unproblematische Systematisierung nur der Folgen fehlerhaften Verwaltungshandelns im Vordergrund stand, erscheint es nunmehr geboten, das Rechtswidrigkeitsproblem umfassend und in materialen Zusammenhängen zu analysieren. Dabei ist eine solche Rechtswidrigkeitsuntersuchung einmal auf sämtliche klassischen Bereiche staatlichen Handelns zu erstrecken und damit die Unrechtstruktur in allen staatlichen Aktionssystemen von Normsetzung und Normanwendung – diese auch im Vergleich miteinander – sichtbar zu machen, und zum anderen scheint mir die Zeit gekommen, daß sich die öffentlichrechtliche Theorie stärker den Schwierigkeiten bei der Ermittlung der essentiellen Voraussetzungen des rechtswidrigen Staatsakts, also der Problematik der Unrechtskonzeption selbst zuwendet.

[2]) *Weimar, R.* (1972), a. a. O.
[3]) Ebenda.

III

Um dieses Unternehmen zu bewältigen, ist es unumgänglich, die rechtstheoretischen Grundlagen des Rechtswidrigkeitsphänomens speziell in bezug auf die Unrechtsproblematik des öffentlichen Rechts zu entwickeln. Es geht überhaupt zunächst einmal um die „Gewinnung der Rechtswidrigkeitsstufe" *(Weimar)* als der Möglichkeit der Differenzierung der Unrechtsmaterie im Sinne des im öffentlichen Recht bisher kaum gesehenen „Schichtaufbaus" öffentlichrechtlicher Tatbestände. Zutreffend hat *Weimar*[4]) hier gezeigt, daß in der öffentlichrechtlichen Ermessenstheorie eine Teilung in objektive und subjektive Elemente erkennbar ist und daß im Bereich der Gesetzgebung eine solche – bisher allerdings nicht praktizierte – Differenzierung ebenfalls möglich erscheint.
Von hier aus stellt sich das Problem, wie Unrechtsmerkmale im öffentlichen Recht erschlossen werden können, ein Fragenbereich, der zunächst zu dem – im bisherigen Schrifttum noch nicht behandelten – Problem von Tatbestand und Handlung im öffentlichen Recht, vor allem zu der Frage des „gesetzlichen Tatbestandes" mit der Problematik seiner richterlichen Ergänzung führt. Hier gelangt man m. E. zu dem Ergebnis, daß die tatbestandliche Normdeskription nur den Ansatzpunkt für die Rechtswidrigkeitsproblematik liefert, daß die „Tatbestandsmäßigkeit" im öffentlichen Recht dabei nicht schon im Sinne der sonst weitgehend anerkannten Indikationslehre ein immerhin vorläufiges Unrechtsurteil impliziert.
Im öffentlichen Recht bislang gleichfalls kaum erörtert ist in diesem Zusammenhang die Frage, ob der hoheitliche Eingriff selbst oder erst der Verstoß gegen eine Bestimmungsnorm die Rechtswidrigkeit des Staatsaktes konstituiert, während die eingetretene Rechtsbeeinträchtigung lediglich eine Sanktionsvoraussetzung darstellt, also nicht selbst unrechtsbegründend wirkt. In diesen Bereich gehören auch Untersuchungen, die dem Problem zu widmen wären, ob der „Eingriff" in ein subjektives öffentliches Recht bereits ausreicht, um die Rechtswidrigkeit des Eingriffs anzunehmen, was m. E. zu verneinen ist. Hier sind die neueren verhaltensbezogenen Unrechtstheorien heranzuziehen, und es ist zu prüfen, inwieweit sie im öffentlichen Recht fruchtbar gemacht werden können. Die verschiedenen „subjektiv" gefärbten Arten des Unrechts im öffentlichrechtlichen Bereich, die sich nachweisen lassen, sprechen m. E. dafür, einer allerdings mit Zurückhaltung zu begegnenden Rezeption eines „erfolgsunabhängigen" Unrechtsbegriffs auch im öffentlichen Recht zumindest näherzutreten. Diese Problematik ist nicht ohne besondere Grundlegung der öffentlichrechtlichen Zurechnungs- und Unrechtsproblematik gerade auch durch eine unter diesen Aspekten zu vertiefende Auseinandersetzung mit der „Reinen Rechtslehre" *Kelsens* zu verdeutlichen, die sich dabei im Grunde als eine Handlungs- und Rechtswidrigkeitslehre erweist. Auf die zahlreichen Vorbehalte, die zur Ablehnung der *Kelsen*schen Auffassung von der „Denkunmöglichkeit staatlichen Unrechts" führen, einer Auffassung, die allerdings in der englischen Staatslehre noch überwiegend heute vertreten wird, kann

[4]) A. a. O. (1972), S. 5 ff.

ich hier nicht eingehen[5]). Sie erscheint mir jedoch für weitere Untersuchungen schlechthin unentbehrlich, um das heute weithin vernachlässigte Problem der Zurechnung „individuellen Handelns zum Staat", vor allem auf dem Hintergrund des überkommenen Theorienstreits zwischen der organischen und der anorganischen Staatslehre, aber auch der systemtheoretischen Ansätze, herauszustellen. Dies alles kann hier nur angedeutet werden.

IV

Im einzelnen kann die Struktur der Rechtswidrigkeit in verschiedenen Bereichen der staatlichen Gewalt untersucht werden: im verfassungsgebenden Bereich, im Bereich der Gesetzgebung, der öffentlichen Verwaltung, des Regierungshandelns, schließlich im Bereich der Rechtsprechung. Grundlage solcher Analysen ist stets die dem Rechtswidrigkeitsurteil zugrundeliegende Relation einer Nichtübereinstimmung zwischen einem Maßstab und einem daran zu messenden Objekt oder Substrat. Anhand dieses Modells können zunächst die Gegenstände des staatlichen Unrechts als Wertungsobjekte erfaßt werden. Auf der Maßstabsseite gelangt man zu einer Korrektur bzw. Präzisierung der herkömmlichen Auffassung: Da nämlich Akte der konstitutionellen und legislativen Ebene ihrerseits als Kontrollnormen fungieren, ist die Rechtswidrigkeitsformel so zu fassen, daß eine Rechtsmäßigkeitskontrolle auch innerhalb des Normenbereichs selbst möglich wird. Eine staatliche Willensäußerung ist danach rechtswidrig, wenn eine Norm einer höherrangigen Norm oder wenn ein untergesetzlicher Staatsakt einer Norm widerspricht. Um die dabei auftauchenden, mit dem Begriff der „normwidrigen Norm" verbundenen Schwierigkeiten zu bewältigen, ließe sich ein Modell eines hierarchisch gegliederten Normensystems denken, in dem jeder Rechtsnorm eine genau bestimmte Rangstelle zukommt.[6]) Die darin sich offenbarende Strukturiertheit führt zu der Annahme einer durchgängigen Rechtmäßigkeitskontrolle innerhalb der staatlichen Handlungssysteme. Daß die hieraus abzuleitende Rechtswidrigkeitsformel ihren hohen Allgemeinheitsgrad mit einer zumindest teilweise nicht geringen Entleerung konkreter Inhaltsmerkmale erkaufen muß, schmälert m. E. ihren theoretischen Nutzen nicht, ermöglicht ihn vielmehr erst: denn dieser liegt gerade darin, daß das mit ihr erfaßte Modell auf *jede* konkrete Unrechtssituation anwendbar ist.[7])

Jedenfalls scheint sicher zu sein, daß in den verschiedenen staatlichen Handlungsbereichen gerade auch die Art des Zustandekommens des einzelnen Staatsakts,

[5]) Dazu *Kohl, J.*, Die Lehre von der Unrechtsunfähigkeit des Staates, Köln 1977, insb. S. 39 ff.

[6]) Bei den zahlreichen „ungeschriebenen Rechtsgrundsätzen" ist hinsichtlich ihrer Struktur hervorzuheben, daß sie erst aus der konkreten Situation heraus mit aktuellem Gehalt gefüllt werden können. Vgl. *Weimar*, a. a. O., mit weiteren Nachweisen.

[7]) Zu diesen Problemen aus der Sicht des Wirtschaftsrechts vgl. *Sandrock, O.*, Die Einheit der Wirtschaftsordnung, Frankfurt/M. 1971, insb. S. 5 ff.; grundlegend zur „Einheit der Rechtsordnung" *Kirchhof, P.*, a. a. O., S. 30 f. mit Nachweisen.

die „Modalitäten des Kreationsaktes“ es sind, die bei Verfassungsgebung, der Gesetzgebung, bei Verwaltungs- und Regierungsakten[8]) sowie richterlichen Entscheidungen für die rechtliche Qualität eines Staatsakts bedeutsam sein können. Das gilt insbesondere auch für Fälle, in denen die Motivationslage des oder der Urheber eines Staatsakts rechtserheblich werden kann (z. B. Relevanz von Irrtum, Drohung, Machtmißbrauch), was hier nicht im einzelnen zu untersuchen ist.

V

Nach diesen Erwägungen liegt die Annahme nahe, daß mit einer formal orientierten, „positivistischen“ Rechtswidrigkeitskonzeption im öffentlichen Recht nicht auszukommen ist. Nur eine materiale Rechtswidrigkeitslehre vermag rechtstheoretisch die Lücke zu schließen, die hier der Dogmatik des öffentlichen Rechts anhaftet.

In den offenen oder ergänzungsbedürftigen Tatbeständen des öffentlichen Rechts ist die Unrechtsmaterie – wie zumeist im öffentlichen Recht – nicht abschließend umrissen: die Funktionstrennung zwischen Gesetzgeber und Richter ist zur Seite des Richters hin verschoben. Hier bedarf, vor allem bei Tatbeständen, deren Rechtswidrigkeit einen näher zu qualifizierenden Eingriff voraussetzt, wenn nicht der Tatbestand der Ergänzung, die Rechtswidrigkeit *positiver* Feststellung.

Damit aber ist deutlich, daß der Kern des Unrechts, der konkrete Staatsakt, im Rahmen des „gesetzlichen Tatbestandes“ nicht hinreichend zu erfassen ist. Die Effizienz der Gesetzgebungstechnik findet hier ihre Grenze. Der Vorbehalt von Verfassung und Gesetz fordert vielfach erst die interpretative „Überbringung“ der Norm: wertungsoffene Tatbestände verhindern eine von vornherein festliegende, abschließende Aussage über die Rechtswidrigkeit. Gesetzliche Regelungen darüber, welche Sanktionen rechtswidrige Staatsakte überhaupt treffen sollen, sagen nicht schon ohne weiteres etwas über die zu treffende Entscheidung im Einzelfall aus. Hier ist es der erst zu bildende, also vom Richter zum Teil selbstgeschaffene Tatbestand, der zum Maßstab avanciert[9]), der aber dann im strengen Sinne nicht der „gesetzliche Tatbestand“ ist, obgleich die „richtige“ Anwendung des Gesetzes ohne ihn freilich nach herkömmlichem Jurisdiktionsdenken nicht mehr möglich wäre[10]). Hier liegt gewiß ein weites Feld für die im öffentlichen Recht noch wenig entwickelte Tatbestands- und Rechtswidrigkeitslehre.

[8]) Zur Problematik des Regierungsbegriffs vgl. die gründlichen Untersuchungen bei *Frotscher, W.*, Regierung als Rechtsbegriff, Berlin 1975, insb. S. 173 ff., 193 ff.

[9]) Dazu näher *Weimar, R.*, Das Problem der Rechtswidrigkeit in der Wissenschaft vom öffentlichen Recht, Wien 1979; vgl auch bereits *Weimar, R.*, „Zufalls“-Schädigungen durch die öffentliche Hand, DÖV 1963, S. 607 ff.

[10]) Ein gutes Problemverständnis für diese Fragen auf der Verfassungsebene zeigt *Wimmer, N.*, Materiales Verfassungsverständnis, Wien 1971, insb. S. 35 ff., 73 ff. Vgl. auch *Müller, F.*, Normstruktur und Normativität, Schriften zur Rechtstheorie, Bd. 8, Berlin 1966; *derselbe*, Die Positivität der Grundrechte, Schriften zum öffentlichen Recht, Bd. 100, Berlin 1969, m. w. N.

Förderung des ökologischen Landbaus – juristische Randnoten zu einem „problematischen“ Thema

Robert Scheyhing, Tübingen

Es gibt Themen, die auf Umwegen angegangen werden müssen. Dieses hier gehört dazu – die Begründung wird sich im einzelnen aus den gesamten Darlegungen zur Sache ergeben. Um naheliegende Annahmen oder Mißverständnisse von vornherein nicht aufkommen zu lassen, sei vorweg dieses gesagt: Der Grund liegt nicht darin, daß das Ökologieproblem nur so angegangen werden könnte, sondern darin, daß die Ökologie – und natürlich auch ein abgesonderter Fragenkreis der Ökologie – nur im Zusammenhang mit anderen Lebens- und Kulturbereichen dargestellt werden kann. Es geht also um die Kombination der Ökologie mit Fragen des Rechts und der Ökonomie, die die besonderen Schwierigkeiten abgibt.

Das Landwirtschaftsrecht oder – moderner gesagt – das Agrarrecht ist wissenschaftstheoretisch gesehen ein Spezialgebiet mit den Eigenschaften, die allen Rechtsgebieten dieses Zuschnitts innewohnen, wobei die Gefahr der Isolierung vor allem ins Auge fällt. Diese Isolierung hat der einzelne Fachgenosse zu überwinden, auf den vielfältigen Wegen, die in der Summe die menschliche Freiheit ausmachen. Das Fach selbst aber sprengt seine Begrenzung in einer spezifischen Weise: durch die Öffnung zur Realität. Nur in einem isolierten und kleinen Fach läßt sich dies unter den heutigen Umständen überhaupt noch durchführen. Was sonst nur noch unter besonderen Vorkehrungen möglich ist – das interdisziplinäre Vorgehen – wird hier ohne diese anspruchsvolle Bezeichnung gleichsam als Selbstverständlichkeit geleistet[1]).

Gerade die Selbstverständlichkeit ist aber zu problematisieren. Zunächst ist die Bindung an die Realität eine Art von Richtigkeitsgarantie: Die Auswirkungen von

[1]) Öffnung zur Realität und interdisziplinäres Arbeiten sind hier in einer Weise verknüpft, die manchem als sehr verkürzt erscheinen mag. Immerhin empfängt die Forderung des interdisziplinären Arbeitens ihren Anstoß aus der Einsicht in die Unvollkommenheit lediglich einer wissenschaftlichen Methode, einen Gegenstand zureichend zu erfassen. Daß im Agrarrecht die Einsicht in den Gegenstand auch ohne Zuhilfenahme mehrerer Wissenschaftler oder mehrerer Wissenschaftsmethoden gelingen kann, beruht auf Erfahrungen, die prinzipiell denselben Erkenntniswert wie Methodenüberlegungen beanspruchen könnten. Unabhängig davon ist mit der Realität ein Thema angesprochen, das die Jurisprudenz für sich beantworten kann und dies in der Rechtsphilosophie, den Methodenlehren und allgemeinen Rechtstheorien auch tut. Statt literarischer Nachweise sei darauf hingewiesen, daß ein führender Rechtsmethodologe den Verfasser in der hier vorgetragenen Wertung des Agrarrechts bestärkt hat.

Rechtsregelungen lassen sich einigermaßen verläßlich beobachten, Fehlleistungen treten alsbald an den Tag. Übersehbarer ist hier auch das Zusammenwirken der verschiedenen Rechtsgebiete – das ja gegenwärtig die Regel und nicht mehr die Ausnahme ist. Dem Vorteil steht gegenüber gerade ein Nachteil, wohl aber eine Verpflichtung: Sich der Realität zu stellen, den vielberufenen Konflikt zwischen Norm und Realität gar nicht erst aufkommen zu lassen oder doch auf ein vertretbares Maß zurückzuführen. Es ist das ein anspruchsvolles Postulat, vor allem für den, der die unaufhebbare Spannung zwischen Norm und Realität sieht[2]). In diesem theoretischen Bereich darf die Frage aber letztlich nicht verbleiben; auch geht es nicht darum, die besondere Vortrefflichkeit eines kleinen Rechtsgebietes herauszustellen. Es ist aber doch kaum zu übersehen, daß das Zivilrecht gegenwärtig mit einer größeren Vielfalt der Realität sich auseinanderzusetzen hat als in der Vergangenheit. Dieser Vielfalt kann kaum mehr ausreichend Rechnung getragen werden, wenn nach wie vor einheitliche Regeln angestrebt werden. Zumeist ist es dann so, daß die Regeln sich an einem zu engen Ausschnitt der Realität orientieren, etwa an einem Teil der Bevölkerung, während andere Teile nur eine unvollkommene Berücksichtigung ihrer Interessen finden[3]). Man kann diesen Umstand auch im Sinne einer Entschuldigung geltend machen: Über das Können, hier über das Ausmaß der Erkenntnisfähigkeit hinaus, kann niemand verpflichtet sein. In diesem Sinne verstanden hat ein größeres Ausmaß an Durchsichtigkeit der Realität dann umgekehrt den Charakter einer Verpflichtung, solche Fehler zu vermeiden und Regelungen von großer Sachnähe und damit innerer Gerechtigkeit zu schaffen. Geht es nun aber allein um den Durchblick? Bei näherem Hinsehen und bei ausreichendem Durchblick ergibt sich ja oftmals erst ein Bild der komplizierten (modern gesagt: komplexen) sozialen Zusammenhänge, der Verbundenheit von allem mit jedem. Solche Einblicke vermögen die menschliche Initiative zu lähmen; auf jeden Fall zeigen sie das wahre Gewicht der Forderung, der Realität gerecht zu werden. Unter einem weiteren Gesichtspunkt läßt sich Kritisches und Einschränkendes zu unserer These sagen: Mag die Realität undurchsichtig und widerborstig sein, so betrachten wir sie doch auch als Halt und als verläßliche Grundlage unseres Handelns, besonders dann, wenn in den Begriff Realität die Natur eingeschlossen ist und das ist sie im Agrarrecht allemal. Wie aber, wenn gerade hier, in der Realität der Realitäten, der Natur, Ungewißheiten und Undurchsichtigkeiten auftreten? Das ist vergleichbar dem Wanken des Bodens, auf dem wir stehen und nicht entfernt zu vergleichen mit den Ungewißheiten, die mit menschlichen Einrichtungen und menschlichen Handlungen verbunden sein mögen. Genau dies ist die Lage, die ein Bewußtwerden der Umweltfrage mit sich bringt: Auf eine besonders undurchsichtige Weise ist hier die haltende und stützende Funktion der Natur ins Gegenteil verkehrt. Äußerlich

[2]) Diese Spannung ist in den Seinskategorien angelegt und unaufhebbar, auch durch rechtspolitische Bemühungen nicht vollständig aufzulösen.

[3]) Aus dem Gesagten ergibt sich, daß die Aussage vorweg auf Rechtsformen im Zivilrecht bezogen ist. Die These soll nicht mit Stoßrichtung auf „agrarische" Bevölkerungskreise konkretisiert werden.

gesehen scheint alles wie früher zu sein, im geheimen aber spielen sich Vorgänge ab, die als bedrohend empfunden werden. Dies etwa ist das Denkmodell des Ökologisten; aber ähnliche Vorstellungen beeinflussen das Denken aller, weil das Gegenteil dieses Denkmodells – die weitere Belastbarkeit der Natur ohne letztlich unerträgliche Schäden – eben auch nicht stringent bewiesen werden kann. So jedenfalls stellt sich die Lage vom Standpunkt dessen aus dar, der nicht selber Fachmann in einem hier einschlägigen Gebiet der Naturwissenschaften ist. Wo immer Auseinandersetzungen auf diesem Gebiete einsetzen, zeichnen sie sich durch besondere Härte und gründliches gegenseitiges Mißtrauen aus. Das gilt nicht nur für die großen Auseinandersetzungen, die sich an der Atomenergieerzeugung entzünden, sondern ganz allgemein für alle Auseinandersetzungen, die die Umwelt betreffen. Eine Vergiftung des Zusammengehörigkeitsgefühls der Bürger geht von diesen Konflikten aus; das ist nicht allein auf Teilnahme von politischen Kräften zurückzuführen, denen nicht unbedingt die Unversehrtheit der Schöpfungsordnung am Herzen liegen mag. Gegenmaßnahmen, ja Heilungsmaßnahmen sind dringend gefordert. Das ist zunächst „nur“ ein politisches Postulat. Das Problem reicht aber in den Bereich des Rechts hinein, insofern hier eine Freiheit (als Kennzeichen der Politik) nur in der Wahl der Mittel, nicht aber in der Entscheidung über die generelle Notwendigkeit des Handelns in diesem Problemfeld bestehen dürfte. Wer das akzeptiert, sieht sich auf ein schwieriges Feld geworfen: Die Maßnahmen müssen sich mit der Wahrheitsfrage auseinandersetzen. Diese Frage ist gestellt wegen der naturwissenschaftlichen Grundlage jeder Umweltregelung[4]). Des weiteren ist zu bedenken, daß seitens der Ökologen die Autorität vieler Wissenschaftler angezweifelt wird[5]), was zurückgeht auf den methodischen Ansatz der modernen Naturwissenschaft, der von dieser Seite als zu eng angesehen wird[6]). Dazu kommt die Meinung, die moderne Naturwissenschaft sei eng mit ihrer technischen Anwendung und damit auch mit wirtschaftlichen Interessen verknüpft.

Vertrauen zu schaffen auf der soliden und haltbaren Grundlage eines von beiden Streitparteien akzeptierten naturwissenschaftlichen Kenntnisstandes ist demnach

[4]) Angesprochen sind (entsprechend dem Sprachgebrauch) die neuen Regelungen, nicht die historischen Regeln, die sich unschwer benennen ließen. In einer Reihe von Begriffen, vor allem mit der Schädlichkeit (oder korrespondierend mit der Unschädlichkeit) sind fast immer Urteile erfaßt, die heute kaum ohne naturwissenschaftliche Hilfestellung gefällt werden können. Das schließt bei der Rechtsanwendung zwar nicht notwendig eine strikte Anknüpfung an technische Normen ein (z. B. bei der Reinhaltung der Luft), wohl aber die Beteiligung von Gutachtern und damit von wissenschaftlichen Schulen.

[5]) Absichtlich wird die Auseinandersetzung personalisiert. Es soll damit gezeigt werden, daß die Auseinandersetzung sich nicht vollständig im Rahmen objektivierbarer Wissenschaftsrichtungen hält. Man muß so (bei aller Problematik) verfahren, wenn man den Gehalt der Auseinandersetzung zutreffend erfassen will.

[6]) Damit wird auf den objektiven wissenschaftstheoretischen Kern der Auseinandersetzung verwiesen, dem andere Faktoren (Fußnote 5) zur Seite stehen. Die verwandte Formel muß verkürzen und will vorab (aber nicht ausschließlich) auf den methodischen Ansatz hinweisen, das bestimmte Phänomene ausblendet.

eine schwierige Aufgabe für den Staat[7]). Mit der üblichen Wissenschaftspflege seitens des Staates hat das nichts zu tun, denn hinter dem Streit stehen verschiedene Weltanschauungen und Weltsichten. Kompromiß oder Versöhnung kann hier nicht erwartet werden, wie sie bei vielen politischen oder auch wissenschaftlichen Fragen möglich sein mögen. Das Umstrittensein ohne naheliegende Kompromißmöglichkeiten kann nicht durch das Rekurrieren des Staates auf eine herrschende Meinung gelöst werden, denn es geht um Sicherheit vor Gefahren, bei der die ökologische Partei immerhin die Vermutung der Ungefährlichkeit ihrer Maßnahmen für sich hat. In dieser Lage kann Vertrauen und schließliche Befriedigung nur entstehen durch strikte Neutralität, durch ein (jedenfalls vorläufiges) Vermeiden der Parteinahme und das bedeutet für den Staat folgerichtig, beiden Ansichten Raum zu geben. Bei dem Grad der staatlichen Einwirkungen in die Landwirtschaft kann dieses „Raumgeben" nicht ein bloßes Zulassen der ökologischen Alternative bedeuten, sondern mehr. Es schließt in sich die Verpflichtung zu einem solchen Ausmaß an positiver Förderung, die im Endergebnis Vergleiche und damit dann auch eine Aussage über das „Richtige" erlauben[8]). Solche Thesen werden Widerspruch auslösen – wer solche aufstellt, muß auch klar die Gefahr sehen, letztlich das Gegenteil zu bewirken: Über der juristischen Diskussion kann allzuleicht das notwendige Handeln in das Hintertreffen geraten. Ungeachtet solcher Bedenken muß die ökologische Auseinandersetzung von der Theorie her angemessen verortet werden; das bedeutet: weg von der politischen Kampfsituation, weg von dem Sektiererischen, weg vor allem auch von der geistigen Mode (die gepflegt wird, solange es nicht allzu ernst zu werden droht mit den Einschränkungen) und alle geistige Kraft gewendet an die Erkenntnis, daß hier eine geistige Auseinandersetzung grundsätzlicher Art vorliegt. Die Rechtsordnung hat hier im Grundsatze mit denselben Kategorien zu arbeiten wie bei den großen geistigen Auseinandersetzungen in der Vergangenheit, beginnend mit den Glaubensstreitigkeiten und ihrer schließlichen Auflösung im „neutralen" Staat[9]).

[7]) Die Geltung von Rechtsregeln kann natürlich nicht von dieser Voraussetzung abhängen. Dennoch muß angestrebt werden, daß eine Rechtsregel angenommen wird kraft ihrer Richtigkeit. Eine dauerhafte Geltung ist nur so zu gewährleisten; dagegen wird ein Streit über Grundlagen (auch naturwissenschaftliche!) von Rechtsnormen die Geltungsfrage auf die Dauer nicht unberührt lassen. Daher ist es mehr als eine Regel der politischen Klugheit, hier einen Konsens durch staatliche Maßnahmen zu fördern. Im Text sind die Vorstufen zu diesem Ziel als die zunächst relevanten Positionen umrissen, die unmittelbar das Ziel betreffenden Fragen ausgespart, da es sich um allgemein wissenschaftstheoretische und wissenschaftsorganisatorische Fragen handelt.

[8]) Die Verpflichtung entspringt der eben berührten Situation, daß die Rechtsgültigkeit nicht gänzlich unabhängig von einem Konsens über die Vorgegebenheiten und geistigen Grundlagen einer Rechtsregel ist. Man kann sagen, daß die Mehrzahl der Rechtsregeln auf konsentierten Grundsätzen beruht, ausgenommen den Fall einer rechtlichen Kampfsituation, die der Revolution. Der „Fall" der Ökologie ist insofern neu, als sich der Dissens auf eine bisher für verläßlich gehaltene Grundlage – Natur und Naturwissenschaft – bezieht.

[9]) Gestern wie heute geht es um Wahrheitsfragen. Heute werden die Mittel der Neutralisierung andere sein müssen als die für Glaubensfragen tauglichen Instrumente, die auch das Ausklammern und Privatisieren umfassen konnten.

Ein weiterer Umstand rechtfertigt es, dem Bereich der Ökologie mit neuen, sozusagen kongenialen Mitteln zu begegnen: Die relative Unangepaßtheit unseres rechtlichen Instrumentariums an die gerade auf die Ökologie bewußt gemachten Probleme. Die Rechtsordnung beruht in einer ihrer Grundpostitionen auf einem durch lange geschichtliche Erfahrungen gewonnenen Verständnis des Handlungsbegriffes. Unbeschadet des (unverzichtbaren) Aufwandes an dogmatischem Scharfsinn kann gesagt werden, daß die Handlung auf menschengemäßen Kategorien wie Einsehbarkeit der ausgelösten Vorgänge beruht und notwendig beruhen muß, wenn sie das Prädikat der Wirksamkeit für sich in Anspruch nehmen will. Das Durchsetzen von Handlungsgeboten und -verboten, denen im eben ausgeführten Sinne die Einsichtigkeit mangelt, wird schwerfallen und läßt sich wohl auch nicht mit juristischen Konstruktionen, etwa der Gefährdungshaftung oder erfolgsunabhängiger Handlungsverbote, wesentlich erleichtern. Das wirksamste Auskunftsmittel bleibt allemal, solche Rahmenbedingungen zu schaffen, in denen die tradierten Verhaltensweisen und Verantwortungsmechanismen hinreichen, um schädliche Erfolge zu unterbinden. Wer geneigt sein mag, den vorstehenden Gedankenketten im Prinzipiellen Gehör zu schenken, wird sich wahrscheinlich an der Unbestimmtheit des Begriffs ökologischer Landbau stoßen und fragen, ob im Grunde nicht die Förderung exquisiter oder gar esoterischer Wirtschaftsmethoden angestrebt werde. Es ist richtig, daß eine dieser Methoden weltanschaulich gebunden ist und sich auf Gedankenfeldern bewegt, die nicht die von Herrn Jedermann und auch nicht – was bedeutsamer ist – die der herkömmlichen Naturwissenschaften sind. Aber diese Fragen brauchen nicht beantwortet zu werden, weil man methodisch anders vorgehen kann: Durch das Herausstellen von Entwicklungslinien läßt sich das Problemfeld hinreichend umschreiben und verdeutlichen. Der moderne Landbau zielt auf eine starke Beeinflussung der natürlichen Vorgänge durch die Förderung der für das Ziel der Ertragsmaximierung positiven und die Zurückdrängung der negativen Faktoren. Diese Entwicklung ist steigerungsfähig und man kann sagen, daß sie den „Trend" umschreibt. Ökologischer Landbau könnte mithin bestimmt werden als eine Trendumkehr, aber auch schon als Innehalten auf dem beschriebenen Wege. Des weiteren ist festzustellen, daß der Begriff des ökologischen Landbaus im Detail von der Einzelwirtschaft her zu entwickeln ist. Auch kraft dieses Zusammenhangs ist das Abheben auf einen Trend bzw. seine Umkehr methodisch für brauchbar zu erachten[10]). Es ist zweckmäßig, für unsere Erörterung von Vorschlägen auszugehen, die von Praktikern gemacht worden sind[11]).

Gefordert wird, alle agrarpolitischen Förderungs- und Stützungsmaßnahmen dar-

[10]) So wird das Problem aus den engen Bezügen einer Art von Doktrin gelöst und ist für die Landwirtschaft insgesamt von Belang.

[11]) Vgl. vor allem *Michael Lohmann*, Grundlagen und Aussichten ökologischen Landbaus in Scheidewege 1977, S. 530. An dem dort (S. 551 ff.) aufgesteckten Forderungskatalog orientieren sich die folgenden Erörterungen, ohne die dortige Reihenfolge zu beobachten, die der Verf. wohl auch zu einem Teil als Rangfolge der Maßnahmen verstanden haben will. Die Vorschläge gehen im wesentlichen vom Betrieb aus und weisen keine enge Bindung an eine bestimmte „Schule" auf.

aufhin zu überprüfen, ob diese nicht ökologische Produktionsmethoden benachteiligen. Es ist anzunehmen, daß die pauschal angesprochenen Förderungs- und Stützungsmaßnahmen allein kraft ihrer vielfältigen Ansatzpunkte auf die landwirtschaftlichen Betriebe nicht methodenneutral sind. Über den Umfang der Auswirkungen ist in dem Forderungskatalog zwar nichts ausgesagt; es besteht aber die berechtigte Annahme, daß dieses Ausmaß keine zu vernachlässigende Größe sein dürfte. Anlaß zur Nachprüfung besteht mithin und von juristischer Seite wäre vorab zu prüfen, ob sich für die Forderung eine „Anspruchsgrundlage" namhaft machen läßt, also etwas, was über die bloße Zweckmäßigkeitsfrage und die politische Handlungsfreiheit hinausgeht. Es sei die These gewagt, daß eine solche Rechtsgrundlage vorhanden ist und sich ableiten läßt aus dem Grundsatz der Zielgerichtetheit staatlichen Handelns und der Verantwortlichkeit für diese Ziele. Dieses Prinzip schließt ein die Pflicht jeder staatlichen Behörde, sich über die Auswirkungen der von ihr veranlaßten Maßnahmen zu unterrichten[12]). Es gehört heute zum gesicherten Stand der Erkenntnis, daß jede zielgerichtete Handlung Nebenwirkungen auslöst, die an Gewicht das angestrebte Ziel oft übertreffen[13]). Diese Grundsätze – auf den konkreten Fall angewendet – ergeben folgendes: Die Auswirkungen auf die Umwelt müssen bei Maßnahmen dieser Art bedacht werden. Die Überlegungen dürfen nicht auf *eine* Methode des Landbaus ausgerichtet sein, etwa weil diese die wissenschaftlich allein anerkannte oder doch die herrschende Methode ist. Auch ist es nicht angängig, diese vorherrschende Methode in ihrer Umweltwirksamkeit nur unter dem Gesichtspunkt einer nachzuweisenden Gefährlichkeit zu betrachten[14]), d. h. bis zu solchem Nachweis von der Unschädlichkeit auszugehen. Vielmehr muß auch eine Methode gedankliche Berücksichtigung finden, die ihrem Ansatz nach die Frage der Umweltschädlichkeit gar nicht aufzuwerfen behauptet, sofern diese Behauptung der Unschädlichkeit sich nicht als offensichtlich falsche erweise sollte. Dies aber ist, soweit der gewissenhafte Beobachter urteilen kann, doch wohl der Fall. Sonach hat der gesamte staatliche Apparat als Förderer und Gestalter der Landwirtschaft die Pflicht, die Auswirkungen staatlichen Handelns in tunlicher Breite sich gedanklich zu verdeutlichen. Hier, in dem Felde der reinen Anschauung (in der Theorie im ursprünglichen Sinne des Wortes) sind keine Grenzen gesetzt denn die der Arbeitskraft und Erkenntnisfähigkeit. Nicht ganz so klar lassen sich rechtliche Maßstäbe für die praktische Förderung und ihr Ausmaß bestimmen – eine

[12]) Die Zielvorgaben in Gesetzen, etwa der Verweis auf die Erzeugung gesunder Lebensmittel (besser gesundheitlich einwandfreier) im baden-württembergischen Landwirtschafts- und Landeskulturgesetz v. 14.3.1972 (GBl. S. 74) bestätigen die These, denn der rechtlich greifbare Gehalt solcher Normen kann nur sein die Sicherstellung einer Bemühung um das Ziel. Das Erreichen des Ziels kann nicht im Sinne strenger Rechtsverbindlichkeit angeordnet werden.

[13]) Vgl. statt aller *F. H. Tenbruck*, Kritik der planenden Vernunft, München, Freiburg 1972.

[14]) Der Gesetzgeber mag so verfahren können, aber das ist hier nicht die Frage. Es geht um die Pflicht, das Problemfeld und die sich darbietenden Lösungsmöglichkeiten nicht von vornherein mit diesem Argument (der ja nicht exakt nachzuweisenden Schädlichkeit der derzeit herrschenden Methoden) einzuengen.

Entscheidung, die der „theoretischen" Betrachtung folgen muß. Wenn letztere ergibt, daß relevante Ergebnisse zu erwarten sind, ergibt sich wohl die Verpflichtung, Versuche zu fördern, weil anders die mögliche Benachteiligung kaum zu erfassen ist. Das Ergebnis muß dahingehen, daß eine Methode weder theoretisch - gedanklich noch in der praktischen Durchsetzung chancenlos bleibt[15]). Das Gesagte bedarf einer weiteren Ergänzung, womit zugleich ein weiterer Punkt des „Forderungskatalogs" angesprochen ist, die Forschungsförderung. Neben der Einbeziehung ökologischer Methoden in die vorhandenen Forschungseinrichtungen wird gefordert eine Hilfestellung für private Forschungseinrichtungen auf diesem Sektor. Die oben umschriebene Aufgabe der theoretischen Betrachtung läßt sich auch bei den bekannt weitgespannten theoretischen und praktischen Kenntnissen der Agrarbürokratie kaum ohne Einbeziehung der Wissenschaft in einem befriedigenden Umfang leisten. Nur von der Wissenschaft kann die Absicherung erfolgen; niemand wird gegen die Wissenschaft entscheiden wollen. Die Wissenschaft kann aber nicht durch einen politischen Willensentscheid, auch nicht durch den Zusammenhang mit dem Erfüllen von Rechtspflichten, die ja allein der Agrarverwaltung obliegen, aus ihren eigenen Daseinsgesetzen gelöst werden. Es muß vorab gewissenhaft geprüft werden, ob die methodischen Ansätze und die wissenschaftlichen Überzeugungen der Agrarwissenschaften dem Anliegen des ökologischen Landbaus nicht von vornherein negativ gegenüberstehen[16]). Solches auszusprechen ist kein Mißtrauen, sondern ein Registrieren der Begrenztheiten, von denen auch der Wissenschaftsbetrieb so wenig wie andere menschliche Betätigungen frei sind. Von der Antwort auf diese Frage – sie könnte auch differenzierend ausfallen – wird es abhängen, wie der Umfang der privaten, d. h. hier von bestimmten Imponderabilien nicht abhängigen Wissenschaft bestimmt werden soll und wie deren staatliche Unterstützung zu gestalten wäre[17]). Wiederum läßt sich sagen, daß mit Rücksicht auf diese Imponderabilien die staatliche Unterstützung privater Forschung nicht eine Sache freien Ermessens sein dürfte, sondern insofern die Gestalt einer Pflicht hat, als das ideale Wesen der Wissenschaft, nämlich die vollkommene Unbefangenheit nicht als selbstverständliches Ergebnis des vorhandenen Wissenschaftsbetriebes erwartet werden darf, sondern unter Umständen eben erst der Herstellung bedarf[18]). Ob die Förderungspflicht sich gleichmäßig auf Forschungs-, Lehr- und Beratungsstellen erstrecken kann (wie der „Forderungskatalog" vermuten läßt, der diese Dreiheit in einem Atemzug nennt), ist durchaus zweifelhaft. Der hier befolgte gedankliche Ansatz war der

[15]) Damit wäre eine Formel gewonnen, die die Praxis leiten könnte, also handlungsbestimmend und auch einer Überprüfbarkeit zugänglich ist.

[16]) Mit der Wahl des Wortes „wissenschaftlichen Überzeugungen" wird nicht unterschwellig der Vorwurf erhoben, daß Subjektivismen im Spiele seien.

[17]) Eine Antwort zu finden, ist den zuständigen Stellen zumutbar, da es sich nicht um die Entscheidung eines wissenschaftlichen Streites handelt, sondern um eine Bestimmung des wissenschaftlichen Standorts mit seinen praktischen Auswirkungen.

[18]) Die Aussage beruht nicht auf der Annahme eines Pluralismus im Bereich der einschlägigen Wissenschaften, sondern auf der Annahme eines gemeinsamen Wesenszuges aller Naturwissenschaft, den die Gegenseite als zu eng ansieht.

einer (zunächst theoretischen) Erkenntnis der Lage, der Frage nach der Richtigkeit von Befunden. Dies ist (kurz gesagt) die Wahrheitsfrage; aber Suche nach der Wahrheit und Verbreitung der Wahrheit sind zwei Dinge, vor allem im Blickfeld des Gemeinwesens, das beide Dinge fördern soll. Eine solche Unterscheidung beruht nicht auf der Überzeugung, daß Wahrheiten sich schon von selbst durchzusetzen wüßten, sondern auf dem unterschiedlichen geistigen Gewicht beider Bereiche. Schon die Beratung – vor allem aber die Lehre im strengen Sinne des Wortes – berühren die Freiheit der Wahl, die tunlichst dem Einzelnen überlassen werden muß. Es ist fraglich, ob Landbaumethoden in Beratungspraxis und Ausbildung eingeführt werden dürfen, wenn die Auswirkungen wirtschaftlicher Art in den Betrieben noch nicht vollständig zu übersehen sind. Deshalb läßt sich auch der an sich billigenswerte Gedanke, daß Ausbildung und Beratung jeweils den vollständigen Stand der Erkenntnis weiterzugeben haben[19]), nicht als Lösungsgrundlage verwenden wie auch auf den Gedanken des Wissenschaftspluralismus[20]) als Lösungshilfe zu verzichten ist. Es ist als Ergebnis festzuhalten, daß sich kein rechtliches Prinzip namhaft machen läßt, das die Förderung des ökologischen Landbaus in diesem Umfang gebieten würde. Aber dieses Ergebnis gilt nur auf Zeit[21]).

Aus den bisherigen (notgedrungen sehr allgemein gehaltenen) Überlegungen läßt sich in einigen Teilbereichen der Durchstoß ins konkrete vollziehen. Das ist einmal der Fall bei den Produkten des Landbaus, sodann bei einzelnen Vorgängen der Produktion. Bei den gewonnenen Produkten ließe sich die Vorzugswürdigkeit der ökologischen Anbaumethoden unter Umständen ad oculos demonstrieren, vorausgesetzt, man kann die Vorzugswürdigkeit in rational nachvollziehbaren Kategorien ausdrücken. Um diese Frage kreisen eine Reihe von weiteren Forderungen: Überprüfung der Qualitätsnormen, Förderung der Qualitätsforschung und Verbraucheraufklärung. Die Bevorzugung von Kriterien, die sich am vorteilhaften Aussehen orientieren, ist in der Tat einseitig; die statt der „Optik" vorgeschlagenen Kriterien von Geschmack, Haltbarkeit und dgl. sind sachgerecht und in nachprüfbarer Weise festzustellen. Allerdings muß gesehen werden, daß die gegenwärtig maßgeblichen Kriterien im wahren Sinne des Wortes einleuchtender sind; auch ist die Gleichsetzung von schön und gut keine Eigentümlichkeit der alten Griechen, sondern tief im Wesen aller Menschen angelegt. Die maßgeblichen Kriterien müssen also auch die Eigenschaft der Sinnfälligkeit aufweisen, wenn sie wirksam sein sollen. Daß hier noch manches offen ist, wird von den Ökologen indirekt eingeräumt, wenn sie die Entwicklung neuer Kriterien und neuer Nachweismethoden für diese Kriterien fordern. Hier liegen in der Tat die zugleich handgreiflichen und schwierigen naturwissenschaftlichen Fragen, die vermutlich ein Hinausgehen in neue Bereiche verlangen. Wenn es dem Laien je gestattet sein sollte, den Naturwissenschaftlern mit einer Kategorie des Denkens dienlich zu sein, so wäre an den Begriff der Bekömmlichkeit in seinem ursprüngli-

19) Also auch die Erkenntnis, daß an den ökologischen Methoden „etwas dran sein könnte".
20) Vgl. Fußnote 18.
21) Solange der gegenwärtige Erkenntnisstand nicht wesentlich weiter reicht.

chen Sinne anzuknüpfen. So gesehen hat man den Forschungsaufgaben einen hohen Rang und eine hohe Dringlichkeit zuzusprechen und diesem Rang muß die Intensität der Förderung entsprechen. Gegenpositionen gegen eine solche Einschätzung lassen sich nicht namhaft machen, denn es geht hier nicht um die Ausgangsposition im Lebensmittelrecht: Unschädlich bis zum Nachweis der Schädlichkeit, sondern um eine vertiefte Einsicht in den Qualitätsbegriff[22]).
Welche rechtlichen Maßstäbe sind nun einer staatlich geförderten Verbraucheraufklärung zugrunde zu legen? Nicht mehr, als was an Kriterien jeweils gesichert erscheint, wobei mit Schlußfolgerungen Vorsicht obwalten muß. Keine Bedenken bestehen gegen (ja heute schon vorhandene) Bezeichnungen, die auf die Landbaumethode hinweisen, auch wenn sich dadurch eine Gedankenverbindung in der Vorstellung einer besonders guten oder bekömmlichen Ware einstellen könnte, die rational nicht begründet sein mag. Nur ist kein Grund ersichtlich, eine solche unbestimmte Bezeichnung allein, ohne weitere nachprüfbare Kriterien in die sogenannte Verbraucheraufklärung betont einzubringen[23]). Noch gewichtiger ist die Frage im Hinblick auf die Lebensmittelgesetzgebung, die ebenfalls im Maßnahmenkatalog angesprochen wird. Die Grundkonzeption derselben, wonach das (nachgewiesen) Schädliche, aber auch nur dieses, zu unterbinden ist, läßt sich wohl nicht verändern, etwa zugunsten eines Arbeitens mit bloßen Vermutungen hinsichtlich der Gefährlichkeit[24]). Ein solcher Ansatz könnte aber möglicherweise in anderem Zusammenhange brauchbar und notwendig sein. Die Produktforschung und ihre Umsetzung in Kriterien und Benennungen scheint desungeachtet zentrale Bedeutung zu haben und könnte mit Fug als der archimedische Punkt der Gesamtproblematik angesehen werden.
Am Anfang des Produktionsvorganges könnte sich das Dünger- und Bodenpflegeproblem in vergleichbarer Weise als eine Schlüsselfrage herausstellen[25]). Hier liegt

[22]) Das Bezeichnungsrecht gehört nicht genuin zum Umweltrecht. Daher war hier der Bereich zu diesem Rechtsgebiet ausführlich darzulegen; der Qualitätsbegriff erweist sich als die für beide Rechtsgebiete – Benennungsschutz und Umweltrecht – taugliche gemeinsame Grundlage, zur Qualität gehört auch die Art und Weise der Herstellung. Vgl. zu den Handelsklassen G vom 17.12.51 (BGBl I 970) und ÄndGes. vom 8.6.1955 (BGBl I 266) und ferner *Baumbach-Hefermehl*, Wettbewerbsrecht I[9] – Übersicht vor § 3 UWG, RN 17.

[23]) Sind Kriterien gewonnen, so dürfen (und müssen) diese in die Arbeit der Verbraucheraufklärung einfließen, nicht aber Mutmaßungen und allgemein gehaltene Schlüsse.

[24]) Vielleicht hebt der Forderungskatalog auf § 9 LebMG ab; indessen wird ein Gefährdungstatbestand nicht in der derzeitigen herrschenden Art und Weise der Lebensmittelherstellung gefunden werden. Damit ist die Aussage im Text (in ihrer Überspitzung) gerechtfertigt. Ob ein „spezifischer" Ansatz gegen die herkömmliche Produktion – etwa wegen bestimmter Rückstände oder dgl. – auf Grund des geltenden Rechts möglich ist, vermag der Verf. als Laie nicht zu sagen, ebensowenig, ob das Recht den vollen Kenntnisstand der Naturwissenschaft laufend ausschöpft.

[25]) Die im Düngemittelgesetz vom 15.11.1977 (BGBl I S. 2124) § 2 I aufgestellten Maßstäbe (keine Schädigung des Bodens und der Gesundheit von Mensch und Tier; keine Gefährdung des Naturhaushaltes) bedeuten keine Sperre für die handelsüblichen, schnelllöslichen Düngemittel; die Bedenken der ökologischen Seite gegen diese sind vom Gesetz offensichtlich nicht honoriert: Das zentrale Problem tritt also auch hier wieder auf.

ein Ansatzpunkt, der alle Landbaumethoden miteinander verbindet; wenn der ökologische Landbau verstanden wird als eine Gegensteuerung gegen herrschende Tendenzen, so wäre hier das Feld, wo die Auseinandersetzung zwischen den Methoden am deutlichsten sichtbar wird (wo sich aber auch am ehesten Verschiebungen vollziehen könnten, ohne daß es gleich zu einem ausgesprochenen Methodenwechsel kommen müßte). Die Frage von Düngung und Bodenpflege zeigt sozusagen das Kräfteverhältnis zwischen den beiden Methoden an. Es ist sachgerecht, daß in dem Forderungskatalog zunächst ein „erhaltendes" Prinzip erscheint, die Förderung von Mischbetrieben (Pflanzenbau und Tierhaltung), d. h. im Ergebnis die Förderung von wirtschaftlicher Düngererzeugung. Die „Förderung der ökologisch unbedenklichen Stoffrückführung" reicht erheblich weiter, einzelwirtschaftlich betrachtet insofern, als damit wohl eine Optimierung des Düngeranfalls intendiert ist, gesamtwirtschaftlich aber insofern, als die Stoffrückführung eine der zentralen Fragen des Umweltschutzes überhaupt darstellt. Je umfänglicher diese Stoffrückführung angelegt wird, desto ausgedehnter müssen die Forschungsbemühungen sein, die die Unschädlichkeit solcher Verfahren erweisen und laufend überprüfen[26]) – eine Angelegenheit übrigens, die nicht auf dem Forschungskonto der Landwirtschaft allein verrechnet werden sollte. In diesem Zusammenhang wird eine Verteuerung des Minderaldüngers durch entsprechende Besteuerung erwogen. Abgesehen von der rechtlichen Zulässigkeit einer solchen Maßnahme[27]) bestehen weitere Bedenken: Was allein als legitimes Ziel gelten könnte, die Wettbewerbsgleichheit, läßt sich mit steuerlichen Mitteln kaum herstellen. Es wird kaum zu umgehen sein, den erheblich höheren Arbeitsaufwand oder – ohne Beschönigung gesagt – die Unbequemlichkeit ökologischer Methoden in anderer Weise auszugleichen[28]). Daher ist es folgerichtig, wenn (ohne weitere einschränkende oder begründende Bemerkung) Lohnkostenzuschüsse als Petitum erscheinen. Das ist eine Forderung von außerordentlicher Tragweite und zwar in jeder Hinsicht. Der Arbeitskräftebesatz ist bei der außerordentlichen Belastung aller in der Landwirtschaft tätigen Personen eine so bedeutsame Frage, daß die Forderung im Rahmen einer vergleichenden Betriebs- und Arbeitsanalyse sehr sorgfältig auf unerwünschte Folgen untersucht werden muß, bevor andere allgemeine Überlegungen angestellt werden. Es sei die Überlegung

[26]) Der Absatz von Komposterzeugnissen scheint immer wieder an der Furcht vor gefährlichen Rückständen zu scheitern, wohl nicht immer ohne Grund, wenn man Pressemeldungen trauen darf, aus denen auch zu entnehmen ist, daß insofern Besserung eingetreten ist.

[27]) Die Frage wird hier nicht vertieft, da das Hauptargument in der im Text folgenden Gedankenführung liegt. Nur soviel sei bemerkt: Die Frage muß auch unter dem Aspekt einer Abgabe nach dem Modell des Abwasserabgabegesetzes vom 13.9.1976 (BGBl I S. 2721) betrachtet werden; das setzte freilich das Bekenntnis zu einer (gewissen) Schädlichkeit des Mineraldüngers (die übrigens nicht einheitlich beantwortet werden kann) voraus. Eine Besteuerung auf Grund von Umweltschädlichkeit würde im Grundsatz die gleiche Feststellung voraussetzen, schon um den Steuertatbestand sachgerecht zu erfassen.

[28]) Höherer Arbeitsaufwand oder gar die Unbequemlichkeit lassen sich verläßlich nur im Rahmen des (individuellen) Betriebes berechnen und deshalb kaum in einem Steuersatz für Mineraldünger umrechnen.

gestattet, ob es nicht Wege geben kann, diese Frage zu entschärfen. Das wäre etwa der Fall, könnte die Subvention des Arbeitsaufwandes ganz oder vorwiegend unter dem Gesichtspunkt der Arbeitsbeschaffung geregelt werden. Zu erwägen wäre auch, die Zuschüsse nicht einem Betrieb im ganzen, sondern bestimmten Arbeitsabläufen und Arbeitsvorhaben zuzuweisen[29]).
Die weiteren Vorschläge betreffen ebenfalls die Frage der Konkurrenzfähigkeit der beiden Methoden, aber sozusagen in ihrer Zuspitzung. Es geht um die Massentierhaltung, deren Umweltauswirkungen genau zu beobachten und durch strenge Anwendung der Gesetze hintanzuhalten seien. Die Problematik mag in Wirklichkeit weniger bei den klaren Fällen einer solchen Wirtschaftsform liegen[30]) als bei den Ansätzen, die sich schon in vielen bäuerlichen Betrieben in Gestalt einzelner ausgebauter Betriebswege finden. Auch dort ist wohl das steigende Gesundheitsrisiko bei der Tierhaltung der Umstand, dem mit gesteigertem Einsatz zu begegnen ist. Die mit der Massentierhaltung beinahe zwangsläufig verbundene Verwendung von Pharmaka führt den Forderungskatalog zur Frage des Chemikalieneinsatzes überhaupt.
Zum Beschluß befaßt er sich deshalb mit einem wichtigen Aspekt dieses Bereichs, der Verwendung von Bioziden, die überwacht werden soll. Hinter der Forderung steht zum ersten eine zutreffende Beobachtung aus der Praxis: Mit den Bioziden wird ein sorgloser Gebrauch getrieben, nicht so sehr bei der Anwendung im engsten Sinne, dem Ausbringen in entsprechender Dosierung, wohl aber bei dem „Drumherum", bei den Gerätschaften, dem Umgang mit den Resten und ähnlichen Vorgängen. Unausgesprochen, aber deutlich steht hinter den Forderungen ein zweiter Punkt, die Überzeugung von der Schädlichkeit (oder doch ein mangelnder Glaube an die Unschädlichkeit) der Biozide. Bezüglich des ersten Punktes wäre zu bemerken, daß eine größere Sorgfalt kaum erzwungen werden kann, kaum durch obrigkeitliche Maßnahmen und höchstens sehr beschränkt durch einen moralischen Appell an die Gewissenhaftigkeit. Man hat mit Arbeitsbedingungen zu rechnen, die eine „Feinarbeit" nur bedingt zulassen und dazuhin mit einer Mentalität, die sich ungern auf Diffizilitäten einläßt. Das besagt aber, daß die Rechtsordnung nicht mit der Einhaltung von Normen rechnen darf, die diesen Realitäten nicht Rechnung tragen und das bedeutet in der Konsequenz einen Vorzug für Biozide, bei denen die Schadensfolgen bei üblichen Mißbräuchen

[29]) Es ist allgemein bekannt, in welchem Ausmaß die Einkommenssteigerung der Landwirtschaft auch auf dem Rückgang des (unschön sog.) Arbeitskraftbesatzes beruht. Wegen der allgemeinen, insbes. sozialen Folgen dieses Schrumpfens reicht die Frage unvermeidlich über einen Betriebszweig hinaus. Dennoch scheint es gerechtfertigt, eine bestimmte Wirtschaftsmethode auf diese Weise zu fördern. Mit dem Verweis auf die Arbeitsbeschaffung ist vor allem eine Subventionsquelle angesprochen. Von Vorteil wäre es, wenn die Qualifikationsanforderungen der genannten Arbeit über den Kreis der „Eingeweihten" hinaus bekannt werden würde: In der Vorstellungswelt vieler dürfte die unzutreffende Vorstellung verwurzelt sein, daß die Qualifikation des Landwirts vorab auf der Beherrschung der Technisierung beruhe, die im ökologischen Landbau kein Essentiale ist.

[30]) Es scheint, als sei das juristische Problem, das sich hier ergibt, einigermaßen gelöst. Es ist ja vorab zu prüfen, ob hier Landwirtschaft im Sinne der Rechtsregeln vorliegt.

tolerabel sind. Eine Entwicklung in dieser Richtung vollzieht sich bereits; dennoch bleibt eine Kluft zwischen den beiden Methoden in diesem Punkte, die auch das immer wieder anklingende rechtliche Problem akut machen, die Unschädlichkeit[31]). Damit endet der detaillierte Forderungskatalog; in den weiteren Ausführungen, die den Hintergrund und die Grundlage für diesen Katalog abgeben, sind Gedanken enthalten, die sich gleichermaßen in Forderungen umsetzen lassen. Die juristische Kommentierung hat hier aber einen freieren Spielraum und kann Fragestellungen einbeziehen, die ein Parteigänger des ökologischen Landbaus nicht zu stellen braucht. Da die Förderung des ökologischen Landbaus wie alle politischen Vorhaben durchgesetzt werden muß gegen andere Interessen und Interessenten und da die Frage nach den potentiellen „Förderern" im Detail bisher nicht gestellt worden ist, müssen die Überlegungen im Hinblick auf den gesamtwirtschaftlichen „Nutzen" fortgeführt werden. In diese Richtung führt folgende Überlegung: Es gibt Konflikte zwischen Umweltschutz und der Landwirtschaft, die recht gesehen ein Konflikt zwischen Umweltschutz und den immer mehr vordringenden modernen Landbaumethoden sind. Diese Konflikte ließen sich zu einem Teile ausräumen, wenn andere Methoden des Landbaus angewandt würden, möglicherweise die alt überkommenen, aber auch die bewußt naturschonenden und -fördernden Methoden, die im Prinzip entwickelt sind, aber zum Teil noch der Anpassung an besondere Gegebenheiten bedürfen[32]).

Solches Vorgehen könnte über solche manifesten Konfliktslagen hinaus beispielgebend sein, wenn man – weitergreifend – wahrscheinliche Gefährdungen der Umwelt einbezieht. So zu verfahren wäre ein legitimes Recht der Planungsbehörden, die damit bereits vorhandene Kategorien und Kriterien des Planungsrechts in einer verfeinerten Weise anwenden würden. Zu denken ist vor allem an den

[31]) Vgl. das Pflanzenschutzgesetz vom 10. Mai 1968 (BGBl I S. 352), vor allem § 1 II Nr. 4: Abwendung von Schäden, insbes. für die Gesundheit von Mensch und Tier. Kennzeichnend für die unausgesprochene Stellungnahme zugunsten bestimmter Methoden § 2 Nr. 2 b, wo Unkräuter als pflanzliche Schädlinge erscheinen. § 8 I Nr. 3 ist wiederum für die zugrundeliegende Auffassung der Schädlichkeit kennzeichnend: Keine schädlichen Auswirkungen für die Gesundheit von Mensch und Tiers sowie keine sonstigen schädlichen Auswirkungen, die nach dem Stande der wissenschaftlichen Erkenntnis nicht vertretbar sind und zwar (was verständlich ist) bei bestimmungsgemäßer und sachgerechter Anwendung, die aber nicht immer gewährleistet ist. Man ist wohl berechtigt, von einer Regelung mit kalkulierten Risiken zu sprechen.

[32]) Eine vollständige Aufzählung und Analyse dieser Konflikte ist nicht beabsichtigt. Exemplarisch erscheinen die Auseinandersetzungen um die Feuchtgebiete. Diese entstehen, obwohl der Gesetzgeber einen Konflikt ausgeschlossen zu haben glaubt: Die Landwirtschaft kann in diesen geschützten Gebieten nach wie vor betrieben werden. (Vgl. etwa Baden-Württemberg, Naturschutzgesetz vom 21. Oktober 1975 (GBl 654, GBl 76, 96) § 10 I Nr. 5: Schädigung von Feuchtgebieten; § 10 III: Die Nutzung im Rahmen ordnungsgemäßer Landwirtschaft . . . gilt nicht als Eingriff.)
Die Aspekte für die Gesetzgebungstechnik sollen hier nicht weiter erörtert werden; immerhin könnte man sich für später Regelungen denken, die nicht mehr pauschal von der Landwirtschaft sprechen. Die Lösung muß zunächst nicht hier, sondern pragmatisch gesucht werden, eben durch Anweisung entsprechender Landbaumethoden.

Gewässerschutz, wo sich die ökologische Landwirtschaft als Lösung anbieten könnte. Da andere Schutzmaßnahmen – etwa weitgehender Verzicht auf Düngung – in aller Regel die Wirtschaftlichkeit des betroffenen Betriebes berühren, könnte die Entwicklung von Bewirtschaftungsmethoden für kleinere Flächen (d. h. ohne Umstellung von ganzen Betrieben) lohnend sein, um das nötige Ausmaß des Gewässerschutzes einzelwirtschaftlich tragbar zu machen[33]). Damit erst könnte die Planung ohne große Bedenken und Rücksichtnahme Zonen mit umweltschonender Landbebauung festlegen. Die Verwendungsmöglichkeiten solcher Zonen sind vielfältig. Vor allem ließen sich mit solchen Hilfsmitteln größere Bezirke die der Regeneration der Natur dienen, aufbauen. Alle Planungsträger, vorab die Gemeinden, haben so gesehen ein bedeutendes Interesse an den Landbaumethoden. Deren Förderung kann dennoch nicht allein Staatsangelegenheit sein.

Die hier zur Erwägung gestellte teilweise Anwendung von ökologischen Methoden, die im Forderungskatalog aus verständlichen Gründen nicht berührt ist, bedarf der Überlegung nicht nur wegen der Bequemlichkeit für die Planung, sondern im Interesse einzelner Betriebe oder einer Vielzahl von Betrieben für einen Teil ihres Landbesitzes. Die besondere Bewirtschaftung, insbesondere Düngung der Flächen, die für den Hausgebrauch dienen, ist so neu oder ungewöhnlich nicht. Darum geht es in diesem Zusammenhang aber nicht, sondern um zwei prinzipielle Ziele: Bei dem starken psychologischen Druck, den die modernen Landbaumethoden ausüben, ist es für jeden Landwirt von Nutzen, auf dem eigenen Hof Vergleichsmöglichkeiten zu haben und damit die Einseitigkeiten zu vermeiden, die jede Methode mit starkem Geltungsanspruch mit sich bringt. Bei ausgedehnteren landwirtschaftlich genutzten Flächen würde diese Verwendung anderer Methoden in ausgewählten Teilarealen eine Entlastung eines zumeist sehr einseitig genutzten Naturraumes bedeuten, möglicherweise mehr als das, ein Refugium für die Vielfalt an Flora und Fauna, ein Schutz für das genetische Potential, das in einer alten Kulturlandschaft vorhanden ist[34]). Es sind das Probleme, bei denen ein Eingreifen der öffentlichen Hand zu Schutzzwecken mit Gebot und Verbot nicht erwartet werden darf. Das führt wiederum zu der Forderung, daß die Bildung solcher Refugien von der öffentlichen Hand unterstützt werden sollte.

Die Absatzorganisation für die landwirtschaftlichen Produkte hat Auswirkungen auch auf die Landbaumethoden. Das weitgehend standardisierte Angebot, das der (wirtschaftlich interessante) Abnehmer verlangt, bevorzugt bestimmte Methoden, wenn es diese nicht sogar erst herausfordert. Die Absatzorganisation steht ihrer-

[33]) Es geht hier – bei den Feuchtgebieten ist dies *eine* der Konfliktslagen – um die Ausschwemmung. Nach neuen Berichten soll das vor allem bei den wirtschaftseigenen Düngern der Fall sein, weniger bei den mineralischen Düngern. (Bericht über Landwirtschaft 55 (1977) Heft 4 passim, vor allem S. 64: *Baitsch*, Kulturlandschaft und Wasserhaushalt. Der Umweltbericht 1978 hat nach Presseberichten einen Schwerpunkt in den hier aufgeworfenen Fragen.)

[34]) Ein besonders eindrucksvolles Beispiel *Otto Linck*, Das Ende der historischen Weinberglandschaft, Schwäbische Heimat 1978, S. 60 f. (m.w.Nachw.).

seits in Wechselwirkungen mit der einschlägigen Handelsorganisation. Daß hier die Konzentration bereits öffentliche Interessen an der ordnungsgemäßen Versorgung berührt, ist bekannt. Gegenwirkungen sind insoweit nicht mehr lange aufschiebbar und solche ließen sich verbinden mit Dezentralisierungsmaßnahmen auch in den Strukturen des Absatzes. Neue Produkte vermögen einen solchen Prozeß möglicherweise zu erleichtern[35]).

Neben diesem Berührungspunkt mit der allgemeinen Strukturpolitik läßt sich noch ein weiterer, wohl besonders problembeladener, ausmachen: die Gesundheitspolitik. Problembeladen ist das Thema deshalb, weil hier eine Kluft zwischen den Anschauungen der offiziellen Gesetzgebung und denen einer Reihe von Bürgern besteht. Die letzteren gehen von einer gewissen gesundheitlichen Bedenklichkeit der auf moderne Weise gewonnenen Lebensmittel aus, während die Obrigkeit solche Bedenken nicht teilt. Nun geht es hier nicht um Meinungsverschiedenheit als solche, sondern um die rechtlichen Folgerungen, die aus den beiden Meinungen zu ziehen sind. Zunächst gilt hier, daß die „nichtoffizielle Meinung" Anspruch hat auf alle die staatlichen Maßnahmen, die sich mit dem offiziellen Standpunkt und den daraus abgeleiteten Rechtsregeln vereinbaren lassen[36]). Dazu ist zu rechnen das Eröffnen von Bezeichnungen und Hinweisen durch die Rechtsordnung, eine Frage, die bereits berührt worden ist, in diesem Zusammenhang aber ein neues Gewicht erhält. Ob die Rechtsordnung dabei stehen bleiben darf, die Mindermeinung in diesem Sinne zu tolerieren, sich selbst auf die andere Theorie zu stützen, ist durchaus nicht sicher. Es gibt einen Bereich, in dem eine Sicherheit der wissenschaftlichen Aussage nur bedingt möglich ist: Die Langzeitwirkung und die Häufung schädlicher Einflüsse. Weil es hier keine verläßliche Grundlage für ein Unterbinden der verschiedenen Ursachenreihen durch Verbote gibt, könnte eine rechtliche Pflicht postuliert werden, in anderer Weise vorbeugend tätig zu sein. Sowohl der Kumulierung von Ursachen wie den ungewissen Langzeitwirkungen könnte entgegengesteuert werden durch „unbelastete" Nahrungsmittel (wobei nicht der Anspruch erhoben wird, daß damit spezifische Gegenmittel im Hinblick auf bestimmbare negative Einflüsse ermittelt seien). Hinter dem Vorschlag steht lediglich der Gedanke, mit einfachen Mitteln die Belastung des menschlichen Organismus abzubauen. Derlei wäre besonders wichtig für den Bewohner von Gebieten mit hohen Umweltbelastungen und für Kinder und Jugendliche[37]).

[35]) Ergänzend sei bemerkt: Ökologisch gewonnene Produkte werden sich relativ schwer in die heute herrschenden Absatzformen einfügen lassen, schon weil es sich nicht um ein Massengeschäft handelt.

[36]) Die Wendung Anspruch ist cum grano salis zu verstehen. Offen sind alle Rechtsregeln, die sich mit dem offiziellen Standpunkt nicht in Widerspruch setzen und zwar ist die Widerspruchsfreiheit im rechtlichen Sinne der Maßstab, nicht die wissenschaftliche Kontroverse.

[37]) Die Durchsetzung eines solchen Vorhabens ist außerordentlich schwer; gerade die belasteten Ballungsgebiete haben ja im allgemeinen die Nachfrage und Handelsstruktur, die den „ökologischen" Nahrungsmitteln ungünstig ist. Einzusetzen wäre zweckmäßig bei einer sehr intensiven Förderung des ökologischen Landbaus in und am Rande der Ballungsgebie-

Es sind bei nahezu allen Vorschlägen und Überlegungen die starken Interessen sichtbar geworden, die eine positive Entscheidung der Politik zugunsten des ökologischen Landbaus nicht sehr wahrscheinlich machen werden, solange die Entscheidung eine freie, nur von politischen Kräfteverhältnissen abhängige bleibt und nicht in den Bereich einer vom Recht vorgezeichneten Pflichtenlage tritt. Die folgenden Überlegungen wollen versuchen, die im Laufe der Überlegungen zutage getretene Beziehung zum Recht oder, bescheidener gesagt, die Einschränkung des Beliebens noch einmal im Zusammenhang aufzugreifen. Das Verwiesensein auf die Naturwissenschaften und ihren Wahrheitsanspruch kann dem Recht eine falsche Sicherheit geben, die es in anderen Bereichen – einschließlich der Gerechtigkeitsfrage – nicht hat. Die falsche Sicherheit bestünde in der Überzeugung, im rechtlichen Bereich mit der Übernahme der naturwissenschaftlichen Wahrheit notwendig das Richtige getan zu haben. Da die Naturwissenschaften nach ihrem eigenen Konzept einen bestimmten Stand der Erkenntnis repräsentieren, kann das nur mit Einschränkungen gelten[38]). Auch ist in Rechnung zu stellen, daß die Naturwissenschaften bestimmte Faktoren kraft ihrer methodischen Ansätze ausblenden[39]). Demnach darf die Rechtsordnung nur mit allem Vorbehalt solche naturwissenschaftliche Wahrheit ihren fundamentalen Begriffen zugrunde legen. Wo die Richtigkeit des Rechts derart eine relative ist und sein muß, folgt schon aus dem Rechtsgedanken als solchem die Nötigung, die Garantien für richtige Lösungen zu verstärken. Ein solches Postulat läßt sich unterbauen aus Überlegungen zum Verhältnis von positivem Recht und Gerechtigkeit, zum Verhältnis von Recht und Wahrheit und zum Verhältnis von Schutzpflicht und Gestaltungsfreiheit[40]) bei fundamentalen Rechtsgütern wie Leben und Gesundheit des Menschen. Garantien für richtige Lösungen sind diese: Das Gewinnen von naturwissenschaftlichen Erkenntnissen auch im Blick auf mögliche Verengungen der wissenschaftlichen Fragestellung[41]), sodann die genaue Überlegung, in welcher Weise diese Erkennt-

te. Ein rechtfertigender Grund für eine solche Maßnahme wäre schon in der mutmaßlichen Belastung des Bodens durch die Luftverschmutzung zu finden, die durch einen im übrigen giftfreien Landbau kompensiert werden sollte.

38) Die Gesetzgebungstechnik erlaubt nicht immer, einen variablen „jeweiligen Stand der Erkenntnis" zum Kernstück einer Regelung zu machen. Der „jeweilige Stand der Technik" steht in einem anderen Problemzusammenhang, etwa bei der Bemessung von Schutzmaßnahmen.

39) Die Erfahrung war der entscheidende Maßstab für die Bewertung der sozialen Dinge; die Tendenz ist unverkennbar, statt der Erfahrung unvermittelt die wissenschaftliche Wahrheit in die Rechtsregelung einzubringen. (Das ist zum Teil zwangsläufig, im hier gegebenen Problembereich vor allem, zu einem anderen Teile eine freiwillige Räumung von Positionen.) Wenn dem so ist, wird die Ausblendung auch von daher eine Tatsache.

40) Die beiden Begriffe bezeichnen äußerste Denkmöglichkeiten: Gestaltungsfreiheit bedeutet demnach nicht die Möglichkeit, die genannten Rechtsgüter von jedem Rechtsschutz freizustellen, sondern die Freiheit des Gesetzgebers, Risiken, u. U. erhebliche Risiken für diese Güter in Kauf zu nehmen.

41) Die immer mehr geschärften Mittel der Erkenntnis in den Naturwissenschaften erlauben das Erfassen von Phänomenen, die vor kurzem noch als „unbeweisbar" galten. Dennoch

nisse in die Rechtsregeln eingehen müssen, was die Frage einschließt, inwieweit die überkommenen dogmatischen Positionen fortentwickelt werden müssen[42]).

wird anerkannt, daß das „Unzerschnittene" sein Recht habe (*C. F. v. Weizäcker*, Der Garten des Menschlichen, München, Wien 1977, S. 91 ff.)

[42]) Ohne Verschleierung und Beschönigung gesprochen: In unseren Rechtsinstitutionen ist als Möglichkeit enthalten, eine Herrenstellung gegenüber der Natur auszuüben. Es gibt auch kein Rechtsinstitut, etwa die Sozialbindung, die einen Mißbrauch einer solchen Herrenstellung (oder gar diese selbst) als solche, gleichsam zwangsläufig zu verhindern möchte. Es ließe sich sagen, daß der umweltunschädliche Gebrauch des Eigentums das Eigentum in seiner unanfechtbaren Ausprägung repräsentiert, während ein anderer Gebrauch einen Regelungsbedarf auslösen sollte. Erstes Prinzip sollte sein, solchen bedenklichen Gebrauch auf den Benutzer selbst zurückfallen zu lassen. Eine Banalität? Gewiß, wenn nicht der Mensch die Gewohnheit entwickelt hätte, seinen Unrat vom Bach zum Nachbarn schwemmen zu lassen und wenn nicht das Recht solches Verhalten seit langem mehr oder minder akzeptiert hätte. Auch die Technik gibt hier keinen Impuls, eher ist das Gegenteil, die Förderung der Ableitung und Verdünnung der Fall. Deshalb muß in den Bereich der Schutzmaßnahmen auch die vorhandene oder zu entwickelnde technische Möglichkeit der Rückführung schädlicher Substanzen auf dem eigenen Grundstück einbezogen werden. Der Grundgedanke ist erweiterungsfähig. So hat man vorgeschlagen, die Einbringung von gebrauchtem Wasser nur oberhalb der jeweiligen Entnahmestelle zu gestatten. Wo diese Eindämmung nicht möglich erscheint, wo also keine Eigenverantwortung durchführbar ist, muß auf anderem Wege versucht werden, das Eigeninteresse durch eine Verkoppelung von Vorteil und Nachteil bei einem größeren Kreis von Beteiligten ins Spiel zu bringen. Dieser größere Kreis von Beteiligten wäre zu gewinnen auf der Grundlage eines räumlichen Bereichs, der sich unter spezifischen Umweltgesichtspunkten als Einheit begreifen läßt. Dafür gibt es bereits Ansätze; schwieriger ist die Frage zu lösen, wer als Beteiligter gelten kann. Als solcher wird jeder gelten müssen, dessen Rechtsgüter betroffen erscheinen, mithin alle Bewohner des Distrikts, nicht allein die Grundeigentümer, Gewerbetreibenden und dgl. Damit würde eine jedenfalls für das Zivilrecht kaum lösbare Lage – eine Vielfalt von Einwirkungen gegen eine Vielheit von Betroffenen – sozusagen überspielt. Man bliebe gleichsam im Vorfeld – die Kategorien Eingriff und Schaden wären unnötig und würden durch ein Abheben auf den schlichten Begriff Nachteil weitgehend ersetzt werden können. Die Kategorie des Vorteils ist einzubringen, um jenem Denken entgegen zu wirken, das sich nur an den negativen Seiten (die ja unbestreitbar sind) aufzuhalten gedenkt. Nachweislich wird sich daran freilich die weitere Frage knüpfen müssen, ob die gegenwärtige Zuordnung der Vorteile (etwa nach dem groben Schema: dem einen der Unternehmensgewinn, dem andern sein Arbeitsplatz) so bleiben kann. Da die Gesamtheit ohnehin so oder so die Regreßkosten trägt, ist die Überlegung weniger einschneidend als sie klingen mag.

Das hier zur Diskussion gestellte Modell bringt nicht unbedingt die Nötigung mit sich, die Entscheidungskompetenzen in diese Gruppe hinein zu verlagern. In einfachen Fällen ist das möglich und wünschenswert, in anderen muß von andern Entscheidungsträgern nach den inhaltlichen Kriterien, wie sie skizziert wurden, entschieden werden. Die Organisationsfrage verliert etwas von ihrem Schrecken, wenn anerkannt wird, daß eine durchgreifende Umweltpolitik ohnehin zu Änderungen in der Staatsorganisation führen muß. Auf einen schlagwortartigen Begriff gebracht, geht es in der Sache um eine Kombination von Schadensverteilung, Schadensvermeidung und Risikoaufteilung nach dem Muster der großen Havarei.

Aus dem umfänglichen Schrifttum werden Nachweise nur für die Einschätzung der „oben genannten" Betroffenheit vieler durch Handlungen vieler genannt.

Was hier an rechtlichen Bindungen zur Überlegung gestellt ist, will nicht verstanden werden als einklagbare Verpflichtung oder als eine Pflicht, deren Nichteinhaltung individuelle Schadensersatzansprüche auslösen könnte. Von solchen Positionen gesehen geht es um ein Weniger, eben um die Erkenntnis, daß hier Handlungsanweisungen vorliegen, die sich übrigens auch aus einem ethischen Ansatz heraus rechtfertigen ließen[43]).

Gelegentlich kommt dem Denken und Handeln im juristischen Bereich auch ein pädagogischer Aspekt oder doch eine beispielgebende Funktion zu. Was sich hier im kleinen Bereich, in einem beinahe idyllisch zu nennenden sozialen Kontext ohne große Auseinandersetzung verwirklichen ließe, könnte in Zukunft die Verhaltensweisen und Argumentationsketten für die ernsten und tiefgreifenden Konflikte prägen, die bereits in ihren Anfängen die Rechtsordnung tiefgreifend erschüttert haben[44])[45]).

Roth (Materiellrechtliche und prozessuale Aspekte eines privatrechtlichen Umweltschutzes NJW 1972, S. 921) geht wohl am weitesten in der Annahme einer Bündelungsfähigkeit der Eingriffe, m. E. zu weit. Skeptisch auch *J. G. Helm*, Individuum und Umweltproblem aus der Sicht des Privatrechts in *Dürr, E.* u. a., Das Umweltproblem aus ökonomischer und juristischer Sicht (Abh. zu den wirtschaftlichen Staatswissenschaften, hrsg. von E. Recktenwald Bd. 10, S. 93 ff. (S. 104). Ferner *H. Engler*, AgrarR 1972, S. 371 ff. Einen hilfreichen Gesamtüberblick gibt *Storm*, AgrarR 1974, S. 181.

[43]) Die Diskussion um diese Frage braucht hier nicht aufgegriffen zu werden, da sie in dem hier gestellten Zusammenhang keine praktische Auswirkung haben dürfte. Der Gesetzgeber hat gehandelt, der Umweltschutz ist legitime staatliche Aufgabe. Demnach kommen weder Reaktionen wegen Außerachtlassung von Aufgaben oder wegen legislatorischen Fehlverhaltens in Betracht. Aber das kann wohl nur gelten, wenn die naturwissenschaftlichen Grundlagen der staatlichen Maßnahmen in aller Gewissenhaftigkeit erhoben werden.

[44]) Dieser Beitrag wurde vor Bekanntgabe der Ergebnisse der Wahlen vom 4. Juni 1978 geschlossen. Die Bemerkungen zielen also nicht auf politische Stimmgewichte und die dadurch möglicherweise hervorgerufene politische Einschätzung der Umweltfragen.

[45]) Die im Text vorgenommene, auch rechtstheoretisch gebotene Distanzierung von bestimmten Landbaumethoden und das Abheben auf einen Trend bzw. seine Umkehr dürfen nicht hindern, hier gewisse Überlegungen namhaft zu machen, die sich nur bei der Identifikation mit einer bestimmten Methode ergeben. Schwierigkeiten ergeben sich bei der Terminologie: Konservative oder übliche Landwirtschaft kann gelegentlich (anders als hier verstanden) die moderne industrielle Produktionsweise bezeichnen. Diese Terminologie verkennt, daß heute noch altüberkommene Bestandteile in vielen Produktionsvorgängen enthalten sind, was die Richtigkeit des Denkens in Trendrichtungen bestätigen dürfte.

Eine andere Situation wird angesprochen, wenn die Unterscheidung von intensiv chemisch-technischem System, einer konventionell bäuerlich gemischten Landwirtschaft oder auch der biologisch dynamischen als eigentlich nicht mehr zeitgemäß bezeichnet wird. (*W. Schaumann* in „Kleintechnologie – kontra Wirtschaft"?, Magazin Brennpunkte 5 bei Fischer 1976, S. 108). Die Grundfragen seien neu zu stellen und hier wird offenbar die Mithilfe der Wissenschaft vermißt. Die Stoßrichtung geht gegen den chemischen Pflanzenschutz, jedenfalls solange er so unspezifisch wirke, wie heute aus ökonomischen Gründen unvermeidlich. Als Forschungsvorhaben werden vorgeschlagen das Phänomen der biologischen Bindung des Luftstickstoffes und der Mobilisierung bodenständiger und gesteinsbürtiger Phosphate. Ferner werden Ausführungen zu den im Text erwähnten Qualitätsmaßstäben gemacht

(a. a. O. S. 110 f.). Ausgeklammert wurde bewußt auch der gelegentlich sehr betonte Zusammenhang von Landbaumethoden und der Suche nach alternativen Lebensformen. Gründe der Staatsklugheit sprächen dafür, diese Suche zu fördern und mit ihr auch die sich anbietenden wirtschaftlichen Grundlagen.

[46]) Ein rechtsvergleichender Ausblick erscheint geeignet, manche der eigenen Positionen zu überprüfen. Für die bibliographischen Hilfen in diesem Feld sei vorweg Professor *J. Kavass*, Nashville/Tenn. auch hier herzlich gedankt. Die Vereinigten Staaten bieten insofern eine brauchbare Vergleichsgrundlage, als die wirtschaftlichen Faktoren in manchem deutlicher ins Blickfeld treten als bei uns.

Die Zusammenhänge zwischen Stickstoffdüngung und entsprechender Belastung der Gewässer im Mittelwesten werden dargestellt von *B. Commoner*, Alternative Approaches to the Environmental Crisis (in B. Shaw, Environmental law, St. Paul, West Publishing Co., 1976 p. 73 ss., p. 78). Wichtig ist, daß die Verwendung etwa ab 1960 steil ansteigt, die Belastung der Gewässer steigt allerdings nicht so sehr. Der Verf. nimmt aufgrund von Versuchen an, das Problem könnte sich durch Halbierung des Stickstoffeinsatzes erledigen, Produktionsausfälle von maximal 20% könnten durch Einbeziehung brachliegenden Landes aufgefangen werden. Bedeutsam erscheint, daß der Abbau eines „Übermaßes" hier als ausreichendes Auskunftsmittel genannt wird. Das stützt die im Text vertretene These, daß weniger die Methoden als solche als das Ausmaß maßgeblich sind und daß eine Umkehr des Trends schon viel zu bewirken vermöchte. Der Verf. lokalisiert den Ausgangspunkt der Krise in der Nachkriegstechnologie, vor allem in dem gehäuften Auftreten synthetischer Materialien in den verschiedenen Bereichen. Folgerichtig wird die Ursache (und mögliche Therapie) weitgehend im ökonomischen Bereich gesehen, im hier aufgezeigten Zusammenhang also der landwirtschaftlichen Einkommen.

Die juristische Seite scheint im angelsächsischen Bereich an den gleichen Schwierigkeiten zu leiden wie auf dem alten Kontinent. *E. Loehman* und *J. R. Conner* streifen im Rahmen ihrer Untersuchung über Economic Perspectives on Environmental Decisions (l. c. p. 99) auch die Funktion des Rechts, das allerdings nur im Rahmen einer Entscheidungstheorie gesehen wird. Das Schutzbedürfnis wird dem Bereich der öffentlichen Interessen (oder Rechte) zugeordnet, wobei von Veränderungen in diesem Sektor ausgegangen wird. Gerichte sollen die Feinabgrenzung im Widerstreit privater und öffentlicher Interessen abgeben. Bemerkt wird ebenso die nützliche Rolle der gewöhnlichen Bürger, deren einziger Status der des Opfers sei. Der zitierte Vorschlag von Sax (*I. L. Sax*, Defending the Environment, NY 1971, Original war nicht greifbar), zu diesem Ende die Theorie des public trust zu beleben, dürfte zeigen, daß es spezifischer dogmatischer Neuansätze bedarf und nicht nur einer Neuumgrenzung öffentlicher und privater Rechte. Die Theorie des public trust scheint in der Tat ausweislich der Literatur wenig entwickelt zu sein und kaum über den Fall des charitable trust hinauszureichen. Etwas anders ist die Lage in England. Unmittelbare Vorbilder für unsere Fragen ergeben sich bei den unklaren Konturen dieser Aussagen jedenfalls nicht. Die Richtung zeichnet sich jedoch ab: Die Stärkung der Rechtsposition der Dinge, die der Schädigung ausgesetzt sind und zwar nicht hier durch Einbeziehung in die öffentlichen Interessen, sondern durch Zuordnung an Individuen. Für die nötige Vertiefung dieser Gedankengänge ist auch eine Theorie der Gemeingüter von Nutzen (eingeschlossen die damit verbundenen Gewissensfragen l. c. p. 59).

Zur Bedeutung des § 906 BGB für das straßenrechtliche Immissionsverhältnis

Eberhard Schmidt-Aßmann, Bochum

Verkehrslärm und Verkehrslärmschutz sind zu einem bewegenden Thema in der Öffentlichkeit geworden. Das Bundesimmissionsschutzgesetz vom 15. März 1974 (BGBl I S. 721)[1]) brachte in den §§ 50 und 41-49 den Versuch einer kombiniert planungs-entschädigungsrechtlichen Lösung des Verkehrslärmproblems für den Neubau und die wesentliche Änderung öffentlicher Straßen[2]). Diese Vorschriften haben direkte praktische Konsequenzen zwar nicht entfalten können, weil die zu ihrer Konkretisierung notwendige Festlegung von Planungsgrenzwerten in einer Straßenschallschutzverordnung bisher nicht erfolgt ist und auch nicht mehr erfolgen wird[3]). Gleichwohl haben diese Lösungsansätze eine Reihe mittelbarer Wirkungen ausgelöst. So hat der Bundesgerichtshof in der Entscheidung vom 20. März 1975[4]), die Wertentscheidung des BImSchG aufnehmend, für Anliegergrundstücke an vorhandenen Straßen, also außerhalb des eigentlichen Regelungsanspruchs der §§ 41 ff. BImSchG, die Zumutbarkeitsschwelle gegenüber Straßenverkehrsimmissionen abgesenkt und eine zweckgebundene Enteignungsentschädigung für Aufwendungen für notwendige Lärmschutzmaßnahmen nicht mehr nur ausnahmsweise bei besonders schwerer Beeinträchtigung zugesprochen[5]). Vor allem aber hat der Regelungstorso der §§ 41-43 BImSchG die Diskussion um den Verkehrslärmschutz nicht mehr zur Ruhe kommen lassen. Im März 1978 nun hat die Bundesregierung ihren Entwurf eines Verkehrslärmschutzgesetzes (VLärmSchG) dem Bundestag zugeleitet[6]). Danach soll die Verkehrslärmproblematik öffentlicher Straßen und Schienenwege aus dem allgemeinen Immissionsschutzrecht des BImSchG herausgelöst und einer eigenständigen Regelung zuge-

[1]) Vgl. dazu zum Aspekt der Lärmbekämpfung das Umweltgutachen 1978 des Rates von Sachverständigen für Umweltfragen, 233 ff.

[2]) *K.-F. Meyer*, Rechtsprobleme des Immissionsschutzes bei Planung, Bau und Betrieb öffentlicher Straßen, Diss. Mainz 1977, 56 ff., 116 ff.; *Fickert*, Straßenplanung und Straßenbau unter der Rechtsgeltung des Bundesimmissionsschutzgesetzes und unter Einbeziehung des Entwurfs einer Straßenschallschutzverordnung, BauR 1976, 1 ff., 6.

[3]) *Schroeter*, Überlegungen zu einer Schallschutzverordnung nach dem Bundesimmissionsschutzgesetz, DVBl 1976, 759 ff.

[4]) Urteil vom 20.3.1975 – III ZR 215/71 – BGHZ 64, 220 ff. („Reuterstraßen-Urteil").

[5]) *Battis*, Vorsorgezahlungen nach Enteignungsgrundsätzen, NJW 1976, 936 ff.; *Kloepfer*, Entschädigung für Straßenverkehrslärm: Berücksichtigung und Vorberücksichtigung des Bundesimmissionsschutzgesetzes, JuS 1976, 436 ff., 437.

[6]) Bundestags-Drucksache 8/1671.

führt werden, die ähnlich wie die §§ 50, 41 ff. BImSchG nach einem gemischt planungs- und entschädigungsrechtlichen Modell konstruiert ist[7]). Eine Anhörung von Sachverständigen und Verbänden, die der in den parlamentarischen Beratungen des Entwurfs federführende Verkehrsausschuß des Bundestages im November 1978 durchführte, hat eine beträchtliche Reihe von Mängeln und Lücken in dem Gesetzentwurf offenbart. Schon heute steht, wie auch immer der Entwurf aus den Beratungen in Bundestag und Bundesrat hervorgehen mag, wenigstens zweierlei fest:

– Das Gesamtproblem des Verkehrslärms wird sich nicht allein durch Mittel der Straßenplanung, der aktiven Schallschutzmaßnahmen an den Straßen und der passiven Maßnahmen an den lärmbetroffenen Grundstücken lösen, sondern erfordert ein umfassendes Konzept, das die Möglichkeiten der Emissionsdämpfung am Kraftfahrzeug sowie verkehrsordnende Maßnahmen mit einbezieht. Das VLärmSchG kann folglich nur *ein* Stein zum Aufbau eines dauerhaften Schutzes der Bevölkerung vor den nachteiligen Wirkungen des Verkehrslärms sein. Entscheidend ist, daß dieser Stein behutsam gesetzt wird; denn wie das Gesetz einerseits die hochgespannten Erwartungen der Öffentlichkeit nicht enttäuschen darf, so muß es sich andererseits davor hüten, in übertriebener Forcierung derzeit zur Verfügung stehender Lärmschutzmittel Landschaft und Stadtbild durch ein Übermaß an Lärmschutzwänden zu verunstalten oder aber die Bevölkerung hermetisch hinter Doppelfenster zu bringen.

– Fest steht neben diesen eher rechtspolitischen Aspekten aber auch, daß die bisherigen Grundlagen des Verkehrslärmschutzes der Straßenanlieger bedeutsam bleiben, weil sie den Hintergrund darstellen, auf dem sich das neue Recht entwickelt hat, von dem her es folglich zu beleuchten und gegebenenfalls zu ergänzen ist[8]).

Dieses nun ist der Ansatzpunkt für unsere Betrachtung des § 906 BGB – einer Vorschrift, die im Schnittpunkt von öffentlichem und privatem Nachbarrecht steht und an der sich die Entwicklung unseres Grundstücks- und Bodenrechts von einem kleinräumig-nachbarschaftlich orientierten Ausgleichsrecht zu einem planerisch bestimmten größer dimensionierten Modell nachzeichnen läßt. Von dieser Standortbestimmung und Entwicklung des § 906 BGB zieht sich der Bogen zu den Arbeitsgebieten des Jubilars, der in einer Vielzahl von Beiträgen den Grenzgebieten des öffentlichen und privaten Rechts, insbesondere in der ländlichen Bodenordnung, sein besonderes Interesse zugewandt hat.

[7]) *Nedden*, Immissionsschutz beim Straßenbau, DVBl 1977, 265, 266.

[8]) Dazu *Schmidt-Aßmann*, Verfassungsrechtliche Grundlagen und Systemgedanken einer Regelung des Lärmschutzes an Altstraßen, Schriftenreihe des Bundesministers für Verkehr, 1979.

I

Die Bedeutung des § 906 BGB im straßenrechtlichen Immissionsverhältnis hat mehrere Entwicklungsstadien durchlaufen[9]). Zunächst spielte die Vorschrift eine Rolle schon für die Qualifikation des Immissionsverhältnisses als Rechtsverhältnis des privaten Rechts. Als solches wird es in der reichsgerichtlichen Rechtsprechung eingestuft. In der Entscheidung vom 9. Januar 1939[10]) hebt das Reichsgericht zwar zutreffend auf die öffentliche Aufgabe des Straßenbaus und die öffentlich-rechtliche Organisationsform des Straßenbaulastträgers ab, betont dann aber, daß die Basis des Immissionsverhältnisses letztlich im Bereich des privatrechtlichen Eigentums zu suchen und daher wie dieses privatrechtlich zu interpretieren sei. Auf den öffentlich-rechtlichen Akt einer Planfeststellung soll es für die Qualifikationsfrage dagegen nicht ankommen. Den besonderen Anforderungen des öffentlichen Straßenrechts wird vielmehr innerhalb des zivilrechtlichen Rahmens auf doppelte Weise Rechnung getragen, indem der an sich bestehende Abwehranspruch (§ 1004 BGB) gegen die das nach § 906 BGB zulässige Maß überschreitenden Immissionen in einen bürgerlich-rechtlichen Aufopferungsanspruch (nachbarrechtlicher Ausgleichsanspruch) umgewandelt wird, der sich aus dem Rechtsgedanken des § 75 EinlALR und des § 26 GewO ergeben soll, und indem das Maß der ortsüblichen und damit grundsätzlich hinzunehmenden Beeinträchtigung sehr weit bemessen wird.
An der privatrechtlichen Einordnung hielt auch die Rechtsprechung des Bundesgerichtshofs zunächst fest[11]). Erst im Urteil vom 15. Juni 1967 wird eine Änderung des Anknüpfungspunktes gewählt[12]). Es soll nunmehr darauf ankommen, ob Bau und Betrieb von Straßen auf einen öffentlich-rechtlichen Akt zurückzuführen sind. Letzterenfalls ergibt sich der Entschädigungsausgleich nicht aus dem bürgerlich-rechtlichen Aufopferungsanspruch, wie er in § 906 Abs. 2 S. 2 BGB in der seit 1. Juni 1960 geltenden Fassung positiviert worden ist, sondern aus Enteignungsgrundsätzen. Die sich hier abzeichnende Tendenz zur öffentlich-rechtlichen Einordnung des bezeichneten Immissionsverhältnisses gelangte zum vollen Durchbruch im Urteil des BGH vom 30. Oktober 1970, in dem nun auch der 5. Zivilsenat abweichend vom Reichsgericht in dem öffentlich-rechtlichen Akt der Planfeststellung und der Widmung die entscheidende Basis für die beim Bau und beim Betrieb einer öffentlichen Straße auftretenden Immissionen ansah[13]). Diese zunächst für neu angelegte Straßen formulierte Rechtsansicht ist in der Zwischenzeit auch auf Fälle übertragen worden, in denen den Immissionen nicht die

[9]) Siehe dazu die Darstellung bei *Schapp*, Das Verhältnis von privatem und öffentlichem Nachbarrecht, 1978, 97 ff., 123 ff.; *Breuer*, Die Bodennutzung im Konflikt zwischen Städtebau und Eigentumsgarantie, 1976, 305 ff.

[10]) Urteil vom 9.1.1939 – V 154/38 – RG Z 159, 129 ff.

[11]) Kritisch dazu *Kleindienst*, Geldausgleich für Beeinträchtigungen durch Verkehrslärm, NJW 1967, 1954 ff.

[12]) Urteil vom 15.6.1967 – III ZR 23/65 – BGHZ 48, 98 ff., 101 f.

[13]) Urteil vom 30.10.1970 – V ZR 150/67 – BGHZ 54, 384 ff., 388 f.

Planfeststellung für einen Neubau zugrundelag, sondern in denen die Straßen nur ausgebaut und umgewidmet worden waren[14]).
Entscheidend für die öffentlich-rechtliche Qualifizierung der Immissionsverhältnisse der öffentlichen Straßen ist die Rechtsnatur der diesen Bereich konstituierenden Normen und Rechtshandlungen. Öffentlich-rechtlich sind mithin diejenigen Rechte und Rechtsverhältnisse, die sich aus einem Rechtssatz ergeben, der nicht jedermann (potentiell oder aktuell) verpflichtet und berechtigt, sondern notwendig nur einen Staat oder ein Subjekt verpflichtet oder (!) berechtigt, das durch Staatsakt zur Wahrnehmung gemeinsamer Angelegenheiten einer über individuelle Beziehungen hinausgehenden Personenvielheit verpflichtet ist[15]). Allerdings führt das Abstellen auf die den Sachbereich jeweils bestimmenden Normen und ihre Rechtsnatur bei neutralen Verwaltungshandlungen wie Immissionen allein noch nicht zur Lösung der Qualifikationsfrage. Es wäre neben den typisch öffentlich-rechtlichen Normen des Bau-, Widmungs- und Planfeststellungsrechts immerhin auch denkbar, die entscheidende rechtliche Regelung des Immissionsverhältnisses dem privaten Nachbarrecht zu entnehmen. Einer oberflächlichen Betrachtung könnten privatrechtliche und öffentlich-rechtliche Normen konkurrierend einschlägig erscheinen. Sieht man jedoch genauer zu, so zeigt sich, daß das typusbestimmende Merkmal der Verkehrslärmsituation nicht durch das durch § 906 BGB konstituierte allgemeine Verhältnis zwischen Nachbarn ist, sondern daß spezifischer und sozusagen sachverhaltsnäher hier jene Vorschriften des öffentlichen Bau- und Straßenrechts sind, die den planerischen Funktionszusammenhang konstituieren. Das aber sind die eindeutig dem öffentlichen Rechtsbereich zugeordneten Bestimmungen über den Bau, die Widmung und die Unterhaltung der öffentlichen Straßen. Ihnen sind auch die neutralen Verwaltungsrechtshandlungen und damit auch die Verkehrsimmissionen als Annexe zuzuordnen. Die Zuordnung der Realakte nach Maßgabe des Sachzusammenhangs entspricht der auch sonst im Verwaltungsrecht üblichen Einordnungsmethode[16]).
Die Absicherung, die die öffentlich-rechtliche Qualifizierung des Immissionsverhältnisses bei öffentlichen Straßen damit in der allgemeinen verwaltungsrechtlichen Dogmatik gefunden hat, gestattet es, auch jene Sachverhalte dem öffentlichen Recht zu unterstellen, in denen ein eigenständiger Planfeststellungsbeschluß nicht vorliegt, sondern es um Verkehrsimmissionen von solchen Straßen geht, die ohne Planfeststellungsbeschluß gebaut sind und bei denen vielleicht sogar ein bestimmter Rechtsakt der Widmung nicht mehr urkundlich greifbar ist; denn der durch die bezeichneten Vorschriften auf der normativen und durch das öffentliche Straßennetz auf der realen Seite gebildete öffentlich-rechtliche Funktionszusammenhang umgreift alle Lärmsituationen der öffentlichen Straße.

[14]) BGH (FN. 4), 222.
[15]) *Wolff-Bachof*, Verwaltungsrecht, Bd. 1, 9. Auflage 1974, § 22 II c.
[16]) BVerwG Urteil vom 2.11.1973 – IV C 36/72, NJW 1974, 817 ff.: Entscheidend ist der öffentlich-rechtliche Planungs- und Funktionszusammenhang.

II

Wichtiger als die Qualifikation des Rechtsverhältnisses ist heute die Frage, inwieweit die ursprünglich privatnachbarlichen Interessenwertungen das Straßenimmissionsverhältnis bestimmen. In diesem Punkte zeigen sich wichtige strukturelle Veränderungen des öffentlichen Nachbarrechts, die im Spiegel des § 906 BGB besonders deutlich werden.

Die Entwicklung erscheint in zweierlei Gestalt, hinter der jedoch die gleichen materiellen Fragen stehen. Streitig ist, um bei der äußeren Erscheinungsform anzusetzen, inwieweit eine Verkehrslärmentschädigung angesichts bisher fehlender Spezialgesetze unter direktem Rückgriff auf das Verfassungsrecht des Art. 14 Abs. 3 GG zuzusprechen oder aber aus einer analogen Anwendung des § 906 Abs. 2 S. 2 BGB im öffentlichen Recht zu folgern ist. Die letztere Lösung scheint Vorteile insoweit zu haben, als sie für enteignend wirkende Immissionen eine einfach-gesetzliche Entschädigungsregelung zur Verfügung stellt, wie das von der Junktimklausel des Art. 14 Abs. 3 S. 2 GG gefordert wird[17]). Sieht man jedoch genauer zu, so zeigt sich, daß § 906 BGB, um eine den Belangen des Straßenverkehrs angemessene Duldungs- und Entschädigungsklausel darstellen zu können, zu extensiv interpretiert werden muß, als daß er als aussagefähige eigenständige Grundlage im Sinne der Junktimklausel in Betracht kommt. Für die Vorbehaltslehre aber ist ein dermaßen überdehnter Tatbestand zu unbestimmt. Eine solche Notlösung birgt zudem die Gefahr, daß sich der Gesetzgeber seiner angesichts neuer enteignender Eingriffsmöglichkeiten stets aktualisierten Pflicht aus der Junktimklausel leichthin entlastet ansieht, indem er auf eine ältere Norm verweist, die nur über mehrere Auslegungstechniken hin als Lösung fungieren kann. Der Vorzug gebührt vielmehr dem Weg, als Eingriffsgrundlage für die faktischen Beeinträchtigungen durch Emissionen öffentlicher Einrichtungen diejenigen Normen anzusehen, die der Einwirkungsquelle als Basis dienen[18]). Das sind für die Verkehrsimmissionen die Straßengesetze des Bundes und der Länder. Das gilt jedenfalls für solche Einwirkungen, deren ausgreifende enteignende Wirkungen erst in jüngerer Zeit deutlicher werden, weil sich *faktisch* der Realsachverhalt verändert hat (Verkehrssteigerungen) und *rechtlich* die Zumutbarkeitsschwelle gesenkt worden ist (Umweltschutzbewußtsein). Dem Gesetzgeber muß hier ein Anpassungszeitraum zuerkannt werden, innerhalb dessen er die in ihrer *typischen* Eingriffswirkung neu erkannten Eingriffe einer rechtsstaatlichen Regelung zuführen muß. Während dieser Übergangszeit kann der Entschädigungsausgleich den von der Rechtsprechung entwickelten Instituten des enteignenden Eingriffs entnommen werden. Danach – und hier beziehen wir uns auf die gegenwärtige Erarbeitung des VLärmSchG – folgt für den Gesetzgeber aus Art. 14 Abs. 3 S. 2 GG ein eindeutiges *Regelungsgebot*, wenn er enteignend wirkende Verkehrsim-

[17]) *Breuer* (Fn 9), 353.
[18]) *Papier*, Immissionen durch Betriebe der öffentlichen Hand, NJW 1974, 1797 ff., 1799.

missionen nicht in die Illegalität entlassen und dem grundrechtlichen Abwehranspruch des Betroffenen ausgesetzt sehen wissen will[19]).
Kommt § 906 BGB nach alledem weder direkt noch in analoger, d. h. in das öffentliche Recht übertragener Anwendung als eigenständige Anspruchsgrundlage in Betracht, so spielt er doch eine Rolle bei der Ausfüllung der Tatbestandsmerkmale des als Entschädigungsgrundlage fungierenden Art. 14 Abs. 3 GG. So umreißt der Bundesgerichtshof den solchermaßen fundierten Lärmentschädigungsanspruch bis in jüngste Urteile hinein etwa folgendermaßen[20]): „Dagegen steht dem Betroffenen ein öffentlich-rechtlicher Anspruch auf Enteignungsentschädigung zu, wenn Immissionen (Einwirkungen) von hoher Hand erfolgen, ihre Zuführung nicht untersagt werden kann, sie sich als ein unmittelbarer Eingriff in nachbarliches Eigentum darstellen und die Grenze dessen überschreiten, was der Nachbar nach § 906 BGB entschädigungslos hinnehmen muß". Man kann hier also von einer „Parallelisierung" der Duldungspflichten im privaten und öffentlichen Immissionsverhältnis sprechen. Als *materielle* Gleichsetzung verstanden, muß eine solche These allerdings Bedenken begegnen, weil sie auf die speziellen Belange des Straßenverkehrs kaum Rücksicht zu nehmen scheint. Eine genauere Analyse ergibt jedoch, daß dieser Belang in differenzierter Weise in die „Parallelisierung" einbezogen worden ist. So führt § 906 BGB in den Art. 14 GG keinen ausschließlich privatnachbarlich begründeten Interessenausgleich ein, sondern hat seinerseits durch den Gemeinwohlauftrag des Straßenwesens Veränderungen erfahren und dient heute vor allem dazu, die Struktur des enteignungsrechtlichen Zumutbarkeitskriteriums zu verdeutlichen und eine Reihe von Detailpunkten, die für ein nachbarliches Gemeinschaftsverhältnis typisch sind, in die Ermittlung der Zumutbarkeitsschwelle einzuführen.
(1) Die Belange des Straßenverkehrs werden bei § 906 BGB einmal dort berücksichtigt, wo es um die *Ortsüblichkeit* der störenden Nutzung (Abs. 2 S. 1) geht. Das eher einem statischen und kleinräumig geprägten Vorstellungsbild entspringende Kriterium der Ortsüblichkeit wurde schon vom Reichsgericht in einen planerischen Zusammenhang gebracht und der immanenten Fortentwicklung durch die hoheitliche Raumplanung unterstellt[21]). Diese Interpretationsrichtung bleibt nicht auf das Immissionsverhältnis an öffentlichen Straßen beschränkt, sondern griff auch auf die Nutzungskollision mit privaten Industriebetrieben über. Die Bildung von Belastungszonen und die These von der Notwendigkeit einer Anpassung des status quo an neue industrielle Techniken, die heute zum allgemeinen Interpretationsstand des § 906 BGB gehören, zeigen, daß das straßenrechtliche Immissionverhältnis, für das § 906 BGB zunächst in Form der beschriebenen Parallelisierung wirksam wurde, seinerseits auf die allgemeine Auslegung dieser Vorschrift zurückgewirkt hat. Der Bundesgerichtshof bestimmt heute, wie Diede-

[19]) Zur Bedeutung des aus der Junktimklausel folgenden Regelungsgebots BVerfG Beschluß v. 12. 11. 1974 – 1 BvR 32/68, BVerfGE 38, 175 ff., 184; *Schmidt-Aßmann*, Urteilsanmerkung, DVBl 1976, 170 ff., 172.
[20]) Urteil vom 17.11.1977 – III ZR 166/75 – WM 1978, 41 ff.
[21]) RG (Fn 10), 137 ff.

richsen gezeigt hat[22]), die Ortsüblichkeit der störenden Nutzung praktisch nicht mehr nach den Gegebenheiten des engeren Raumes, sondern nach Planungsgesichtspunkten[23]). Jan Schapp, der diese Entwicklung des privaten Nachbarrechtsverhältnisses jüngst einer genauen Analyse unterzogen hat, sagt zur Interpretation des § 906 BGB zutreffend[24]): „Was hier formuliert wird, sind die Grundsätze, die im Planfeststellungsverfahren zu beachten sind. Sie formulieren nicht die tatsächlich übliche Nutzung eines bestimmten Raumes, sondern Maßstäbe der planerischen Raumgestaltung".

Folgt aus alledem nicht die Bedeutungslosigkeit des § 906 BGB für das straßenrechtliche Immissionsverhältnis, vielleicht sogar für alle planungsbegründeten Immissionslagen, auch solche des privaten Rechts? Sollte nicht auch der Bundesgerichtshof deshalb davon absehen, bei der Entschädigung nach Enteignungsgrundsätzen inzidenter den § 906 BGB mit heranzuziehen[25])? Die Frage ist zu bejahen, wenn man auf den aktuellen Aussagegehalt der Vorschrift abstellt; hier ist in der Tat mit der „planerischen" Interpretation der Ortsüblichkeit als eines der beiden für § 906 BGB zentralen Tatbestandsmerkmale eine Bedeutungsverflüchtigung des ursprünglichen, kleinräumigen Regelungsmodells eingetreten. Die Funktion einer traditionsreichen Vorschrift erschöpft sich jedoch nicht in ihrer aktuellen Bedeutung. Vielmehr ist sie immer zugleich Ausdruck einer längeren Rechtsentwicklung und spiegelt in ihrer Auslegungsgeschichte die Strukturen eines sich langsam herausbildenden Interessenkonfliktes und Interessenausgleichs wieder, ist Anknüpfungspunkt für Präjudizien und eine überkommene Rechtspraxis, die die aktuelle Lösung vorgeprägt haben und zu ihrem Verständnis wichtig sind. Innerhalb der entwicklungsgeschichtlich bestimmten Auslegung behält § 906 BGB daher auch für das straßenrechtliche Immissionsverhältnis seine Bedeutung.

(2) Das zeigt sich auch bei dem heute eigentlich alles entscheidenden Kriterium, der entschädigungsrechtlichen *Zumutbarkeit.* Im Rahmen des § 906 Abs. 2 S. 2 BGB spielt sie eine Rolle für das Maß, in dem die gestörte Nutzung Immissionen ohne Geldausgleich hinnehmen muß. Im Rahmen des Anspruchs nach Enteignungsgrundsätzen markiert sie als enteignungsrechtliche Zumutbarkeit jene Grenze, von der ab der Eingriff enteignend wirkt und damit eine Entschädigungspflicht auslöst[26]). Die differenzierte, einer Fixierung in bestimmten Immissionsgrenzwerten gegenläufige Struktur der enteignungsrechtlichen Zumutbarkeit hat sich in Anlehnung an § 906 BGB herausgebildet. Hier liegen die Ansätze einer

[22]) Gutachten betr. die Fortentwicklung des Haftungsrechts auf dem Gebiet des Immissionsschutzes, erstattet im Auftrage des Bundesministers des Innern, 1975, maschinenschriftlich vervielfältigt, 379 ff.

[23]) BGH Urteil vom 14.11.1977 – III ZR 153/75 – WM 1978, 852 ff.

[24]) *Schapp* (Fn 9), 128.

[25]) *Schapp* (Fn 9), 129.

[26]) Zur Zumutbarkeit als zentralem Enteignungskriterium in der höchstrichterlichen Rechtsprechung vgl. *Aicher,* Grundfragen der Staatshaftung bei rechtmäßigen hoheitlichen Eigentumsbeeinträchtigungen, 1978, 221 ff.; zur Unterscheidung von planerischer und enteingungsrechtlicher Zumutbarkeit vgl. BVerwG Urteil v. 21.5.1976 – IV C 80/73, DVBl 1976, 779 ff., 782 m.w.N.; *Schmidt-Aßmann* (Fn 8).

differenzierten Zumutbarkeit nach Maßgabe der konkreten Ausgestaltung des straßennachbarlichen Immissionsverhältnisses. Von hier aus ist die Frage zu beantworten, inwieweit z. B. die Priorität der gestörten Nutzung oder das Vertrauen auf eine Baugenehmigung zu einer Senkung, das Bauen angesichts einer vorhandenen Straße dagegen zu einer Erhöhung der Zumutbarkeitsschwelle führen können[27]). Von hieraus bestimmt es sich, inwieweit dem gestörten Nachbarn seinerseits Abhilfe- und Anpassungspflichten oder eine Eigenbeteiligung an den Kosten passiver Lärmschutzmaßnahmen obliegen. Die enteignungsrechtlichen Institute des Vorteilsausgleichs und des Mitverschuldens erhalten von § 906 BGB her eine bereichsspezifische Prägung.
Freilich ist die Bedeutung des § 906 BGB auch in dieser Hinsicht auf eine Verdeutlichung in Detailpunkten beschränkt. Die große Frage, inwieweit Verkehrsimmissionen in höherem Maße entschädigungslos hinzunehmen sind als andere Geräuschimmissionen, eben weil mit der Verkehrsanlage öffentliche Aufgaben erfüllt werden, läßt sich mit Hilfe des § 906 BGB nicht beantworten. Die Rechtsprechung hat gut daran getan, daß sie hier auch letzte Anklänge an einen kleinräumigen Interessenausgleich aufgegeben hat[28]): Eine Erhöhung der Duldungspflichten läßt sich mit dem Hinweis auf eine kleinräumig faßbare Privatnützlichkeit der Straße für die Anlieger nicht begründen, weil erhebliche Lärmbelästigungen üblicherweise gerade von solchen Straßen ausgehen, die nicht in einem engeren nachbarschaftlichen Sinne vorteilhaft wirken, sondern dem allgemeinen, oft sogar ausschließlich dem überörtlichen Verkehr dienen und von hierher auch ihre planerische Erforderlichkeit ableiten. Die sozusagen grobe Orientierung und Einpendelung der enteignungsrechtlichen Zumutbarkeit wird durch Gesichtspunkte außerhalb des § 906 BGB bestimmt. Ersichtlich aus fiskalischen Erwägungen hat die Rechtsprechung eine Lärmentschädigung nach Art. 14 Abs. 3 GG zunächst nur gewährt, wenn die Lärmbelästigung „besonders schwer" war und zur Existenzvernichtung oder einer schweren Beeinträchtigung des wirtschaftlichen Fortkommens führte. Entschädigungsfälle stellten danach die Ausnahme dar[29]). Seit dem Reuterstraßen-Urteil vom 20. März 1975[30]) hat sich das geändert. Jedenfalls für die Beeinträchtigung der Wohnnutzung bildet der Enteignungsausgleich nicht mehr die Ausnahme. Diese (partielle) Absenkung der Zumutbarkeitsschwelle folgert der Bundesgerichtshof jedoch nicht aus Gesichtspunkten des privatnachbarlichen Interessenausgleichs, sondern aus der Wertentscheidung des BImSchG für bessere Umweltbedingungen. Von dieser allgemeinen Argumentationsbasis aus dürfte allerdings nicht nur die Wohnnutzung, sondern auch jede andere lärmempfindliche Nutzung der abgesenkten Zumutbarkeitsschwelle zu unterstellen sein.
Hatte sich der Bundesgerichtshof im Urteil vom 20. März 1975 für die Festlegung

[27]) Dazu BGH Urteil v. 10.11.1972 – V ZR 54/71 – BGHZ 59, 378 ff., 386; BGH Urteil v. 19.2.1976 – III ZR 13/74 – NJW 1976, 1204.
[28]) BGH (Fn 4), 229.
[29]) BGH Urteil v. 22.12.1967 – V ZR 11/67 – BGHZ 49, 149 ff., 152.
[30]) BGH (Fn 4).

der Zumutbarkeit erkennbar an bestimmten Immissionsgrenzwerten orientieren wollen, so hat diese Verallgemeinerung in der Zwischenzeit jedoch wiederum eine Abschwächung erfahren. Grenzwerte können für das Enteignungsrecht nur einen Richtpunkt geben[31]). Für die Feineinstellung dagegen hat man auf die konkrete Raumsituation, ihren derzeitigen Stand und ihre Entwicklung Rücksicht zu nehmen. Die Differenzierung bestimmter Gebietskategorien und die Beachtung von Geräuschvorbelastungen sind dafür Beispiele[32]). Mit der konkreten Raumsituation aber kommt auch § 906 BGB wieder ins Spiel. Von der Geräuschvorbelastung bis zu den erwähnten Aspekten der Priorität und des Mitverschuldens sind es nur wenige Schritte. Wie immer auch das VLärmSchG ausfallen wird, für einzelne Wertungsgesichtspunkte des enteignungsrechtlichen Entschädigungsausgleichs wird man auf die Erkenntnisse zu § 906 BGB auch künftig nicht verzichten können.

III

Es kommt, um die Bedeutung des § 906 BGB für das straßenrechtliche Immissionsverhältnis zu bestimmen, ein letzter Gesichtspunkt hinzu. Der Bundesgerichtshof gewährt Verkehrslärmentschädigung wie dargestellt mehr in direktem Rückgriff auf Art. 14 Abs. 3 GG: Entschädigung nach Enteignungsgrundsätzen aus enteignendem Eingriff, praeter legem[33]). Die Merkmale des Anspruchs sind von der Rechtsprechung aus der Verfassung selbst entwickelt. Ein solcherweise verfassungsfundiertes Richterrecht gerät leicht in die Gefahr, in allen seinen Einzelausprägungen als gesetzesfeste Normierung im Range von Verfassungsrecht mißdeutet zu werden[34]). Der Gesetzgeber, der ein durch solche Präjudizien vorgeprägtes Gebiet regeln will, gerät in zuweilen übertriebener Ängstlichkeit immer wieder an – wie es scheint präjudiziell festgelegte – Verfassungsschranken. Auch die Ausarbeitung des VLärmSchG litt unter solchen Unsicherheiten. Demgegenüber muß klargestellt werden, daß nicht jede richterliche Verfassungskonkretisierung Interpretation in jenem engen Sinne ist, der dem Auslegungsergebnis den Rang des ausgelegten Rechtssatzes sichert. Konkretisierung umfaßt auch jene rechtssatzmäßig weniger vorgeprägten Methoden der Rechtsgewinnung, die zu einem Richterrecht im Range (nur) einfachen Gesetzesrechts führen, das durch einfaches Gesetz geändert werden kann. Das ist gerade angesichts der primären gesetzgeberischen Konkretisierungsbefugnis im Eigentumsbereich (Art. 14 Abs. 1 S. 2 GG) zu erinnern wichtig. Verfassungsrang besitzt das Richterrecht hier nur insoweit, als es Grundzüge aufzeigt, die für die Existenz des Eigentums als Institut und subjektives Recht schlechthin unverzichtbar sind. Wenn der Bundesgerichts-

[31]) BGH Urteil v. 13.1.1977 – III ZR 6/75 – DVBl 1977, 523 ff.

[32]) BGH (Fn 31), 525.

[33]) Dazu allgemein *Kimminich*, Bonner Kommentar Art. 14, Rdnr. 285 ff.; *Ossenbühl*, Staatshaftungsrecht, 2. Auflage, 1978, 147 ff.

[34]) Zu diesem Problem *Jörn Ipsen*, Richterrecht und Verfassung, 1975, 114 f.

hof in seinen Urteilen zur Verkehrslärmentschädigung im Rahmen des Art. 14 Abs. 3 GG den § 906 BGB mit heranzieht, so wird damit gleichzeitig eben diese Fundierung vieler Einzelergebnisse im einfachen Gesetzesrecht zutreffend noch einmal betont. Die Bezugnahme auf § 906 BGB in den Urteilen hat folglich auch eine kompetenzwahrende Bedeutung.

Entwicklungslinien in der dänischen Bodengesetzgebung

Flemming Tolstrup, Hellerup

Bodengesetzgebung

In Dänemark sind die Nutzungsareale der wesentliche natürliche und einzig unvergängliche Rohstoff. Darüber hinaus finden sich mineralische Stoffe nur in begrenzter Menge, die durch intensive Ausnützung leicht ausgeschöpft werden können. Deshalb sollte man erwarten, daß die Gesetzgeber sich besonders dafür interessiert hätten, diese Areale, die sowohl Landwirtschafts- wie Forstwirtschaftsboden umfassen, so zu schützen, daß man ihre Verwendung für andere Zwecke wie zur Bebauung und zu technischen Anlagen, dadurch verhinderte, daß man sie unter die Aufsicht der Behörden stellte, die sich auch ihrer Zerstörung durch Entnahme von Material, wie Ton, Kies, Kalk u. ä., entgegenstellte. Das ist aber nur teilweise der Fall und erst in neuerer Zeit hat der steigende Bevölkerungszuwachs und die technische Entwicklung das Interesse für eine öffentliche Steuerung der Verwendung alles Bodens vermehrt, nicht zum wenigsten mit Hinblick auf Umweltschutz im weitesten Sinne.

Die bescheidene Rolle, die die Städteentwicklung bis zum Anfang des 20. Jahrhunderts spielte, hat dazu geführt, daß die Bodengesetzgebung in besonderem Ausmaß den Charakter von Agrarrecht bekam. Aber auch hier gibt es Unterschiede, indem die Gesetzgebung für die Forstwirtschaft einen Schutz des Berufes darstellt, während der Schutz der Landwirtschaftsareale bis in die letzten Dezennien mehr durch den sozialen Schutz der Bevölkerungsgruppe, die sich durch Landwirtschaft ernährt, als durch eine Sicherung der Nutzungsmöglichkeiten, gekennzeichnet war. Das hängt damit zusammen, daß man seit Beginn der sogenannten Landwirtschaftsreformen damit gerechnet hat, daß im landwirtschaftlichen Sektor Boden im Überfluß vorhanden sei und daß eine aufgeklärte Landbevölkerung, die ihre Betriebe selbst besäße, sich eine Existenzgrundlage zu sichern wüßte, die nicht nur im Stande wäre, die Bevölkerung des Landes zu ernähren, sondern auch einen Überschuß für den Export und damit Geld für andere notwendige Zwecke zu schaffen wüßte.

Ein Rückblick auf die Gesetzgebung, die seit der Mitte des 18. Jahrhunderts den jetzigen Zustand geschaffen hat, zeigt eine verhältnismäßig ruhige Entwicklung der eigentlich landwirtschaftlichen Regulierung, zugleich aber eine Tendenz, mit anderen Gebieten der Gesetzgebung nicht zusammen zu arbeiten und damit haben die dänischen Darstellungen des Agrarrechts in hohem Maße den Stempel eines Bauernrechts bekommen, auch wenn sie auf andere Themen wie die

Gesetzgebung über Wälder, Straßen, Gewässer, über Jagd und Fischerei, über Küstenschutz gegen Sandflucht und Überschwemmungen Rücksicht genommen haben und dadurch wurde eine Tradition für die rechtliche Behandlung geschaffen.

Und da die dänische Landwirtschaftsreformen stets den sozialen Schutz des Bauernstandes vor Augen hatten, kam es dazu, daß das Agrarrecht von der Mitte des 19. Jahrhunderts an den Namen „Landbewohnerrecht" erhielt, ganz gleich, ob es sich mit Verhältnissen des Landwirtschaftsgebietes oder mit anderen Verhältnissen beschäftigte. Der zentrale Punkt der Darstellungen war wohl die rechtliche Regulierung der Nutzungsareale des Landes, mochten sie nun für Landwirtschaft, Forstwirtschaft oder Gärtnerei benutzt werden. Aber bis in die neueste Zeit hinein hat sich diese Regulierung des Landwirtschaftsgebietes nur in bescheidenen Maße für Arealabgaben zu anderer Verwendung wie Wohnungs- und Industriebau, Wegebau u. ä. interessiert. Ebenso wie die Regulierung bis zum Schluß des ersten Weltkrieges in Wirklichkeit nur einen kleinen Teil des Landwirtschaftsgebietes umfaßte.

Agrarrecht

Das erste dänische Agrarrecht erschien 1800 und obgleich es sich selbst „Handbuch für dänisches Landwirtschaftsrecht" nannte, war seine Herkunft aus dem Bauernrecht durch die Einteilung zu erkennen. Der erste Teil „Landbewohnerrecht oder das Personenrecht der Landwirtschaft" behandelte eine Reihe von besonderen Bestimmungen für die Rechtsfähigkeit von Personen aus dem Bauernstande, während der zweite Teil „Das Landwirtschaftsrecht oder das Sachenrecht der Landwirtschaft" sich hauptsächlich mit der Pflicht der Gutsbesitzer, ihre Besitztümer unter bestimmten Bedingungen zu verpachten, beschäftigte. Die zweite Ausgabe des Buches kam 1813 und mit einem Anhang 1831. Es war mehr als 70 Jahre lang die grundlegende Darstellung des dänischen Agrarrechts und ein Vorbild für die Themenwahl späterer Darstellungen, auch wenn ein Teil, der das Personenrecht behandelte, seine Bedeutung verlor, als Dänemark im Jahre 1849 sein erstes demokratische Grundgesetz erhielt. An personenrechtlichen Sonderbestimmungen existieren für die Landwirtschaft nur einige Regeln über die Erlaubnis, in testamentarischer Form einen Hoferben zu bestimmen, der die ungeteilte Wirtschaft zu einem festgesetzten angemessenen Preis übernehmen soll. Sie spielen aber überhaupt keine praktische Rolle. Entweder vollzieht sich der Übergang auf die nächste Generation, während der Besitzer noch am Leben ist, oder man folgt den üblichen Erbschaftsregeln.

Das 1800 erschienene Buch hatte *Jacob Mandix*, ein Beamter mittleren Alters in der dänischen Rentenkammer (Finanzministerium) auf der Grundlage einiger Vorlesungen, die er auf Bitten von Freunden und Kollegen über diese Themen gehalten hatte, verfaßt. Der Grund ihres Wunsches nach einer gesammelten Darstellung des Agrarrechts war die in der zweiten Hälfte des 18. Jahrhunderts begonnene Gesetzgebung, die gewöhnlich als „Die dänischen Agrarreformen" bezeichnet wird. Wie jeder Versuch einer Gesetzgebung war sie häufigen Änderungen ausgesetzt und die ersten Gesetze von 1758-1760 hatten nur eine kurze Lebenszeit, da die eigentliche Reformgesetzgebung schon 1769 eingeleitet wurde. Das Ziel dieser ersten Gesetze war nur ein Versuch, die bestehenden Güter, die den größten Teil der Nutzungsgebiete des Landes umfaßten, besser zu arrondieren, während die später folgende Gesetzgebung, wie schon gesagt, dadurch gekennzeichnet war, daß sie das Hauptgewicht auf die Erleichterung der Situation des Bauernstandes legte. Es konnte deshalb nicht vermieden werden, daß sie einen Zwangscharakter erhielt, sowohl um die gewünschten Ziele zu erreichen, als auch um sie für die Zukunft zu bewahren. Aber der Gesetzgeber – der absolutistische König – gebrauchte auch andere Mittel wie Aufforderungen, Lockmittel und das gute Beispiel auf den Domänen.

Die Regulierung der Forstwirtschaftsareale

Die Regulierung der Forstwirtschaft wurde wohl später begonnen als die der Landwirtschaft. Sie war aber effektiver als Folge der durch die Verordnung vom 27. September 1805 eingeführten Schonungspflicht[1]), die den größten Teil der bestehenden Wälder umfaßte und mit einer öffentlichen Kontrolle der in Privatbesitz befindlichen Wälder verbunden wurde. Und da sowohl ökonomische wie politische Verhältnisse die Gutsbesitzer zur Aufforstung auf Landwirtschaftsboden animierten, führte sie zu einer Vermehrung der Waldareale, die nun gut 11% des gesamten Bodens ausmachen. Ebenso hat die Administration daran festgehalten, daß die Freigabe eines Areals unter Schonungspflicht nur durch Bepflanzung eines entsprechenden oder größeren Areals unter Schonungspflicht erlaubt werden darf. Die Schonungspflicht wird als eine öffentlich-rechtliche Begrenzung des Nutzungsrechts für den Eigentümer betrachtet. Deswegen darf bei der Schätzung von Arealen mit Schonungspflicht keine Rücksicht darauf genommen werden, daß ihre Verwendung für andere Zwecke als für forstwirtschaftliche sie in Handel und Wandel wertvoller machen könnte.

Man kann deshalb die dänische Forstgesetzgebung als Schutz der Areale, die sich für produktive Forstwirtschaft eignen, auffassen. Die im Augenblick gültige Grundlage ist das Gesetz Nr. 164 vom 11. Mai 1935 mit Anhang, das durch Bestimmungen im Gesetz über die Teilung festen Grundbesitzes und im Gesetz von der Ablösung der Majorate, deren Ziel die Verhinderung unwirtschaftlicher Aufteilungen ist, ergänzt wird. Man braucht für den Erwerb von Wald keine Genehmigung, aber jeder Kauf soll bei der Forstaufsicht angemeldet werden. Ehe das geschehen ist, darf der Käufer kein Holz im Wald schlagen und der Verkäufer darf sich kein Recht zum Holzschlag vorbehalten. Das gilt unabhängig davon, ob der Wald der Schonungspflicht unterworfen ist. Und in den ersten zehn Jahren nach dem Kauf darf der Käufer nur für seinen eigenen Verbrauch und den des Besitzes schlagen, es sei denn, er bekommt die Erlaubnis zu weiterem Ausholzen

[1]) Pflicht zur Wiederaufforstung.

von der Forstaufsicht. Eine solche Erlaubnis wird aber nur gegeben, wenn die Aufsicht den Plan des Käufers für eine neue Bepflanzung gutheißen kann. In den ersten zehn Jahren nach dem Kauf eines Waldes wird weiterhin eine intensivere Aufsicht des Waldes geführt. Diese Bestimmungen, die seit 1805 gehandhabt werden, sind offensichtlich für die dänische Forstwirtschaft von Nutzen gewesen, da sie direkte Spekulationskäufe bremsen können. Ein Verstoß gegen die Bestimmungen kann ebenso wie Mißwirtschaft in Wäldern und Schonungspflicht mit Geldbußen belegt werden, das unzulässig geschlagene Holz oder dessen Wert kann konfisziert werden, und durch Richterspruch kann entweder bestimmt werden, daß der Besitzer in einem festgesetzten Zeitraum nur nach Anweisung der Forstaufsicht und nach ihren Bedingungen schlagen darf, oder daß der Wald von der öffentlichen Hand bewirtschaftet werden soll, aber auf Rechnung des Besitzers.

Die Regulierung der Landwirtschaftsareale

Die restriktiven Bestimmungen zum Schutz der Forstwirtschaft findet man nicht auf dem Gebiet der Landwirtschaft, wo man lange Zeit hindurch den Richtlinien der Landwirtschaftsreformen gefolgt war, die sich das Ziel gesetzt hatten, den Teil der Landwirtschaftsbetriebe frei zu machen, deren Grund und Boden 1769 vom Bauernstand bearbeitet wurde. Hier sollten vor allem drei Verhältnisse geändert werden: Das eine war die Abschaffung des mittelalterlichen Wirtschaftssystems in der Bauernwirtschaft, das der deutschen Dreifelderwirtschaft am meisten entsprach. In verhältnismäßig kurzer Zeit kam es denn auch so weit, daß jede Wirtschaft ihren Boden in ein oder wenige gut arrondierte Grundstücke zusammengelegt hatte. Dadurch geschah eine umfassende Aussiedlung, wodurch die alten festzusammengefügten Dörfer sich auflösten.

Das andere Ziel war die Abschaffung des Frondienstes der Bauern, der ihnen auferlegte, den größten Teil der Arbeit auf den Rittergütern auszuführen. Auch dieses Ziel wurde recht schnell erreicht.

Das dritte Ziel, den Zinsbauern Eigentumsrecht an ihren Wirtschaften zu geben, wurde erst im Laufe von 150 Jahren nach langwierigen politischen Kämpfen erreicht. Es ging darum, wie man ohne dem Eigentumsrecht zu nahe zu treten, „freien Boden in der freien Hand des freien Mannes“ sichern könnte.

Dieses Ziel hatte zur Folge, daß dänische Landwirtschaftsareale bis zum Jahre 1925 in rechtlicher Beziehung sich in zwei Gruppen teilten: in Bauernland und in freien Grund und Boden. Der Hauptteil der letzten Gruppe waren die vielen großen Güter, die als Majorate adeliger Geschlechter festgelegt waren und die meist aus einer oder aus mehreren großen Landwirtschaftsbetrieben und Wäldern außer Bauernhöfen bestanden. Hier stellte eine in der Stiftungsurkunde festgelegte Erbfolge den ungeteilten Übergang auf – normalerweise – den ältesten agnatischen Erben sicher. Es gab aber auch agnatisch-kognatische Erbfolge.

Selbst wenn der von den Bauernreformen mehr oder weniger freiwillig hervorgerufene Verkauf von Zinshöfen schon zu einer Begrenzung dieser Güter geführt hatte oder doch bald führen würde, widerstrebte diese besondere Erbfolge dem Wunsch der Zeit, Privilegien abzuschaffen und im Grundgesetz 1849 wurde deshalb die Aufhebung des Majoratsbandes vorausgesetzt. Das betreffende Gesetz kam jedoch erst im Jahre 1919 und führte dazu, daß alle Majorate gegen Abgabe eines Teiles der festgelegten Werte an den Staat freies Eigentum wurden, und abgesehen von Landwirtschaften im Besitz von Staat, Kirche und Gemeinden kommt seitdem unpersönliches Eigentumsrecht nur in geringem Ausmaße vor. Außerdem wird seit 1957 über den Übergang von Landwirtschaftsbetrieben auf juristische Personen Kontrolle geführt.

Wie unten ausgeführt wird, kamen die Landwirtschaftsbetriebe auf freiem Boden nicht ganz ohne Restriktionen davon, aber die wesentliche Regulierung geschah auf dem Bauernland, wo man *erstens* wünschte: die bestehenden Bauernhöfe gegen Zerstörung und Verschwinden zu schützen, sodaß weiterhin ein Kern von Familienbetrieben bestehen könnte, *zweitens*: den Bauernstand als Gesellschaftsklasse zu schützen, indem man die Benutzer zu Eigentümern ihrer Wirtschaften machte, und *drittens*: den Teil des Bauernstandes gegen unbillige Nutzungsvereinbarungen zu schützen, der trotz alle Bemühungen, den Benutzern das Eigentumsrecht zu geben, sich damit abfinden mußte, Pächter zu sein.

Die dänischen Bauernreformen hatten günstigen Wind, sie führten zu einem wesentlichen Aufschwung der Landwirtschaft und der liberale Geist, der einen großen Teil der politischen Einstellung des 19. Jahrhunderts kennzeichnete, bewirkte, daß die Gesetzgeber keine vergleichbaren Restriktionen wie in der Forstwirtschaft bei der Nutzung der landwirtschaftlichen Betriebe einführen wollten. Das einzige, woran man festhielt, war der Wunsch, den Kern der bestehenden Wirtschaften zu bewahren, die wegen verbesserter Bestellungsmethoden für eine Familie oft reichlich groß waren und deshalb anscheinend ohne Risiko in mehrere Wirtschaften geteilt werden oder Areale für andere Zwecke abgeben konnten.

Die Bedeutung der Katasterordnung

Im Anfang des 19. Jahrhunderts wurde eine neue Katasterordnung eingeführt, die wohl vor allen Dingen die Besteuerung festen Grundbesitzes betraf, aber mit Rücksicht darauf auch Kontrolle über Grundbesitzteilungen führen sollte. Diese Kontrolle wurde mit der Eintragung eines Rechtes an einem Grundstück im Grundbuch verbunden. Die landwirtschaftlichen Betriebe sollten bei jeder Arealabgabe eine Hauptparzelle bewahren, es sei denn, daß die Administration dispensierte von dieser Bestimmung. Bis 1925 galt für eine Hauptparzelle von Bauernland die Pflicht, sie als selbständigen Betrieb aufrecht zu erhalten. Wenn die Hauptparzelle zu einem Gut gehörte, sollte sie während der Lebenszeit des Benutzers oder seiner etwaigen Witwe normal verpachtet oder in Erbpacht gegeben werden. Und die Pflicht zur Verpachtung umfaßte gleichfalls einen Betrieb, der zwar Eigentum des Bauern war, von ihm aber nicht bewirtschaftet wurde.

Die Größe der Hauptparzelle war von der Bonität des Bodens abhängig und an dieser Regel hielt man fest, während die Bestimmung, auch die Benutzung der abgetrennten Areale zu kontrollieren, allmählich in Vergessenheit geriet, so daß sie als freier Boden betrachtet werden mußte. Die Bevölkerung wuchs recht schnell, die Städte waren klein, und eine Industrie war noch nicht in der Lage, wie dies später geschah, den Bevölkerungszuwachs aufzunehmen und zu beschäftigen. Der Bevölkerungsüberschuß mußte auf dem Lande bleiben, um sich in der Landwirtschaft zu ernähren, sei es als Landarbeiter, sei es als selbständiger Landwirt. Auf diese Weise entstanden viele neue Betriebe auf Parzellen der aufgeteilten Herren- und Bauernhöfe. Diese neuen Betriebe, die oftmals klein waren, unterlagen keiner Bewirtschaftungspflicht, aber bis 1925 war es verboten, Bauernland in einem Betrieb, der ein Rittergut war oder auf Parzellen eines solchen Gutes angelegt war, zu bewirtschaften.

Die spätere Regulierung von Landwirtschaftsarealen

Während des ersten Weltkrieges wurde man sich bewußt, daß nur ein Drittel der landwirtschaftlichen Betriebe der Bewirtschaftungspflicht unterlag, und daß die übrigen Betriebe willkürlich beseitigt werden könnten. Seit 1899 (bis 1970) hatte die Siedlungspolitik zum Ziel, neue Betriebe für die stets anwachsende Bevölkerung zu schaffen, und die Freiheit, andere Betriebe beseitigen zu können, hatte dieser staatlichen Politik entsprochen. Deshalb wurde nunmehr angeordnet, daß kein landwirtschaftlicher Betrieb aus der selbständigen Bewirtschaftung herausgenommen werden könne. Diese Anordnung erging im Jahre 1918, und 1921 trat dann eine Kommission zusammen, um eine Neufassung der alten Bewirtschaftungsvorschrift vorzubereiten.

Das Ergebnis ihrer Arbeit war das Landwirtschaftsgesetz vom 3. April 1925, das mehrmals revidiert wurde, ohne jedoch seinen Grundcharakter zu verändern. Dieses Gesetz vergrößerte in erheblicher Weise die Anzahl der Betriebe, denen eine Bewirtschaftungspflicht obliegt und die damit auch in ihrem Bestande geschützt sind. Nach wie vor war es das Kernstück des Gesetzes, die bewirtschaftungsmäßige Integrität der vorhandenen Betriebe zu schützen und daher die Grenzziehung für eine selbständige Bewirtschaftung aufrechtzuerhalten. Was innerhalb des gesetzlichen Rahmens geschah, kümmerte den Gesetzgeber kaum, ebenso wie man die Möglichkeit bewahrte, Areale über der Hauptparzellengrenze abzutrennen. Sie wurde wohl nuancierter, ließ aber weiterhin Abtrennungen zu, ohne sich um deren Verwendung zu kümmern, und es gab weiterhin Dispensmöglichkeiten.

Neue Regeln für die Wertfestsetzung von Grundbesitz bestimmten im Jahre 1922, daß bei der Festsetzung des steuermäßigen Grundwertes darauf Rücksicht genommen werden sollte, ob das Areal einen höheren Handelswert bekäme, wenn es zu anderen als landwirtschaftlichen Zwecken benützt würde. Wäre das der Fall, sollte der Grundwert danach festgesetzt werden und diese noch jetzt gültige Bestimmung hat unzweifelhaft viele Landwirte dazu veranlaßt oder gezwungen, ihre Betriebe zu verkaufen oder zu teilen. Ein großer Teil der existierenden Randbebauung längs der Einfallsstraßen zu den Städten ist durch Bewertung als Baugrundstücke von Landwirtschaftsarealen, die an die Straßen grenzten, entstanden. Hier liegt ein wesentlicher Unterschied zwischen Landwirtschaft und Forstwirtschaft, da die Bewirtschaftungspflicht nicht dasselbe Gewicht wie eine Schonungspflicht hat.

Das Gesetz von 1925 wurde 1967 grundlegend geändert und außerdem 1971, 1973 und 1978 überarbeitet, aber dies Gesetz macht weiterhin den Eindruck, daß die Wandlung der Höfe das Gesetz regiert – und nicht umgekehrt. Über dieses Gebiet kann man von der dänischen Gesetzgebung noch immer sagen: Bodengesetze fangen als Reformvorschläge an und enden als Anachronismen. Und doch ist es die herrschende Auffassung, daß sie dazu dienen sollen, wirtschaftlichen und versorgungsmäßigen Anforderungen Rechnung zu tragen. Ob sie außerdem demographischen und sozialen Zielen dienen sollen, ist umstritten. Man hat es im dänischen Recht 200 Jahre lang für ungeheuer wichtig angesehen, daß es einen Bauernstand gab, der auf eigenem Grund und Boden saß. Diese Auffassung besteht immer noch, und sie tritt mit den letzten Änderungen deutlicher in Ernscheinung.

Einige Zahlen werden die Wandlung, die meine Generation erlebt hat, veranschaulichen:

um 1930 betrug die Anzahl der landwirtschaftlichen Betriebe ca.	200 000
1940 kulminierte sie mit	208 147
1960 war sie gesunken auf ca.	196 000
1971 wurde sie angegeben mit ca.	135 000
1975 wurde sie angegeben mit ca.	127 000

Die durchschnittliche Größe betrug 1930 15,3 HA, 1975 war sie auf 23 HA gestiegen. 1937 war ungefähr die Hälfte aller Höfe unter 10 Ha, 1973 waren nur noch 30 v. H. so groß. Heute ist die Anzahl vermutlich weiter gesunken und die durchschnittliche Größe etwas gestiegen.

Der dänische Hof ist etwas anderes als diese „Betriebe“. Das Gesetz gebraucht die Bezeichnung „Landbrugsejendom“, die mit landwirtschaftlichen Besitz übersetzt werden kann, sie sind im Kataster und im Grundbuch als Liegenschaften eingetragen, die den Bestimmungen des Landwirtschaftsgesetzes unterstellt sind. Nach wie vor umfassen sie aber nicht das ganze Landwirtschaftsareal. Für die genannten Höfe bedeutet das heute gültige Gesetz, das zuletzt als Bekanntmachung Nr. 603 vom 30. November 1978 gedruckt worden ist, eine Erleichterung der älteren Bewirtschaftungspflicht, die verlangte, daß ein jeder Hof als selbständiges Anwesen erhalten und mit Wohngebäuden, von denen aus die Bewohner den Boden bewirtschaften, versehen sein sollte. Obgleich diese Bestimmung immer noch in dem Gesetz zu finden ist, erlaubt es trotzdem unter dem Druck der ökonomischen und technischen Entwicklung, eine gemeinsame Bewirtschaftung von Höfen, wenngleich mit gewissen Begrenzungen für die gemeinsame Bewirtschaftung von oder mit gepachteten Arealen, ebenso wie das Gesetz die Höchstgrenze für die Aufstockung eines Hofes wesentlich erhöht hat.

Auf der anderen Seite enthält das Gesetz auch eine Verschärfung der Bewirtschaftungspflicht, indem es fordert: „Der Grund und Boden eines Hofes soll in dem Maße, in dem er dazu geeignet ist, planmäßig landwirtschaftlich ausgenutzt werden. Kein Teil des Bodens darf zu anderen Zwecken verwendet werden". Die Bestimmung ist vage formuliert, eine Außerachtlassung ist zwar mit Geldstrafe bedroht, sie gewährt aber keinen direkten Eingriff seitens des Staates. Dagegen besteht die Möglichkeit der Kündigung von Hypotheken wegen Verschlechterung des Hofes. Die neue Forderung ist also nur eine Annäherung an die Regeln der Forstwirtschaft mit Schonungspflicht.

Das Landwirtschaftsgesetz ist auch durch eine Kontrolle bei dem Erwerb von Höfen verschärft worden. Sie wurde 1949 in das ältere Gesetz aufgenommen und seine Hauptregel ging darauf hinaus, daß niemand ohne Genehmigung mehr als zwei Höfe erwerben dürfte. Im Jahre 1957 wurden Erwerbungen durch juristische Personen teilweise von einer Genehmigung abhängig gemacht und das ist in dem heute gültigen Gesetz zur Regel geworden, während Erwerbungen durch natürliche Personen seit 1963 strengeren Bedingungen unterliegen. Man fordert als Hauptregel, daß eine natürliche Person, die einen Hof erwirbt, auf demselben wohnhaft wird und als Landwirt dort ihren Haupterwerb sucht. Soweit die gemeinsame Bewirtschaftung mit einem anderen Hof gesetzlich zulässig ist, darf dieser andere Hof auch erworben werden. Anderenfalls muß der Erwerber die Erlaubnis des Landwirtschaftsministers einholen, der bei der Entscheidung darauf Rücksicht nehmen soll, ob der Erwerber die nötige Qualifikation als Landwirt besitzt. Die Genehmigung ist in der Regel zu versagen, wenn ein grobes Mißverhältnis zwischen Preis und Grundstückswert besteht oder der Erwerb keine gesunde Verteilung des Grund und Bodens zeitigen würde. Natürliche Personen haben jedoch freien Zugang zum Erwerb mehrerer Höfe bei Todesfall sowohl als Intestaterbe als auch kraft eines Testamentes, ebenso wie der Erwerb in der engeren Familie glimpflicher behandelt wird.

Diese Kontrolle des Grundstücksverkehrs in der Landwirtschaft steht in scharfem Gegensatz zu dem Gedankengang, der sich geltend machte, nachdem die Zinsbauern das Eigentumsrecht ihrer Wirtschaften erworben hatten; aber Töne, die an die Bauernreformen erinnern, klingen in den jüngst erschienenen Gutachten über die Änderung des Landwirtschaftsgesetzes an. Wie man vor 200 Jahren bestrebt war, die aktiven Landwirte zu Eigentümern ihrer Betriebe zu machen, so bestrebt man nun, Personen mit landwirtschaftlicher Ausbildung ein Vorzugsrecht bei dem Erwerb eines landwirtschaftlichen Betriebes zu geben.

In einem Punkt aber unterscheidet sich die heute gültige Gesetzgebung wesentlich von der älteren. Sie legte Wert darauf, denjenigen, die nicht Besitzer ihrer Betriebe werden konnten, sondern sich damit begnügen mußten, Pächter zu sein, gute Lebensbedingungen zu sichern, während heute keine eigentliche Pächtergesetzgebung exisitert. Das Landwirtschaftsgesetz enthält nur ganz wenige Bestimmungen über Pacht: so über die maximal zugelassene Pachtzeit und über den schriftlichen Kontrakt, der die Dauer des Pachtverhältnisses und die Höhe der Abgabe, die der Pächter zu entrichten hat, bestimmt. Das ist aber nur für die Pacht eines ganzen Betriebes, nicht für eine Zupacht gedacht.

Landwirtschaftsbetrieb contra andere Arealverwendung

Die liberale Einstellung gegenüber der Teilung von landwirtschaftlichen Betrieben machte nicht nur die Errichtung einer Menge neuer Betriebe möglich, sondern kam auch dem Wohnungsbau zugute, nicht zum wenigsten durch die 1897 gesetzlich festgelegte Dispensbestimmung, wonach die Forderung nach einer Hauptparzelle aufgegeben werden durfte, wenn in der Nähe des Besitzes eine städtische Bebauung entstanden war. Es konnte jedoch geschehen, daß die große Freiheit, Land abzutrennen, zu mißlichen Verhältnissen führte. Beispiele hierzu sind: eine Parzelle, die wegen der Baugesetzgebung unbebaubar war oder eine Parzelle, deren Benutzung durch nachbarrechtliche Regeln verhindert werden konnte; die Katasterbehörden aber durften darauf keine Rücksicht nehmen. Diese Einstellung zu anderer Gesetzgebung als der landwirtschaftlichen dauerte bis 1949, als die Gemeindeverwaltungen die Möglichkeit erhielten, sich Teilungen zu widersetzen, die zu Verhältnissen führen würden, welche mit gewissen, im Gesetz aufgeführten Bestimmungen im Widerspruch standen.

Diese Verschärfung der Regeln über Besitzteilung hing mit dem nach dem 2. Weltkrieg intensivierten Interesse für Planung der städtischen Entwicklung zusammen. Sie führte auch 1949 zu Gesetzen über administrative Abgrenzungsmöglichkeiten von Arealen in der näheren Umgebung größerer Städte, ohne Rücksicht darauf, ob man damit gute Nutzungsareale preisgab. Durch einen Nachtrag zum Stadtplanungsgesetz von 1938 wurde allerdings gestattet zu bestimmen, daß Landwirtschaftsareale innerhalb des Planungsgebietes bewahrt werden sollten; das geschah aber mehr, um den Städten Luftlöcher zu verschaffen als um die Landwirtschaft zu schützen.

Private Initiative hatte schon seit Ende des 19. Jahrhunderts eine gewisse Regulierung der städtischen Entwicklung veranlaßt, indem man bei größeren gesammelten Besitzteilungen, besonders für Wohnungsbau, den Parzellen zur Sicherung einer einigermaßen einheitlichen Bebauung und Benutzung Grunddienstbarkeiten auferlegt hatte. Aber solche privatrechtlichen Grunddienstbarkeiten waren für das Katasteramt nicht bindend.

1963 wurden die Regeln für Besitzteilung verschärft; danach ist nunmehr jede Teilung verboten, die gegen Bestimmungen verstößt oder eine Genehmigung erfordert, die in geltenden Gesetzen festgelegt sind. Diese Regel zielt nicht nur auf die Teilung selbst, sondern auch auf ihren Zweck und das heißt, daß die Genehmigung für eine Grundstücksteilung durch das Katasteramt von der Zustimmung anderer Behörden abhängig ist. Aber die Zulassung, die Bewirtschaftungspflicht mit Rücksicht auf städtische Bebauung, industrielle Unternehmen u. ä. aufzuheben, besteht weiterhin.

Das große Interesse für öffentliche Steuerung der Arealverwendung, das die bevölkerungsmäßige und technische Entwicklung hervorgerufen hat, zeitigte in der Nachkriegszeit noch markantere Folgen, nicht zuletzt im vergangenen Jahrzehnt. Der erste Schritt wurde 1969 mit einem Gesetz getan, das ab 1. Januar 1970 das ganze Land in Stadtzonen, Landzonen und Sommerhausgebiete einteilte. Ihm folgen 1973 und 1975 Gesetze über Landes- und Regionalplanung und

über Gemeindeplanung, die alle durch neue Gesetze über Umweltschutz, Naturschutz und Ausnutzung von Rohstoffen unter ökologischen Gesichtspunkten zusammen gehalten werden müssen. Die Zoneneinteilung bezweckt, so weit wie möglich eine unzweckmäßige Bebauung und Benutzung von Landzonenarealen zu verhindern, wogegen Landwirtschaft, Forstwirtschaft und Fischerei in Übereinstimmung mit der Bedarfsentwicklung zugelassen sind. Die Landesplanung wird auf Regierungsebene, während die Regionalplanung auf übergeordneter Gemeindeebene und die Gemeindeplanung auf örtlicher Gemeindeebene gesteuert wird. Diese Dezentralisierung der Planung hängt mit der 1970 vollzogenen Gemeindereform, die die Anzahl der Gemeindeverwaltungen von ungefähr 1400 auf kaum 300 reduzierte, zusammen, während es jetzt auf dem übergeordneten Gemeindeplan außer der Hauptstadt des Landes, Kopenhagen, und außer Frederiksberg – einer Enklave in Kopenhagen – vierzehn Amtsgemeinden gibt.
Die genannte Planung soll vorbereitenden Charakter haben, sodaß sie die Grundbesitzer nicht direkt verpflichtet, während die detaillierte Planung durch sogenannte Ortspläne, die verbindliche Pläne sind, gemacht wird. Alle Planung soll öffentlich vor sich gehen, sodaß die Bevölkerung Gelegenheit hat, die Entwürfe der Politiker und der Techniker zu beeinflussen, Und man soll als Ziel anstreben, daß die Pläne von gesellschaftlichen, ökonomischen und ökologischen Gesichtspunkten aus gesehen, zu einer vernünftigen Ausnützung der Areal- und Naturresourcen des Landes führen. Es ist deshalb bestimmt worden – wenn auch erst durch einen Nachtrag zum Landes- und Regionalplangesetz von 1975 – daß die Regionalpläne auch die Größe und Lage von Arealen, die dem Landwirtschaftserwerb vorbehalten sind, abgrenzen sollen. Dasselbe gilt für die Gemeindepläne.

Schluß

Die dänische Gesetzgebung kennt keine Bestimmung, die dem Art. 14 Abs. 2 des Bonner Grundgesetzes entspricht. Er lautet: „Eigentum verpflichtet. Sein Gebrauch soll zugleich dem Wohle der Allgemeinheit dienen“, es ist aber in der dänischen Rechtswissenschaft anerkannt, daß die gesetzlichen Grenzen des Eigentumsrechtes unter Berücksichtigung der jeweiligen Verhältnisse der Allgemeinheit zu ziehen sind und deshalb konnten die dänischen Landwirtschaftsreformen, die einer versagenden Land- und Forstwirtschaft wieder aufhelfen sollten ohne Expropriation oder Ersatzleistung an die Grundbesitzer in Gang gesetzt und durchgeführt werden. Man wollte den Bauernstand zu einem besseren Arbeitseinsatz ermuntern. Die Gesetze schafften aber auch eine Regulierung festen Grundbesitzes, die gut 200 Jahre lang gültig gewesen ist. Während die Befreiung des Bauernstandes ein Ziel an sich war, gab die Regulierung des Grundbesitzes Richtlinien für die Administration. Und es versteht sich von selbst, daß solche Richtlinien den wechselnden gesellschaftlichen Verhältnissen angepaßt werden. Das ist auch geschehen, obgleich man, wie schon erwähnt, sagen kann, daß die Wandlung der Höfe das Gesetz regiert, aber das Gesetz ist doch das Primäre, und es hat in neuerer Zeit den Landwirten Schwierigkeiten gemacht, wenn die

Administration unter politischem Druck Bestimmungen, von denen die Entwicklung sich entfernt hatte, gehandhabt hat. Es dauerte lange Zeit bis die Gesetzgeber die Unmöglichkeit einsahen, an folgenden Bestimmungen festzuhalten:

1. daß jeder Hof, ohne Berücksichtigung seiner Größe, als selbständiger Besitz bewirtschaftet werden sollte
2. daß es bei Abgabe eines Areals zu anderer Verwendung genügte, eine bescheidene Hauptparzelle zu bewahren
3. daß eine Aufstockung nur zu einem schwer rentablen Grundbesitz führen mußte, während die Reduktion von Landwirtschaftsarealen erlaubt war, ohne zu kontrollieren, ob es sinnvoll wäre, guten Ackerboden zu anderen Zwecken aufzugeben.

Als Katasterbehörde außerhalb von Kopenhagen und Frederiksberg ist der Landwirtschaftsminister zuständig. Sie ist deshalb davon abhängig, wie der jeweilige Minister die Verwaltung im Rahmen des Landwirtschaftsgesetzes auffaßt. Solange aber das Gesetz ein Verbot von Teilungen, die die Forderung nach einer Hauptparzelle respektierten, verhinderte, und eine Landabgabe zugunsten von Urbanisierungen fast favorisierte, war das Katasteramt gegenüber Wünschen, Landwirtschaftsboden zu anderen Zwecken zu gebrauchen, machtlos. Für die übrige Gesellschaftsentwicklung war das aber lange Zeit ein Vorteil; als es notwendig wurde, das Gesetz zu regulieren, mußten andere Behörden versuchen, den freien Zugang zu Urbanisierungen zu bremsen. Das geschah durch die Planungsgesetze, aber in ihrer ersten Phase schienen die Planer auf nichts anderes als die Städteentwicklung Rücksicht zu nehmen, auch wenn ihre Pläne gute Nutzungsmöglichkeiten verminderten. Die neuesten Gesetze über Landes- und Regionalplanung und über Gemeindeplanung sind umgekehrt von dem Wunsch der Landwirtschaft nach vernünftiger Berücksichtigung ihrer Interessen durch vorbereitende Planung beeinflußt worden, aber erst mit der Zeit wird man sehen können, wie das in Praxis wirkt, und noch gilt die oben erwähnte Bestimmung über die Bewertung von Landwirtschaftsboden, die nicht zuletzt in der Nähe von größeren Städten auf die Landwirte Druck ausübt, daß nicht danach, was der Grund und Boden durch Nutzung als Baugrundstücke oder Industrieareale einbringen könnte, sondern danach, was er durch Landwirtschaft einbringen kann, besteuert wird.

Im Jahre 1961 erschien in Deutschland ein Buch mit dem Titel „Land- und forstwirtschaftliches Grundstückverkehrs- und Erbrecht im westlichen Europa". Sein Verfasser war Alfred *Pikalo* aus Düren. In dieser Untersuchung wurden die erwähnten Probleme auch in Dänemark behandelt. Die Abhandlung sollte eine rechtsvergleichende Darstellung aufzeigen und war deshalb eine äußerst interessante Pionierarbeit. Gleichzeitig bewies sie jedoch, daß die Rechtsvergleichung eine der schwierigsten Aufgaben eines juristischen Autors ist. Er läuft einmal Gefahr, daß seine Angaben veraltet sind, bevor die Druckerschwärze trocken ist und setzt sich außerdem jener besonderen Gefahr aus, die jedem rechtsvergleichenden Autor droht. Selbst den sehr sorgfältig arbeitenden Forscher wird es häufig schwer fallen, sich in eine fremde Gesetzgebung vollständig hineinzuversetzen. Ohne Kenntnis des Hintergrundes und der sozialen Umstände, aus denen die Gesetze erwachsen sind, kann man allerlei Irrtümern verfallen, und wenn überdies ein Jurist innerhalb eines bestimmten nationalen juristischen Systems ausgebildet ist, kann man kaum erwarten, daß ihm jede Besonderheit des fremden Rechts ins Auge fällt, was leicht zur Folge hat, daß seine Kritik fremder Gesetze schärfer formuliert ausfällt, als sie es verdienen. Jede Gesetzgebung, auch die Agrargesetzgebung, ist tief in der Vergangenheit verwurzelt, und diese Darstellung, die an mehreren Punkten von der von Alfred Pikalo abweicht, soll deshalb als ein Versuch angesehen werden, die Entwicklung in der dänischen Gesetzgebung über Arealnutzung während der letzten 200 Jahre, wie sie ein Däne sieht, aufzuzeigen.

Der Partisanenkrieg aus der Sicht des sowjetischen Kriegsrechts

Edgar Tomson, Köln

Es ist an anderer Stelle[1]) bereits dargelegt worden, daß in den sowjetischen Völkerrechtslehrbüchern und einschlägigen Monographien zu den meisten konkreten Problemen des Kriegsvölkerrechts keine aufschlußreichen Darstellungen zu finden sind. Bezüglich der Mehrheit der vom Kriegsrecht aufgeworfenen Probleme beschränken sich die sowjetischen Wissenschaftler darauf, lediglich die Vorschriften der einschlägigen internationalen Konventionen wiederzugeben.
Im Grunde gibt es nur wenige mit dem Kriegsrecht zusammenhängende Fragen, zu denen abweichende, durch das kommunistische Regime bedingte Stellungnahmen vorliegen. Eines der interessantesten Probleme, zu dem spezifische sowjetische Darstellungen vorliegen, dürfte das des Partisanenkrieges sein.
Bei einer Betrachtung dieser Frage muß von der Tatsache ausgegangen werden, daß für die Sowjetunion der Bürgerkrieg die Kriegsform schlechthin ist[2]). Dieser Umstand läßt es denn auch verständlich erscheinen, daß der Partisanenkrieg, obwohl seine Zulässigkeit völkerrechtlich noch nicht einwandfrei geklärt ist, von den sowjetischen Völkerrechtlern als eine statthafte Kampfmethode dargestellt wird.
Einen Einschnitt verständlicherweise auch im sowjetischen völkerrechtlichen Schrifttum bildet das Jahr 1949 durch das I. und III. Genfer Abkommen, die einen beträchtlichen Fortschritt gegenüber der Haager Landkriegsordnung darstellen. Während die Haager Landkriegsordnung organisierte Widerstandsbewegungen nur *außerhalb* des vom Feinde besetzten Gebietes zuließ, bestimmt das III. Genfer Abkommen über die Behandlungen der Kriegsgefangenen in Art. 4, daß Mitglieder von Milizen und Freiwilligenkorps, die nicht ein Bestandteil der ordentlichen Streitkräfte sind, sowie Mitglieder von organisierten Widerstandsbewegungen, die zu einer am Konflikt beteiligten Partei gehören, auch bei Operationen *im* besetz-

[1]) Vgl. hierzu *Edgar Tomson*: Stichwort „Kriegsrecht" in: *Dietrich Geyer* (Hrsg.): Osteuropa-Handbuch, Sowjetunion, Außenpolitik III, Köln/Wien 1976, S. 122-138. Bezüglich ausführlicherer Darstellungen zur Frage des Kriegsrechts aus sowjetischer Sicht: *Edgar Tomson*: Kriegsbegriff und Kriegsrecht der Sowjetunion, Berlin 1979.
Für die Transkription der russischen Namen und Titel wurde in der vorliegenden Arbeit auf die wissenschaftliche Schreibweise zurückgegriffen. Lediglich beim zitieren übersetzter Werke wurde die dort verwandte Schreibweise übernommen.
[2]) Vgl. hierzu *Reinhart Maurach*: Kriegsrecht vom Blickpunkt der Sowjetunion, in: Jahrbuch für internationales und ausländisches öffentliches Recht, Jg. 2, 1949, S. 736-753, hier S. 747.

ten Territorium bei ihrer Gefangennahme wie Kriegsgefangene behandelt werden, sofern sie eine für ihre Untergebenen verantwortliche Person an der Spitze haben, ein Unterscheidungszeichen führen, die Waffen offen tragen und die Gesetze und Gebräuche des Krieges einhalten[3]).

Eine wortgleiche Definition wie in Art. 4 des III. Genfer Abkommens bezüglich des Begriffs der Kriegsgefangenen ist in Art. 13 des I. Genfer Abkommens vom 12. August 1949 zur Verbesserung des Loses der Verwundeten und Kranken der Streitkräfte im Felde enthalten, in dem der geschützte Personenkreis näher umschrieben wird[4]).

Die Genfer Konventionen übernehmen für den Partisanenkrieg somit die Bedingungen, die in der Haager Landkriegsordnung für das reguläre Heer vorgeschrie-

[3]) Vgl. hierzu als Beispiel für das westliche Schrifttum: *L. Oppenheim* und *H. Lauterpacht*: International Law, A Treatise, Bd. II, Disputes, War and Neutrality, 7. Ausg., New York 1961, S. 214-215. Die entsprechenden Vorschriften der Haager Landkriegsordnung bzw. des III. Genfer Abkommens lauten:

HLKO, Art. 1 (Begriff des „Heeres")

Die Gesetze, die Rechte und die Pflichten des Krieges gelten nicht nur für das Heer, sondern auch für die Milizen und Freiwilligen-Korps, wenn sie folgende Bedingungen in sich vereinigen:

1. daß jemand an ihrer Spitze steht, der für seine Untergebenen verantwortlich ist;
2. daß sie ein bestimmtes aus der Ferne erkennbares Abzeichen tragen,
3. daß sie die Waffen offen führen und
4. daß sie bei ihren Unternehmungen die Gesetze und Gebräuche des Krieges beachten.

In den Ländern, in denen Milizen oder Freiwilligen-Korps das Heer oder einen Bestandteil des Heeres bilden, sind diese unter der Bezeichnung „Heer" einbegriffen.

HLKO, Art. 2 (Kämpfende Bevölkerung)

Die Bevölkerung eines nicht besetzten Gebietes, die bei Herannahmen des Feindes aus eigenem Antriebe zu den Waffen greift, um die eindringenden Truppen zu bekämpfen, ohne Zeit gehabt zu haben, sich nach Artikel 1 zu organisieren, wird als kriegführend betrachtet, wenn sie die Waffen offen führt und die Gesetze und Gebräuche des Krieges beobachtet.

III. G. K., Art. 4 (Begriff der Kriegsgefangenen) (Auszüge)

A. Kriegsgefangene im Sinne des vorliegenden Abkommens sind die in Feindeshand gefallenen Personen, die einer der nachstehenden Kategorien angehören:

1. Mitglieder von Streitkräften einer am Konflikt beteiligten Partei, sowie Mitglieder von Milizen und Freiwilligenkoprs, die in diese Streitkräfte eingegliedert sind;
2. Mitglieder anderer Milizen und Freiwilligenkorps, einschließlich solcher von organisierten Widerstandsbewegungen, die zu einer am Konflikt beteiligten Partei gehören und außerhalb oder innerhalb dieses eigenen Gebietes, auch wenn dasselbe besetzt ist, tätig sind, sofern diese Milizen oder Freiwilligenkorps einschließlich der organisierten Widerstandsbewegungen
   a) eine für ihre Untergebenen verantwortliche Person an ihrer Spitze haben;
   b) ein bleibendes und von weitem erkennbares Unterscheidungszeichen führen;
   c) die Waffen offen tragen;
   d) bei ihren Kampfhandlungen die Gesetze und Gebräuche des Krieges einhalten.

(Zitiert nach *Friedrich Berber:* Völkerrecht, Dokumentensammlung, Bd. II, Konfliktsrecht, München und Berlin 1967, S. 1896-1897, bzw. 2001-2002.)

[4]) Vgl. *Berber*, a. a. O., S. 1955.

ben waren. Besonders treffend wird dies von Oppenheim-Lauterpacht[5]) zum Ausdruck gebracht: „Private individuals who take up arms and commit hostilities against the enemy do not enjoy the privileges of armed forces, and the enemy has, according to a customary rule of International Law, the right to treat such individuals as war criminals. But they cease to be private individuals if they organize themselves in a manner which, according to the Hague Convention, confers upon them status of members of regular forces"[6]).

Trotz der Wichtigkeit, die die Sowjetunion dem Partisanenkrieg beimißt, und trotz vereinzelter Versuche, auch noch vor der Zeit der Genfer Abkommen eine dogmatische Rechtfertigung für den Partisanenkrieg zu finden, sind in vielen Völkerrechtslehrbüchern keine oder nur sehr kurze Ausführungen über diese Art des Krieges enthalten.

In der Zeit zwischen den beiden Weltkriegen haben sich die beiden bekanntesten Völkerrechtler der Epoche, Korovin und Pašukanis, jedenfalls in ihren Lehrbüchern nicht zum Partisanenkrieg geäußert.

Dies ist wohl hauptsächlich darauf zurückzuführen, daß die Frage zu dieser Zeit nicht aktuell war und daß sie während des Ersten Weltkrieges keine so überragende Rolle gespielt hatte, als daß man ihr in juristischen Lehrbüchern besondere Aufmerksamkeit hätte schenken müssen.

Eine nicht sonderlich aufschlußreiche Darstellung über diese Frage gab lediglich L. N. Ivanov in der in den Jahren 1925-1927 entstandenen Enzyklopädie für Staat und Recht[7]). Ivanov beschränkte sich im wesentlichen auf die Wiedergabe des Inhalts des Haager Abkommens von 1907. Als interessant ist lediglich sein Hinweis anzusehen, daß der Terminus „Partisanen" vom rein militärischen Standpunkt eine etwas andere Bedeutung habe als in dem Haager Abkommen. Im militärischen Sinne verstehe man hierunter kleine, bewegliche Einheiten, die den Kampf im Hinterland des Feindes führten, und zwar hauptsächlich entlang seinen

[5]) A. a. O., S. 574.

[6]) Die Wandlung in der Stellung der Partisanen im Kriegsrecht wird besonders deutlich, wenn man den soeben zitierten § 254 der Auflage von 1961 mit demselben Paragraphen aus der Auflage von 1940 vergleicht. Hier schrieb Oppenheim:

"Since International Law is a law between States only and exclusively, no rules of International Law can exist to prohibit private individuals from taking up arms, and committing hostilities against the enemy. But private individuals committing such acts do not enjoy the privileges of members of armed forces, and the enemy has, according to a customary rule of International Law, the right to consider, and punish, such individuals as war criminals. Hostilities in arms committed by private individuals are war crimes, not because they really are violations of recognized rules regarding warfare, but because the enemy has the right to consider and punish them as acts of illegitimate warfare. The conflict between praise worthy patriotism on the part of such individuals and the safety of the enemy troops does not allow of any solution."

("*Oppenheim,* International Law, 1940 ed., Sec. 254." – Zitiert nach: *Lester Nurick* and *Roger W. Barrett,* Legality of Guerilla Forces under the Laws of War, in: The American Journal of International Law, Bd. 40, 1946, S. 563-583, hier S. 568-569).

[7]) Enciklopedija gosudarstva i prava, herausgegeben von *P. Stučka,* Bd. III, Moskau 1927, Stichwort „Partizany", Sp. 236-238.

Verbindungswegen. Die Methoden des Partisanenkampfes bestünden in unerwarteten Überfällen. Wenn die Partisanen Mitglieder der regulären Armee seien, so gebe es keine Probleme bezüglich ihrer rechtlichen Lage. Die Partisanenbewegung habe eine große Rolle im Bürgerkrieg gespielt und habe bei der Zerschlagung der weißen Armeen Kolčaks und Denikins durch die revolutionären Kräfte tatkräftig mitgeholfen. Irgendwelche Versuche, eine besondere Rechtfertigung für den Partisanenkrieg zu bringen, sind bei Ivanov nicht zu finden.

Erst 1944 in seinem Lehrbuch des Kriegsrechts bezog Korovin[8]) zu dieser Frage Stellung, wobei er natürlich nachweisen mußte, daß der sowjetischerseits im Zweiten Weltkrieg geführte Partisanenkrieg keineswegs illegal war.

Dieses Ziel konnte Korovin zu einer Zeit, als die Genfer Abkommen noch nicht abgeschlossen waren und die Haager Landkriegsordnung galt, nur dadurch erreichen, daß er den Nachweis zu erbringen versuchte, daß nicht alle von den deutschen Truppen zeitweise besetzten Territorien als tatsächlich okkupiert anzusehen waren.

Die Haager Landeskriegsordnung, führte Korovin aus und betonte ausdrücklich, daß sie von Deutschland und Rußland unterschrieben worden sei, bestimme, daß das feindliche Territorium dann als besetzt anzusehen sei, wenn es tatsächlich von der feindlichen Armee beherrscht werde, d. h. die Okkupation effektiv sei. Das bedeute, legte Korovin weiter dar, daß einerseits die frühere Regierung nicht mehr die Möglichkeit haben müsse, in welcher Form auch immer ihre Macht auszuüben, und daß andererseits der Feind seine eigenen Machtorgane errichtet haben müsse, denen die lokale Bevölkerung zu gehorchen habe.

Diese Bedingungen der Art. 42 und 43 der HLKO sei in einer Reihe von besetzten Gebieten nicht erfüllt, da eben als Folge der Partisanentätigkeit Organe der sowjetischen Macht wiederhergestellt worden seien und auch tatsächlich funktionierten, da auf „gerichtlichem Wege"[9]) Verräter und ihre Gehilfen bestraft würden und da eine Mobilisierung von Menschen und Pferden stattfände und landwirtschaftliche Erzeugnisse usw. für die Rote Armee gesammelt würden.

In einer vielleicht nicht ganz unsubtilen, aber dennoch dem Sinn der Konvention zuwiderlaufenden Art folgerte Korovin, daß beim Vorliegen solcher Umstände im Sinne der HLKO in diesen Gebieten nicht von einer effektiven Okkupation gesprochen und daß die Anwesenheit feindlicher Truppen unter diesen Umständen eher als ein faktischer „Einbruch" bezeichnet werden könne.

Nach dieser Überlegung fiel es Korovin denn auch nicht schwer, nachzuweisen, daß der bewaffnete Kampf der Bevölkerung eben dieser Gebiete nicht als Aufstand gegen die Okkupanten zu betrachten sei, sondern als Aufstand „eines nicht besetzten Territoriums", auf den nicht die vier Forderungen des Art. 1 der HLKO Anwendung fänden, aufgrund derer diese Kräfte als irregulär gelten würden, sondern nur die Vorschriften des Art. 2 betr. die levée en masse[10]).

[8]) *E. A. Korovin:* Kratkij kurs meždunarodnogo prava, čast' II, Pravo vojny, Moskau 1944, S. 35-36.

[9]) *Korovin*, a. a. O., S. 36.

[10]) Siehe den Text dieser beiden Artikel in Fußnote 3.

An den Vorschriften der HLKO über die Partisanen und die kämpfende Bevölkerung (levée en masse) übte Korovin harte Kritik[11]). Diese Vorschriften seien juristisch nicht genau genug, sie seien sogar zweideutig, da sie einen Kompromiß zwischen den Bemühungen der mächtigen Militärmächte, wie z. B. Deutschland auf der einen Seite, die alle „für sie ungünstigen" Formen des Völkerkrieges verbieten wollten, und den Bemühungen der übrigen Staaten auf der anderen Seite darstelle, für das Recht ihrer Bürger einzutreten, sich selbst und ihr Territorium vor den Okkupanten verteidigen zu dürfen. Für einige reaktionäre Regierungen, die sich vor dem eigenen Volk mehr fürchteten als vor dem fremden Eroberer (Korovin nennt als Beispiel die Vichy-Regierung in Frankreich) sei die „kämpfende Bevölkerung" ein Synonym von „sozialer Revolution".

Im Lichte der Lehren des Großen Vaterländischen Krieges müßten eine Reihe der Vorschriften der HLKO, die die Partisanenbewegung und die levée en masse als eine episodische Form des bewaffneten Kampfes darstellten, revidiert werden.

„Je mehr in dem einen oder dem anderen Staat die Staatsmacht zum Volk hält, je mehr sie mit ihm verbunden ist, desto breiter wird die Bewegung des gesamten Volkes in bezug auf die Verteidigung vor dem feindlichen Aggressor sein und desto größer wird in der Praxis der Raum sein, den die verschiedenen Formen der Volkskriege einnehmen werden[12])."

Nach dem Zweiten Weltkrieg wurde mitunter der Versuch unternommen, den Partisanenkampf mit Zitaten aus den Werken von Engels, Lenin und Stalin zu rechtfertigen. Die gewagte Konstruktion Korovins findet sich im späteren völkerrechtlichen Schrifttum der UdSSR nicht wieder.

Eine präzise Definition des Partisanenkrieges wird man allerdings auch bei den Völkerrechtlern, die diese Frage behandeln, vergeblich suchen.

Der ideologische Nachweis einer völkerrechtlichen Rechtfertigung des Partisanenkrieges wird von Koževnikov[13]), Korostarenko[14]) und Romanov[15]) geführt. Diese Autoren zitieren den von Engels in „The Pall Mall Gazette" vom 11. November 1870 erschienenen Artikel „Der Kampf in Frankreich", in dem es wörtlich heißt[16]):

„Die Engländer in Amerika, die Franzosen unter Napoleon in Spanien, die Österreicher 1848 in Italien und Ungarn waren sehr bald gezwungen, den Volkswiderstand als vollkommen legitime Kriegführung zu behandeln, und zwar als Furcht vor Vergeltung an ihren eigenen Gefangenen."

Etwas weniger geschickt in seinen Bemühungen, Marx als Beweis für die Legiti-

[11]) *Korovin*, a. a. O., S. 38.
[12]) *Korovin*, a. a. O., S. 38.
[13]) *F. I. Koschewnikow*, in: *F. I. Koschewnikow:* Völkerrecht (deutsche Übersetzung von Lothar Schultz), Hamburg 1960, S. 437-438.
[14]) *M. K. Korostarenko*: Mižnarodne pravo, Teil I, Charkow 1962, S. 120.
[15]) *V. A. Romanov*, in: *F. I. Koževnikov:* Meždunarodnoe pravo, 1. Auflage, Moskau 1964, S. 645; 2. Auflage, Moskau 1966, S. 613.
[16]) *Karl Marx, Friedrich Engels:* Werke, Band 17, Berlin (Ost) 1964, S. 169-170.

mität des Partisanenkrieges heranzuziehen, geht Lisovskij[17]) vor. Er legt dar, daß der Partisanenkampf eine weite Verbreitung in den sogenannten gerechten Kriegen gefunden habe, d. h. in den Kriegen gegen fremdländische Eroberer. Bezüglich des Kampfes der Spanier gegen Napoleon habe Marx geschrieben[18]): „Es gab Tausende von Feinden, doch keiner war sichtbar". Dieser Ausspruch wird so interpretiert, daß es in diesem Krieg Partisanen gegeben habe. Um diese Feststellung zu treffen, bedurfte es allerdings nicht eines Zitates von Marx. In der Sicht von Lisovskij scheint jedoch die Wiedergabe einer einfachen historischen Tatsache an Gewicht zu gewinnen, wenn man Marx zitieren kann.

Besonders schlimm ist der von Lisovskij unternommene Versuch, auch noch Lenin zu zitieren und anhand eines Ausspruchs von Lenin zu beweisen, daß der Partisanenkrampf nicht nur legitim, sondern sogar unvermeidbar sei. Von den völkerrechtlichen Autoren ist Lisovskij der einzige, der Lenin zitiert, oder, um es genauer zu sagen, der Lenin schlechtweg verfälscht, um ihn das sagen zu lassen, was gerade in das Konzept von Lisovskij paßt.

Lenin sah im Partisanenkampf nur eine Art Hilfsmittel[19]), so daß es einen wudert, daß Lenin laut Lisovskij[20]) über den Partisanenkampf wörtlich geäußert haben soll:

„. . . daß Partisanenaktionen beim Vorhandensein zweier feindlicher bewaffneter Kräfte und beim Wüten der vorübergehend triumphierenden militärischen Unterdrückung unvermeidlich sind . . .".

Tatsächlich heißt es bei Lenin[21]):

„. . . daß *derartige* Partisanenkampfaktionen, *die* beim Vorhandensein . . .".

So ergibt der Ausspruch Lenins einen vollkommen veränderten Sinn, wenn man den gesamten Kontext liest und feststellt, daß mit „*derartige* Partisanenkampfaktionen" eine ganz konkrete Situation gemeint ist, nämlich die, daß es seit dem Dezemberaufstand in Rußland noch nirgends zu einer völligen Einstellung der Kampfhandlungen gekommen sei, die jetzt von Seiten des revolutionären Volkes in einzelnen Partisanenüberfällen auf den Feind zum Ausdruck kämen.

Das Vorgehen Lisovskijs kann als ein besonders mißlungenes Beispiel für die

[17]) *V. I. Lisovskij*: Meždunarodnoe pravo, 1. Aufl., Moskau 1955, S. 379; 2. Aufl., Moskau 1961, S. 422.

[18]) Lisovskij gibt als Quelle „Marx und Engels: Werke, Bd. X, S. 743" an. Es handelt sich hierbei um eine russische Ausgabe von Marx und Engels, die leider nicht zugängig war, so daß das Zitat nicht überprüft werden konnte.

[19]) Vgl. die Schrift Lenins: Der Partisanenkrieg, in: *V. I. Lenin*: Werke. Berlin (Ost) 1956-1964, Bd. 11, S. 202-214, hier S. 205.

[20]) *Lisovskij*, a. a. O., S. 378.

[21]) Vgl. *Lenin*, a. a. O., Bd. 10, S. 146. Zum Vergleich wurde die 5. russische Lenin-Ausgabe in 50 Bändern herangezogen. (*V. I. Lenin:* Polnoe sobranie sočinenij), Bd. 12, Moskau 1960, S. 228.

Es muß allerdings hinzugefügt werden, daß Lisovskij, den Eigenheiten der russischen Sprache entsprechend, neben dem zu Anfang des Zitats stehenden Wort „derartige" in der Mitte des Zitats nur ein Komma weggelassen hat, da das Relativpronomen „die" im Original in diesem Zusammenhang nicht vorkommt.

beim Heranziehen Lenins häufig verwendete Praxis angesehen werden, eine für eine ganz bestimmte Situation geprägte Aussage zu einer allgemeingültigen Wahrheit hochzustilisieren.
Seine eigene Ungeschicklichkeit muß sogar Lisovskij selbst aufgefallen sein, denn obwohl das den Partisanenkampf betreffende Kapitel in der 2. Auflage seines Buches von 1961 ein fast wörtlicher Nachdruck der 1. Auflage von 1955 ist, fehlt in der 2. Auflage das Zitat Lenins.
Ähnlich wie dem Lenin-Zitat erging es einem Zitat Stalins bezüglich des Partisanenkrieges, jedoch diesmal aus anderen Gründen. Zwischen 1955 und 1961, den Erscheinungsjahren der 1. und der 2. Auflage des Lehrbuchs von Lisovskij, war Stalin in der Versenkung verschwunden. Es ist allerdings erstaunlich, daß die entsprechende Passage aus der Rundfunkrede Stalins vom 3. Juli 1941 sonst nur noch von Meleško[22]) erwähnt wird. Die Bedeutung dieser Rede wird auch von Maurach hervorgehoben[23]). Selbstverständlich kann in einer Radiorede Stalins keine juristische Begründung für die Zulässigkeit des Partisanenkrieges enthalten sein. Es ist allerdings auch nicht neu im sowjetischen Völkerrecht, daß politische Aussagen für juristische Begründungen verwendet werden. Auch hier trifft Lisovskij[24]) der Vorwurf, daß er einen Absatz durch Herausnehmen aus dem konkreten Zusammenhang zu einer allgemeinen Aussage hochstilisiert hat, obwohl er sich, im Zusammenhang gelesen, auf eine ganz konkrete Situation, hier auf den Zweiten Weltkrieg, bezieht.
Die entsprechende Stelle aus Stalins Rede, gegenüber dem Zitat von Lisovskij ein wenig erweitert, lautet[25]):
„. . . In den vom Feind okkupierten Gebieten müssen Partisanenabteilungen zu Pferd und zu Fuß gebildet und Diversionsgruppen geschaffen werden zum Kampf gegen die Truppenteile der feindlichen Armee, zur Entfachung des Partisanenkrieges überall und allerorts, zur Sprengung von Brücken und Straßen, zur Zerstörung der Telefon- und Telegrafenverbindungen, zur Niederbrennung der Wälder, der Versorgungslager und der Trains. In den okkupierten Gebieten müssen für den Feind und alle seine Helfershelfer unerträgliche Verhältnisse geschaffen werden, sie müssen auf Schritt und Tritt verfolgt und vernichtet, und alle ihre Maßnahmen müssen vereitelt werden.
Den Krieg gegen das faschistische Deutschland darf man nicht als gewöhnlichen Krieg betrachten. Es ist nicht ein Krieg zwischen zwei Armeen. . . .“
Neben solchen Versuchen, den Partisanenkampf ideologisch zu rechtfertigen, ist

22) *E. P. Meleško*, in: *E. A. Korovin:* Meždunarodnoe pravo, Moskau 1951, S. 519.

23) *Maurach*, a. a. O., S. 746, Fußnote 35.
Maurach, der diese Rede als Befehl bezeichnet, zitiert den nächsten Satz, der auf den von Lisovskij zitierten Absatz folgt. Aus ihm geht der eindeutige Bezug der Rede Stalins auf die konkrete Situation des Zweiten Weltkriegs hervor.

24) *Lisovskij*, a. a. O., 1. Auflage, 1955, S. 380.

25) *I. Stalin*: O Velikoj Otečestvennoj vojne Sovetskogo Sojuza, Moskau 1952, S. 15-16. Deutsche Übersetzung: *J. Stalin:* Über den großen vaterländischen Krieg der Sowjetunion, Berlin (Ost) 1952, S. 12-13.

auch noch zu erwähnen, daß mitunter Anstrengungen vorgenommen werden, nachzuweisen, daß sich auch das zaristische Rußland stets für die Anerkennung der Partisanen eingesetzt habe. So schildert I. P. Trajnin, auf den im nachfolgenden noch ausführlich eingegangen werden wird, die einschlägigen Bestimmungen der Brüsseler Deklaration von 1874[26]) und weist darauf hin, daß, obwohl die Brüsseler Deklaration nicht ratifiziert worden sei, Rußland sich im russisch-türkischen Krieg an die dort erarbeiteten Regeln gehalten habe. Bei Trajnin fehlt auch nicht der Hinweis, daß die erste Haager Friedenskonferenz von 1899, auf der das Recht des Volkes auf Selbstverteidigung erörtert wurde, auch auf die Initiative Rußlands hin einberufen wurde[27]).

Mit dem Problem des Partisanenkrieges in juristischer Sicht hat sich vor 1949 vor allem Trajnin[28]) befaßt, wenn man von dem in diesem Zusammenhang recht häufig zitierten Lehrbuch Korovins aus dem Jahre 1944 absieht[29]). Der stark polemisch aufgebaute Aufsatz Trajnins „Über die Fragen des Partisanenkrieges im Völkerrecht" versucht, die Legalität des Partisanenkrieges nachzuweisen. So versucht er in erster Linie, die herkömmliche Definition der Nichtkombattanten als nicht adäquat hinzustellen. Er legt dar, daß die Meinung vieler Autoren des Völkerrechts, daß ein Staat nur gegen einen anderen Staat und seine offiziell anerkannten organischen Teile kämpfe, nicht richtig sei. Daher sei die Ansicht, daß jede Person, die auch aus patriotischen Motiven freiwillig die Waffen ergreife, nicht unter die Regeln des Kriegsrechts falle, falsch. Die Ansicht, daß ebenso wie nicht jeder innerhalb eines Staates die Rolle eines Regierungsorgans übernehmen könne, auch nur die vom Staat autorisierten Personen als Kombattanten angesehen werden könnten, erklärt er für nicht zutreffend.

Dieser formal legalistische Gesichtspunkt, führt Trajnin aus[30]), berücksichtige nicht das demokratische Prinzip der Volksinitiative und betrachte den Staat als eine Art sich selbst genügendes Wesen, und das sogar in für das Volk so wichtigen Fragen wie der Verteidigung des Vaterlandes. Das führe zu der Ungerechtigkeit, daß der Kommandierende der feindlichen Armee für den Fall der Gefangennahme von Nichtkombattanten ihnen das den Kriegsgefangenen zustehende Recht verweigern könne. Im besetzten Territorium genieße der Nichtkombattant persönliche Unantastbarkeit seines Eigentums. Dadurch würde jedoch nicht berück-

[26]) *I. P. Trainin*: Questions of Guerilla Warfare in the Law of War, in: American Journal of International Law, Bd. 40, 1946, S. 534-562, hier: S. 541-544. Es handelt sich um die Artikel 9 und 10 der Deklaration, die identisch sind mit den Artikeln 1 und 2 der Haager Landkriegsordnung (Siehe oben, Fußnote 3).

[27]) *Trainin*, a. a. O., S. 544.

[28]) *I. P. Trajnin*: Voprosy partizanskoj vojny v meždunarodnom prave, in: Izvestija Akademii nauk SSSR. Otdelenie ekonomiki i prava, 1945, Nr. 4, S. 1-25. Englische Übersetzung von *John N. Hazard: I. P. Trainin:* Questions of Guerilla Warfare in the Law of War, in: American Journal of International Law, Bd. 40, 1946, S. 534-562. Ders.: O partizanskoj vojne, in: Pod znamenom marksizma, 1942, Nr. 5-6, S. 25-44. Die letztgenannte Arbeit war leider nicht zu beschaffen.

[29]) *E. A. Korovin:* Kratkij kurs meždunarodnogo prava, čast' II, Pravo vojny, Moskau 1944.

[30]) *Trainin*, A. J. I. L., a. a. O., S. 537-538.

sichtigt, daß in moralischer Hinsicht die patriotischen Gefühle der Nichtkombattanten verletzt würden und daß das Betreten des heimischen Bodens durch den Feind eine Verhöhnung ihrer Gefühle darstelle.
Trajnin setzt sich darüber hinaus allerdings kritisch mit den Bedingungen auseinander, die sowohl in der Brüsseler Deklaration als auch in der Haager Landkriegsordnung für die Partisanenbewegungen, sofern sie außerhalb eines besetzten Territoriums stattfanden, gefordert wurden[31]). Insbesondere die Vorschriften bezüglich der Uniformen, schildert Trajnin, seien zu einer Zeit niedergelegt worden, als sich der Krieg in unmittelbaren militärischen Scharmützeln geäußert habe. Im gegenwärtigen Zeitpunkt – d. h. unmittelbar nach dem Zweiten Weltkrieg, als die Arbeit Trajnins entstand – seien die auf große Entfernungen schießende Arteillerie und die Flugzeuge so entwickelt, daß alle Staaten versuchten, ihre Armeen so unauffällig wie möglich zu machen und sie insbesondere in Tarnfarben zu kleiden. Somit sei die bedingungslose Forderung, die Partisanentruppen zu uniformieren, durch militärische Logik nicht zu rechtfertigen. Die Bedingungen des Partisanenkrieges seien ungewöhnlich. Das Wesen des Partisanenkampfes bestehe eben darin, unverhofft anzugreifen, und eine besondere Uniform oder ein anderes Erkennungszeichen würden das Überraschungsmoment beseitigen. Aber auch in dem Fall, in dem Partisanentruppen mit den regulären Streitkräften des Gegners einen Nahkampf führen würden, hätte ihre Uniformierung wenig Sinn, da die Absichten und die Tätigkeit der Partisanen auch ohne diese äußeren Erkennungszeichen eindeutig genug wären.
Das Recht eines Volkes, führt Trajnin weiter aus[32]), das Recht auf Verteidigung seines heimatlichen Bodens und seiner Ehre vom Tragen einer Uniform abhängig zu machen, führe die gesamte Verteidigungsfrage ad absurdum. Patriotismus könne man ebensowenig in eine militärische Uniform packen, wie einen spontan ausbrechenden Hurrikan nach den von einem meteorologischen Observatorium festgesetzten Regeln ablaufen zu lassen. Was sollten dann die angegriffenen Völker tun, wenn sie aufgrund ungenügender Mittel oder auch aus anderen Gründen gar nicht die Möglichkeit gehabt hätten, größere Vorräte an Uniformen vorzubereiten? Sollten sie – so Trajnin fast wörtlich – deswegen auf den Kampf verzichten und sich der Versklavung durch die Usurpatoren unterwerfen? Das wäre schlechthin absurd.
Auch die Anforderung, daß die Partisanentruppen jemanden an ihrer Spitze haben müßten, der für seine Untergebenen verantwortlich sei, hält Trajnin für ebenso unberechtigt wie die von den „Gegnern der Volksverteidigung" vorgebrachte Ansicht, die Partisanen träten meistens in „unorganisierten Banden" auf. Gerade dieser Vorwurf, legt Trajnin dar[33]), übersehe das eigentliche Wesen des Volkskrieges. Partisanenkrieg, schreibt Trajnin, ist organisiert und umfaßt breite Volksmassen. In kleinen Gruppen würden die Partisanentruppen nur der Bequemlichkeit halber aufgespalten, und gerade diese kleinen Gruppen seien es, die

[31]) *Trainin*, A. J. I. L., a. a. O., S. 557-560.
[32]) *Trainin*, A. J. I. L., a. a. O., S. 558.
[33]) *Trainin*, A. J. I. L., a. a. O., S. 558.

die Interessen des Volkes verteidigten, die identisch seien mit denen des Staates, wobei allerdings seitens Trajnins die Einschränkung gemacht wird, daß diese Identität nur dann vorliege, wenn es sich um einen Sowjetstaat handele[34]). So gesehen sei es unwesentlich, ob die Partisanentruppen der Autorität der Regierung unterstünden oder nicht.

Speziell bezüglich der Frage der Unterstellung der sowjetischen Partisanen unter ein bestimmtes Kommando hebt Trajnin hervor, daß ihre Disziplin stets hervorragend[35]) und daß der Kommandierende der sowjetischen Partisanen für seine Handlungen dem sowjetischen Volk in der Person der Roten Armee und seines Generalstabes verantwortlich gewesen sei. Die Befehle des Oberbefehlshabers Stalin an die Rote Armee seien gleichzeitig auch an die Partisanentruppen gerichtet gewesen.

Auch die Bedingung, die Partisanen müßten ihre Waffen offen tragen, wird von Trajnin kritisch unter die Lupe genommen[36]). Ähnlich wie bei der Anforderung, ein aus der Ferne erkennbares Abzeichen zu tragen, legt der Autor dar, daß auch die Bedingung des offenen Tragens der Waffen zu einer Zeit formuliert worden sei, als es noch keine Waffen gegeben habe, wie man sie in der Gegenwart zu benutzen pflege, d. h. als die Bewaffnung hauptsächlich aus Gewehren, Maschinengewehren und Artillerie bestanden habe. Jetzt verwendeten allerdings nicht nur die regulären Streitkräfte, sondern auch die Partisanen die modernen Kampfmittel, d. h. auch Panzer und Flugzeuge, und die Kriegskunst bestehe teilweise gerade in der Tarnung der Waffen. Über jemanden, der den Vorschlag machen würde, die Waffen der modernen Kriegsführung zu enttarnen, würde man heute nur lachen. Ein weiteres Argument Trajnins gegen das offene Tragen von Waffen ist allerdings mehr polemisch als sachlich: Die Partisanentruppen seien bei dem Bestreben, die ihnen gesetzten Ziele zu erreichen, nie gegen das Völkerrecht verstoßen, und daher sei es, aus der Sicht dieser Ziele, nämlich der Befreiung des Vaterlandes, unwesentlich, wie der Angreifer geschlagen worden sei, ob mit offen getragenen oder verborgenen Waffen. Wichtig sei nur gewesen, daß der Feind geschlagen worden sei.

Diese „der Zweck heiligt die Mittel"-Theorie wendet Trajnin nur im Zusammenhang mit der Vorschrift des offenen Tragens der Waffen an, aber diese Art der Argumentation ist juristisch natürlich untragbar, da sich auf diese Weise praktisch alles rechtfertigen läßt.

Auch die letzte Anforderung, die Regeln des Völkerrechts zu beachten, wird von Trajnin untersucht[37]). Er stellt sie allerdings als eine Selbstverständlichkeit hin, auf die näher einzugehen nicht erforderlich sei.

Die Zulässigkeit des Partisanenkrieges versucht Trajnin auch aus Artikel 51 der Charta der Vereinten Nationen herzuleiten[38]). Aus dem Recht auf Selbstverteidi-

[34]) *Trainin*, A. J. I. L., a. a. O., S. 558.
[35]) *Trainin*, A. J. I. L., a. a. O., S. 558-559.
[36]) *Trainin*, A. J. I. L., a. a. O., S. 559-560.
[37]) *Trainin*, A. J. I. L., a. a. O., S. 560.
[38]) *Trainin*, A. J. I. L., a. a. O., S. 561-562.

gung[39]) folgert Trajnin, daß es kein Verbot des Partisanenkampfes im vom Feind besetzten Gebiet geben könne. Allerdings ergebe sich daraus umgekehrt auch, daß derjenige, der einen Angriffskrieg, also einen ungerechten Krieg, führe, nicht Partisanen unter dem Schutze des Völkerrechts einsetzen könne.

Hier versucht Trajnin, die Unterscheidung von gerechten und ungerechten Kriegen hineinzubringen, wobei er wieder in die „der Zweck heiligt die Mittel"-Theorie verfällt, was ihn dann zur folgenden Schlußfolgerung kommen läßt[40]):

„Der Partisanenkrieg ist und bleibt eine der regulären Formen des Volks-, d. h. des gerechten Krieges und unterliegt daher den Regeln des Völkerrechts zur Verhinderung aller Arten von Angriffen."

Man findet in der sowjetischen Literatur natürlich auch Hinweise auf gewisse „Praktiken" kapitalistischer Länder, unter dem „Deckmantel des Partisanenkrieges andere Arten kriegerischer oder kriegsähnlicher Tätigkeiten zu betreiben, die mit dem Recht natürlich völlig unvereinbar seien. So schildert Koževnikov in seinem Lehrbuch von 1972[41]), daß völlig außer jeglicher Gesetzlichkeit die Versuche der USA stünden, „Unterabteilungen" von Partisanenverbänden zu schaffen, die dafür bestimmt seien, in andere Länder entsandt zu werden, um dort die nationalen Befreiungsbewegungen der Völker zu unterdrücken und eine Diversantentätigkeit zu entwickeln. Tatsächlich seien dies, führt Koževnikov aus, keine Partisanenbewegungen, sondern eine Art der Intervention und somit eine grobe Verletzung der allgemein anerkannten Regeln des Völkerrechts.

Lagen, wie am Beispiel von Trajnin soeben dargelegt worden ist, bereits vor 1949 seitens der sowjetischen Juristen Bemühungen vor, den Partisanenkrieg ganz allgemein als legal hinzustellen, so wird in den meisten nach 1949 erschienenen Lehrbüchern auch noch ausdrücklich darauf hingewiesen, daß die Genfer Abkommen von 1949 diese Frage nunmehr endgültig gelöst hätten, oder es wird auf die einschlägige Vorschrift verwiesen, wonach bei Einhaltung der entsprechenden Regeln der Status der kombattanten auch auf Partisanen *außerhalb* und *innerhalb* des besetzten Gebietes anzuwenden sei.

A. I. Davydov[42]) weist darauf hin, daß es ein besonderes Verdienst der Genfer Abkommen von 1949 gewesen sei, diese Regelung *auf Betreiben der Sowjetunion* übernommen zu haben. In Band V des sechsbändigen Akademielehrbuchs[43]) wird

[39]) Der erste Satz von Art. 51 der Charta der Vereinten Nationen lautet:
Diese Charta beeinträchtigt im Falle eines bewaffneten Angriffs gegen ein Mitglied der Vereinten Nationen keineswegs das naturgegebene Recht zur individuellen oder kollektiven Selbstverteidigung, bis der Sicherheitsberater die zur Wahrung des Weltfriedens und der internationalen Sicherheit erforderlichen Maßnahmen getroffen hat.
(Zitiert nach *Friedrich Berber:* Völkerrecht, Dokumentensammlung, Bd. I, Friedensrecht, München und Berlin 1967, S. 26.)

[40]) *Trainin,* A.J.I.L., a. a. O., S. 562.

[41]) *F. I. Koževnikov*: Kurs meždunarodnogo prava, Moskau 1972, S. 367.

[42]) *A. I. Davydov*, in: *D. B. Levin und G. P. Kaljužnaja:* Meždunarodnoe pravo, Moskau 1960, S. 298; ebenso *N. T. Samarzeva*, in: *D. B. Lewin* und *G. P. Kaljushnaja:* Völkerrecht, Berlin (Ost) 1967, S. 405.

[43]) Kurs meždunarodnogo prava v šesti tomach, tom V, Osnovnye instituty i otrasli sovremennogo meždunarodnogo prava, Moskau 1969, S. 301-302.

vor der Erwähnung der Abkommen von 1949 auch noch darauf hingewiesen, daß es in der sowjetischen Völkerrechtslehre nie Zweifel über die Rechtmäßigkeit des Partisanenkrieges gegeben habe.
Um noch eine zusätzliche Rechtfertigung des Partisanenkrieges zu geben, wird mitunter, so z. B. von Meleško[44]) und Korostarenko[45]), ähnlich wie bei Trajnin auch auf die Vorschrift von Art. 51 der Charta der Vereinten Nationen verwiesen.
Es entbehrt nicht einer gewissen Originalität, wenn der soeben zitierte Autor Meleško[46] in dem von Korovin herausgegebenen Akademielehrbuch von 1951 sich gerade mit dem Herausgeber in der Partisanenfrage anlegt und ihn sogar des Antimarxismus bezichtigt. Kritisiert wird, daß Korovin in seinem Lehrbuch von 1944[47]) die Zuerkennung der Kombattanteneigenschaft an Partisanen von den Grenzen des Territoriums abhängig gemacht habe, also entsprechend den Vorschriften der Haager Landkriegsordnung von dem Umstand, ob die Kombattanten im unbesetzten oder im besetzten Territorium tätig geworden seien. Solche Ausführungen, schreibt Meleško, ignorierten die Eigenart des Volkskrieges als eines Verteidigungskrieges gegen den Aggressor und stünden im Widerspruch zu der Rede Stalins vom 3. Juli 1941. Darüber hinaus ließe die Präambel des IV. Haager Abkommens eine sehr weite Interpretation des Status der Partisanen zu.
Die juristisch interessanteste Analyse der Frage des Partisanenkrieges enthält das Akademielehrbuch des Völkerrechts in sechs Bänden. Hier wird unter anderem wie bei Trajnin versucht, die Partisanen danach zu unterscheiden, ob sie auf der Seite des Aggressors oder des Angegriffenen kämpfen. In dem Maße, in dem ein Krieg als verbrecherisch anzusehen sei, müsse auch die freiwillige Teilnahme an diesem Krieg als ein Verbrechen angesehen werden. Dies gelte auch für die irregulären Kampfeinheiten des Angreifers, die, weil sie keine Verbindung zu den breiten Bevölkerungsmassen hätten, isolierte Verbrecherbanden seien, die der Bestrafung nach den Kriegsgesetzen unterlägen.
Da die Sowjetunion nach ihrer eigenen Auffassung nur gerechte Kriege führen kann, wird durch diese These festgestellt, daß alle auf der Gegenseite kämpfenden Partisanen nur Verbrecher sein können. Dies gilt ebenso für die Partisanen jedes angreifenden Staates, wobei die Autoren die durchaus denkbare Hypothese, daß der Angegriffene nunmehr besiegt und dessen Territorium besetzt wird und daß nun Partisanengruppen ihre Heimat zu befreien versuchen, gar nicht erst ins Auge fassen. Dabei unterstellen die Autoren, daß die Bevölkerung des besetzten Gebietes nur deshalb nichts gegen die Besetzung des eigenen Territoriums unternehmen wird, weil sie einsichtig genug ist, diese Besetzung als „gerechte Strafe" für den von ihrer Staatsführung angezettelten Krieg zu sehen.
Nicht ganz so subtil geht Koževnikov[48]) vor, d. h. er versucht gar nicht erst,

[44]) *E. P. Meleško*, in: *E. A. Korovin:* Meždunarodnoe pravo, Moskau 1951, S. 519.
[45]) *M. K. Korostarenko*, Mižnarodne pravo, Charkow 1962, S. 122.
[46]) *Meleško*, a. a. O., S. 519.
[47]) *E. A. Korovin*, Kratkij kurs meždunarodnogo prava, čast' II, Moskau 1944.
[48]) *F. I. Koschewnikov*, in: *F. I. Koschewnikow*, Völkerrecht, Übersetzung von *Lothar Schultz*, Hamburg 1960, S. 437.

zwischen den Partisanen des Angreifers und den Partisanen des Angegriffenen zu differenzieren. Bei ihm heißt es schlicht: „Die Partisanenkämpfe stellen eine Art Volkskrieg dar und können darum nur gerecht sein.“
Man stößt hier auf einen Fall, in dem zwei sowjetische Autoren jeweils aus der kommunistischen Sicht des Problems zu zwei dennoch entgegengesetzten Konzeptionen gekommen sind. Dabei sind beide Ansichten, systemimmanent betrachtet, richtig, wobei allerdings die von Koževnikov dargelegte Theorie die weitere, die im Akademielehrbuch geschilderte die engere ist und nur auf einige bestimmte Fälle zutrifft.
Natürlich ist der Partisanenkrieg als Volkskrieg in sowjetischer Sicht *grundsätzlich* ein gerechter Krieg. Dies trifft ohne Einschränkung für den Fall zu, wenn z. B. zwei kapitalistische Staaten miteinander Krieg führen. Wenn in einer solchen Situation der Angegriffene den Angreifer besiegt und dessen Territorium besetzt, dann führen auch die Partisanen des ursprünglichen Aggressors einen Befreiungskrieg, d. h. einen gerechten Krieg, denn dadurch, daß der ursprünglich Angegriffene das Territorium seines Feindes besetzt hat, hat er sich ja selbst in einen Angreifer verwandelt. Hier also trifft die These von Koževnikov voll zu.
In dem Fall jedoch, in dem ein kapitalistisches ein sozialistisches oder kommunistisches Land angreift, verhält es sich anders. Wenn die sozialistischen oder kommunistischen Armeen siegreich in das Land des kapitalistischen Aggressors einziehen, so tun sie es keinesfalls in schnöder Eroberungsabsicht, sondern nur deshalb, um das unterjochte Volk des kapitalistischen Staates von der das Volk unterdrückenden Regierung zu befreien, und so wird das Volk des ursprünglichen Aggressors die Besetzung seines Landes nicht einmal als gerechte Strafe, sondern eher als Befreiung empfinden, denn auch die Okkupation kann „gerecht“ sein.
„Der gerechte Charakter der Okkupation von seiten der sowjetischen Streitkräfte geht aus dem Charakter der sozialistischen Gesellschafts- und Staatsordnung, aus dem Charakter der Sowjetarmee als einer Armee von neuem Typus hervor. Kraft dessen hegt die Bevölkerung der besetzten Gebiete größte Liebe zur Sowjetarmee“, schreibt wörtlich Garanin[49]). Wenn schon die Bevölkerung der besetzten Gebiete „größte Liebe zur Sowjetarmee hegt“, dann können Partisanen, die gegen *diese* Armee kämpfen, nur einen ungerechten Krieg führen. In diesem Fall stimmt also die im Akademielehrbuch dargelegte Ansicht.
Für den Fall, daß der Partisanenkampf auf der „richtigen“, meistens also auf der angegriffenen Seite geführt wird, werden die in den Genfer Abkommen festgesetzten Regeln im Akademielehrbuch analysiert.
Als wichtigste dieser Regeln wird diejenige hingestellt, wonach die Partisanen die Regeln und Bräuche des Krieges beachten müssen[50]). Der Zweck der Beachtung dieser völkerrechtlichen Regeln sei es, den Krieg zu humanisieren und eventuelle Versuche, den Krieg in Willkür ausarten zu lassen, zu unterbinden, und deswegen müßten sich sowohl die regulären Streitkräfte als auch alle anderen Kombattanten an diese Regeln halten. Hieraus wird dann der Schluß gezogen, daß Übertretun-

[49]) *E. I. Garanin*, Völkerrecht (Vorlesungsreihe), Berlin (Ost) 1955, Kap. XI, S. 95.
[50]) Akademielehrbuch, a. a. O., S. 304.

gen gegen die Regeln und Bräuche des Krieges, die von einzelnen Partisanen begangen werden, die entsprechenden Rechtsfolgen nur für diese Personen selbst nach sich ziehen, den rechtlichen Status der Partisanenabteilung, in der sich diese Personen befinden, jedoch keineswegs beeinträchtigen können.
Keinerlei Zweifel, wird in dem Akademielehrbuch[51]) weiter ausgeführt, bestünden auch bezüglich der Bedingung, daß an der Spitze der Partisanen ein Kommandierender stehen müsse. Das Vorhandensein einer solchen verantwortlichen Person sei der Beweis für die Organisiertheit der Partisanenbewegung und sei eine Garantie dafür, daß die Regeln des Krieges beachtet würden. Nach dem Völkerrecht sei es dabei gleichgültig, wer die Partisanen befehlige, ein Offizier, ein Regierungsbeamter oder eine andere, von den Partisanen selbst gewählte Person. Wichtig sei lediglich, daß diese Person die Verantwortung dafür übernehme, daß seine Untergebenen die Regeln und Bräuche des Krieges beachteten.
Den beiden letzten Anforderungen des Partisanenkrieges, dem Tragen eines Erkennungszeichens und dem offenen Führen der Waffen, wird von dem Akademielehrbuch eine geringere Bedeutung beigemessen[52]). Während Trajnin sowie einige Völkerrechtler in ihren Schriften aus der Zeit nach 1949[53]) in sehr scharfer Form darauf hinweisen, daß die Befolgung dieser beiden Regeln die Partisanen in eine schlechtere Position bringen würde als die regulären Streitkräfte, da es ja gerade das Wesen des Partisanenkampfes sei, im Verborgenen geführt zu werden, wird in dem Akademielehrbuch wenigstens der Versuch unternommen, die Berechtigung dieser Vorschriften darzulegen.
Die Einführung eines Erkennungszeichens habe den Zweck, eine interne Unterscheidung zwischen den Kombattanten und der friedlichen Bevölkerung zu ermöglichen. Dennoch dürfe diese Regel nicht abstrakt und losgelöst vom Charakter und den Mitteln des Partisanenkrieges betrachtet werden. Da die Erkennung auch bei den regulären Truppen immer mehr an Bedeutung verlöre, erscheine es anachronistisch, ein „deutlich sichtbares“ Erkennungszeichen von den Partisanentruppen zu verlangen, denn dies würde sie – hier allerdings benutzten die Autoren des Akademielehrbuchs einen ähnlichen Ausdruck wie die anderen Völkerrechtler –, die Partisanen, in eine schlechtere Lage bringen als die regulären Streitkräfte, und daher dürfe das Erkennungszeichen nicht der Maskierung der Partisanen abträglich sein und dürfe somit nur auf eine ganz minimale Entfernung erkannt werden können, z. B. erst beim unmittelbaren Auftreffen auf den Feind.
Dasselbe gelte auch für die Anforderung des offenen Tragens der Waffen. Diese Vorschrift sei um so relativer – und hier ähnelt die Argumentation derjenigen Trajnins – zumal die Partisanen auch über moderne Waffen, wie z. B. Artillerie, verfügten.
Wieder in Frage gestellt wird die Notwendigkeit der beiden zuletzt aufgeführten

[51]) A. a. O., S. 304-305.
[52]) A. a. O., S. 305.
[53]) Vgl. z. B. *F. I. Koschewnikow*, in: *F. I. Koschewnikow:* Völkerrecht (Übersetzung von *Lothar Schultz*), Hamburg 1960, S. 438; *F. I. Koževnikov* und *V. A. Romanov:* Meždunarodnoe pravo, Moskau 1964, S. 646; dto. 1966, S. 614.

Anforderungen durch das folgende Raisonnement Trajnins[54]): Vom „Aggressor" sei in der Vergangenheit die Einhaltung dieser Vorschriften verlangt worden und würde auch noch in der Gegenwart verlangt, um die Partisanen leichter zu entdecken und unschädlich zu machen. Daher könnten die Partisanen als reine Selbstverteidigungsmaßnahme auf die Einhaltung dieser beiden Vorschriften verzichten, ohne ihre Eigenschaft als rechtmäßige Kombattanten einzubüßen.

[54]) *Trainin,* A.J.I.L., S. 559-560.

Eigentum, Umweltrecht und Wirtschaftssystem

Robert Weimar, Siegen

I Umweltrechtliche Rahmenbedingungen

Bemühungen, rechtliche Grundlagenaspekte gegenwärtiger Umweltprobleme herauszuarbeiten und zu analysieren,[1]) haben gezeigt, daß Maßnahmen zum Schutz der Umwelt mit anderen Zielen, insbesondere mit bestimmten Zielen der marktwirtschaftlichen Ordnung[2]), aber auch mit der Funktion eines umfassend garantierten Privateigentums, in Konflikt geraten können. Es gilt dabei, eine „grundsätzliche Aporie zwischen Umweltschutz und Recht" *(Wimmer)* zu beachten, soll die Funktion des Rechts als eines wesentlichen gesellschaftspolitischen Instruments zur Gestaltung der Umwelt überprüft werden.[3]) Im folgenden möchte ich auf dieses Problemverhältnis und seine immanenten Gegensätzlichkeiten ein wenig näher eingehen, wobei in diesem Rahmen der Einfluß unterschiedlicher Wirtschaftssysteme auf den Umweltschutz, insbesondere die Frage der Abhängigkeit umweltpolitischer Ziele und Maßnahmen vom jeweiligen Wirtschaftssystem wie die Bedeutung zunehmender umweltpolitischer Aktivitäten für das herkömmliche Eigentumsverständnis, in den Mittelpunkt übergreifender umweltrechtlicher Grundlagenfragen rücken. Die inzwischen in der Bundesrepublik Deutschland, noch nicht allerdings in Österreich, im wesentlichen abgeschlossene legislative Phase des Umweltrechts erzeugt jetzt verstärkt „einen Bedarf an untergesetzlicher Konkretisierung, an Fortschreibung und Weiterentwicklung, an verfassungsrechtlicher Absicherung und an Vereinheitlichung."[4])

[1]) Vgl. dazu statt vieler *Ernst, W.* und *Thoss, R.* (Hrsg.): Planung für den Schutz der Umwelt, Materialien zum Siedlungs- und Wohnungswesen und zur Raumplanung, Bd. 2, Münster 1973, S. 30.

[2]) *Dürr, E.*: Wirtschaftspolitische Ziele – ein historischer Überblick, in: Recktenwald, W. C. (Hrsg.), Das Umweltproblem aus ökonomischer und juristischer Sicht, Göttingen 1975, S. 6.

[3]) *Wimmer, N.*: System des österreichischen Umweltschutzes. Der Umweltgestaltungsstaat in rechtsdogmatischer und verwaltungswissenschaftlicher Sicht. Forschungsauftrag des Bundesministeriums für Gesundheit und Umweltschutz, Innsbruck 1974, S. 83.

[4]) *Storm, P.-Ch.*: Zweite umweltrechtliche Fachtagung in Berlin, in: JZ 1979, S. 151 unter Hinweis auf die Ausführungen Hartkopfs. Zur Rechtslage in Österreich vgl. den instruktiven Überblick von *Groiss, R.-E.*: und *Welan, M.*: Recht und Umweltschutz in Österreich – Eine Lage- und Problemskizze, in: Franz, H. (Hrsg.): Umweltprobleme aus der Sicht der Bodenkultur – Vorlesungen gehalten an der Universität für Bodenkultur in Wien im Studienjahr 1974 bis 1975, Wien 1976.

1. Wirtschaftspolitische Ziele

Schon in früheren Jahrhunderten wurden Maßnahmen zum Schutz der Umwelt getroffen. Zu keiner Zeit aber stand die Inangriffnahme des Umweltproblems als integriertes Ziel der Rechts- und Wirtschaftspolitik so sehr im Vordergrund, wie dies in der Gegenwart zu beobachten ist.
Es soll an dieser Stelle kein Rückblick auf die historische Entwicklung wirtschaftspolitischer Zielsetzungen gegeben werden, wie sie etwa vom Merkantilismus über den Liberalismus bis zu den Anfängen der Umweltkrise verlief, und es mag insoweit bei dem Hinweis bewenden, daß vom 16. bis 19. Jahrhundert die Förderung des wirtschaftlichen Wachstums als generell dominierend bezeichnet werden kann;[5]) ein Ziel also, dessen Realisierung ökologisch heute weitgehend als umweltgefährdend – wenn nicht als teilweise konkret umweltfeindlich – angesehen wird.
Verstärkt in der Zeit nach dem Zweiten Weltkrieg stand – insbesondere in den von Kriegszerstörungen betroffenen Ländern – das industrielle Wachstum im Vordergrund der wirtschaftspolitischen Bemühungen, wobei daneben Vollbeschäftigung und Preisniveaustabilität als gleichrangige Ziele existierten.[6]) Das Ergebnis der in dieser Weise ausgerichteten Wirtschaftspolitik führte in der Bundesrepublik Deutschland zu den höchsten Wachstumsraten des Sozialproduktes in Europa bei gleichzeitiger Stabilität des Geldwertes und Vollbeschäftigung[7]).
Wesentlich beteiligt an der Durchsetzung der Erkenntnis, daß soziale Marktwirtschaft mehr erreichen müsse als die Schaffung eines hohen Lebensstandards, als Vollbeschäftigung und soziale Sicherheit, war Ende der 50er Jahre *Müller-Armack*, der forderte[8]), daß in der sozialen Marktwirtschaft der Bundesrepublik Deutschland die Gesellschaftspolitik stärker betont werden müsse. *Müller-Armack* machte dabei deutlich, daß durch die seit den Nachkriegsjahren dynamisch angewachsene Industrialisierung zwar eine bessere „Versorgung" der Bevölkerung erreicht worden sei, daß aber dieser Wachstumsprozeß gerade auch gesellschaftliche Probleme für das Zusammenleben der Menschen in einer veränderten Umwelt gebracht habe, die es zu lösen gelte[8a]). Hier ging es also jetzt um „Umweltpolitik."
Nach *Dürr*[9]) steht heute im Vordergrund nicht mehr so sehr die materielle

[5]) *Dürr, E.*: a. a. O., S. 9.
[6]) Ebenda, S. 13.
[7]) Ebenda.
[8]) *Müller-Armack, A.*: Die soziale Marktwirtschaft nach einem Jahrzehnt ihrer Erprobung. Wirtschaftspolitische Chronik, hrsg. vom Institut für Wirtschaftspolitik an der Universität zu Köln, Heft 2/3, 1959.
[8a]) Neben *Müller-Armack* hat später eine Vielzahl von Autoren in der westlichen Welt diese Problematik aufgegriffen und dargestellt, daß der ursprüngliche (organische) Lebensraum der Menschheit mit fortschreitender Industrialisierung verändert wird, daß durch wirtschaftliche und – als Folge davon – durch bevölkerungsspezifische Konzentration Ballungsräume entstehen, die soziale, gesellschafts- und versorgungspolitische Probleme aufwerfen. Dies ist heute völlig unkontrovers.
[9]) *Dürr, E.*, a. a. O., S. 15.

Güterversorgung, sondern die sinnvolle und „menschenwürdige" Gestaltung der Umwelt. Dürr will „. . . die soziale Marktwirtschaft mit neuen Ansätzen in eine neue Phase hinüberführen". Schutz und Gestaltung der Umwelt sollen systematisch in Angriff genommen werden[10]). Heute findet die Auseinandersetzung mit den Umweltproblemen durch das Recht an verschiedenen Fronten statt, wobei zwei Hauptabschnitte sich abzeichnen: eine traditionelle und eine aktuelle Umweltgefährdung. Soweit sich aus dem Zusammenleben auf engem Raum Umweltprobleme ergeben, sind sie den traditionellen Umweltgefährdungen zuzuordnen. Die Bedrohungen der Umwelt, die die Entwicklung der Technik und die Agglomeration der Massengesellschaft mit sich bringen, sind als aktuelle Gefährdung hinzugekommen und stehen noch weithin außerhalb des Rechts.[11])

2. Eigentum als Sozialbindung

Die Bestimmung des Eigentums gewinnt dabei in der rechtspolitischen Diskussion an Bedeutung[12]). Den Umschreibungen des ABGB und des BGB, die mit dem Eigentumsbegriff operieren, ihn aber nicht vollständig erfassen, sind vor allem zwei Elemente zu entnehmen[13]): die Berechtigung des Eigentümers, mit der in seinem Eigentum stehenden Sache nach Belieben zu verfahren, und das Recht, andere von jeder Einwirkung auf das Eigentum auszuschließen[14]).

[10]) Ebenda, S. 15.

[11]) *Wimmer, N.*: a. a. O., S. 112; vgl. zu dieser Situation auch *Weimar, R.:* Landwirtschaft als Umweltgestaltung – Ökologisch-ökonomische Implikationen des Agrarumweltrechts, in: Weimar, R. (Hrsg.): Festschrift für Franz Schad zum 70. Geburtstag, Düsseldorf 1978, S. 473 ff.

[12]) *Däubler, W., Sieling-Wendeling, U., Welkoborsky, H.*: Eigentum und Recht. Die Entwicklung des Eigentumsbegriffs im Kapitalismus, Hrsg. Wassermann, Rasehorn, Benseler, Bd. 32, Darmstadt und Neuwied 1976, S. 7.

[13]) Vgl. §§ 354 ABGB, 903 BGB.

[14]) Es gibt demgegenüber Autoren, die nur die sog. Ausschlußbefugnis für normlogisch erheblich halten, die Sachbeherrschung also lediglich als faktische Folge der Unterlassungspflicht der übrigen Rechtsgenossen ansehen. Die Umschreibung des ABGB und des BGB, die eine „Innenseite" des Rechts (Verfügungsgewalt) wie auch eine „Außenseite" (Ausschlußbefugnis) beinhalten (*Aicher, J.*: Das Eigentum als subjektives Recht, Schriften zur Rechtstheorie, Bd. 38, Berlin 1975, S. 13), treten bei dieser Betrachtung zurück. Aus dieser Sicht besteht Eigentum lediglich in einem bestimmten Verhältnis eines Individuums zu anderen, nämlich in der Verpflichtung des einen, den anderen in seiner Verfügung über die Sache nicht zu behindern (so jedenfalls *Kelsen, H.*: Reine Rechtslehre, 2. Aufl., Wien 1960, S. 136). Es erscheint jedoch wenig überzeugend, das „Verfügendürfen" nicht als Inhalt des Eigentums als eines subjektiven Rechts anzusehen; für das Eigentum gilt, daß neben der Ausschlußbefugnis auch die Sachherrschaft normativer Bestandteil dieses Rechts ist, wenn nicht die Sachherrschaft überhaupt als sein wesentlicher Bestandteil angesehen werden muß. *Aicher* unterscheidet in diesem Zusammenhang zwei Typen von Eigentumsbeschränkungen, nämlich: Eigentumsbeschränkungen mit Erlaubnisfunktion(z. B. Baubeschränkungen, Gebäudedienstbarkeiten u. a.) und Eigentumsbeschränkungen ohne Erlaubnisfunktion (a. a. O., S. 18). Ob Pflichten, die mit dem Eigentum an einer Sache verbunden sind, als

Diese Herrschaftsmacht ist indes nicht unbeschränkt, so daß sich für die Umweltnutzung die Frage stellt, wie Beschränkungen der Eigentumsposition gestaltet sein können.
Umweltpolitische Ziele implizieren zunächst die Notwendigkeit einer allgemeinen Sozialbindung des Eigentums, in Einzelfällen möglicherweise einer Enteignung, nicht dagegen einer Sozialisierung[15]) bestimmter Wirtschaftszweige. Sozialbindung meint hier in erster Linie eine „Umweltverträglichkeitsschranke" der Eigentumsnutzung. Damit allein kann aber der Begriff der ökologisch verstandenen Sozialbindung des Eigentums nicht ausgefüllt werden, und auch die Frage, unter welchen ökonomischen und politischen Bedingungen dieser Begriff seinen Inhalt verändert, ist damit noch nicht beantwortet[16]).

Eigentumsbeschränkungen anzusehen sind, erscheint hiernach aber noch ungeklärt. Der Schweizer *Haab* sieht in den dem Eigentümer durch die Rechtsordnung auferlegten Pflichten keine Eigentumsbeschränkungen; er will die Eigentumsherrschaft schlechthin nur so weit reichen lassen, als sie mit eben diesen Pflichten vereinbar ist (vgl. Züricher Kommentar zum ZGB IV, 1. Teil, S. 4). Demnach sieht er als Eigentumsbeschränkung nur die beschränkten dinglichen Rechte an. Ist aber einmal eingesehen, daß die Aufnahme der Eigentumsbeschränkungen in den Eigentumsbegriff sich auf zwei sich ergänzende Betrachtungsweisen stützt, wie hier kurz angedeutet worden ist, so ist zu erkennen, daß „. . . mit dem Abstellen auf einen rechtsformalen Eigentumsbegriff die Sozialbindung des Eigentums nicht verneint wird. Denn dadurch, daß normlogisch gesehen Beschränkungen des Eigentums (also auch umweltrechtliche Restriktionen, d. V.) begrifflich diesem nicht immanent sind, ist nicht gesagt, daß die positive Rechtsordnung nicht solche in mehr oder weniger großer Anzahl statuieren kann" (*Aicher, J.*: a. a. O., S. 88).

[15]) In dieser Reihenfolge zu entnehmen: Art. 14 und 15 GG. Für den österreichischen Rechtsbereich vgl. *Wimmer, N.*: Raumordnung und Umweltschutz – Der Umweltgestaltungsstaat – Systematische Bezüge und praktische Probleme, Gutachten, Verhandlungen des sechsten Österreichischen Juristentages, Bd. I, 1. Teil A, Wien 1976, S. 8 ff.; *Korinek, K.*: Verfassungsrechtlicher Eigentumsschutz und Raumplanung, Veröffentlichungen des Österreichischen Wirtschaftsinstituts für Strukturforschung und Strukturpolitik, Vorträge und Aufsätze, Linz 1977, Bd. 5, S. 29 ff.

[16]) Die Verfassung der Bundesrepublik Deutschland enthält nur wenige substantielle Äußerungen zur Eigentumsfrage, so daß die Entwicklung und inhaltliche Anreicherung im einzelnen dem politischen Prozeß überlassen ist, der richtungsbestimmend für die Wahl und Fortbildung der Wirtschaftsordnung geworden ist und damit wiederum weitgehend die Frage des Eigentums und seiner Sozialbildung vorzeichnet. Daß dabei die Grundrechtsordnung eine wesentliche verfassungsprinzipielle Bezugsebene bildet, legt *Wimmer, N.*: System des österreichischen Umweltschutzes, Der Umweltgestaltungsstaat in rechtsdogmatischer und verwaltungswissenschaftlicher Sicht, Forschungsauftrag des Bundesministeriums für Gesundheit und Umweltschutz, Innsbruck 1974, S. 87 f. speziell für die Umweltentwicklung dar: „Auf der einen Seite steht die sich im besonderen aus der Verbindung von Erwerbsfreiheit und Eigentumsschutz ergebende verfassungsrechtliche Systementscheidung für die Privatwirtschaft und damit ein Wirtschaftssystem, das sich bei allen Eingriffs- und Korrekturmöglichkeiten des Staates am Marktmechanismus ausrichtet. Auf der anderen Seite fallen bis jetzt wesentliche Umweltfaktoren wie Luft und Wasser als „freie Güter" der Gewinn- und Nutzenmaximierung zum Opfer und müssen von der Allgemeinheit als soziale Kosten getragen werden".

Wenn Art. 14 Abs. 2 GG bestimmt, daß Eigentum verpflichtet und sein Gebrauch dem Wohle der Allgemeinheit dienen soll, stellt sich die Frage, wo diese entschädigungslos hinzunehmende Eigentumsbindung endet und wo die entschädigungspflichtige Enteignung beginnt. Mit diesem Abgrenzungsproblem haben sich Rechtsprechung und Schrifttum in der Bundesrepublik Deutschland häufig beschäftigt.[17]) Auf die Kasuistik gehe ich hier nicht ein.
Die Sozialbindung muß einerseits bestimmt werden aus dem Begriff des Eigentums im verfassungsrechtlichen Sinne, zum anderen aus dem Begriff der Enteignung, die über eine bloße Inhaltsbestimmung des Eigentums hinausgeht und den Staat zur Entschädigung verpflichtet[18]). Die Kohärenz zwischen umweltpolitischen Zielen und der Auslegung des Eigentumsbegriffs bedarf dabei kaum mehr einer näheren Erläuterung, wie es denn auch als unkontrovers angesehen werden kann, daß die differenzierten, vor allem in ihren verfassungsrechtlichen Grundlagen sich unterscheidenden Wirtschaftssysteme ihrerseits es sind, die als maßgebend für Inhalt und Umfang des richtungsweisenden Zielsystems betrachtet werden. Das konkrete Wirtschaftssystem konstituiert die Grenzen, denen eine Umweltpolitik hinsichtlich ihrer wirtschaftlich wirksamen Forderungen verpflichtet bleibt, so daß sehr weitgehend das Wirtschaftssystem es ist, das auch den Eigentumsbegriff determiniert; anders ausgedrückt: das konkrete Wirtschaftssystem generiert nicht nur umweltpolitische Bedürfnisse, sondern auch die Notwendigkeit systemspezifischer Auslegung des Eigentumsinhalts.[19])

3. Zonen und Ziele der Umweltvorsorge

Funktionsbezogene Implikationen

„Ein klares Bild des Umweltschutzes läßt sich nur gewinnen, wenn man berücksichtigt, daß in Wirklichkeit nicht die Umwelt, sondern der Mensch geschützt werden soll. Es geht um menschliche Werte, und zwar nicht nur um soziale, sondern auch um individuelle"[20]). Hieraus ergibt sich als Zielinhalt des Umwelt-

[17]) *Däubler, W., Sieling-Wendeling, U., Welkoborsky, H.:* a. a. O., S. 156 f.

[18]) *Leisner, W.*: Sozialbindung des Eigentums, Schriften zum öffentlichen Recht, Bd. 196, Berlin 1972, S. 16 f., insb. zum Begriff der Sozialbindung.

[19]) Zur grundrechtlichen Verankerung des Umweltschutzes vgl. vor allem *Wimmer, N.*: a. a. O., S. 88, der hier meint, daß sich als realistischer Weg für die grundrechtliche Verankerung des Umweltschutzes seine Positivierung als Einrichtungsgarantie anbietet. Vgl. auch *Schad, F.* und *Weimar, R.*: Umwelt und Recht, in: Schaefer, H. (Hrsg.): Folgen der Zivilisation, Berichte der Studiengruppe „Zivilisationsfolgen" der Vereinigung Deutscher Wissenschaftler, Frankfurt/Main 1974, S. 262 ff.; zu den verfassungsrechtlichen Determinanten der bundesdeutschen Umweltgesetzgebung vgl. im einzelnen *Weimar, R.*: Umweltplanung im sozialen Rechtsstaat, Festvortrag Universität Hohenheim anläßlich der Emeritierung von F. Schad am 31.1.1975, vervielf. Manuskript, Karlsruhe 1975; ferner *Weimar, R.*: Bodeneigentum, land- und forstwirtschaftliche Bewirtschaftung und Umweltschutz, IX. Europäischer Agrarrechtskongreß (1977) in Valencia, Generalreferat, Kommission II, Madrid 1979.

[20]) *Kimminich, O.:* Das Recht des Umweltschutzes, 2. Aufl., München 1972, S. 17.

schutzes, daß er auf soziale wie individualistische menschliche Werte bezogen ist.[21]) Zonen des Umweltschutzes sind dabei Land, Wasser, Luft und außerhalb dieser drei Hauptbereiche die Lärmbekämpfung, der Strahlenschutz, Schutz vor Bioziden und die Abfallbeseitigung. Als unkontrovers können hier nur die Umweltschutzziele der drei Hauptzonen angesehen werden: umweltschützende (schonende) Nutzung des Landes, Reinhaltung von Wasser und Luft.[22])
Es ist jedoch kaum anzunehmen, daß mit diesem traditionellen Entwicklungsschema „Umweltschutz" in seinem notwendig gewordenen und inzwischen angewachsenen Umfang hinreichend erfaßt werden kann.[23]) Eine einigermaßen klare Vorstellung dessen, was unter Umweltschutz zu verstehen sei, liegt also diesem Begriff selbst nicht zugrunde. Dies gilt selbst insoweit, als (nur) die rechtliche Seite des Begriffs angesprochen wird. Hier ist die Perspektive eher unscharf und offen – sowohl hinsichtlich der Frage, welche Sachgebiete darunter eindeutig subsumierbar sind, als auch hinsichtlich der Wege, die im Hinblick auf die sich bei der Zielerreichung stellenden Probleme eingeschlagen werden müssen.[24]) Nur eines läßt sich hier mit einiger Sicherheit sagen: „Schongebiete" kennt der Umweltschutz wegen seiner überaus großen Komplexität[25]) kaum.

Umweltmedien als rechtlich geschützte öffentliche Güter

Öffentliche Güter sind solche, die nicht aufgeteilt, verkauft oder denen, die nicht bereit sind, für ihre Bereitstellung etwas zu tun, vorenthalten werden können.[26])

[21]) Ebenda, S. 17.

[22]) Vgl. dazu auch *Wimmer, N.*: a. a. O., S. 111, der meint, daß die Entwicklung eines Darstellungssystems Mindestanforderung an eine wissenschaftliche Betrachtung des Umweltschutzrechts sein muß, und in seiner daran anschließenden, an „sachlichen Gesichtspunkten" orientierten Darstellung des Aufbaus eines solchen Systems zu auch eben dieser Aufteilung kommt. Er unterscheidet in einer Gliederung nach sachlichen Gesichtspunkten, einer Ausrichtung an den Gegenständen (Land, Wasser und Luft) und einer Orientierung an den Zielen (Reinhaltung der Luft, der Gewässer und des Bodens, Beseitigung der Abfallstoffe, Lärmbekämpfung, Schutz der biologischen Umwelt) des Umweltschutzes.

[23]) Gegenstand dieser Arbeit kann es nicht sein, eine umfassende Darstellung und Analyse der umweltrelevanten Ziele und umweltspezifischen Betätigungsbereiche vorzunehmen. Der Schwerpunkt liegt hier mehr im Problem der Abhängigkeit des Umweltschutzes vom Wirtschaftssystem und einem daran orientierten Eigentumsverständnis. Wegen einer vertieften Analyse der Ziele, Bereiche und Grenzen des Umweltschutzes sei verwiesen auf *Kimminich, O.*: a. a. O., insb. S. 46-294.

[24]) Vgl. *Wimmer, N.*: a. a. O., S. 83, der Umweltschutz als Betätigungsrahmen für alle die Maßnahmen versteht, die zur Beseitigung bereits eingetretener Schäden oder zur Vorsorge gegenüber weiteren Beeinträchtigungen der natürlichen Umwelt notwendig erscheinen. Vgl. auch z. B. *Seele*: Rechtsfragen des Umweltschutzes, in: Wirtschaftsrecht 1973, S. 72 ff.

[25]) *Wimmer* schränkt dies geringfügig ein, da gesamtwirtschaftliche und gesamtpolitische Distributionsentscheidungen, Subventionen, Preisgestaltung etc. auch im festgefügten Bereich der natürlichen Umwelt Umschichtungen herbeiführen könnten, denen dann das Recht machtlos gegenüberstehe; siehe *Wimmer, N.*: a. a. O., S. 113.

[26]) *Nowotny, E.*: Wirtschaftspolitik und Umweltschutz, Freiburg 1974, S. 62 f.

In diesem Sinne sind Umweltgüter überwiegend als öffentliche Güter anzusehen. Sie können jedoch – und daraus ergeben sich weitere Probleme – in Qualitäten (z. B. Qualität bestimmter Umweltmedien, Erholungswert einer Landschaft etc.) vorkommen, die auf dem Zusammenwirken mehrerer Individualgüter beruhen[27]). Die Klassifikation der Umweltgüter als öffentlicher Güter läßt andererseits nur zu leicht den Schluß zu, es handele sich um unbeschränkt verfügbare Güter, um deren Bereitstellung sich der einzelne ernsthaft nicht zu bemühen brauche. In der Tat ist jedoch die Umwelt, wenngleich weithin „öffentlich", so doch als knappes Gut anzusehen. Ökonomische Überlegungen über die Verwendung knapper Ressourcen waren es, die zu der Frage führten, ob die Umwelt den knappen oder den freien Gütern zuzuordnen sei. Letzteres würde bedeuten, daß das zu verbrauchende Gut in unerschöpflichen Mengen vorhanden sein müßte. Dies ist bei den Umweltgütern nicht der Fall. Daraus ergeben sich Allokationsprobleme. „Bei ökonomischer Betrachtung geht es darum, das bisher ‚freie' Gut Umwelt zu einem ‚knappen' Gut zu machen . . .".[28]) Um zu verdeutlichen, daß wegen der Eigenart der öffentlichen Umweltgüter an diesen zwar nicht notwendig, aber in aller Regel die Begründung privater Eigentumsrechte nicht möglich ist und damit die Nutzung dieser Güter grundsätzlich ohne ökonomische Gegenleistung geschieht[29]), werden sie mit dem Begriff „Gemeinschaftsgüter" in Verbindung gebracht.

Der unbedachte und verschwenderische Verbrauch der Umweltgüter führte zusammen mit der fehlenden Marktallokation zu der Ansicht, es handele sich um freie öffentliche Güter. Heute dagegen gilt es, das knappe Gut Umwelt gesetzlich zu schützen und zu erhalten, und dort, wo es bereits Schädigungen davongetragen hat, zu generieren. Es geht dabei um die Einsicht der verantwortlichen Entscheidungsträger, daß die Kohärenz zwischen wirtschaftspolitischen und umweltpolitischen Zielen nicht immer zu einer Antinomie führen muß, daß vielmehr eine nachhaltige Restitution menschenwürdiger Umweltbedingungen auch in heute bereits gefährdeten Ballungsgebieten und verschmutzten Umweltbereichen (z. B. Luft und Wasser) möglich erscheint. Hier liegt in erster Linie eine Aufgabe der Umweltgesetzgebung und untergesetzlichen Planung, die sich der Umweltmedien als rechtlich zu schützender Güter anzunehmen haben.

II Ansätze zu einer Theorie systemvergleichender Umweltpolitik und -gesetzgebung

Prinzipiell gibt es nur sehr wenige Formen alternativer Wirtschaftssysteme; diese werden allgemein aufgefaßt als differenzierte Wirtschaftsordnungen in verschie-

[27]) Individualgüter sind z. B. Privatgewässer u. ä.; dazu *Nowotny, E.*: a. a. O., S. 62 ff.

[28]) *Hansmeyer, K.-H.*: Volkswirtschaftliche Kosten des Umweltschutzes, in: Das Umweltproblem in ökonomischer Sicht, Symposium 1973, Hrsg. Giersch, H., Institut für Weltwirtschaft an der Universität Kiel, Tübingen 1974, S. 6.

[29]) Vgl. dazu auch *Nowotny, E.*: a. a. O., S. 64 f.

denen Gesellschaften.[30]) Unterschiedliche Zielbündel oder Zielsysteme, die einzelnen Wirtschaftssystemen mehr oder weniger spezifisch zuzuordnen sind, müssen dabei als richtungweisend für die unterschiedlichen Bereiche politischen Handelns bestimmt werden. Sie nehmen entscheidenden Einfluß auf Lebensbereich und Daseinsbedingungen der in den unterschiedlichen Ordnungen lebenden Menschen und ihre individuellen Entfaltungsmöglichkeiten. Damit ist nicht nur die Nutzung der Umwelt, sondern auch die Erhaltung und Sicherung der Umweltgüter direkt abhängig vom einzelnen Wirtschaftssystem.
Im folgenden soll nun versucht werden, unterschiedliche systembedingte Auswirkungen auf den Umweltschutz, die Umweltschutzziele und den umweltpolitischen Handlungsrahmen aufzuzeigen; dabei geht es insoweit um einen Vergleich der dezentralen sozialen marktwirtschaftlichen Ordnung mit dem System der zentralisierten Planwirtschaft, wobei es zunächst angezeigt ist, kurz den Ansatz eines marxistischen Gesellschaftssystems dem einer systemorientierten Gesellschaftsordnung gegenüberzustellen.

1. Wirtschaft als gesellschaftliches Teilsystem

Trotz eines breiten Interesses an vergleichender Analyse unterschiedlicher Gesellschafts- und Wirtschaftssysteme muß der Entwicklungsstand der vergleichenden Theorie der Wirtschaftssysteme als unbefriedigend bezeichnet werden.[31]) Bei den hier angestellten Bemühungen geht es vorrangig um die Bildung eines begrifflichen Bezugsrahmens, der die maßgebenden Aspekte zu ordnen in der Lage ist und konkrete systemanalytische und vor allem systemvergleichende Untersuchungen leiten kann. Prägend für spezifische Eigenschaften verschiedener Wirtschaftssysteme sind die engen, meist gegenseitig voneinander abhängigen Verflechtungen zwischen wirtschaftlichem und politischem System, die kapitalistischen wie sozialistischen Systemstrukturen immanent sind. Insbesondere *Leipold*[32]) hat dies klar herausgestellt und die Notwendigkeit aufgezeigt, interdisziplinär orientierte Ansätze zu erarbeiten, um den Anforderungen einer systemindifferenten Theorie der Wirtschaftssysteme gerecht zu werden.
Es kann nicht Aufgabe dieser Betrachtung sein, hierzu einen Beitrag zu leisten. Indes sind hier kurz die beiden insoweit gegenwärtig miteinander konkurrierenden theoretischen Ansätze, soweit sie für die Umweltproblematik und ihre staat-

[30]) Vgl. hierzu *Heimann, E.*: Sozialismus im Wandel der modernen Gesellschaft. Aufsätze zur Theorie und Praxis des Sozialismus. Hrsg. Ortlieb, H.-D., Bd. 77, Berlin-Bonn-Bad Godesberg 1975, S. 109.

[31]) Vgl. dazu *Eckstein, A.*: Comparison of Economic Systems, Theoretical and Methodological Approaches, Berkely, Los Angeles, London 1971, S. 1, der den Stand dieses Theoriengebietes als Suche nach einer Selbstdefinition bezeichnet. Zu den weiteren Ausführungen siehe auch *Jochimsen, R.* und *Knobel, H.* (Hrsg.), in: Gegenstand und Methode der Nationalökonomie, Köln 1971, S. 11 ff.

[32]) *Leipold, H.*: Wirtschafts- und Gesellschaftssysteme im Vergleich, Grundzüge einer Theorie der Wirtschaftssysteme, Stuttgart 1976, S. 2.

liche Handhabung wichtig sind, darzustellen: gemeint sind die marxistische Gesellschaftstheorie und die sozialwissenschaftlich orientierte Systemtheorie.[33])

Marxistischer Ansatz

Die Spannweite dieses Ansatzes[34]) wird durch zwei Ziele gekennzeichnet: einmal die konkreten sozialen Verhältnisse aus der Organisation der Gesamtgesellschaft zu erklären und zum anderen, die Gesetze der gesellschaftlichen Entwicklung nachzuweisen.[35]) Die Unterscheidung differenzierter Gesellschaftsstrukturen wird dabei maßgeblich bestimmt durch die Unterschiede im Verhältnis von Arbeitskräften und Produktionsmitteln. Nach *Tjaden*[36]) kann das menschliche Sein nur danach charakterisiert werden, wie durch die Verausgabung von Arbeit sich der einzelne die Natur umformt und aneignet. *Tjaden* führt, hieran anknüpfend, aus, daß die eigentlich angestrebte Selbstbestimmung des Menschen solange nicht erreicht werden könne, als die Verausgabung von Arbeitskraft aufgrund des Nichtbesitzes von Produktionsmitteln und demzufolge auch die Aneignung dieser Arbeit aufgrund des Besitzes von Produktionsmitteln wechselseitige Existenzbedingungen einer Gesellschaft seien. Nicht übersehen werden dürfen die teilweise nicht unerheblichen Mängel dieses Erklärungsansatzes: sie liegen einmal im methodischen Bereich, zum anderen darin, daß dieser Ansatz sozialistische Gesellschafts- und Wirtschaftssysteme nicht hinreichend zu erfassen und zu erklären vermag[37]). Der Ansatz sucht – in erster Linie aufgrund der Implikation normativer Elemente – vollkommene Ordnungen zu verwirklichen, was allein schon deshalb

[33]) Hierbei folge ich im wesentlichen den Darlegungen *Leipolds*, a. a. O., S. 3 ff.

[34]) Vgl. insbesondere zur Marxschen Akkumulations- und Wachstumstheorie *Hampicke, U.*: Kapitalistische Expansion und Umweltzerstörung, in: Das Argument 93, 17. Jahrgang (1975) H. 9/10, S. 809-821, der zu Recht die marxistische Wachstumstheorie nicht losgelöst von der Gesamtanalyse des Kapitalverhältnisses betrachten will und lediglich anerkennt, daß wachstumsrelevante Teilaspekte – mit Blick auf das Ganze – zur Analyse einzeln herausgehoben werden können. Als solche nennt er folgende Thesen:
- Die Natur des Wertverhältnisses eröffne die Möglichkeit von Maßlosigkeit.
- Das Kapital schaffe und reproduziere eine spezifische Form der Ausbeutung. Auch diese sei prinzipiell maßlos. Es werde ein Zwang zur Ausbeutung um ihrer selbst willen, zur Akkumulation, induziert.
- Die kapitalistische Gesellschaftsformation besitze eine gewisse zeitliche Stabilität.
- Das Bewegungsgesetz des Kapitalismus sei quantifizierender Betrachtung zugänglich.

[35]) Zur Darstellung dieses Ansatzes siehe *Marx, K.*: in: Das Kapital, Bd. 1 und 3, Berlin 1972. Dort werden Gesellschaften gesehen als durch spezifische Arten von Organisationen ökonomischer Prozesse und der Verbindung von Menschen und Produktionsmitteln strukturell geprägte (historisch begründete) Phänomene.

[36]) *Tjaden, K. H.*: Bemerkungen zur historisch-materialistischen Konzeption der Struktur gesellschaftlicher Systeme, in: Theorie der Gesellschaft oder Sozialtechnologie (Supplement), hrsg. v. Maciejewski, F., Frankfurt a. M. 1973.

[37]) *Leipold, H.*: a. a. O., S. 4 ff. Weiterführend *Hellberger, Ch.*: Marxismus als Methode. Wissenschaftstheoretische Untersuchungen zur Methode der marxistischen politischen Ökonomie, Frankfurt a. M. 1974.

scheitert, weil die wirtschaftliche und gesellschaftliche Realität normativen Vorstellungen solcher Art nicht entspricht; zum anderen ist dieses Konzept nicht in der Lage, die Verhältnisse und Interdependenzen unterschiedlicher Teilbereiche, die Strukturen sozialistischer Gesellschaftssysteme, in den Griff zu bekommen: Es kann nicht als ausreichend angesehen werden, daß der marxistische Ansatz lediglich feststellt, mit der Einführung sozialistischer Produktionsverhältnisse seien die antagonistischen Widersprüche zwischen den Klassen beseitigt[38]). Auch in sozialistischen Ländern fehlt es nicht an Kritik und Einsicht, daß die Gestaltungsprobleme entwickelter komplexer Gesellschaften auf der Basis der Begriffe und Theorien der marxistischen Politökonomie nicht gelöst werden können.[39])
Wenn hier *Marx* behauptet:[40]) „Die Ökonomen, die wie *Ricardo* die kapitalistische Produktionsweise für die absolute halten, fühlen hier, daß diese Produktionsweise sich selbst eine Schranke schafft, und schieben daher diese Schranke nicht der Produktion zu, sondern der Natur ...“, so ist *Hampicke*[41]) sicherlich zuzustimmen, der ausführt: „Ich meine nicht, daß hier *Ricardo* gegen *Marx* Recht hat, aber ich meine, daß *Ricardo* etwas Richtiges im Auge hat, wenn er die physischen Eigenschaften und Grenzen der Natur auch für die politische Ökonomie relevant findet. Auch der Kapitalismus ist, trotz der Beherrschung durch den Wert, physische Produktion, ist Stoffwechsel mit der Natur geblieben; auch das Kapital – so sehr es zunächst gesellschaftliches Verhältnis ist – ist an Stoffliches gebunden, und dieses Stoffliche wirkt auf die gesellschaftlichen Verhältnisse zurück. Es gibt keine mechanische Selbstzerstörung des Kapitalismus. Er wird nicht wie eine überdüngte Topfpflanze gegen die Zimmerdecke der „Grenzen des Wachstums“ stoßen und daran zugrunde gehen. Wenn er nach der hier vorgestellten Hypothese zerstörerisch im Hinblick auf die Natur ist, so wird dies den Menschen, die ihn profitierend oder duldend tragen, ins Bewußtsein treten. Das Umweltproblem wird, nachdem die erste Woge, welche überwiegend Geschwätzigkeit hervorgebracht hatte, zurückgeschwappt ist und nachdem es vorübergehend auch scheinbar verdrängt werden mag, in Zukunft in besonderem Maße aktuell, und die Energieproblematik wird einen besonderen Platz hierin einnehmen“.
Nicht nur in den Ländern mit kapitalistischen, sondern auch in solchen mit sozialistischen Wirtschaftssystemen ist aus diesen Gründen eine Hinwendung zu einer systemtheoretischen Betrachtungsweise gesellschaftlicher Verhältnisse erkennbar, die auch hier als tragfähiger Ansatz angesehen wird.[42])

[38]) *Leipold, H.*: a. a. O., S. 5; vgl. zur Kritik des marxistischen Ansatzes auch *Strohmann, P.* (Hrsg.): Zur Kritik der Sowjetökonomie, Rotbuch 11, Berlin 1972.

[39]) Dazu *Leipold, H.*: a. a. O., S. 6 mit einigen Erläuterungen zur MLO (Marxistisch-Leninistischen Organisationswissenschaft) der DDR als über den marxistischen Ansatz hinausführende, jedoch nach 1971 wieder zurückgedrängte Wissenschaftsdisziplin. Vgl. auch *Hampicke, U.*: a. a. O., S. 819 ff., der mit der Hypothese, daß es zur Konstanz gehöre, daß die insgesamt im Produktionsmittelbestand inkorporierte Arbeit konstant und die jährliche Produktmenge mit der im Produktionsmittelbestand inkorporierten stets in konstanter Relation bleibe, die physische Expansion kapitalistischer Gesellschaften zu erklären sucht.

[40]) *Marx, K.*: Das Kapital, Bd. III, S. 260.

[41]) *Hampicke, U.*: a. a. O., S. 821.

[42]) *Leipold, H.*: a. a. O., S. 7.

Systemtheoretischer Ansatz

Generell formulieren wir, daß Systemtheorie auf die Erfassung organisierter Komplexität gerichtet ist: im Hinblick auf die hier angesprochene Problematik ermöglicht sie den Systemvergleich komplexer Gesellschafts- und Wirtschaftssysteme. Von dort her scheint dieser Ansatz den Anforderungen einer systemindifferenten Theorie am ehesten zu genügen.[43]) Vorweg kurz zum Systembegriff: Ein System ist aufzufassen als eine Anzahl von miteinander in Beziehung stehenden verschiedenen Elementen, wobei diese wiederum charakterisiert werden können als mit unterschiedlichen Eigenschaften behaftet. Dabei ist zu berücksichtigen, daß nicht ganze Elemente, sondern lediglich Eigenschaften von Elementen dem System zugeordnet werden können. Das heißt aber nichts anderes, als daß ein Element unterschiedlichen Systemen zugeordnet werden kann. Einzelne Systeme werden daher dadurch gebildet oder eingegrenzt, daß aus einer Vielfalt von Beziehungen zwischen den Elementen bzw. aus der Vielfalt ihrer Eigenschaften nur einige ausgewählt und dem betreffendem System zugeordnet werden. Alle die Eigenschaften, die dem einzelnen System nicht zugeordnet werden, rechnen zur Umwelt, wobei nicht verkannt werden darf, daß sie damit gleichwohl qua eigene Veränderungen Einfluß auf den Zustand des Systems nehmen, da sie als Bestandteil der Umwelt eben durch diese mit dem System selbst verbunden sind; insofern erscheint es sinnvoll, von vermaschten Systemen zu sprechen. Bezieht man diesen Zusammenhang auf unterschiedliche Wirtschaftssysteme als Teilsysteme oder auch Subsysteme eines Ober- oder Supersystems, kann dadurch deutlich werden, erstens daß einzelne Wirtschaftssysteme (und damit die ihnen anhaftenden und sie spezifizierenden Ziele und deren Ausrichtung auf die Behandlung systemimmanenter Hindernisse und Probleme) als Produkt mehrerer zusammentreffender politischer Intentionen betrachtet werden müssen, zweitens daß Wirtschaftssysteme in ihrer Gestalt und hinsichtlich ihrer instrumentellen Möglichkeiten dem durch sie geschaffenen Freiheitsraum für bereichsspezifische Handlungen – damit aber hinsichtlich des Aktionsraumes schlechthin – bestimmt werden durch die sie tragende Gesellschaft[44]). Damit entsprechend verbunden ist die von ihr ausgehende Gesellschaftspolitik. Der Bezug zu dem Bereich Umweltschutz ergibt sich aus dessen Verbundenheit mit dem Gesellschaftssystem als Obersystem, als dessen Teil- oder Subsystem Umweltschutz aufzufassen ist. Das bedeutet, daß der Bereich Umweltschutz als Teilsystem weitgehend gleichrangig neben dem Teilsystem „Wirtschaft“ steht und beide aufgrund der bestehenden Vermaschung

[43]) Vgl. hierzu *Leipold, H.*: a. a. O., S. 7 ff., dem weitgehend gefolgt werden kann. Zum Inhalt und Anliegen der Systemtheorie und der Systemanalyse vgl. auch *Wimmer, N.*: a. a. O., S. 147 ff.

[44]) Dabei kann die das Wirtschaftssystem tragende Gesellschaft als Ober- oder Supersystem in ihrem Verhältnis zum Wirtschaftssystem (als Teil- oder Subsystem) zu qualifizieren sein. Nach *Leipold, H.*: a. a. O., S. 10 kann die Gesellschaft als Gesamtheit der sozialen Beziehungen definiert werden. Strukturtiefe und Ordnungsgrad des einzelnen Systems können an dieser Stelle vernachlässigt werden. Auf die diesbezüglichen Ausführungen bei *Leipold, H.*: a. a. O., S. 9 sei hingewiesen.

miteinander in sich gegenseitig beeinflussender Beziehung stehen. Umweltschutz gehört aus der Sicht des Wirtschaftssystems zur Umwelt und umgekehrt. Daraus ergibt sich, daß das Teilsystem Umweltschutz mit (wenigstens) einem weiteren Teilsystem zu dem Obersystem, dem Gesellschaftssystem, in Beziehung steht, die als solche wiederum von den sich dort vollziehenden Veränderungen abhängig ist. Unsere Untersuchung beschränkt sich hier primär auf eine Analyse der Vermaschung zwischen Wirtschaftssystem und Umweltschutzsystem, wobei die Interdependenz einer solchen Vermaschung vernachlässigt und lediglich die Einflußnahme des Wirtschaftssystems auf das Umweltsystem und seine rechtliche Gestaltung betrachtet wird, ohne daß eine umgekehrte Abhängigkeit negiert wird[45]).

2. Umweltschutz und Marktwirtschaft

Daß das Umweltschutzsystem inzwischen zunehmende Beachtung findet und in jüngerer Zeit das Interesse an dieser Problematik so gewachsen ist, führt nach Ansicht von *Schick*[46]) dazu, das Recht des Umweltschutzes auf dem Weg zu einem neuen Rechtsgebiet zu begreifen.[47]) Eine solche Entwicklung wird nicht ohne spürbare Auswirkungen auf das bisherige Recht bleiben, denn fast die gesamte Rechtsordnung ist letztlich mehr oder weniger umweltbezogen. Zu denken wäre hier zunächst an das Wasserrecht, das es mit einem der wichtigsten Güter für Natur und Menschen zu tun hat, „. . . das immer besonderen Gefahren ausgesetzt ist und dessen Nutzung und Verteilung seit jeher geregelt werden mußte“[48]). Schon früh waren ein Verbot der Zuführung von Schadstoffen und eine damit verbundene Schadensersatzpflicht Inhalt des Wasserrechts. Wenn heute festzustellen ist, daß sich die Gewässer unserer Erde gleichwohl in einem z. T. katastrophalen Zustand befinden, liegt dieser Zustand kaum in erster Linie an mangelnder Effizienz der Rechtsordnung selbst, sondern am fehlenden Willen der Rechtsdurchsetzung, zum anderen auch an dem Nichterkennen von Gefahren.[49]) Weiterhin müßte gedacht werden an das umweltspezifische Baurecht, das gesundheitliche und ästhetische Ziele (z. B. Landschaftsbild) beinhaltet, ferner an das die Zersiedlung der Landschaft bekämpfende Planungsrecht, an den Naturschutz, das Immissionsschutz- und Gewerberecht, das es vor allem mit der Gefährdung von Luft und Landschaft zu tun hat, an die Gesetzgebung unserer Tage, das Strahlen-

[45]) Zusammenhänge zwischen der Systemtheorie und der – weitgehend mathematisch orientierten – Informationstheorie lasse ich außer Betracht, so daß hier nicht eingegangen wird auf die unterschiedlichen Reaktionsmöglichkeiten durch unterschiedliche Informationsgehalte der im Sender-Empfänger-Verhältnis übermittelten Zeichen und Impulse.

[46]) *Schick, W.:* Die Verfassungs- und Gesetzesordnung der Bundesrepublik Deutschland vor den Aufgaben des Umweltschutzes, in: Recktenwald, H. C. (Hrsg.): Das Umweltproblem aus ökonomischer und juristischer Sicht, Abhandlungen zu den wirtschaftlichen Staatswissenschaften, Bd. 10, Göttingen 1975, S. 51 ff.

[47]) So auch *Wimmer, N.*: a. a. O., S. 84.

[48]) *Schick, W.*: a. a. O., S. 52.

[49]) *Schick, W.*: a. a. O., S. 52 f.

schutz-, Abfallbeseitigungs- und Entsorgungsrecht,[50]) besonders bei industriellen Großunternehmen.
Umweltschutz ist danach als eine Aufgabe des Staates anzusehen, die dem Sozialstaatsprinzip auf der einen Seite und dem Schutz der Menschenwürde auf der anderen Seite als verfassungsrechtlichen Grundlagen zu entnehmen ist. Der Begriff Umweltschutz müßte wohl – innerhalb der Ordnung des Verfassungsrechts – zwischen den Freiheitsrechten, dem Gleichheitssatz, den Kompetenzen[51]) seinen Platz zugewiesen bekommen; erst eine solche Einordnung macht ihn zu einem Begriff des Rechts,[52]) der nicht nur im einfachen Recht seine Bedeutung hat. Die Möglichkeiten, umweltschützendes Verhalten zu fördern und/oder umweltbeeinträchtigendes Tun zu unterbinden, sind mannigfaltig. Es kommen in Betracht finanzielle Anreize, z. B. Subventionierung von Investitionen in umweltfreundliche Technologien bzw. finanzielle Belastungen anderer Verfahrensweisen, Verbots- und Gebotsregelungen, aber auch eine Beeinflussung durch das steuerliche Instrumentarium.[53]) *Wimmer* faßt hier mit Recht die Notwendigkeit der technologischen Medienplanung ins Auge, d. h. die Entwicklung und Durchsetzung von Verfahrensarten, die an die Stelle von umweltgefährdenden technischen Vorgängen treten. Er hält es für dringend geboten, daß umweltbelastende Verfahrensarten künftig durch andere, ihrer Leistung nach jedoch gleichwertige Verfahrensarten ersetzt werden.[54]) Hier ist zu sehen, daß die Erarbeitung umweltfreundlicher Technologien zwar primär Aufgabe einzelner Fachdisziplinen ist, daß die Anstöße zur Intensivierung der einschlägigen Forschung und zur praktischen Anwendung umweltfreundlicher Technologien aber von staatlicher Seite herbeigeführt werden müssen.[55])

[50]) Vgl. dazu *Schick, W.*: a. a. O., S. 53 f.; *Weimar, R.*: Industrielle Vorhaben im Außenbereich in planungs- und umweltrechtlicher Sicht, in: Frohberg, G., Kimminich, O., De Leeuw, A. und Weimar, R.: Bau- und Bodennutzung im Außenbereich, Theorie und Praxis – Beiträge zum gesamten Bodenrecht, Bd. 3, Düsseldorf 1979.

[51]) Zur Aufgabenverteilung auf Bund, Länder und Gemeinden vgl. in diesem Zusammenhang *Schick, W.*: a. a. O., S. 57 ff.

[52]) Vgl. dazu *Schick, W.*: a. a. O., S. 54 f.

[53]) Vgl. hierzu *Schick, W.*: a. a. O., S. 60 ff.

[54]) Vgl. *Wimmer, N.*: a. a. O., S. 122, der folgende Aufgaben zur technologischen Medienplanung zählt:
- Luftreinhaltung
- Gewässerschutz
- Abfallbeseitigung
- Lärmbekämpfung.

[55]) Dazu ausführlich *Wimmer, N.*: a. a. O., S. 123, der als mögliche Eingriffsmaßnahmen nennt:
- Subventionen
- Steuerbegünstigungen
- Gebühren
- Auftragsverwaltung
- Verbote.

Zur Sicherung umweltfreundlicher Lebensbereiche weiterführend in diesem Zusammenhang ebenfalls *Wimmer, N.*: a. a. O., S. 124-127.

Einflüsse von Bevölkerungs- und Wirtschaftsstruktur auf die Umweltqualität

Daß „in Bezug auf die Struktur der Niveauvariablen ... das Ausmaß der regionalen Konzentration in Agglomerationsbereichen von Bedeutung" ist, [56]) zeigt sich in zweifacher Hinsicht: einmal führt bei konstanter Bevölkerungsgröße[57]) eine höhere Bevölkerungsdichte zu einer stärkeren Beeinträchtigung der Umweltgüter, als dies bei einer regional dezentralisierten Verteilung der Fall ist; zum anderen führt bei höherer Zahl der Betroffenen im Agglomerationsbereich ein bestimmtes Ausmaß an Umweltverschmutzung zu einer höheren „Schadenssumme" infolge negativer externer Effekte.[58]) Als weiterer umweltrelevanter Einflußfaktor spielen Konzentration und Struktur der „Produktionslandschaft" eine Rolle. Es besteht eine direkte Abhängigkeit der Umweltverschmutzung von der Art der in einem Gebiet eingesetzten Produktionstechnik (z. B. im Agrarbereich: kapitalintensive oder -extensive Art der Produktion; im Energiebereich: Beschaffenheit der Primärenergieträger).[59]) Hier einen aussagefähigen (statistischen) Vergleich zu erreichen, würde erfordern, Input-Output-Tabellen zu erstellen, aus denen z. B. der Einsatz von Umweltgütern hervorgeht, Emissionswerte sich ergeben u. a. m. Generell kann aber schon bei einem bloßen Strukturvergleich nach *Nowotny*[60]) festgestellt werden, „... daß in Volkswirtschaften mit einem hohen Pro-Kopf-Einkommen offensichtlich die Wirtschaftsbereiche, die speziell aufgrund ihrer hohen Einkommenselastizitäten ein zur Gesamtentwicklung überproportionales Wachstum zu erwarten haben, ... zu den wenigen emissionsintensiven Branchen zählen."[61]) Damit verliert der Konflikt zwischen weiterem wirtschaftlichen Wachstum und dem Grad der Umweltverschmutzung etwas an Zündstoff, wenngleich einer solchen Entwicklung Einflüsse von Seiten der Produktionstechnik zuwiderlaufen können.[62])

[56]) *Nowotny, E.*: Wirtschaftspolitik und Umweltschutz, Beiträge zur Wirtschaftspolitik, Bd. 22, Hrsg. Tuchtfeld, E., Freiburg 1974, S. 9.

[57]) Zum Problem der Bevölkerungsvermehrung vgl. *Hampicke, U.*: a. a. O., S. 796 f., der die Feststellung für trivial hält, daß es im Umweltbereich, d. h. im Hinblick auf Belastung, Verbrauch oder Zerstörung von Umweltgütern, zur Katastrophe führen muß, wenn sich das heutige Wachstum der Weltbevölkerung mit der damit zwangsläufig einhergehenden Ausweitung wirtschaftlicher Expansion und dem zunehmenden Verbrauch der (endlichen) Umweltgüter fortsetzt.

[58]) Vgl. dazu *Nowotny, E.*: a. a. O., S. 92 f. Die physischen und psychischen Schäden, die durch Umweltverschmutzung hervorgerufen werden – externe Kosten –, verhalten sich eben nicht nur proportional, sondern überproportional zur Bevölkerungsgröße, wenn Umweltverschmutzungen von den Bewohnern eines Gebietes verursacht werden, die auch die anderen Bewohner dieses Gebietes treffen und darüber hinaus die Höhe der vom einzelnen Bewohner zu tragenden externen Kosten abhängig ist von der Bevölkerungszahl in den Agglomerationsgebieten. Vgl. dazu das Beispiel von *Nowotny, E.*: a. a. O., S. 92 f.

[59]) *Nowotny, E.*: a. a. O., S. 93 f.

[60]) Ebenda, S. 94.

[61]) Ebenda, S. 94.

[62]) Dazu erläuternd das Beispiel von *Commoner, B.*: The Closing Circle, London 1972, S. 144 ff.

Als letzter Gesichtspunkt dieser Problematik mag die Altersstruktur des vorhandenen Kapitalstocks angesehen werden.[63]) Hier wird in einer für umweltgesetzliche Restriktionen beachtlichen Weise argumentiert, daß aus Gründen des technologischen Fortschritts bei den Produktionsmethoden und den zunehmend strengeren Anforderungen in bezug auf den Umweltverbrauch im Rahmen der Produktion ein bestimmter, im Unternehmen vorhandener Kapitalstock an Umweltgefährlichkeit verliert, je jünger er ist. Die rasche Weiterentwicklung einzelner Produktionstechnologien im Hinblick auf umweltfreundlichere Produktions- und Verarbeitungsweisen führt zu einer – wenn überhaupt – nur unterproportionalen Zunahme der Umweltbelastung bei steigendem Produktionsvolumen und zu sinkender Umweltbelastung bei konstanter Produktion. Produktionsmittel aus zurückliegenden Anlageinvestitionen müssen nur in entsprechenden Abständen durch neue Verfahren ersetzt werden, der Kapitalstock ist durch einen fortwährenden (in auch aus der Sicht der Unternehmen vertretbaren Zeitabständen) Austausch der älteren Produktionsmittel gegen neuere Anlagen, die bei ihrem Einsatz die Umwelt geringer als frühere Anlagen belasten, zu verjüngen. Dadurch, daß in der Gegenwart strengere umweltrechtliche Anforderungen an den Einsatz neuer bzw. zusätzlicher Produktionsanlagen gestellt werden, wird die künftige Entwicklung verhältnismäßig günstig beeinflußt: Je jünger also der Kapitalstock, um so geringer ist regelmäßig die von ihm ausgehende Umweltbelastung.

Die Ziele eines raschen wirtschaftlichen Wachstums – vorwiegend in dezentralen, freiheitlich organisierten Wirtschaftssystemen – können mit dem Ziel der Schaffung höherer Umweltqualität aber auch in nicht unerheblicher Weise konkurrieren, zumal moderne Technologien nicht notwendigerweise umweltfreundlicher sind. Daher ergibt sich hier die Notwendigkeit für eine mittel- und langfristige Wirtschaftspolitik, mit Hilfe von Lenkungsmaßnahmen den immanenten Konflikt zwischen Wirtschaftswachstum auf der einen Seite und der Erhaltung und Verbesserung der Umweltqualität auf der anderen Seite möglichst abzuschwächen.[64]) Als Regulierungsinstrument ist neben anderen Maßnahmen in diesem Zusammenhang das Preissystem mit seinen Wirkungen auf das Niveau der Umweltqualität zu nennen, welches für das Instrumentarium der Umweltschutzpolitik bedeutsam sein kann.[65])

Wachstumsprozeß und Umweltverbrauch

Hinsichtlich des Zieles „wirtschaftliches Wachstum“ ist die Euphorie der 50er und 60er Jahre – vor allem in freiheitlich organisierten Wirtschaftssystemen – heute

[63]) Zu diesem Aspekt kann ebenfalls der Argumentation *Nowotnys* gefolgt werden; im einzelnen *Nowotny, E.*: a. a. O., S. 94 f.

[64]) *Nowotny, E.*: a. a. O., S. 95.

[65]) Vgl. dazu *Nowotny, E.*: a. a. O., S. 95-99; zu den Wirkungen eines Preissystems auf das Niveau der Umweltqualität vgl. ebenda, S. 96.

einer weit nüchteren Einstellung gewichen. Schon der *Club of Rome*[66]) hatte mit seiner These von den Grenzen des Wachstums[67]) hierzu die einfache Formel geliefert, daß exponentielles Wachstum auf Dauer nicht möglich sei und man irgendwann, in nicht allzu ferner Zeit, an Grenzen des Wachstums stoße: nicht anders als eine Teichrose, die in jedem Jahr die Fläche, die sie auf einem Teich bedeckt, verdoppelt und die, wenn sie in 30 Jahren den gesamten Teich bedeckt, nach 29 Jahren den Teich erst zur Hälfte bedeckt haben wird. Das bedeutet, daß selbst nach 29 Jahren anhaltenden Wachstums noch immer der Eindruck vorherrschen kann, es bestünde (noch) kein Grund zur Besorgnis. Bedenkt man, daß die Annahme von Wachstumsraten in Höhe von drei bis vier Prozent nicht unrealistisch erscheint, so wird klar, daß alle zwanzig Jahre eine Verdoppelung der Wirtschaftstätigkeit vollzogen wird. Und daß 20 Jahre in säkularen Überlegungen innerhalb der Wachstumsdiskussion eine nicht allzu lange Zeitspanne darstellen, ist ernsthaft kaum zu bestreiten.[68])
Die das Wachstum begrenzenden Faktoren liegen einmal in den beschränkten Rohstoffvorräten[69]), zum anderen in der nur begrenzt möglichen Belastung der Umweltgüter[70]). Auch das zunehmende Tempo, mit dem der Gesamtkreislauf des Supersystems „Erde" abläuft, wirkt zusätzlich belastend, weil die natürliche Absorptionskapazität der Erde für sämtliche Abfallprodukte nicht mehr wie in früheren Jahrhunderten in der Lage ist, Abfälle vollständig abzubauen; wegen der Synthese mancher neuer Produktionsstoffe ist ein Abbau überhaupt völlig ausgeschlossen.[71]).

[66]) *Meadows, D. H.* et al.: Die Grenzen des Wachstums, Stuttgart 1972; vgl. auch *Hampicke, U.*: a. a. O., S. 794 f.

[67]) Dabei wird das Wachstum auf zwei Faktoren zurückgeführt, nämlich einmal auf das Bevölkerungswachstum, zum anderen auf das Wachstum der Pro-Kopf-Produktion. Vgl. *Neumann, M.*: Wirtschaftswachstum und Umwelt, in: Das Umweltproblem aus ökonomischer und juristischer Sicht, a. a. O., S. 36. Vgl. zur formalen Betrachtung und zu empirischen Wachstumstrends im Kapitalismus auch *Hampicke, U.*: a. a. O., S. 795.

[68]) Vgl. zu diesen Überlegungen *Neumann, M.*: Wirtschaftswachstum und Umwelt, a. a. O., S. 35 f.

[69]) *Hampicke, U.*: a. a. O., S. 796 f., der bei Fortsetzung der gegenwärtigen Trends eine Vielzahl von Rohstoffquellen versiegen sieht, wobei sich diese Prognose auf Exponentialfunktionen stützt; zur Erläuterung dieser Funktionen siehe *Ginsburg, Th.*: Exponentielles und logistisches Wachstum, in: Horn, Ch., von Walterskirchen, M. P. und Wolff, J. (Hrsg.): Umweltpolitik in Europa, Referate und Seminarergebnisse des 2. Symposiums für wirtschaftliche und rechtliche Fragen des Umweltschutzes an der Hochschule St. Gallen vom 31.10. bis 2.11.1972, München, Bern, Wien 1973, S. 119 f. Diese Entwicklung ist weitgehend unabhängig von der wirklichen Höhe der Vorräte: „Daß Vorräte an Bodenschätzen viel höher sein können, als meist angegeben, ist (also) kein starkes Argument gegen den Wachstumspessimismus. Aber Rohstoffe sind fast immer substituierbar und vielfach wieder verwendbar (Recycling). Ein plötzlicher Kollaps industrialisierter Gesellschaften infolge Rohstofferschöpfung ist unwahrscheinlich" (*Hampicke, U.*: ebenda).

[70]) *Neumann, M.*: a. a. O., S. 37; auch hier vgl. zum Stoff- und Energiewechsel *Hampicke, U.*: a. a. O., S. 796-806; auf diese spezielle Thematik gehe ich nicht näher ein.

[71]) Vgl. *Neumann, M.*: a. a. O., S. 37; aber auch zum Stoff- und Energiewechsel in diesem Zusammenhang wieder *Hampicke, U.*: a. a. O., S. 797 ff.

Demgegenüber wird nun teilweise die Ansicht vertreten, daß zur Lösung des Umweltproblems Wachstum geradezu notwendig sei. In erster Linie wird dies damit begründet, daß man zur Konservierung der Umwelt bei wachsender Pro-Kopf-Produktion Ressourcen benötige, die allein durch fortgesetztes Wachstum bereitgestellt werden könnten.[72]) Hier ist zu fragen, ob die Prämisse, Wachstum der Pro-Kopf-Produktion sei eine Notwendigkeit, haltbar bzw. begründbar ist.
Die Forderung nach beständigem Wachstum der Pro-Kopf-Produktion ist im Zusammenhang mit dem Verteilungsproblem zu sehen, dessen Lösung bei wirtschaftlichem Wachstum unkomplizierter erscheint als bei stagnierendem Wachstum oder gar bei rückläufigen Wachstumsraten.[73]) Stellt man sich einmal vor, „... welche Probleme es mit sich bringen würde, wenn wir nicht nur 1%, sondern einen viel höheren Prozentsatz zu einer gewissen Egalisierung der Einkommensverteilung in der Welt aufbringen müßten, wenn wir eine stagnierende, eine stationäre Wirtschaft hätten"[74]), so kann bereits aus dieser Situation der Zwang zu ständigem Wachstum abgeleitet werden, wodurch aber auch – und damit schließt sich der Kreis – die Notwendigkeit erwächst, die zur Konservierung der Umwelt erforderlichen Ressourcen bereitzustellen. Nach *Neumann*[75]) handelt es sich hier um eine „klassische Tragödie". Die Welt wird an sich selbst zugrunde gehen und damit eines Tages das gesamte System kollabieren – so jedenfalls wird die Entwicklung vom *Club of Rome* gesehen. Zu lösen sei dieses Dilemma nur dadurch, daß eine stationäre Wirtschaft in Kauf genommen werde.
Hier sollte man sich vergegenwärtigen, was eine solche Wirtschaft – insbesondere gesellschaftspolitisch – bedeuten würde. An einigen heute größtenteils der Geschichte angehörenden Gesellschaftsformen[76]) kann nachgewiesen werden, daß das Verteilungsproblem autoritär gelöst wurde. Auch die Wohlfahrtsökonomie kommt zu dem Ergebnis, daß dieses Problem anders nicht zu lösen sei. Das aber heißt, daß man, wird stationäre Wirtschaft als erstrebenswertes System dargestellt, die freiheitliche Gesellschaftsordnung und damit die freiheitlich-demokratische, dezentralisierte Marktwirtschaft zugunsten autoritärer, in der Planung zentralisierter, also staatlich gelenkter Wirtschaftssysteme aufgeben müßte.[77])
Auch die umweltpolitische Forderung, der Staat müsse für die Nutzung der Umwelt von den Benutzern einen ihrem Knappheitsgrad entsprechenden Preis fordern, löst das Problem nicht. Es würde dann im Hinblick auf die Knappheits-

[72]) *Neumann, M.*: a. a. O., S. 37 f.

[73]) Ob es sich hier nicht lediglich um eine Illusion des einzelnen handelt, da er im Verhältnis zu seinen Nachbarn doch nicht mehr besitzt, kann hier unbeantwortet bleiben, da die Vorstellung des „Mehr-durch-Wachstum" in der Praxis real wirkt.

[74]) *Neumann, M.*: a. a. O., S. 38.

[75]) Ebenda, S. 38; vgl. auch *Hampicke, U.*: a. a. O., S. 796.

[76]) Zu denken wäre hier insbesondere an die Wirtschaften im Nildelta, im Euphrat-Tigris-Delta und im alten China. Vgl. dazu *Neumann, M.*: a. a. O., S. 39.

[77]) *Neumann, M.*: a. a. O., S. 39. Hier sollte auch darauf geachtet werden, daß der überwiegende Teil der westlichen Welt mit den privatwirtschaftlich organisierten Wirtschaftssystemen zumindest in der Anwendung von Innovationen bis heute führend geblieben ist. Vgl. zum ganzen *Neumann, M.*: a. a. O., S. 42 ff.

verhältnisse lediglich eine „Registratur" vorgenommen, ohne daß es zu einer Innovationstätigkeit kommt.[78]) Es erscheint dagegen sinnvoller, daß der Staat die private Initiative in den Dienst des Umweltschutzes stellt, indem er Qualitätsgebote vorgibt und/oder die Umweltverschmutzung in bestimmter Weise besteuert. Damit würde für die einzelnen Unternehmen ein Anreiz geschaffen, umweltfreundliche Technologien zu entwickeln und diese auch anzuwenden, um so ggf. der Besteuerung ganz oder teilweise zu entgehen. Innovationen und private Investitionstätigkeit würden also im Hinblick auf die Erhaltung und Verbesserung der Umweltqualität angeregt.[79]) Diese Maßnahmen können legitimes Instrument einer Wirtschaftspolitik sein, das sich am ehesten im Rahmen eines marktwirtschaftlichen Wirtschaftssystems mit sozialer Komponente etablieren kann. Analog zu der Entwicklung der Einkommen der Grundeigentümer[80]) kann hier prognostiziert werden, daß in dem Maße, wie sich die Umwelt von einem freien zu einem knappen Gut entwickelt und der Staat für ihre Nutzung einen Preis erhebt, sich eine Umverteilung des Volkseinkommens zugunsten des Staates nur in einer Übergangsphase vollziehen kann. Denn es wird ein neues Gleichgewicht erreicht werden, bei dem die neue Einkommensverteilung konstant bleibt, solange genügend Innovationen zur Erhaltung der Umwelt stattfinden.[81]) Es wird Aufgabe der Wirtschaftspolitik sein, eine Organisation der Wirtschaft zu entwickeln, die ein Gleichgewicht der Entwicklung des öffentlichen und des privaten Sektors gewährleistet, damit im Vertrauen auf die in solcher Organisation vorhandenen Kräfte die auf dieser Erde gegebenen Chancen und Entwicklungsmöglichkeiten zu realisieren sind.[82])

a) Wachstum als Wohlstand

Daß Wachstum und Wohlstand gleichzusetzen seien, war in der Bundesrepublik Deutschland ebenso wie in den anderen westlichen Industrienationen lange Zeit so gut wie unkontrovers.[83]) Die Förderung des Wachstums galt als unangefochtene Aufgabe und Verpflichtung. Wohlstand kann aber nur in einer menschenwürdigen Umwelt als sinnvoll erscheinen. Inzwischen nehmen die Beeinträchtigungen einzelner Lebensbereiche durch eine sich verstärkende Umweltbelastung zu.[84]) Gesundheit, Alter, Invalidität, Arbeitslosigkeit stellen sich in einer neuen, wachs-

[78]) Vgl. *Neumann, M.*: a. a. O., S. 44 f.

[79]) *Neumann, M.*: a. a. O., S. 45 f.

[80]) Hierzu erläuternd *Neumann, M.*: a. a. O., S. 48.

[81]) Ebenda, S. 48 f.

[82]) Ebenda, S. 49.

[83]) *Sohl, H.-G.*: Nur Wachstum sichert bessere Qualität des Lebens, Umweltschutz erfordert langfristige Zielsetzung, in: Herchenröder, K.-H. (Hrsg.): Soziale Marktwirtschaft, Leistung und Herausforderung, Eine Handelsblattstudie, Stuttgart 1973, S. 410.

[84]) Vgl. dazu *Winterstein, H.*: Umweltschutz, Politik der sozialen Sicherung?, in: Recktenwald, C. (Hrsg.), a. a. O., S. 114 ff. Hier interessieren Fragen des Städtebaus, der Raumordnung, der Wohnungspolitik, des Umweltschutzes.

tumsbedingten Gestalt dar.[85]) Wenn heute bezweifelt wird, daß Wachstum eine generelle Wohlstandssteigerung bedinge, so ist allerdings der Grund hierfür eher in einer Kritik und Infragestellung des Systems zu suchen, die dem marktwirtschaftlichem Wirtschaftssystem nachsagt, es führe in eine Sackgasse und sei nicht in der Lage, Fehlentwicklungen im Bereich des Umweltschutzes und des Gesundheitswesens zu beheben und zu unterbinden.[86]) Die Diskussion geht teilweise so weit, daß nicht nur Begleiterscheinungen des Wachstums kritisiert werden, sondern das Wachstumsziel selbst in Frage gestellt wird: Wachstum diene nur partikularen Interessen durch Etablierung wirtschaftlicher Macht. Als erklärtes Ziel der sozialen Marktwirtschaft verursache Wachstum überproportionale Kosten in Form von Zerstörung der Umwelt.[87]) Wenngleich Wohlstand nicht schlechthin am Wachstum des Bruttosozialprodukts gemessen werden kann, darf jedoch nicht unberücksichtigt bleiben, daß die Aufwertung der Lebensqualität einen bestimmten Grad an Wirtschaftswachstum voraussetzt, um den Mittelbedarf für die Besserung und Erhaltung der Lebens- und Umweltbedingungen zu sichern.[88]) Auch das verfassungsrechtliche Sozialstaatsprinzip macht eine umfassende Wachstumsvorsorge zur verfassungsrechtlich abgesicherten Aufgabe des modernen Staates.[88a])

b) Umweltorientierte Bremsoperationen

In der wirtschafts- und umweltpolitischen Diskussion über die in Zukunft gebotenen Bremsoperationen geht es vor allem darum, den Teil der Weltwirtschaft, der sich auf ein exponentielles Wachstum verlegt hat, in einen Zustand zu überführen,

[85]) *Winterstein, H.*: a. a. O., S. 126.
[86]) *Sohl, H.-G.*: a. a. O., S. 411.
[87]) Vgl. *Sohl, H.-G.*: a. a. O., S. 411 f.
[88]) *Sohl, H.-G.*: a. a. O., S. 414, der zunächst darauf hinweist, daß sich das Umweltproblem nicht auf die Antinomie von Sozialismus und Kapitalismus reduzieren lasse, führt zu Recht weiter aus: „Es muß (aber) allgemein sorgsamer mit den endlichen Gütern dieser Welt umgegangen werden. Durch neue Verfahren und Erfindungen muß die Industrie zu diesem Prozeß beitragen. Dies ist im Sozialismus nicht billiger als im Kapitalismus. Hier wie dort muß erkannt werden, daß Boden, Wasser und Luft nicht länger als freie Güter behandelt werden können. Sie erfahren aufgrund wachsender Beanspruchung einen Knappheitsgrad, der sie zu einem eigenständigen ökologischen Problem werden läßt. Diese Zusammenhänge sind in den Marktwirtschaften der westlichen Welt jedenfalls erkannt worden. Die sozialistischen Staatswirtschaften bieten in ihren praktischen Lösungen kein Vorbild. Was not tut, sind überlegte staatliche und vor allem auch internationale Rahmenordnungen, auf die sich die Industrie einstellen wird, darüber hinaus aber eine ehrliche Zuordnung der für die Umwelterhaltung verursachten Belastung. Diese sozialen Kosten müssen in der betrieblichen Kostenrechnung mit berücksichtigt werden. Unverfälschte Bedingungen zu schaffen, also alle Faktoren ehrlich zuzurechnen, entspricht durchaus den Prinzipien der Marktwirtschaft."
[88a]) *Weimar, R.*: Alterssicherung als Problem sozialstaatlicher Teilhabe – Zur Bedeutung verfassungsrechtlicher Verteilungsmaßstäbe für eine soziale Rentengestaltung, Überlingen 1978, S. 13 unter Hinweis auf *Maunz-Dürig-Herzog*, Grundgesetz, Art. 20, Rdz. 161.

der sich auf Dauer erhalten läßt, ohne daß durch übermäßigen Umweltverbrauch das System zum Kollabieren gebracht wird.[89]) Es soll hierbei der Zustand einer „Gleichgewichtswirtschaft" nicht etwa mit einem Nullwachstum identifiziert werden, denn auch hier hat der Aspekt, daß die in Zukunft erwachsenden Aufwendungen für den gesetzlichen Umweltschutz durch ein bestimmtes wirtschaftliches Wachstum gedeckt werden müssen, entsprechendes Gewicht. Gleichgewichtswirtschaft heißt nicht wirtschaftliche Stagnation.[90]) Als Aufgabe einer „Gleichgewichtswirtschaft" sind vielmehr im Anschluß an *Küng*[91]) folgende Merkmale anzusehen:[92])
- Bevölkerungsstabilisierung
- Drosselung des Rohstoffsverbrauchs
- Versorgung mit Sachgütern
- Stabilisierung des Energieverbrauchs
- Investitionstätigkeit
- Umweltschutz.

Hinsichtlich der Bevölkerungsentwicklung steht es umweltpolitisch außer Frage, daß der Bevölkerungszuwachs stabilisiert und in einigen Regionen reduziert werden muß, um den von urbanen Konzentrationsräumen ausgehenden Umweltschäden wie Luftverschmutzung und Gewässerbelastung entgegenzuwirken. Hier tätig zu werden, sind in erster Linie die Entwicklungsländer aufgerufen, da in den Industrieländern bereits deutliche Anzeichen für ein Absinken der Geburtenzahlen vorhanden sind. Hinsichtlich der Aufgabe Umweltschutz ist als „Endziel" zu bestimmen, daß die Belastung der Umweltgüter auf einen Umfang zu reduzieren ist, „. . . der mit der Funktionsfähigkeit der Ökosysteme vereinbar ist – und zwar auf Dauer".[93]) Insbesondere sind hier angesprochen Maßnahmen zur Verhinderung und Beseitigung der Verschmutzung der Gewässer und zur Reinhaltung der Luft, nicht minder aber auch das Problem der gesetzlich noch zu regelnden Rückführung der Zivilisationsabfälle in die Güterkreisläufe (Recycling). Dafür müssen Produktivkräfte eingesetzt werden, die beim bisherigen System anderweitigen Einsatz finden, was für Produzenten, Konsumenten und die öffentliche Hand höhere Kosten verursachen wird.

Trotz der zu erwartenden Probleme, die sich durch die mit solchen Veränderun-

[89]) Vgl. hierzu *Küng, E.*: Probleme des Übergangs von der Wachstumswirtschaft zur Gleichgewichtswirtschaft, in: Horn, C., v. Walterskirchen, M. P., Wolff, J.: a. a. O., S. 215 ff.

[90]) *Küng, E.*: a. a. O., S. 215.

[91]) Ebenda, S. 216-219.

[92]) Aus der Aufzählung sind vor dem Hintergrund unserer Thematik vornehmlich die Bevölkerungsstabilität sowie der Umweltschutz relevant, so daß weitere Ausführungen hier nur zu diesen beiden Punkten erfolgen. Die Existenz gewisser Interdependenzen zwischen den einzelnen nicht weiter behandelten Aufgaben einer „Gleichgewichtswirtschaft" wird dabei nicht verkannt, kann aber hier vernachlässigt werden.

[93]) *Küng, E.*: a. a. O., S. 219; vgl. auch *Malinsky, A. H.*: Vermeidung von Abfällen und Recycling-Methoden, in: Ökonomische und rechtliche Fragen der Abfallbehandlung, Hrsg. von Fröhler, L. und Pindur, H. J., Kommunale Forschung in Österreich, Bd. 39, Linz 1978.

gen verbundenen Bremsoperationen einstellen,[94]) ist erkennbar, daß zumindest ein Teil der Anpassungsmaßnahmen – insbesondere durch ein einsichtig verändertes Denken und Handeln der Wirtschaftssubjekte – wirkungsvoll durchgeführt werden kann: ein Schritt zur Wendung der Konsumgesellschaft zu einer fortschreitenden Kultur- und Dienstleistungsgesellschaft.[95])

Individuum und Umwelt: Schutzdefizite des Privatrechts

Soweit der einzelne durch Umweltstörungen beeinträchtigt wird, fragt es sich, welche Möglichkeiten ihm das Privatrecht einräumt, sich gegen solche Beeinträchtigungen zu schützen. Privatrecht grenzt den Lebensbereich einzelner Personen gegen den anderer Personen ab. Es schützt neben Leben, Körper, Gesundheit, Freiheit und anderen immateriellen Gütern vor allem Eigentum und Besitz. Rechte, die dem einzelnen zum Schutz seiner Individualsphäre zustehen, können bei einem anderen zu einer Benachteiligung in dessen Rechtsbereich führen.[96]) Dies erfordert, soweit rechtlich zulässig, eine Abwägung, wessen Interesse höher zu bewerten ist, das des Störers oder des Abwehrenden.[97])

[94]) Zur Kritik an der geschlossenen Durchführbarkeit der genannten Aufgaben sei verwiesen auf *Küng, E.*: a. a. O., S. 219 ff.

[95]) Weiterführend *Küng, E.*: a. a. O., S. 223 f.

[96]) Um den Umweltschutz in das Rechtssystem einbinden zu können, müßte zunächst als materieller Schwerpunkt des Umweltschutzes die Sicherstellung eines den bestehenden gesellschaftlichen und wirtschaftlichen Verhältnissen entsprechenden optimalen Umweltwertes erreicht werden. So im Ergebnis jedenfalls *Wimmer, N.*: a. a. O., S. 84, der es nicht als Aufgabe der Juristen, sondern der Politik ansieht, das Maß an Umweltschutz, d. h. an „Umweltqualität" zu bestimmen. Er sieht es als notwendig an, dieses Problem verfassungsrechtlich zu lösen, hält aber die damit verbundene Reihung wirtschafts- und gesellschaftspolitischer Prioritäten nicht aus der Verfassung für deduzierbar. Eine höhere Lebensqualität sei demnach nur auf dem Wege schrittweiser Veränderung der Gesellschaftsordnung zu erreichen. Dem möchte ich im Prinzip zustimmen.

[97]) Vgl. hierzu *Helm, J. G.*: a. a. O., S. 94 f.; instruktiv auch *Wimmer, N.*: a. a. O., S. 117, der zum Abwägungsproblem beim Immissionsschutz im einzelnen ausführt: „Die Behörde, die vor der Aufgabe steht, über das zulässige Ausmaß an Immissionen in einem konkreten Fall zu entscheiden, sieht sich hier einer mehrschichtigen Interessenkollision gegenübergestellt. Zunächst bilden im Rahmen eines Betriebsanlagegenehmigungsverfahrens der Antragsteller und die Nachbarn zwei Fronten. Will jener die Wirtschaftlichkeit seines Vorhabens nicht durch kostspielige Auflagen gefährdet sehen, ist dieser gerade an solchen Beschränkungen interessiert. Beide können sich auf ein öffentliches Interesse berufen. Der Antragsteller auf das allgemeine Interesse an der wirtschaftlichen Entwicklung in seinem weitesten Sinne, wozu neben der expandierenden Industrialisierung auch eine geordnete Siedlungstätigkeit und eine ihr entsprechende Verkehrserschließung zählt. Auch die Interessen des Nachbarn laufen mit den öffentlichen parallel. Verfahrenstechnisch drückt sich dies darin aus, daß Eigentumsverletzungen, die sich aus dem subjektiv-öffentlichen Nachbarrecht ergeben, auch ohne einen darauf gerichteten Antrag des Nachbarn zur Abweisung des Ansuchens führen." Im übrigen vgl. auch Horn, N.: Zur ökonomischen Rationalität des Privatrechts – Die privatrechtstheoretische Verwertbarkeit der „Economic Analysis of Law", in: AcP Bd. 176 (1976).

Die Zulassung von Eingriffen einzelner in elementare ökologische Interessen anderer führt zu der Frage, bei welchem Einwirkungsgrad die Schwelle zur nicht mehr vertretbaren Beeinträchtigung solcher Interessen erreicht bzw. überschritten wird. Die Relevanz ökologischer Störungen tritt dabei im allgemeinem Bewußtsein in einer Weise zutage, die mit einer Verschiebung des Stellenwertes verletzter elementarer Lebens- und Umweltgüter einhergeht: Die Bewertungsschwelle hinsichtlich vom einzelnen zu duldender Eingriffe in seinen Lebensbereich zugunsten höher bewerteter Interessen anderer oder der Allgemeinheit beherrscht die rechtliche Zuteilung.[98])
Hier fragt es sich, inwieweit das Privatrecht mit dem ihm zugehörigen Instrumentarium[99]) geeignet und in der Lage ist, zur Lösung der Umweltprobleme beizutragen. Nach Untersuchung einzelner charakteristischer Konfliktsituationen[100]) kommt *Helm* zu dem Ergebnis, daß bestimmte Problemtypen von Beeinträchtigungen und Störungen zwar mehr oder weniger ausreichend vom Privatrecht gelöst werden können, daß aber ein großer Bereich – besonders auf dem industriellen Sektor – mit den Mitteln des Privatrechts kaum lösbar erscheint. Solange es sich in einer konkreten Situation um eine Vielzahl von Verursachern und Beeinträchtigten handelt – diese Konstellation ist die für die ökologische Krise signifikante Erscheinung –, wird es dem Privatrecht Schwierigkeiten bereiten, das Problem zu erfassen und angemessen zu lösen. Da mit zunehmender Industrialisierung, bei steigendem Wachstum der industriellen Produktion, die Belastung der Umweltgüter steigt (auf der anderen Seite technischer Fortschritt unabdingbare Voraussetzung für die Bewältigung der Umweltprobleme ist), verlangt diese Entwicklung Eingriffe in private Rechte in erster Linie auf öffentlichrechtlicher Basis, wobei die schärfsten Eingriffe in private Positionen dann vorliegen, wenn „Umweltschutz“ durch regionale Verdrängung des Menschen aus gefährdeten Zonen betrieben wird.[101]) *Helm* kommt hier zu Recht zu dem Ergebnis, daß nur durch eine Verschärfung des öffentlichen Rechts dem Privatrecht größere Wirksamkeit vermittelt werden könne.[102]) Wie *Wimmer*[103]) dargelegt hat, folgt das Recht in erster Linie den vorgegebenen Sachstrukturen und stößt erst nach und nach über den Aspekt der „Betriebssicherheit“ hinaus zu wirklichen Umweltschutzregeln vor. Rechtstechnisch wird dieser Zwang des Umweltrechts durch eine Fülle von Gebots- und Verbotsnormen verwirklicht.[104])

[98]) Vgl. vor allem *Helm, J. G.*: a. a. O., S. 95.
[99]) Auf Einzelheiten des privatrechtlichen Instrumentariums soll hier nicht eingegangen werden; dazu anschaulich *Helm, J. G.*: a. a. O., S. 96-101.
[100]) Vgl. im einzelnen *Helm, J. G.*: a. a. O., S. 101 ff.
[101]) Vgl. *Helm, J. G.*: a. a. O., S. 109 f.
[102]) *Helm, J. G.*: a. a. O., S. 110 f.
[103]) Vgl. *Wimmer, N.*: a. a. O., S. 120.
[104]) Ebenda, S. 120.

Wege zur „Umweltstaatlichkeit"

„Ziel des präventiven Umweltschutzes ist es, die für die Umwelt positiven Lebensbereiche so zu gestalten, daß ihr optimaler Umweltwert gesichert erscheint".[105]) Hiermit wird der Akzent vom traditionellen Eingriffs- und Vollzugscharakter der Verwaltung auf ihre Gestaltungsfunktionen verlegt – als Kontrapunkt zur Vollzugsfunktion –, womit eine neue Lage der Verwaltung gekennzeichnet ist. Diese Entwicklung wird beschleunigt durch die Notwendigkeit der rechtlichen Gestaltung der Umwelt.[106]) Dabei kann auf der Verwaltungsebene der Begriff der Gestaltungsfunktion im Anschluß an *Wimmer* in vier Dimensionen gesehen werden:

- Ausgehend von den Aufgaben des „Leistungsstaates" muß die tatsächliche Veränderung der Verwaltungsaufgaben im Rahmen der Umweltgestaltung deutlich gemacht werden.
- Das bestehende administrative Handlungsinstrumentarium und dessen Brauchbarkeit sind für die zu lösende Problematik zu analysieren.
- Die organisatorischen Anforderungen an eine sachgerechte Umweltgestaltungsverwaltung müssen bestimmt werden.
- Es ist zu überprüfen, in welchem Umfang neue sozialwissenschaftliche Erkenntnisse (z. B. aus dem Bereich der Entscheidungstheorie und der Organisationstheorie) der dogmatischen Betrachtung des Verwaltungsrechts nutzbar gemacht werden können.[107])

Dieser Funktionswandel hat der Verwaltung die Kritik eingebracht, ihr Instrumentarium den tiefgreifenden Änderungen auf der Verfassungsebene, die den Wandel vom Obrigkeitsstaat zum demokratischen Rechtsstaat begleitet haben, nicht hinreichend angepaßt zu haben. Es wird verschiedentlich behauptet, daß der alte Obrigkeitsstaat in Verkennung der Verfassungsabhängigkeit des Verwaltungsrechts in den Formen des bürgerlichen Rechtsstaates weiterlebe.[108]) Nicht weniger stark wirken sich mangelnde Anpassungen des Verwaltungsrechtssystems aus, die aus dem Wandel von einem wirtschaftlich-liberal geprägten Staatsverständnis zum „sozialen Wirtschaftsstaat" und dem damit eingeleiteten Funktionswandel der Verwaltung herrühren.[109]) Es bringt nicht geringe Probleme mit sich,

[105]) *Wimmer, N.*: a. a. O., S. 130.

[106]) Vgl. dazu ausführlich *Wimmer, N.*: a. a. O., S. 130; *derselbe*: Umweltschutz als staatsrechtliches und verwaltungswissenschaftliches Problem, in: Institut für Wissenschaft und Kunst (Hrsg.), Umwelt und Gesellschaft – Symposium 1976, Wien 1976, S. 288 ff.; s. auch *Weimar, R.*: Zur Funktionalität der Umweltgesetzgebung im industriellen Wachstumsprozeß, in: Stabilität im Wandel – Festschrift für Bruno Gleitze zum 75. Geburtstag, Berlin 1978, S. 511 ff.

[107]) Dieser Aufzählung entsprechen die Ausführungen von *Wimmer, N.*: a. a. O., S. 130, denen ich in allen Punkten nur zustimmen kann.

[108]) Vgl. etwa *Rupp, H.-H.*: Die Dogmatik des Verwaltungsrechts und die Gegenwartsaufgaben der Verwaltung, DVBl. 1971, S. 669.

[109]) So zutreffend *Wimmer, N.*: a. a. O., S. 133, der hier auch eingeht auf den Übergang des Leistungsstaates zum Umweltgestaltungsstaat. Die Probleme, die bei der Darstellung der Handlungsstruktur des Umweltgestaltungsstaates in den Vordergrund treten, sieht er darin

will man diesen Funktionswandel spezifizieren, denn Umweltkomplexität sowie komplizierte Informations- und Entscheidungsprozesse bestimmen die Anforderungen an den „Umweltgestaltungsstaat" (*Wimmer*), die auch auf dessen Strukturelemente im einzelnen einwirken. Verwaltungsbehördliche Entscheidungen sind dabei Ergebnisse von Informationsprozessen im Sinne auch betriebswirtschaftlicher, insbesondere organisationstheoretischer Ansätze[110]), was offenbar erst nach und nach ins Bewußtsein einer hoffnungslos überalterten Verwaltungsrechtsdogmatik rückt.

3. Planwirtschaft: Zeichen wirksamerer Umweltpolitik?

„Eine summarische Beurteilung der zentral-administrativen sozialistischen Gesellschaftssysteme hat von der engen Verflechtung zwischen dem politischen und dem wirtschaftlichen System sowie von den in beiden Bereichen wirksamen Koordinationsmechanismen der vertikalen Hierarchie auszugehen. Beide Teilsysteme sind eng vermascht. Das politische System übernimmt den funktionalen Primat. Es übergreift und überlappt das wirtschaftliche System. Politische und ökonomische Macht sind zentralisiert und in den Händen der Parteielite konzentriert."[111]) Nach diesen Gedanken *Leipolds* mag es so scheinen, als sei es in Systemen mit zentraler Planwirtschaft ein leichtes, den Umweltproblemen wirksam entgegenzutreten. Durch Konzentration von politischer und wirtschaftlicher Macht in einer Hand, könnte man meinen, entfielen bei der Lösung von Umweltproblemen jene Interessenkonflikte, die im freiheitlichen System infolge unterschiedlicher Zielvorstellungen politischer und wirtschaftlicher Machtträger und ihrer Gruppen auftreten. Indes sind umweltschützende Maßnahmen als Ergebnis politischer Willensbildung nicht schon dann problemlos durchsetzbar, wenn sie nicht auf Widerstand bestimmter, wirtschaftliche Macht vertretender Gruppen stoßen. Man muß sich hier die doppelte Aufgabe des Umweltschutzes vergegenwärtigen: Einmal sollen vorbeugende Maßnahmen getroffen werden, um zu erwartende Schäden auf ein Minimum zu senken, zum anderen ist die Wiederherstellung des schon gestörten ökologischen Gleichgewichts anzustreben. Damit wird aber an das System der Planwirtschaft ebenfalls die Aufgabe gestellt, einen Innovationsprozeß zu initiieren, der nach derartigen Maßnahmen und ihrer Einleitung sucht.[112]) Auch *Bora* geht zwar zunächst davon aus, daß diese Aufgaben im sozialistischen Staat, in dem sich die Produktionsmittel im Staatseigentum befinden, – zumindest theoretisch – einfacher zu bewerkstelligen seien.[113]) Wie

begründet, daß es sich hier „. . . um ein Relationsgefüge handelt, dessen einzelne Teile nicht isoliert gesehen werden können, sondern nur im Funktionszusammenhang".

[110]) Dazu ausführlich *Wimmer, N.*: a. a. O., S. 138 f.: Charakterisierung der Verwaltung als „umweltoffenes System".

[111]) *Leipold, H.*: a. a. O., S. 204.

[112]) *Bora, G.*: Planwirtschaft als Voraussetzung einer wirksamen Umweltpolitik, in: Horn, Ch., v. Walterskirchen, M. P., Wolff, J.: a. a. O., S. 246.

[113]) *Bora, G.*: a. a. O.; im einzelnen *Tschudnow, W.*: UdSSR-Umweltschutz, Moskau 1975; *Nohara-Schnabel, I.*: Zur Entwicklung der Umweltpolitik in der DDR, in: Deutschland-Ar-

die Praxis der sozialistischen Länder gezeigt hat, ist die Lösung ihrer Umweltfragen jedoch alles andere als einfach. *Bora* weist z. B. für Ungarn nach, daß dort zahlreiche staatseigene Genossenschaften über eine gewisse unternehmensspezifische Interessen begründende Autonomie verfügen, die zu Zielkonflikten führen kann.[114]) Damit stellt sich für Länder mit planwirtschaftlich verfaßtem System nicht anders als für solche mit kapitalistischem Wirtschaftssystem die Aufgabe, derartige Zielkonflikte unter Einsatz eines bestimmten wirtschaftspolitischen Instrumentariums zu lösen.[115]) Wie *Bora* zutreffend sieht, sind staatliche Regelungen im Sinne behördlicher Zwänge allein als vorbeugende Maßnahmen nicht ausreichend; es sind darüber hinaus wirtschaftliche „Anregungsmittel" notwendig, z. B. Investitionsanreize zur Vornahme umweltfreundlicher Technologien, die damit Gegenstand der staatlichen Investitionspolitik und der mittelfristigen (Fünf-Jahres)-Pläne werden.[116]) Es ist keineswegs zu weit gegriffen, sondern liegt im Gegenteil nahe, wenn man die Schwierigkeiten, denen sich Länder mit kapitalistischem Wirtschaftssystem bei der Lösung der heutigen Umweltprobleme gegenübersehen, als nicht grundlegend verschieden von den Problemen bezeichnet, die in sozialistischen Ländern auftreten. Die Probleme sind letztlich weitgehend identisch, da sich eine problemgleiche wirtschaftliche – vor allem industrielle – Entwicklung nicht ohne Interessenkonflikte und nicht unter anderem Kostenaufwand für den Umweltschutz als in freiheitlichen Systemen vollzieht, wenn man davon absieht, daß sich der industrielle Wachstumsprozeß in sozialistischen Ländern bisher insgesamt langsamer vollzieht als in der kapitalistischen Wirtschaft. Selbst diesem Umstand kommt zunehmend geringere Bedeutung zu, da sich in industriell hochentwickelten Ländern eine Verlagerung der industriellen Produktion zu Aktivitäten auf dem Dienstleistungssektor abzeichnet, was mit einer abnehmenden Steigerungsrate der Umweltbeeinträchtigung verbunden ist. Da in den meisten sozialistischen Ländern eine solche Tendenz nicht zu erkennen ist, werden dort mit dem Anwachsen der industriellen Produktion die umweltspezifischen Schwierigkeiten und Belastungen noch überproportional im Verhältnis zu der Entwicklung in kapitalistischen Ländern zunehmen; die Entwicklung ist insoweit zeitverschoben. Diese Aspekte – insbesondere die Aussicht auf eine verstärkte Entwicklung zugunsten der Dienstleistungsbereiche in den industriell hochentwickelten Volkswirtschaften wie auch deren relativ hoher Entwicklungsstand in der umweltspezifischen Technologie – können jedoch über die weltweiten

chiv, Nr. 8/1976; *Dakov, M.*: Umweltschutz in der Volksrepublik Bulgarien, o. O. und J. (Sofia 1975); *Singleton, F.* (Hrsg.): Environmental Misuse in the Soviet Union, New York 1976; *Goldman, M. I.*: The Spoils of Progress: Environmental Pollution in the Soviet Union, Cambridge-London 1972.

[114]) Vgl. *Bora, G.*: a. a. O.

[115]) *Bora, G.*: a. a. O., S. 247 f., der einige Beispiele dafür nennt, wie in Ungarn versucht wurde, die Interessenkollision auf dem Gebiet des Umweltschutzes zwischen Staat und Genossenschaften durch behördliche Zwänge zu lösen, wobei im Vordergrund der Bemühungen das Bestreben stand, eine Zunahme von Umweltschäden zu verhindern.

[116]) Vgl. auch hier *Bora, G.*: a. a. O., S. 248 f., der an dieser Stelle eine Aufstellung „wirtschaftlicher Anreger" gibt.

Gefahren der *Gesamt*entwicklung des Umweltproblems, im Hinblick vielleicht nicht eben gerade nur auf eine bestimmte Volkswirtschaft, wohl aber auf die „Raumschiffnatur der Erde", nicht hinwegtäuschen. Diese Entwicklung gibt zu Besorgnis Anlaß. Die Umweltbelastung wird insgesamt zunehmen, nicht zuletzt aufgrund der z. T. erst jetzt stärker einsetzenden Industrialisierung in verschiedenen Entwicklungsländern, ein Prozeß, der sich dort um ein Vielfaches schneller vollzieht als in den hochentwickelten Industrieländern. Daß dieser Trend Umweltprobleme für die Menschheit insgesamt mit sich bringt, liegt auf der Hand.

III Perspektiven planender Gestaltung der Umwelt: Versagen des marktwirtschaftlichen Systems?

Wenn heute die Diskussion über die Umweltbedrohung und über entsprechende Abwehrmaßnahmen – wie *Issing*[117]) darlegt – von zwei ganz verschiedenen Grundpositionen aus geführt wird, so ist damit gemeint, daß auf der einen Seite der Rahmen durch die marktwirtschaftliche Ordnung westlicher Prägung gebildet wird, auf der anderen Seite die Auseinandersetzung, die die Umweltschädigung als zwangsläufige Folge einer Ordnung mit dezentraler Entscheidung über Investitionen und Produktion begreift, sich mit zunehmender Nähe zum Marxismus schärfer abzeichnet. Dabei wird Umweltzerstörung in sozialistischen Ländern nicht bestritten, diese Situation jedoch – wie sozio-ökonomische Mängel aller Art – nur der Transformationsphase des Sozialismus zugeschrieben, d. h. man sieht alle diese Probleme im Endzustand als gelöst an.[118]) Hier zeigt sich bei den sozialistischen Systemen eine ausgesprochen systemspezifische Schwäche, die sich auf dem Gebiet des Umweltschutzes besonders auswirkt: Während in den westlichen Industriestaaten längst eine kritische Einstellung gegenüber einem rein quantitativen Wachstum als wirtschaftspolitischem Ziel überwiegt, halten die meisten sozialistischen Länder des Ostens nach wie vor an der Ideologisierung hoher Wachstumsraten fest. Ein System, das materiellen Überfluß für das Endstadium der Entwicklung verheißt, steht damit vor einer „ökologischen Herausforderung" geradezu unvorstellbaren Ausmaßes.[119]) Der bloße Hinweis auf den angeblich vorübergehenden Charakter der Umweltmängel in der Transformationsphase vermag das Problem nicht zu lösen. Vielmehr ist es erforderlich, beide Systeme hinsichtlich ihrer Fähigkeit, auf die ökologischen Probleme zu reagieren, miteinander zu vergleichen.
Zunächst: Die Feststellung, daß ein Zusammenhang zwischen privatwirtschaftlicher Gewinnorientierung[120]) und Umweltverschmutzung besteht[121]), führt nicht

[117]) *Issing, O.*: Zerstörung der Umwelt – ein Versagen des marktwirtschaftlichen Systems? in: Recktenwald, H.-C. (Hrsg.): a. a. O., S. 127 ff.

[118]) Dazu auch *Issing, O.*: a. a. O., S. 129.

[119]) Ebenda, S. 129 f.

[120]) Gewinnmaximierung – früher alleiniges unternehmerisches Ziel – wird heute als nur ein Ziel in einem Zielbündel, eingespannt in das unternehmerische spezifische Zielsystem,

entscheidend weiter, da jedes Wirtschaftssystem das Problem der Allokation knapper Ressourcen optimal zu lösen hat. Ein Systemvergleich, der allein auf das „Profitmotiv" abstellt, ist unergiebig.[122]) Entscheidend ist vielmehr die Frage, in welchem System es am ehesten gesichert ist, daß die den einzelnen Wirtschaftseinheiten gesetzten Daten am besten den übergeordneten, metaökonomischen Präferenzen der Bevölkerung entsprechen.[123]) Es gilt also festzustellen, in welchem Wirtschaftssystem der Umweltschutz am schnellsten eine wirksame Konkretisierung erfährt, wobei zu berücksichtigen ist, daß der Markt allein eine solche Aufgabe nicht lösen kann. Handelt es sich nicht um ein Problem der Funktionsfähigkeit des Marktsystems selbst – eine solche Annahme wäre wohl ein Mißverständnis des Marktsystems und seiner Funktionen –, so liegt der Lösungsansatz primär im politischen System und der Fähigkeit seiner Politik, mit Problemen wie denen des Umweltschutzes fertig zu werden.[124]) Daß hierbei dem Umweltproblem am ehesten mit einem möglichst differenzierten wirtschaftspolitischen Instrumentarium begegnet werden kann, scheint ein entscheidendes Argument für die bessere ökologische Wehrhaftigkeit des marktwirtschaftlichen Systems zu sein: „Die Anwendung vielfältiger Instrumente, die auf eine Internalisierung externer Kosten abzielen, setzt jedoch ein Wirtschaftssystem voraus, in dem die Wehrhaftigkeit des Wirtschaftsprozesses garantiert ist. Die Überlegenheit des Marktsystems erscheint in dieser Hinsicht kaum bestreitbar."[125]) Hinzukommen muß der

gesehen. Dazu ausführlich *Ulrich, W.*: Die Unternehmung als produktives, soziales System, Grundlagen der allgemeinen Unternehmenslehre, in: Schriftenreihe „Unternehmen und Unternehmensführung", Institut für Betriebswirtschaft an der Hochschule St. Gallen, 1970.

[121]) *Issing, O.*: a. a. O., S. 131, der näher auf die (einseitige) Problematik der Gewinnorientiertheit eingeht.

[122]) *Issing, O.*: a. a. O., S. 132.

[123]) Ebenda, S. 132; vgl. auch *Hedtkamp, G.*: Wirtschaftssysteme, München 1974, S. 305, der u. a. ausführt: „Beim Vergleich der beiden Effizienzwirtschaften individualistischer und kollektivistischer Prägung wurde deutlich, daß sich zahlreiche Probleme wegen des gemeinsamen Ziels, eine höchstmögliche Effizienz zu erreichen, ähnlich stellen, und daß auch die Problemlösungen, vor allem die eingesetzten Instrumente in beiden Systemen eine gewisse Ähnlichkeit aufweisen. Dies hat zu der naheliegenden Hypothese geführt, daß sich beide Systeme wegen der gemeinsamen Effizienzzielsetzungen oder aber auch nur wegen der gleichartigen ökonomischen (Planungsverfahren), technischen und auch sozio-ökonomischen Bedingungen aufeinander zubewegen bzw. zubewegen müssen; im geometrischen Bilde von zwei aufeinander zulaufenden und sich im Unendlichen berührenden Linien formuliert, sollen die Systeme also konvergieren."

[124]) Vgl. dazu *Issing, O.*: a. a. O., S. 132.

[125]) Ebenda, S. 134. Zur Kritik am politisch-administrativen Planungs- und Entscheidungssystem der Bundesrepublik Deutschland vgl. *Derlien, H.-U.*: Die Erfolgskontrolle staatlicher Planung, in: Schriften zur öffentlichen Verwaltung und öffentlichen Wirtschaft, hrsg. von Eichhorn, P. und Friedrich, P., Band 17, Baden-Baden 1976, S. 25 ff.: „Die Forderung nach Institutionalisierung und Durchführung von Programmevaluationen im Rahmen von Systemen politischer Planung impliziert, daß das gegebene politisch-administrative Planungs- und Entscheidungssystem der Bundesrepublik bisher nicht in der Lage sei, diejenigen Informationen über die Wirksamkeit und die Auswirkungen seiner Planungen zu gewinnen und zu

Aufbau einer effektiven Überwachung der gesetzlichen Vorkehrungen, die zur Bedeutungslosigkeit absinken, wenn deren Einhaltung im konkreten Einzelfall nicht überprüft werden kann. Es stellen sich damit für die Überwachung der umweltspezifischen Vorkehrungen folgende Aufgaben:

- Erkennen und Messen von Umweltbelästigungen und Auffinden der Urheber
- Quantitative analytische Verfolgung von Verbesserungsmaßnahmen zu deren Optimierung
- Kontinuierliche Routineüberwachung zur Kontrolle der eingeleiteten Maßnahmen.[126])

Nach diesen Erwägungen darf Kritik am Planungs- und Entscheidungssystem auch der Bundesrepublik Deutschland, wie sie etwa *Derlien*[127]) vorgetragen hat, nicht unbeachtet bleiben. Die Vorzüge sowie die grundsätzliche Überlegenheit dieses Marktsystems können aber nicht entscheidend in Zweifel gezogen werden. Dieses System erscheint aufgrund seiner Flexibilität dazu geeignet, mit einem weitreichenden systemkonformen Planungs-[128]) und Ordnungsinstrumentarium nicht nur eingetretene Schäden in den Ökosystemen zu beseitigen, sondern vor allem auch den künftigen Umweltproblemen umfassend und wirksam zu begegnen. Wegen der Vorrangigkeit der Produktionsziele im sozialistischen Staat unterscheidet sich die Problemlage bei ökologischen Disproportionen und ihrer Sanierung oft nur unwesentlich von der westlicher Industriestaaten: in praxi sind augenscheinlich auch die zentralisierten Planwirtschaften (z. B. die Sowjetunion) nicht in der Lage, bereits erkannten Struktur-Disproportionen vorbeugend-planerisch zu begegnen.[128a])

IV Ausblick: Politische Ökologie des Rechts?

Da die sich ständig verstärkende Interdependenz von Wirtschaft und Umwelt auch die Entwicklung des – vergleichsweise schwach dynamischen – Rechtssystems

verarbeiten, die die Programmevaluation verspricht. Man kann aus dem Fehler einer Programmevalution jedoch keineswegs folgern, daß das politisch-administrative Entscheidungssystem damit über gar keine Mechanismen und Kanäle verfüge, um über Rückkoppelungsprozesse eine Anpassung an veränderte Umweltbedingungen durch Korrektur ihrer Maßnahmen und Programme zu leisten."

126) So *Wimmer, N.*: a. a. O., S. 121.

127) Die Erfolgskontrolle staatlicher Planung, a. a. O.

128) Zur Problematik der Planung im allgemeinen und insb. in Österreich grundlegend *Rill, H. P.* und *Schäffer, H.*: Die Rechtsnormen für die Planungskoordinierung seitens der öffentlichen Hand auf dem Gebiet der Raumplanung – Stand und Entwicklungsmöglichkeiten –, Österreichische Raumordnungskonferenz (ÖROK), Schriftenreihe, Nr. 6, Wien 1975, S. 26 ff.; vgl. auch *Kühne, J.*: Agrarstruktur – Raumordnung; Schriftenreihe der Österreichischen Gesellschaft für Raumforschung und Raumplanung, Wien und New York 1975, Bd. 21, S. 36 ff.

128a) *Müller-Dietz, H.*: Umweltschutz in der Sowjetunion, Berlin 1975, S. 3.

beeinflußt (und umgekehrt),[129]) wird kaum zu bezweifeln sein, daß eine ökonomisch-ökologisch orientierte Rechtslehre am ehesten dazu beitragen könnte, das Rechtssystem in seinen umweltrelevanten Teilen zu verbessern. Ihr Ziel ist die gesamtgesellschaftliche Wohlfahrtsmaximierung, die durch ökonomisch-ökologisch effiziente Rechtsregeln und ihre Anwendung erreicht werden soll. Dabei kann „Effizienz" im ökonomisch-ökologischen Sinne zum neuen Rechtsprinzip avancieren. Wenn also das Rechtssystem im Sinne einer ökonomisch-ökologischen Rechtslehre geändert würde, dann entspricht einem solchen System in dieser Hinsicht ein gesamtgesellschaftliches Wohlfahrtsmaximum. Dieser Zustand läßt sich als Pareto-Optimum auffassen: Es ist keine Umverteilung von Ressourcen mehr denkbar, die zumindest ein Individuum besser stellen würde, ohne daß ein anderes entsprechend schlechter gestellt würde. Soziales Optimum (Wohlfahrtsmaximum) und individuelles Optimum (Nutzenmaximum) fallen hier zusammen. Die Anpassungsorientiertheit der Rechtsordnung, die nicht nur auf dem Umweltschutzsektor zum größten Teil aus Spezialnormen, die bestimmte Einzelregelungen enthalten, besteht, macht es in Zukunft erforderlich, Rechtsregeln stärker nach dem ökonomisch-ökologischen Effizienzkriterium auszurichten. Für Verwaltung und Rechtsprechung gibt es hier freilich Grenzen, wenn Rechtsregeln so ausgelegt und angewendet werden, daß sie zum aggregierten Nutzenmaximum führen. Es kann de lege lata z. B. nicht unabhängig von Verursachung und ggf. Verschulden danach gefragt werden, welches Recht das „wertvollere" sei, das Recht auf Unterlassung und/oder Schadenersatz oder das Recht auf Beeinträchtigung (Schädigung) durch Umwelteingriffe. Die Frage, wer die höheren Kosten zur Verhütung von Umweltschäden tragen müßte oder wer den größeren Nutzen aus der Umweltbeeinträchtigung ziehen würde, fungiert für Sanktionen im Einzelrechtsverhältnis (Schädiger – Geschädigter) nicht als Entscheidungskriterium. Wohl kann der Gesetzgeber überlegen, ob es stets angemessen ist, daß dem Umweltgeschädigten das Recht auf Schadenersatz zusteht: ob nicht unter Umständen Beeinträchtigungen zu legitimieren sein können, wenn es nämlich darum geht, den größeren Schaden zu vermeiden. Auch der Eingreifende (Schädiger) kann einen „Schaden" haben, wenn er nicht eingreifen darf.[130])

[129]) Es scheint sich die Erkenntnis durchzusetzen, daß in der Entwicklung der Wissenschaften, besonders in der Gegenwart, eine gegenseitige Durchdringung im Sinne wechselseitiger Beeinflussung von Rechst- und Wirtschaftswissenschaft stattfindet (vgl. *Raisch, P.* und *Schmidt, K.*: Rechtswissenschaft und Wirtschaftswissenschaft, in: Grimm, D.: Rechtswissenschaft und Nachbarwissenschaften, Bd. 1, Frankfurt/M. 1973, S. 151). Es ist zweifelhaft, ob man von einem Selbstverständnis der beiden Disziplinen als je eigenständiger Wissenschaften überhaupt noch reden kann (*Karsten, P.* und *Schmidt, K.*: a. a. O., S. 143).

[130]) *Monissen, H. G.*: Haftungsregeln und Allokation, in: Jahrbuch für Sozialwissenschaften überhaupt noch reden kann (*Raisch, P.* und *Schmidt, K.*: a. a. O., S. 143).
zu einem vertraglichen Kompromiß gelangen. Es geht in seinem Beispiel um ein Unternehmen, das ein benachbartes Unternehmen durch seine Produktionstätigkeit (Umwelteingriff) schädigt. *Monissen* hat die Reaktionen der Unternehmen bei alternativen Haftungsregeln untersucht. Im 1. Fall erhält das schädigende Unternehmen ein Recht auf Schädigung, im 2. Fall das geschädigte Unternehmen ein Recht auf Schadenersatz. Bemerkenswert ist nun, daß

Ein sinnvoller Weg in diese Richtung scheint mir zunächst darin zu liegen, die ökonomisch-ökologisch relevanten Rechtstatsachen weiter zu erforschen und die Ergebnisse in Gesetzgebung und Rechtsanwendung, soweit dies dort verfassungsrechtlich zulässig ist, entsprechend zu berücksichtigen. Die Rechtswissenschaft muß dabei berücksichtigen, daß es Bedürfnisse gibt, für die keine Märkte im herkömmlichen Sinne existieren, die in Geldeinheiten nicht oder nur unzureichend auszudrücken sind. Auch gilt es, die *Gesamtheit* der möglichen Auswirkun-

die Parteien in beiden Fällen Vertragsverhandlungen aufnehmen, um das gerichtliche Urteil „unter der Hand" so abzuändern, daß beide auf diese Weise einen Gewinn machen. Und zwar ist das Ergebnis der Verhandlungen in beiden Fällen gleich. Daraus kann rechtsökonomisch folgender Schluß gezogen werden: Unter der Prämisse der Nichtexistenz von positiven Transaktionskosten bewirkt eine Änderung der Haftungsregel *keine* Allokation der eingesetzten Ressourcen, da die Parteien durch Markttransaktionen die anfängliche rechtliche Festlegung abändern werden, um eine Produktionswertsteigerung zu erreichen. Da das Ideal des Wettbewerbsmarktes in der Realität nicht existiert, die effiziente Lösung von Haftungsproblemen also nicht von den Parteien selbst ausgehandelt werden kann – es können nämlich Transaktionskosten auftreten, die unter Umständen höher sind als der Nutzen der Transaktion, so daß Verträge unterbleiben –, sollen Haftungsregeln so beschaffen sein, daß sie den Markt imitieren. In Fällen, in denen der Nutzen größer ist als die Kosten der Transaktionen, in denen also doch Verträge zustandekommen können, sollen Haftungsregeln die Marktergebnisse vorwegnehmen, um so die Transaktionskosten zu minimieren oder ganz zu vermeiden. Auf diese Weise kann zwar die Verschwendung von knappen Ressourcen verhindert werden, indes ist es nicht Aufgabe des Richters, eine „individuelle" Nutzen-Kosten-Analyse vorzunehmen, um so zur rechtsökonomisch „optimalen" Entscheidung zu gelangen. Wohl könnte hier der Gesetzgeber tätig werden und schädigende Unternehmen z. B. mit einer *Pigou*schen Steuer belegen, d. h. mit einer produktionsabhängigen Steuer in Höhe des tatsächlichen Schadens. Auf diese Weise wird das schädigende Unternehmen gezwungen, seine Produktionsmenge zu drosseln. Es produziert dann nicht mehr in seinem „individuellen" Optimum, sondern im sog. „sozialen" Optimum. Die eingesetzten Produktionsfaktoren werden so umgelenkt, daß der Gewinn des schädigenden Unternehmens sinkt, der Gewinn des geschädigten Unternehmens aber um so mehr steigt und der Gesamtgewinn dadurch maximiert wird. Es geht prinzipiell also darum, den *Gesamt*gewinn oder Gesamtnutzen der Volkswirtschaft mit Hilfe ökonomisch-ökologisch effizienter Rechtsregeln zu maximieren; sämtliche Produktionsfaktoren sollen dort eingesetzt werden, wo sie den größten Nutzen im ökonomisch-ökologischen Sinne stiften. Die geltenden Haftungsregeln, die sich am Verschuldensprinzip, bisweilen am Verursacherprinzip, orientieren und demgemäß die Schäden zuteilen, sind nicht durchweg optimal. In manchen Fällen bewirken sie eine effiziente Ressourcenverteilung (Schäden sind vergeudete Ressourcen), in anderen dagegen nicht. Im rechtsökonomischen Sinne sind hier Regelungen notwendig, die im Einzelfall (auch) eine Nutzen-Kosten-Abwägung vorschreiben, um so zu erreichen, daß Ressourcen wertmaximierend unter Berücksichtigung der ökologischen Restriktionen genutzt werden. Weiterführend *Walz, R.*: Marktbezogener Umweltschutz und privatrechtlicher Immissionsschutz, in: Funktionswandel der Privatrechtsinstitutionen, Festschrift für L. Raiser, Tübingen 1974; *Reich, N.*: Markt und Recht, Neuwied 1977. Für den Bereich des Wettbewerbsrechts vgl. *Leidig, G.:* Dominante Werbung – Ziele, Wirkungen, rechtliche Gestaltung – (Wirtschaftsrecht und Wirtschaftsverfassung, Bd. 1, Schriftenreihe des Siegener Instituts für Wirtschaftsrecht und Wirtschaftsgesetzgebung, Hrsg.: Weimar, R.), Frankfurt/Main 1979.

gen von Rechtsregeln nicht unbeachtet zu lassen und eine Abwägung von Werten in den sich wandelnden Situationen gesellschaftlicher Prozesse vorzunehmen. Hierzu ist es notwendig, daß andere wissenschaftliche, insbesondere sozial- und umweltwissenschaftliche Disziplinen ihre Erkenntnisse beisteuern. Die verschiedenen Nachbarwissenschaften sollten jeweils für diejenigen Rechtsbereiche herangezogen werden (im Sinne einer interdisziplinären Zusammenarbeit), in denen sie zu vernünftigen und relevanten Lösungen beitragen können. Wie eine „psychologische Analyse des Rechts" eher im Familien-, Ehe- und Strafrecht angebracht ist, so ist eine „ökonomisch-ökologische Analyse des Rechts" überall dort indiziert, wo es um eine Betrachtung von Rechtsproblemen geht, die andere als ökonomisch-ökologische Faktoren der Sache nach vernachlässigen kann (vgl. hierzu etwa § 17 BImSchG). In diesem Sinne findet eine ökonomisch-ökologische Rechtslehre in nicht geringen Grenzen ihre sachliche Berechtigung,[131]) vor allem dort, wo es um die „wirtschaftliche Vertretbarkeit von Umweltschutzmaßnahmen" geht, wo das Grundverständnis der „Wirtschaftlichkeit" im Zusammenhang mit dem Merkmal der „Vertretbarkeit" (als spezifischer Ausprägung des Verhältnismäßigkeitsprinzips) kontrovers ist, andererseits erwerbswirtschaftliche Prinzi-

[131]) Eine „wirtschaftliche Betrachtungsweise" des Rechts gibt es schon seit langer Zeit; sie hat einen festen Platz in der System- und Begriffsbildung und ist auch unter dem Begriff „Erforschung der Natur der Sache" bekannt. Sie ist Bestandteil der Methodenlehre und dient der Untersuchung der funktionellen Seite der Rechtsinstitute. Man ist bemüht, die gesamtwirtschaftlichen Folgen von Rechtsentscheidungen und die wirtschaftlichen Zwecke bei Rechtsfiguren zu erkennen und im Wege der Rechtsauslegung und -ergänzung zu berücksichtigen. Die „neue" wirtschaftliche Betrachtungsweise fordert die Berücksichtigung ökonomischer Belange nicht nur in der Rechtsprechung, sondern auch bei der Gesetzgebung. Außerdem sollen die Auswirkungen auf die Wirtschaft, nämlich die Allokation produktiver Ressourcen, nicht nur *ein* Gesichtspunkt, sondern *alleiniger* Maßstab für rechtliche Entscheidungen sein. Die neue Betrachtungsweise von Recht und Ökonomie fand ihren Ursprung in einem Aufsatz von *Guido Calabresi* über das Recht der unerlaubten Handlungen (Yale, L. J. 70 (1961), 713). Dies war der erste Versuch, die ökonomische Analyse in systematischer Art und Weise auf ein Rechtsgebiet anzuwenden, das nicht ökonomische Beziehungen regelt. Ab 1970 machte sich der Vormarsch der Ökonomie in der American Association of Law Schools (AALS) bemerkbar. Die Fülle der Angebote von „Law and Economics" in Lehrveranstaltungen und Literatur lassen erkennen, daß es sich nicht um eine der üblichen Modeerscheinungen der Law Schools handelt, wie sie von Zeit zu Zeit seit den rechtsrealistischen Reformbestrebungen der zwanziger Jahre auftauchen und verschwinden. Den eigentlichen Sinn der Übertragung des ökonomischen Instrumentariums auf das Recht sehen die Vertreter der neuen Rechtslehre, die Rechtsökonomen, in der Steigerung der ökonomischen Effizienz von Rechtsregeln und damit in der Wohlfahrtsmaximierung der Gesellschaft. Auf diese Weise erhält die Funktion des Rechts ein neues, nämlich ökonomisches Gewand. Wie zahlreiche Beiträge in der Literatur deutlich machen, hat die neue ökonomische Betrachtungsweise des Rechts auch in der Bundesrepublik Deutschland und in Österreich Anklang gefunden; vgl. *Prisching, M.*: Ökonomische Rechtslehre? in: Festschrift anläßlich des 200jährigen Bestehens der Juristischen Fakultät der Universität Graz (1978). Die ökologischen Restriktionen sind dabei jedoch bislang in der rechtsökonomischen Betrachtung zu Unrecht unberücksichtigt geblieben. Vgl. Anm. 134 dieses Beitrags.

pien der Gewinnmaximierung eine bedeutende Rolle spielen.[132]) Vorausgesetzt ist allerdings, daß das Prinzip der ökonomisch-ökologischen Effizienz Geltung nicht für die Gesamtheit der Rechtsordnung beanspruchen kann, sich vielmehr auf Teilbereiche (z. B. auf das Umwelt-, Planungs- und sonstige Wirtschaftsrecht) beschränkt.

Ich kann an dieser Stelle nur *Günther Jahr*[133]) beipflichten, welcher gesagt hat: „Richtiges juristisches Denken ist auf weite Strecken dasselbe wie wirtschaftliches Denken, soweit es denselben Gegenstand hat und um nichts anderes als um die Lösung derselben Sachfrage bemüht ist." Entsprechendes gilt für die Rechtsfindung und Gestaltung in den ökonomisch-ökologischen Bereichen des Rechts, was freilich bislang nur wenig gesehen wird. Es geht hier also *nicht* um eine Politische Ökologie des Rechts, die im Geflecht rechtlicher, staatlicher, ökonomischer und ökologischer Interessen sich in eine meist vage Industrie- und Kapitalismuskritik verliert,[134]) sondern um eine *ökonomisch-ökologisch orientierte, problemspezifische Rechtswissenschaft*[135]) für die umweltwesentlichen Rechtsbereiche der Gesamtgesellschaft wie des einzelnen Bürgers.[136])

[132]) Dieses Problem sieht zutreffend *Storm, P.-Ch.*: Zweite umweltrechtliche Fachtagung in Berlin, in: JZ 1979, S. 151. Kontrovers sei ebenfalls, ob die Verwaltung ihr Ermessen monofinal auf die Immissionsschutzbelange auszurichten habe oder auch andere Gesichtspunkte ohne Ermessensverstoß berücksichtigt werden dürften.

[133]) *Jahr, G.*, in: Raiser-Sauermann-Schneider: Das Verhältnis der Wirtschaftswissenschaft zur Rechtswissenschaft, Soziologie und Statistik, Berlin 1964, S. 25.

[134]) Zum Spannungsverhältnis von industrieller Entwicklung und staatlicher Umweltpolitik vgl. etwa *Jänicke, M.* (Hrsg.): Umweltpolitik, Beiträge zur Politologie des Umweltschutzes, Opladen 1978, wo deutlich wird, daß das Problemdreieck Recht, Ökonomie und Ökologie politikwissenschaftlich nicht ausreichend erfaßbar ist. Vgl. dagegen die Ansätze bei *Kloepfer, M.*: Umweltschutz und Recht, in: Betriebs-Berater 1978, S. 1729 ff.; *Weimar, R.*: Zur Funktionalität der Umweltgesetzgebung im industriellen Wachstumsprozeß, a. a. O.; *Schad, F.* und *Weimar, R.*: Umwelt und Recht, a. a. O.; *Weimar, R.*: La Propietad del Suelo, la Explotación Agricola y Forestal y la Protección del Medio Ambiente, in: Diritto-Economia, Camerino 1977, Heft 3, S. 27–72.

[135]) Die ökonomisch-ökologisch orientierte Rechtswissenschaft (Ökonomisch-ökologische Rechtslehre) scheidet solche Aspekte aus, die sowohl außer-rechtlich als auch außer-ökonomisch und außer-ökologisch sind. Auf diese Weise ist eine Grundlage geschaffen, auf der die beteiligten Disziplinen ein und dasselbe Regelungsfeld im Sinne „optimaler" Ressourcenallokation untersuchen können. Zur Vertiefung vgl. in erster Linie *Assmann-Kirchner-Schanze*: Ökonomische Analyse des Rechts, Kronberg 1978, mit umfassenden Nachweisen. Die ökologischen Restriktionen gehen jedoch bislang nur ungenügend in die rechtsökonomischen Betrachtungen ein. Hier liegen die integrativen Aufgaben der neuen Ökonomisch-ökologischen Rechtslehre. Der zunehmende Einfluß der sozioökonomischen und insbesondere der ökologischen Umwelt auf die rechtliche Gestaltung wirtschaftlicher Zielerreichungsprozesse führt dazu, die in der herkömmlichen Ökonomischen Rechtslehre verbreitete Kategorisierung in ökonomische und außerökonomische Tatbestände und die völlige Nichtberücksichtigung letzterer im Rahmen rechtlicher Entscheidungen (Gesetzgebung, Verwaltung, Rechtsprechung) aufzugeben. Die auf den gesellschafts- und insbesondere umweltpolitischen Wandlungstendenzen beruhende Erwartung, daß Unternehmungen ihre Existenz und ihr Handeln nur legitimieren können, wenn sie ihr Wirken an gesellschaftlichen

und ökologischen Kriterien orientieren, stellt die Ökonomisch-ökologische Rechtslehre vor die grundlegende Aufgabe, Voraussetzungen und Grundlagen industriellen Unternehmungsverhaltens im rechtlichen Problemfeld „Unternehmung-Gesellschaft/Umwelt" neu zu analysieren. Vgl. zu einigen sozio-ökologischen Grundlagenproblemen *Utz, W.*: Umweltwandel und Unternehmenspolitik, München 1978; aus österreichischer Sicht grundlegend *Ospelt, F.*: Unternehmenspolitik und Umweltschutz, Wien 1977.

[136]) Zur Rolle der Rechtswissenschaft im Spannungsfeld von Gesetzgebung und Politik – darum geht es besonders bei der Ökonomisch-ökologischen Rechtslehre – vgl. *Stadler-Richter, H. L.*, in: Die Evolution des öffentlichen Rechts – Felix Ermacora zum fünfzigsten Geburtstag, Wien 1974, S. 210–248; *Jäger, W.* und *Mühleisen, H.-O.* (Hrsg.): Umweltschutz als politischer Prozeß, München 1976; *Mayer-Tasch, P. C.*: Umweltschutz – Politik des peripheren Eingriffs, Neuwied 1974.

Atomkraftwerk, direkte Demokratie und Individualgesetz

Manfried Welan, Wien

„Das Volk is ein Ries' in der Wiegen, der aufwacht, aufsteht . . ." (Johann Nestroy)
„Österreich ist eine demokratische Republik. Ihr Recht geht vom Volk aus" (Art. 1 B-VG).

I Dialektische Politik – Von der Lex Zwentendorf zur Lex Zwentendorf ex

Art. 43 B-VG: „Einer Volksabstimmung ist jeder Gesetzesbeschluß des Nationalrates nach Beendigung des Verfahrens gemäß Artikel 42, jedoch vor seiner Beurkundung durch den Bundespräsidenten, zu unterziehen, wenn der Nationalrat es beschließt oder die Mehrheit der Mitglieder des Nationalrates es verlangt."

1. Schon das Energiekonzept der ÖVP-Regierung aus dem Jahre 1969 sah die Errichtung eines Kernkraftwerkes vor. Nach dem 1976 von der SPÖ-Regierung vorgelegten Energieplan sollten in Österreich bis zum Jahre 1985 drei Kernkraftwerke mit einer Gesamtleistung von 300 000 Megawatt in Betrieb genommen werden. Nur durch diese zusätzliche Energieversorgung sahen die Regierung und die Sozialpartner Vollbeschäftigung, Wirtschaftswachstum und Wohlstand gesichert. Das AKW Zwentendorf, ein Kraftwerk vom Typ Leichtwasser-Siedewasser-Reaktor, hätte schon 1976 den Betrieb aufnehmen sollen. Aber erst 1978 war es so weit. Das Kraftwerk hat über 8 Milliarden Schilling gekostet. Als Jahresleistung waren 700 Megawatt vorgesehen. Zweihundert Arbeitnehmer waren 1978 bereits in ihm tätig.
Nach Auffassung der obersten zuständigen Verwaltungsorgane waren alle nach der österreichischen Rechtsordnung notwendigen Voraussetzungen für den Betrieb gegeben. Die praktische Vernunft, insbesondere ökonomische und technische Gründe, sprachen dafür. Die diese Verwaltungsorgane repräsentierenden Politiker der SPÖ, die mit 93 von 183 Mandaten die absolute Mehrheit im Nationalrat besitzt und seit 1970 Regierungspartei ist, scheuten sich aber aus verschiedenen Gründen, die Verantwortung für die ökonomisch und technisch notwendige, rechtlich mögliche Inbetriebnahme zu übernehmen.
Ausländische Erfahrungen, Überlegungen im Hinblick auf die bevorstehende Nationalratswahl 1979, Widerstände in verschiedenen Kreisen der Bevölkerung, Aktivitäten von Kernkraftgegnern und anderes mehr hielten die Regierung davon ab, allein eine Entscheidung zu treffen. Sie befaßte zunächst das Parlament mit

dieser Frage, obwohl diesem eine Zuständigkeit zur Entscheidung in der Sache fehlt. Die zuständige Exekutive wollte das Gesetz des Handelns der an sich nicht zuständigen Legislative überlassen. Immerhin hätte der Nationalrat gemäß Art. 52 Abs. 1 B-VG seinem Wunsch über die Ausübung der Vollziehung in einer Entschließung Ausdruck geben können. Wenn auch eine solche Resolution rechtlich nicht so verbindlich gewesen wäre wie ein Gesetz, so wäre doch, insbesondere bei Einstimmigkeit, eine besondere politische Legitimation und Verpflichtung zur Entscheidung entstanden.

2. Nachdem die Bundesregierung eine Informationskampagne durchgeführt hatte, legte sie am 13. Dezember 1977 dem Nationalrat einen umfassenden Bericht über die „Nutzung der Kernenergie für die Elektrizitätserzeugung" vor. Damit schuf sie eine geschäftsordnungsmäßige Voraussetzung für die parlamentarische Behandlung. Diese zog sich über ein halbes Jahr hin. Der Regierungsbericht wurde zunächst dem zuständigen Handelsausschuß zugewiesen, der nach parlamentarischer Gewohnheit einen Unterausschuß einsetzte. Dieser beriet in 14 Sitzungen unter Beiziehung von 20 Experten verschiedener Fachbereiche. An zwei Tagen wurde mit 35 Vertretern von Kernkraftgegnern diskutiert, wobei in Abweichung von der parlamentarischen Praxis nicht nur ein Resümeeprotokoll verfaßt, sondern auch die Vertraulichkeit der Beratungen aufgehoben wurde. Damit war mehr Transparenz gegeben. Divergenzen der Experten, Divergenzen der Abgeordneten von Regierungspartei und Oppositionsparteien und die Diskussion mit den organisierten Kernkraftgegnern gaben den Beratungen eine von der üblichen vertraulichen und konsensorientierten Praxis abweichende Prägung. Weder über den Regierungsbericht noch über einen Antrag des Energiesprechers der ÖVP konnte Einigung erzielt werden.
Mehrere Sitzungen des in der Folge beratenden Handelsausschusses, in der zunächst der Energiesprecher der ÖVP König einen Entschließungsantrag über Maßnahmen zur Sicherung der Energieversorgung einbrachte, verliefen ergebnislos. Die Ausschußberatungen wurden mehrfach unterbrochen und vertagt. Am 23. Juni 1978 wurden noch der Vorsitzende des Aufsichtsrates der Gemeinschaftskernkraftwerk Tullnerfeld GesmbH, sein Stellvertreter und die beiden Direktoren des Gemeinschaftskernkraftwerkes Tullnerfeld gehört. Sie teilten mit, daß das gesamte bis 1978 im Kernkraftwerk gebundene Kapital inklusive der Brennstoffversorgung bei rund 8,5 Milliarden Schilling liege und daß zusätzlich im Falle einer Nichtinbetriebnahme des Kernkraftwerkes Zwentendorf noch Beträge in der Höhe von 32 bis 35 Millionen Schilling pro Monat notwendig seien, um die Betriebsbereitschaft zu erhalten. In derselben Sitzung wurde durch die sozialistischen Abgeordneten Fischer und Genossen der Entwurf eines „Bundesgesetzes über die friedliche Nutzung der Kernenergie (Inbetriebnahme des Kernkraftwerkes Zwentendorf)" vorgelegt und die Durchführung einer Volksabstimmung über diesen Gesetzentwurf beantragt. Danach war eine Erlaubniserteilung zur Inbetriebnahme von Kernkraftwerken im allgemeinen und von Zwentendorf im besonderen in Gesetzesform vorgesehen.
Die SPÖ wollte also über das Parlament an das Volk appellieren. Das Gesetz des

Handelns sollte von der an sich zuständigen Exekutive über die Legislative zum Volk. Das Volk kann aber nur über Gesetzesbeschlüsse anstimmen, nicht über Verwaltungsentscheidungen. Daher kleidete die SPÖ-Fraktion die Verwaltungsentscheidung in Gesetzesform.

In den Erläuterungen zum Entwurf heißt es u. a., daß die Inbetriebnahme eines Kernkraftwerkes eine Entscheidung von so weittragender Bedeutung sei, daß nicht nur die strengste Einhaltung aller behördlichen Verfahren, Bewilligungen und Auflagen zum Zwecke der Gewährleistung maximaler Sicherheit erforderlich ist, sondern daß darüber hinaus – als zusätzliche Hürde vor der Inbetriebnahme eines Kernkraftwerkes – eine Entscheidung des Gesetzgebers unter Bedachtnahme auf gesamtstaatliche Gesichtspunkte zweckmäßig erscheint. Für ähnliche Regelungen – auch bei Entscheidungen von geringerer Tragweite – gäbe es zahlreiche Beispiele in der österreichischen Rechtsordnung. So werde etwa die Entscheidung über den Verlauf einer Bundesstraße oder einer Autobahn vom Gesetzgeber durch das Bundesstraßen-Gesetz getroffen. Abgesehen davon sei zu beachten, daß der vorliegende Gesetzentwurf alle behördlichen Entscheidungen im Zusammenhang mit der Inbetriebnahme eines Kernkraftwerkes unberührt läßt und nur eine zusätzliche Voraussetzung zur Inbetriebnahme eines Kernkraftwerkes schafft. Daher könne auch nicht eingewendet werden, daß über subjektive Rechte durch ein Gesetz an Stelle eines Gerichtes oder einer Verwaltungsbehörde entschieden wird, da in die behördlichen Verfahren einschließlich einer Überprüfung ihrer Entscheidung durch die Gerichtshöfe öffentlichen Rechtes in keiner Weise eingegriffen werde.

Der Verfassungsdienst des Bundeskanzleramtes – in Österreich ist der Bundeskanzler Verfassungsminister – legte dazu ein Gutachten vor, in dem es u. a. heißt:

„Die Setzung eines Aktes, der üblicherweise den Verwaltungsbehörden vorbehalten ist, durch den Gesetzgeber selbst, ist ein sogenanntes „Maßnahmengesetz". Gegen solche Maßnahmengesetze sind unter dem Gesichtspunkt der Gewaltentrennung Bedenken möglich. Dies deshalb, weil es offenbar Sinn der Gewaltentrennung ist, daß generelle Normen und individuelle Verwaltungsakte nicht von einer und derselben Autorität gesetzt werden. Dadurch wird einerseits eine dem Wesen der Gewaltentrennung zuwiderlaufende Machtkonzentration geschaffen, andererseits werden Interessen des Rechtsschutzes beeinträchtigt. Die Auffassung in der Rechtslehre sind uneinheitlich.

Die Judikatur des Verfassungsgerichtshofes zu dieser Frage ist ebenfalls nicht einheitlich. Spricht das Erkenntnis Slg 3118/56 für die Zulässigkeit von Maßnahmengesetzen, so muß aus dem späteren Erkenntnis Slg 3820/60 Gegenteiliges abgeleitet werden. Allerdings ist festzuhalten, daß der in diesem letzteren Erkenntnis herausgestellte Gesichtspunkt des Rechtsschutzes mittlerweile eine Änderung erfahren hat. Während nämlich früher der Einzelne gegenüber rechtswidrigen generellen Normen praktisch wehrlos war (er konnte ja nur Verwaltungsakte beim Verwaltungsgerichtshof oder Verfassungsgerichtshof bekämpfen), hat eine Verfassungsnovelle des Jahres 1975 dem Einzelnen die Möglichkeit gegeben, im Fall unmittelbarer Rechtsverletzung durch generelle Normen diese beim Verfassungsgerichtshof zu bekämpfen. Damit hat der Bundes-Verfassungsgesetzgeber die Existenz von Maßnahmengesetzen einerseits offenbar vorausgesetzt, andererseits dagegen eine Rechtsschutzmöglichkeit geschaffen.

Das Gesetz wäre auch ein sogenannte „Individualgesetz" und zwar insoferne, als darin die Erlaubnis für das Kernkraftwerk Zwentendorf ausdrücklich erteilt wird. Aus dem Erkenntnis des Verfassungsgerichtshofes Slg 2470/53 kann abgeleitet werden, daß solches dem Gleichheitsgrundsatz widerspricht; allerdings kann diese Erkenntnis durch spätere Judikatur als überholt gelten. Wesentlich ist die sachliche Rechtfertigung der vorgesehenen Maßnahmen, die sich wohl wird begründen lassen.

Ausdrücklich wurde darauf hingewiesen, daß der Ausgang eines Verfahrens vor dem Verfassungsgerichtshof angesichts der uneinheitlichen Rechtsprechung nicht vorausgesagt werden könne.
Offenbar auch unter dem Eindruck dieser verfassungsrechtlichen Problematik brachten die ÖVP-Abgeordneten König und Genossen einen Antrag ein, der Handelsausschuß möge dem Nationalrat den Entwurf eines Bundesgesetzes über die friedliche Nutzung der Kernenergie in Österreich vorlegen, wonach der Bundesregierung die Durchführung eines besonderen Bewilligungsverfahrens zugewiesen werden sollte.

In den Erläuterungen dazu heißt es u. a., daß die Fragen der Sicherheit bei der geplanten Inbetriebnahme des Kernkraftwerkes Zwentendorf von fundamentaler Bedeutung seien und daß die Bundesregierung bisher hiefür keine ausreichende Vorsorge getroffen habe. Bedeutsame Sicherheitsfragen seien offen geblieben: Es fehlten überregionale Alarmpläne für alle radioaktiven Zwischenfälle (insbesondere für Reaktor-Zwischenfälle) – ebenso fehle eine klare Verantwortung beim Bundesministerium für Gesundheit und Umweltschutz für alle Fragen der Reaktorsicherheit; eine lückenlose Kette für die Wiederaufbereitung der Brennelemente und der Lagerung des Abfalls sei nicht gegeben. Im Zuge des Expertenhearings im parlamentarischen Unterausschuß hätten sich widersprüchliche Aussagen über die Strahlenbelastung in der Reaktorumgebung und über die Zuständigkeit für die Errichtung von Endlagerstätten ergeben. Damit habe sich gezeigt, daß neben den bereits bestehenden verwaltungsbehördlichen Verfahren, die bei der Errichtung eines Kernkraftwerkes abzuwikkeln sind (so etwa das baupolizeiliche Verfahren oder das Verfahren nach dem Strahlenschutzgesetz), eine zusätzliche Kontrolle erforderlich ist, durch die geprüft werden soll, ob die maximale Sicherheit bei der Inbetriebnahme und beim laufenden Betrieb eines Kernkraftwerkes gegeben ist. Fragen der Sicherheit von Personen, der menschlichen Gesundheit sowie des Schutzes der Umwelt sollten in einem besonderen Genehmigungsverfahren einer abschließenden und zusammenfassenden Überprüfung unterzogen werden. Da dabei verschiedene Ressortgesichtspunkte zusammengefaßt werden sollten, erscheine es zweckmäßig, die Bundesregierung mit der Durchführung eines solchen Genehmigungsverfahrens zu betrauen. Dadurch könne zumindest für den Bereich der Bundesverwaltung eine Koordination der verschiedenen Interessen und Gesichtspunkte gewährt werden. Der vorliegende Entwurf übertrage durch Schaffung einer besonderen Kontrollphase der Bundesregierung die Verantwortung für die Sicherheit bei der Inbetriebnahme eines Kernkraftwerkes. Diese zusätzliche Kontrolle solle dadurch erfolgen, daß die Bundesregierung bescheidmäßig unter Berücksichtigung aller bisher getroffenen Maßnahmen das Vorhandensein aller erforderlichen Sicherheitsmaßnahmen feststellt.

Auch diesem Gesetzesantrag war der Antrag angeschlossen, daß das Bundesgesetz einer Volksabstimmung gemäß Art. 43 B-VG zu unterziehen ist.
Bei der Abstimmung im Handelsausschuß wurde der vom Abgeordneten Fischer eingebrachte Antrag mit Stimmenmehrheit angenommen.

3. Die „Atomdebatte" fand am 28. Juni 1978 im Nationalrat statt. Neben dem Zwentendorf-Gesetzentwurf umfaßte sie noch vier weitere Tagesordnungspunkte. Sie dauerte fast 24 Stunden. Ein im Zuge der Debatte gegen Bundeskanzler Kreisky von ÖVP-Abgeordneten eingebrachter Mißtrauensantrag wurde mit den Stimmen der SPÖ und der FPÖ abgelehnt. Der Zwentendorfbeschluß wurde schließlich mit den Stimmen der SPÖ (93) gegen 89 Stimmen der Oppositionsparteien gefaßt.

Der Gesetzesbeschluß betreffend ein Bundesgesetz über die friedliche Nutzung der Kernenergie in Österreich (Inbetriebnahme des Kernkraftwerkes Zwentendorf) hat folgenden Wortlaut:

„§ 1. Zur Inbetriebnahme eines Kernkraftwerkes in Österreich ist, außer den auf Grund anderer gesetzlicher Bestimmungen erforderlichen behördlichen Bewilligungen, eine durch Bundesgesetz zu erteilende Erlaubnis aus gesamtstaatlicher, volkswirtschaftlicher und energiepolitischer Sicht sowie unter Bedachtnahme auf Gesichtspunkte technischer und gesundheitlicher Sicherheit – soweit diese Kompetenzen durch den Bund wahrzunehmen sind – erforderlich.

§ 2. Für die Inbetriebnahme des Kernkraftwerkes Zwentendorf der Gemeinschaftskernkraftwerk Tullnerfeld GesmbH wird diese Erlaubnis gemäß § 1 erteilt.

§ 3. Bei der Vollziehung dieses Bundesgesetzes und aller anderen Rechtsvorschriften ist vorrangig auf die Gesundheit und Sicherheit von Personen sowie auf den Schutz der Umwelt zu achten; dies gilt insbesondere auch für die Festsetzung und Kontrolle der höchstzulässigen Strahlenbelastung, für die erforderlichen Alarmpläne sowie für die Entsorgung von Kernkraftwerken, soweit alle diese Maßnahmen in den Bereich der Kompetenzen des Bundes fallen.

§ 4. Mit der Vollziehung des Bundesgesetzes ist die Bundesregierung betraut."

Einstimmig beschloß der Nationalrat, den Zwentendorfbeschluß einer Volksabstimmung zu unterziehen. Während also der Gesetzesbeschluß nur mit den Stimmen der SPÖ gefaßt worden war, wurde der Beschluß über die Volksabstimmung mit den Stimmen aller drei im Nationalrat vertretenen Parteien gefaßt. Trotz ihrem Zweifel an der Verfassungsmäßigkeit des Gesetzesinhaltes stimmten also auch die Oppositionsparteien für die Durchführung der Volksabstimmung. Offenbar konnte es sich keine Partei politisch leisten, die Verfassung über das Volk zu stellen. Man kann darüber streiten, ob mit dieser „Premiere der Volksgesetzgebung" Volk und Verfassung ein Dienst im Sinne der Verfassung erwiesen wurde.

Dabei ist rückblickend festzustellen, daß die Führung der SPÖ ursprünglich gegen eine Volksabstimmung war. Für sie war die Atomfrage keine Frage, die für eine Abstimmung durch das Volk geeignet ist. Die Führungen der Oppositionsparteien ÖVP und FPÖ waren für eine direkte Befragung des Volkes. Am 22. Juni 1978 beschloß aber auch der Bundesparteivorstand der SPÖ auf Antrag des Bundeskanzlers einstimmig, über die Inbetriebnahme des Kernkraftwerkes Zwentendorf eine Volksabstimmung abzuhalten. Dabei war zwar keine Rede von einem Gesetzesbeschluß gewesen. Da aber die österreichische Bundesverfassung – von der Volksabstimmung über eine Absetzung des Bundespräsidenten abgesehen – nur Referenden über einen Gesetzesbeschluß kennt, muß ein Staatsakt, der einer Volksabstimmung unterworfen werden soll, in den verfassungsrechtlichen Mantel eines Gesetzesbeschlusses gekleidet werden. Ein Verwaltungsreferendum ist im B-VG nicht vorgesehen.

Eine Einigung der im Nationalrat vertretenen Parteien auf breiter Basis über die Frage der Inbetriebnahme des Kernkraftwerkes kam nicht zustande. Die ÖVP, deren Landeshauptmänner in entscheidenden Gremien für Zwentendorf gestimmt hatten, war nicht bereit, den Sozialisten die Verantwortung abzunehmen, ebensowenig die FPÖ. Die SPÖ scheute einen Mehrheitsbeschluß im Nationalrat nicht nur deshalb, weil sie einen Maximalkonsens als Legitimation erreichen wollte, sondern auch deshalb, weil sich einzelne Abgeordnete aus westlichen Bundesländern der Abstimmungsdisziplin entziehen wollten. Zur besonderen Legitimation blieb nur der Weg ins Volk offen. Dieser Weg empfahl sich umso mehr, als demoskopische Untersuchungen ergeben hatten, daß die überwiegende Mehrheit der Österreicher, etwa 60-70%, für eine Inbetriebnahme des Kernkraftwerkes Zwentendorf war. Die Mehrheitspartei provozierte also die Volksabstimmung, weil das Ergebnis voraussichtlich zu ihren Gunsten ausgehen konnte. Die Demoskopie schien das Risiko der direkten Demokratie zu verringern. Die Volksabstimmung konnte zum Instrument der Regierungspartei werden, durch das sich diese in besonderer Weise plebiszitär legitimieren und in ihrer Verantwortlichkeit entlasten wollte. Die für die Inbetriebnahme zuständige Exekutive ging über die Legislative ins Volk, um die Inbetriebnahme zu legitimieren.

4. Am 6. Juli 1978 wurde der Zwentendorfbeschluß vom Bundesrat mit den Stimmen der ÖVP beeinsprucht. In der Begründung des Einspruchs wurde insbesondere auf Fragen der Gesundheit und Sicherheit, auf Versäumnisse und Widersprüche und auf verfassungsrechtliche Bedenken hingewiesen. Der Nationalrat mußte sich daher noch einmal mit der Sache befassen. Am 7. Juli 1978 faßte er mit den Stimmen der SPÖ einen Beharrungsbeschluß. Damit war das Verfahren gemäß Art. 42 B-VG beendet. Das Volksabstimmungsverfahren konnte und mußte eingeleitet werden.
Der Bundespräsident ordnete mit Entschließung vom 3. Oktober 1978 gemäß Art. 46 Abs. 3 B-VG die Volksabstimmung an, die Bundesregierung setzte den 5. November 1978 als Tag der Abstimmung fest. Die Abstimmungsfrage lautete dahin, ob der vom Nationalrat gefaßte Gesetzesbeschluß Gesetzeskraft erlangen soll.

5. Der ersten derartigen Volksabstimmung in einem freien Österreich ging ein im großen und ganzen ruhiger Kampf um die Stimmen voraus. Je näher aber der Abstimmungstag rückte, desto mehr gewann er an Farbe und Stimmung. Zunächst hatte man den Eindruck, daß die „große Koalition" Regierung-SPÖ-Gewerkschaft-Industrie mit einer an Sicherheit grenzenden Wahrscheinlichkeit siegen werde. Die Bevölkerung wurde in den Medien von einem Interessenkombinat überrollt, zu dem sich wirtschaftliche und politische Großorganisationen zusammen mit der Großtechnik zusammengeschlossen hatten. Information wurde zur Werbung. Dieser „Koalition von etablierten Riesen" stand eine „Koalition von Zwergen" gegenüber, die überwiegend weder Kasse noch Masse vorweisen konnten und schon gar nicht zur „classe politica" gehörten. Bemerkenswert war dabei das in der Zweiten Republik einmalige Engagement junger Menschen, das sehr zur Politisierung der Meinungsbildung beitrug. Hingerissen von einem in der verwalteten Welt einmaligen Erlebnis der wirklichen Mitentscheidung rissen sie viele mit. Das Ergebnis war ein einmaliges Erfolgserlebnis für die engagierte Jugend. Es brachte bei 64,10 prozentiger Wahlbeteiligung 50,47 Prozent Nein-Stimmen und 49,53 Ja-Stimmen und damit einen Sieg von 0,94 Prozent für die Kernkraftgegner. Von 3 183 486 gültigen Stimmen lauteten 1 576 709 auf „ja"

und 1 606 777 auf „nein". Der Unterschied betrug also 30 068. Dieses Ergebnis war umso überraschender, als Kanzler Kreisky, der bei Meinungsbefragungen immer wieder als unbestrittener Regierungschef hervorging, sehr persönlich und mit allem Nachdruck in den Endkampf eingegriffen hatte. Dementsprechend wurde das Ergebnis von ihm als Niederlage für ihn, für die SPÖ und für alle, die die friedliche Nutzung der Kernenergie befürworten, gewertet.

6. Schon drei Tage nach der Entscheidung der Bevölkerung brachte die SPÖ einen Antrag „betreffend ein Bundesgesetz über das Verbot der Nutzung der Kernenergie für die Energieversorgung in Österreich" ein.
Unter Hinweis auf das Ergebnis der Volksabstimmung heißt es in den Erläuterungen dazu u. a.:

Ohne auf Einzelheiten der rechtlichen Auswirkungen der Ablehnung des genannten Gesetzesbeschlusses einzugehen, könne kein Zweifel daran bestehen, daß das Ergebnis der Volksabstimmung als Auftrag zur Nichtinbetriebnahme des Kernkraftwerkes Zwentendorf zu werten ist. Dem soll durch den vorliegenden Gesetzesentwurf dadurch Rechnung getragen werden, daß die Errichtung von Anlagen, die der friedlichen Nutzung der Kernenergie zum Zwecke der Energieversorgung dienen, bzw. die Inbetriebnahme solcher Anlagen untersagt wird. Ein Widerspruch gegen den verfassungsgesetzlich gewährleisteten Gleichheitsgrundsatz könne in der Regelung nicht gesehen werden, weil es in den dem einfachen Gesetzgeber nach der ständigen Judikatur des Verfassungsgerichtshofes zustehenden rechtspolitischen Spielraum falle, darüber zu befinden, ob Kernkraftwerke für Zwecke der Energieversorgung zulässig sein sollen oder nicht.

Am 15. Dezember 1978 wurde das „Atomsperrgesetz" vom Nationalrat einstimmig beschlossen. Ohne auf die verfassungsrechtliche Problematik dieses Gesetzes einzugehen, soll nur festgestellt werden, daß keine der im Parlament vertretenen Parteien über diesen Gesetzesbeschluß eine Volksabstimmung verlangte. Die Volksabstimmung vom 5. November 1978 wurde als imperatives Mandat gedeutet. Der maßgebende § 1 des Bundesgesetzes vom 15. Dezember 1978, BGBl Nr. 676/1978, „über das Verbot der Nutzung der Kernspaltung für die Energieversorgung in Österreich" lautet dementsprechend:

„Anlagen, mit denen zum Zwecke der Energieversorgung elektrische Energie durch Kernspaltung erzeugt werden soll, dürfen in Österreich nicht errichtet werden. Sofern jedoch derartige Anlagen bereits bestehen, dürfen sie nicht in Betrieb genommen werden."

Damit war wieder eine Lex Zwentendorf beschlossen worden, eine „Lex Zwentendorf ex".

II Verfassungsrechtliche und verfassungspolitische Fragen aus Anlaß der Lex Zwentendorf

„Dein Wort soll sein: Ja, ja; nein, nein . . ." (Franz Grillparzer)
„In der Volksabstimmung entscheidet die unbedingte Mehrheit der gültig abgegebenen Stimmen." (Art. 46 Abs. 1 B-VG).
„Bei Volksabstimmungen auf Grund des Art. 43 . . . hat der amtliche Stimmzettel die Frage zu enthalten, ob der Gesetzesbeschluß, über den die Volksabstimmung erfolgt und der am

Stimmzettel zu bezeichnen ist, Gesetzeskraft erlangen soll. Außerdem hat der Stimmzettel links unter der Frage das Wort „ja" und daneben einen Kreis, rechts unter der Frage hingegen das Wort „nein" und daneben einen Kreis zu enthalten (Muster Anlage 2)." (§ 9 Abs. 2 Volksabstimmungsgesetz 1972).

1. Ein Ergebnis der Volksabstimmung liegt darin, daß die Fragen der Verfassungsmäßigkeit des Gesetzesbeschlusses nicht aktuell wurden. Nur eine lex nata, nicht eine lex nascitura kann beim Verfassungsgerichtshof angefochten werden. Da die lex nascitura durch das Volksveto nicht Gesetz geworden ist, wurde ein Gegenstand der Rechtspolitik Gegenstand der Rechtsgeschichte. Die allgemeine verfassungsrechtliche und verfassungspolitische Problematik bleibt aber bestehen. Im Zuge der Diskussion über die Volksabstimmung wurde diese Problematik den Massen freilich nicht bewußt. Denn die Verfassung ist für sie eine große Unbekannte, die im geschlossenen Kreis von Experten diskutiert und interpretiert wird. Das Verfassungsbewußtsein der Öffentlichkeit, insbesondere der Massenmedien, ist unterentwickelt. Für sie ist die Verfassung überwiegend eine „Verfassung von Juristen für Juristen", die nur dann „politisch" wird, wenn die beiden Großparteien, die zusammen der Verfassungsgesetzgeber sind und die Verfassung vor allem im Wege der Gesetzgebung konkretisieren, zueinander im Konflikt stehen. Auch bei der lex Zwentendorf war es so. Verfassungsrechtler äußerten schon anläßlich der Beschlußfassung Bedenken. Aber erst als der Landeshauptmann von Niederösterreich Maurer am 26. September 1978 ein Gutachten des Verfassers der Öffentlichkeit präsentierte, setzten sich die Massenmedien mit der verfassungsrechtlichen Problematik etwas auseinander. Auch hier verwirklichte sich das übliche Verhaltensmuster, daß Verfassungsfragen erst dann zu politisch-publizistischen Fragen werden, wenn sie in das Spannungsverhältnis der beiden großen Lager geraten. Im übrigen hatte die verfassungsrechtliche Problematik auch nach dieser öffentlichen Diskussion nur eine periphere Bedeutung für die laufende Volksabstimmungsdebatte. Sie war ein Detail am Rande. Man kann die Feststellung treffen, daß die Bevölkerung bis zuletzt nicht einmal den Gesetzestext kannte. Nicht einmal Managern der E-Wirtschaft, die größtes Interesse an der Inbetriebnahme Zwentendorfs hatten, war dieser Text vertraut. Zum Zwecke rechtswissenschaftlicher Untersuchung muß freilich von diesem Text ausgegangen werden.

2. Eine Analyse des Textes des Zwentendorfbeschlusses muß im Zusammenhang mit den einschlägigen Bestimmungen des B-VG und dem darauf beruhenden Volksabstimmungsgesetz 1972 erfolgen. Das Gesetzesreferendum ist nämlich durch das B-VG und das Volksabstimmungsgesetz 1972 so konstruiert, daß das Volk nur mit „ja" oder mit „nein" entscheiden kann.
Daraus ist zu folgern, daß die Frage und damit der Gesetzesbeschluß nur auf ein „Entweder-Oder", „Ja" oder „Nein", nicht aber auf ein „Sowohl-Als auch" ausgerichtet sein dürfen. Ohne dieses Prinzip der Einheitlichkeit verliert das Gesetzesreferendum seinen Sinn. Bei teleologischer Betrachtung der diesbezüglichen verfassungsrechtlichen Bestimmungen ergibt sich also ein „Bepackungsver-

bot", damit der wirkliche Wille der Abstimmenden richtig zum Ausdruck kommen kann.

Im Hinblick darauf ist es bedenklich, wenn zwei oder mehrere nicht in dieselbe Zielrichtung laufende Fragen einer Volksabstimmung unterworfen werden. Falls zwei oder mehr Fragen Gegenstand eines Gesetzes sind, müssen sie homogen und auf ein Ziel bezogen sein. Werden heterogene Fragen, wie Rechtsfragen *und* Tatsachenfragen, oder inhaltlich unterschiedliche Rechtsfragen in ein Gesetz verpackt und einer Volksabstimmung unterworfen, um über sie *ein* Votum des Volkes zu erreichen, so entspricht dies nicht dem Sinn und Zweck der Verfassung. Der Zwentendorfbeschluß ist dafür ein Beispiel.

Die Verfassung und Gesetz entsprechende Abstimmungsfrage lautete, „ob der vom Nationalrat ... gefaßte Gesetzesbeschluß Gesetzeskraft erlangen soll" und war bei sonstiger Ungültigkeit der Stimme nur mit „ja" oder „nein" zu beantworten. Der Beschluß bestand aber aus zumindest zwei unterschiedlichen Elementen, nämlich erstens, ob überhaupt ein AKW in Betrieb genommen werden und zweitens, ob konkret das AKW Zwentendorf in Betrieb genommen werden soll. Dazu kam noch die Frage, ob allgemein und konkret der Nationalrat für die Entscheidung in Form eines Bundesgesetzes zuständig sein soll.

Der Gesetzesbeschluß enthielt also heterogene Elemente. §§ 1 und 3 einerseits und § 2 andererseits bildeten je eine Einheit. Nur über das eine oder andere hätte klar je mit „ja" oder „nein" abgestimmt werden können. Der Januskopf des Beschlusses ging auch aus dem beschlossenen Titel des Gesetzes hervor. Der Titel „Gesetz über die friedliche Nutzung der Kernenergie in Österreich" war mit dem Klammertitel („Inbetriebnahme des Kernkraftwerkes Zwentendorf") verbunden. Es lag ein zwiespältiges Gesetz vor. Im Hinblick auf Art. 45 im Zusammenhang mit Art. 46 B-VG und dem Volksabstimmungsgesetz 1972, aus denen das Erfordernis der Einheitlichkeit zum Zwecke einer klaren und eindeutigen Stimmabgabe abzuleiten ist, war daher der Zwentendorfbeschluß in seinem Aufbau verfassungsrechtlich bedenklich.

Der Stimmberechtigte konnte bei der Volksabstimmung nicht entscheiden, ob er nur speziell für oder gegen Zwentendorf war. Er mußte gleichzeitig entscheiden, ob er allgemein einer Inbetriebnahme von Kernkraftwerken zustimme oder nicht. Wer „ja" zu Zwentendorf sagen wollte, mußte damit auch schlechthin zu Kernkraftwerken „ja" sagen. Wer „ja" zur Kernkraft sagen wollte, mußte auch „ja" zu zukünftigen individuell-konkreten Vollzugsakten in Gesetzesform sagen, die die Inbetriebnahme von Kraftwerken erschweren, ja unmöglich hätten machen können. Denn gegen den Nationalrat gibt es keine Säumnisbeschwerde wie gegen Verwaltungsbehörden. Die Mitglieder des Nationalrates sind schon in Konsequenz des Prinzips des freien Mandats in ihren Entscheidungen frei.

Im Hinblick auf Art. 43 im Zusammenhang mit Art. 45 und Art. 46 B-VG dürfte es auch bedenklich gewesen sein, daß der Nationalrat im § 2 des vorliegenden Gesetzesbeschlusses die Erlaubnis für die Inbetriebnahme des Kernkraftwerkes Zwentendorf aus gesamtstaatlicher, volkswirtschaftlicher und energiepolitischer Sicht sowie unter Bedachtnahme auf Gesichtspunkte technischer und gesundheitlicher Sicherheit „erteilt" hat. Diese „Sicht" und „Bedachtnahme" auf die im

§ 1 genannten Momente bei der Erteilung wurden ebenfalls im Beschluß über die Anordnung der Volksabstimmung zum Abstimmungsgegenstand gemacht. Damit wurden dem Volk Tatsachenfragen zur Entscheidung vorgelegt. Verschiedene Wissensfragen wurden zur Gewissensfrage. Die Ausübung des reinen Sanktions- und Vetorechts wurde mit der Notwendigkeit einer Sachverhaltsermittlung verbunden, die den Stimmberechtigten unzumutbar war und die im übrigen auch der Nationalrat nicht durchgeführt hat.

3. Im Hinblick auf die Struktur des Beschlusses war es aber doppelt fraglich, ob überhaupt ein Gesetzesbeschluß im Sinne des Art. 43 B-VG vorlag. Denn ihm mangelte nicht nur das Erfordernis der Einheitlichkeit, er entsprach auch in anderer Hinsicht nicht den Bedingungen, die das B-VG für solche Gesetzesbeschlüsse aufstellt. Mit „Gesetzesbeschluß“ ist *nicht jeder Beschluß* des Nationalrates (vgl. Art. 31 B-VG), sondern nur eine Beschlußfassung im Rahmen des Gesetzgebungsverfahrens gemeint. Für die Beschlußfassung außerhalb des Gesetzgebungsverfahrens gilt die Regelung des Art. 43 B-VG nicht. Das ergibt sich nicht nur schon aus dem klaren Wortlaut („Gesetzesbeschluß“), sondern auch aus der systematischen Stellung des Art. 43 in der Reihe von Vorschriften, die den „Weg der Gesetzgebung“ (Unterabschnitt D des 2. Hauptstückes des B-VG) festlegen und aus der Entstehungsgeschichte des Art. 43 B-VG. Danach können nicht irgendwelche „politische Fragen“ mehr oder weniger grundsätzlicher Natur oder irgendwelche „Regierungs- und Verwaltungsakte“, irgendwelche „Akte der Vollziehung“, einer Volksabstimmung unterworfen werden, sondern nur Gesetzesbeschlüsse.

Nach dem Wortlaut („jeder Gesetzesbeschluß“) scheint es keinen Gesetzesbeschluß des Nationalrates zu geben, der nicht einer Volksabstimmung unterzogen werden könnte. Dieses Auslegungsergebnis scheint durch die Wortgleichheit „jeder Gesetzesbeschluß“ im Art. 43 B-VG und Art. 42 Abs. 1 B-VG und durch einen Vergleich von Art. 42 und Art. 43 noch unterstützt zu werden. Ebenso wie nach Art. 42 Abs. 1 *alle* Gesetzesbeschlüsse des Nationalrates dem Bundesrat zu übermitteln sind, (auch jene, gegen die ihm nach Abs. 5 kein Einspruchsrecht zusteht), können *alle* Gesetzesbeschlüsse einer Volksabstimmung nach Art. 43 zugeführt werden. Während Art. 42 B-VG im übrigen die Mitwirkung des Bundesrates an der Bundesgesetzgebung nach bestimmte Gegenstände betreffenden Gesetzesbeschlüssen unterschiedlich behandelt, ist dies bei der Regelung der Mitwirkung des Bundesvolkes an der Bundesgesetzgebung gemäß Art. 43 B-VG nicht der Fall. Art. 43 bezeichnet weder Gesetzesbeschlüsse, die einem Gesetzesreferendum zu unterziehen sind, noch solche, die ihm nicht unterzogen werden dürfen. „Jeder Gesetzesbeschluß“ scheint unterschiedslos und ausnahmslos gemeint zu sein. Es können also etwa auch Gesetzesbeschlüsse betreffend die im Art. 42 Abs. 5 angeführten Gegenstände, wie die Vertretung des Bundespräsidenten, die Geschäftsordnung des Nationalrates, die Bewilligung des Bundesvoranschlages, die Genehmigung des Rechnungsabschlusses, die Aufnahme oder Konvertierung von Bundesanleihen und die Verfügung über Bundesvermögen einer Volksabstimmung unterzogen werden. Damit können also auch bestimmte typische parlamentarische Verwaltungsakte wie die Aufnahme und Konvertierung von Bundesanleihen, sonstige Verfügungen über Bundesvermögen, wie Veräußerungen oder Verpfändungen von Teilen desselben, die der Gesetzesform bedürfen, einer Volksabstimmung unterworfen werden.

Trotzdem ist „jeder Gesetzesbeschluß“ im Art. 43 B-VG im Vergleich zu „jeder

Gesetzesbeschluß" im Art. 42 Abs. 1 einschränkend auszulegen. Das Gebot restriktiver Interpretation ergibt sich allein schon aus Art. 44 B-VG, der die Vorschriften enthält, die im Verfahren zur Erlassung von Bundesverfassungsgesetzen und in einfachen Bundesgesetzen enthaltenen Verfassungsbestimmungen gelten. Die Regelung des Art. 43 gilt nur für Beschlußfassungen im Rahmen des einfachen Gesetzgebungsverfahrens, nicht für die Beschlußfassung im Rahmen des Verfassungsgesetzgebungsverfahrens. „Jeder Gesetzesbeschluß" i. S. Art. 43 B-VG bedeutet nur „jeder einfache Gesetzesbeschluß", „jeder Beschluß, der ein einfaches Gesetz betrifft". Nicht alle Angelegenheiten, die potentiell Inhalt eines Gesetzesbeschlusses sein können, sondern nur Angelegenheiten, die nach dem B-VG Inhalt eines einfachen Gesetzes sein dürfen, dürfen Gegenstand der Volksabstimmung nach Art. 43 B-VG sein.

Ohne hier auf die Unterscheidung des Verfassungsrechts zwischen einfachem Bundesverfassungsrecht und verfassungsrechtlicher Grundordnung näher einzugehen, kann als außer Streit gestellt angesehen werden, daß jedenfalls Rechtsnormen, welche die Bestellung, Stellung, Zuständigkeit und Funktion der obersten Staatsorgane, ihr Verhältnis zu- und untereinander sowie das Verhältnis des Einzelnen zum Staat grundsätzlich regeln, nicht Gegenstand eines Gesetzesbeschlusses nach Art. 43 B-VG sein dürfen. Angelegenheiten, die derzeit zum Bestand des Bundesverfassungsrechtes gehören, dürfen nicht Gegenstand eines Gesetzesbeschlusses nach Art. 43 sein. Angelegenheiten, die nur durch ein BVG geregelt werden können, dürfen nicht Gegenstand eines Gesetzesbeschlusses nach Art. 43 B-VG sein.

Untersucht man den Inhalt des Zwentendorfbeschlusses im einzelnen, so enthält er im § 1 eine Ermächtigung an den Bundesgesetzgeber „zur Inbetriebnahme eines Kernkraftwerkes in Österreich" eine „Erlaubnis aus gesamtstaatlicher, volkswirtschaftlicher und energiepolitischer Sicht sowie unter Bedachtnahme auf Gesichtspunkte technischer und gesundheitlicher Sicherheit" zu erteilen. Der Kreis von Lebenssachverhalten, den dieser Tatbestand typisierend erfaßt, ist auf die Inbetriebnahme eines AKW in Österreich beschränkt. Die Regelung ist also auf konkrete Situationen abgestellt, sie betrifft einen umgrenzbaren Personenkreis und einen abgegrenzten Kreis von Fällen. Darin allein liegt keine Verfassungswidrigkeit. Die Bedenklichkeit der Regelung liegt aber in der Ermächtigung an den Gesetzgeber zur Erlaubniserteilung, d. h. zu individuell-konkreten Vollzugsakten. Durch § 2 wird „für die Inbetriebnahme des Kernkraftwerkes Zwentendorf der Gemeinschaftskernkraftwerk Tullnerfeld GesmbH" diese Erlaubnis gemäß § 1 erteilt. § 2 ist also sowohl ein Einzelfall – als auch und zugleich ein Einzelperson-Gesetz: Er betrifft nur einen konkreten Fall und nur eine einzelne Person. Es liegt ein sogenanntes *Individualgesetz* vor.

Der VfGH hat im Erk Slg 2470/1953 in der bloßen Tatsache, daß der Fall einer bestimmten Person der Anstoß zur Erlassung eines Gesetzes gibt, ebensowenig eine Verfassungswidrigkeit erblickt, wie in dem Umstand, daß das Gesetz zunächst und in erster Linie diesen Einzelfall treffen sollte. Eine Unvereinbarkeit mit dem auch den Gesetzgeber bindenden Gleichheitsgrundsatz läge nur dann vor, wenn die Formulierung des Gesetzes ausschließlich auf den Einzelfall abgestellt wäre.

Der Zwentendorfbeschluß ist im § 2 ausschließlich auf den Einzelfall *und* die Einzelperson abgestellt. Dies widerspricht also dem *Gleichheitsgrundsatz*. Der Beschluß geht aber darüber hinaus, da er nicht nur inhaltlich auf Einzelfall und Einzelperson abgestellt ist, sondern auch formal ein *individuell-konkreter Vollzugsakt* ist, der unmittelbar die Rechtssphäre einer Rechtsperson betrifft.

Ein Vergleich vom § 1 und § 2 ergibt also: Der Bundesgesetzgeber ermächtigt sich im ersten Fall zur Erlassung einer individuell-konkreten Rechtsnorm in Form eines Bundesgesetzes. Im § 2 wird eine individuell-konkrete Rechtsnorm in Gesetzesform gesetzt.

Nach der österreichischen Rechtsordnung ist der als „Erlaubnis" bezeichnete Akt der Sache nach ein individuell-konkreter Vollziehungsakt. Es handelt sich um eine einseitige Willensäußerung des Nationalrates, die für einen Einzelfall, gegenüber einer Einzelperson eine Berechtigung im Bereich des Verwaltungsrechts begründet. Nach der Phänomenologie der Staatsakte der österreichischen Rechtsordnung ist dieser Akt einem Bescheid ähnlich. Charakteristisch für den Bescheid sind nämlich bestimmte Merkmale des durch den § 2 gesetzten Aktes: Die normative Regelung einer konkreten Verwaltungsangelegenheit gegenüber einer individuell bestimmten Person.

Nach dem B-VG bezieht sich die Tätigkeit des Nationalrates aber grundsätzlich nicht auf die Vollziehung. Seine Mitwirkungen an der Vollziehung sind Ausnahmen von der Regel. Der vorliegende Bescheidinhalt in Gesetzesform widerspricht der Regel und den Ausnahmen.

So zählt z. B. der schon zitierte Art. 42 Abs. 5 B-VG eine Reihe von Gesetzesbeschlüssen auf, die inhaltlich Verwaltungsakte darstellen. Indem das B-VG Gesetzesbeschlüsse, welche diese im Abs. 5 bezeichneten Gegenstände regeln, vom Einspruchsrecht des Bundesrates ausnimmt, weist es diese Verwaltungsmaßnahmen einerseits dem Nationalrat ausdrücklich zu, andererseits schreibt es dafür ausdrücklich die Gesetzesform vor. Es gibt also ausnahmsweise Verwaltungsakte in Gesetzesform. Es ist aber evident, daß die durch den Zwentendorfbeschluß geregelten Fragen nicht unter diese Maßnahmen fallen.

Gegenüber der generell gefaßten Norm des § 1 des Zwentendorfbeschlusses stellt sich § 2 inhaltlich als ein auf diese Norm bezug nehmender und gegründeter individuell-konkreter Vollziehungsakt dar.

Nach dem auf dem *Prinzip der Gewaltenteilung* beruhenden B-VG ist die Vollziehung grundsätzlich keine Aufgabe der gesetzgebenden allgemeinen Vertretungskörper. Die Gesetzgebung des Bundes, die im 2. Hauptstück des B-VG geregelt ist, schließt mit Abschnitt E, der den Titel trägt „Mitwirkung des Nationalrates und des Bundesrates an der Vollziehung des Bundes". Er regelt Fälle und Formen, in denen diese beiden Vertretungskörper sich an der Vollziehung zu beteiligen haben. Es ist unbestritten, daß dieser Abschnitt E die Mitwirkungsfunktionen der Gesetzgebung an der Vollziehung nicht erschöpfend regelt. Ebenso ist es aber unbestritten, daß die Arten und Formen der Mitwirkung der Volksvertretung an der Vollziehung nur durch bundesverfassungsgesetzliche Ermächtigungen begründet werden können. Zwar bedeutet das Prinzip der Gewaltenteilung nach dem B-VG nicht, daß die organisatorische Trennung der Träger der Gesetzgebung und der Vollziehung der Unterscheidung der Staatsfunktionen in Gesetzgebung und Vollziehung vollkommen entspricht. Aber so wie die Gesetzgebung, als Erlassung von abstrakt-generellen Normen auf Grund der Verfassung, wenn verfassungsgesetzlich nichts anderes bestimmt ist, Sache der Gesetzgebungsorgane ist, so ist die Vollziehung i. S. der Erlassung individuell konkreter Normen auf Grund der Gesetze, wenn verfassungsgesetzlich nichts anderes bestimmt ist, Sache der Organe der Vollziehung. *Von diesen Verfassungsvorbehalten, die einen Kernbereich der jeweiligen Staatsfunktion den entsprechenden Organkomplexen gewährleisten, kann nur der Verfassungsgesetzgeber Ausnahmen festlegen.*

Das ist auch die Auffassung des VfGH. So sprach er schon in Erk Slg 1454/1932 aus, daß die Befugnisse, die das B-VG dem Nationalrat zuweist, sich erstens in der Gesetzgebung des Bundes, und zweitens in der Mitwirkung an der Vollziehung des Bundes „in den im B-VG ausdrücklich bezeichneten Fällen und Formen" erschöpfen. Diese Ansicht des VfGH war von der Erwägung geleitet, daß die Regelung des Aufgabenkreises, die das B-VG für die höchsten Organe des Bundes getroffen hat, nur als eine erschöpfende Regelung gewertet werden kann und daß daher diesen höchsten Organen des Bundes neue Aufgaben, von den im B-VG selbst vorgesehenen Ausnahmefällen abgesehen, nur durch ein BVG übertragen werden können. Auch jene Ergänzung von Bestimmungen des B-VG stellt sich eben als eine Änderung des B-VG dar, die nur unter den im Art. 44 vorgesehenen besonderen Voraussetzungen verfügt werden darf. Diese Grundgedanken wurden vom VfGH auch in seiner weiteren Judikatur bestätigt (vgl. z. B. Erk Slg 2966/1956, 4340/1962).

Der Verwaltungsgerichtshof hat sich insbesondere im sogenannten Habsburg-Erkenntnis (Erk Slg VwGH NF 6035/1963) in ausführlicher Weise mit dem Problem der Mitwirkung der gesetzgebenden Organe an der Vollziehung auseinandergesetzt, so daß besonders darauf verwiesen werden kann.

Ebenso wie in der *Rechtsprechung* ist es auch in der *Rechtslehre* unbestritten, daß *dem Nationalrat ein Recht zur unmittelbaren oder auch nur mittelbaren Mitwirkung an der Vollziehung ausschließlich in den verfassungsgesetzlich bestimmten Fällen und Formen zusteht.* Durch ein einfaches Bundesgesetz kann ihm ein solche Recht nicht übertragen werden.

Es ist evident, daß die Erlaubniserteilung im § 2 des Zwentendorfbeschlusses nicht zu den im B-VG oder in anderen verfassungsgesetzlichen Bestimmungen vorgesehenen Fällen gehört. Ebenso evident ist es, daß § 1 dem Nationalrat eine Zuständigkeit zuweist, die ihm nach dem B-VG nicht zukommt. In beiden Fällen nahm der Nationalrat unzulässigerweise eine Kompetenz in Anspruch. Er verletzte damit die Zuständigkeitsordnung des B-VG. Er verletzte insbesondere die *Zuständigkeitsverteilung zwischen Gesetzgebung und Vollziehung.*

4. Mit der Verletzung des Verfassungsprinzips der Gewaltenteilung ist auch die Verletzung des Verfassungsprinzips des umfassenden Rechtsschutzes des Einzelnen gegenüber individuell-konkreten Vollzugsakten verbunden, wie ihn das B-VG durch die verschiedenen Gerichtstypen gewährleistet, insbesondere der Grundsatz des verfassungsgesetzlich gewährleisteten Rechtes der Beschwerde bei den beiden Gerichtshöfen des öffentlichen Rechts. Aber auch das Grundrecht, dem gesetzlichen Richter nicht entzogen zu werden, ist verletzt, wenn der Nationalrat eine Zuständigkeit zu individuell-konkreten Vollziehungsakten in Anspruch nimmt, die ihm nach dem B-VG nicht zukommt und den Zugang zu den beiden Gerichtshöfen des öffentlichen Rechts reduziert.

Der Bundesverfassungsgesetzgeber hat zwar 1975 eine Erweiterung des Rechtsschutzes geschaffen, indem u. U. auch Privatpersonen generelle Rechtsnormen anfechten können. So erkennt der VfGH nach Art. 140 Abs. 1 B-VG über die Verfassungswidrigkeit eines Gesetzes auch auf Antrag einer Person, die unmittelbar durch diese Verfassungswidrigkeit in ihrem Recht verletzt zu sein behauptet, sofern das Gesetz ohne Fällung einer gerichtlichen Entscheidung oder ohne Erlassung eines Bescheides für diese Person wirksam geworden ist. Die Voraussetzungen der Individualanfechtung sind aber keine Ermächtigung an den einfachen Gesetzgeber, durch Vollzugsakte in Gesetzesform unmittelbar in Belange von Privaten einzugreifen. Die Individualanfechtung ist nur eine Legitimierung von Privatpersonen, nicht eine Legitimation von Staatsorganen. Sie hat am Zuständigkeitsbereich des Nationalrates nichts geändert.
Im übrigen gehen die Motive, auf die sich die Anfechtung genereller Normen begründet, geradezu davon aus, daß in die Rechte einer Privatperson grundsätzlich nicht durch generelle Rechtsnormen unmittelbar eingegriffen wird, sondern erst durch einen in deren Vollziehung ergangenen individuellen behördlichen Akt. Die betroffene Privatperson kann einen solchen Akt mit Rechtsmitteln anfechten, dabei aber auch die Rechtswidrigkeit der zu Grunde liegenden generellen Rechtsnorm geltend machen. Darauf ist auch das verfassungsgesetzliche Rechtsschutzsystem, die Konsequenz und Garantie der Zuständigkeitsverteilung zwischen Gesetzgebung und Vollziehung und des damit verbundenen Stufenbaues der Rechtsordnung abgestellt.

Nur dann, wenn eine generelle Norm, ein Gesetz oder eine Verordnung, ausnahmsweise unmittelbar, ohne Fällung einer gerichtlichen Entscheidung und ohne Erlassung eines Bescheides, in die Rechtssphäre einer Privatperson eingreift, räumt das B-VG der Privatperson ein Anfechtungsrecht ein. Die Individualanfechtung ist keine Legitimation zur Individualgesetzgebung.
§ 1 und § 2 bedeuten einen Rechtsformenmißbrauch, durch den der umfassende verfassungsgesetzliche Rechtsschutz auf die Individualanfechtung beschränkt wird, die ihrerseits nur beschränkten Rechtsschutz gewährt.
Das Manko des Rechtsschutzes des Einzelnen gegenüber dem Nationalrat wurde in Erkenntnis Slg 4126/1961 vom VfGH ausgeführt. Die B-VNov 1975 hat an dieser Situation auch nach Einführung der Individualanfechtung nichts geändert. Im übrigen könnte durch die Methode, Verwaltungsakte in Gesetzesform zu erlassen, die Justiziabilität solcher Akte zur Gänze vermieden und das B-VG umgangen werden. Wenn der Gesetzgeber sich selbst den Auftrag zur Setzung individuell-konkreter Rechtsakte bei Vorliegen bestimmter Voraussetzungen erteilt und damit den Betroffenen einen Rechtsanspruch zuerkennt, kann das Untätigwerden des Gesetzgebers eine nicht justiziable Rechtsverletzung des Normadressaten bewirken.

5. Alle diese Bedenken sind auch Bedenken im Hinblick auf Art. 18 Abs. 1 B-VG, aus dem das Verbot von Individualgesetzen und das Gebot, daß der materielle und der formelle Gesetzesbegriff zusammenfallen, als Grundsätze abgeleitet werden können. Ausnahmen können nur durch verfassungsgesetzliche Anordnungen getroffen werden. Indem der Gesetzgeber sich „Verwaltung" anmaßt, sind aber auch der Grundsatz der Führungs- und Aufsichtsbefugnis der obersten Verwaltungsorgane, der Grundsatz der Ministerverantwortlichkeit, der Amtshaftung u. a.

mehr berührt. Läge es im Belieben des Gesetzgebers sich da oder dort mit der Vollziehung zu betrauen, so würde der ganze Aufbau der Verfassung relativiert, ihr Zweck reduziert, ihr Sinn pervertiert.

III Zwentendorf und die Folgen

1. Die Mehrheit der Neinstimmen in der Volksabstimmung war sehr gering. Und doch führte dieser knappe negative Ausgang zur Folge, daß Anlagen, mit denen zum Zwecke der Energieversorgung elektrische Energie durch Kernspaltung erzeugt werden soll, in Österreich nicht errichtet und bereits bestehende Anlagen nicht in Betrieb genommen werden dürfen. Die „classe politica" hat also schnell geschaltet und mit dem „Atomsperrgesetz" eine Wende um 180° vollzogen.
Vor der Volksabstimmung wurde von einer Reihe von Juristen betont, daß „ja" und „nein" zum Zwentendorfbeschluß rechtlich das Gleiche bedeuten würden. Bei einem positiven Ergebnis der Volksabstimmung hätte sich die verwaltungsrechtliche Situation des Kernkraftwerkes Zwentendorf nicht geändert. Das „Ja" hätte zwar eine zusätzliche Bewilligung bedeutet, sie wäre aber gleichzeitig erteilt worden. Wäre die verwaltungsrechtliche Endentscheidung in der Folge nicht erlassen worden, so hätte die Gemeinschaftskernkraftwerk Tullnerfeld GesmbH Säumnisbeschwerde beim Verwaltungsgerichtshof einbringen können.
Wäre die Bewilligung verweigert worden, hätte die GesmbH beim Verfassungsgerichtshof und/oder beim Verwaltungsgerichtshof Beschwerde erheben können. Nach dem „Nein" hätte die Betriebsbewilligung auf Grund der Verwaltungsrechtslage durchaus erteilt werden können. Denn das Veto des Volkes zum Gesetzesbeschluß hatte rechtlich nur zur Konsequenz, daß die in ihm vorgesehene zusätzliche Erlaubnis gar nicht notwendig geworden ist. Die Inbetriebnahme weiterer Kernkraftwerke ist auf Grund der Struktur des Gesetzesbeschlusses durch das „Nein" sogar leichter geworden als durch ein „Ja". Nun ist aber die Gemeinschaftskernkraftwerk Tullnerfeld GesmbH eine Sondergesellschaft nach dem Zweiten Verstaatlichungsgesetz, bei der 50% der Anteile auf die Verbundgesellschaft und die anderen 50% auf die Landesgesellschaften von Kärnten, Niederösterreich, Oberösterreich, Salzburg, Steiermark, Tirol und Vorarlberg entfallen. Sie ist insofern in das polit-administrative System eingebunden. Dementsprechend schlug sich die Entscheidung vom 5. November 1978 unmittelbar darauf in Entscheidungen der Gesellschafter und Gesellschaftsorgane ebenso nieder wie in der Regierungspartei und im Parlament. Nach der Volksabstimmung hat die Gemeinschaftskernkraftwerk Tullnerfeld GesmbH nicht mögliche Rechtsmittel ergriffen, sondern beschlossen, daß alle Arbeiten am Kernkraftwerk eingestellt werden. Die Gemeinschaftskernkraftwerk Tullnerfeld GesmbH wird auch nicht das „Atomsperr-Gesetz" anfechten.

2. Bedeutet Zwentendorf eine Wende im politischen und privaten Leben Österreichs?
Die vom Nationalrat einstimmig beschlossene Volksabstimmung war ein politi-

scher Ausweg und Umweg der Exekutive und der Legislative, kurz der Parteien, gleichsam nach dem Motto: Die Regierung ist demokratisch, das Parlament und alle Parteien sind demokratischer, das Volk ist am demokratischsten. Das Gesetzesreferendum war bisher „totes Verfassungsrecht". Der Konflikt um die Atomenergie bewirkte, daß es „lebendiges Verfassungsrecht" wurde. Kommt es zu einer Neubelebung der direkten Demokratie? Novellierungen und Neuerlassungen von Landesverfassungen zeigen eine Tendenz an. Werden aber die Menschen von diesem erweiterten Demokratieangebot Gebrauch machen?
Im Fall Zwentendorf konnte man die Volksabstimmung als „Münchhauseniade" der politischen Parteien deuten. Was bedeutete sie für das System der repräsentativen Demokratie? Da die Demoskopie bei der Frage des Einsatzes dieses Instruments der direkten Demokratie, das sowohl inhaltlich als auch formal in der Hand der Parlamentsmehrheit liegt, eine gewisse Rolle spielte, und andererseits die politische Führung lange gegen diesen Einsatz war, stellte sich die Frage der Glaubwürdigkeit. Sie bleibt auch nach der großen Kehrtwende, ja gerade nach ihr, offen. Glaubwürdigkeit, Vertrauen und Verantwortlichkeit – tragende Säulen der repräsentativen Demokratie – sind wieder einmal ins Wanken geraten. Gilt das auch für die politischen Zauberworte Vollbeschäftigung, Wirtschaftswachstum und Wohlstand? Ohne Zweifel drückte sich in der Diskussion um Zwentendorf neben der Angst vor atomarem Unheil auch ein Unbehagen an der verwalteten, technisierten und kommerzialisierten Wohlstandsgesellschaft aus, in der zu vieles zur „Ware" oder zum „Akt" wird, in der das Individuum auch schon im Privatleben zur resignierenden Anpassung motiviert wird. In dieser Diskussion kam aber auch die besonders bei der Jugend vorhandene Sehnsucht nach Alternativen zum Ausdruck, nach alternativen Herrschafts- und Wirtschaftsformen, nach alternativen Lebens- und Denkformen. Das „Leben" wünschen verschiedene Gruppen ursprünglicher und primitiver, um das Individuum in seinem Kontakt zum Mitmenschen und zur Natur zu einem neuen Selbsterlebnis, zu einer neuen Identität, zu bringen. In der Volksabstimmung und in der Diskussion vorher äußerte sich auch der Protest gegen die Herrschaft des Konsums, der mit grauer Toleranz alle Schichten des Volkes, auch schon die Kinder, in seinen Dienst nimmt und sich durch den Konformismus der Mehrheit alltäglich neu legitimiert. Am Wiener Naschmarkt ist heute noch eine Wandzeitung von Atomgegnern zu lesen, die für ein einfaches und sinnerfülltes Leben in kleinen Liebesgemeinschaften und für eine Lebenskultur in freiwilliger Armut plädieren: „Hätten wir mehr menschliche Wärme, so bräuchten wir nicht die Atomenergie!" Ist das ein neuer Weg?
Er ist noch nicht Leben geworden. (Abgeschlossen Weihnachten 1978)

Nachwort (Mai 1979)

Die Errichtung eines 430-MW-Kraftwerkes auf anderer Basis an Stelle des Kernkraftwerkes Zwentendorf wurde bereits von den Gesellschaftern der „Gemeinschaftskraftwerk Tullnerfeld Ges.m.b.H." – die alte Gesellschaft wurde umgewandelt – beschlossen. Die Zusatzinvestitionen für den Umbau in eine

kalorische Anlage werden auf mindestens 4 Milliarden Schilling geschätzt. Das Ersatzwerk wird aber erst in einigen Jahren in Betrieb gehen können.
Manche Atomkraftwerksgegner sind trotzdem mißtrauisch geblieben. Sie sind der Meinung, daß unter dem Druck des „Abschaltens" noch einmal ein „Umschalten" erfolgen könnte, vielleicht sogar mit dem Schalter der direkten Demokratie.
Die SPÖ hat als Regierungspartei von der Atom-Volksabstimmung profitiert: Bei der Nationalratswahl am 6. Mai 1979 erreichte sie 95 von 183 Mandaten, die ÖVP 77, die FPÖ 11. Weder die Energiefrage noch die Frage des Atomkraftwerks Zwentendorf spielten im Wahlkampf eine Rolle.

Das Agrarrecht, sein Gegenstand und seine Stellung in der Rechtsordnung

Wolfgang Winkler, Göttingen

I Der Gegenstand des Agrarrechts

„Was ist Agrarrecht?“ – Diese Frage, die *Kroeschell* einem Vortrag über das Arbeitsgebiet der Deutschen Gesellschaft für Agrarrecht vorangestellt hat[1]), stellt die Kardinalfrage für jeden Juristen dar, der sich wissenschaftlich mit den besonderen rechtlichen Gestaltungen im Bereich der Landwirtschaft befaßt. Im Vergleich zu anderen seit langem in der Jurisprudenz gefestigten Rechtsdisziplinen bereitet es erhebliche Schwierigkeiten, eine allgemein befriedigende Definition des Agrarrechts zu geben[2]). Ungeklärt ist zudem die Frage, inwieweit das Agrarrecht ein eigenständiges Rechtsgebiet in unserer Rechtsordnung darstellt.
Das deutsche juristische Schrifttum verwendet gegenwärtig zwei Begriffe nebeneinander, nämlich „Landwirtschaftsrecht“[3]) und „Agrarrecht“[4]). Der Terminus „Landwirtschaftsrecht“ ist dabei der engere Begriff und bezeichnet heute überwiegend die traditionellen Rechtsmaterien des besonderen landwirtschaftlichen Privatrechts. Der Terminus „Agrarrecht“ ist dagegen in einem viel weiteren Sinne zu verstehen; ihm kann das gesamte Recht zugeordnet werden, das sich auf die Landwirtschaft bezieht, und zwar sowohl öffentlichrechtliche als auch privatrechtliche Normen[5]).
Th. Hagemann gab in seinem 1807 erschienenen „Handbuch des Landwirtschafts-

[1]) Wiedergegeben in RdL (1965), S. 277 ff.
[2]) Zu den Schwierigkeiten einer Begriffsbestimmung des Agrarrechts *A. Carrozza*, Problemi generali e profili di qualificazione del diritto agrario. I (1975), S. 1 ff.
[3]) Die Bezeichnung Landwirtschaftsrecht kommt zu Beginn des 19. Jhs. mit dem Buch von *Th. Hagemann*, Handbuch des Landwirtschaftsrechts (1807) auf. Vorher wurden im juristischen Schrifttum Bezeichnungen wie Dorf- und Bauernrecht, Haushaltsrecht, Ökonomierecht verwandt (vgl. die Angaben zum älteren agrarrechtlichen Schrifttum bei *Hagemann*, a. a. O., § 10; *Kroeschell*, Landwirtschaftsrecht. 2. Aufl. (1966), Rz. 10).
[4]) Das Verhältnis der beiden Begriffe „Agrarrecht“ und „Landwirtschaftsrecht“ hat sich seit dem 19. Jh. umgekehrt. Stellte damals das Landwirtschaftsrecht den weiteren Begriff dar, so verstand man unter Agrarrecht wohl in Anlehnung an die römischen leges agrariae die besondere Gesetzgebung in Folge der sog. Bauernbefreiung (In diesem Zusammenhang ist auch der Begriff „Landeskulturgesetzgebung“ gebräuchlich). – Zur Verwendung des Begriffs „Agrarrecht“ s. *W. Saure*, Deutsches Agrarrecht (1944), S. 15 f.
[5]) Zur gegenwärtigen Unterscheidung von Agrarrecht und Landwirtschaftsrecht *Kroeschell*, RdL (1965), S. 277 f.; *ders.*, Landwirtschaftsgesetze I (1968) Einführung, S. 7 f.

rechts"[6]) folgende Definition: „Das Landwirtschafts-, Oeconomie- oder Haushaltsrecht besteht, allgemein genommen, in dem Inbegriff der Rechte und Verbindlichkeiten oder Rechtswahrheiten, die einen unmittelbaren oder mittelbaren Einfluß auf die Landwirtschaftsführung haben". Diese weite Umschreibung des Gegenstandes des Landwirtschaftsrechts vermag nicht recht zu befriedigen; auf Grund dieser Begriffsbestimmung läßt sich nämlich nur schwer sagen, welche Rechtsgebiete *nicht* zum Agrarrecht gehören[7]). Brauchbar kann aber nur eine Definition des Agrarrechts sein, die sich auf die für den Bereich der Landwirtschaft geltenden *Sonderregeln* beschränkt. Es soll daher zunächst eine Bestandsaufnahme derjenigen rechtlichen Regelungen versucht werden, die Besonderheiten für den Agrarbereich aufweisen. Dabei wird man sich freilich nicht allein auf die Gesetzgebung beschränken können; man muß vielmehr auch die Rechtsanwendung durch Gerichte, Verwaltungsbehörden und im Rahmen der Kautelarjurisprudenz sowie bestimmte institutionelle Sonderformen für den landwirtschaftlichen Bereich mit einbeziehen. Im folgenden soll ein Überblick über mögliche Sonderregelungen für die Landwirtschaft gegeben werden:

Rechtsnormen

Zahlreiche Rechtsnormen verwenden den Begriff „Landwirtschaft". Verschiedene Vorschriften begnügen sich damit, die Bezeichnung aufzuführen, ohne eine Begriffsbestimmung zu geben[8]). Was „Landwirtschaft" im Sinne dieser Vorschriften dann bedeutet, ist nach allgemeinen Auslegungsmethoden zu ermitteln. Manche Gesetze enthalten dagegen ausdrückliche Definitionsnormen, in denen der Begriff „Landwirtschaft" festgelegt wird[9]).

1. Sondervorschriften für die Landwirtschaft, die von den Regelungen der *allgemeinen* Gesetze abweichen, können gesetzestechnisch auf dreierlei Weise erlassen werden[10]).

a) Kodifikation des landw. Sonderrechts (z. B. der französische Code Rural – eine

[6]) a. a. O., S. 8.

[7]) *K. Kroeschell*, Landwirtschaftsrecht. 2. Aufl. (1966), Rz. 2.

[8]) So spricht das BGB ohne nähere Begriffsbestimmung von land- und forstwirtschaftlichen Betrieben (§ 1376 Abs. 4), Landgütern (§§ 98 Ziff. 2; 593; 594; 1055 Abs. 2; 1515 Abs. 2, 3; 1822 Ziff. 4; 2049; 2130 Abs. 1 S. 2; 2312), landwirtschaftlichen Grundstücken (§§ 582-585; 591; 592; 998; 1055 Abs. 2; 2130 Abs. 1 S. 2); Betreiben der Land- und Forstwirtschaft (§ 196 Abs. 1 Ziff. 2); landwirtschaftlichen Erzeugnissen (§§ 98 Ziff. 2; § 196 Abs. 1 Ziff. 2; 593).

[9]) Definitionsnormen enthalten z. B. § 146 BBauG; § 1 Abs. 2 GrdStVG; § 1 Abs. 3 Landpachtgesetz; – *Hötzel*, Landwirtschaft und Landschaftspflege. Diss. Hohenheim 1975, zählt 32 Legaldefinitionen des Begriffs Landwirtschaft in Bundes- und Ländergesetzen (a. a. O., S. 25, Fn. 3).

[10]) Neben geschriebenem Sonderrecht für den Agrarbereich können auch gewohnheitsrechtliche Normen für die Landwirtschaft, etwa im Bereich des Nachbarrechts bestehen, so etwa das Anwende- und Schwengelrecht (vgl. dazu *Meisner/Stern/Hodes*, Nachbarrecht im Bundesgebiet (ohne Bayern) und in West-Berlin. 5. Aufl. (1970), § 28 III).

dem Code Rural entsprechende Kodifikation des Agrarrechts fehlt im deutschen Recht)

b) Sondergesetze für die Landwirtschaft (z. B. Landpachtgesetz, Höfeordnung)

c) Sondervorschriften für die Landwirtschaft in *allgemeinen* Gesetzen (z. B. § 196 Abs. 1 Ziff. 2 BGB; §§ 13 ff. EStG).

2. In einem weiteren Sinn können auch solche Rechtsnormen dem Agrarrecht zugerechnet werden, die zwar allgemein gelten, die aber aus sachlichen Gegebenheiten fast ausschließlich im Bereich der Landwirtschaft Anwendung finden[11]) (sachlich beschränktes „ius commune"). Hierzu rechnen etwa die Vorschriften über die Gewährleistung beim Viehkauf (§ 481 ff. BGB).

Rechtsanwendung

Die Anwendung der Rechtsnormen kann zu einer von anderen gesellschaftlichen und wirtschaftlichen Bereichen verschiedenen Auslegung und Rechtsgestaltung für den Agrarsektor führen. Hierbei sind mehrere Fälle zu unterscheiden:

1. Besondere Auslegung *allgemeiner* Rechtsnormen durch Gerichte und Verwaltungsbehörden im Bereich der Landwirtschaft (z. B. Begriff der „Ortsüblichkeit" in § 906 BGB).

2. Schaffung neuer Rechtsinstitute durch Richterrecht (z. B. Institut der „formlosen Hofübergabe", das vom Bundesgerichtshof für Höfe, die einem Anerbengesetz unterliegen, entwickelt worden ist[12]).

3. Besondere Vertragsgestaltungen durch die Kautelarjurisprudenz[13])

a) Spezielle Verträge im Bereich der Landwirtschaft (z. B. Interimsverträge)

b) Spezifische Abwandlungen *allgemeiner* Vertragstypen für den Agrarbereich (so wird z. B. bei Gesellschaftsverträgen für landwirtschaftliche Kooperationen häufig Bruchteilseigentum anstelle von Gesamthandseigentum vereinbart).

Institutioneller Rahmen

Schließlich könnten auch solche Regelungen dem Agrarrecht zugeordnet werden, die besondere Organisationsformen oder besondere Verfahrensweisen für staatliche Organe vorsehen, oder staatlichen Organen besondere Kompetenzen im Agrarbereich zuweisen. In diesem Zusammenhang sind folgende Fallgruppen zu unterscheiden:

1. Errichtung besonderer Verwaltungsträger für den Agrarbereich

a) staatliche Verwaltungsbehörden

b) Selbstverwaltungskörperschaften (z. B. Landwirtschaftskammern)

2. Besondere Landwirtschaftsgerichte

[11]) Vgl. *Cerutti*, Die Grenzen des Agrarrechts in den Niederlanden, in: RdL (1967), S. 263.

[12]) s. dazu *Kroeschell*, Landwirtschaftsrecht. 2. Aufl. (1966), Rz. 210 ff.

[13]) vgl. *A. Pikalo*, Der Einfluß der Kautelarjurisprudenz auf die Fortentwicklung des Agrarrechts. DNotZ (1970), S. 711 ff.

3. Kompetenznormen für staatliche Organe hinsichtlich der Gesetzgebung oder Verwaltung im Agrarbereich (z. B. Art. 38 ff. EWG-Vertrag)
4. Rechtssetzung
a) *Besondere* Verfahrensregeln für *allgemein* zuständige Organe hinsichtlich der Rechtssetzung im Agrarbereich (z. B. Art. 43 EWG-Vertrag)
b) Verfahrensregeln für Rechtssetzung durch *besondere* Verwaltungsträger in der Landwirtschaft (z. B. in den Landwirtschaftskammergesetzen)

II Die Stellung des Agrarrechts in der deutschen Rechtsordnung

Der Überblick über die verschiedenen rechtlichen Sondergestaltungen für den Bereich der Landwirtschaft hat gezeigt, daß eine Vielzahl von Regelungen in den unterschiedlichsten Rechtsgebieten hiervon berührt werden können. Es ist Aufgabe der Agrarrechtswissenschaft, das Verhältnis dieser Regelungen zueinander sowie ihre Zusammenhänge mit anderen Rechtsmaterien zu klären. Das Agrarrecht umfaßt sowohl privates als auch öffentliches Recht. Es handelt sich somit um ein Mischgebiet, das über die traditionelle Scheidung von Privatrecht und öffentlichem Recht hinausgreift. Dieses Merkmal teilt es mit Rechtsmaterien wie dem Arbeitsrecht und dem Wirtschaftsrecht.

Zunächst stellt sich dabei die Frage, ob es sich bei diesen Vorschriften um singuläres Recht (ius singulare) oder um ein Sonderrecht (ius proprium) für die Landwirtschaft handelt[14]. So könnte die Bestimmung des § 2312 BGB, wonach der Pflichtteil auf der Grundlage des Ertragswertes zu berechnen ist, wenn der Erblasser die Übernahme eines zum Nachlaß gehörenden Landgutes durch einen Miterben zum Ertragswert angeordnet hat[15]), als Durchbrechung des allgemeinen Rechtsprinzips angesehen werden, wonach für die Pflichtteilsberechnung der Verkehrswert maßgeblich ist. Die Vorschrift könnte aber auch als Ausdruck eines für die Vererbung landwirtschaftlicher Betriebe geltenden Sonderrechts gedeutet werden, wonach die Rechte der Miterben, die nicht den landwirtschaftlichen Betrieb erhalten, auf der Grundlage des Ertragswertes und nicht des Verkehrswertes ermittelt werden[16]).

Das Problem der Charakterisierung der besonderen Regelungen im Bereich der Landwirtschaft als singuläres Recht oder als Sonderrecht führt zu der Frage, in welcher Weise sich die Systembildung in der Rechtswissenschaft vollzieht. Dabei ist nach Gesichtspunkten zu suchen, die es rechtfertigen könnten, die nach Entstehung, Zweck und Stellung in der Rechtsordnung äußerst vielschichtigen Rechtsgestaltungen im Agrarbereich zu einer sinnvollen Einheit zu verbinden. Die

[14]) Zu dieser Unterscheidung *Enneccerus-Nipperdey*, Allgemeiner Teil des Bürgerlichen Rechts. 15. Aufl. 1. Halbbd. (1959), § 48 (S. 295 ff.).

[15]) s. dazu § 2049, 2312, 1934 b BGB; ferner § 1515 Abs. 2 und 3 BGB; vgl. außerdem § 1376 Abs. 4 BGB.

[16]) Vgl. § 12 HöfeO; § 16 GrdStVG.

Jurisprudenz verwendet verschiedene Systembegriffe, die nach unterschiedlichen Ordnungsmerkmalen aufgebaut sind[17]). Dabei kann auf bestimmte rechtliche Grundbegriffe und Prinzipien oder auf teleologische Gesichtspunkte abgestellt werden; bedeutsam für die rechtswissenschaftliche Systembildung sind aber auch historische Traditionen[18]). Je nach den Gesichtspunkten, auf die man abstellt, wird man *äußere* und *innere* Systeme zu unterscheiden haben. Dieses Begriffspaar wird in der Rechtslehre unterschiedlich verwandt[19]). Unter einem äußern System des Agrarrechts soll hier eine Systembildung verstanden werden, die auf gesetzestechnischen, institutionellen oder didaktischen Gesichtspunkten aufbaut. Ein inneres System des Agrarrechts müßte sich auf einer durch Rechtsgedanken vermittelten Sinneinheit gründen. Hiermit ist zugleich ein weiteres Problem verbunden, nämlich die Frage nach der Eigenständigkeit des Agrarrechts in der Rechtsordnung, die im Mittelpunkt der Untersuchungen des agrarrechtlichen Schrifttums, insbesondere der romanischen Länder steht[20]).

Äußere Systembildung im Agrarrecht

1. Positivrechtliche Eigenständigkeit des Agrarrechts

Die Einheit des Agrarrechts könnte positivrechtlich begründet sein, indem der Gesetzgeber alle die Landwirtschaft betreffenden Rechtsnormen in einer Kodifikation zusammenfaßt. Dem deutschen Recht fehlt es aber selbst an einer äußerlichen gesetzlichen Zusammenfassung, die etwa dem Code Rural in Frankreich entsprechen würde. Das deutsche Agrarrecht ist vielmehr über viele einzelne Gesetze unterschiedlichen Alters und unterschiedlicher Zweckbestimmung verstreut[21]).

[17]) Zu möglichen Systembegriffen in der Rechtswissenschaft *G. Radbruch*, Zur Systematik der Verbrechenslehre, in: Festgabe für Frank, Bd. I (1930), S. 158 f.; *U. Diederichsen*, Topisches und systematisches Denken in der Jurisprudenz, NJW (1966), S. 697 ff. (700); *W. Herschel*, Gefahren der systematischen Auslegung, BB (1966), S. 791 ff.; *C.-W. Canaris*, Systemdenken und Systembegriff in der Jurisprudenz (1969), S. 11 ff.

[18]) So *P. Noll*, Gesetzgebungslehre (1973), S. 208, Fn. 71, zu dem rechtswissenschaftlichen und dem realen System im Sinne von Herschel.

[19]) Diese Terminologie ist geprägt worden von *Ph. Heck*, Begriffsbildung und Interessenjurisprudenz. Tübingen 1932, S. 139 ff. (142 f.); beim äußeren System handelt es sich nach ihm um eine vernünftige Gliederung des Rechtsstoffes entsprechend etwa der Gliederung der Gesetze; unter innerem System werden sowohl die Methode als auch die innerlich zusammenhängende Ordnung des Rechts verstanden. *K. Larenz*, Methodenlehre der Rechtswissenschaft. 3. Aufl. (1975) bezeichnet ein System abstrakt-allgemeiner Begriffe als äußeres System (a. a. O., S. 429 ff.), während er das innere System auf funktionsbestimmten Rechtsbegriffen aufbaut (a. a. O., S. 458 ff. (466 ff.)). Zur Unterscheidung eines inneren und äußeren Systems s. auch *Herschel*, BB (1966), 792 f.

[20]) Zum Diskussionstand vgl. *A. Ballarin Marcial*, Derecho Agrario (1965), S. 227 ff.

[21]) *Kroeschell*, Landwirtschaftsgesetze I (1968), Einführung, S. 8.

2. Institutionelle Eigenständigkeit des Agrarrechts

a) Als Agrarrecht könnten alle diejenigen Gesetze bezeichnet werden, für deren Anwendung oder Vollzug *besondere Verwaltungsträger* oder *besondere Landwirtschaftsgerichte* zuständig sind. Für die deutsche Rechtsordnung könnten unter diesem Gesichtspunkt etwa alle diejenigen Rechtsmaterien zusammengefaßt werden, für die nach dem Gesetz über das gerichtliche Verfahren in Landwirtschaftssachen vom 21. Juli 1953 die Zuständigkeit von Landwirtschaftsgerichten begründet ist[22]), also die Anerbengesetze, das Grundstücksverkehrsgesetz und das Landpachtgesetz.
b) Als Ausgangspunkt für eine Zusammenfassung von Rechtsnormen unter dem Begriff des Agrarrechts könnten auch die *besonderen Kompetenz- und Verfahrensregeln* verwendet werden, die das zuständige Staatsorgan bei der Schaffung von Normen im Agrarbereich zu beachten hat. Als Beispiel darf auf die Art. 38 ff. des EWG-Vertrages verwiesen werden. Als europäisches Agrarrecht könnten so alle diejenigen Rechtssätze bezeichnet werden, die von den Gemeinschaftsorganen auf Grundlage des Art. 43 des EWG-Vertrages erlassen werden.

3. Didaktische Eigenständigkeit

Schließlich kann man zum Agrarrecht alle diejenigen Rechtsmaterien zählen, die traditionellerweise im Rahmen des akademischen Unterrichts bei den entsprechenden Lehrveranstaltungen behandelt werden[23]). Die Abgrenzungen der Rechtsgebiete werden dabei nach *didaktischen* Gesichtspunkten vorgenommen werden müssen, ohne daß eine scharfe Grenzziehung möglich wäre. Für die Umreißung des Rechtsstoffes können dabei für die juristischen und für die landwirtschaftlichen Fakultäten unterschiedliche Gesichtspunkte gelten.

Innere Systembildung beim Agrarrecht

Die Zugrundelegung positivrechtlicher, institutioneller und didaktischer Gesichtspunkte kann lediglich ein nach äußeren Kriterien entwickeltes System des Agrarrechts begründen. Demgegenüber stellt sich die Frage, ob sich *dogmatische* und *methodische* Aspekte bei den rechtlichen Sondergestaltungen im Agrarbereich aufzeigen lassen, die es erlauben, das Recht der Landwirtschaft als ein eigenständiges, in sich geschlossenes, von anderen Rechtsmaterien unterschiedenes Rechtsgebiet aufzufassen.
Dabei ist zu konkretisieren, was unter Eigenständigkeit eines Rechtsgebietes verstanden werden soll. Es wird darauf abzustellen sein, ob das Agrarrecht wissenschaftlich als selbständiges Systemglied im Ganzen der Rechtswissenschaft zu verstehen ist[24]).

[22]) Vgl. *Kroeschell*, Landwirtschaftsrecht. 2. Aufl. (1966), Rz. 4.
[23]) *Kroeschell*, Landwirtschaftsrecht. 2. Aufl. (1966), Rz. 6.
[24]) So im Hinblick auf das Arbeitsrecht *F. Bydlinski*, Arbeitsrechtskodifikation und allgemeines Zivilrecht. Wien (1969), S. 11.

Zunächst könnte es sich anbieten, die Eigenständigkeit des Agrarrechts auf der Landwirtschaft als dem von den agrarrechtlichen Sondernormen geregelten Lebensverhältnis und den diesem innewohnenden Besonderheiten als den einen Wirtschaftsbereich kennzeichnenden Komplex wirtschaftlicher Tätigkeiten und sozialer Beziehungen zu begründen[25]). Eine solche Betrachtungsweise verkennt aber, daß Lebenssachverhalte als solche nur Gegenstand der rechtlichen Regelung sind, selbst aber ohne eigenständige juristische Bedeutung sind[26]).

Aus einer Systematisierung von sozialen und ökonomischen Sachverhalten läßt sich kein spezifisches rechtliches System ableiten; ein besonderes Systemglied der Rechtsordnung läßt sich nur auf besonderen rechtlichen Wertungen und Gedanken begründen, die den in ihm erfaßten Normen und Rechtsverhältnissen zugrunde liegen und diese zu einer Sinneinheit zusammenschließen. Lebenssachverhalte kommen nur dann für eine rechtliche Systembildung in Betracht, wenn es sich um rechtlich geordnete Tatbestände handelt[27]).

Die innere Einheit des Agrarrechts könnte auf drei Rechtsgedanken aufgebaut werden, dem landwirtschaftlichen Eigentum, dem landwirtschaftlichen Betrieb und der Marktordnung als rechtlicher Regelung der Agrarmärkte.

1. Das *landwirtschaftliche Eigentum* weist zahlreiche Besonderheiten auf, die es rechtfertigen würden, es als eine „typisierte Sonderform des Eigentums“[28]) zu bezeichnen. Das landwirtschaftliche Bodeneigentum unterliegt zahlreichen Bindungen. Ausschlaggebendes Motiv ist gegenwärtig die Verbesserung der Agrarstruktur und die Erhaltung landwirtschaftlicher Betriebe. Diese Zwecke verfolgen das landwirtschaftliche Erbrecht, das Landpachtrecht, das Grundstückverkehrsrecht, das Flurbereinigungsrecht und das Siedlungsrecht. Die Beschränkungen des landwirtschaftlichen Bodeneigentums können an die landwirtschaftliche Nutzung bzw. Betriebszugehörigkeit eines Grundstücks anknüpfen; sie können auch von Planungsentscheidungen determiniert sein oder schließlich von einer bestimmten Lage im Raum (Nachbarrecht, Bauverbote im Außenbereich nach § 35 BBauG) bestimmt sein. Das landwirtschaftliche Eigentum unterliegt freilich nicht nur

[25]) So für das niederländische Recht *Cerutti*, RdL (1967), S. 264, der auf den eigenen Charakter der landwirtschaftlichen Produktions- und Absatzverhältnisse als Grundlage des Agrarrechts hinweist.

[26]) *W. Canaris*, Systemdenken und Systembegriff in der Jurisprudenz (1969), S. 34; zum Arbeitsrecht *F. Bydlinski*, Arbeitsrechtskodifikation und allgemeines Zivilrecht (1969), S. 11 ff.; zum Wirtschaftsrecht *W. Schmidt-Rimpler*, Wirtschaftsrecht, in: Handwörterbuch der Sozialwissenschaften. Bd. 12 (1965), S. 686 ff. (690).

[27]) Wenn *Nikisch*, Arbeitsrecht I. 3. Aufl. (1961), S. 46, für eine rechtliche Systembildung entweder von Sachgebieten oder von rechtlichen Gestaltungsmitteln ausgehen will, so faßt allerdings auch er unter Sachgebiete rechtlich geordnete Lebensverhältnisse zusammen. Im gleichen Sinn ist *Larenz*, Methodenlehre der Rechtswissenschaft. 3. Aufl. (1975), S. 430, Fn. 2, zu verstehen, wenn er darauf hinweist, daß die Systematik des Privatrechts z. T. auf einem begrifflichen System (Unterscheidung von Schuld- und Sachenrecht) und z. T. auf der Differenzierung der geregelten Lebensbereiche (z. B. Familienrecht) beruhe.

[28]) *F. Baur*, Lehrbuch des Sachenrechts. 9. Aufl. (1977), S. 247 ff.

spezifischen Bindungen im Hinblick auf seine landwirtschaftliche Funktion; es ist darüber hinaus auch in andere Funktionskreise eingeordnet, aus denen sich Schranken ergeben können. Diese Beschränkungen können sich einmal aus einer sämtliche raumbedeutsamen Sachbereiche erfassenden Gesamtplanung ergeben (Landesplanung, Bauleitplanung); zum anderen können die Eigentumsbindungen ihre Grundlage in spezifischen Funktionen des Bodens haben, welche sich mit der landwirtschaftlichen Bodennutzung überlagern (z. B. Naturschutz- und Landschaftspflegerecht, Umweltrecht, Wasserrecht).
Die besondere Ausformung des landwirtschaftlich genutzten Eigentums könnte dieses als Sinneinheit des Agrarrechts erscheinen lassen. Die Tragweite dieses Grundbegriffs ist freilich nur beschränkt. In ihm könnten lediglich die Rechtsnormen und Rechtsverhältnisse zu einer Sinneinheit zusammengefaßt werden, die unmittelbar das landwirtschaftliche Bodeneigentum berühren.

2. In vielen ausländischen Rechten stellt der *landwirtschaftliche Betrieb* den Zentralbegriff des Agrarrechts dar. In das deutsche Schrifttum hat dieser Begriff erst relativ spät Eingang gefunden[29]). Dies hat seinen Grund darin, daß infolge der historisch bedingten Besonderheiten der deutschen Agrarverfassung der Blick für einen Unterschied zwischen dem landwirtschaftlichen Eigentum und dem landwirtschaftlichen Betrieb lange Zeit hindurch verstellt blieb. Neuerdings gewinnt nun der Begriff des landwirtschaftlichen Betriebes im deutschen Agrarrecht zunehmend an Bedeutung, und es bleibt zu fragen, ob er nicht künftig zum Zentralbegriff des Sonderrechts der Landwirtschaft werden und seine systematische Einheit begründen könnte[30]). Der Begriff des landwirtschaftlichen Betriebes könnte gewiß für diejenigen Rechtsmaterien fruchtbar gemacht werden, die im Sprachgebrauch der deutschen Juristen unter dem Terminus „Landwirtschaftsrecht" zusammengefaßt werden. Aber auch darüber hinaus können die Begriffe „landwirtschaftlicher Betrieb" und „landwirtschaftlicher Unternehmer" für die Einordnung von Rechtsmaterien bedeutsam werden. So knüpft das landwirtschaftliche Sozialrecht seine Regelungen an den landwirtschaftlichen Unternehmer an. Beispielsweise mag man das Sortenschutzrecht als gewerbliches Schutzrecht des landwirtschaftlichen Betriebes auffassen. Fraglich bleibt aber die Brauchbarkeit des Instituts des landwirtschaftlichen Betriebes für verschiedene Materien des Agrarwirtschaftsrechts, die wie etwa das Marktordnungsrecht auf die *rechtliche Regelung der Agrarmärkte* und der *Ernährungswirtschaft* ausgerichtet sind.

[29]) Vgl. *F. Baur*, Der landwirtschaftliche Betrieb als juristische Einheit nach deutschem Recht, in: Atti di Primo Convegno internazionale di diritto agrario. Firenze 28. Marzo – 2. Aprile 1954. Vol. 2 (1954), S. 139 ff.

[30]) Vgl. hierzu *K. Kroeschell*, Landwirtschaftsrecht. 2. Aufl. (1966), Rz. 174 ff.; *ders.*, Betrieb und Unternehmen als Rechtsinstitute im deutschen Agrarrecht, in: Aktuelle Probleme des Agrarrechts. 1971 (Schriftenreihe für Agrarsoziologie und Agrarrecht. IX), S. 59 ff. – zum Rechtsgedanken des Unternehmens als Sinneinheit handelsrechtlicher Normen vgl. *P. Raisch*, Geschichtliche Voraussetzungen, dogmatische Grundlagen und Sinnwandlung des Handelsrechts (1965), S. 14 ff.

3. Die *rechtliche Ordnung* der *Agrarmärkte* könnte das dritte Grundprinzip des Agrarrechts darstellen. Die besonderen Probleme der Agrarmärkte machten die Einführung besonderer rechtlicher Regelungen erforderlich. Wenn auch einzelne dieser Rechtsinstitute später in andere Wirtschaftsbereiche Eingang gefunden haben, so liegt ihre eigentliche Bedeutung im Bereich der landwirtschaftlichen Marktordnung. Gerade die Errichtung der gemeinsamen Agrarmarktorganisationen im Rahmen der Europäischen Gemeinschaften hat zu neuen rechtlichen Instrumenten geführt[31]). Für den Teilbereich der Agrarwirtschaft bildet die Rechtsordnung der Agrarmärkte das maßgebliche Grundprinzip. Daneben wahren aber das landwirtschaftliche Eigentum und insbesondere der landwirtschaftliche Betrieb ihre Funktion als grundlegende Institutionen des Agrarrechts[32]).

Die Entwicklung des Agrarrechts zu einer eigenständigen Rechtsdisziplin wird aber gerade durch die tiefgreifenden Strukturwandlungen in der Landwirtschaft in Frage gestellt. Die Frage nach der Eigenständigkeit des Agrarrechts läßt sich nicht allgemeingültig beantworten. Sie ist vielmehr bedingt durch historische, soziale und wirtschaftliche Gegebenheiten. So bildete bis in das Zeitalter der französischen Revolution in gewisser Hinsicht das Land einen besonderen Rechtskreis, dessen Rechtsverhältnisse im 18. Jh. in verschiedenen Kompendien mit dem Titel „Jus georgicum", „Ökonomierecht", „Haushaltungsrecht"[33]), „Dorfrecht" oder „Bauernrecht" behandelt wurden[34]). Diese Verhältnisse sind im 19. Jh. mit Ablösung der alten ständischen Verfassung beseitigt worden. Charakteristisch für die bürgerliche Gesellschaft ist es, daß sie neben dem allgemeinen Zivilrecht ein Sonderrecht für die Landwirtschaft oder die Bauern grundsätzlich nicht anerkennt[35]). Freilich hat sich dann seit der 2. Hälfte des 19. Jhs. allmählich ein besonderes landwirtschaftliches Bodenrecht entwickelt; auch setzten mit der Bismarck'schen Schutzzollgesetzgebung Sonderregelungen für den Bereich der Agrarwirtschaft ein. Der gegenwärtige Strukturwandel in der Landwirtschaft ist nun in gewisser Hinsicht dadurch gekennzeichnet, daß die Landwirtschaft aus ihrer Isolierung herausgeführt wird und sich in immer weiterem Ausmaß an die übrigen Bereiche der Volkswirtschaft und der Gesellschaft anpaßt. Insbesondere wird gegenwärtig die Landwirtschaft von dem immer differenzierter ausgestalteten Instrumentarium der Raumplanung und der Wirtschaftsplanung erfaßt[36]). So umfaßt etwa das Agrarmarktordnungsrecht in erster Linie die der Landwirtschaft nachgelagerten Wirtschaftsbereiche. Dieser Wandlungsprozeß wird Auswirkun-

[31]) *O. Johannsen*, Staat und Landwirtschaft (1968), S. 34.

[32]) *K. Kroeschell*, in: Schriftenreihe für Agrarsoziologie und Agrarrecht. IX, S. 72.

[33]) Das Bauerngut erschien als Urbild des Haushalts (oikos).

[34]) Literaturhinweise bei *Th. Hagemann*, Handbuch des Landwirtschaftsrechts (1807), S. 10 f.

[35]) *K. Kroeschell*, Agrarrecht in der industriellen Gesellschaft, in: RdL (1967), S. 310.

[36]) Zu den geschichtlichen Stadien des Verhältnisses zwischen Landwirtschaft und Planung *P. Pernthaler*, Landwirtschaftliche Planung in rechtlicher Sicht, in: Planung und Freiheit. 1968 (Schriftenreihe für Agrarsoziologie und Agrarrecht. I), S. 53 ff.

gen auch auf die rechtlichen Strukturen, die für die Landwirtschaft maßgeblich sind, haben, und es werden sich immer engere Beziehungen zu anderen Rechtsmaterien entwickeln. Insbesondere werden sich dabei die agrarrechtlichen Institute mit den Instituten des *Bodenrechts* und des *Wirtschaftsrechts* verflechten. Diese Zusammenhänge beschränken sich dabei nicht allein auf die soziale Wirklichkeit, in der die Landwirtschaft insbesondere von der allgemeinen Wirtschaftsverfassung und der allgemeinen Bodenordnung weitgehend mitgeprägt wird. Es handelt sich vielmehr auch um Zusammenhänge der juristischen Methoden und der juristischen Probleme, die die besonderen agrarrechtlichen Institutionen mit dem Bodenrecht und dem Wirtschaftsrecht verbinden. Das bedeutet freilich nicht, daß sich nicht auch spezifische Rechtsinstitute des Agrarrechts haben weiterhin behaupten oder sogar neu entwickeln können.

Diese Vorüberlegungen waren erforderlich, um nunmehr die Frage zu beantworten, ob dem Agrarrecht gegenwärtig Eigenständigkeit im Rechtssystem zukommt. Das agrarrechtliche Schrifttum verhält sich hier recht zurückhaltend[37]). Es gilt daher zunächst die Voraussetzungen zu bestimmen, wann von einer selbständigen Rechtsdisziplin gesprochen werden kann. *F. Mellwitz* hat diese Frage im Hinblick auf das Luftrecht untersucht[38]). Eine eigenständige rechtswissenschaftliche Disziplin setzt demnach folgendes voraus:

a) ein rechtlich neu zu erfassendes Objekt mit bestimmten Besonderheiten, die sich aus dem besonderen Zweck, den Besonderheiten der Lebenstatbestände und der Rechtsfolgen sowie aus besonderen Wertungen ergeben;
b) bestimmte neue Begriffe und Einrichtungen;
c) eine besondere Methode,
d) ein geschlossenes System[39]).

Diese Bedingungen werden zwar von gewissen überkommenen Rechtsgebieten, wie dem Bürgerlichen Recht, dem Verwaltungsrecht oder dem Strafrecht, aber auch von Rechtsmaterien wie dem Arbeitsrecht erfüllt. Dem Agrarrecht fehlt es aber an den für diese Rechtsgebiete charakteristischen fest umrissenen Konturen. Zwar kennt das Agrarrecht spezifische Rechtsinstitute, Zwecksetzungen und Betrachtungsweisen; andererseits bleibt es aber doch auch mit anderen Rechtsdisziplinen verzahnt, so etwa das landwirtschaftliche Erbrecht mit dem bürgerlichen Erbrecht, das landwirtschaftliche Sozialrecht mit dem allgemeinen Sozialrecht, das Agrarmarktrecht und das Agrarsubventionsrecht mit dem allgemeinen Wirtschaftsrecht. Dies schließt freilich nicht aus, die dem Agrarrecht angehörenden

[37]) *K. Kroeschell*, Landwirtschaftsrecht, 2. Aufl. (1966), Rz. 1 ff.; *ders.*, Landwirtschaftsgesetze I (1968), S. 8, verneint, daß das Landwirtschaftsrecht bereits einen selbständigen Teil der Rechtswissenschaft darstellt. *H. Merkel*, Zum Standort des Agrarrechts, RdL (1969), S. 29 ff. ordnet es dem Sozialrecht im Sinne von Gierke zu; s. auch *Bergmann*, Agrarrecht und Agrarrechtsgesellschaft, SchlHA (1967), S. 202 ff.

[38]) *F. Mellwitz*, Voraussetzungen einer rechtswissenschaftlichen Disziplin – angewandt auf das Luftrecht – Diss. Göttingen 1965.

[39]) a. a. O., S. 66 ff., für das Luftrecht werden diese Bedingungen verneint (a. a. O., S. 70 ff.)

Rechtsnormen zu ordnen und auf bestimmte Grundsätze hin zu untersuchen. Dabei erscheint es sinnvoll, zwei Systemtypen zu unterscheiden, die als *absolute* und als *relative* Systeme bezeichnet werden könnten[40]). Unter absoluten Systemen sollen solche Teildisziplinen der Rechtswissenschaft verstanden werden, die in sich abgeschlossen sind und einen sektoralen Ausschnitt aus der Rechtsordnung bilden. Relative Systeme werden von solchen Teildisziplinen gebildet, welche zwar auf gewissen besonderen Grundprinzipien gegründet sind, jedoch zugleich aber gegenüber anderen Teildisziplinen offen sind und deren Rechtssätze auch in anderen Sinnzusammenhängen stehen[41]). Sie überziehen gleichsam wie ein Raster die gesamte Rechtsordnung[42]). Dies ist kennzeichnend gerade für sich neu entwikkelnde Rechtsdisziplinen wie das Agrarrecht. Seine Rechtsnormen und -institute beziehen sich zwar auf bestimmte rechtliche Grundgedanken wie landwirtschaftliches Eigentum, landwirtschaftlicher Betrieb und Agrarmarktordnung als maßgebliche Sinnmitte; sie verbleiben aber zugleich in dogmatischen und methodischen Zusammenhängen mit anderen Rechtsdisziplinen wie etwa mit dem Bürgerlichen Recht, dem Verwaltungsrecht, dem Wirtschaftsrecht oder dem Bodenrecht[43]). Ihnen gegenüber ist das Agrarrecht nicht vollständig abgeschlossen und verselbständigt; es zeigt somit nur eine *relative* Eigenständigkeit.

III Die Sinnzusammenhänge des Agrarrechts mit anderen Rechtsgebieten

Die nur relative Eigenständigkeit des Agrarrechts nötigt dazu, seinen Sinnzusammenhängen mit anderen Rechtsmaterien nachzugehen. Charakteristisch für das Agrarrecht ist seine Unabgeschlossenheit, die dazu führt, daß sich verschiedene Systemzusammenhänge überlappen können.

Agrarrecht und allgemeines Recht

Die mehrfachen Sinnzusammenhänge, in denen die Rechtsnormen und Rechtsinstitute des Agrarrechts stehen, führen dazu, daß sie unter verschiedenen Gesichtspunkten betrachtet werden können. Im Zusammenhang des bürgerlichen Erbrechts erscheint das landwirtschaftliche Erbrecht als singuläres, von der Regel abweichendes Recht. Anders verhält es sich im Sinnzusammenhang des Agrarrechts, in dem das landwirtschaftliche Erbrecht seine Funktion im Hinblick auf die

[40]) Der Begriff „offenes System" ist in der Methodenlehre bereits besetzt, vgl. *Canaris*, Systemdenken und Systembegriff in der Jurisprudenz (1969), S. 61 ff.

[41]) So zum Wirtschaftsrecht *F. Rittner*, Wirtschaftsrecht, in: Staatslexikon Bd. 8 (1963), Sp. 819.

[42]) So zur gleichgelagerten Problematik des Umweltrechts *P.-Chr. Storm*, Umweltrecht, in: AgrarR (1974), S. 181 ff. (182).

[43]) Für mehrfache Sinnzusammenhänge bei agrarrechtlichen Normen für das niederländische Recht *Cerutti*, RdL (1967), S. 263.

Erhaltung des landwirtschaftlichen Betriebes entfaltet und zugleich als Element des Sondertypus ‚landwirtschaftliches Eigentum' gedeutet werden kann.
Das Verhältnis zwischen Agrarrecht und den überkommenen Rechtsdisziplinen ist durch eine Gegenläufigkeit gekennzeichnet. Auf der einen Seite haben sich die Agrarrechtsinstitute ihre Bedeutung bewahrt, wenngleich unter Anpassung an veränderte agrarstrukturelle Verhältnisse und gewandelte rechtliche Anschauungen[44]). Darüber hinaus sind in den letzten Jahrzehnten für verschiedenen Bereiche neue spezifische Rechtsinstitute für die Landwirtschaft entwickelt worden. Dies gilt insbesondere für das Agrarmarktordnungsrecht und für das landwirtschaftliche Sozialrecht.
Auf der anderen Seite zeichnen sich aber Berührungspunkte zwischen landwirtschaftlichen Betrieben und Unternehmen anderer Wirtschaftszweige ab. Die Kooperation zwischen landwirtschaftlichen Betrieben führt dazu, daß die Zusammenschlüsse von Landwirten sich der allgemeinen Gesellschaftsformen bedienen müssen, wie sie bereits seit langem im Bereich der industriellen und gewerblichen Wirtschaft verwandt werden. Rechtlichen Ausdruck hat diese stärkere Annäherung des landwirtschaftlichen Betriebes an gewerbliche Unternehmensformen durch die durch das Gesetz über die Kaufmannseigenschaft von Land- und Forstwirten vom 13. Mai 1976 (BGBl. I S. 1197) vollzogene Öffnung des Handelsrechts für Land- und Forstwirte gefunden.
Für den Zusammenhang zwischen dem Recht des landwirtschaftlichen Betriebes und dem allgemeinen Unternehmensrecht kommt noch ein weiterer Gesichtspunkt in Betracht. Gewisse rechtliche Besonderheiten des landwirtschaftlichen Betriebes müssen nicht notwendig auf diesen allein beschränkt bleiben. So stellt zwar das Zuweisungsverfahren in Deutschland ein Sonderrecht des landwirtschaftlichen Betriebes dar, in Frankreich handelt es sich dagegen bei der „attribution préférentielle" um eine Institution des allgemeinen Unternehmensrechts[45]). Dieses Beispiel zeigt eine gewisse Tendenz zu einer möglichen gegenseitigen Angleichung zwischen den landwirtschaftlichen Betrieben und den Unternehmensformen der übrigen Wirtschaftszweige hinsichtlich ihrer rechtlichen Organisation auf.

Agrarrecht und Bodenrecht

Die Stellung des *Bodenrechts* als besonderer Rechtsdisziplin, die die Gesamtheit der Rechtssätze umfaßt, welche der Regelung der Rechtsbeziehungen zu Grund und Boden dienen, ist freilich gegenwärtig in der deutschen Rechtswissenschaft

[44]) Das gilt etwa für das Höferecht, das durch das 2. Änderungsgesetz vom 29. März 1976 (BGBl. I S. 881) in wesentlichen Punkten novelliert worden ist; gleichfalls ist das Flurbereinigungsgesetz geändert worden (Neufassung vom 16. März 1976 – BGBl. I S. 546), eine Reform des Landpachtrechts wird vorbereitet (BT-Drs. 8/141).
[45]) Vgl. Art. 832 Code Civil – s. dazu *I. Krüger*, Das schweizerische und französische Zuweisungsrecht. Eine Rechtsvergleichung. 1967 (Schriftenreihe des Instituts für Landwirtschaftsrecht der Universität Göttingen. Bd. 5), S. 86.

noch wenig gesichert[46]). Als tragender Rechtsgedanke für eine solche Rechtsmaterie könnte sich die Ordnung des Gesamtraums durch planende und lenkende Eingriffe des Staates herausstellen, die eine einheitliche Betrachtung der Rechtsbeziehungen zum Grund und Boden erlauben und die einzelnen Institutionen des Bodenrechts als rechtliche Instrumente einer umfassenden Bodenbesitz- und Bodennutzungsordnung verständlich machen würden[47]).

Im Bereich der rechtlichen Institutionen der Bodenordnung vollzieht sich nun eine Entwicklung, die für die gegenwärtige Situation der Landwirtschaft und des Landwirtschaftsrechts vielleicht symptomatisch ist. Die einschneidenden Agrarreformen zu Beginn des 19. Jhs. hatten den Versuch unternommen, die Landwirtschaft unter Aufhebung der alten Bindungen in die bürgerliche Gesellschaft einzuordnen. Im Bereich der Bodenordnung hatte dies zur Folge, daß die vielschichtigen bäuerlichen Besitzrechte umgewandelt wurden in freies Eigentum, das sich in seinem Wesen nicht vom städtischen Bodeneigentum unterschied. Bereits nach wenigen Jahrzehnten setzte aber eine gegenläufige Entwicklung ein, die bestrebt war, die Landwirtschaft aus der bürgerlichen Wirtschafts- und Eigentumsordnung herauszuführen und durch Schaffung eines landwirtschaftlichen Sonderrechts ihr einen besonderen Schutz zu gewährleisten. Die Folge dieser Entwicklung war eine weitgehende Isolierung der Landwirtschaft gegenüber den anderen Bereichen der Wirtschaft und der Gesellschaft. Das landwirtschaftliche Bodenrecht entwickelte besondere Schranken des landwirtschaftlichen Eigentums etwa durch die Anerbengesetzgebung oder durch das Grundstückverkehrsrecht. Heute beginnen sich gewisse Entwicklungen abzuzeichnen, die die Landwirtschaft allmählich wieder aus ihrer Isolierung heraustreten lassen. Im Bereich des Bodenrechts wird deutlich, daß die besonderen agrarrechtlichen Institute wie Anerbenrecht, Grundstückverkehrsrecht und Flurbereinigungsrecht allein nicht mehr ausreichen, um eine befriedigende Entwicklung der Agrarstruktur zu gewährleisten. Die Institute des landwirtschaftlichen Bodenrechts müssen abgestimmt werden mit dem Instrumentarium des Raumordnungs-, des Landesplanungs- und des Bauplanungsrechts[48]).

Die rechtlichen Instrumente des Bodenrechts können dabei weitgehende Parallelen in den juristischen Problemen aufweisen, die eine einheitliche Betrachtungs-

[46]) Der Begriff „Bodenrecht" erscheint bei *J. W. Hedemann* in seinem grundlegenden Werk: Die Entwicklung des Bodenrechts von der französischen Revolution bis zur Gegenwart (Die Fortschritte des Zivilrechts im 19. Jahrhundert. Teil 2), Hälfte 1 und 2 (1930-1935); zum Gedanken eines Bodenrechts in der deutschen Rechtswissenschaft *F. Wieacker*, Bodenrecht (1937) – vgl. dazu die Vorbehalte von *F. v. Hippel*, ACP 147 (1941), S. 207 ff.

[47]) *W. Winkler*, Bodenrecht, in: Handwörterbuch der Raumforschung und Raumordnung. 2. Aufl. (1970), Bd. 1, Sp. 311 ff. – vgl. die grundlegende Untersuchung von *J. Kühne*, Das Bodenrecht, die wirtschaftliche und gesellschaftliche Bedeutung des Bodens. Wien (1970) – für eine Trennung von Bodenrecht und Sachenrecht *H. Westermann*, Sachenrecht. 5. Aufl. (1966), § 6, II (S. 36 f.).

[48]) Eine Abstimmung der städtebaulichen Maßnahmen mit Maßnahmen zur Verbesserung der Agrarstruktur sichern die §§ 144 a ff. BBauG.

weise erlauben. So kennt das Bundesbaugesetz das Institut der Umlegung von Grundstücken im Geltungsbereich eines Bebauungsplanes, durch die nach Lage, Form und Größe für die bauliche oder sonstige Nutzung zweckmäßig gestaltete Grundstücke entstehen sollen. Ebenso wie bei der Flurbereinigung stellt sich hier die Frage, ob die Umlegung, die man als eine städtebauliche Flurbereinigung ansprechen kann, eine entschädigungspflichtige Enteignung oder eine entschädigungslos zu duldende Sozialbindung des Eigentums darstellt. Die Rechtsprechung sieht grundsätzlich in einer Flurbereinigung und in einer Umlegung eine Konkretisierung der Sozialbindung des Eigentums[49]). Dieses Beispiel läßt die systematischen Zusammenhänge zwischen agrarrechtlichen Instituten und den Instituten der allgemeinen Bodenordnung deutlich werden, die für eine wissenschaftliche Betrachtung des Agrarrechts fruchtbar gemacht werden müßten.

Agrarrecht und Wirtschaftsrecht

Daneben zeichnen sich auch enge Beziehungen zwischen dem Agrarrecht und dem *Wirtschaftsrecht* ab. Über den Begriff des Wirtschaftsrechts, der seit etwa 50 Jahren Eingang in die deutsche Rechtswissenschaft gefunden hat, besteht noch immer eine gewisse Unsicherheit[50]). Als tragender Gedanke eines Wirtschaftsrechts könnte die Gestaltung der Wirtschaft und die Regelung ihrer Abläufe durch den Gesetzgeber betrachtet werden. Dies bedeutet allerdings nicht, daß bestimmte Rechtsinstitute allein dem Wirtschaftsrecht angehören. Vielmehr stehen die meisten von ihnen auch noch in anderen Sinnzusammenhängen, etwa mit dem Zivilrecht oder dem Verwaltungsrecht[51]). Ebenso wie im Bodenrecht so vollzog sich auch im Bereich der Wirtschaftsordnung seit dem letzten Drittel des 19. Jhs. die Herausbildung spezifischer rechtlicher Regulierungsmechanismen für die Agrarmärkte. Die Entwicklung begann mit der Einführung von Agrarzöllen; sie hat gegenwärtig mit der Herausbildung der einzelnen europäischen Agrarmarktorganisationen einen vorläufigen Abschluß gefunden[52]). Auf internationaler Ebene ist für verschiedene landwirtschaftliche Erzeugnisse das System der Rohstoffabkommen kennzeichnend.

Die vielschichtigen Instrumente des Marktordnungsrechts lassen sich nur schwer-

[49]) Wegen Nachweisen zur Rechtsprechung vgl. *Seehusen, Schwede, Nebe,* Flurbereinigungsgesetz, 2. Aufl. (1966), S. 22 f., sowie die einschlägigen Kommentierungen zu § 45 BBauG.

[50]) Zur Wissenschaftsgeschichte s. *R. Piepenbrock,* Der Gedanke eines Wirtschaftsrechts in der neuzeitlichen Literatur bis zum 1. Weltkrieg (1964); zu verschiedenen Begriffsbestimmungen des Wirtschaftsrechts *Schmidt-Rimpler,* in: Handwörterbuch der Sozialwissenschaften. Bd. 12 (1965), S. 686 ff.; rechtsvergleichend: Begriff und Prinzipien des Wirtschaftsrecht. 17 Landesberichte zu einem internationalen Symposium. Hrsg. von G. Rinck. 1971 (Arbeiten zur Rechtsvergleichung. 51), darin der Landesbericht für die Bundesrepublik Deutschland von *Rinck,* a. a. O., S. 167 ff.

[51]) Vgl. hierzu *F. Rittner,* Wirtschaftsrecht, in: Staatslexikon. Bd. 8 (1963), Sp. 817 ff.

[52]) Zur historischen Entwicklung des Agrarmarktordnungsrechts s. *O. Johannsen,* Staat und Landwirtschaft (1968), S. 43 ff.

lich auf den landwirtschaftlichen Betrieb als Zentralbegriff zurückführen. Es handelt sich hierbei vielmehr um ein vielseitig abgestuftes rechtliches Instrumentarium der staatlichen Agrarpolitik zur Regulierung der landwirtschaftlichen Märkte, das eingeordnet werden kann in die Zusammenhänge eines allgemeinen Wirtschaftsrechts, welches die Normen im Hinblick auf die rechtliche Gestaltung des Wirtschaftsprozesses zusammenfaßt. Freilich weisen die rechtlichen Instrumente im Bereich der Agrarwirtschaft oftmals besondere Formen auf, die sie von anderen Wirtschaftszweigen unterscheiden. Auch bezieht sich beispielsweise das Instrumentarium der Agrarmarktordnungen nach dem Recht der Europäischen Wirtschaftsgemeinschaft nicht in erster Linie unmittelbar auf die landwirtschaftliche Urproduktion, sondern knüpft in seinen Regelungen an Unternehmen für die Verarbeitung oder Vermarktung landwirtschaftlicher Produkte an.

Agrarrecht und Umweltrecht

Als eine der jüngsten Rechtsmaterien gewinnt das *Umweltrecht* in jüngster Zeit zunehmend an Bedeutung. Freilich sind seine Konturen gegenwärtig noch wenig fest umrissen. Ebenso wie das Agrarrecht ist das Umweltrecht kein sektoraler Ausschnitt aus der Rechtsordnung, es überzieht vielmehr die gesamte Rechtsordnung und durchsetzt sie mit einer manchmal stärkeren, manchmal schwächeren ökologischen Tönung[53]).
Zwischen Agrarrecht und Umweltrecht bestehen die mannigfachsten Zusammenhänge. Dies gilt etwa für das neue Landschaftspflegerecht mit seinen Pflegepflichten[54]). Daneben finden sich Berührungspunkte im Pflanzenschutzrecht, im Immissionsschutz-, Wasser- und Abfallbeseitigungsrecht sowie bei den Rechtsvorschriften über Rückstandsbelastungen aus der tierischen Produktion[55]).

Zusammenfassend läßt sich feststellen, daß das Agrarrecht in der deutschen Rechtsordnung keine völlig in sich geschlossene Rechtsdisziplin darstellt. Die Sonderregeln für die Landwirtschaft bleiben vielmehr den Rechtsmaterien, denen sie entstammen, in ihren systematischen Zusammenhängen verknüpft. Dies schließt aber nicht aus, daß auch in der Zukunft der Agrarbereich eine Vielzahl von rechtlichen Sondergestaltungen bewahren wird.

IV Systematik des Agrarrechts

Wenngleich sich für das deutsche Recht eine völlige dogmatische Eigenständigkeit der agrarrechtlichen Institutionen nicht nachweisen läßt, so kann es doch sinnvoll

[53]) *P.-Chr. Storm*, Umweltrecht, in: Agrarrecht (1974), S. 181 ff. (182).
[54]) Vgl. die Vorschrift des § 8 Abs. 7 Bundesnaturschutzgesetz, wonach die im Sinne des Gesetzes ordnungsgemäße landwirtschaftliche Bodennutzung nicht als Eingriff in Natur und Landschaft anzusehen ist.
[55]) Zur Problematik siehe die Beiträge in dem Sammelbericht „Umweltschutz in Land- und Forstwirtschaft", Berichte über Landwirtschaft N. F. 50 (1972).

erscheinen, den gesamten Komplex der rechtlichen Sondergestaltungen im Agrarbereich zu unterteilen.
Einer Unterscheidung zwischen öffentlichrechtlichen und privatrechtlichen Normen des Agrarrechts kommt dabei nur geringer Wert zu. Öffentlichrechtliche und privatrechtliche Regelungen sind im Agrarbereich miteinander verknüpft und verzahnt[56]). Zudem haben sich in der rechtswissenschaftlichen Diskussion der Gegenwart die Zweifel verfestigt, ob der überkommene Dualismus zwischen Privatrecht und öffentlichem Recht überhaupt gerechtfertigt ist[57]). Positivrechtlich dient zwar die Unterscheidung von öffentlichem und privatem Recht noch nach wie vor dazu, die gerichtlichen Zuständigkeiten abzugrenzen. Das auf der Trennung von Staat und Gesellschaft beruhende Modell der Zweiteilung der Rechtsordnung hat aber an Bedeutung verloren. Dies heißt freilich nicht, daß nicht auch künftig dem Privatrecht als Teilglied des Rechtssystems noch wesentliche Aufgaben zur Wahrung von Selbstbestimmung und Freiheit zukommen werden[58]). Die Untergliederung in Agrarprivatrecht und öffentliches Recht im Agrarbereich wird aber nur eingeschränkt fruchtbar sein. Für eine Unterteilung des dem Agrarrecht zugeordneten Rechtsstoffes bieten sich vier andere Gesichtspunkte an:

1. Zunächst lassen sich diejenigen Rechtsnormen zusammenfassen, die *unmittelbar* den landwirtschaftlichen *Betrieb* regeln oder an den landwirtschaftlichen *Unternehmer* anknüpfen. Hierzu gehören die Rechtsvorschriften, welche die Zuordnung der Produktionsmittel zum landwirtschaftlichen Betrieb regeln. Die Besonderheiten des landwirtschaftlichen Eigentums im Grundstückverkehrs-, Siedlungsrecht sowie im landwirtschaftlichen Erbrecht sind hier einzubeziehen. Die Produktionsmittel können daneben auch in Form der Landpacht oder in Form gesellschaftsrechtlicher Beziehungen genutzt werden. Dem Betriebsrecht sind außerdem die besonderen landwirtschaftlichen Pfandrechte, das Sortenschutzrecht sowie Rechtsprobleme, die die Stellung des Betriebes im Rechtsverkehr

[56]) Zum privaten und öffentlichen Recht im Bereich des Arbeitsrechts *H. Heidelbach*, Die Unterscheidung zwischen privatem und öffentlichem Recht im Arbeitsrecht. Diss. Marburg 1965; *W. Schwarz*, Öffentliches und privates Recht in der arbeitsrechtlichen Systembildung. 1973 (Grazer Rechts- und staatswissenschaftliche Studien. 30); zum Wirtschaftsrecht *G. Rinck*, Das Wirtschaftsrecht im – abklingenden – Spannungsfeld zwischen öffentlichem und privatem Recht, in: Wirtschaftsrecht (1972), S. 5 ff.

[57]) Dabei wird der Sinn dieser Zweiteilung in Frage gestellt (so etwa *M. Bullinger*, Öffentliches Recht und Privatrecht. 1968 (res publica. 17), der diesen Dualismus zugunsten eines differenzierten Gemeinrechts aufgeben will (a. a. O., S. 81 ff.)). Bereits früher ist versucht worden, ein Sozialrecht als 3. Rechtskategorie einzuführen (*Gierke*, Deutsches Privatrecht. I (1895), S. 26 – auf das Arbeitsrecht ist diese Kategorie übertragen worden von *Sinzheimer*, Über einige Grundfragen des Arbeitstarifrechts, in: Festgabe der juristischen Fakultäten zum 50jährigen Bestehen des Reichsgerichts. Bd. 4 (1929), S. 10 ff. – ablehnend *E. Jacobi*, Grundlehren des Arbeitsrechts (1927), S. 383 f.).

[58]) s. dazu *L. Raiser*, Die Zukunft des Privatrechts. 1971 (Schriftenreihe der juristischen Gesellschaft. Berlin 43).

betreffen, wie etwa Rechtsfragen der vertikalen Integration zuzurechnen. Auch die Organisation und das Verfahren der Landwirtschaftsgerichte, die für bestimmte Rechtsfragen des landwirtschaftlichen Erbrechts, des Grundstückverkehrs- und des Landpachtrechts zuständig sind, weisen Bezüge zum Betriebsrecht auf. Eine besondere Gruppe bilden die Rechtsnormen, die die sozialrechtliche und arbeitsrechtliche Stellung der in der Landwirtschaft tätigen Personen regeln, nämlich das landwirtschaftliche Sozialrecht und das Landarbeitsrecht.

2. Hiervon zu unterscheiden sind die Rechtsnormen, die nicht in erster Linie den einzelnen landwirtschaftlichen Betrieb, sondern vielmehr die *Landwirtschaft* und *Ernährungswirtschaft* als einen *besonderen* Sektor der Volkswirtschaft zu regeln versuchen, wie es für das Recht der Agrarmärkte kennzeichnend ist. Ein besonders enger Zusammenhang mit dem *Wirtschaftsrecht* als Recht der staatlichen Wirtschaftslenkung ist hier zu verzeichnen. Hier sind die rechtlichen Grundlagen der Agrarpolitik, das Recht der Landwirtschaftskammern, das Recht der Agrarsubventionen, das europäische und das deutsche Agrarwirtschaftsrecht, einschließlich des landwirtschaftlichen Wettbewerbsrechts, sowie die Rechtsgrundlagen der landwirtschaftlichen Produktion (Tierzucht-, Futtermittel-, Düngemittel-, Saatgutverkehrs-, Pflanzenschutzrecht) einzuordnen. Im internationalen Bereich sind die Rohstoffabkommen, soweit sie landwirtschaftliche Erzeugnisse betreffen, einzubeziehen.

3. Außerdem lassen sich die Rechtssätze zusammenstellen, die die Ordnung des *ländlichen Raumes*[59]) anstreben und die in den Zusammenhang des allgemeinen *Bodenrechts* gehören. Die agrarstrukturelle Fachplanung insbesondere das Flurbereinigungsrecht sowie Vorschriften über die Landwirtschaft im Recht der Raumordnung und Bauleitplanung lassen sich hier einordnen. Bezüge zu dieser Gruppe von Rechtssätzen weist auch das Natur- und Landschaftspflegerecht auf.

4. Schließlich lassen sich diejenigen Rechtssätze des Agrarrechts zusammenfassen, die einen besonders intensiven *ökologischen* Bezug aufweisen. Es handelt sich hierbei um die Regelung von Immissionen und Emissionen bei landwirtschaftlichen Betrieben sowie um Vorschriften zum Schutze der Umwelt bei der Erzeugung und Verarbeitung landwirtschaftlicher Produkte. Dabei werden sich diese Rechtssätze freilich auch in andere Gruppen einordnen lassen, so insbesondere bei den Rechtssätzen, die die Ordnung der Landwirtschaft als besonderen Wirtschaftssektor betreffen (Rechtsfragen der Erzeugung und Verarbeitung landwirtschaftlicher Produkte), als auch bei den Rechtssätzen, die die Ordnung des ländlichen Raumes berühren (Naturschutz- und Landschaftspflegerecht).

[59]) s. hierzu *R. Scheyhing*, „Ländlicher Raum" und „Recht des ländlichen Raumes", in: AgrarR (1975), S. 1 ff.

V Aufgaben der Agrarrechtswissenschaft

1. Die Agrarrechtswissenschaft wird die agrarrechtlichen Institute unter *dogmatischen* Gesichtspunkten zu untersuchen und die Entwicklung von typisierten Sonderformen des Betriebes, des Eigentums und der Marktordnung im landwirtschaftlichen Sonderrecht zu beleuchten haben. Zugleich müssen die Zusammenhänge, die zwischen den Instituten des Agrarrechts und anderen Rechtsdisziplinen bestehen, für eine wissenschaftliche Betrachtung fruchtbar gemacht werden.

2. Die einzelnen Gesetze verwenden den Begriff „Landwirtschaftsrecht" oftmals in unterschiedlicher Bedeutung. Dies läßt sich durch verschiedene Zwecksetzungen der Rechtsnormen, durch die Zuständigkeit von europäischen Gemeinschaftsorganen, Bundes- und Landesorganen zur Rechtssetzung im Agrarbereich sowie schließlich durch die Entstehung der Agrargesetzgebung in verschiedenen Zeitepochen erklären. Die Agrarrechtswissenschaft wird unter *rechtspolitischen* Gesichtspunkten die einzelnen Normen kritisch zu überprüfen haben, ob Unterschiede in der Begriffsdefinition sinnvoll sind.

3. Zugleich hat eine wissenschaftliche Behandlung des Agrarrechts einer *didaktischen* Aufbereitung des Rechtsstoffes zu dienen.

4. Besondere Beachtung verdient heute die *Rechtsvergleichung* auf dem Gebiet des Agrarrechts. Sie kann zu einem Verständnis der historischen und sozialen Bedingtheit der Agrarrechtsinstitutionen beitragen, die dogmatische und methodische Diskussion in der Agrarrechtswissenschaft befruchten sowie eine insbesondere im Bereich der Europäischen Gemeinschaften notwendige Rechtsangleichung vorbereiten[60]).

5. Die rechtlichen Sonderregelungen im Agrarbereich sind Teil der allgemeinen Agrarverfassung. Zur Klärung der Zusammenhänge zwischen dem Recht und den anderen Elementen der Agrarverfassung bedarf es der *interdisziplinären* Zusammenarbeit mit anderen Sozialwissenschaften des Landbaus.

[60]) Zur Agrarrechtsvergleichung *A. Pikalo*, Die Bedeutung der Rechtsvergleichung für das Agrarrecht, in: RdL (1967), S. 254 ff.; *ders.*, Die Bedeutung und Funktion der Rechtsvergleichung im Agrarrecht, in: Berichte über Landwirtschaft N. F. 53 (1975), S. 42 ff.; *ders.*, Bedeutung und Funktion der Rechtsvergleichung im Agrarrecht, in: Um ein europäisches Agrarrecht. 1974 (Schriftenreihe für Agrarsoziologie und Agrarrecht. XVII, S. 55 ff. – Ein gelungenes Beispiel für rechtsvergleichende Arbeiten auf dem Gebiet des Agrarrechts stellt die Untersuchung von *A. Pikalo*, Land- und forstwirtschaftliches Grundstückverkehrs- und Erbrecht im westlichen Europa (1961) dar.

De besloten vennootschap in de landbouw (juridische aspecten)

Nicolaas Maarten Zijp)*

I Inleiding

1. De laatste tijd kan men in de Nederlandse landbouw een sterk toegenomen belangstelling voor toepassing van de „besloten vennootschap met beperkte aansprakelijkheid" constateren.
Deze interesse is, uit de aard der zaak, vooral aanwezig bij de categorie grote akkerbouwers (m. n. in de IJsselmeerpolders) en bij de veehouderijbedrijven met 80 à 100 of meer melkkoeien waarvan het merendeel zich in de provincie Friesland bevindt.
De glastuinbouw, bollenteelt en – exportbedrijven en boomkwekerijen, hadden zich reeds veel eerder tot de N. V. – vorm en na 1971 tot de B. V. – vorm gewend.
Deze belangstelling blijkt onder andere uit de sterke behoefte aan voorlichting over dit onderwerp, vooral over de fiskale aspecten hiervan.
Enkele jaren geleden had het Landbouwschap een brochure over de rechtsvorm van de landbouwonderneming het licht doen zien, waarin vooral aan de B. V. ruime aandacht was gegeven. Deze brochure was vrij snel uitverkocht. Een geactualiseerde herdruk lijkt wenselijk.
Daarnaast heeft het Landbouw-Economisch Instituut in januari 1978 een belangwekkende studie gepubliceerd. „Bedrijfsopvolging in de landbouw en de besloten vennootschap", samengesteld door drs Th. J. Snoek, waarin de vraag onder ogen wordt gezien of en in welke mate de B. V. een bijdrage kan leveren tot oplossing van de financieringsproblemen bij de bedrijfsopvolging van eigen-geërfde boeren.

2. Sinds 1971 tot april 1976 telde ons land 99.772 B.V.'s, waarvan 54.685 nieuw opgerichte B.V.'s en 45.087 in B.V.'s omgezette N.V.'s.[1])
Op grond van de Handelsregisterwet moeten alle ondernemingen in het Handelsregister worden geregistreerd, hetwelk wordt gehouden door de Kamers van Koophandel en Fabrieken. Van deze verplichting tot inschrijving zijn die ondernemingen uitgezonderd, waarin uitsluitend landbouw of visserij wordt uitgeoefend en die niet aan een rechtspersoon of vennootschap toebehoren (art. 2, lid 1, sub a).
De Kamers van Koophandel beschikken over een Databank, ondergebracht bij de

*) In Zusammenarbeit mit Dr. M. A. Cohen, Den Haag.

[1]) Van der Heyden / Van der Grinten „Handboek voor de naamloze- en de besloten vennootschap", 9e druk, 1976, blz. 39, hierna aan te halen als „Handboek".

Kamer van Koophandel te 's-Gravenhage. Informatie naar het aantal in het Handelsregister geregistreerde B.V.'s dat een onderneming in de sector land- en tuinbouw uitoefent in de rechtsvorm van de B.V., leverde het volgende resultaat op:

in de sector tuinbouw	989
in de sector akkerbouw	160
in de sector veeteelt, inclusief pluimveeteelt en varkenshouderij	204
totaal	1353 B.V.'s.

Voorts bleken 295 B.V.'s als landbouwloonbedrijven te zijn geregistreerd. Hoewel de rubricering typisch de zgn. produktie-bedrijven betreft, lijkt het ons niet uitgesloten dat onder deze aantallen B.V.'s ook bedrijven voorkomen die zich uitsluitend met de handel c.q. export van land- en tuinbouw-produkten bezighouden. Niettemin geven deze gegevens een, zij het wellicht benaderend inzicht, in de frequentie waarmede in de land- en tuinbouw de B.V. – vorm tot dusverre toepassing heeft gevonden.

3. De sterk gestegen belangstelling voor de B.V. blijkt in de praktijk aanleiding te geven tot misbruik van deze rechtsfiguur; met name komt het voor dat men wil ontkomen aan afdracht van verschuldigde loonbelasting en van sociale verzekeringspremies.
Weliswaar kan de curator in geval van faillissement van de bestuurder ten behoeve van de boedel schadevergoeding vorderen wanneer de toestand der vennootschap te wijten is aan grove schuld of grove nalatigheid van de bestuurder ook in het geval dat aan deze bestuurder décharge is verleend (art. 248); inschakeling van een stroman zonder middelen verijdelt evenwel deze mogelijkheid. Ditzelfde geldt voor het feit de bestuurder ook persoonlijk aansprakelijk te stellen voor verschuldigde loonbelasting of premies voor sociale verzekeringen. Bij het Ministerie van Justitie is inmiddels een studie gaande naar de mogelijkheden tot bestrijding van misbruik van rechtspersonen[2]). Ook het Hoofdbestuur van de Notariële Broederschap zoekt naar mogelijkheden die de notaris in staat moeten stellen aan de bestrijding van dit misbruik een bijdrage te leveren. Hierbij wordt overleg gepleegd met het Ministerie van Justitie[3]).
In dit kader was bij de Tweede Kamer een voorstel aanhangig gemaakt om een minimumkapitaal bij de oprichting van naamloze en besloten vennootschappen in te voeren. Thans kan nl. in de eerste plaats volstaan worden met plaatsing van 20% van het maatschappelijk kapitaal, anders kan de Minister van Justitie de door hem af te geven verklaring van geen bezwaar weigeren; in de tweede plaats

[2]) Memorie van Antwoord, Eerste Kamer, Wetsontwerp no 13483 tot invoering van een minimum-kapitaal bij oprichting van N. V.'s en B. V.'s.
[3]) WPNR, no 5431.

behoeft op elk geplaatst aandeel niet meer dan 10% gestort te zijn, c.q. te worden ingebracht. Dit betekent dat bij een maatschappelijk kapitaal van *f* 100 000,– volstaan zou kunnen worden met een effectieve storting van een bedrag van *f* 2 000,–. Teneinde een betere rechtsbescherming van crediteuren van een B.V. of N.V. te bewerkstelligen, heeft de wetgever op basis van een wetsvoorstel van 1974/75 een minimum geplaatst en gestort kapitaal van *f* 30 000,– ingevoerd; aangenomen dat ook de Eerste Kamer hiermee akkoord zal gaan, waaraan niet getwijfeld behoeft te worden. Overigens maakt dit onderwerp ook deel uit van een der ontwerp-richtlijnen tot harmonisatie van het vennootschapsrecht in E.E.G.-verband, waarover hierna nader.

4. Welke zijn nu de motieven op grond waarvan éénmanszaken, in dit geval vooral landbouwbedrijven, worden omgezet in B.V.'s? Men kan deze als volgt onderscheiden:
a) Toepassing van de sociale wetgeving;
b) Fiskale overwegingen;
c) Bevordering van continuiteit van de onderneming;
d) Uitsluiting van de persoonlijke aansprakelijkheid van de ondernemer;
e) Als rechtsfiguur van samenwerking tussen meerdere ondernemers.

Leyten en Wey constateren in een beschouwing in Economisch-Statistische Berichten van 19 februari 1975, nr 2990, dat veel zelfstandigen ook met een jaarwinst van *f* 70 000,– en minder overgaan tot het oprichten van B.V.'s, hoewel dit fiscaal gezien eerst bij het bereiken van deze winst aantrekkelijk begint te worden. Als voornaamste motief tot deze handelwijze zien zij het verkrijgen hierdoor als werknemer van de bescherming van de sociale wetgeving. Indien voor het midden – en kleinbedrijf deze stelling al juist zou zijn, dan is dit naar ons gevoelen voor de land – en tuinbouw bepaald niet het geval.
In deze sector speelt het fiskale facet ongetwijfeld een belangrijke rol, de sterke, ongekende stijging van de grondprijzen en de daaruit voortvloeiende problemen van de financiering van de bedrijfsopvolging richten evenwel de aandacht in toenemende mate op de rechtspersoon, de besloten vennootschap met haar in aandelen verdeeld kapitaal als instrument uit het oogpunt van continuiteit der onderneming.
De uitsluiting van de persoonlijke aansprakelijkheid van de ondernemer is volgens Van der Grinten[4]) in het algemeen geen doorslaggevend motief om tot oprichting van N. V. of B. V. over te gaan. Wij onderschrijven dit oordeel, temeer daar de banken bij belangrijke kredietverleningen in daartoe in aanmerking komende gevallen allerminst schromen ook de aansprakelijkheid van het privé-vermogen van de directeur – enig aandeelhouder van de B.V. te eisen.
Het hanteren van de B.V. als een typisch geeigende rechtsvorm voor samenwerkende bedrijven om daardoor tot schaalvergroting en een grotere rentabiliteit van kapitaal en arbeid te geraken (gagner plus et travailler moins, is de Franse slogan in dit verband) komt nog maar zeer sporadisch voor hoewel het Ontwikkelings

[4]) V. d. Heijden / v. d. Grinten oc., blz. 128.

– en Saneringsfonds via subsidiëring poogt integratie van bedrijven zowel als van bedrijfstakken te stimuleren.
Meer succes heeft de ontwikkeling van de zgn. groepslandbouw in Frankrijk, gegoten in de vorm van de G.E.A.C.'s (groupements d'exploitations agricoles en commun). Ook zal nog aandacht worden besteed aan een tweede Franse variatie op de maatschap, nl, de zgn. G.F.A.'s (groupements financiers agricoles) die beogen een onverdeelde boedel een aantal jaren onverdeeld te laten via verpachting aan de erfgenaam-opvolger ter tegemoetkoming aan de financiële zwarigheden ingeval van toescheiding aan de zoon.
De voorjaarsvergadering 1977 (6 en 7 juni) van de Duitse Vereniging voor Agrarisch Recht was aan de vererving van landbouwgronden gewijd waarbij ook het aspect van het gieten van het eenmanslandbouwbedrijf in de vorm van een rechtspersoon ter sprake is gekomen.
Prof. dr. h. c. Erwin Reisch (Universiteit Hohenheim) oordeelde het nog te vroeg[5]) om voor de Bondsrepubliek de oplossing te zoeken in het stichten van vennootschappen in de zin van het handelsrecht (H.B.G.).
Dit stuit alleen al af op het verlies van de enorme fiskale voordelen van het niet op basis van de behaalde reële winst maar normatief (forfaitair) belasten van de winst bij de landbouwer, met uitzondering van de grote bedrijven, tegen welke uitzonderingspositie overigens sterke weerstand begint te rijzen[6]).
Trouwens, de situatie in Duitsland met een typisch boerenerfrecht (het zgn. Anerbenrecht in bepaalde delen van de Bondsrepubliek) en daarnaast een toewijzingsmogelijkheid door de rechter op basis van de zgn. Ertragswert[7]), is in dit opzicht voor de boerenzoonopvolger onvergelijkelijk veel gunstiger dan in ons land.
Alvorens over te gaan tot een beknopte analyse van de B.V., vooral vanuit de optiek van de financiering van de bedrijfsoverneming, zullen wij eerst nog stilstaan bij de vennootschapsverhoudingen zonder rechtspersoonlijkheid.

II De vennootschapsverhoudingen zonder rechtspersoonlijkheid

1. De onderneming kan worden uitgeoefend in de navolgende vennootschapsverhoudingen, waaraan de geldende wetgeving echter geen rechtspersoonlijkheid toekent:
a) de maatschap;
b) de vennootschap onder firma;
c) de commanditaire vennootschap.
In tegenstelling tot de B.V. die door *één* ondernemer als rechtsvorm kan worden

[5]) Zie Agrarrecht Heft 9/1977 en de daaraan toegevoegde bijlage.
[6]) Een werkgroep van de Bondsregering heeft dit onderwerp in studie en schijnt hierover zeer onlangs gerapporteerd te hebben.
[7]) Geregeld in het Grundstückverkehrsgesetz 1961, art. 13 e.v.

gehanteerd, zijn de hierbedoelde vennootschapsverhoudingen gericht op een veelal duurzaam bedoelde samenwerking tussen *twee of meer* personen, om met behulp van door ieder der vennoten ingebrachte kapitaal en/of arbeid onderling te verdelen voordeel te behalen.

Als een maatschap onder een gemeenschappelijke naam een *onderneming* c.q. een *bedrijf* uitoefent, dan is er sprake van een vennootschap onder firma; is er sprake van een gemeenschappelijk uitgeoefend *beroep* (accountant, rentmeester, notariaat, advocatuur), dan treedt er geen wijziging in het rechtskarakter van de maatschap op.

De commanditaire vennootschap komt in Nederland betrekkelijk weinig voor (enkele duizenden), althans in vergelijking tot de toepassing van maatschap en V.O.F. De animo hiertoe zal nog verder zijn gedaald nu sinds 1971 de besloten vennootschap een praktisch en goedgeregeld alternatief biedt ook voor ondernemingen in het midden- en kleinbedrijf en de landbouw.

De commanditaire vennootschap onder firma is nl. enerzijds een V.O.F. met daaraan toegevoegd een zgn. participant, een zgn. stille vennoot wiens betekenis niet anders is dan die van deelnemer in het bedrijfsvermogen en wiens aansprakelijkheid zich tot deze inbreng beperkt. In het Handelsregister blijft vermelding van persoonlijke gegevens van de stille vennoot achterwege, maar wel dient melding gemaakt te worden van aantal, nationaliteit, land van inwoning en uiteraard van het totale bedrag van inbreng van geld en goederen. De stille vennoot komt extern geen beheersbevoegdheid toe.

Sommigen[8]) veronderstellen dat de belangstelling voor de commanditaire vennootschap wel eens zou kunnen toenemen, gelet op het reeds door de Tweede Kamer aanvaarde wetsontwerp tot invoering van een kapitaaldrempel bij de oprichting van B.V.'s (en N.V.'s), terwijl bovendien de Wet op de jaarrekening van ondernemingen (de publicatie van jaarstukken en de bepalingen betreffende de structuur van grote N. V.'s en B.V.'s) niet van toepassing is op de C.V.'s. Daarenboven is bij wet van 28 mei 1975, S. 277, als uitvloeisel van de Eerste Richtlijn voor het vennootschapsrecht van de Europese Gemeenschappen in ons land de commanditaire vennootschap op aandelen niet langer als toelaatbare rechtsvorm erkend. Het Wetboek van Koophandel zweeg over deze rechtsvorm in alle talen. Zij kwam in ons land heel weinig voor. Maatschappelijk bestond hieraan geen behoefte. Vandaar de aangehaalde wet van 1975, waardoor het treffen van regelingen in het kader van de uitvoering van de Eerste Richtlijn vermeden werd.

2. De *maatschap* als vennootschapsverhouding tussen vader en zoon komt in de landbouw naar ons gevoelen in toenemende mate en vooral de laatste jaren betrekkelijk frequent voor. De belangstelling hiervoor is trouwens sterk toegenomen toen duidelijk werd dat langs deze weg de inkomens- en vermogenspositie van de medewerkende zoon in het bedrijf beter gediend werd dan ingeval deze laatste vele jaren als werknemer bleef fungeren tegen vergoeding van kost en

[8]) Vgl. A. L. Mohr „Van maatschap, vennootschap onder firma en commanditaire vennootschap", 1976, blz. 122.

inwoning en zakgeld, hetgeen helaas ondanks de schaalvergroting in de landbouw nog steeds voorkomt.
Voorzover ons bekend, ontbreekt overigens enig quantitatief inzicht in het voorkomen van het verschijnsel maatschap in de bedrijfstak land – en tuinbouw.

3. Essentieel voor een maatschap is de inbreng, inbreng van arbeid of van kapitaal. Zonder inbreng geen maat of vennoot en dus ook geen maatschap. Niet nodig is dat ieder der maten ook arbeid inbrengt. Het gaat te ver om uit het karakter van samenwerkingsovereenkomst ook deze eis af te leiden. De inbreng van onroerend goed, van een boerderij, kan plaatsvinden:

a) door middel van *eigendomsoverdracht* via levering aan de gezamlijke maten in mede-eigendom;
b) door middel van het inbrengen van het *genot* van het goed; bij de inbrengende vennoot blijft de juridische eigendom;
c) door middel van inbreng van de economische eigendom, hetgeen door de H.R. wordt aanvaard. (H. R. 29 okt. 1952, N.J. 1953, 557).

Een pachter mag het genot van het gepachte niet in een maatschap zonder toestemming van de verpachter inbrengen, tenzij hij zich de volledige zeggenschap voorbehoudt; dan is er nl. geen strijd met art. 25 Pachtwet, de plicht tot persoonlijk gebruik[9]).
De Werkgroep Pacht van het Landbouwschap bepleitte destijds in haar rapport (1972) het feitelijk gebruik van het gepachte in een maatschap te kunnen inbrengen, zo nodig met een beroep op de Pachtkamer van het Kantongerecht indien de verpachter tegen een dergelijke inbreng bezwaren heeft. Tot heden is deze wens nog niet gerealiseerd.
In een voorstel tot wijziging[10]) van de Duitse Pachtwet 1952, dat op 1 maart 1977 door de Bondskanselier aan de „Bundestag", na behandeling door de „Bundesrat" werd toegezonden, wordt voorgesteld om bij gebreke van toestemming van de verpachter, deze te doen vervangen door een machtiging van het Landwirtschaftsgericht ingeval het betreft „einem landwirtschaftlichen Zusammenschlus zum Zwecke der gemeinsamen Nutzung"; een en ander dient te strekken tot behoud of verbetering van de rentabiliteit van het bedrijf terwijl dit van de verpachter met inachtneming van diens gerechtvaardigde belangen verlangd moet kunnen worden.
De Franse Wet van 1962 ten aanzien van de hiervoor reeds genoemde G.E.A.C.'s (groepslandbouw) gaat verder; voldoende voor inbreng van het genot van het gepachte in een dergelijk samenwerkingsverband is kennisgeving hiervan aan de verpachter bij aangetekende brief door de pachter. De maatschap wordt wel medegebruiker doch geen medepachter, zij het met hoofdelijke aansprakelijkheid voor de nakoming van des pachters verplichtingen. Het voorkeursrecht ingeval van verkoop blijft aan de pachter en niet aan de G.E.A.C. toekomen.

[9]) Pachtkamer van het Hof Arnhem, De Pacht 1955, no 1691; 1960, no 2122; 1963, no 2350.
[10]) Drucksache 8/141.

4. Wanneer is er een verbintenis tot stand gekomen tussen de maatschap en een derde zodat de maten dan naar *gelijke delen* en niet hoofdelijk zoals bij de vennootschap onder firma, aansprakelijk zijn (art. 1680 BW)?
In de eerste plaats is hiertoe volmacht tot vertegenwoordiging vereist die de handelende maat van de overige maten heeft verkregen; vervolgens is hiervan sprake indien de overige vennoten bij een derde het gerechtvaardigd vertrouwen hebben opgewekt dat de onbevoegd handelende vennoot wèl bevoegd was, zodat op grond van de toerekenbare schijn alle vennoten door de derde voor gelijke delen aangesproken kunnen worden (H. R. 2 maart 1956, N.J. 1956, 151)[11]).
In de derde plaats kan de .onbevoegdelijk door een maat verrichte handeling achteraf door de overige maten alsnog worden bekrachtigd. Voorts bepaalt art. 1681 BW dat alle maten ook naar evenredigheid van hun aantal gebonden zijn indien een maat in naam van de maatschap onbevoegdelijk gehandeld heeft en de derde toont aan dat de transactie ten voordele van de maatschap heeft gestrekt (vgl. H. R. 13 juni 1958, N.J. 1958, 352)[12].
Uiteraard dient voor de derde voldoende kenbaar geweest te zijn dat de handelende maat in naam van de maatschap heeft gehandeld. Ingevolge art. 1682 kan de maatschap de uitvoering van een overeenkomst vorderen indien deze in naam van de maatschap is aangegaan. Dit is sinds de wet van 2 juli 1934, Stbl. 347, art. 5, 2º R.V. heeft gewijzigd, niet meer mogelijk. De vennootschap onder firma kan wel als zodanig als eisende partij in rechten optreden, de maatschap als zodanig kan dit niet; de *gezamelijke maten* zijn uitsluitend bevoegd nakoming van door één der maten bevoegdelijk aangegane overeenkomst te vorderen.

5. Wisseling van vennoten doet in beginsel de bestaande vennootschap teniet gaan; het staat partijen evenwel vrij om hiervan af te wijken en om met name bij een einde van deelneming van één der maten, bijvoorbeeld als gevolg van overlijden, een regeling te treffen. Hierbij kan het de bedoeling zijn de maatschap voort te zetten met de resterende vennoten, indien er althans meer dan een resteert, hetzij de maatschap voort te zetten met een opvolgend erfgenaam. Artikel 1688 BW bepaalt dat indien bedongen is dat ingeval van overlijden van één der vennoten de maatschap met diens erfgenamen zal voortduren, dit beding nagekomen moet worden. In een dergelijk geval volgen de erven onder algemene titel op in de positie van de overleden vennoot. Wenst men dit niet, dan rest slechts verwerping van de gehele nalatenschap. Beter is daarom via een optie tot opvolging c.q. een optie de contrahendo (een derden beding)[13]) de erven niet automatisch te doen opvolgen doch hen de keuze te laten of en zo ja wie van de erven in de plaats zal treden van de overleden vennoot terwijl het beding de voorwaarden tot opvolging zal behoren in te houden. Ook kan een beding

[11]) Prof. mr W. J. Slagter in Vennootschappen, Verenigingen en Stichtingen, deel C, VII, blz. 151.
[12]) Zie Mohr, b.o.c., bl. 77.
[13]) Zie Mohr, bl. 168.

ingevolge hetwelk de erven niet als beherend vennoot doch als *commanditair* vennoot aangemerkt worden, dan wel één of meer van hen opvolgen, bijzonder zinvol zijn. Het vennootschapsvermogen blijft ter beschikking, de commanditaire vennoot ist slechts aansprakelijk tot zijn inbreng. Voor de weduwe kan op deze wijze een voldoende verzorging worden gerealiseerd.[14]) Deze zeer nuttige suggestie willen wij hier gaarne nog eens onder de aandacht brengen.

6. Dragen de hiervoor bedoelde voortzettingsbedingen een obligatoir karakter, van andere aard zijn de zgn. *vermogensbedingen* die beogen bet vennootschappelijk vermogen (ook het zgn. buiten-vernnootschappelijk vermogen) blijvend voor de vennootschap ter beschikking te doen zijn:
a) het verblijvens- en toescheidingsbeding;
b) het overnemingsbeding.
Het *verblijvensbeding* heeft tot gevolg dat *van rechtswege* het aandeel van de uitgetreden (overleden) vennoot in het vennootschapsvermogen in eigendom aan de overblijvende vennoten overgaat, dan wel aan één of enkelen van hen. Uit fiskaal oogpunt verdient een „verblijvensbeding met vertraagde werking" verre de voorkeur, omdat dan niet het 20–50% tarief maar het zgn. overlijdenstarief van 20% van toepassing is.
Het verblijvensbeding zal de verplichting tot vergoeding van het in eigendom aan de overblijvende vennoten overgegane aandeel in het vennootschapsvermogen van de erfgenamen van de overleden dienen in te houden.
De H. R. heeft uitgemaakt dat een vennootschappelijk verblijvingsbeding waarbij de overblijvende vennoot tevens erfgenaam, werd bevoordeeld (verblijving tegen boekwaarde), niet is aan te merken als een aan inbreng onderworpen schenking cf. art. 1132 BW; in hetzelfde arrest (de Rooy/de Rooy, 26 maart 1965, NJ 1966, 328, Mohr o. c. bl. 179) is beslist dat een dergelijk beding geen strijd oplevert met art. 1370, lid 2 BW (een verboden beding over een nog niet opengevallen nalatenschap) en evenmin is te beschouwen als een schenking terzake des doods, verboden bij art. 1703, lid 2, BW.
Een zg. *toescheidingsbeding* heeft het voordeel dat het niet automatisch (van rechtswege) functioneert; het kan gegoten worden in de vorm van een optie tot toescheiding (aanvaarding door de overblijvende vennoten van een onherroepelijk aanbod tot toescheiding), dan wel van een optie tot het aangaan van een scheidingsovereenkomst.
Het *overnemingsbeding* is zinvol indien men ook buiten-vennootschappelijk vermogen (privé-eigendom van één der vennoten) in de regeling wil betrekken en voorts indien het niet om toedeling aan medevennoten gaat, maar om overdracht aan een opvolgende derde. Dit betekent dat een dergelijk beding obligatoir van karakter is en door levering zal moeten worden gevolgd met alle consequenties van dien.

[14]) Zie Mohr o.c., bl. 167 en het daar aangehaalde prae-advies van Kleijn: Oudedagsvoorzieningen.

7. Naar welke maatstaf dient bij ontbinding van een maatschap het onroerend goed te worden gewaardeerd, op basis van de waarde in vrij opleverbare staat, dan wel in verpachte staat?
Twee broers exploiteerden in maatschapsverband een boerderij. Bij overlijden van een der vennoten had de overblijvende het recht om de zaken der maatschap voor eigen rekening voort te zetten behoudens verrekening met de rechthebbende(n).
De H. R. besliste op 12 april 1967, BNB 1967, 134, dat de verkoopwaarde van erflaters aandeel in het onroerend goed niet door enig zakelijk of persoonlijk recht dat levering in vrij gebruik belemmert, werd gedrukt, zowel wanneer belanghebbende het aandeel van erflater verkreeg als enig erfenaam, als wanneer belanghebbende dit aandeel verkreeg krachtens het in de overeenkomst van maatschap opgenomen beding om de zaken der vennootschap voort te zetten. Het Hof Arnhem besliste bij arrest van 17 juni 1966, BNB 1966, 237, dat een hoeve, door de eigenaar in maatschapsverband met zijn zoon geëxploiteerd, niet als vrij opleverbaar moet worden geschat, maar als in blijvend gebruik bij een landbouwer, die daarop zijn bedrijf uitoefent.
Bij arrest van 5 februari 1975, BNB 1975, 67, besliste de H. R. evenwel dat de wet niet toestaat aan de omstandigheid van inbreng in gebruik in een maatschap tussen erflater en erfgename-belanghebbende een lagere waardering te verbinden dan die in vrij opleverbare staat.
Deze uitspraken zijn helaas weinig aantrekkelijk. Volstaan wij om in dit verband nog eens te wijzen op de eensluidende standpunten van:

- De Haan (De Pacht 1972, bl. 31): in de relatie vader – zoon met betrekking tot een boerderij dient men te stellen dat deze niet gebruiksvrij wordt, door de continuiteit van het gebruik.
- Rombach (praeadvies Vereniging v. Agrarisch Recht, De Pacht 1975, bl. 163): de overdrachtsmogelijkheid van vader op zoon ten aanzien van de landbouw staat en valt met een realistische prijsbepaling;
- J. M. Polak in praeadvies Broederschap Candidaat-Notarissen 1967, bl. 23: onder omstandigheden, als de beginselen van goede trouw en billijkheid zulks medebrengen, kan er reden zijn de opbrengstwaarde te kiezen. De deelgenoten gevoelen zich verplicht in geval van overbedeling van de bedrijfsovernemer, op basis van de opbrengstwaarde af te rekenen.

  Men vergelijke ook de inaugurele rede van Prof. mr M. J. van Mourik over „Onderneming en erfrecht" (1975).

8. Zoals wij reeds eerder opmerkten, is de vennootschap onder firma niet anders dan een in vennootschapsverband, onder een gemeenschappelijke naam, uitgeoefend bedrijf. In de tuinbouw komen de meesten voor, t.w. 2460, in de landbouw ongeveer 700, terwijl er ook nog een 640 loonbedrijven in de v.o.f. vorm bij de Kamers van Koophandel geregistreerd zijn.
Van de firma-figuur is in de landbouw veelal sprake indien er naast het eigenlijke land- en tuinbouwbedrijf tevens de afzet van de eigen geteelde produkten en soms die van derden, ter hand is genomen; hierbij is te denken aan bollenbedrijven,

boomkwekerijen e.d. Ook komt de combinatie van een loonbedrijf als (belangrijk) onderdeel van een landbouwbedrijf nogal eens voor.
De V.O.F. wordt vooral gekenmerkt door het volgende:

- in tegenstelling tot de maatschap beschikt iedere vennoot in beginsel over vertegenwoordigingsbevoegdheid, d.w.z. dat hij door zijn handelen ten name van de vennootschap deze laatste ook aan derden bindt en omgekeerd. Evenals bij de maatschap is dit ook het geval ingeval van baat of van bekrachtiging achteraf, en van toerekenbare schijn van vertegenwoordiging;
- de hoofdelijke aansprakelijkheid van de vennoten voor het geheel van de verbintenissen van de vennootschap. Overigens levert een vonnis, gewezen tegen de vennootschap, geen executoriale titel op het afzonderlijke vermogen van een vennoot op. (H. R. 18 december 1959, NJ 1960, 21). Wel is het omgekeerde het geval, zodat een vonnis tegen alle vennoten ook op het vennootschapsvermogen geëxecuteerd kan worden. (H. R. 3 december 1971, NJ 1972, 117).
- een van de privé-vermogens van de vennoten afgescheiden vennootschapsvermogen (H. R. 26 november 1897, W 7047) waardoor dit vermogen primair verbonden is voor de vennootschapsschulden. De privé-crediteuren zullen slechts op het overblijvend saldo, na voldoening van de ondernemingsschulden, verhaal kunnen zoeken. Is het afgescheiden vermogen onvoldoende, dan verschijnt de hoofdelijke aansprakelijkheid van alle vennoten ten tonele. De V.O.F. heeft reeds in ons huidig recht derhalve een zekere eigen identiteit; in het aangaan van verbintenissen alsook in het processuele vlak waaruit het ontwerp BW de juiste consequentie trekt, die Paul Scholten in de dertiger jaren reeds fel had verdedigd, nl. om de V.O.F. als openbare vennootschap rechtspersoonlijkheid toe te kennen.
  Voldoende is het aanvragen van het faillissement van de *vennootschap;* dit brengt het faillissement van de vennoten noodzakelijkerwijze met zich mee (H. R. 14 april 1927, NJ 1927, 725). De vennoten kunnen het bestaan van de vennootschap, zowel extern als intern, slechts bewijzen door middel van een akte. Een derde mag dit evenwel met *alle* middelen; het gemis van een akte kan hem niet worden tegengeworpen. (art. 22 W.v.K.)
  Bespreking van de commanditaire vennootschap laten wij verder achterwege.

9. Tot slot van dit hoofdstuk nog enkele opmerkingen over titel 13 van boek 7 van het ontwerp NBW, het boek dat handelt over bijzondere overeenkomsten.
Het ontwerp NBW onderscheidt de vennootschappen in de zgn. *stille* vennootschap *zonder* rechtspersoonlijkheid en in de *openbare* vennootschap *met* rechtspersoonlijkheid.
Van deze laatste is sprake indien een vennootschap onder een gemeenschappelijke naam een bedrijf uitoefent. Hiertoe behoren de vennootschap onder firma en de commanditaire vennootschap, welke beide rechtsfiguren worden gehandhaafd.
Niet langer wordt het streven naar economisch voordeel als element van de

vennootschap gesteld. Over de wenselijkheid hiervan kan men van mening verschillen.
Bij een stille vennootschap handelt volgens het ontwerp (7.13.1.7) de vennoot als regel in eigen naam. Wegens de vennootschappelijke band bindt hij derhalve niet zijn mede-vennoten, doch alleen uit hoofde van een volmacht en wel als gevolmachtigde van zijn medevennoten.
Voor de openbare vennootschap handhaaft het ontwerp het stelsel dat naast het vennootschapsvermogen, ook de vennoten in privé verbonden zijn voor de verbintenissen van de vennootschap, niettegenstaande de rechtspersoonlijkheid.
Voorzover de prestatie deelbaar is, wordt evenwel de aansprakelijkheid, volgens de heersende opvatting over art. 1680 BW, naar evenredigheid over de vennoten verdeeld.
Voor de stille vennootschap bepaalt art. 7.13.1.7, lid 2, dat voor schulden van de *gezamenlijke* vennoten de crediteuren de vermogensbestanddelen van het vennootschapsvermogen kunnen uitwinnen, waardoor dit vermogen volgens Mohr (bl. 84) het karakter van een afgescheiden vermogen verkrijgt.

III De besloten vennootschap met beperkte aansprakelijkheid

1. De B.V. is een rechtspersoon met een in aandelen verdeeld maatschappelijk kapitaal; aan de vervreemdbaarheid stelt de wet een aantal beperkingen teneinde andere dan bijv. familie-invloeden zoveel mogelijk te kunnen weren. De aandeelhouders zijn in hun aansprakelijkheid beperkt tot het bedrag dat op hun aandelen behoort gestort te worden; hun privévermogen is derhalve voor verbintenissen van de B.V. niet verbonden.
Voorts heeft de H. R. de éénmans-B.V. erkend[15]);
slechts in uitzonderingsgevallen is de rechter geneigd om door het kleed van de rechtspersoon heen te zien, meestal in de fiscale sfeer[16])
Dit alles doet de B.V. een voor de continuiteit van de onderneming bij uitstek geëigende rechtsvorm zijn, voorzover althans geen andere obstakels roet in het eten werpen. Kennisneming van het heldere prae-advies van mr J. Rensema leert dat het veelal aangevoerde fiskale bezwaar, althans voor winsten beneden *f* 100 000,–, bij nadere beschouwing bepaald niet overdreven moet worden; bovendien zou bij afweging van de voordelen vanuit de optiek van de continuiteit en (eventueel) van de positie van enig aandeelhouders, tevens werknemer, enig fiscaal nadeel nog aanvaardbaar kunnen blijken te zijn.

[15]) H. R. 14 oktober 1932, BIB 5339.
[16]) Prof. mr P. Sanders, „N.V. en B.V.“, 1977, blz. 8.

2. Wat is nu het grote voordeel van de éénmans-B.V., in vergelijking tot de éénmanszaak en de maatschap (V.O.F. en C.V. daarbij inbegrepen) in het kader van de bedrijfsopvolging?
Bij de overgang, c.q. overname tijdens leven, moet de zoon-bedrijfs-opvolger van een *eenmansbedrijf c.q. maatschap* zijn mede-ergenamen *uitkopen,* indien hij althans in de eigendom van het geheel van het ouderlijk bedrijf vroeg of laat moet of wil opvolgen. Een dergelijke uitkoop is onder de huidige omstandigheden met een sterk gestegen prijsniveau van landbouwgronden dat aanzienlijk hoger is dan bijv. in het Verenigd Koninkrijk en in Frankrijk een welhaast onmogelijke zaak. Rente en aflossing van een, op basis van verpachte waarde, over te nemen bedrijf à *f* 15 000,– per ha, beloopt reeds *f* 1500,– per ha, te verhogen met vaste lasten, onderhoud aan woning en bedrijfsgebouwen en rente, aflossing en afschrijving van bijv. een nieuw gestichte ligboxenstal. En men bedenke dat van de 2 060 701 ha cultuurgrond per 1 mei 1977 875 580 ha gepacht werd waaronder bovendien nog 134 284 ha begrepen is als pacht van (schoon) ouders[17]).
Hetzelfde gevaar bedreigt de continuiteit van de eenmanszaak trouwens in geval van ontbinding van een huwelijksgemeenschap. Slechts de jurisprudentie geeft enige hoop, verzucht Van Mourik[18]) vooral door de leer dat de beginselen van redelijkheid en billijkheid de rechtsverhoudingen tussen de gerechtigden tot een ontbonden gemeenschap mede bepalen.
Wordt nu het landbouwbedrijf geëxploiteerd in de rechtsvorm van de B.V. waarbij het onroerend goed in een afzonderlijke B.V. ingebracht kan worden, dan heeft het overlijden van de groot-aandeelhouder-directeur alleen tot gevolg dat de aandelen vererven; de zoon-opvolger althans voorshands, behoeft met zijn broers en zusters niet af te rekenen. Zij erven immers ook aandelen in de B.V. c.q. de holding. En hier ligt dan tevens het punt waarom voorlichters in de landbouw, afgezien van de fiskale aspecten, de constructie van de B.V. voor het landbouwbedrijf vooral ontraden, nl. benadeling van de niet-opvolgende kinderen.

3. Is dit bezwaar nu zo dominant dat alleen reeds op grond hiervan toepassing van de B.V. in de landbouw moet afstuiten?
In de eerste plaats willen wij opmerken dat ingevolge art. 2: 7 BW (art. 7 van boek 2) een rechtspersoon, haar leden of houders van aandelen of van met medewerking van de vennootschap uitgegeven certificaten van aandelen en zij die deel uitmaken van haar organen zich als zodanig jegens elkander moeten gedragen naar hetgeen door de *redelijkheid* en de *billijkheid* wordt gevorderd.
Deze norm geldt voor alle rechtspersonen. Zij heeft betrekking op de verhouding aandeelhouders/vennootschap, maar ook op de relatie van de aandeelhouders onderling, hoewel de wet tussen hen geen verbintenissen schept. Redelijkheid en billijkheid moeten hier worden begrepen in de zin van de *goede trouw in objectieve zin* zoals bedoeld in art. 1374, lid 3, BW. De H. R. had immers meermalen

[17]) Maandstatistiek van de landbouw, november 1977, blz. 390.
[18]) Prof. mr M. J. A. van Mourik „Onderneming en erfrecht", blz. 7; vgl. ook blz. 21, noot 41. Zie ook Kleyn „De Boedelscheiding" 1969. H.R. 20. 12. 1946, NJ 1947, 59.

uitgemaakt dat de goede trouw ook buiten overeenkomsten van toepassing is[19]). Hebben de erfgenamen-aandeelhouders die niet actief bij de landbouw-B.V. betrokken zijn, behoefte aan liquide middelen, dan zou men in de eerste plaats kunnen denken aan *inpandgeving* van hun aandelenbezit, voorzover dit althans in de statuten niet is uitgesloten (art. 198, lid 1). Het gaat hier om aandelen op naam; uitgifte van aandelen aan toonder is nl. een B.V. verboden. Volgens Stein[20]) is evenwel de waarde van aandelen op naam als voorwerp van pandrecht gering. Het aandeel is moeilijk verhandelbaar. Het op het aandeel gestorte bedrag is gedurende het bestaan der naamloze vennootschap niet aflosbaar. Ingeval van ontbinding van de N.V. komen eerst de crediteuren aan bod; de pandhouder staat derhalve achter bij de gewone crediteuren van de N.V. Dit klinkt niet erg optimistisch.

4. Zou tot executoriale verkoop moeten worden overgegaan, dan dienden vóór de opneming in het WvK van de nieuwe regeling betreffende de B.V., de blokkeringsbepalingen in de statuten cf. art. 474 g, lid 4 RV bij de executoriale verkoop van in beslag genomen aandelen in acht te worden genomen. De vraag was of deze regel ook gold bij verkoop door de pandhouder.
Deze vraag is thans beantwoord voor wat betreft de executie door de pandhouder van aandelen op naam in een B.V. Bij de verkoop dient de pandhouder de statutaire blokkeringsbepalingen in acht te nemen; d.w.z. dat hij gehouden is de aandelen aan de overige aandeelhouders aan te bieden dan wel aan het bevoegd orgaan van de B.V. toestemming tot overdracht te verzoeken.
Voorts mist de pandhouder het stemrecht; de aandeelhouder/eigenaar blijft dit uitoefenen. Sluiten de statuten toekenning van *stemrecht* aan de pandhouder niet uitdrukkelijk uit, dan is in twee gevallen de pandhouder tot uitoefening van het stemrecht bevoegd, nl.:

a) als dit bij de vestiging van het pandrecht is bepaald en de pandhouder tot de kring van personen behoort aan wie de aandelen vrijelijk overgedragen kunnen worden (o. a. familie-leden, medeaandeelhouders);
b) als dit bij de vestiging van het pandrecht is bepaald en deze vestiging door het bevoegd orgaan van de vennootschap is goedgekeurd.

Overigens moeten deze blokkeringsbepalingen weer niet al te somber worden bezien, omdat bij beide procedures die de wet kent, de zgn. goedkeuringsprocedure en de aanbiedingsprocedure, voldoende flexibiliteit is ingebouwd om zonodig tot overdracht buiten de enge kring van familie-leden te kunnen geraken.

5. Mocht in de praktijk van moeilijkheden in deze blijken, hetgeen tot dusverre nog niet het geval is geweest, dan zou in overleg met het Ministerie van Landbouw naar een oplossing gezocht dienen te worden. Gedacht zou kunnen worden aan kredietverlening door de RABO-bank met garantieverklaring door het Borgtochtfonds van het Ministerie van Landbouw; aan inschakeling van de Stichting

[19]) Zie Sanders, c.c., blz. 9, Handboek blz. 234.
[20]) Prof. mr P. A. Stein in „Zekerheidsrechten (zekerheidsoverdracht, pand en borgtocht)" 1970, blz. 145, vgl. ook blz. 119.

Beheer Landbouwgronden in zijn functie als Grondbank, voor (tijdelijke) overname van een pakket aandelen totdat de zoon financieel bij machte is tot aankoop hiervan over te gaan.
Dit alles in de veronderstelling dat derden niet bereid zouden blijken een aantal aandelen in een boerderij (als onroerend-goed b.v.) over te nemen. Bij een daling van de grondprijzen als gevolg van het invoeren van een nieuwe wettelijke regeling overdracht van landbouwgronden zal uiteraard de animo hiertoe minder zijn dan bij een prijsontwikkeling in omgekeerde richting.

6. De B.V. is als zodanig in ons recht een nieuwe rechtsvorm. Zoals wij reeds eerder opmerkten, is zij een gevolg van de eerste richtlijn van de E.E.G.-Ministerraad van 9 maart 1968. Daarin werd bepaald dat de jaarrekening van de Nederlandse N.V. in haar geheel gepubliceerd diende te worden. Wel maakte de richtlijn het evenwel mogelijk, deze publicatieplicht buiten toepassing te laten voor N.V.'s met een besloten karakter die aan bepaalde kriteria voldoen. De Regering vond hierin evenwel aanleiding met een aparte rechtsvorm te komen, de besloten vennootschap met beperkte aansprakelijkheid, een rechtsfiguur die in de andere E.E.G.-landen al vele jaren bestond, in Duitsland reeds vanaf 1892.
Niet iedere B.V. is evenwel van publicatie vrijgesteld. Heeft zij een balanstotaal van *f* 8 000 000,– of meer en bovendien 100 arbeiders of meer in dienst, dan geldt de plicht tot publicatie van een vereenvoudigde balans (niet van de verlies- en winstrekening).
Het ontwerp-vierde richtlijn van de E.E.G.-commissie bevat verder gaande voorschriften waaruit o.a. voort zou vloeien dat men bij een omzet van *f* 720 000,– en een balanstotaal van minder dan *f* 360 000,– steeds een *vereenvoudigde* balans zou dienen te publiceren, daarboven, tot een omzet van ca *f* 7 200 000,– en een balanstotaal van *f* 3 600 000,– en een personeelsbestand van meer dan 20, een *volledige* balans met een verkorte verlies- en winstrekening terwijl bij dezelfde omzet en balanstotaal maar bij minstens 100 werknemers de volledige jaarrekening gepubliceerd moet worden. De Commissie Vennootschapsrecht heeft hiertegen ernstig bezwaar ingebracht, inzonderheid tegen hantering van het omzet-kriterium. Ook ons lijkt deze publicatie-eis bepaaldelijk te ver te gaan, terwijl het omzet-kriterium ook voor de landbouw met somtijds zeer wisselende opbrengsten (invloed klimaat, aanzienlijke prijsschommelingen bij producten als aardappelen, uien e.d.) ongewenst is.
Het lijkt gewenst dat hiertegen ook van de zijde van het bedrijfsleven stelling wordt genomen.

7. Aan de oprichting van een B.V. stelt de wet (art. 175) de volgende eisen die overigens gelijkluidend zijn aan die voor het oprichten van een N.V.:
a) een meerzijdige rechtshandeling;
b) notariële akte;
c) deelname in het maatschappelijk kapitaal door elk van de oprichters; hieraan kan worden toegevoegd dat voor een N.V. en B.V. de wetgever besloten heeft tot invoering van een verplicht minimumkapitaal van *f* 30 000,– zoals reeds is

opgemerkt. Nu de tweede richtlijn van Brussel op 13 december 1976 is vastgesteld, zullen voor N.V. en B.V. uiteenlopende bedragen gaan gelden van vermoedelijk *f* 100 000,– (25 000 Europese rekeneenheden à *f* 3.60); voor de N.V. met handhaving van het huidige bedrag van de B.V.[21]).

d) een verklaring van geen bezwaar van de Minister van Justitie.

De hierboven genoemde meerzijdige rechtshandeling is niet te beschouwen als een overeenkomst in de zin van art. 1349 BW[22]), in tegenstelling tot de oprichtingshandeling van maatschap, V.O.F. en C.V., die dan ook niet in boek 2 maar in boek 7 bij de bijzondere overeenkomsten van het NBW zijn ondergebracht.

De meerzijdige rechtshandeling is nl. enerzijds gericht op het in het leven roepen van een rechtspersoon en anderzijds op het scheppen van een lidmaatschapsverhouding tussen oprichter en vennootschap met daaruit voortvloeiende verbintenisrechtelijke effekten. Wilsgebreken of onbekwaamheid bij een van de oprichters kan tot nietigheid of vernietigbaarheid leiden van diens handeling[23]). Art. 9 bepaalt evenwel dat het wegvallen van de rechtshandeling van een van de oprichters op zichzelf geen invloed heeft op de deelneming van de overblijvende vennoten, terwijl art. 70 inhoudt dat gebreken in de oprichtingshandeling slechts tot gevolg hebben dat de rechtbank op vordering van het openbaar ministerie of op verzoek van een belanghebbende de vennootschap kan ontbinden. Een vennootschap tussen echtgenoten is geldig, ook indien deze echtgenoten in gemeenschap van goederen zijn gehuwd. Dit geldt volgens Van der Grinten evenzeer indien storting op de aandelen zal geschieden door inbreng van gemeenschapsgoed dat onder bestuur van een der echtgenoten staat.[24])

De preventieve administratieve controle door het Ministerie van Justitie op de (ontwerp) statuten is een in het buitenland onbekend instituut, dat evenwel voortreffelijk werkt. De gronden waarop de verklaring geweigerd kan worden, houden na de wijziging bij de Wet van 3 mei 1971, S. 288 in:

- Antecedentenonderzoek c.q. voornemens van de oprichters welke leiden tot ernstig gevaar dat de vennootschap voor ongeoorloofde doeleinden gebruikt zal worden;
- Strijd van de akte met de goede zeden, de openbare orde of de wet.
- Niet blijkt dat de oprichters voor tenminste 1/5 gedeelte in het maatschappelijk kapitaal deelnemen.

De belangrijke betekenis ligt in de toetsing van de statuten aan de wet. Daarbij worden richtlijnen in acht genomen die door de Staatssecretaris van Justitie, laatstelijk in 1976, zijn vastgesteld en gepubliceerd. Vóór 1971 kon men B.A.B.-beroep tegen weigering van de verklaring bij de Kroon instellen, nadien voorziet art. 68, lid 4, bij de Kroon in een *vol* beroep.

Uiteraard is inschrijving van de vennootschap in het handelsregister verplicht, vergezeld door deponering van een authentiek afschrift van de akte. Zolang dit

[21]) Sanders, blz. 171.
[22]) Van Schilfgaarde, blz. 38; Handboek, blz. 168.
[23]) Zie verder hierover Handboek, blz. 178 e.v.
[24]) Handboek, blz. 187.

niet is geschied, en niet tenminste 10% op elk bij de oprichting geplaatst aandeel is gestort, is iedere bestuurder naast de vennootschap in privé hoofdelijk aansprakelijk voor de rechtshandeling waardoor hij de vennootschap verbindt (art. 69).
Indien de storting op de aandelen bij de oprichting anders dan in geld plaatsvindt, bijv. door inbreng van een landbouwbedrijf, dan dient hiervan in de akte van oprichting melding gemaakt te worden, terwijl voorts een dergelijke overeenkomst in originali c.q. in authentiek afschrift eveneens bij het Handelsregister gedeponeerd moet worden (art. 205).
De meermalen genoemde en inmiddels aanvaarde tweede Richtlijn van de EEG[25]) bepaalt in dit verband dat terzake van inbreng anders dan in geld een officieel taxatierapport moet worden gemaakt, waarvan tenminste de conclusie gepubliceerd moet worden. Dit geldt eveneens bij verwerving door de vennootschap van een oprichter of andere aandeelhouder van een vermogensbestanddeel voor een tegenwaarde van tenminste 10% van het geplaatst kapitaal binnen twee jaar na de oprichting. Ook dit voorschrift, gericht op bescherming van derden, zal aanleiding tot aanpassing van onze wetgeving geven.

8. De B.V. ontleent haar naam aan het feit dat de aandelen van de B.V. niet vrij overdraagbaar zijn. Dit kan ook bij een N.V. voor aandelen op naam het geval zijn, maar dan is het uitsluitend een aangelegenheid van de statuten, derhalve op basis van vrijwilligheid, terwijl dit voor de B.V. een verplicht karakter heeft.
Zowel voor B.V. als voor N.V. geldt het voorschrift dat de beperkingen t.a.v. de overdracht niet zover mogen gaan dat hierdoor de overdracht onmogelijk of uiterst bezwaarlijk wordt gemaakt (art. 87 en 195, lid 7). In dit verband bevatten ook de eerdergenoemde Richtlijnen ter beoordeling van de statuten van Justitie dwingende bepalingen.
Er zijn drie mogelijkheden te onderscheiden:

a) de gevallen waarvoor de blokkeringsbepalingen niet gelden. Zonder nadere statutaire bepaling is vrije overdracht volgens art. 195, eerste lid, mogelijk aan *echtgenoot, aan bloed – en aanverwanten in de rechte lijn onbeperkt,* in de *zijlijn in de tweede graad* (broers en zusters). De statuten kunnen deze kring uitbreiden tot familie-leden (bloed- en aanverwanten) in de *zijlijn* tot in de *derde en vierde* graad. Volgens de Richtlijn is het mogelijk om de statutaire kring van vrijgestelden uit te breiden tot de relatiekring legataris-erflater. Een legataris ontvangt nl de aandelen eerst via levering door de erfgenamen.
Ook is het geoorloofd dat statutair *elke* overdracht aan blokkering onderworpen is[26]).
b) hantering van een zg. *goedkeuringsprocedure;*
c) toepassing van de zg. *aanbiedingsprocedure.*

9. De *goedkeuringsprocedure* houdt in, wil de overdracht geldig zijn, dat een statutair aan te wijzen orgaan van de B.V. daaraan zijn goedkeuring moet

[25]) Van Schilfgaarde, blz. 69/70.
[26]) „De besloten vennootschap in de praktijk" 3–45 (mr C. Venemans).

hechten, d.w.z. het bestuur, de raad van commissarissen of de algemene vergadering van aandeelhouders of van houders van prioriteitsaandelen.
Deze goedkeuring wordt geacht verleend te zijn, indien niet gelijktijdig met de weigering, het orgaan der B.V. opgave doet van één of meer gegadigden die bereid zijn alle aandelen in kwestie tegen contante betaling over te nemen. Vindt deze overdracht niet binnen drie maanden plaats, dan verliest het goedkeuringsbesluit zijn rechtskracht. De prijs moet objectief bepaald zijn, d.w.z. gelijk zijn aan de waarde, vastgesteld door een of meer onafhankelijke deskundigen. Prioriteitsaandelen mogen slechts tegen de nominale waarde worden overgedragen, indien althans aan bepaalde voorwaarden wordt voldaan; voor deze beperkte groep van aandelen, indien aanwezig, kan ook afzonderlijk de goedkeuringsprocedure worden toegepast.

10. De *aanbiedingsprocedure* betekent dat de aandeelhouder die tot vervreemding van zijn geblokkeerde aandelen wil overgaan, deze eerst moet aanbieden aan een mede-aandeelhouder; de statuten dienen dan aan te geven hoe de aandelen verdeeld dienen te worden (naar evenredigheid van het bezit bijv.). Zijn de mede-aandeelhouders niet tot aankoop bereid, dan kunnen de statuten voorzien in aankoop door de B.V. zelf binnen het wettelijk maximum van 50%. De vaak toegepaste clausule van vergoeding van het belastingnadeel aan de vervreemder is thans niet meer toegelaten[27]).
Bij beide procedures behoudt de vervreemder de bevoegdheid om binnen een maand zijn aanbod in te trekken na het bekend worden van prijs en, vooral, van de overnemers.
De aanbieder kan tot vrije overdracht aan een ieder overgaan binnen drie maanden nadat hem is meegedeeld dat geen gebruik is gemaakt van de zgn. voorkeursoverdrachten t.a.v. alle desbetreffende aandelen.
Het stellen van *kwaliteitseisen* aan toekomstige verkrijgers is ook toegestaan en speelt vooral een rol bij B.V.'s van vrije beroepsbeoefenaren (advocatenpraktijk, tandartsenpraktijk e.d.).
Ook zijn er nog zgn. *oneigenlijke kwaliteitseisen,* bijv. ingeval een weduwe, die haar aandelen van haar overleden echtgenoot heeft verkregen, weer hertrouwt, of ingeval van overlijden, van faillissement, ontbinding van een huwelijksgoederengemeenschap, waartoe aandelen behoren. Dan is sprake van een plicht tot tekoopaanbieding.
Het Departement staat niet toe om statutair te bepalen dat de vervreemder met een betaling in termijnen genoegen moet nemen, zulks wegens het bepaalde in art. 195. Buiten-statutair zouden volgens Sanders aandeelhouders kunnen overeenkomen hierop geen beroep te doen en in voorkomende gevallen met betaling in termijnen genoegen te nemen. Voor ons doel is dit punt belangrijk[28]).
Tenslotte zij nog opgemerkt, dat toegestaan is in de statuten te bepalen dat bij schriftelijk akkoord gaan van alle aandeelhouders, de aanbiedingsprocedure c.q.

[27]) „De B.V. in de praktijk", blz. 3–47.
[28]) Zie Sanders, blz. 177; evenzo Slagter „Compendium ondernemersrecht", blz. 260.

goedkeuringsregeling niet gevolgd behoeft te worden, zodat de voorgenomen overdracht aan de opgegeven gegadigde vrijelijk kan plaats vinden.

11. Voor de goede orde zij nog vermeld dat de B.V. slechts aandelen op naam kent waarvan evenwel geen bewijzen van aandelen uitgegeven mogen worden. Het aandeelhouderschap moet uit een register blijken dat tevens het op ieder aandeel gestorte bedrag vermeldt. Een ieder moet van het register kennis kunnen nemen voorzover betreft de gegevens omtrent niet-volgestorte aandelen. Ook vruchtgebruikers en pandhouders van aandelen moeten hierin met naam en adres opgenomen zijn.
Certificaten aan toonder zijn verboden, op naam zijn deze echter wel toegelaten. De B.V. kan dan echter geen invloed meer uitoefenen op de verspreiding hiervan, terwijl certificaathouders weliswaar geen stemrecht hebben, doch overigens wel over verschillende bevoegdheden beschikken, zoals het verschijnen in de aandeelhoudersvergadering, en gerechtigd zijn tot een afschrift van de jaarrekening. Hierdoor kan het besloten karakter van de B.V. doorbroken worden. Voor de landbouw-B.V. is dit evenwel geen bezwaar omdat hier concurrentieoverwegingen geen rol spelen.

12. Naast de blokkeringsregelingen, staat nog een tweetal instrumenten ter beschikking om de macht van de B.V. in handen van enkelen te houden, nl. de uitgifte van *prioriteitsaandelen* en het systeem van bindende voordracht, aangeduid als *„oligarchische clausule"*.
In de E.E.G. kent alleen Nederland prioriteitsaandelen[29]).
De wet zwijgt hierover. Via de oligarchische clausule (artt. 133 en 243 voor N.V. en B.V.) wordt de invloed van de algemene vergadering van aandeelhouders praktisch uitgeschakeld voor wat betreft de benoeming van bestuurders en kommissarissen.
De houders van prioriteitsaandelen stellen de bindende voordracht uit slechts twee personen op. De keuze van de algemene vergadering is derhalve tot dit tweetal beperkt. Voorts kunnen de prioriteitsaandelen in een stichting worden ondergebracht welke stichting dan weer wordt bestuurd door bestuur en kommissarissen.
De prioriteit kan op vele essentiële zaken van de vennootschap invloed uitoefenen, zoals vaststellen van bezoldiging van bestuurders en kommissarissen, de winstbestemming, vaststelling van het bedrag der reserveringen[30]). Ook kan, door de uitgifte van niet-volgestorte preferente aandelen de meerderheid van een derde in de algemene vergadering uitgeschakeld worden, zoals zich recentelijk weer heeft voorgedaan. (Ir Heerema/Ballast-Nedam) Dergelijke konstrukties blijven evenwel bij de kleine familie-B.V. veelal buiten toepassing; daar blijft aan de algemene vergadering van aandeelhouders dus het benoemingsrecht van direktie en voorzover nodig van kommissarissen voorbehouden. Uiteraard kan de uitgifte

[29]) Sanders, blz. 43.
[30]) Sanders, blz. 147.

van prioriteitsaandelen en onderbrenging hiervan in een stichting ook zinvol zijn voor familie-vennootschappen, vooral als deze een grotere omvang bereiken zoals in de tuinbouw, bloembollenbedrijven en- handelaars, boomkwekerijen enz.

IV De rechtsfiguur van de groupement agricole foncier in Frankrijk

1. Tot slot van dit prae-advies nog een beknopte beschouwing over een recente bijdrage in Frankrijk aan het probleem van de financiering van de bedrijfsoverneming.
Aanvankelijk in het leven geroepen bij de wet van 8 augustus 1962, heeft de wet van 31 december 1970 de rechtsfiguur van de groupement agricole foncier (G.F.A.) opnieuw geregeld.
Het gaat hier om een maatschap (Société Civile) waaraan alleen natuurlijke personen kunnen deelnemen en welke tot taak heeft de verpachting van de hoeve voor lange duur (18 jaar), dan wel de exploitatie hiervan indien het gaat om een onverdeelde boedel met een boerderij en de maatschap tussen de erven, inklusief de zoon-opvolger wordt aangegaan. Dit is nl. de bedoeling, het scheppen van een rechtsfiguur (een société civile heeft rechtspersoonlijkheid) tussen de medeerven waardoor de zoon-opvolger niet belast wordt met de financiering van het aandeel van het grondkapitaal dat hij van zijn broers en zusters bij vererving moet overnemen[31])
In 1974 is een wetswijziging doorgevoerd op grond waarvan het mogelijk werd gemaakt dat de S.a.f.e.r. (departementale N.V.'s, beschikkend over een voorkeursrecht bij verkoop van landbouwgrond en vooral gericht op struktuurverbetering van de landbouw door hergroepering via aankoop en wederverkoop, uitvoering van cultuurtechnische werken, ontginningen etc.) voor ten hoogste 30% in het kapitaal van een G.F.A. participeren kan.
Deze mogelijkheid was geboren uit de behoefte van mede-erfgenamen die hun onverdeeld aandeel in de G.F.A. wilden verzilveren. De Safer kan ook bij de oprichting als bij een latere vergroting (uitbreiding met land of met een tweede bedrijf) tussenbeide komen voor wat betreft de kapitaaldeelneming.
Voorts moet de kapitaaldeelneming van een Safer beperkt blijven tot een termijn van 5 jaar; verlenging hiervan is mogelijk tot 10 jaar ingeval a) er in de betrokken gemeente een ruilverkaveling wordt uitgevoerd en b) door een beschikking van de Ministers van Landbouw en Financiën ingeval van herbebossing of indien de boerderij gelegen is in aangewezen achtergebleven gebieden.
Indien de Safer tot verkoop van zijn aandeel overgaat, dan is het begrijpelijk dat de overige leden van de maatschap hiertoe prioriteit hebben. De nieuwe verkrijger is overigens gebonden aan de unanieme goedkeuring van de vennoten.

[31]) Zie hierover G. Cotton in „Législation Agricole" 1972 en in de Revue droit rural no. 34, 1974.

Gelukt het de Safer niet binnen de termijnen van 5 c.q. 10 jaar een aanvaardbare koper voor haar aandeel te vinden, dan zal tot ontbinding van de maatschap overgegaan moeten worden.
Uiteraard is het de vraag in hoeverre deze solutie in Frankrijk door de landbouw toegepast wordt, een voorziening die onder aandrang vanuit het georganiseerde landbouwbedrijfsleven in Frankrijk tot stand is gekomen.
Hoe zeer ook het mede-betrekken van de Safer bij de financiering van de G.E.A.'s een verbetering vormt, de termijn van in het algemeen 5 jaar, is kort, voor het besparen van voldoend kapitaal door de zoon-opvolger. Hoewel exacte gegevens ons niet bekend zijn, dringt zich de indruk aan ons op dat de toepassing van deze rechtsfiguur nog slechts spaarzaam plaatsvindt.

FSC
www.fsc.org
MIX
Papier | Fördert
gute Waldnutzung
FSC® C083411

Kolibri 360 GmbH
Ferdinand-Jühlke-Straße 7
99095 Erfurt, Deutschland
produktsicherheit@kolibri360.de